梅县年鉴

MEIXIAN NIANJIAN

2018

梅县区年鉴编纂委员会
梅县区年鉴编辑部　编

方志出版社
Publishing House of Local Records

图书在版编目(CIP)数据

梅县年鉴.2018 / 梅县区年鉴编纂委员会，梅县区年鉴编辑部编
——北京：方志出版社，2018.9
ISBN 978-7-5144-3302-9

I.①梅… II.①梅… ②梅… III.①梅县—2018 —年鉴
IV.①Z526.54

中国版本图书馆CIP数据核字(2018)第 224321号

梅县年鉴（2018）

编　　者：梅县区年鉴编纂委员会
梅县区年鉴编辑部
责任编辑：刘方圆

出 版 人：冀祥德
出 版 者：方志出版社
地址 北京市朝阳区潘家园东里9号（国家方志馆4层）
邮编 10021
网址 http://www.fzph.org
发　　行：方志出版社图书经销中心
电话（010）67110500
经　　销：各地新华书店
印　　刷：梅州程江彩色印刷厂有限公司

开　　本：889×1194　　1/16
印　　张：26
字　　数：612 千字
版　　次：2018年 9 月第1版　　2018年 9 月第1次印刷
印　　数：001~800册

ISBN 978-7-5144-3302-9　　定价：200.00元

梅县区年鉴编纂委员会

主　任：张运全（区委副书记、区长）

副主任：丘孝良（区委常委、区委办主任）

　　　　谢　芳（区政府副区长）

委　员（按姓氏笔画为序排列）：

　　　　王志华　王庆润　叶金胜　刘森江　李孟文

　　　　李晓斌　李敏均　郑伟荣　曾婉玲　谢源兴

　　　　廖峰松

梅县区年鉴编辑部

主　　编：曾婉玲

副 主 编：叶永生

编　　辑：黄　森　黎志康　卢　清

　　　　　邓慧聪　陈福君　谢颂闻

图　　片：区新闻办及有关单位提供

编辑说明

一、《梅县年鉴》以马克思列宁主义、毛泽东思想、邓小平理论、“三个代表”重要思想、科学发展观、习近平新时代中国特色社会主义思想为指导，坚持辩证唯物主义和历史唯物主义的立场、观点和方法，旨在全面、系统、准确地反映梅县区自然、政治、经济、文化、社会等各方面的基本情况，为有关单位和社会各界人士了解和研究梅县区提供基本资料，并为编纂梅县区地方史志积累资料。

二、《梅县年鉴（2018）》为总第24卷，采用分类编辑法，以篇目、类目、分目、条目组成主体部分，图文结合，以文为主。全书设大事记、梅县区概况、政治、经济、科教文、社会生活、乡镇建设、国民经济主要指标、内设机构、名录、文献辑存等12篇、共38章、134节、756个目、彩照16版，约 61.2万字。

三、《梅县年鉴》资料主要来源于辖区内各单位提供的资料及内部情况通报、调查材料、网络、报刊、杂志等。各单位提供的资料均经供稿单位领导审阅，供稿人署名标在文后。所用的统计数字由各单位和区统计局提供，单位提供数字与统计局提供数字不一致的，以区统计局编制的《国民经济主要指标》统计数字为准。

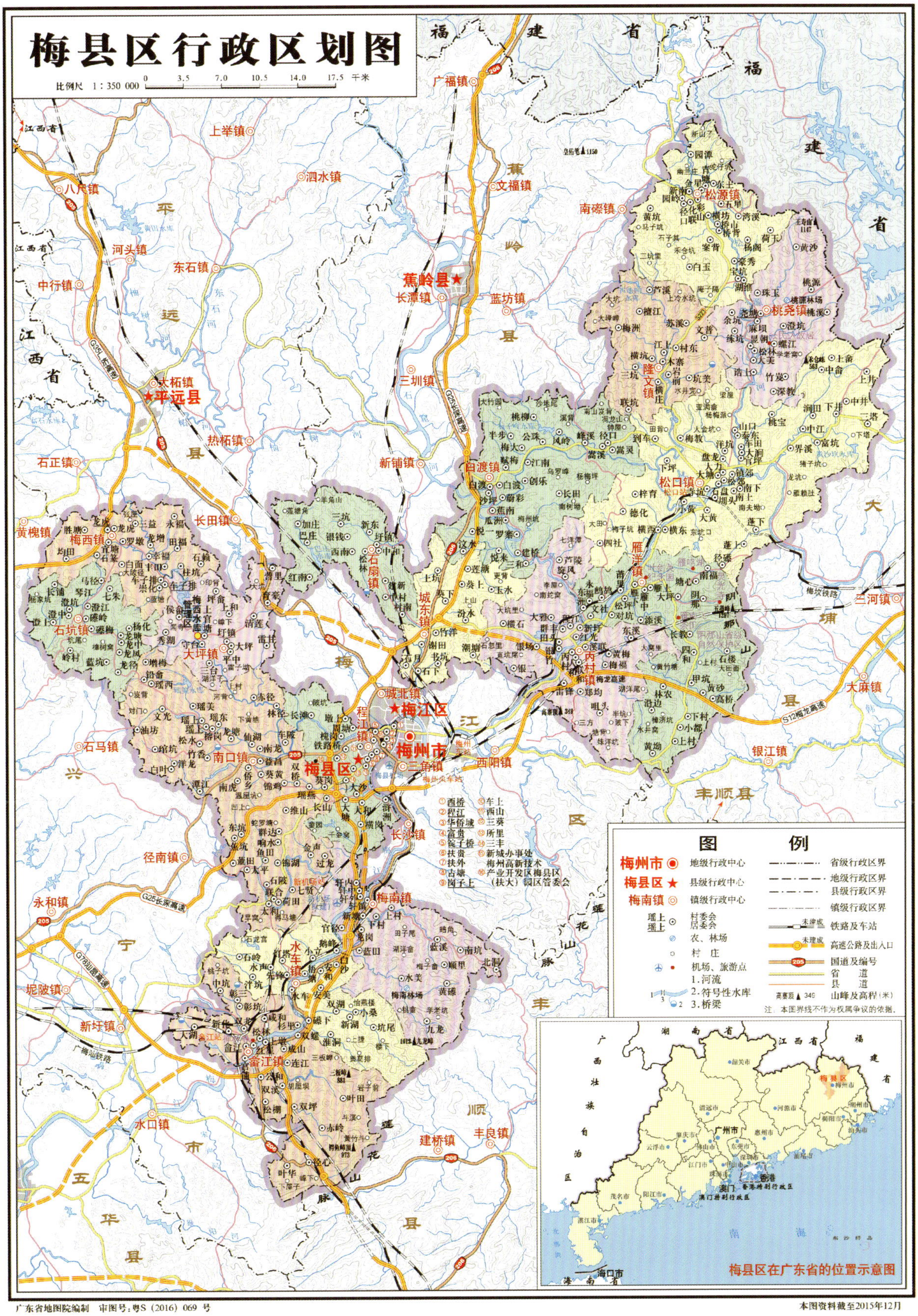

广东省地图院编制　审图号：粤S（2016）069 号

本图资料截至2015年12月

“柚”见丰收

传统的客家沏茶工艺　　叶繁荣 摄

雁南飞茶田采茶场景　　区新闻办提供

“柚”见丰收

在丰收节上表演的岭南客家民俗舞蹈 何森垚 摄

汇集一桌丰盛的客家美宴 何森垚 摄

2017年3月16日，梅县区外国语学校与加拿大哥伦比亚国际学院举行缔结签约友好学校仪式

2017年5月，梅州市梅县区村级服务站正式运行

大事要闻

2017年5月31日，梅州市梅县区第一届人民代表大会第二次会议在新城文化中心礼堂举行

2017年6月28日，梅州客商银行在新县城正式开业

“柚”见丰收

2018年9月23日，首届中国农民丰收节，广东省主会场——梅州市梅县区松口镇大黄村，琳琅满目的农产品展示区一角

张云花 摄

2018年9月23日，广东省省长马兴瑞（左三）、副省长叶贞琴等省、市领导亲临参加首届中国农民丰收节

区新闻办提供

“柚”见丰收

丰收节展馆内，陈列着来自广东省21个地级市的绿色、优质、品牌农产品

何森垚 摄

广东省省长马兴瑞（左三）与村民亲切交谈，交流致富经

区新闻办提供

大事要闻

2017年6月28日，梅州市"铁汉生态"杯第八届运动会暨第七届残疾人运动会开幕式在梅县区新城文体中心举行

2017年6月30日，梅县区委巡察机构、区纪委派驻机构揭牌仪式暨第一轮巡察工作动员大会在区委、区政府大院后楼九楼召开

大事要闻

2017年7月25日，梅县区美丽乡村建设培训会在新城文化中心礼堂召开

2017年10月25日，BPW亚洲研发中心举行揭牌仪式

大事要闻

2017年11月3日，梅县区传达贯彻党的十九大精神大会在新城文化中心礼堂举行

2017年11月7日，梅县铁汉足球俱乐部冲甲成功座谈交流会在新县城豪生酒店召开

大事要闻

2017年11月13日，遗珠璀璨——梅州市客家非物质文化遗产展演在梅县区文体中心举行

2017年11月15日，第五届世界客商大会梅县区招商引资项目签约仪式在豪生酒店举行

大事要闻

2017年12月15日，中共梅县区委一届三次会议在新城文化中心礼堂召开

梅县客家村镇银行股份公司在全国中小企业股份转让系统挂牌

目　　录

大　事　记

●**大事记（2017 年）**
1 月……………………………………………（1）
2 月……………………………………………（1）
3 月……………………………………………（1）
4 月……………………………………………（2）
5 月……………………………………………（2）
6 月……………………………………………（2）
7 月……………………………………………（3）
8 月……………………………………………（3）
9 月……………………………………………（3）
10 月……………………………………………（3）
11 月……………………………………………（4）
12 月……………………………………………（4）

梅县区概况

基本概况……………………………………（5）
·位置面积
·自然环境与资源
·气候
·旅游景区景点
·荣誉与人物
·行政区划
经济社会发展概况…………………………（6）
·简述
·工业
·农业
·招商引资与园区建设
·电子商务
·旅游
·固定资产投资
·基础设施建设
·城乡建设
·建筑房地产业
·社会民生
·国土资源
·环境保护
·科技
·教育
·文化艺术
·医疗卫生
·体育
党的建设概况……………………………（14）
·思想、组织、作风建设
·党员干部队伍建设
·党风廉政建设

政　治

●**梅县区领导机关**
中共梅州市梅县区委…………………（19）
·概述
·区委主要工作
·组织
·宣传
·党校
·老干部工作
·直属机关工作委员会
·信访

区人大常委会……………………………（31）
·概述
·区一届人大二次会议
·监督工作
·依法行使重大事项决定权
·依法行使人事任免权
·代表工作
·自身建设
区人民政府 ……………………………（33）
·概述
·区政府主要工作
区政协 …………………………………（36）
·梅县区政协一届二次全会
·提案办理
·协商议政
·民主监督
·专题调研
·联谊交流
·专委会活动
·关注民生
区纪委 …………………………………（37）
·召开梅县区纪委一届二次全会
·党风廉政建设
·体制改革
·作风建设
·查处违纪违法案件
·集中排查基层违纪违法线索
·宣传教育
·机构改革
·干部队伍建设
●民主党派
民革 ……………………………………（40）
·概述
·思想建设
·组织建设
·参政议政
·社会服务
民盟 ……………………………………（41）
·思想建设
·参政议政
·组织建设
·社会服务
农工党……………………………………（43）
·概述
·参政议政
·思想建设
·组织建设
·社会服务
致公党 …………………………………（45）
·概述
·思想组织建设
·参政议政
·海外联谊和社会服务
●人民团体
总工会 …………………………………（46）
·概述
·基层工会组织建设
·争先创优
·职工服务
·职工维权
·职工活动
·经费收缴和管理
·工会管理监督
共青团 …………………………………（47）
·概述
·学习宣传贯彻中共十九大精神
·群团改革
·服务党政中心
·助力精准扶贫
·服务青少年
妇联 ……………………………………（50）
·概述

·基层组织建设
·精神文明建设
·促进城乡妇女事业发展
·关爱妇女儿童健康
·维护妇女儿童权益
·扶贫帮困
·妇儿规划
工商联 ……………………………………（52）
·概述
·思想建设
·组织建设
·联络交流与宣传
·参政议政
·服务非公企业
·履行社会职责

●军事

人民武装 ………………………………（54）
·概述
·政治建设
·军事训练
·征兵工作
·后勤保障
·双拥工作
人民防空 ………………………………（55）
·概述
·人防宣传教育
·人防“结建”、防护工程

●法治

政法委及综治 …………………………（56）
·概述
·维护政治安全和社会稳定
·社会治理暨平安建设
·法治梅县建设
公安 ……………………………………（59）
·概述
·队伍建设
·维护社会稳定
·治安管理
·刑事案件侦查
·经济犯罪案件侦查
·网络安全监管
·道路安全
·禁毒工作
·消防管理
·户政管理
·出入境与往来港澳台管理
·监所管理
·警务监督
·“110”报警服务
检察 ……………………………………（61）
·概述
·打击刑事犯罪
·预防职务犯罪
·社会管理与服务
·法律监督
·司法体制改革
·队伍建设
法院 ……………………………………（63）
·概述
·刑事审判
·民事审判
·案件执行
·法院体制改革
·便民服务
·队伍建设
司法行政 ………………………………（64）
·概述
·普法教育
·人民调解
·信访工作
·社区矫正
·安置帮教

· 律师事务
· 法律援助
· 司法公正
●统战 · 侨务 · 港澳台事务
统战 ……………………………………（68）
· 思想队伍建设
· 履行职责
· 非公经济
· 港澳台和海外统战
· 参政议政
· 民族宗教
外事侨务 ………………………………（69）
· 交流往来
· 为侨服务
· 对外宣传
· 代表团出访与来访
港澳台事务 ……………………………（70）
●行政管理事务 …………………………（70）
· 概述
· "一门式一网式"政府服务模式运行
· 完善网上办事大厅
· 完善 12345 政府服务热线
· 智慧梅县政务指挥中心建设
· 惠民信息公开平台建设
· 政务服务"马上办"改革

经　济

●经济管理
发展与改革 ……………………………（73）
· 规划编制
· 重点项目建设
· 固定资产投资管理
· 项目申报
· 经济运行监测
· 价格调控管理
· 收费管理
· 价格监督检查
· 价格服务
· 铁路建设
· 社会信用体系建设
工商行政管理 …………………………（75）
· 概述
· 登记注册管理
· 企业监督管理
· 市场监管执法检查
· 商标与广告管理
· 消费者权益保护
国土资源管理……………………………（76）
· 概述
· 用地预审、规划修改、耕地占补平衡
· 土地征收储备、融资
· 整合和盘活土地资源
· 耕地保护责任制落实
· 基本农田保护
· 矿产资源管理
· 执法监察
· 不动产登记
· 信访和土地权属纠纷调处
· 地质灾害防治
· 地价评估及土地使用权交易
· 土地变更调查与遥感监测
· 测绘管理
· 档案管理服务
· 信息化服务
统计 ……………………………………（79）
· 经济运行形势监测
· 联网直报
· 基层建设
· 统计服务
· 专项调查统计
· 统计法制

审计 ……………………………………（81）
·概述
·财政审计
·部门预算执行审计
·专项资金审计
·领导干部经济责任审计
·交叉审计
经济与信息化 ……………………………（83）
·概述
·支柱产业
·工业建设
·产业转型升级
·信息化建设
·安全生产
·节能降耗
·商流贸易
质量技术与监督 …………………………（85）
·稽查打假
·标准化工作
·计量管理及检测
·重要消费品安全保障
·特种设备安全监察
招商引资 …………………………………（86）
·招商措施
·招商情况
食品药品监督管理 ………………………（90）
·概述
·食品生产、流通和餐饮安全监管
·药品、医疗器械监管
·保健食品、化妆品监管
·行政审批和职业技能培训
中小企业 …………………………………（91）
·概述
·服务体系建设
·协调企业转型升级
·开展融资服务，促银企对接
·推进企业产品市场开拓
·技能培训
安全生产监督管理 ………………………（92）
·概述
·“一岗双责”制度
·安全监管
·执法监察
·应急救援
·职业安全健康
·宣教培训
●农业
种植业 ……………………………………（94）
·概述
·粮食生产
·金柚生产
·金柚基地与品牌建设
·茶叶基地建设
·经济作物
·蔬菜基地建设
·种子管理
·农业科技推广
·病虫害预测与防治
·农产品认证与质量监管
·农业执法检查
·惠农补贴
·农业综合开发与项目扶持
·农业产业化建设
·农业社会化服务体系建设
·农业信息化建设
·农业可再生能源开发与利用
·农村土地承包与经营权流转
林业 ………………………………………（99）
·概述
·森林抚育
·森林资源保护
·化解涉林纠纷，维护林业权益

·林业经济
畜牧·水产……………………………（100）
·概述
·畜牧
·水产
水利水电……………………………（102）
·概述
·防汛抗灾
·市政供水建设
·水利工程建设与管理
·农田水利建设
·村村通自来水工程建设
·农村小水电建设
·水资源保护与开发利用
·水土保持
·河道管理
·水政执法
·全面推行河长制
·小型水利工程管理体制改革
气象……………………………（104）
·天气预报
·气象服务
·灾害天气预警发布
·测报站点管理
·防雷安全管理
·气象现代化建设
●工业……………………………（106）
·支柱产业
·工业建设
·产业转型升级
·招商引资
·中小企业
·科技创新
·供电
●交通·通信
交通·运输……………………………（108）
·概述
·交通基础设施建设
·公路养护与绿化
·交通综合执法与路政管理
·道路运输管理
·安全生产管理
·基层站建设管理
邮政……………………………（110）
·概述
·代理金融业务
·邮务类业务
·邮政营业网建设与管理
·邮储银行梅县支行
通信……………………………（111）
·电信
·移动
●城乡建设
住房和城乡规划建设……………………………（113）
·概述
·城乡规划
·城乡基础设施建设
·建筑市场管理
·房地产管理
城市综合管理……………………………（116）
·概述
·环境卫生管理
·市政道路
·园林绿化
·路灯、灯饰
·城市管理监察
·管道燃气
环境保护……………………………（117）
·概述
·环境监测
·环境保护管理
·污染减排

· 环境综合整治

●对外经济贸易……………………………（118）

· 外商投资

· 对外经济贸易

· 对外经济管理

●商贸流通

供销商业……………………………（119）

· 概述

· “新网工程”建设

· 农超对接和平价商店建设

· 农民专业合作社建设

· 基层社管理

烟草专卖……………………………（120）

· 概述

· 烟叶生产

· 卷烟营销

· 专卖管理

食盐专卖……………………………（121）

· 主营业务

· 盐政管理

· 盐政宣传

· 食盐质量安全

电子商务……………………………（122）

· 概述

· 扶持措施

· 农村电商

粮食储备……………………………（122）

· 概述

· 仓储管理

· 粮食轮换

· 体格监测

· 应急机制

· 集资矛盾化解

●旅游业……………………………（124）

· 旅游发展规划

· 重大项目建设

· 配套设施

· 景区（景点）建设

· “旅游+”项目

· 旅游新业态

· 旅游宣传

· 景区（景点）选介

●财政 · 税务

财政……………………………（129）

· 概述

· 财政改革

· 民生支出保障

· 财政监督管理

税务……………………………（130）

· 国家税务

· 地方税务

●金融

银行业……………………………（133）

· 中国工商银行股份有限公司梅县区支行

· 中国建设银行梅县区支行

· 中国农业银行梅县区支行

· 中国农业发展银行梅州市梅县区支行

· 梅县区农村信用合作联社

· 中国邮政储蓄银行梅县区支行

· 梅县区客家村镇银行股份公司

保险业……………………………（139）

· 中国人民财产保险股份有限公司梅县区支公司

· 中国人寿保险股份有限公司梅县区支公司

●上市公司

梅雁吉祥……………………………（141）

· 经营情况

· 分配预案

宝新能源……………………………（142）

· 经营情况

· 分配预案

超华科技……………………………（143）

·经营情况
·分配预案
骅锋科技……………………………（144）
嘉元科技……………………………（145）
泰鸿科技……………………………（146）
自远环保……………………………（146）
客都股份……………………………（147）
客家园林……………………………（147）
力天世纪……………………………（148）

科 教 文

●科学技术……………………………（149）
·概述
·支柱产业
·工业建设
·产业转型升级
·信息化建设
·安全生产
·节能降耗
·商流贸易
·科学技术
·科技创新与项目申报
·科技成果与奖励
·高新企业管理
·专业与知识产权
·防震减灾
●教育……………………………（154）
·学前教育
·中小学教育
·中等职业教育
·特殊教育
·特色教育
·民办教育
·教师队伍建设
·教育经费与教学设施
·校园卫生安全
·德育工作
·体育、文艺工作
●文化艺术……………………………（157）
·文化设施建设
·文学艺术创作
·群众文化
·文化市场整治
·电影放映
·公共图书馆
·文物保护
·文化遗产保护与传承
·文化产业
●广播电视……………………………（167）
·概述
·宣传报道
·事业发展
·安全播出
●体育……………………………（169）
·基础设施建设
·群众体育
·竞技体育
·体育产业管理
·梅县区业余体校
·富力切尔西足球学校
·梅县客家足球俱乐部
●社会科学
党史资料征集与党史研究……………（172）
·党史资料征集与编纂
·史料服务
地方志编修……………………………（173）
·综合年鉴编纂
·《梅县26年风华》
·《中国名镇志丛书·松口镇志》
·自然村落历史人文普查
档案工作……………………………（174）
·基础设施建设

· 馆藏档案
· 档案收集整理
· 档案利用
· 档案综合管理
· 信息化建设

社会生活

●人力资源和社会保障……………………（177）
· 转移就业服务
· 工资福利制度
· 社会保险
· 基金管理
· 劳动权益保障
· 人事人才
· 梅县区技工学校
●卫生和计划生育………………………（179）
· 人口管理
· 医药卫生体制改革
· 创建卫生强区
· 基本公共卫生
· 卫生监督检查
· 传染病防治
· 医政管理
· 妇幼保健
· 行政管理
· 安全生产和综治工作
· 卫生科研与应用
· 应急防控
· 爱国卫生运动
· 红十字会
· 无偿献血
· 健康教育宣传
· 民生实事及重点项目
●扶贫开发………………………………（183）
· 农村改革发展
· 农村环境建设
· 涉农维稳工作
· 扶贫开发
· 老区建设
· 贫困村互助资金试点
· “大禹杯”竞赛活动
· 智力扶贫
· 扶贫农业龙头企业
●民政……………………………………（187）
· 概述
· 社会保障
· 防灾救济
· 基层政权建设
· 双拥优抚安置
· “双百计划”
· 专项治理
· 社会福利服务
· 军休所和光荣院管理
· 民间组织管理
· 公益慈善事业
· 福利彩票
· 婚姻登记
· 收养登记
· 老龄工作
· 殡葬管理
· 区划地名管理
●残疾人事业……………………………（191）
· 概述
· 民生工程
· 残疾人康复
· 扶残助残
· 信访工作
· 专项工作

乡镇建设

新城办事处………………………………（193）
· 概述

·工商企业
·征地拆迁
·民生
·综治维稳
·计划生育
·文化
·教育
·社区建设
·环境综合治理
·党的建设
梅州高新技术产业开发区梅县区（扶大）园区管理委员会……………………（194）
·概述
·农业
·工商企业
·圩镇与农村基础设施建设
·民生
·综治维稳
·环境保护与治理
·土地保护与利用
·计划生育
·卫生
·文化
·教育
·党的建设
程江镇……………………………………（197）
·概述
·农业
·工商企业
·圩镇与农村基础设施建设
·环境保护与治理
·土地保护与利用
·民生
·综治维稳
·计划生育
·卫生
·文化
·教育
·党的建设
南口镇……………………………………（199）
·概述
·农业
·工商企业
·圩镇与农村基础设施建设
·土地保护与利用
·民生
·综治维稳
·计划生育
·文化
·党的建设
畲江镇……………………………………（201）
·概述
·农业
·工商企业
·圩镇与农村基础设施建设
·环境保护与治理
·民生
·综治维稳
·计划生育
·文化
·教育
·党的建设
·广东省工艺编织专业镇
水车镇……………………………………（203）
·概述
·农业
·工商企业
·征地拆迁
·圩镇与农村基础设施建设
·民生
·综治维稳
·计划生育

·卫生
·教育
·党的建设
·美丽乡村梅县示范点白沙村建设
·梅县区水车生物谷建设
梅南镇……………………………………（205）
·概述
·农业
·工商企业
·圩镇与农村基础设施建设
·环境保护与治理
·旅游
·民生
·综治维稳
·计划生育
·卫生
·文化
·教育
·党的建设
·广东省蔬菜专业镇
梅西镇……………………………………（207）
·概述
·农业
·工商企业
·圩镇与农村基础设施建设
·环境保护与治理
·土地保护与利用
·民生
·综治维稳
·计划生育
·卫生
·教育
·党的建设
石坑镇……………………………………（210）
·概述
·农业
·工商企业
·圩镇与农村基础设施建设
·环境保护与治理
·土地保护与利用
·民生
·综治维稳
·计划生育
·卫生
·文化
·教育
·党的建设
大坪镇……………………………………（212）
·概述
·农业
·工商企业
·圩镇与农村基础设施建设
·环境保护与治理
·土地保护与利用
·民生
·综治维稳
·计划生育
·卫生
·体育
·文化
·教育
·党的建设
城东镇……………………………………（214）
·概述
·农业
·工商企业
·圩镇和农村基础设施建设
·环境保护与治理
·土地保护与利用
·民生
·综治维稳
·计划生育

·卫生
·文化
·教育
·党的建设
·城东白渡产业园
·广东省机电专业镇
石扇镇……………………………………（217）
·概述
·农业
·工商企业
·圩镇和农村基础设施建设
·民生
·综治维稳
·计划生育
·卫生
·体育
·文化
·教育
·党的建设
·广东省金柚专业镇
丙村镇……………………………………（219）
·概述
·农业
·工商企业
·圩镇与农村基础设施建设
·旅游
·环境保护与治理
·土地保护与利用
·民生
·综治维稳
·计划生育
·卫生
·体育
·文化
·教育
·党的建设
雁洋镇……………………………………（222）
·概述
·农业
·工商企业
·圩镇与农村基础设施建设
·旅游
·环境保护与治理
·土地保护与利用
·民生
·综治维稳
·计划生育
·卫生
·体育
·文化
·教育
·党的建设
·广东省旅游专业镇
白渡镇……………………………………（227）
·概述
·农业
·工商企业
·圩镇与农村基础设施建设
·民生
·综治维稳
·计划生育
·卫生
·文化
·教育
·党的建设
松口镇……………………………………（230）
·概述
·农业
·工商企业
·圩镇与农村基础设施建设
·旅游
·环境保护与治理

·土地保护与利用
·民生
·综治维稳
·计划生育
·卫生
·体育
·文化
·教育
·党的建设
·中国历史文化名镇、名村
隆文镇……………………………………（233）
·概述
·农业
·工商企业
·圩镇与农村基础设施建设
·旅游
·环境保护与治理
·土地保护与利用
·民生
·综治维稳
·计划生育
·卫生
·文化
·体育
·教育
·党的建设
桃尧镇……………………………………（235）
·概述
·农业
·工商企业
·圩镇与农村基础设施建设
·旅游
·环境保护与治理
·民生
·综治维稳
·计划生育
·教育
·党的建设
松源镇……………………………………（237）
·概述
·农业
·工商企业
·圩镇与农村基础设施建设
·旅游
·环境保护与治理
·土地保护与利用
·民生
·综治维稳
·计划生育
·卫生
·文化
·教育
·党的建设

国民经济主要指标

（一）2017年梅县区主要经济指标
（综合）……………………………………（241）
（二）2017年梅县区主要经济指标
（人口）……………………………………（242）
（三）2017年梅县区主要经济指标
（农业）……………………………………（243）
（四）2017年梅县区主要经济指标
（工业、能源）……………………………（251）
（五）2017年梅县区主要经济指标
（建筑业）…………………………………（258）
（六）20117年梅县区主要经济指标
（交通运输）………………………………（258）
（七）2017年梅县区主要经济指标
（固定资产投资）…………………………（259）
（八）2017年梅县区主要经济指标
（房地产）…………………………………（261）

（九）2017 年梅县区主要经济指标
（贸易业、物价）……………………（261）
（十）2017 年梅县区主要经济指标
（劳动工资）…………………………（262）
（十一）2017 年梅县区主要经济指标
（居民生活）…………………………（272）
（十二）2017 年梅县区主要经济指标
（财政、金融、保险及对外经济）…（274）
（十三）2017 年梅县区主要经济指标
（教育、卫生、体育）………………（277）

内设机构

2017 年年底梅县区直和各部门内设
机构……………………………………（279）
2017 年年底梅县区各镇（办事处、
高管会）内设机构……………………（285）

名　录

●领导干部名录
2017 年年底梅县区领导班子成员
名单…………………………………（289）
2017 年年底梅县区直和各部门领导
干部名单……………………………（290）
2017 年年底梅县区各镇（办事处、
高管会）领导干部名单……………（299）
●先进名录
先进单位……………………………（304）
先进个人……………………………（307）

文 献 辑 存

●中共梅州市梅县区委工作报告摘要……（309）
●政府工作报告
——2017 年 5 月 31 日在梅县区第一届
人民代表大会第二次会议上……………（313）
●中共梅州市梅县区委　梅州市梅县区人民政府
关于 2017 年度镇级工作绩效考核的实施
办法……………………………………（322）
●中国共产党梅州市梅县区委员会工作
规则……………………………………（348）
●梅县区精准扶贫建档立卡无劳动能力
贫困户纳入基本生活保障实施方案
（2017—2020 年）……………………（354）
●梅州市梅县区政府性债务风险应急
预案……………………………………（362）

索　引

●主题索引……………………………（369）

大事记

大 事 记（2017 年）

1月

1月7日至8日，中共广东省委副书记、代省长马兴瑞率队到梅县区调研基础设施项目建设。

元月上旬，广东十大海上丝绸之路文化地理坐标名单出炉，梅县区松口镇上榜。

元月中旬，BPW 公司获评海关高级认证企业，为梅州市首家，可享受 31 个国家和地区提供的海关便利措施。

1月17日，中共梅县区委副书记、区长钟光灵主持召开 2017 年第一次政府常务会议。

2月

2 月初，梅县区被国家卫计委授予“2014—2016 年全国计划生育优质服务先进单位”荣誉称号，为梅州区唯一上榜单位。

2月12日凌晨，一辆面包车在梅河高速公路梅县往兴宁方向行驶时，在鸡雄山隧道口与一辆装载纤维板的货车追尾起火，造成6死3伤特大交通事故。

2月15日下午，广东省司法厅党委委员、副厅长饶伟平一行到梅县区调研指导社区矫正中心建设工作。

是日下午，广铁集团指挥长陈洪波率队到梅县区调研松棚铁路货场项目。

2月16日，梅县区预警应急指挥中心建成。

2月20日上午，俄罗斯中国中原商会会长、梅州—莫斯科经贸文化联络处主任马强到梅县区参观考察。

2月26日，由十记果业有限公司承建的梅州市客都电子商务运营服务中心正式揭牌成立。

3月

3 月 1 日，中国农业发展银行广东省分行党委书记、行长周良伟一行到梅县区参观考察。

是日，中国工程院院士谭建荣一行到梅县区参观考察。

是日，梅县区行政服务中心正式启动“一门式一网式”政府服务模式，成为梅州市首个在区、镇两级同步实现“一门式”政府服务改革的县（市、区）。

3 月 7 日至 9 日，广东省扶贫办副主任宋宗约一行到梅县区开展精准扶贫调研工作。

3 月上旬，梅县区召开省道 242 线，梅县新城至梅西的西部旅游快线规划评审会，计划 2019 年建成投入使用。全长 30.39 公里，按二级公路标准设计。途经程江、南口、大坪、梅西四个镇。

3 月上旬，梅县区国税获国家税务总局表彰，被授予先进集体称号，为广东省五个获奖单位之一，梅州唯一获此殊荣的单位。

3 月中旬，梅县区工商联获评全国“五好”县级工商联，连续三年获此殊荣。

3月14日前，水利部、中科院调研组到梅县区开展红壤丘陵区水土流失防治成效评估与对策调研工作。

3月16日，广东省教育厅副厅长王创率队到梅县区调研教学设施设备配置、教育经费投入等情况。

是日，梅县外国语学校与加拿大哥伦比亚国际学院举行合作仪式签约，正式缔结为姊妹学校。

3 月中旬，中共梅县区委区政府结合梅州市城市规划发展要求，提出在广梅路与梅塘西路交叉路口（锭子桥圆盘处）建成梅县区首座立交桥的计划。

3 月 30 日，由广东省妇联副主席刘兰妮率队来梅调研家庭教育工作。

4月

4 月 7 日上午，梅县区召开全区村（社区）“两委”换届选举工作会议。

4 月上旬，广东宝丽华新能源股份有限公司在北京召开的中国上市公司协会第二届会员代表大会上，当选常务理事单位，董事长宁远喜当选中国上市公司协会副会长。

上旬，梅县区获评省级青少年校园足球试点县（区），梅县区丙村中学、新城中心小学、丽群小学、程江镇中心小学和石坑中学等 5 所学校获评首批省级青少年校园足球推广学校。

4 月 21 日至 22 日，毛里求斯社会融合与经济增长部部长王纯万率团来梅考察。

4 月下旬，梅县区农产品检验检测中心投入运行，是梅州市首家一站式农产品检验检测中心。总投资 1600 万元，实现从田间到餐桌的检测。

4 月 26 日至 28 日，以广东省政协副主席姚志彬为顾问、省政协人口资源环境委员会副主任梁建伟为组长的“加快推进广东水运事业发展”专题调研组来梅调研。

4 月 28 日，是伟大的无产阶级革命家、政治家、军事家叶剑英诞辰 120 周年纪念日，中共梅州市委、市政府举行纪念叶剑英诞辰 120 周年系列活动。

5月

5 月初，梅县区全面启动全国残疾预防综合试验区创建试点工作。上年 10 月，梅县区成功申报全国残疾预防综合试验区创建试点，成为广东省 3 个创建试点之一。

5 月 3 日晚，中共梅县区委书记、区长钟光灵主持召开区委常委（扩大）会议。

5 月下旬，梅县区国家知识产权强县工程试点区顺利通过省考核验收组的综合考评验收，并获优秀等次。这是梅州市首个国家知识产权强县工程试点区。

5 月 31 日，梅县区第一届人民代表大会第二次会议在区文化活动中心隆重开幕。

是日，政协第一届梅州市梅县区委员会第二次会议在区文化活动中心开幕。

6月

6 月 2 日， 梅州市梅县区第一届人民代表大会第二次会议举行第三次全体会议，经大会选举，张运全当选梅州市梅县区人民政府区长。

6 月初，梅县区石扇镇肖巧红家庭获评 2017 年全国“最美家庭”，是梅州市唯一获此殊荣的家庭。

6 月 6 日，广东省中小企业局副局长黄建明带队到梅县区调研中小企业服务体系建设情况。

6 月上旬，梅县区与广东省广业集团有限公司，省冶金建筑设计研究院等单位，签订环境综合整治与修复项目（污水处理）设施合作项目，总投资 8 亿元，2018 年底完成。

6 月中旬，梅县区举行创建全国残疾预防综合试验区重点干预项目启动暨技术培训会，成为广东 3 个创建试点之一。

6 月 20 日，香港中联办副主任陈冬一行到梅县区参观考察。

6月22日下午，中共广东省委组织部副部长武延军率队到梅县区调研干部监督工作。

6月22至23日，司法部社区矫正管理局局长姜爱东、省司法厅副厅长饶伟平率调研组到梅县区开展社区矫正工作调研。

6月23日，广东省第二届百县（区）足球赛总决赛在江门闭幕，梅县队5比1大胜深圳福田队，继2012年后再次夺冠。

6月下旬，梅县区入选全国百个果菜茶有机肥替代化肥试点县，获3000万元补助，是梅州唯一入选县。

6月下旬，梅县区“区、镇、村”三级食品监管网络全面建立，农村集体聚餐举办前要备案，并全程监督，800人内由镇食药监督所负责全程监管；800人以上由区食药监局派人参与监管。

6月28日，梅州客商银行正式开业，客商银行由宝新能源与塔牌集团发起创建，这是国家启动民营银行试点后，首家在梅州地区注册，资本超过10亿元的法人金融机构（民营银行）。

6月29日，广东省发改委党组书记魏宏广、省机场集团总经理温文星率队到梅县调研梅县机场迁建选址工作。

7月

7月5日，清华大学副教授、国家住建部传统村落保护专家委员会副主任委员罗德胤，北京清华同衡规划设计研究院传统村落研究所所长孙娜，中国乡村复兴论坛秘书长李永良等一行到梅县考察。

7月上旬，梅县区举行区委巡察机构、区纪委派驻机构揭牌仪式暨第一轮巡察工作动员大会。

7月6日，梅县区广东客都物业发展股份有限公司，广东力天世纪传媒股份有限公司和广东客家园林股份有限公司等3家企业在北京举行“新三板”挂牌敲钟仪式，梅县“新三板”企业达8家。

7月上旬，梅州南洋（思乡）食品有限公司的商标“老白渡”被认定为第五批“广东老字号”，至此，梅州市有5家“广东老字号”企业。

7月13日，广东省工商业联合会（总商会）第十二次代表大会在广州召开，省政协常委、广东宝丽华集团有限公司董事局主席叶华能当选省总商会名誉会长，董事长宁远喜当选省总商会副会长。

7月14日，梅县区程江镇西山村召开妇女联合会，为梅县首个“会改联”村级妇女联合会。

7月17日下午，区委书记钟光灵主持召开区委常委会议。

8月

8月8日，梅县区召开巡察工作会议。

8月8日至9日，中国音乐家协会副主席、上海音乐学院副院长廖昌永一行到梅县参观考察。

8月25日，梅州市首个“国家农产品质量安全县”正式挂牌，全省共有4个县获此殊荣。

9月

9月初，梅县区两间新学校启用，这两间学校分别是梅县区职业学校附属小学（该小学由区第一职校西桥校区升级改造而成）和梅县区特殊教育学校（拆除三葵小学旧址新建而成）。

9月下旬，梅县区南口镇被列入广东省技术创新专业镇名单（文化旅游专业镇）。

10月

10月下旬，中山大学附属第三医院粤东医

院与梅县区11家乡镇卫生院正式签约，成立医疗联合体，联合体成立后，乡镇卫生院将得到技术、人才支持和科研合作。

10月下旬，梅县区创建省级慢性病综合防控示范区工作，通过省考核组考核。

10月28日，梅县铁汉生态足球队顺利晋升中国足球甲级队，这是梅县首支成功冲甲的足球队。

11月

11月5日，“梅县腌面”全国首家旗舰店在梅县区正式开业。

11月中旬，梅县区新城水厂首期工程竣工，预计2018年元旦前投产使用，每天可增供水10万吨，满足40万人用水需求。该项目是2017年省重点工程项目，总投资3.23亿元。

11月16日下午，国际足联理事、中国足协常务副主席兼秘书长张剑率队到梅县调研足球发展工作。

11月17日，梅县区举行73个重点项目的动工、竣工、签约仪式。

11月18日，梅县区程江镇中心小学获评“全国文明校园”，是梅州市唯一获评全国文明校园的小学。

11月中旬，梅县区石扇镇的广东省首个现代农业示范区生物预警和气象综合监测站建成揭牌。

11月下旬，梅县区中医医院、梅县区松口镇中心卫生院获评“广东省健康促进医院”，全市6家医院榜上有名。

下旬，梅县区农业局获评广东省农业厅举办的“化肥农药零增长技术进万家活动”先进单位。

11月30日，广东省委农办主任陈祖煌到梅县区调研美丽乡村建设情况。

11月底，梅州市公布第六批文物保护单位名录，松口火船码头、松江大酒店入选。

12月

12月4日上午，中央党史研究室研究员、享受国务院特殊津贴专家王新生率队到梅县区调研考察革命史迹。

12月11日至12日，第四届全国侨联主席、著名侨领庄炎林率中国梦·客侨心邮轮客侨小镇项目考察团到梅县区考察。

12月上旬，梅县区入围省旅游综合竞争力十强县（市），名列第三，连续七年获此殊荣。

12月12日上午，位于梅县区城东镇潮塘村的省重点项目——古梅梦景文化旅游产业园正式动工建设。

是日，第二届全国名镇论坛暨第二批中国名镇志丛书出版座谈会在贵州黔东南州雷东县西江千户苗寨举行。梅县区《松口镇志》入选中国名镇志文化工程，这是广东省继东莞虎门镇、中山小榄镇后第三部入选中国名镇志丛书。地方志指导小组办公室、中国名镇志丛书编纂委员会为梅县区政府地方志办公室颁发荣誉证书和文化工程牌匾。

12月中旬，梅县区城东镇潮塘村省重点项目——古梅梦景文化旅游产业园正式动工建设。该项目由广东珠光集团有限公司投资30亿元建设，项目分两期建设，建设周期为8年。

中旬，梅县区工商联获评全国“五好”县级工商联，该工商联连续四年获此殊荣。

12月18日，梅县区扶大高管会三葵村的PM-B17087号地块，经过72轮角逐，被梅州盈方众创实业有限公司拍得。成交楼面地价逼近3000元/平方米。

12月18日至19日，彭精一后裔、美国英特尔公司平台工程部总经理彭肯恩博士首次回梅州参观考察，寻根问祖。

梅县区概况

基本概况

【位置面积】 梅县区位于广东省东北部，韩江上游，梅州市中部。介于北纬 23° 55′ —24° 48′ 、东经 115° 47′ —116° 33′ 之间，东西宽 78 公里，南北长 98 公里；东邻大埔，西界兴宁，南连丰顺，北接蕉岭；东北与福建省上杭、永定毗连，西北与平远接壤，中部环接梅州市梅江区。2017 年底，全区总面积 2482.86 平方公里；向有“八山一水一分田”之说，盆地、丘陵、山地分别占总面积 22.5%、55.4%和 22.1%。

【自然环境与资源】 境内千米以上山峰 9 座，最高阴那山五指峰 1297 米，次为王寿山 1147 米。主要河流有梅江河、石窟河、程江河和松源河，梅江为主干流（母亲河），流经区境约 70 公里，年平均径流总量 90 多亿立方米，水能理论蕴藏量 30 万千瓦，占全县水能理论蕴藏量 40.13 万千瓦的 75%。隆文镇岩前村“绿窟源”是近期发现的国内首个顶级待开发的水下全淹洞。

矿产资源以大理石、煤、铁、锰、钨、锌、铜、石灰石等为大宗，其中大理石储量 40 多亿吨、煤近 4 亿吨、铁 1318 万吨、锰 700 万吨。

野生动物资源兽类主要有野猪、黄猄、大灵猫（五段子）、狐、狸、野兔、黄鼠狼、豪猪、松鼠等 10 多种，禽类有竹鸡、雉鸡等，鸟类有斑鸠、鹧鸪、猫头鹰、喜鹊等 10 多种，鱼类有河鲶、斑鱼、黄鳝、泥鳅等近 10 种，两栖爬行类有田螺、鳖鱼、龟、青蛙、穿山甲、金环蛇、银环蛇等 10 多种。

植物资源主要有金柚、茶叶、柑橙、香蕉、柿子、西瓜、烤烟、仙人草、竹笋、南药等。

【气候】 2017 年，梅县区年平均气温 22.0℃，比历年平均偏高 0.4℃；年降水量 1396.6 毫米，比历年平均偏少 7%；年日照时数 1831.4 小时，比历年平均偏少 1%。年极端最高气温 38.1℃，出现在 8 月 21 日，年极端最低气温 2.3℃，出现在 12 月 21 日。最冷月（12 月）平均气温比历年同期平均偏高 2.6℃，最热月（8 月）平均气温比历年同期平均偏高 0.5℃。年一日最大降水量 60.4 毫米，出现在 6 月 17 日。

受高空槽和切变线影响，5 月 15—16 日梅县区出现局部大暴雨。受第 2 号台风“苗柏”和西南季风影响，6 月 13—19 日出现连续性的强降水过程，其中 13 日和 17 日出现暴雨。

【旅游景区景点】主要有国家 AAAAA 级旅游景区雁南飞度假村，国家 AAAA 级旅游景区叶剑英纪念园、雁鸣湖度假村、千年古刹灵光寺，国家 AAA 旅游景区南寿峰健康产业园，省文物保护单位元魁塔，最具代表性的中国五大特色建筑客家民居围龙屋南华又庐、丙村温公祠，国家级文化产业园南口麓湖山庄，国家级古村落水车茶山村、南口侨乡村，广东省十大最美古村落雁洋桥溪村、国家历史文化名镇和历史文化名街松口、世界最大圆形建筑——梅县文体中心，主要地方名胜阴那山、王寿山、九龙嶂等。

【荣誉与人物】 梅县区先后荣获中国金柚之乡、全国水果百强县、中国旅游强县、全国文化先进县、中国民间艺术之乡（山歌艺术之乡）、全国绿化模范县、全国绿色小康县、全国文明县城、全国卫生城市等称号，并被确认为中央苏区县、中国长寿之乡。是传统的文化之乡、足球之乡、华侨之乡。客家文化源远流长，客家话方言以梅县客家话为代表，文化底蕴深厚，孕育出不少杰出人物。著名的有清代著名诗人宋湘、黄遵宪，辛亥革命烈士陆军上将邓仲元，中华人民共和国开国元勋、全国人大常委会委员长叶剑英，现代著名画家林风眠，全国政协副主席叶选平，全国人大常委、香港金利来集团有限公司董事局主席曾宪梓，两院“院士”古德生、张楚汉等14人。

【行政区划】 2017年底，梅县区设新城办事处、扶大高新区管理委员会2个镇级建制单位和程江、南口、畲江、水车、梅南、梅西、石坑、大坪、城东、石扇、白渡、丙村、雁洋、松口、隆文、桃尧、松源17个镇，下辖355个村委会、32个居委会。全区人口出生率为13.22‰，死亡率为5.61‰，自然增长率为7.61‰。年末，全区户籍人口613346人，同比增长0.28%；其中，城镇人口287916人，同比下降0.57%，农村人口325430人，同比增长1.04%。

经济社会发展概况

【简述】 2017年，梅县区围绕振兴发展目标，扭紧“三大抓手”，主动适应经济发展新常态，全力推进“一区两带六组团”建设，不断优化产业结构，壮大实体经济，突出创新驱动发展，全力发展新型工业，全面推动经济、环境、民生等建设。全年全区完成地区生产总值（GDP）199.4亿元，同比增长5.3%。其中，第一产业增加值49.05亿元，同比增长3.7%，拉动GDP增长0.9个百分点；第二产业增加值71.64亿元，同比增长3.9%，拉动GDP增长1.5个百分点；第二产业中工业增加值59.67亿元，同比增长2.5%，拉动GDP增长0.8个百分点；第三产业增加值78.71亿元，同比增长7.6%，拉动GDP增长2.9个百分点。三次产业结构为24.6∶35.9∶39.5。全年公共财政预算收入完成19.73亿元，自然口径同比下降9.8%，可比口径同比下降8.1%。

2017年全区税收总收入33.82亿元，同比增长7.2%。其中，国税税收17.81亿元，增长40.99%；地税税收16亿元，下降15.4%。

全体常住居民人均可支配收入24014元，同比增长7.5%。其中：城镇居民人均可支配收入30473元，同比增长7.7%；农村居民人均可支配收入17364元，同比增长7.3% 。年末居民消费价格指数比上年同期上涨1.5%，商品零售价格指数比上年同期上涨1.5%。

全年固定资产投资完成187.17亿元，同比增长22.3%。其中：项目投资完成139.35亿元，同比增长32.5%；房地产投资完成47.82亿元，同比下降0.1%。在项目投资中，工业投资完成52.9亿元，同比增长33.2%；工业技改完成13.73亿元，同比增长13.5%。分产业看，第一产业投资0.58亿元；第二产业投资52.9亿元，同比增长33.2%；第三产业投资133.69亿元，同比增长18%。

全区62家房地产企业完成开发投资47.82亿元，同比下降0.1%。其中住宅投资31亿元，同比增长4%。商品房销售面积145.65万平方米，同比增长19.1%，其中住宅132.19万平方米，同比增长21.9%。商品房销售额82.78亿元，同比增长41.8%，其中住宅72.1亿元，同比增长50%。商品房待售面积92.98万平方米，同比下降18%。

【工业】 2017年，全区102家规模以上工业企业完成产值157.2亿元，同比增长2.9%；实现规模以上工业增加值42.9亿元，同比增长0.7%。畲江工业园区31家规上工业企业完成产值46.2亿元，同比增长32.4%。规模以上工业产值按经济类型分：国有企业产值13042万元，同比增长33.8%；集体企业产值6669万元，同比增长

37.5%；股份合作企业产值8905万元，同比增长10.3%；股份制企业产值1236260万元，同比增长1.1%；外商及港澳台投资企业产值280883万元，同比增长5.4%；其他经济类型企业产值26038万元，同比下降5.2%。

规模以上工业七大支柱产业完成产值127.1亿元，同比增长2.8%。产值分类具体如下：电力生产业完成产值343524万元，同比下降25%；电子产品业完成产值223602万元，同比增长2.7%；机械制造业完成产值277096万元，同比减少1.1%；医药化工业完成产值58146万元，同比增长2.6%；工艺美术品业完成产值158628万元，同比增长230.6%；建材业完成产值189531万元，同比增长20.6%；矿产品业完成产值20812万元，同比增长9.8%。

全区（含畲江园区）备案入笼的工业投资（含技改投资）项目共74个，年底有36个项目完工投产，38个项目正加紧推进。其中，超华科技、嘉元科技、航鑫科技二期、BPW（梅州）车轴有限公司、鸿荣重工等增资扩产项目投产；盛富金属制品、金蔡光伏发电等新引进项目竣工投产；401厂胶状乳化炸药生产线、宝丽华电力发电机组脱硫技术等项目按计划推进。2017年工业投资超额完成市下达梅县区全年45亿元的目标任务，连续两年增幅超过30%，呈现较强的发展后劲。

全年实施技术改造规模以上工业企业16家（含园区6家），智能化技术改造示范企业1家，新增机器人应用36台（含园区5家）；全区备案技改项目21个，项目总投资9.61亿元，固定资产投资8.44亿元，预计项目完成后新增销售收入15.28亿元，新增利润2.17亿元；组织规上企业向省、市、区争取技术改造和技术创新类项目共5个专题26个小项，全年获工业企业技改扶持资金2718.9万元（其中，BPW等四家企业获事后奖补资金1972.9万元；鸿荣重工获省技改资金100万元；航鑫获市级风险补偿资金融资贷款420万元；嘉元等3家企业获设备更新和机器人及智能装备应用专题项目资金共226万元）。超华科技等23家获区级贷款贴息813.79万元；全年办理"助保贷"企业10家，金额达到5940万元。

【农业】 2017年，全区完成农林牧渔业总产值78.8亿元，同比增长3.7%。其中，农业产值62.32亿元，同比增长4.0%；林业产值1.02亿元，同比增长9.0%；牧业产值10.96亿元，同比减少0.1%；渔业产值3.14亿元，同比增长8.6%；农林牧渔服务业产值13.61亿元，同比增长14.2%。全区实现农林牧渔业增加值49.65亿元，同比增长3.9%。

全年农作物总播种面积5.76万公顷，全年粮食产量19.18万吨，同比增长0.1%；其中水稻面积2.35万公顷，总产16.29万吨；全年水果总产量80.5万吨，同比增长2.6%。其中，全年金柚面积1.93万公顷，柚子产量55.9万吨，同比增长2.4%。茶叶种植面积1013公顷，产量946吨；全年蔬菜复种面积1.33万公顷，其中梅南镇是省级蔬菜专业镇，全镇蔬菜种植面积包括复种面积共有805.3公顷，全区种植的主要品种有番茄、菜椒、苦瓜、丝瓜、冬瓜、豆角、萝卜，形成了七大种植基地。经济作物产量中，花生同比减少4.5%，烤烟同比减少3.7%，蔬菜同比增长1.7%，甘蔗同比增长0.7%。全年生猪饲养量57.56万头，同比减少3.4%；猪肉产量2.84万吨，同比增长0.3%；水产品产量3.08万吨，同比增长5.0%；三鸟饲养量889.6万只，同比增长0.9%。

全年完成造林2480公顷，其中工程造林1026.67公顷，地方财政暨社会投资造林1153.3公顷，封山育林300公顷。完成景观林带建设20公里，完成森林抚育任务8400公顷，其中新造林抚育5066.67公顷、中幼林抚育3333.3公顷。

至年底，建成省级专业镇3个，市级专业镇3个，种养专业村211个；培育发展区级以上农业龙头企业161家，其中：省级23家、市级42家；农民专业合作社985家；家庭农场1092家。2017年认定为国家农产品质量安全县。且是国家现代农业示范区。

【招商引资与园区建设】 2017 年全区引进投资额 5000 万元以上项目 21 个，计划投资总额 103.19 亿元，已投入金额 35.48 亿元。其中，工业项目有 13 个，计划投资总额 40.54 亿元，已投入金额 4.2 亿元。第五届世界客商大会梅县区有 73 个总投资 490 多亿元的重点项目参加“签约、动工、竣工”活动，其中签约的项目共有 18 个，计划投资 109 亿元，主要涉及工业、商贸和文化旅游等产业。

全年广州增城市（梅县区）产业转移工业园梅县集聚地完成固定资产投资 24.68 亿元，规模以上企业实现工业增加值 9.8 亿元，同比增长 13.6%，实现税收（全口径）2.4 亿元，同比增长 29.8%。

总投资 20 多亿元的梅县产业集聚地基础设施建设和畲江园区服务配套项目及梅县区城市扩容提质工程项目，积极采用PPP模式不断完善集聚地基础配套设施建设。完成畲江园区征拆土地 120 公顷，场地平整 100 公顷；城东白渡园快速干线、平整场地 86.67 公顷等前期工作。城东白渡园区落户企业 43 家，36 家企业已投产，其中规模以上企业 23 家。航鑫科技二期、御固无人机、明宇新材料等项目正加快推进建设，超华科技投资 30 亿元在梅州坑建设新型电子信息产业基地，目前正在开展建设前期工作。畲江园区广州中新集团汽车零部件制造、广东盈方创投、深圳安盛华集团、琉璃光电力设备等项目正加快推进建设。水车产业园已与广州远信网络科技、广东分子态签订入园协议，正在与中大南药、番石榴医药加工等入驻洽谈。

【电子商务】 2017 年，梅县区园区引进了云电商基金、阿里巴巴跨境贸易、京东、广东引领、客家村镇银行金融服务中心等 62 家电商企业进驻（其中包括 “广货网上行”百家商城 1 家、千家网店 3 家、广东省电子商务示范服务商 1 家），此外，还引进了包括“乐村淘”等全国知名农电商平台入驻梅县区。至年底，全区电子商务产业园交易额达 15 亿元，比上年同期增长 20%，带动全区实现电商交易额 31.2 亿元，实现税收 700 多万元。

【旅游】 2017 年，梅县区继续擦亮“中国旅游强县”金字招牌，打响“叶帅故里、客都明珠、国际慢城”的特色旅游品牌。连续七届荣获县域旅游综合竞争力十强，2017 年位居全省第二。全年接待游客 1814 万人次，同比增长 11%；总收入 151 亿元，同比增长 11.2%。

结合《梅江韩江绿色健康文化旅游产业带发展规划（2016—2030）实施方案》，聘请北京大衍致用旅游规划团队对原《梅县区旅游产业发展总体规划》进行优化修编，按《梅县区全域旅游总体规划》要求，东部以雁洋特色小镇为核心，向松口古镇、王寿山旅游资源开发为主，重点打造养生休闲度假、客家文化游；南部，以九龙嶂革命老区的红色旅游资源、绿色山水为依托，进一步开发爱红色旅游、休闲养生以及漂流探险参与性项目；西北部，以西部旅游快线建设为契机，加快沿线古村落古民居、乡村旅游开发，激活洞天湖水库旅游开发，带动银杏林等旅游资源开发；中部城区以梅县新县城、槐岗新城、葵岗新城建设为中心，布局发展城市休闲和商务旅游，构建全域旅游发展基本框架。年底前，打造梅南九龙、水美、龙岗和水车白沙连线红色旅游和乡村旅游品牌。

【固定资产投资】 2017 年，全区固定资产投资完成 187.17 亿元，同比增长 22.3%。其中：项目投资完成 139.35 亿元，同比增长 32.5%；房地产投资完成 47.82 亿元，同比下降 0.1%。在项目投资中，工业投资完成 52.9 亿元，比增 33.2%；工业技改完成 13.73 亿元，比增 13.5%。分产业看，第一产业投资 0.58 亿元；第二产业投资 52.9 亿元，同比增长 33.2%；第三产业投资 133.69 亿元，同比增长 18%。

全区 62 家房地产企业完成开发投资 47.82 亿

元，同比下降 0.1%，其中住宅投资 31 亿元，同比增长 4%。商品房销售面积 145.65 万平方米，同比增长 19.1%，其中住宅 132.19 万平方米，同比增长 21.9%。商品房销售额 82.78 亿元，同比增长 41.8%，其中住宅 72.1 亿元，同比增长 50%。商品房待售面积 92.98 万平方米，同比下降 18%。

【基础设施建设】 交通设施建设 2017 年交通基础设施完成投资 32.4 亿元，比增 77%，其中铁路 16.2 亿元，高速公路 5.9 亿元，普通公路 8.5 亿元。完成梅平高速公路梅县区段长 5 公里，总投资 5 亿元，实际完成投资 2.3 亿元；梅大高速公路梅州东环支线长 15 公里，总投资 20.1 亿元，实际完成投资 3 亿元；长深高速公路葵岗互通立交对接葵岗高铁西站，估算总投资 2.43 亿元，全年投资 0.6 亿元完成征拆和前期工程。

完成省道 S242 线梅西至程江公路建设工程（西部旅游快线）全长 32.45 公里，其中主线长 30.61 公里，支线长 1.84 公里的项目立项，并进行勘察设计招标和 PPP 入库工作。

完成新农村公路硬底化 60 公里、安全生命防护工程 50 公里。新开通行政村公交 11 条，城乡公交线路增至 51 条。

农业生产条件 全年完成投资 11.6 亿元，实施水利工程项目 42 宗，完成灌区改造等一批农村水利工程，改善及新增灌溉面积 8 万亩。现代标准农田建设加快，实施规模 2.54 万亩。建成全省首个现代农业示范区生物预警与气象综合监测站，水稻全程机械化等现代农业装备、技术推广应用，水稻机耕率达 97%，农业生产条件不断夯实。

信息能源建设 354 个农村超高速无线局域网试点村建设任务全部完成，在全市率先完成建设任务。农村信息网络、电网改造等基础设施建设稳步推进。燃气供应保障能力不断增强，铺设天然气市政管道 25 公里、庭院管道 50 公里，丙村、雁洋等 12 个乡镇管道天然气工程有序建设。

【城乡建设】 新县城建设 2017 年抓好梅县新城、槐岗新城、葵岗新城、雁洋新城和畲江新城五城规划建设，重点抓好梅县新城扩容提质项目建设，全年扩容项目 55 个，总投资 485.87 亿元，其中，已竣工项目 17 个，总投资 70.44 亿元；在建项目 26 个，总投资 54.7 亿元；拟动工项目 12 个，总投资 63.73 亿元。建成区面积 20 平方公里，建成区绿化覆盖率达 42.46%，绿地率达 36.30%，人均公共绿地面积为 16.8 平方米。全年棚户区改造项目实现固定资产投资 2.9 亿元；地下管廊项目所里平安路、公园南路、三丰二路、三葵二路、外环路段顺利开工建设，实现投资额 6 亿元。剑英大道延长线、客都大桥连接线基本完工，新城自来水厂即将投产，启动建设公园北路和剑英大道 2 座人行天桥，打通了一批断头路，加快推进新城地下综合管廊、进城大道、亲水公园二期及程江河景观提升工程建设。槐岗片区、葵岗片区控制性详细规划工作取得成效。

美丽乡村建设 积极推进松口古镇和南口文化旅游特色小镇的申报，完成全区镇级总体规划修编，区、镇、村全面完成“一门式一网式”政务服务平台建设，实现老百姓“家门口办事”。

聘请专业团队进行规划，全区突出一条美丽乡村主题游览路线，两条乡村景观轴线，四大美丽乡村组团，打造“山水梅县·客韵乡村”全域美丽乡村。创新推行“地票”措施，扎实推进 32 个省定贫困村新农村示范村“三清三拆三整治”工作，村庄卫生环境整治基本完成。投资 5800 万元的 8 个高速公路出口美丽乡村示范点建设工作基本完成。

【建筑房地产业】 实现全区建筑业总产值 25.33 亿元，同比增长 11.66%。全年新增建筑企业 1 家，企业总量增至 35 家。全年办理 144 项竣工验收备案，建筑面积 125.15 万平方米，投资金额 21.18 亿元，有 93 项工程进行招标告知性备案。全年发放商品房预售许可证 115 宗，与上年同比增长 12.75%，批准预售面积 121.63 万㎡、10154 套，分别同比增长 32.03%和 39.34%。全区实际销售 12105 套，同比减少 0.62%，销售面积 132.58 万平方米，同比增长 6.56%，销售均价 5908 元/平方米，同比增长 20.67%。2017 年，市政府下达梅县区非住宅商品房去库存任务是 2.5 万平方米，全年净化解非住宅商品房 2.543 万平方米。全年批准成立 9 家公司，开发公司的总数达 130 家。年底，全区共成立小区业主委员会 105 个，物业公司有 17 家。

【社会民生】 2017 年，全区筹集各类帮扶资金 2.75 亿元，实施帮扶项目 4.4 万多个，精准扶贫精准脱贫取得成效，全区 71%相对贫困人口实现脱贫。十大民生实事 40 个项目基本完成。全年组织全区各类专业技术人员 7058 人开展继续教育公需科目的培训学习，组织城乡劳动力技能晋升培训 1091 人，完成技能等级证书人数 914 人，新增转移就业 11333 人。

使用省级创业就业专项资金 206.79 万元，创业贴息贷款 66 户 227.03 万元，创业带动就业补贴 24 家共 128 人、补贴金额 32.4 万元。安置城镇新增就业人数 4208 人，帮助失业人员实现再就业 3402 人，帮助就业困难人员实现就业 357 人，城镇登记失业率控制在 2.42%。

至 2017 年底，全区累计征收社保费 6.7836 亿元，完成全年任务 6.0838 亿元的 111%。其中：①企业职工养老保险累计征收 4.7188 亿元，占全年任务 4.2738 亿元的 110%；②失业保险累计征收 971 万元，占全年任务 899 万元的 108%；③职工医疗保险累计征收 1.7517 亿元，占全年任务 1.5537 亿元的 112%；④工伤保险累计征收 1334 万元，占全年任务 1000 万元的 133%；⑤生育保险累计征收 826 万元，占全年任务 664 万元的 124%。⑥城乡居民医疗保险累计征收 8856 万元；⑦城乡居民养老保险累计征收 2260 万元。

做好城乡居民基本养老保险待遇领取资格认证与生物特征采集工作，将人脸自助设备安装到各镇（高管会、办事处），全年共采集 56455 人。建立欠薪施工企业“黑名单”制度，依法依规做好治理工程建设领域欠薪和处置劳资纠纷。全年检查、督查、巡查用人单位 219 家，涉及劳动者 17918 人，发出整改通知 4 份，纠正违法行为 4 宗。对因拖欠工资问题引发的劳动争议，纳入“绿色通道”，共受理投诉案件 63 件，为 200 多名劳动者追回工资 190 多万元，追发劳动报酬达 390 万元。

全年处理劳动人事争议案件 260 宗，其中立案受理 256 宗、不予受理 4 宗，涉及劳动者人数 273 人，涉案金额 577.06 万元。立案受理案件中含劳动报酬案件 71 宗、解除劳动关系案件 154 宗、确认劳动关系案件 10 宗，社会保险案件 13 宗，其他 8 宗。当期审结案件数 260 宗，法定期限内结案率为 100%，其中仲裁裁决 37 宗、仲裁调解 211 宗、撤回仲裁申请 12 宗，调解率为 81.15%。

积极做好低保政策与扶贫政策有效衔接工作，切实做到应保尽保、应退尽退、精准帮扶，至年底，全区有低保对象 7646 户、16681 人，低保金支出 5047 万元。1 月起，全区城镇、农村低保补助标准分别为每人每月 460 元、210 元。

全区现有孤儿 57 人，分散、集中供养孤儿标准分别为每人每月 880 元、1450 元，累计发放基本生活费 66.62 万元；建立无人抚养儿童生活津贴制度，标准为 500 元/人月，全区有事实无人抚养儿童 188 人，累计发放 97.25 万元。

全区困难残疾人 4760 人，重度残疾人 10469 人，困难残疾人生活补贴每人每年 1800 元，重度残疾人护理补贴每人每年 2400 元，全年支出“两项补贴”3090 万元。

全区有农村五保供养对象 2085 人，农村五保供养标准为每人每月 810 元，全年发放五保金 1976 万元。

全年为全区城乡低保、特困供养、建档立卡贫困户购买城乡居民医保共计 446.5 万元，发放医疗救助金 796 万元，救助人数 2685 人。投入 75 万元补助资金完成 18 户因灾全倒户重建家园。2017 年吸引社会资本投资兴建养老机构 7

家，预计可增加养老床位800张；年底全区公办养老机构有21家、民办养老机构5家，居家养老服务中心1家，拥有养老床位数3017张，每千名老年人拥有床位数27.3张。

采取“一村一策、一户一法”扶贫方法，对建档立卡贫困人口实施精细化管理，对扶贫资源实行精细化配置，通过入股光伏产业和龙头企业等分红收益、发展种养、转移就业、政府兜底等措施对贫困户实行精细化帮扶。对有劳动能力的量身制订产业帮扶、资产收益、小额贷款和转移就业，实现增收稳定脱贫；对无劳动能力的优先落实低保、五保等政策进行兜底，对未纳入低保五保的无劳动能力贫困户由区财政兜底纳入基本生活保障；对因病致贫的贫困户则落实医疗保险和实行大病救助等方式进行帮扶；对因学致贫的贫困户则落实教育帮扶政策，减免学杂费和给予生活补助等帮扶措施；对因灾致贫的贫困户和因残致贫的贫困户，则结合其家庭实际情况分别给予社会保障和产业、就业等帮扶措施实现稳定脱贫；对住房困难的贫困户，则落实住房改造资金，帮助贫困户解决住房问题，纳入危房改造927户，其中2017年纳入危房改造662户。2017年全区共筹集帮扶资金2.75亿元，实施帮扶项目4.4万个，其中，光伏发电项目27个，引进和培育壮大龙头企业35家，组建农民专业合作社67个，发展乡村旅游项目12个，建立电子商务平台40个，帮助转移就业1085人。全年脱贫2315户，6695人，实现脱贫73%。

【国土资源】 2017年，梅县区有耕地面积21074.14公顷（其中基本农田16216.89公顷）、园地17928.76公顷、林地179941.08公顷、草地2069.92公顷、城镇村及工矿用地12467.29公顷、交通运输用地3621.21公顷、水域及水利设施用地7667.39公顷，其他土地2918.84公顷。年底，全区有31家矿山企业（12家建筑石场、2家矿泉水企业、3家铁矿、1家铜矿、10家石灰石、1家银锑矿、2家大理石）。

2017年报批梅大高速东环支线、G205国道至白渡梅州坑工业园区道路、城镇批次等重点项目共占用耕地37.66公顷，补充耕地37.96公顷，其中城镇批次实现“占优补优、占水田补水田”补充水田15.834公顷，单独选址项目承诺改造水田18.07公顷。

全年在2个占用多划基本农田方案中，梅州东环高速公路于3月27日收到省国土资源厅的备案复函；长深高速公路葵岗互通立交工程已请省国土资源厅到现场踏勘并开展论证会。完成2017年度省级基本农田经济补偿和2016年度区级补偿资金拨付工作，拨付资金共991.72万元。完成由国土资源部门负责实施的2015年度畲江镇和水车、程江镇两个项目共662.2公顷高标准基本农田建设任务。做好2016年度由国土资源局实施的梅西镇、大坪镇2个项目共796.67公顷高标准基本农田建设任务，年底，2个项目已进场施工，计划在2018年3月底前完成施工任务。2017年全区需完成承诺改造水田任务5.87公顷，年末由粤水电集团实施改造28.8公顷水田项目已完成土地集约工作。未利用地开发补充水田有7个项目，建设规模约23.33公顷。

全年新增建设用地指标6宗，累计面积364.07公顷，其中经省审批城镇批次项目3宗，面积68.33公顷；单独选址项目3宗（高铁、梅平高速、东环高速），面积295.73公顷。上报至省国土厅尚未批准项目1宗，面积48公顷。年末正在组织用地报批2宗，面积69.67公顷。挂牌出让的新增国有建设用地使用权34宗，面积111.87公顷，出让金额11.65亿元；协议出让国有建设用地使用权7宗，面积12.07公顷，出让金额3356万元。其中，供应梅县产业集聚区工业项目用地11宗，面积28公顷。“三旧”用地出让1宗，面积0.27公顷，出让金额259万元。个人宗地补办出让及转让521宗，面积5.5公顷，出让金额1563万元；办理设施农用地备案6宗，面积2.13公顷。

全年共办理国有土地使用权出让评估91宗，面积159.33公顷，显化土地资产19.12亿元，其中：挂牌出让评估59宗、补办出让评估32宗；完成111宗国有出让土地抵押报告的备案。

【环境保护】 2017年，全区环境质量总体保持良好，局部得到改善。城区空气质量优良率98.9%；地表水水质基本达到划定功能区标准，饮用和备用水源水质达标率100%；城区环境噪声基本符合城市噪声质量标准

开展创建国家环境保护模范城市和文明城市活动。创模26个指标中，已有24项达标。在2016年度梅州市创建国家环境保护模范城市工作年度测评中，梅县区位列全市第一。严把建设项目环评审批关。全年审批项目97个，网上备案环境影响登记表项目131个，验收25个，办理排污许可证76个。争取中央、省环保专项资金943万元。2017年污染减排化学需氧量461.73吨、氨氮208.27吨、二氧化硫4807.98吨、氮氧化物1885.26吨。环境综合整治完成13家小砖厂整治，开展松源河、程江河流域沿河污染整治，深入推进程江镇周塘村、城东镇石月村、石下村环境综合整治工作。开展机动车污染防治，实施黄标车闯限行区电子执法，淘汰黄标车1400辆，完成锅炉淘汰整治14台套。对全区31家涉危险废物企业进行整治，规范危险废物管理，提高安全处置水平，杜绝非法转移行为。全年排污费入库额717万元。

【科技】 开展科技调研和科技计划项目申报工作，组织申报省级科技计划项目20项，获准立项7项，获得财政资金支持610万元。组织广东超华科技股份有限公司、广东嘉元科技股份有限公司、广东振声科技股份有限公司、广东航鑫科技股份公司和BPW（梅州）车轴有限公司等12家企业申请省级研究开发财政补助资金422.97万元。做好广东佳鸿达科技有限公司、广东绿园环保科技有限公司、广东泰鸿科技股份有限公司、广东骅锋科技股份有限公司和梅州正方网络有限公司等5家企业的26个项目取得技术合同登记金额共2573.06万元。

梅州市梅县区南口镇人民政府获批为省文化旅游技术创新专业镇，梅州市南寿峰健康产业园有限公司的“南寿峰健康产业园省级青少年科技教育基地”认定为广东省青少年科技教育基地，广东引领信息科技有限公司被确定为广东省众创空间试点单位，广东骅锋科技股份有限公司和广东自远环保股份有限公司2家企业批准组建省级工程中心。在列入梅县区建立研发机构考核任务的66家规上工业企业中，到年底实现26家企业建立研发机构，占比为39.39%；在列入区建立研发机构考核任务的19家1亿元以上工业企业中，到年底实现15家企业建立研发机构，占比为78.95%；在列入区建立研发机构考核任务的6家5亿元以上工业企业中，到年底实现研发机构100%全覆盖。

2017年有7项科技成果获市科学技术奖（二等奖1项，三等奖6项），计获奖单位11个、获奖科技人员83人次。

【教育】 2017年，梅县区有各类学校60所，其中：完全中学8所，初级中学17所，中心小学和直属小学28所，中等职业学校2所，教师进修学校、富力足球学校、特殊教育学校、青少年宫、技工学校各1所，全区有在职教职工5368人，中小学生66878人；适龄儿童入学率和小升初升学率100%，高中毛入学率96.06%。幼儿园114所，其中：区直属幼儿园1所、镇中心幼儿园19所、学校附设幼儿园18所、民办幼儿园76所；所辖幼儿园有省一级幼儿园1所，市一级幼儿园18所，区一级幼儿园20所，规范化幼儿园88所；全区幼儿园有教职工2284人，教师学历达标率为100%；在园幼儿20978人，学前三年毛入学率99.8%。

2017年全区有考生3892人，上重点本科线209人，比上年增加10人；上本科线1493人，入围率38.4%；上专科线3523人，入围率90.5%。高级中学高考，上重点本科线180人，比上年增加9人；考上本科线以上1038人，入围率82.71%，比增0.31%。中考全区有考生4181

人，考上950分的有35人，900分以上237人。

【文化艺术】 2017年，区文广新局加强文化遗产保护，打造特色文化品牌，加强文化市场监管，促进文化艺术、文化事业和文化产业繁荣发展。舞蹈《封箱》获得广东省第七届群众音乐舞蹈花会“金奖”，小品《门锁坏了》获得广东省廉政小品曲艺创作大赛“金奖”，歌曲《客家的围屋》、小品《一枚勋章》获得广东省群文创作“一等奖”，木偶剧《海族总动员》获得第十三届广东省艺术节优秀剧目三等奖。

推进文化驿站建设，建成10个文化驿站、完成13个农村文化俱乐部的创建任务。推进行政村综合性文化服务中心建设，对全区355个行政村调查摸底，今年建设220个行政村综合性文化服务中心，创建16个行政村综合性文化服务中心示范点和松口、畲江、梅南3个乡镇文体广场示范点。

成功举办“中国梦·丝绸路”文化迎春松口行、梅县区第29届中秋山歌节、全区“喜迎十九大”歌咏比赛，开展《风清气正·依法治区共建文明》专题的文艺在全区19个镇巡回演出和学习宣传贯彻中共十九大精神文艺演出暨农村业余文艺汇演精品展演等大型群众文化活动。加强对外文化交流，木偶传习所应邀参加第十三届2017中国（厦门）国际海峡旅游博览会和广东省首届“文化和自然遗产日”活动。同时走出国门，应邀参加墨西哥州Tlalnepantla市参与“传承与创新”2017中国文化周开幕和马来西亚广东会馆联合会70周年庆典的演出。

全年开展农村公益电影和中小学校爱国主义教育电影放映活动4820场，春节慰问老区送影拍照活动516场，观影人次38万多人次。梅县区图书馆不断加强文献资源建设，新增书籍、杂志共4260册，订购年期刊40种，盲人读物10种，报纸16种，全年移动图书馆访问量达968395次，歌德借阅机外借量155296册，读优秀学术文献传递下载量122513次，让读者享受丰盛的网络文化大餐。

全年文物保护申报有国保4处、省保10处、市保14处，2017年度有12处被梅州市人民政府公布为市级文保单位；2017年省拨文化遗产专项资金500万元，主要对双龙大夫第、莲塘洋楼、世德堂等进行维修、保养、抢修工程工作；向省申报2018年文化遗产保护项目专项资金1100多万元；松口镇铜琶村获得中国文物保护基金会“老屋拯救行动计划”特色村专项资金400万元；至2017年底，全区有各级文物保护单位62处，其中国保1处，省保14处，市保31年，县保16处。2017年完成申报“梅县区客家门神画”“水车小桑等公王”为省级项目、申报市级代表性传承人3人，李玉珍批准为梅县竹板歌市级代表性传承人；至年底，全区有省级非遗项目4项、市级非遗项目7项、县（区）级非遗项目32项，各级非遗项目代表性传承人42人。

全区有文化产业企业159家，在培育壮大文化产业方面，2017年投入亿元以上的企业有南寿峰文化健康产业园4亿元，中国收藏示范基地3亿元，梅州麓湖山文化传承发展与健康养老产业项目9.3亿元。启动投资30亿元的古梅梦景文化旅游产业园建设工程。

【医疗卫生】 2017年，梅县区认真贯彻落实“全面两孩”政策，压实责任，优化服务，依法抓好抓紧人口计生工作。

积极完善计生考核方案，不断健全齐抓共管、综合治理的工作格局，大力开展“全面二孩”政策宣传，保障计生工作经费足额到位，全年区财政投入计生经费3149.2万元，人均58.4元。全年人口出生率13.22‰，死亡率5.61‰，自然增长率7.61‰。年末，全区户籍人口613346人，同比增长0.28%。其中，城镇人口287916人，同比下降0.57%，农村人口325430人，同比增长1.04%。

2017年全区401个医疗卫生事业机构拥有床位1911张，各类卫生技术人员2723人，其中医生1044人，护士1131人，药剂人员253人。其中镇级卫生院共18间，拥有病床位508张。疾病防控和妇幼保健工作得到进一步发展，全年未出现重大“疫情”。

开展创建卫生强区工作，至年底，全区累计投入创强资金近5.2亿元，新建、改扩建粤东医院感染大楼、广梅开发区医院等一批区镇两级医疗机构综合医技大楼，动工建设区中医医院养生大楼，完成305间标准化卫生站建设。梅西卫生院新综合大楼已建成投入使用。此外，还筹资1.2亿元为区镇两级医院购置先进医疗设备。

基本公共卫生确保按人均50元基本公共卫生经费足额配套到位，落实基本公共卫生服务，12类国家基本公共卫生服务、4项重大公共卫生服务项目全部免费或补助的方式向全民提供。

全面推进家庭医生签约服务工作，基层医疗机构分片建立家庭医生签约服务团队，至2017年底，全区家庭医生签约服务覆盖率达到30%以上，重点人群签约服务覆盖率达到59%以上。全面建立分级诊疗制度，县域内住院率全面提高，2017年县域内住院率达到90%，达到省、市标准。

继续实施国家重大公共卫生服务项目，做好农村孕产妇住院分娩补助工作；开展农村妇女增补叶酸预防神经管缺陷工作；开展“艾梅乙”筛查，阻断母婴传播；完成10483例农村妇女宫颈癌检查及农村地区宫颈癌监测和2059例省精准扶贫村“两癌”检查工作。2017年3月正式启动国家残联确定为全国残疾预防综合试验区创建工作。

【体育】2017年，全区有大、小足球场103个，乒乓球桌（室）78个，田径场25座，篮球场259个，游泳池3个。梅县铁汉生态足球队首次冲甲成功，成为梅县区首支、梅州市第二支中甲球队。

2017年在加大力度建设城乡体育健身基础设施的同时，积极承办具有影响力的品牌赛事，推动梅县区体育运动的发展。4月至10月，先后承办2017中国足球协会乙级联赛梅县铁汉生态的主场赛事和承办中国“足协杯”足球比赛梅县铁汉生态杯主场赛事（梅县赛区）。梅县区足球队先后获得“迪莱杯”广东省第二届百县（区）足球赛总决赛冠军，梅州市五四青年足球赛亚军；梅县庆达足球队获得2017年梅州市“足协杯”足球赛冠军；梅县高级中学获得2017年全国青少年“未来之星”阳光体育大会初中组广东省五人制足球选拔赛冠军。梅县区业余体校在参加梅州市第八届市运会足球比赛中获得：2001—2002年龄组少年女子足球比赛冠军；2001—2002年龄组少年男子足球比赛亚军；2004—2005年龄组少年男子足球赛获得第三名。

鼓励和支持社会资本投向足球产业，将足球与文化旅游等产业融合发展，延长足球产业链条，促进足球相关产业发展。协助富力足球学校申报国家青少年足球训练基地；协助铁汉生态环保股份有限公司对体育公园的策划和开发，加快落实《梅州市体育产业策划》足球相关项目的开发。

党的建设概况

【思想、组织、作风建设】2017年，中共梅县区委宣传部门全面贯彻省委、市委关于意识形态工作决策部署，牢牢掌握意识形态领域的领导权主动权，切实肩负起意识形态工作的主体责任。完善梅县区《党委（党组）意识形态工作责任考核方案》和《梅县区意识形态工作联系会议制度》，全年召开4次联席会议，专题研究和解决意识形态工作中遇到的问题；加强意识形态工作督查考核，组织督查组对基层党委（党组）中心组和区直副局以上单位党组织落实意识形态工作责任制情况和理论学习情况及进行督查。

把深入开展学习宣传贯彻习近平新时代中国特色社会主义思想和中共十九大精神、习近平总书记系列重要讲话精神作为首要政治任务，结合学习宣传贯彻《习近平谈治国理政（第二卷）》，组建区委宣讲团，邀请省、市专家教授深入基层开展宣讲活动；启动“围龙讲堂”，丰富理论教育形式，推动各级党组织和广大党员干部及时学、专题学、深入学。

坚持把“两学一做”学习教育常态化制度化。科学制定印发《梅县2017年推进“两学一做”常态化制度化的实施方案》，层层压实各级党组织开展学习教育常态化制度化工作的主体责任。通过突出健全制度学、创新载体学、提供方便学、结合中心学“四学”，坚持“严”字当头，用严的要求，打牢“学”的基础，力争党员学习教育全覆盖，促进学习教育常态化，使广大党员真学、真懂、真用，助推各项中心工作上台阶。

党员远程教育 确保全区415个终端站点每月均完成开机任务，全区开机使用率每月保持全市第一。在抓好领导带学和集中学习的同时，做好组织党员收看学习《南粤党旗红》《基层治 南粤安》《省党代表风采》《榜样》《十九大代表风采》等专题节目，坚定不移推进全面从严治党三场大型会议直播收看工作，组织全区党员参加“学省党代会精神 迎党的十九大召开”和“学报告 学党章”2次党员考学活动，参考率达100%。

抓好村级换届工作 全区387个村（社区），全部依法依规、严格程序完成“两委”换届选举各项任务，实现平稳换届。全区共选出新一届“两委”干部1797名，其中妇女干部723名，35岁左右年轻干部401名，“一肩挑”和“两委”交叉任职率、年轻干部比例等主要指标均达到上级要求。同时，健全“三会一课”“两联席会议”等运行制度和学习教育制度，进一步规范党务村务公开制度，严格规范村级组织运作；抓好村（社区）干部大专、中专两个学历提升班；启动村（社区）党组织书记后备队伍培养工作；做好历届离任和这次换届退下来的干部的思想工作，解决好待遇落实问题，重视发挥好离任村干部的作用；完善村（社区）公共服务中心（站）建设等。

加强基层党建 全面加强32个省定贫困村党组织建设，切实发挥基层党组织在脱贫攻坚中的作用。坚持“一村一策”整顿软弱涣散基层党组织。采取“四个一”整顿措施（安排1名党委书记包村整顿、1个区直单位帮扶整顿、1名“第一书记”驻村整顿，区财政安排每村和“第一书记”各1万元启动工作经费），加大整顿力度，形成党群共建、合力推进的工作格局，全年全区19个村党组织的整顿转化率实现100%。

全年发展党员300名，完成任务数的100%。2017年底，全区有党员33710人，其中女性党员10144人，农民党员18889人，非公有制企业党员1459人。在党员中，研究生有154人，大学本科有6120人，大学专科6956人，中专2586人，高中、中技有8563人，初中及以下有9331人。

【党员干部队伍建设】 *干部选拔任用* 严格按照《党政领导干部选拔工作条例》的原则、标准、条件、资格、程序，有规必依、执规必严，着力培养选拔“信念坚定、为民服务、勤政务实、敢于担当、清正廉洁”的好干部。一是严格把好任职人选的资格条件关，确保选人用人符合条例规定和相关要求。二是严格履行动议、初始提名、民主推荐、组织考察、征求意见、区委常委会讨论决定、任前公示等相关程序，对干部选任过程进行全程纪实，进一步规范选人用人程序。三是坚持做到“凡提四必”，及时征求区纪委、综治、计育等部门意见，严防干部带病提拔。四是严格做好干部交流工作。2017年，区委常委会讨论区管干部职务任免303人次，其中提拔（重用）67人次，同级交流转任115人次，兼任职务62人次，免职（降职）1人次，军转安置1人次，机构改革更名5人次，挂职7人次，换届提名6人次，试用期满任职15人次，讨论下半年干部退休24人次。

干部监督管理　2月底至3月，区委组织部、区人社局成立检查组，对全区19个镇（办事处、高管会）和20多个区直单位的股级干部选拔任用工作开展专项检查，检查结果在全区进行发文通报、责令整改。

建立新提拔重用科级干部任前“一看两谈一参观”制度（新提拔重用领导干部集中观看警示教育片，由区纪委领导进行廉政谈话，区委组织部领导进行履职谈话，集体参观区反腐倡廉教育基地），全年共组织47名新提拔重用科级干部参加了“一看两谈一参观”会议。

严格贯彻执行干部选任工作全程纪实，制订全程纪实项目清单，将每批次干部选任全程纪实材料装订成册，进行统一归档，确保干部选拔任用全程可倒查、可追溯。

制订并下发《关于进一步规范工人退休审批工作的通知》，全面规范干部职工退休审批工作。

党员干部培训　2017年，梅县区党员干部培训工作围绕中共十九大精神和习总书记系列讲话精神和对广东工作的重要批示精神，结合梅县区工作大局，着眼于全区干部队伍建设的需要和干部专业化水平的提高，精心设置和先后组织举办学习贯彻中共十九大精神、学习习总重要批示精神、理论骨干、城乡人居环境暨美丽乡村建设、改革创新和经济发展、中青年干部、团干、统战干部、人大代表、村两委干部等十类14期各主体培训班和专题培训班，各级干部计有4000多人次参与了培训。教育引导党员干部增强政治意识、大局意识、核心意识和看齐意识。

人才工程建设　梅县区委组织部坚持党管人才原则，将人才作为战略资源、第一资源，充分发挥好区三大平台作用，以人才强科技、强企业、强产业、强经济。继续推进省“扬帆计划”梅县区项目，管好、用好省“扬帆计划”项目政策和扶持资金，做好省“扬帆计划”梅县区“电商精英孵化集聚工程”项目的落实和收尾工作，组织对各归口管理部门提交的扶持企业名单进行会商、审核，重点对运营管理机构、青年实训基地、农电商企业。按照上级要求和文件精神，开展市人才新政宣传周活动，在梅县区电视台、广播电台进行政策宣传。建立部务会成员联系拔尖人才制度，贯彻党管人才原则，进一步强化党员领导干部在人才工作中的领导核心作用和支持服务作用，由11名部务会成员分别挂钩联系5名市管拔尖人才、25名区管拔尖人才，每个部务会成员至少每年2名、每月一次联系拔尖人才，定期以开展慰问、座谈、活动和多种形式的交流。兑现落实市“千人计划”奖励政策，经市人才办审批，为9人发放购房补贴共计180万元。编制急需紧缺人才需求目录，共征集粤东医院等机关事业单位急需紧缺人才岗位共29个39人，BPW（梅州）车轴有限公司等企业急需紧缺人才岗位共6个9人，纳入市人才办编制发布急需紧缺人才目录范围。

【党风廉政建设】 *重视廉洁教育宣传*　纪教月期间，组织300多名党员干部观看反腐倡廉话剧《韩文公》；开展“廉洁火炬杯”党规党纪知识竞赛和专题教育学习会，大力宣传和解读廉洁自律准则、纪律处分条例和问责条例，强化党员干部的纪律规矩意识。完善充实“四个教育基地”（反腐倡廉教育基地、涉农预防警示教育基地、“宋湘廉洁文化”教育基地、“孝廉文化”教育基地）和“两个长廊”（“河滨清风”廉洁文化长廊、法纪教育长廊）内容，以案释纪，以案明纪。全区19个镇（办事处、高管会）开展“一镇一基地，村村有宣传”活动，大力开展廉洁文化教育和警示教育，引导党员干部勤廉从政。改版提升梅县区纪检监察网，针对重要节点，对领导干部微信群、短信平台发送廉洁短信，传导遵纪守法正能量。

强化政治意识　深刻学习领会十九大精

神、习近平总书记重要批示精神、习近平总书记“7·26”重要讲话精神和省第十二次党代会精神，把“四个坚持、三个支撑、两个走在前列”的要求转化为监督执纪问责的实际举措。协助党委落实管党治党、从严治党主体责任，强化压力传导，加大约谈力度，对管党治党宽松软的、不正之风和腐败问题多发的，约谈党组织一把手，督促整改落实。全年开展谈话提醒 1478 人次，其中红脸出汗 45 人次。抽取 10 位科级党政“一把手”进行书面述责述德述廉，对其工作能力、作风纪律、惠民建设等方面进行评定等次，推动全面从严治党向纵深发展。

强化监督检查和问责　加大对学习贯彻上级全会精神的监督检查，围绕全区争当粤东西北振兴发展排头兵和“一区两带六组团”建设排头兵目标，密切关注乡村环境整治和乡镇“六个一”项目等，切实履行“监督的再监督、检查的再检查”职能，确保政策执行有力，工作落实到位。

严格执行领导干部“为官不为”问责暂行办法，认真贯彻落实《中国共产党问责条例》，深入纠治乱作为、慢作为、不作为等问题，对市委、区委重大决策部署执行不力的，严肃问责。全年查处“为官不为”问题线索 1 条，立案查处 3 人，诫勉谈话 1 人，责令其作书面检查 6 人，谈话提醒 3 人。

加强作风建设　一是深入开展作风整治。通过采取重要节点时间明察暗访、日常随机抽查、与梅江区开展交叉暗访等举措，重点纠治机关干部队伍“弱、松、庸、慢、散、懒、推”等错误思想和不良作风，着力解决“不能为、不想为、不敢为”的问题。通过突击明察、不定期暗访和交叉暗访等方式，现场纠正问题 18 人次，发现问题 35 个，其中谈话提醒 27 人（含红脸出汗 7 人），诫勉谈话 14 人。

二是深化“八小时以外”监督。强化对党政领导班子特别是主要负责人“八小时以外”监督，实行婚丧喜庆操办和出国境报告制度，进一步筑牢组织监督防线、制度监督防线、群众监督防线、家庭监督防线，规范全区各级党员干部的“社交圈”“生活圈”“休闲圈”。

三是扎密作风建设笼子。开展违规公款购买消费高档白酒问题集中排查整治工作，制定《进一步规范国内公务接待监督管理的通知》，严防和杜绝违反中央八项规定精神，坚决防止不正之风反弹回潮。

查处违纪违法案件　区纪委定期统计、通报、提醒，对工作不力的，采取口头提醒注意、作出书面解释和说明、接受区纪委主要领导约谈等措施，确保镇级纪委自办案件有所增加。区纪委监察局全年受理群众信访举报件 375（件）（含重复件、业务外件），应核 375 件，核查 375 件，核查率 100%；立案查处 99 件 99 人，同比增加 25.3%，其中科级干部 9 件；机关自办案件 16 件，乡镇 83 件。提供单位评优评先、干部廉政查询信息 236 条。结案 106 件（上年未结案件），免于处分 2 人；党纪政纪处分 104 人，其中党内严重警告以下和行政降级以下等轻处分 78 人，占党纪政纪处分总人数的 75%；党纪政纪重处分 26 人，占 25%。

基层党员干部违法违纪排查　继续强化“两违”线索排查，集中力量查处一批“小村大腐”“小官大贪”案件和扶贫领域典型案例。全年排查出“两违”问题线索 435 条，涉及七类范围问题线索 380 条；立案 98 宗，结案 66 宗，党纪政纪处分 65 人。全面启动涉农领域腐败问题专项治理工作，全年入户核查 74221 户（次），自查自纠问题 832 件，核查出问题线索 117 条，已立案 54 宗，结案 26 宗，党纪政纪处分 26 人。围绕全区脱贫攻坚目标任务，持续加大监督执纪问责力度。全年发现扶贫领域问题线索 82 条，涉及金额 211.83 万元，已收缴违规资金 77.75 万元，其中立案 33 宗，结案 14 宗，党纪政纪处分 14 人。区委派出 2 个巡察组，对 6 个乡镇涉农领域腐败问题专项治理工作进行专项巡察。通报 4 宗典型涉农领域和扶贫领域腐败问题的典型案例。

（责任编辑　叶永生）

雁洋镇塘心村

政治

梅县区领导机关

中共梅州市梅县区委

【概述】 2017 年，梅县区委高举中国特色社会主义伟大旗帜，深入贯彻中共十八大、十八届历次全会精神，认真学习贯彻中共十九大精神，以习近平新时代中国特色社会主义思想为指引，按照省委、市委的决策部署，团结带领全区广大干部群众，坚持稳中求进总基调，坚定贯彻新发展理念，统筹推进“五位一体”总体布局和协调推进“四个全面”战略布局，全区改革发展稳定和党的建设取得新进展。获评国家农产品质量安全县、全国平安建设先进区、中国候鸟旅居县，县域旅游综合竞争力连续七届跻身全省十强。区国税局获评第五届全国文明单位，区体育局被评为全国群众体育先进单位，区工商联连续 4 年获全国“五好”县级工商联殊荣，区农普办获评第三次全国农业普查先进集体，程江镇中心小学被评为首批“全国文明校园”。

中共十九大召开以来，梅县区委坚持把学习宣传贯彻中共十九大精神作为首要政治任务和最重要的“纲”，与学习贯彻习近平总书记对广东工作的重要批示指示精神结合起来，按照“学懂弄通做实”的要求，区委常委带头学习、带头宣讲、带头重温入党誓词，扎实开展形式多样的学习宣传贯彻活动，引导全区党员干部理论联系实践，使贯彻落实中共十九大精神、奋力开创梅县区工作新局面成为全区上下的共同意识和行动自觉。召开区委一届三次全会对学习宣传贯彻作再动员、再部署、再推动，出台区委意见，用中共十九大精神和习近平新时代中国特色社会主义思想引领发展，指导实践，扎实开展“大学习、深调研、真落实”活动，选准事关梅县新时代新一轮改革发展工作的十二个重大课题，精心组织开展调研活动，不断提升对梅县区情的科学认识和精准把握，奠定梅县发展新征程的良好基础。

【区委主要工作】 （一）推进供给侧结构性改革，经济发展质量有新提升。聚焦供给侧结构性改革，加快转型升级，产业结构日趋优化，经济实力得到增强。全年实现生产总值 200 亿元左右，同比增长 5.2 %，三次产业结构约为 23 : 37 : 40。固定资产投资完成 187 亿元，同比增长 23%，全体居民人均可支配收入 24115 元，同比增长 8%。全年完成税收 33.8 亿元，同比增长 7.18%，完成地方公共财政预算收入 19.73 亿元。产业集聚地加快建设，综保区申报建设有序推进，省市共建创新创业孵化园首期第一阶段工程基本完成，集聚地落户企业 54 家，建成投产 44 家。坚持创新驱动发展战略，创新方式大力扶持企业发展，全面落实省“实体经济十条”，制定出台企业技改购买设备和新上项目扶持奖励办法，全面实施扶持企业的助保贷、贷款贴息、上市、上规模（限额）奖励办法等激励措施，扶持骨干企业做强做大，新增 3 家企业在新三板上市，新增高新技术企业 13 家，新引进投资额 5000 万元以上项目 21 个。在第五届世界客商大会期间成功举办 73 个总投资 490 多亿元的重点项目签约、动工、竣工等系列活动。深化农业供给侧结构性改革，抓特色、树品牌、提品质，促进全域旅游和服务业发展，逐步形成一、二、三产业融合发展格局。加大有效投资，统筹推进高铁、高速公路、县乡公路等交通运输基础设施项目建设，规划建设双龙高铁、瑞梅铁路和长深高速葵岗互通立交工程等一批对外快速联通和S223出省快速通道、西部快线等一批对内畅通交通基础设施，改造升级一批县乡公路、新农村公路，全面实施“河长制”，扎实推进水利工程建设，发展条件明显改善。

随着经济进入发展新常态，区域经济也从高速增长阶段逐步向高质量发展转变。2017年，虽然受“营改增”、骨干税源企业减收及政策调控等因素的影响，全年地方公共财政预算收入、税收增长低于预期目标，但经济质量明显提升：一是国税完成17.81亿元，同比增长40.99%，第二、三产业税收占比增加。其中高新技术创新型企业税收4.27亿元，占国税收入的23.99%，呈现逐年增长趋势。二是城市扩容提质、公共服务配套建设带来房地产业蓬勃发展，客商银行开业半年实现当年盈利，信用联社顺利合并改制为梅州市农商银行，由房地产业、居民服务业、金融业构成的第三产业税收收入比重逐渐增加。三是非税收入占一般公共预算收入比重为35.48%，比2016年降低3.8个百分点。四是重点项目建设排在全市前列，其中工业投资完成52.9亿元，同比增长33.2%，技改投资完成13.6亿元，同比增长12.3%，发展的基础进一步夯实。这些情况说明，梅县区经济发展质量向良好态势发展，经济发展活力逐步增强。

（二）推动“五城”共建，城乡人居环境有新面貌。精心抓好梅县新城、槐岗新城、葵岗新城、雁洋新城和畲江新城规划建设，扎实推动城乡一体化建设，不断完善城市功能，逐步拉开城市架构。梅县新城的剑英大道延长线、客都大桥连接线和新城水厂等一批城市功能配套项目基本完工，梅县富力城、锦绣国际家居博览中心、宝丽华集团经济总部、亲水公园二期、程江河景观提升工程等一批城市配套项目正加快建设，启动实施2座人行天桥工程，打通一批城市断头路，中心城区的规模、经济、路网和配套管理等不断升级。畲江新城的医院、小学、道路、污水处理设施等一批基础配套项目主体工程已经完工，雁洋新城环镇旅游公路、学校、医院、污水处理设施等基础设施项目和中国收藏文化示范基地、加业梅州营地、足球小镇、雁鸣湖健康养生谷等产业项目动工建设。

（三）扎实推进美丽乡村建设，农村发展迈出新的步伐。脱贫攻坚战取得显著成效，2017年，脱贫2139户6292人，全区共71%相对贫困人口实现稳定脱贫。以雁洋镇、畲江镇、松源镇三个中心镇为重点，各镇启动“六个一”建设，82个总投资46.8亿元的公共设施建设项目陆续启动。聘请专业设计团队规划，突出一条主题游览路线，两条景观轴线，四大美丽乡村组团，打造“山水梅县·客韵乡村”全域美丽乡村，以32个省定贫困村新农村示范村创建为突破口，创新推行“地票”措施，加快推进“三清三拆三整治”，全面推进人居环境综合整治，完成46个乡村绿化美化示范点、2个镇级森林公园和7个高速公路出口美丽乡村示范点建设。中国乡村复兴论坛·梅县峰会有序筹备。

（四）全面推进深化改革，社会发展活力不断增强。调整区委改革领导机构，年度七大类26项重点改革任务扎实推进，重点领域和关键环节改革取得较大进展。深化农村产权制度改革，农村土地确权登记颁证基本完成。深化“放管服”改革，智慧梅县政务指挥平台投入使用，重点项目实施并联审批，“一门式一网式”政务服务模式取得明显成效，下放镇中心的审批和服务事项87项，下放村级公共服务站办理的事项58项，部门行政许可事项提速51.6%，公共服务事项办结时限提速45.92%。深入推进商事制度改革营造了宽松平等的准入环境，全区各类经济主体达3.2万多户。推进金融改革创新，获批设立粤东西北首家民营银行——梅州客商银行，区农信社完成合并改制。完成区纪委派驻机构改革，国家监察体制、医疗卫生、群团工作、特困人员供养服务机构公建民营化等改革工作有序推进。

（五）持续改善重点民生，社会各项事业全面推进。积极配合全市创建森林之城、环保之城、旅游之城、文明之城，城乡环境持续改善，“四创联动”取得初步成效。坚持以人民为中心的理念，区公共财政预算支出70%以上用于民生领域，十件民生实事基本完成。社会保障实现全覆盖，城镇登记失业率为 2.42%；统筹发展学前教育、城乡义务教育、高中阶段教育和特殊教育，“广东省推进教育现代化先进区”创建工作通过督导验收，通过了“广东省规范化幼儿园”的评估验收，新增优质学位2500 个，建成一所特殊学校。大力发展文化事业，完成了一批文化驿站、农村俱乐部和文化服务中心建设，加强古镇古街、古村落、红色资源等的保护开发，新增 12 处市级文物保护单位；协助圆满完成梅州客家非物质文化遗产展演，客家文化魅力得到充分展现。加快创建卫生强区，城市公立医院综合改革全面铺开，完成了一批医技大楼、标准化卫生站建设，探索实行紧密型医联体，加快落实分级诊疗制度，粤东医院创“三甲”通过初审，成功创建省级慢性非传染性疾病综合防控示范区，全区医疗卫生水平不断提升。职业足球发展实现新突破，铁汉生态足球队冲甲成功，成为我市第二支中甲球队；引入专业化足球教育，校园足球推广不断深入，建成 8 所全国校园足球特色学校和 10 所广东省校园足球推广学校，富力足球学校与荷兰阿贾克斯足球俱乐部合作建设青训基地，成功承办市第八届运动会，梅县区代表队卫冕省第二届百县（区）杯足球赛冠军，足球发展和推动全民健身更紧密结合。全面推开法治建设“四级同创”活动，大力推进综治“中心+网格化+信息化”建设，积极开展“平安细胞”创建活动。抓好食品安全源头管理，农产品质量安全检验检测中心建成运行，新建仓容 4 万吨的雁洋现代化粮库，保障人民群众“舌尖上的安全”更有抓手、更有力度。坚持安全红线不动摇，安全生产形势持续稳定。区、镇、村全面完成“一门式一网式”政务服务平台建设，让老百姓实现“家门口办事”。

（六）压实管党治党责任，全面从严治党向纵深发展。切实担负管党治党的主体责任，把政治建设摆在首要位置，加强和改进基层党建工作，圆满完成村（社区）“两委”换届工作。实施“五强书记建设工程”，建立健全农村基层党组织各项工作制度和管理制度。严格落实“三会一课”、民主生活会、民主评议党员等制度，扎实推进“两学一做”学习教育常态化制度化。全面开展“两学一做三服务”主题党日活动，深入实施基层组织建设“一强四创”工程。继续充实用好党员关爱基金，完善党内关怀机制。大力推动“党务、政务、服务”三者融合，建立 387 个村（社区）网点和村级公共服务站。坚持正风肃纪，深入贯彻落实中央八项规定精神，持续开展全区机关作风整治。保持惩治腐败高压态势，强化“两违”线索排查，全面开展涉农领域腐败问题专项巡察，持续加大扶贫领域监督执纪问责，集中力量查处了一批“小村大腐”“小官大贪”案件。强化震慑遏制，派出 3 个巡察组对 9 个区直和镇级单位开展了首轮巡察，派出 8 个专项巡察组对全区32 个相对贫困村贯彻落实精准扶贫政策和涉农政策等落实情况开展专项巡察。搭建惠民信息平台，公开 46 项惠民政策 589 万条惠民信息。

与此同时，大力支持区人大、区政协依法履职，坚持重大决策、重点工作、重点项目听取人大、政协的意见建议。推进法治政府建设，支持司法机关公正司法。高度重视党管武装工作，国防教育、兵役动员、“双拥”工作巩固提升。支持工会、共青团、妇联、民族、宗教、工商联等群团和社会组织工作，各项事业齐头并进。

【组织】 2017 年，梅县区委下辖基层党（工）委 43 个，其中区直系统党委 11 个、区直单位党委 5 个、镇（办事处、高管会）党（工）委 19 个、非公企业党委 8 个；辖党(总)支部 937 个，其中村（总）支部 355 个、社区支部 32 个。

基层党组织建设　2017 年，梅县区认真贯彻落实中共十八大、十九大精神和中央、省、市、区组织工作会议精神，突出工作重心，服务振兴发展大局，积极推动组织工作创新发展，圆满完成各项工作任务，有力地推进和加强基层组织建设，为加快梅县区振兴发展提供强有力组织保障。坚持把“两学一做”学习教育常态化制度化作为全年一项重大政治任务来抓。制定、印发《梅县 2017 年推进“两学一做”学习教育常态化制度化的实施方案》，层层压实各级党组织开展学习教育常态化制度化工作的主体责任。通过突出健全制度学、创新载体学、提供方便学、结合中心学“四学”，坚持“严”字当头，用严的要求，打牢“学”的基础，力争党员学习教育全覆盖，促进学习教育常态化，使广大党员真学、真懂、真用，助推各项中心工作上台阶。集中精力顺利完成村级换届工作。全区 387 个村（社区），全部依法依规、严格程序完成“两委”换届选举的各项任务，实现平稳换届、风清气正、顺利圆满的目标。全区共选出新一届“两委”干部 1797 名，其中妇女干部 723 名，35 岁左右年轻干部 401 名，“一肩挑”和“两委”交叉任职率、年轻干部比例等主要指标均达到上级要求。顺利完成新城办 2 个社区（新城办华侨城和锭子桥社区）非户籍常住居民及党员参加社区“两委”选举试点工作任务。同时，多措并举，抓好村级队伍建设：健全“三会一课”“两联席会议”等运行制度和学习教育制度，进一步规范党务村务公开制度，严格规范村级组织运作；抓好村（社区）干部大专、中专两个学历提升班；启动村（社区）党组织书记后备队伍培养工作；做好历届离任和这次换届退下来的干部的思想工作，解决好待遇落实问题，重视发挥好离任村干部的作用；完善村（社区）公共服务中心（站）建设等。深入推进抓党建促脱贫攻坚工作。全面加强 32 个省定贫困村党组织建设，切实发挥基层党组织在脱贫攻坚中的作用。一是压实贫困村党组织脱贫攻坚责任，精准引领脱贫攻坚。二是建强贫困村党员干部队伍，精准带动脱贫攻坚。三是强化帮扶保障措施，精准支撑脱贫攻坚。四是发挥典型示范作用，精准引导脱贫攻坚。“一村一策”整顿软弱涣散基层党组织。采取“四个一”整顿措施（安排 1 名党委书记包村整顿、1 个区直单位帮扶整顿、1 名“第一书记”驻村整顿，区财政安排每村和“第一书记”各 1 万元启动工作经费），加大整顿力度，形成党群共建、合力推进的工作格局，全年全区 19 个村党组织的整顿转化率实现 100%。持续推进驻点联系工作。围绕落实“五定五联五保障”要求，在创新建立“一档案”落实“二清单”发挥“四平台”作用的基础上，从严从实抓好驻点联系工作，确保干部真联实联。打造一批党建示范点。围绕当前基层治理和基层党建重点工作任务，充分整合利用优势资源，发挥“智慧党建”云平台作用，督促指导每个基层党委重点打造两个党建示范点。并结合社会主义新农村示范村建设，重点把全区 32 个省定贫困村打造成基层党建示范村。同时，突出工作重点，将市委书记、区委书记和区委组织部挂点村办成党建示范点，抓出工作亮点。

认真做好党建各项业务重点工作。一是顺利完成党组织和党员信息采集工作。二是控制数量、确保质量，做好发展党员工作。全年发展党员 300 名，完成任务数的 100%。三是建立健全基层党组织按期换届提醒督促机制，及时指导基层党组织按期换届。四是做好基层党建创新“书记项目”“两新”组织党组织工作覆盖、党费收缴、党内年报统计、农村党员关爱基金补助发放、核发“三老”人员补贴、离任村干部生活补助、困难老党员补贴、组织史编撰等各项日常业务工作。

党员队伍建设　2017 年，全区党员 33710 人，其中女性党员 10144 人，农民党员 18889 人，非公有制企业党员 1459 人。从年龄看，35 岁及以下党员有 7472 人，36 岁至 45 岁党员有 5808 人，46 岁至 55 岁党员有 6253 人，56 岁至

60岁党员有2453人，61岁及以上党员有11724人。从学历看，研究生有154人，大学本科有6120人，大学专科6956人，中专2586人，高中、中技8563人，初中及以下9331人。

党代表工作责任制　按照中央、省、市提出的“试行乡镇党代会年会制”的要求，先后在雁洋、丙村、城东三个镇试行党代会年会制，实行年会“重要情况通报、重要事项旁听、重大事项垂询”三项制度。同时，实施党代表分区域联系服务党员群众制度，深入联系服务区域开展“五个一”活动；推行党代表轮值接待制度等。2016年完成区镇两级党代会换届选举工作，共选举产生市、区、镇三级党代表3805名。开展“两学一做”学习教育以来，稳妥有序对党代表违法违纪未给予相应处理情况进行排查处理，推动全面从严治党落实到每一个基层党组织，共终止党代表职务23名。

干部选拔任用　严格按照《党政领导干部选拔任用工作条例》的原则、标准、条件、资格、程序，有规必依、执规必严，着力培养选拔“信念坚定、为民服务、勤政务实、敢于担当、清正廉洁”的好干部。一是严格把好任职人选的资格条件关，确保选人用人符合条例规定和相关要求。二是严格履行动议、初始提名、民主推荐、组织考察、征求意见、区委常委会讨论决定、任前公示等相关程序，对干部选任过程进行全程纪实，进一步规范选人用人程序。三是坚持做到“凡提四必”，及时征求区纪委、综治、计育等部门意见，严防干部带病提拔。四是严格做好干部交流工作。2017年，区委常委会讨论区管干部职务任免303人次，其中提拔（重用）67人次，同级交流转任115人次，兼任职务62人次，免职（降职）1人次，军转安置1人次，机构改革更名5人次，挂职7人次，换届提名6人次，试用期满任职15人次，讨论下半年干部退休24人次。

干部监督管理　2月底至3月，区委组织部、区人社局成立检查组，对全区19个镇（办事处、高管会）和20多个区直单位的股级干部选拔任用工作开展专项检查，检查结果在全区进行发文通报、责令整改。整治破格提拔和受纪律处分干部重新（首次）任用不够规范问题。建立新提拔重用科级干部任前“一看两谈一参观”制度（新提拔重用领导干部集中观看警示教育片，由区纪委领导进行廉政谈话，区委组织部领导进行履职谈话，集体参观区反腐倡廉教育基地），全年组织47名新提拔重用科级干部参加“一看两谈一参观”会议。严格贯彻执行干部选任工作全程纪实，制订全程纪实项目清单，将每批次干部选任全程纪实材料装订成册，进行统一归档，确保干部选拔任用全程可倒查、可追溯。制订并下发《关于进一步规范工人退休审批工作的通知》，全面规范干部职工退休审批工作。

档案管理　梅县区委组织部组织人事档案管理中心管理现职干部档案有1940卷，退休干部档案4200多卷。该中心抓好档案日常管理，做到严格执行档案管理制度。做好档案材料及时收集归档、新录用干部档案审核整理。执行凡转凡进凡提必审档案。加强档案保管和保密，做好库房“六防”管理工作。2017年办理查阅档案509人次、借阅档案239人次，审核拟调、拟提对象人员档案176卷，接收档案71卷，转出档案34卷。完成2016年退休干部档案整理造册61卷。

党员干部培训　2017年，梅县区党员干部培训工作围绕中共十九大精神和习总书记系列讲话精神和对广东工作的重要批示精神，结合梅县区工作大局，着眼于全区干部队伍建设的需要和干部专业化水平的提高，精心设置和先后组织举办学习贯彻中共十九大精神、学习习总重要批示精神、理论骨干、城乡人居环境暨美丽乡村建设、改革创新和经济发展、中青年干部、团干、统战干部、人大代表、村两委干部等十类14期各主体培训班和专题培训班，各级干部计4000多人次参与培训。其中，副科职以上干部、各基层村支部书记实现全员培训。在区委领导的主导下，选调正科以上干部160多人次参加中央、省、市各级部门36个专题培训班的培训。利用党校的师资力量和其他单位的教学资源，协助区人社等区直各职能部门和部分乡镇举办各项业务知识培训十多场，不断扩宽党员干部教育培训的覆盖面。围绕十九大精神和习近平总书记对广东工作的重要批示精神，以专题培训班和送课下乡、送课进单位、进乡村、进学校、进企业、进基层宣讲的形式，让十九大精神和习近平总书记对广东的重要批示精神在广大最基层的党员群众中落地生根，推进“两学一做”学习教育常态化制度化，紧紧围绕“选好老师、备好党课、注重现场教学”打造精品党课，突出理想信念教育和党性党规党纪教育，教育引导党员干部增强政治意识、大局意识、核心意识和看齐意识。

党员远程教育　大力抓好站点的管理和维护工作，确保全区415个终端站点每月均完成开机任务，全区开机使用率每月保持全市第一。在抓好领导带学和集中学习的同时，做好组织党员收看学习《南粤党旗红》《基层治 南粤安》《省党代表风采》《榜样》《十九大代表风采》等专题节目，抓好市举办的“县处级以上领导干部学习贯彻习近平总书记重要指示精神专题研讨班”“梅州市县处级主要领导干部学习贯彻中共十九大精神专题研讨班”“贯彻落实中共十九大精神，坚定不移推进全面从严治党”三场大型会议直播收看工作，组织全区党员参加“学省党代会精神 迎中共十九大召开”和“学报告 学党章”2次党员考学活动，参考率达100%，全年制作并播出《服务“三农”的“生力军”》和《改变山村面貌的领头人》2部专题片，其中《服务“三农”的“生力军”》被省远教平台和广东省党员教育网采用，全年向市委组织部报送11个课件，超额完成上级下达的专题课件报送任务。

人才工程建设　2017年，梅县区委组织部坚持党管人才原则，将人才作为战略资源、第一资源，充分发挥梅县区三大平台作用，以人才强科技、强企业、强产业、强经济。一是继续推进省“扬帆计划”梅县区项目，管好、用好省“扬帆计划”项目政策和扶持资金，做好省“扬帆计划”梅县区“电商精英孵化集聚工程”项目的落实和收尾工作，组织对各归口管理部门提交的扶持企业名单进行会商、审核，重点对运营管理机构、青年实训基地、农电商企业、电商化转型企业、文化创意产业等五类企业进行扶持，给予其中的17家中小微企业共计80万元的贴息扶持、项目资助。二是宣传推广市人才新政，按照上级要求和文件精神，开展市人才新政宣传周活动，在梅县区电视台、广播电台进行政策宣传，在各镇（办事处、高管会）、辖区企业、重要路段、重点区域挂横幅200多条，并通过各类展示牌、电子显示屏进行宣传。三是建立部务会成员联系拔尖人才制度，贯彻党管人才原则，进一步强化党员领导干部在人才工作中的领导核心作用和支持服务作用，由11名部务会成员分别挂钩联系5名市管拔尖人才、25名区管拔尖人才，每个部务会成员至少每年2名、每月一次联系拔尖人才，定期以开展慰问、座谈、活动和多种形式的交流，与联系对象保持经常性的沟通联系，协调解决联系对象的困难和问题，为拔尖人才充分发挥作用创造条件。四是落实好市“千人计划”奖励政策，按市“千人计划”政策引进高素质人才5批27人，其中第一批9人于今满5年服务期，经用人单位考核评价、主管单位同意，会同人社、财政部门为其办理购房补贴，兑现“千人计划”奖励政策。经市人才办审批，为9人发放购房补贴共计180万元。五是编制急需紧缺人才需求目录，按照市人才新政20条和市委组织部文件要求，在全区机关事业单位、各类企业和民办非企业单位征集全日制硕士研究生、博士研究生、技师（国家职业资格二级）、高级技师（国家职业资格一级）、副高职称以上或具有特殊专业技能、业绩特别突出的急需紧缺人才需求，经审核，征集粤东医院等机关事业单位急需紧缺人才岗位29个39人、BPW（梅州）车轴有限公司等企业急需紧缺人才岗位6个9人，纳入市人才办编制发布急需紧缺人才目录范围。

（供稿：办公室）

【宣传】2017年，梅县区宣传思想文化工作切实按照中央和省、市、区委的决策部署，着眼梅县区争当粤东西北振兴发展和“一区两带六组团”建设排头兵的目标，适应改革新常态、唱响时代主旋律、传播发展正能量，全面推进宣传思想文化工作各项工作落实，为加快梅县区振兴发展提供强大的思想政治保证、舆论支持条件和精神文化动力。

强化落实意识形态主体责任　全面贯彻省委、市委关于意识形态工作决策部署，牢牢掌握意识形态领域的领导权主动权，切实肩负起意识形态工作的主体责任。完善梅县区《党委（党组）意识形态工作责任考核方案》和《梅县区意识形态工作联系会议制度》，全年召开4次联席会议，专题研究和解决意识形态工作中遇到的问题；加强意识形态工作督查考核，组织督查组对基层党委（党组）中心组和区直副局以上单位党组织落实意识形态工作责任制情况和理论学习情况及进行督查。

重大主题宣传教育　把深入开展学习宣传贯彻习近平新时代中国特色社会主义思想和中共十九大精神、习近平总书记系列重要讲话精神作为首要政治任务，结合学习宣传贯彻《习近平谈治国理政（第二卷）》，组建区委宣讲团，邀请省、市专家教授深入基层开展宣讲活动；启动“围龙讲堂”，丰富理论教育形式，推动各级党组织和广大党员干部及时学、专题学、深入学。

网络舆论引导　加强微信、网站、论坛、微博、贴吧等重点领域的舆情信息监控，发现并处置涉及本区的舆情信息13起，编印舆情月报12期。加强与上级部门、网警部门等的沟通联系，迅速高效处理涉及本区的不良网络信息。通过“梅县发布”微信平台和“中国梅县”政务微博处理22起微信平台咨询问题的留言，有效加强与关注用户的沟通交流，展现服务意识，树立对外良好的党和政府形象。重点关注《南方日报》《羊城晚报》《梅州日报》等传统媒体（报纸），把负面不良信息反馈给相关部门跟踪处置，达到宣传群众、解疑释惑、推动工作的良性循环。认真开展网评工作，有效地引导社会舆论，疏导公众情绪，网络舆论环境明显改善，营造积极健康向上的网络舆论，在维护社会稳定、消除网络谣言，促进政府与民众沟通，建设和谐社会方面起到积极作用。

对外宣传　全力配合中央电视台第七频道、央视中文国际频道专业团队，做好《梅县纪事》纪录片、《记住乡愁》第三季48集《松口镇——客家古镇　桑梓情深》的拍摄工作，通过央视大平台，更好地展示客家人的家国情怀，弘扬客家优秀传统文化，更好展现客家历史文化、生态农业、田园风情，更好地向海内外讲好梅县故事。组织举行“客都明珠·美丽梅县”第二届微电影大赛总结暨第三届微电影大赛启动仪式，通过深入挖掘题材、创作优秀作品，大力提升梅县区知名度。在喜迎中共十九大、学习宣传贯彻中共十九大精神及第五届世界客商大会期间，认真开展全方位、多角度、深层次的宣传。在城区、高速路沿线和主干道投放18个大型户外T型（广告牌），在城东镇、丙村镇、梅南镇、畬江镇、和城西高速公路出口、雁洋镇域等树立地标性景观宣传牌，向海内外嘉宾展示“世界客都·中国梅州”风采；利用城区主次干道建筑围挡制作3800米的宣传画报，在公共场所悬挂200多条横幅和利用210多个LED显示屏滚动播放宣传贯彻十九大精神和世界客商大会的宣传画报（标语），在城区公交站台投放宣传海报，积极引导社会舆论，使中共十九大精神深入民心，同时也为创建全国文明城市和迎接客商大会胜利召开营造良好的社会氛围。大力加强网络新闻宣传，新华网、人民网、凤凰网等媒体全年报道梅县区的新闻稿件18篇，有效提升知名度和影响力。继续加强“掌上梅县”党政客户端、“梅县发布”、梅县区宣传网、“中国梅县”政务微博、《梅县宣传》刊物等宣传平台的维护管理，全年微信公众号、宣传网、微博等共发布新闻信息6000多条。

群众文化活动 积极开展送戏送影下乡活动，完成演出80多场，举办“中国梦·丝绸路”文化迎春松口行活动；元旦春节期间，为少儿提供优质舒心的动漫电影展播活动共34场，受益群众达600多人次。完成农村公益电影放映4260场，观影人次达32万多人次；积极开展山歌、舞蹈培训和“送春联”活动，丰富村民的精神文化生活。与区纪委、区政法委等单位联合举办19场“风清气正·依法治区·共建文明”文艺巡回演出活动，以群众喜爱的表演形式，将廉洁文化、法治理念、创文知识呈现给广大干部群众，让时代“主旋律”通过更多精彩的文艺节目走进百姓的生活。

文艺创作 全区文艺创作精品不断。山歌剧团演艺中心创作的大型山歌剧《春闹》，山歌表演唱《自古山歌从（松）口出》参加客家文化（非遗）艺术周开幕式演出。《春闹》荣获“优秀剧目奖”“编剧一等奖”“编曲一等奖”“舞台拳术一等奖”“化妆设计一等奖”和“编舞奖”。木偶演艺中心精心打造的木偶剧《海族总动员》在第十三届广东省艺术节上成功演出，获得观众的广泛好评；文化馆认真组织创作活动，4件作品在省获奖，其中有2件作品获一等奖、2件舞蹈作品获三等奖。文化馆和木偶传习所共同演出的小品《门锁坏了》，代表梅州市参加广东省廉政小品曲艺创作大赛获得“金奖”，同时，宋雯妮同志创作的小品《不能砍的树》在比赛中获得铜奖。舞蹈《封箱》在广东省第七届群众音乐舞蹈花会中获得“金奖”，歌曲《家乡话》获得“铜奖”。由文化馆上送的少儿舞蹈作品《好子莫做蟾蜍罗》《排排坐唱山歌》分别获得广东省群众文艺创作“三等奖”。

文明创建 点面结合，推进全国文明城市的创建工作。认真对照创文“3大版块、12个测评项目”标准，重点抓好网上申报、实地考察、问卷调查和27个实地考察重点项目规范化建设等工作，印发《梅州市梅县区创建全国文明城市倡议书》《全国文明城市创建测评调查问卷》《未成年人思想道德建设工作测评调查问卷》等宣传资料。开展“践行核心价值观·共创全国文明城市”放映宣传活动，在人民广场放映公益宣传片和红色电影，全年放映100场；在城区出入口、街道路口、社区广场、学校、建筑围挡、户外大型LED显示器、公交站台、旅游景点张贴悬挂刊播创文宣传标语、公益广告牌，营造浓厚的创文氛围。持续推进“我推荐、我评议身边好人”等活动，在区广播电视台开设“妇女节·走进梅县的半边天”专栏，对《冯美英：孝老敬亲 树立良好家风》《黄梅香：照料女儿四十载 不离不弃好母亲》等先进人物事迹进行系列报道。新城办黄秋华家庭和林期隐家庭、隆文镇赖小林家庭、石扇镇肖巧红家庭被评为市文明家庭，其中，肖巧红家庭被评为“全国最美家庭”。广东电网有限责任公司梅州供电局梅县巡维中心值班员廖金威和梅县区程江镇中心小学教师黎秋红获评“广东好人”。举行社会主义核心价值观主题宣传活动，在城镇主干道、商业圈、高速公路出入口等关键点设置各具特色风格的公益广告和在建筑围挡制作宣传图画，面积达5000多平方米，扩大社会宣传覆盖面，提升公益宣传效果；在区电视台黄金时段展播社会主义核心价值观主题微电影优秀作品40多集次，加大社会主义核心价值观传播力度，唱响时代主旋律；以“社会主义核心价值观”“讲文明树新风”为主题征集20个公益广告视频作品，以通俗易懂的动漫形式加强社会主义核心价值观教育；开展社会主义核心价值观示范点建设，打造传统文化公园—新县城梅花山公园、雁洋文化公园价值观专栏、松源横坊河堤文化长廊等，以点带面，形成良好示范带动效应。开展系列志愿服务活动弘扬社会正能量。在区创文指挥部的统一部署下，积极开展学雷锋全民志愿服务行动月、“文明交通行动”“非遗展演”和“客商

大会”服务等系列志愿服务活动，组织医疗机构义诊，组织青年志愿者开展爱心义卖，组织文艺义演，并积极推进助困、助学、助残，保护环境和学雷锋主题教育活动，广泛传播“奉献、友爱、互助、进步”的志愿者精神。据统计，全年开展志愿服务活动达 1.8 万人/次。

爱国主义教育　抓好国防教育与学校教学的结合，利用德育课程、学生军训加强国防教育，在清明等时间节点组织师生到爱国主义教育基地开展现场教学、祭奠缅怀先烈活动；发挥区 32 个爱国主义教育基地的作用，努力开展爱国主义教育，进一步弘扬爱国主义精神。

文化惠民工程　推进文化驿站建设，建成图书馆、精宫博物馆、客都文化书画院、游客服务中心、爱电影等 10 个文化驿站。启动图书馆、文化馆总分馆制的建设，确立南口、雁洋、城东、白渡、新城办 5 个分馆为试点单位。继续创建农村文化俱乐部，完成 13 个俱乐部建设任务。推进 203 个行政村综合性文化服务中心建设，创建 12 个行政村综合性文化服务中心示范点、建设松口、畲江和梅南 3 个镇级文体广场示范点，不断推动公共文化服务向基层延伸。

文化遗产保护利用　扎实推进文物保护与利用。积极申报各级文保单位和文化遗产点工作，全年申报国保 4 处、省保 10 处、第五批市保 14 处。做好各级文物保护单位的维修、保养、抢修工程项目实施工作。申报上级维修资金 500 万元，重点做好国保叶剑英故居和省保群丰大夫第、李金发故居、宋湘故居、双龙大夫第、莲塘洋楼、世德堂、南华又庐以及市保斐厦堂等的维修、保养、抢修工程项目实施工作。做好保护规划编制工作，完成李金发故居、宋湘故居、南华又庐、棣华居的保护规划编制项目并上报省文物局。积极向上级申报文化遗产保护项目专项资金，向省文物局申报 2018 年广东省文物保护专项资金共计 1100 多万元；向中国文物保护基金会申报三个传统村落关于“振救老屋行动” 特色村落保护项目。做好新建梅县区博物馆前期选址、规划设计和争取立项等工作。

文联事业　繁荣文艺创作，培养文艺新人。成立梅县区客家文化研究协会，召开协会会员大会。区摄影家协会、诗词联学会、诗社举办纪念叶帅诞辰 120 周年系列活动，举办《叶帅故里·今日雁洋》摄影大赛，协助出版《叶帅故里·雁洋》大型画册。与区美术家协会、林风眠画院开展迎新春美术精品展、“叶帅故里·美丽梅县”大型美术作品展等文化活动，发挥文联作为党委政府联系广大文艺工作者的桥梁和纽带作用。

（供稿：李远金）

【党校】 领导干部学习培训　2017 年，梅县区委党校紧紧围绕区委中心工作，在区委组织部的指导下，落实《区委组织部、区委党校 2017 年梅县区党员、干部培训计划》，全年主办 13 期培训班，培训轮训党员干部 1000 多人次。主要有：统战理论政策专题培训班、理论骨干专题培训班、人居环境整治及“美丽乡村”建设专题培训班、人大干部、人大代表专题培训班（二期）、中青年干部培训班、党代表履职能力提升专题培训班、改革创新与经济发展专题培训班、村（社区）党支部书记、主任培训班、科局级干部学习贯彻中共十九大精神专题培训班（四期），同时还与区直工委联合举办区直机关党务干部培训班，与区人社局联合举办新录用公务员和新聘用事业单位工作人员培训班。同时，采取两头在内中间在外的培训形式，组织学员到延安干部培训学院、湖南韶山、蕉岭、福建上杭等地开展现场教学和党性教育。

编印学习资料

1. 《2017 年梅县区区直机关党务干部培训班》（2017 年 5 月）；

2. 《2017 年梅州市梅县区共青团骨干培训班》（2017 年 5 月）；

3. 《2017 年梅县区统战理论政策专题培训班》（2017 年 6 月）；

4. 《2017 年梅县区理论骨干专题培训班》

（2017年7月）；

5.《2017 年梅县区人居环境整治及“美丽乡村”建设专题培训班》（2017年8月）；

6.《2017 年梅县区第一期人大干部、人大代表专题培训班 》(一、二期)(2017年9月)；

7.《2017 年梅县区中青年干部培训班》（2017年9月）；

8.《中国共产党第十九次全国代表大会 文件资料汇编》（2017年10月）；

9.《2017 年改革创新与经济发展专题培训班》（2017年11月）；

10.《2017年梅县区新录用公务员和新聘用事业单位工作人员培训班》（2017年11月）；

11.《2017年梅县区人事干部培训班》(2017年12月）；

12.《2017 年梅县区委巡察工作培训班》（2017年12月）；

13.《梅县区学习贯彻中共十九大精神专题培训班》(一、二、三、四期)(2017年12月)。

学历教育 2017 年，在抓好干部教育培训的同时，充分利用现有的教学资源积极拓展学历教育，继续与仲恺农业工程学院、梅州市国家开放大学等联合办学，至年底，仲恺农业工程学院硕士研究生毕业 20 人，国家开放大学村干部大专学生200多人。2017年，农村行政管理大专班毕业66人，在读学员130多人。

学术研讨 1. 杨普兰在2017年6月21日 梅州日报 发表《城市“创文”首正家风》；2. 林锋在2017年5月17日梅州日报发表《挖掘梅文化助创文》。

（供稿：黄志妮）

【老干部工作】 2017 年，梅县区老干部局围绕区委、区政府的中心工作，以学习贯彻中共十八大、十九大精神和习近平总书记系列重要讲话精神为主线，结合工作实际，严格落实老干部政治、生活待遇的一系列政策，狠抓制度建设，健全工作机制，为老干部办实事、办好事，组织引导老干部为推动梅县区科学发展、促进社会和谐作贡献，努力开创老干工作新局面。

落实待遇 积极及时落实好增发生活补助、提高医疗补助和发放护理补助等工作，特别是严格贯彻落实《关于提高生活长期完全不能自理的离休干部护理费标准的通知》精神；抓好春节、“三八”节、建党节和重阳节等节假日慰问工作，全年上门慰问 600 多人次，慰问资金60多万元。2017年，举办3期共120人次的老干部学习研讨十八大、十九大精神和习总书记重要讲话精神培训会，准确把握党中央推进全面从严治党对离退休干部党建工作的新部署新要求；2017年度为全部离休干部订阅《秋光》《老人报》等报刊杂志890份。

组织文体活动 2017 年，联合区离退休干部联谊会、区老年人体育协会组织开展为期四天的 2017 年“重阳节”文体活动，有 300 多名离退休老干部踊跃报名参加。协助区委区政府组织离退休干部代表参观梅县区重点工程建设成果，召开座谈会倾听老干部们的宝贵意见。

关心下一代工作 一是积极发挥“五老”作用，开展“大手牵小手”一帮一结对帮扶，“五老”共结对帮扶 1003 对，党员干部结对2766；二是发动各种社会力量捐资助学，据统计，全年镇、村共建立各类基金会 22 个，筹集资金244万元，受奖受助647人；三是加强对留守儿童的关爱活动，共建立留守儿童“爱心之家”三个，结对帮扶260对，全年投入帮扶资金4.5万元。

离退休干部联谊会 以老干部活动中心为阵地，积极组织开展乒乓球、麻将、象棋、跳棋、书法等文娱体育活动，老人节期间，积极组织各项比赛，不断丰富老干部的精神文化生活。各联谊会分会会长每月 9 日定期召开碰头会，汇报交流各分会开展活动情况，每年秋季还组织到邻近的县进行参观学习。

（供稿：黄继朋）

【直属机关工作委员会】 *机关党建工作* （一）举办学习十九大精神专题培训班。为深入学习宣传贯彻中共十九大精神，提高机关党务干部的政治理论素养和业务工作能力，进一步推进机关党建工作的科学化水平。11月17日，直工委区文化中心礼堂举办区直机关党务干部深入学习十九大精神专题培训班，区直各系统党委副书记、党办主任；基层党委副书记；各党总支书记、党支部书记；区直局和省、市属驻梅各单位人事股长，共280人参加学习培训，邀请市委党校、区纪委、区委组织部的有关领导授课。通过这次学习培训，真正使机关党务干部在思想认识上有新境界、业务本领上有新提升、党性修养上有新提高。（二）以实际行动庆祝党的生日。在纪念建党96周年之际，主要做好五项工作。（1）专门召开各系统党委专职副书记会议进行布置，要求各党委要结合自身实际，通过慰问困难党员、召开学习座谈会、组织党员参观红色教育基地等形式，开展系列纪念活动。（2）举办党务干部培训班。为提高机关党务工作者的理论素养和业务技能，与区委党校联合举办党务干部培训班。11个系统党委专职副书记和党办主任、4个单位党委负责党务工作的同志、工委全体干部共34人参加培训。培训期间还组织学员到吉安市委党校井冈山培训基地进行异地教学。（3）贯彻落实《中国共产党发展党员工作细则》，确保新党员质量，6月在区委党校举办新党员入党宣誓和区直机关党员发展对象培训班，邀请区委组织部、区纪委、区委党校、区武装部有关负责人授课，组织学员到南口镇革命烈士纪念碑前瞻仰革命烈士，党员发展对象接受一次深刻的党的理论知识和革命传统教育，进一步端正入党动机，来自区直机关的22名新党员参加入党宣誓仪式，33名党员发展对象参加培训。（4）与区纪委联合举办了第三届“廉洁火炬杯”党规党纪知识竞赛活动，全区30个参赛队伍参加竞赛。（三）开展系列活动。（1）与区总工会、团区委、区妇联联合开展“春暖童心·梦圆梅县”2017梅县会亲活动，活动采用一次性资助的方式，按1000元的资助标准，采取一对一或一对多的结对会亲资助方式进行资助。有125名特困家庭的孩子通过结对“认亲”得到资助。（2）与区体育局、区总工会、团区委联合举办2017年梅县区区直机关单位足球联赛，区直机关11个系统代表队参加比赛。（3）开展“喜迎十九大”系列文体活动。9月22日至10月12日，举行梅县区区直机关单位干部职工“喜迎十九大”系列文体活动，包括篮球、羽毛球、乒乓球、田径4×100米接力以及歌咏合唱比赛。

机关作风评议与整治 2017年，区委、区政府印发《关于2017年开展机关作风评议的实施办法》和《关于开展机关作风整治的实施方案》。重点对机关干部队伍中存在的“弱、松、庸、慢、散、懒、推”等错误思想、不良作风进行大力整治，着力解决“不能为、不想为、不敢为”的问题。按照区机关作风整治实施方案，明确整改措施、时限和责任人，建立整改台账，集中力量、集中时间推动整改落实。坚持边学边查边改，立行立改。开展明察暗访，深入治理机关工作人员在工作作风、工作纪律、服务态度、工作效能等方面存在的问题。区评议办组成2个明察暗访工作组，不定期深入各镇（办事处、高管会）、区直单位等进行暗访，重点督查、暗访区委区政府召开的大型会议会风以及机关单位上下班、考勤制度执行和服务质量等方面情况，强化问责制度和“马上办”意识，大力整治“为官不为”，深入纠正乱作为、慢作为、不作为，推动党员干部思想、观念和作风的持续转变，全面提升干部队伍的执行力、战斗力和创造力。

（供稿：梁敏）

【信访】 2017年，区信访局认真贯彻落实中央和省、市关于做好信访工作的一系列重要精神，严格执行各项信访工作机制，扎实开展矛盾纠纷排查化解活动，通过各种有效措施及时解决人民群众反映的各类突出问题，建立畅通、有序、务实、高效的信访工作新秩序，全年信访工作整体态势平稳。

本级受理情况：

1. 群众来信 26 件，比上年下降 7.14%。

2. 接待群众来访 527 批 1968 人次，比去年分别增长 27.6% 和增长 12.26（其中：集体访 129 批 1236 人次，重复来访 277 批 810 人次）。来访立案 244 批 851 人次，比上年分别增长 25.77%和增长 0.5%（其中：集体访 50 批 502 人次，比上年增长 16.28 和下降 26.82%）。

3. 受理群众网上信访来信 1127 宗，比上年增长 1.26%，已全部按时办理回复。

上级受理情况：

1. 市级信件 36 件；省级信件 72 件；国家信访局信件 47 件。

2. 群众进京上访 7 批 9 人次，其中非正常上访 6 批 8 人次。

3. 群众到省上访 41 批 66 人。其中，集体访 1 批 5 人次。

4. 群众到市上访 97 批 485 人，比上年批次增长 120.45%，人次增长 207%。其中，集体访 24 批 369 人次。比上年批次增长 118%，人次增长 16%。

落实领导接访群众制度　按照省信访联席办《关于广东省各级领导干部定期接待群众来访的意见》（粤信联发〔2015〕2 号）通知要求，区委、区政府领导干部每月至少安排 1 天时间接待来访群众。一是区委、区政府党政领导坚持轮流到群众接访大厅公开接待上访群众，带头做好接访、下访工作，有效推动信访突出问题的调处化解。处理大量信访问题，把大批上访人稳定在辖区范围内。二是区委、区政府领导分别到挂点单位和相关镇接待群众来访，通过重点约访、专题接访、带案下访、下基层接访、领导包案等形式，及时了解掌握辖区群众反映的热点难点问题，有效解决一批与群众利益相关的信访问题，有效解决群众的合理诉求，在源头上消除不稳定因素，有效地控制和减少群众越级上访。据统计，领导接访日定点接待群众到区上访 178 宗 321 人次，其中：集体上访 31 批 137 人次。到挂点单位和相关镇接待群众，参与接访领导 197 人次 ，接待来访群众 628 批 1548 人次。

大力推进信访基础业务建设　一是按上级工作安排和部署，针对信访基础业务办理工作中存在的问题，全面开展信访基础业务办理规范化工作的跟班学习培训，提高信访案件办理的质量。与此同时，对全区 68 个单位的信访案件全面梳理、逐案审查，加强信访事项办理情况进行督查督办，对照上级的要求全面落实整改，对信访业务基础办理方面存在的不足进行整改、纠正，做到应补尽补。二是按照上级的工作要求，在今年 5 月提前建成联通全省的视频信访系统，并如期开通微信公众号、手机 APP 平台，视频信访系统、微信公众号、手机 APP 平台运转正常。

执行“诉访分离”制度　一是进一步推动涉法涉诉信访工作制度改革。整合信访和公安、检察院、法院、司法、法制等政法机关的力量，统筹协调诉访分离中的难题，强化工作职责，建章立制，加强工作指引和工作衔接，完善涉法涉诉信访事项的教育、帮扶、疏导工作，依法处理信访过程中的违法行为。实现涉法涉诉信访事项在信访部门与政法机关之间和相关仲裁机关的无缝对接。二是进一步推进通过法定途径分类处理信访投诉请求工作，至年底，梅县区 30 个区直相关单位已全部制定出台信访投诉请求分类处理清单。

落实领导包案责任，做好源头化解工作　一是把乡镇和部门的一把手作为第一责任人，排查工作自下而上，层层落实。采取经常性排查和敏感时期集中重点排查相结合的方式，做到不留死角，严防疏漏，切实把所有信访问题和隐患都逐一进行筛选预警和研判分析，全面掌握矛盾纠纷和集体上访隐患。并落实工作责任，及时有效解决群众的合理诉求，牢牢掌握工作的主动权。二是落实挂点区领导包案责任。区委区政府领导按照挂点和分工，及时协调、解决、督办所挂镇和分管部门的重点突出问题。做到常过问、常协调、常督促。区领导

协调、督促处理信访部门抄报的久拖不决的信访案件和越级到省、市、区集体上访的案件工作取得明显成效，有效将一批信访突出问题就地处理，把矛盾化解在基层，切实从源头上减少群众集体上访、越级上访。

抓好敏感时期的稳控工作　在 2017 年各个重要敏感时期，梅县区及早筹谋、周密部署，全力做好信访维稳工作。一是落实责任，突出重点稳控。在彻底摸清可能引发群众上访不稳定因素的基础上，对重点对象重点防控，把他们稳控在当地。二是加强与国安、公安、民政、信访和铁路、民航、汽车站的沟通协调，密切配合，广辟信息来源，密切掌握苗头性、行动性信息。三是政法部门采取高压态势，用足用活政策、法规，对非正常的上访人员违法行为予以依法打击，严厉惩处刻意制造非访，向政府施加压力的信访人。四是成立由信访、公安和重点镇干部组成工作组，分别负责重点时段、重点地区的驻点工作和应急劝返工作，做好防控补救措施，确保一旦出现重点人员失控或聚集等情况，能在第一时间及时有效拦截劝返和相关处置工作。

（供稿：朱 王）

区人大常委会

【概述】 2017 年，区人大常委会深入学习贯彻中共十九大精神，以习近平新时代中国特色社会主义思想为指导，坚持党的领导、人民当家作主、依法治国有机统一，忠实履行宪法和法律赋予的职责，顺利完成了区一届人大二次会议确定的各项目标任务。全年举行常委会会议 8 次、审议议题 39 项，听取和审议专项工作报告 12 件，开展视察调研 11 次、执法检查 2 次，依法作出决议决定 16 项。

【区一届人大二次会议】 2017 年 5 月 31 日至 6 月 2 日，梅县区第一届人民代表大会第二次会议在梅县文化中心胜利召开。本次大会听取和审议区政府工作报告、人大常委会工作报告、人民法院工作报告和人民检察院工作报告，审查梅县区 2017 年国民经济和社会发展计划执行情况的报告和区 2017 年预算执行情况的报告，表决通过政府工作报告等六个报告决议。

大会依法选举张运全为梅县区人民政府区长，区人大常委会主任曾庆辉为新当选的区人民政府区长张运全颁发当选证书。

会议期间，全区各条战线的人大代表，认真履行宪法和法律赋予的职责，积极参政议政，提出许多宝贵的意见建议。本次大会收到建议 15 件（其中议案转建议 6 件）。

【监督工作】 常委会把加强监督工作作为人大工作的重中之重来抓，突出监督重点，改进监督方式，切实增强监督工作的针对性和实效性。

监督区重点项目落实　常委会紧紧围绕“一区两带六组团”、供给侧结构性改革等重大决策，采取听取专项工作报告、组织考察调研、重点督办等方式，对五城联动发展、交通基础设施建设、雁洋特色小镇建设和农村人居环境综合整治等工作持续开展跟踪监督，全力助推区委决策部署落实。

监督财政经济工作　围绕创新驱动发展战略，听取和审议政府实施创新驱动发展战略情况的报告，开展培育资本市场推动重点企业上市工作情况的视察，督促政府加大科技投入、优化创新环境、提升创新能力、加快创新转型步伐。围绕全口径预决算审查监督，分别听取和审议关于 2016 年区本级财政决算的报告、2016 年区本级预算执行及其他财政收支审计情况的报告、2017 年上半年计划和预算执行情况的报告，审查和批准区本级财政预算调整方案。开展预算联网监督，实现区人大与财政和社保部门的联网，促进政府进一步提高预算资金使用效率，更好发挥财政资金在推动经济转型发展中的引领作用。

监督重大民生问题 突出问题导向，以钉钉子精神抓住社会关注集中、群众反映强烈的热点难点问题，持续推动民生改善。高度关注教育工作发展，听取和审议区政府关于教育均衡发展情况的报告，督促政府改善办学条件、提升教育质量、推进义务教育均衡发展，办好人民满意教育。高度关注扶贫开发工作，组织对精准扶贫开发工作和家庭农场发展情况开展视察调研，督促政府及相关部门落实帮扶责任，整合扶贫资源，加大帮扶力度，细化帮扶措施，巩固帮扶成果，确保脱贫目标如期实现。高度关注食品安全工作，对食品药品安全监管工作开展专题调研，配合市人大常委会开展《中华人民共和国食品安全法》执法检查，督促政府及相关职能部门认真履行职责、严格执法监管，保障人民群众“舌尖上的安全”。高度重视民生工作，组织对 2017 年十件民生实事实施情况、创建卫生强区工作、气象灾害应急平台建设和振兴足球之乡等工作开展监督，推动政府在学有所教、病有所医、老有所养、弱有所扶上持续发力，推动社会各项事业发展。

监督法律法规实施 全面开展对区政府依法行政工作的监督，把所有规范性文件纳入备案审查范围。作出关于开展第七个五年法治宣传教育的决议，推动全民尊法学法守法用法。检查《中华人民共和国烟草专卖法》《中华人民共和国安全生产法》实施情况，确保相关法律法规在我区全面贯彻实施。组织对区人民法院工作、区人民检察院规范司法行为、维护司法公正和一村（社区）一法律顾问工作开展监督，促进司法机关完善工作机制、规范执法行为、提升司法公信力。加强人大信访工作，全年受理群众来信来访 134 件次，及时进行交办督办，推动群众合理诉求的解决。

【依法行使重大事项决定权】 认真学习贯彻中共中央办公厅《关于健全人大讨论决定重大事项制度、各级政府重大决策出台前向本级人大报告的实施意见》，进一步完善讨论决定重大事项的范围、程序和措施，将加强民主法治建设的重大措施以及区域发展总体规划、城镇建设、重大民生工程、重大建设项目纳入重大事项。2017 年，依法对计划、预决算和雁洋特色小镇建设、新城地下综合管廊建设等重大建设项目进行审议，并依法作出决定决议 16 项。

【依法行使人事任免权】 坚持党管干部原则与人大依法行使选举权任免权相统一，确保区委推荐的人选通过法定程序成为地方国家机关领导人员。严格实行任命人员任前法律考试和宪法宣誓等制度，并加强对干部任后监督，进一步增强被任命人员依法履职、勤政为民的意识。做好新一届省人大代表提名推荐的有关工作。全年依法任免地方国家机关工作人员 45 人次，依法组织选举区人大代表 14 名。

【代表工作】 认真贯彻落实代表法，不断完善代表工作机制，提高代表履职服务保障水平，全面激发代表履职热情。

加强代表履职培训工作 为提高代表履职能力和履职水平，举办区一届人大代表培训班，组织常委会组成人员和区镇人大干部到延安市党校参加学习培训，组织区镇人大负责人参加全省县乡人大负责同志专题学习会。

推进代表联系群众制度 认真贯彻落实全国人大常委会关于完善人大代表联系人民群众制度的实施意见，修订完善区人大常委会组成人员联系代表、代表联系人民群众“双联系”制度，安排区人大常委会组成人员分工联系 150 名区人大代表。充分发挥代表联络室的作用，组织代表参加代表联络室活动，畅通社情民意的表达和反映渠道，推动解决一批群众关心的问题。

加强议案建议办理工作 重视代表建议办理工作，认真抓好跟踪督办，通过召开交办会、现场调研、领导督办、听取专项工作报告、作出决议等措施，推动代表建议的落实，健全“办前沟通、办中协调、办后跟踪”机

制，增强办理实效。全年交办代表提出的议案 2 件、建议 48 件，已全部办复，代表反馈满意率达 100%。代表提出的加快农村人居环境综合整治、建设美丽乡村、加强食品安全监管等一批建议得到落实和推进。

强化代表履职服务保障　认真组织开展区人大代表集中视察和小组活动。拓宽代表的知情知政渠道，邀请代表列席常委会会议、参加视察调研等活动，定期给代表寄送人民之声、区人大会刊等资料，及时通报有关工作情况。依法保障人大代表活动经费，建立代表履职补助制度，对无固定收入的代表执行代表职务给予适当补贴，将人大代表活动经费列入财政预算予以保证。

【自身建设】 认真贯彻全面从严治党要求，提高政治站位，保持政治定力，坚定政治方向，切实加强自身建设，为各项工作的顺利开展提供保障。

思想政治建设　按照上级的统一部署，扎实推进“两学一做”学习教育常态化制度化，教育引导党员干部坚定理想信念，增强“四个意识”，坚定“四个自信”，坚决同以习近平同志为核心的党中央保持高度一致，做到思想上拥护核心、政治上维护核心、行动上紧跟核心。常委会党组坚决执行全面从严治党各项规定，认真履行管党治党、全面从严治党责任，深入推进正风肃纪，持之以恒改进作风，始终以严和实的标准做好人大工作。

人大组织建设　坚持打基础、谋长远，采取有力措施，不断夯实人大工作基础。全面贯彻落实全省县乡人大工作和建设座谈会精神和省人大常委会办公厅等五部门联合印发的《关于大力推进县乡人大工作和建设的若干意见》要求，制定并由区委转发《区人大常委会党组关于大力推进区镇人大工作和建设的实施意见》，区各级各部门认真贯彻实施，区镇两级人大工作和建设取得新的突破。规范区人大及其常委会工作机构，将华侨外事工作委员会职能并入教育科学文化卫生体育工作委员会，更名为教育科学文化卫生华侨工作委员会；将法律工作委员会更名为内务司法工作委员会，增设法制委员会，区人大常委会机关行政编制由 16 名增至 17 名。提高区人大常委会专职组成人员比例，成立新城人大工委，设立区人大代表联络服务中心。17 个镇全部单独设立镇人大办公室，并配备办公室主任；落实镇人大主席、新城人大工委主任享受与同级党政正职同样的岗位补贴。

人大制度建设　坚持民主集中制原则，集体行使职权，集体讨论决定问题。结合贯彻中央和省委、市委、区委有关文件精神，制定和完善区人大常委会党组工作规则、区人民代表大会常务委员会议事规则等一系列制度规定，完善区镇人大会议制度，指导各镇人大认真贯彻落实《广东省乡镇人民代表大会工作条例》，依法行使职权，推进各项工作制度化、规范化。

宣传交流　重视做好人大宣传工作，积极借助广播电视、区人大网站以及《人民之声》、《梅州人大》等媒体，加强对人大制度、人大会议、代表活动的宣传，深化全社会对人民代表大会制度的认识，营造理解和支持人大依法履职的良好氛围。配合上级人大开展视察调研、执法检查等活动，加强与各地人大的联系交流，对各镇人大的指导和支持，形成人大工作合力。

（供稿：张凤明）

区人民政府

【概述】 2017 年，是中共十九大胜利召开之年，也是实施“十三五”规划承上启下之年、供给侧结构性改革深化之年。一年来，区政府在市委、市政府和区委的正确领导下，在区人大和区政协的监督支持下，深入学习宣传贯彻中共十九大精神，以习近平新时代中国特色社会主义思想统领工作全局，聚焦“一区两带六组团”建设，着力推动实体经济发展壮大、着力补齐民生事业短板、着力建设宜居宜业幸福家园，经济社会保持平稳健康发展。2017 年，全区完成地区生产总值（GDP）199.4 亿元，同比增长 5.3%。其中，第一产业增加值 49.05 亿元，同比增长 3.7%，拉动 GDP 增长 0.9 个百分点；第二产业增加值 71.64 亿元，同比增长 3.9%，拉动 GDP 增长 1.5 个百分点；第二产业中工业增加值 59.67 亿元，同比增长 2.5%，拉动 GDP 增长 0.8 个百分点；第三产业增加值 78.71 亿元，同比增长 7.6%，拉动 GDP 增长 2.9 个百分点。三次产业结构为 24.6∶35.9∶39.5。固定资产投资 187.17 亿元，同比增长 23%；社会消费品零售总额 153.88 亿元，同比增长 8.1%；全体居民人均可支配收入 24014 元，同比增长 8%；完成税收 33.8 亿元，同比增长 7.18%；完成地方公共财政预算收入 19.73 亿元。

【区政府主要工作】 培育可持续发展产业　梅县产业集聚地完成固定资产投资 23.8 亿元，比增 106%。综合保税区申报和规划建设工作有序推进，省市共建创新创业孵化园、医院、学校等配套项目加快建设，至目前落户企业达 55 家，建成投产 44 家。全社会科技研发投入约 2.45 亿元，在全市率先通过国家知识产权强县工程试点区考核验收，“广东省质量强区示范区”创建工作积极推进，全年专利授权量 237 件。26 家工业企业建立研发机构，主营业务收入 5 亿元以上的工业企业实现研发机构全覆盖；专利技术孵化产业园首期第一阶段完成建设，BPW 车轴亚洲研发中心成立；新增高新技术企业 13 家，总数达 25 家；骅锋科技和自远环保被认定为省级工程中心，南口镇被认定为广东省技术创新专业镇（文化旅游）。全力配合办好第五届世界客商大会，成功举办全区 73 个总投资 490 多亿元的重点项目签约、动工、竣工等系列活动。新增力天世纪、客都股份、客家园林 3 家新三板上市企业，全区上市企业达到 12 家。主动对接省“实体经济十条”，出台企业技改购买设备和新上项目的扶持奖励办法，实施四套班子领导挂点服务重点工业企业制度。荷树园电厂获省电量指标倾斜，超华、嘉元、航鑫科技二期、BPW（梅州）车轴、鸿荣重工等增资扩产项目投产，盛富金属、庆达二期等项目竣工。预计新增规上企业 11 家，预计全年完成工业投资 52.9 亿元，同比增长 33.2%；预计规上工业总产值 157 亿元，同比增长 2%，增加值 42 亿元，同比增长 2.1%；预计完成外贸进出口总额 3.04 亿美元，预计实际利用外资 1058 万美元。以深化农业供给侧改革为重点的现代农业加快发展，农村土地承包经营权确权登记颁证工作基本完成，生态旅游观光等 5 个农业经济板块建设大力推进。全区省级农业龙头企业达 20 家、市级 48 家；农民专业合作社 970 家、家庭农场 1092 家；发展“三品”认证农产品 124 个，省农业品牌产品 15 个。十记果业申请认定省级众创空间，梅县金柚产业技术创新联盟成为全市第一批获省认定的产业技术创新联盟。被认定为省林下经济扶贫示范县，全年林下经济总产值达 27.3 亿元。建设雁洋 4 万吨粮库，粮食责任考核被市政府评为优秀等次。客商银行正式营业，区农信社完成合并改制。建成 19 家镇级电商服务站，全年电商交易额实现 31.2 亿元。挖掘和利用革命历史文化资源，统筹推进乡村旅游开发和美丽乡村建设，全域旅游示范区创建步伐加快，全年旅游收入和接待人数均同比增长 11%，县域旅游综合竞争力连续七届跻身全省十强。

加强基础设施建设　1. 交通设施建设成效显著。交通基础设施年度完成投资 32.4 亿元，比增 77%。积极配合“两高一场”建设，梅畲快线、白渡梅州坑工业园道路、S223 出省快速通道等重点交通项目加快建设，葵岗互通立交、S242 西部快线前期工作有序推进。改造升级了 4 条县乡公路，完成了新农村公路硬底化 60 公里、安全生命防护工程 50 公里。新开通行政村公交 11 条，城乡公交线路增至 51 条。2. 农业生产条件有效改善。全年完成投资 11.6 亿元，实施水利工程项目 42 宗，完成了灌区改造等一批农村水利工程，改善及新增灌溉面积 8 万亩。现代标准农田建设加快，实施规模 2.54 万亩。建成全省首个现代农业示范区生物预警与气象综合监测站，水稻全程机械化等现代农业装备、技术推广应用，水稻机耕率达97%，农业生产条件不断夯实。3、信息能源建设有序推进。354 个农村超高速无线局域网试点村建设任务全部完成，在全市率先完成建设任务。农村信息网络、电网改造等基础设施建设稳步推进。燃气供应保障能力不断增强，铺设天然气市政管道25公里、庭院管道50公里，丙村、雁洋等12个乡镇管道天然气工程有序建设。

不断优化城乡宜居环境　1. 五城建设有序推进。精心抓好梅县新城、槐岗新城、葵岗新城、雁洋新城和畲江新城规划建设。剑英大道延长线、客都大桥连接线基本完工，新城自来水厂即将投产，启动建设公园北路和剑英大道 2 座人行天桥，打通了一批断头路，新城地下综合管廊、进城大道、亲水公园二期及程江河景观提升工程建设加快推进。槐岗片区、葵岗片区控制性详细规划工作取得成效。突出产业、文旅、宜居和叶帅品牌、慢城品牌，雁洋特色小镇的环镇旅游公路、学校、医院等基础设施以及中国收藏文化示范基地、加业梅州营地、足球小镇、雁鸣湖健康养生谷等产业项目加快建设，松口古镇和南口文化旅游特色小镇的申报建设积极推进。全区镇级总体规划修编完成，各镇谋划的 82 个公共设施项目陆续启动。区、镇、村全面完成“一门式一网式”政务服务平台建设，实现老百姓“家门口办事”。2. 美丽乡村建设取得突破。聘请专业团队进行规划，全区突出一条美丽乡村主题游览路线、两条乡村景观轴线、四大美丽乡村组团，打造“山水梅县·客韵乡村”全域美丽乡村。创新推行“地票”措施，32 个省定贫困村新农村示范村“三清三拆三整治”扎实推进，村庄卫生环境整治基本完成。投资 5800 万元的 8 个高速公路出口美丽乡村示范点建设工作基本完成。中国乡村复兴论坛筹备有序开展，有力推动乡村振兴。3. 生态环境保护力度加强。深入开展“绿满梅州”大行动，全年完成碳汇造林 1.54 万亩、社会造林 2.48 万亩、森林抚育 12.6 万亩、景观林带建设 20 公里。河长制工作全面铺开，区、镇两级双总河长均已设立。扎实开展国家环保模范城市创建，严格环保准入，加强饮用水源保护，扎实开展大气污染防治，加大黄标车淘汰力度，全市十大环境问题整治工作整改任务按时完成。实施果菜茶有机肥替代化肥行动，开展农业面源污染和畜禽养殖业污染问题专项整治。严把耕地红线，切实抓好地质灾害防治及地质环境治理。全区环境质量保持良好，空气质量优良率达 98%以上。

大力推进社会民生事业　1. 民生短板进一步补齐。创新光伏扶贫等产业帮扶模式，实施精准扶贫项目“以奖代补”措施，建立贫困村产业发展平台，去年以来筹集各类帮扶资金 4.23 亿元，实施帮扶项目 4.4 万多个，精准扶贫精准脱贫取得成效，全区 71%相对贫困人口实现脱贫。十大民生实事 40 个项目基本完成，提高了低保、五保、残疾人等补助、补贴标准，实施医疗救助 2685 人次，困难群众基本生活得到有效保障。机关事业单位养老保险制度改革工作扎实推进，社保费征收完成全年任务。与异地 508 家医院实行联网结算，城乡居民医保待遇进一步提高。公办养老机构公建民营供给侧改革工作全力推进，养老服务业加快发展。省市共建创新创业孵化园建设有序推进，高校毕业生创业就业专项资金有效落实，全年城镇新增就业4208人，失业人员实现再就业3402人。2. 社会治理能力有效提升。全面推开法治建设“四级同创”活动，深入开展平安梅县建设，健全“中心+网格化+信息化”工作体系，始终保持严打整治高压态势，加强社区矫正工作，大力防控各类社会风险，社会治理能力进一步提升，社会治安防控更加专业化、智能化。“法律六进”等法治宣传工作扎实推进，“一村一法律顾问”工作取得成效，群众学法守法的自觉性进一步提升，运用法律手段解决问题的意识和能力进一步增强。充分发挥团委、妇联等组织在共建共治中的积极作用，大力开展志愿服务、法律宣传等工作。加大安全生产行政执法力度，安全生产形势持续保持稳定。梅县区农产品质量安全检验检测中心正式运行，食品安全常态化监管延伸到村，农贸市场食用农产品快速检测工作实现辖区全覆盖，获“国家农产品质量安全县”称号。圆满完成中共十九大、第五届世界客商大会等重大安保维稳任务。全区社会安全指数和人民群众安全感不断提升，获评“全国平安建设先进区”，是梅州市唯一获此殊荣的县（市、区）。3. 社会事业取得新成绩。群众性精神文明建设深入推进，“四城联创”成效明显。“广东省推进教育现代化先进区”创建工作通过督导验收，畲江中心小学扩建、第一职校附属小学改建等工作全面完成，新建新民小学和雁洋镇中心小学如期动工，特殊教育学校9月顺利开学，各类教育协调发展，教育的公益性、普惠性、公平性巩固提升。投入卫生强区创建资金 5.2 亿元，完成了 305 间标准化卫生站建设，广梅开发区医院、粤东医院感染大楼、镇卫生院等医疗卫生基础设施建设大力推进，粤东医院创“三甲”通过初审。探索建立医联体，全区家庭医生签约服务 15.5 万人。成功创建省级慢性非传染性疾病综合防控示范区。全面两孩政策稳妥实施，出生人口素质不断提高。完成 10 个文化驿站、13 个农村俱乐部、203 个行政村综合性文化服务中心建设，新增 12 处市级文物保护单位，参加省艺术节喜获丰收，广播电视工作取得新成效。成功承办市第八届运动会，建成 8 所全国校园足球特色学校和 10 所广东省校园足球推广学校，铁汉生态足球队成功冲甲，富力足球学校与荷兰阿贾克斯足球俱乐部合作建设青训基地，梅县区代表队卫冕省第二届百县（区）杯足球赛冠军。梅县区复退军人服务中心成立，国防建设、双拥等工作扎实推进。高质量完成第三次全国农业普查工作任务，工商联连续 4 年获全国“五好”县级工商联殊荣，《松口镇志》入选中国名镇志文化工程。外事侨务、港澳和对台工作有新进步，民族宗教、法制、人事编制、妇女儿童、老区建设以及监察、统计、审计、供销、气象、残联、文联、打私、打假、人防、应急、档案等工作取得新成绩。

努力提升政府效能　深化“放管服”改革，大力实施并联审批，加大简政放权力度，“一门式一网式”政府服务模式取得明显成效，下放镇中心的审批和服务事项 87 项，下放村级公共服务站办理的事项 58 项，各部门行政许可事项承诺时限提速 51.6%，公共服务事项承诺时限提速 45.92%，区、镇、村和各部门间的业务在“一张网”内流通。全面推进减证便民行动及政务服务“马上办”改革，智慧梅县政务指挥中心建成启用，惠民信息公开平台投入运行。商事制度改革营造了宽松平等的准入环境，全区各类经济主体已达 3.2 万多户。城市执法、食盐监管等行政体制改革工作深入推进。坚持向人大及其常委会报告工作，向人民政协通报情况，主动自觉接受监督，人大建议、政协提案办复率和满意率均达 100%。加强“慵政懒政怠政”整治，深入推进政务公开和廉政监管，加强重点领域审计监督，政府服务热线等受理事项全部按时办结，行政效能和公共服务满意度有效提升。

区政协

【梅县区政协一届二次全会】 中国人民政治协商会议第一届梅州市梅县区委员会第二次会议，于 2017 年 5 月 31 日至 6 月 1 日在梅县区新县城举行。这次会议是在梅县区全面贯彻落实中共十八大、十八届三中、四中、五中、六中全会精神，习近平总书记系列重要讲话精神，习近平总书记对广东工作重要批示精神以及省委、市委、区委全会精神的关键时刻召开的一次重要会议。会议审议通过曾京铭主席代表一届区政协常务委员会所作的工作报告、钟梅福副主席代表一届区政协常务委员会所作的提案工作情况报告。会议期间，委员们列席区第一届人民代表大会第二次会议，听取并讨论张运全代区长所作的政府工作报告。会议圆满完成各项议程，是一次求真务实、民主和谐、团结奋进的大会。

【提案办理】 中国人民政治协商会议第一届广东省梅州市梅县区委员会一次、二次会议共收到提案 83 件，按照《政协梅县区委员会提案工作条例》，提案审查委员会对收到的提案进行认真的审查，立案 51 件，转意见建议 32 件。

【协商议政】 区政协组织政协委员围绕政府工作报告（征求意见稿）深入讨论，广泛征求意见建议。此外，围绕区委中心工作和社会民生热点，组织政协委员开展考察活动，组织委员围绕视察主题，深入开展协商议政。主要围绕“精准扶贫精准脱贫”“固定资产投资”“委员工作室建设”“乡村振兴”等开展专题考察，提出意见建议，形成调研报告供区委区政府决策参考。

【民主监督】 区政协切实履行民主监督职能，通过开展专题调研、专题考察、委员提案、“委员之家”网络平台等方式，把民主监督贯穿其中，对政府职能工作提出意见建议，促进政府职能工作的民主化和科学化。

【专题调研】 主要是组织开展对“精准扶贫精准脱贫”“固定资产投资”“委员工作室建设”“乡村振兴”等的专题调研考察，深入了解情况，积极建言献策。

【联谊交流】 一是开展对在外创业委员和港澳委员的走访活动，通报乡情，增进感情，共谋发展。二是热情接待兄弟市县政协到梅县学习考察，主要有广西壮族自治区博白县、广东省郁南县、茂名市茂南区等县（区）政协。

【专委会活动】 立足专委会职能，积极实施专题调研活动。对“城区义务教育阶段大班额情况”“新县城沿江河堤路段大货车违规通行问题”等 14 个专题开展调研，比如文教卫体专委会开展基层送医送药及慰问敬老院活动、学习文史专委会围绕“关于加强 205 国道白渡镇到城东镇竹洋路段大车交通管理”提案的深入调研、港澳台侨专委会发动港澳委员捐资 30 万元建设梅县区中医医院中心供氧项目等，其他专委会也结合自身实际开展专题调研活动。

【关注民生】 一是筹集 21.5 万元帮扶资金，做好挂点隆文镇芦溪村的帮扶工作；二是组织医卫专家队伍，开展送医送药下乡活动；三是组织机关干部职工开展扶贫济困捐款活动，共捐款 4200 元用于扶贫济困工作。

（供稿：办公室）

区 纪 委

【召开梅县区纪委一届二次全会】 2017 年 1 月 25 日，召开梅县区纪委一届二次全会，会议由区委常委、纪委书记古裕同志主持，区委副书记、区长钟光灵传达中央、省、市纪委全会精神，市委常委、统战部长、区委书记张文广对梅县区党风廉政建设和反腐败工作形势作研判并提出具体要求，古裕代表区纪委常委会作《工作报告》。

【党风廉政建设】 一是增强政治意识。坚持把纪检监察工作放在区委、区政府工作大局中谋划和推进。深刻学习领会十九大精神、习近平总书记重要批示精神、习近平总书记“7·26”重要讲话精神和省第十二次党代会精神，把

"四个坚持、三个支撑、两个走在前列"的要求转化为监督执纪问责的实际举措。协助党委落实管党治党、从严治党主体责任，强化压力传导，加大约谈力度。对管党治党宽松软的、不正之风和腐败问题多发的单位，约谈党组织一把手，督促整改落实。据统计，全年开展谈话提醒1478人次，其中红脸出汗45人次。抽取10位科级党政"一把手"进行书面述责述德述廉，对其工作能力、作风纪律、惠民建设等方面进行评定等次，推动全面从严治党向纵深发展。二是强化监督检查。加大对学习贯彻上级全会精神的监督检查，坚决维护中央的权威。紧紧围绕全区争当粤东西北振兴发展排头兵和"一区两带六组团"建设排头兵目标，密切关注乡村环境整治和乡镇"六个一"项目等，切实履行"监督的再监督、检查的再检查"职能，确保政策执行有力，工作落实到位。三是坚持严肃问责。严格执行领导干部"为官不为"问责暂行办法，认真贯彻落实《中国共产党问责条例》，深入纠治乱作为、慢作为、不作为等问题，对市委、区委重大决策部署执行不力的，严肃问责。据统计，全年查处"为官不为"问题线索1条，立案查处3人，诫勉谈话1人，责令其作书面检查6人，谈话提醒3人。主动坚持"三个区分开来"原则，排除党员干部忧虑，增强干事创业主动性和积极性。据统计，2017年澄清保护干部20人。

【体制改革】 整合基层执纪审查力量。进一步发挥执纪审查协作区的作用，按照"地域相邻、业务相近、便于组织协调、人员优势互补"的原则，区纪委将11个派驻机构和乡镇(办事处、高管会)划分为4个执纪审查协作区，实施统一对口组织、指导。2017年，有部分乡镇和派驻组实施协作区异地办案，取得良好效果。

【作风建设】 一是深入开展作风整治。深入开展全区机关作风整治，通过采取重要节点时间明察暗访、日常随机抽查、与梅江区开展交叉暗访等举措，重点纠治机关干部队伍"弱、松、庸、慢、散、懒、推"等错误思想、不良作风，着力解决"不能为、不想为、不敢为"的问题。2017年，通过突击明察、不定期暗访和交叉暗访等方式，共开展明察暗访108次，现场纠正问题18人次，发现问题35个，其中谈话提醒27人(含红脸出汗7人)，诫勉谈话14人。二是深化"八小时以外"监督。强化对党政领导班子特别是主要负责人"八小时以外"监督，实行婚丧喜庆操办和出国境报告制度，进一步筑牢组织监督防线、制度监督防线、群众监督防线、家庭监督防线，规范全区各级党员干部的"社交圈""生活圈""休闲圈"。三是扎密作风建设笼子。开展违规公款购买消费高档白酒问题集中排查整治工作，制定《进一步规范国内公务接待监督管理的通知》，严防和杜绝违反中央八项规定精神，坚决防止不正之风反弹回潮。全年立案查处1宗违反中央八项规定精神案件，党纪政纪处分1人。

【查处违纪违法案件】 强化执纪审查力度。坚持从政治高度把握和运用"四种形态"，实现惩处极少数、严管厚爱大多数的目的。区纪委定期统计、通报、提醒，对工作不力的，采取口头提醒注意、作出书面解释和说明、接受区纪委主要领导约谈等措施，确保镇级纪委自办案件有所增加。2017年，区纪委监察局受理群众信访举报件375(件)(含重复件、业务外件)，应核375件，核查375件，核查率100%；全区纪检监察机关共立案查处99件99人，同比增加25.3%，其中科级干部9件；机关自办案件16件，乡镇83件。提供单位评优评先、干部廉政查询信息236条。结案106件(上年未结案件)，免于处分2人；党纪政纪处分104人，其中党内严重警告以下和行政降级以下等轻处分78人，占党纪政纪处分总人数的75%；党纪政纪重处分26人，占25%。

【集中排查基层违纪违法线索】 继续强化“两违”线索排查，集中力量查处一批“小村大腐”“小官大贪”案件和扶贫领域典型案例。2017年，全区排查出“两违”问题线索435条，涉及七类范围问题线索380条；立案98宗，结案66宗，党纪政纪处分65人。全面启动涉农领域腐败问题专项治理工作，全年全区入户核查74221户（次），自查自纠问题832件，核查出问题线索117条，已立案54宗，结案26宗，党纪政纪处分26人。围绕脱贫攻坚目标任务，持续加大监督执纪问责力度。全年发现扶贫领域问题线索82条，涉及金额211.8266万元，已收缴违规资金77.7514万元，其中立案33宗，结案14宗，党纪政纪处分14人。区委派出2个巡察组，对6个乡镇涉农领域腐败问题专项治理工作进行专项巡察。通报4宗典型涉农领域和扶贫领域腐败问题的典型案例。

【宣传教育】 一是重视廉洁教育宣传。纪教月期间，组织300多名党员干部观看反腐倡廉话剧《韩文公》；开展“廉洁火炬杯”党规党纪知识竞赛和专题教育学习会，大力宣传和解读廉洁自律准则、纪律处分条例和问责条例，强化党员干部的纪律规矩意识。完善充实“四个教育基地”（反腐倡廉教育基地、涉农预防警示教育基地、“宋湘廉洁文化”教育基地、“孝廉文化”教育基地）和“两个长廊”（“河滨清风”廉洁文化长廊、法纪教育长廊）内容，以案释纪，以案明纪。全区19个镇（办事处、高管会）开展“一镇一基地，村村有宣传”活动，大力开展廉洁文化教育和警示教育，引导党员干部勤廉从政。提升“纪检监察之窗”电视栏目和内刊《正道》质量水平，改版提升梅县区纪检监察网，并针对重要节点，通过手机客户端、领导干部微信群、短信平台发送廉洁短信，传导遵纪守法正能量。二是注重源头预防腐败。针对执纪审查中发现的问题，督促发案单位查找根源、建章立制，加强风险防控，推动办案成果向治本成果转化。认真落实省关于推动构建新型政商关系的意见，营造“亲”“清”政商关系。三是加大信息报送力度。注重“三转”工作苗头性、倾向性问题，以及监督执纪问责中发现的问题，认真分析、解剖和研讨，为领导决策提供参考。全年向省、市纪委报送信息50多篇，在省级媒体刊发稿件7条，市级媒体刊发稿件12条。

【机构改革】 成立区委巡察办，办公室设在区纪委，设置行政编制4名，设主任1名（由区纪委常委兼任，不占编），副主任2名（副科职），正股级职数2名，编制由区编委统筹解决。成立4个区委巡察组，向区委巡察领导小组报告工作，核定8名行政编制，组长正科职、副组长副科职配置。完成区纪委派驻机构改革，撤销原来8个区纪委派驻纪检监察组，重新设置11个派驻纪检组，授权管理、负责监督区直90个单位，调剂解决40个编制，每个派驻组配备3–5名人员。按照部署要求，深化国家监察体制改革，按照时间节点，成立试点工作小组，制定实施方案，确保按时组建区监察委员会，同党的纪律检察机关合署办公。

【干部队伍建设】 继续开展能力建设年活动，对新调进纪检监察机关的同志开展培训，选送干部参加中央、省、市各类培训，选派干部参与配合上级纪委执纪办案，有效提升纪检干部监督执纪问责的能力。抓好区纪委派驻机构的人员选配，通过采取到区委组织部、区编办摸底调查，与区直所在单位领导沟通、单位推荐、资格审核、差额组织考察、差额面试等方式，严把派驻纪检组干部入口关。推进“两学一做”常态化，以贯彻执行党内监督条例、监督执纪工作规则为契机，半个月开展一次“两学一做”支部会、“一室一课”培训会和机关工作部署会“三会合一”的机关会议，发挥内务监督委员会，切实加强对纪检监察干部的监督。

（供稿：李家亮）

民 主 党 派

民 革

【概述】 2017 年，民革梅县区委员会牢固树立“创新、协调、绿色、开放、共享”发展理念，以市委市政府“一区两带六组团”工作部署及梅县区“争当粤东西北地区振兴发展排头兵”为中心，不断加强思想、组织、制度等各方面建设，积极发挥参政党作用，为促进梅县区经济、社会发展作出积极贡献。至年底，全区有 5 个支部，党员 63 人。其中：市人大代表 1 人、市政协委员 2 人、区政协副主席 1 人、区政协委员 8 人（常委 1 人）。

【思想建设】 全区民革党员在区委会领导下，结合自身实际，努力做好学习工作。一是学习分三个阶段：第一阶段是布置党员通读中共十九大报告全文学习任务；第二阶段是通过微信群组织党员认真学习大会主题、报告整个思路和逻辑结构、学习报告中“新时代”“新思想”“新征程”，等等；第三阶段是汇报交流学习成果。二是学习法律法规和党各项方针政策。三是努力学习民革中央、省、市有关文件精神，自觉阅读党报、党刊，10 月，李朝晖参加“民革广东省委会组织工作会议暨组织工作骨干培训班”学习。四是积极学习新时期统一战线理论，为做好海外联谊工作打下扎实基础，6 月，李朝晖、赵严君同志参加中共梅县区委组织部、统战部和区委党校联合举办“梅州市梅县区 2017 年统战理论政策专题培训班”学习。五是学习民革党章党史。通过学习，广大党员进一步树立正确世界观、人生观、价值观，增长见识。始终坚定理想信念，继承和发扬民革优良传统，坚决做到自觉接受中国共产党领导，坚定地走新时代中国特色社会主义道路，为梅县区经济社会建设服务。

【组织建设】 民主党派作为参政党，必须紧紧围绕国家大政方针，紧跟形势发展，大力加强自身建设，不断提高整体素质，才能适应当前社会对参政党要求，更好地履行参政党职能。2017 年，民革梅县区委员会在加强党员政治思想教育同时，继续加强领导班子建设、基层建设、组织建设、机关建设等，为政治协商、参政议政、民主监督工作打下扎实基础。首先是搞好班子建设。要统一思想，提高认识，同心同德，通力协作，从我做起。工作中充分发扬民主，求同存异，共同研究制定计划，解决问题。8 月，区委会经请示上级同意，增补赵严君为区委委员，进一步优化班子年龄结构、知识结构，在为后备干部成长积极搭建平台同时班子带动作用进一步增强。其次是做好基层建设。充分认识到基层组织是区委会开展各项工作重要基础，重视与各支部联系、沟通，及时、准确地解情况，尽力帮助其解决各种困难和问题，支部战斗堡垒作用不断增强。3 月，铁炉桥医院支部与丙村支部进行支部交流活动，到“博爱林”进行爱林护林活动；11 月，城区一支部和二支部以及铁炉桥医院支部开展交流活动，到水车镇白沙村学习调研，围绕美丽乡村建设，现场组织党员学习如何做好调研和参政议政工作。通过开展支部交流活动，增进彼此感情，工作上取长补短。各支部主委绝大多数是区委委员，有利于各支部开展活动，解决支部活动中遇到一些困难。区委会坚持教师节、重阳节对相关同志开展慰问活动，对生病同志都前往看望，关心帮助党员，增强组织凝聚力和向心力。三是发展好新党员做好组织建设。区委会坚持高标准、严要求，做到既重视数量，又注重质量发展党员。全年发展2位同志加入民革，正在培养2位同志。四是完善好制度管理好机关。

【参政议政】 围绕参政议政、服务大局这一中心工作，就梅县区经济社会建设、群众关心热点难点问题积极建言献策。2017年以来，民革委员会领导多次参加区委、区政府、人大、政协等有关部门召开座谈会、协商会、情况通报会及各种活动，参与梅县区大政方针和重大问题协商。余洪昌副主席和李朝晖主委经常参加区委、区政府、区政协组织各项活动。政协会议是民主党派参政议政主渠道，重视提高政协会议发言和提案质量，要求各支部积极开展调研，认真建言献策，由于充分调动广大党员、基层支部积极性，注意把个人智慧转化和汇集为集体力量，准备的发言和提案都有较高质量。在区政协一届二次全会上，曾彩霞同志代表区委会作题为《建设梅县美丽乡村，促进农村社会文明进步》大会发言，对梅县区农村规划、建设、管理工作现状及存在问题作比较全面阐述，结合民革对“三农”工作认识和如何抓好梅县区美丽乡村建设工作，提出切实可行建议，得到与会领导和委员一致好评。在区政协第一届二次会议上，赵严君、冯剑辉虽然是新委员，但他们能认真结合群众意见建议分别撰写提交《关于办好梅县区中等职业教育学校建议》和《关于尽快在西片区建设肉菜市场建议》。与此同时，老委员能够持续关注民生，撰写提案，如李颂发与其他委员联名提交《关于建立梅县区中小学教师统一调配机制建议》。区委会两位市政协委员对孙中山到梅县下榻地非常关注，提出《关于保护孙中山先生来梅下塌地——爱春楼建议》，这些提案针对性较强，调研有深度，解决办法和措施可行性强，得到有关部门高度重视。在本次政协大会上，区委会提交《关于高标准高起点规划建设槐岗新城建议》和钟李峰提交《关于推动铁炉桥医院养老项目落实建议》被评为优秀提案，受到大会表彰。

【社会服务】 区委会充分发挥人才智力优势，努力做好促进梅县区经济社会发展工作。钟李峰、曾彩霞长期积极回报社会，树立民革党员良好形象，2017年，他们所创办铁炉桥医院继续配合市政府开展平价医疗服务，对困难群体（农村五保户、城市特困户、最低生活保障户、三级以上残疾人员、在校贫困学生、烈士直系困难亲属以及农村退伍复员特困军人）给予优惠部分住院费、对所有门诊病人优惠辅助检查费；关爱周边学校师生健康，为教师提供健康咨询，为在宿学生提供全天候门急诊医疗保障；为各类体育运动会、校运会、赛车运动、文艺晚会、客商会提供医疗保障；为春节返乡农民工“送医送药送温暖”。钟李峰、梁淑芳分别获得2017年度“梅州好医生”和“梅州最美护士”荣誉称号。朱日晖同志协助松口镇完成富坑村、淘宝村中国传统村落申报工作，完成大量相片资料；协助方志办做好关于《松口名镇志》相关摄影工作；温杨庭等被评为区先进教师，廖国优等在年度考核时被评为“优秀”等级。郭瑞霞参加梅县区小学数学说课比赛获区一等奖。

（供稿：办公室）

民　盟

2017年，民盟梅州市梅县区委会紧紧围绕区委、区政府中心工作，创新盟务工作方式，充分发挥广大盟员整体优势和力量，发挥参政党作用，为促进梅县区经济、社会发展做出新贡献。至年底，全区共有7个支部，盟员166人。其中：省人大代表1人、市人大代表1人、市政协委员1人、区人大常委2人、区政协委员12人（常委1人）、特邀监察员1人、特约检察员1人。

【思想建设】 盟区委组织全体盟员深入学习贯彻中共十八大及其历次全会精神、中共中央总书记习近平系列重要讲话精神，中共中央总书记习近平对广东工作批示精神，以及认真学习中共十九大精神、民盟十二大精神，学习统战理论知识、盟章、盟史，学习多党合作光辉历史和民盟优良传统。6月16—24日，叶柳华主委和盟员钟宇同志参加由梅县区委统战部、组织部、党校联合举办赴延安统战理论政策专题培训班学习； 6月18—25日，吴志宏副主委参加市政协组织“梅州市政协委员履职能力提升专题培训班”；8月22—30日，陈立菲委员、童大东委员参加“民盟广东省委员会干部履职能力提升专题培训班”学习；9月25—29日，叶柳华主委参加 “民盟盟务骨干培训班”学习；10月18日上午，中国共产党第十九次全国代表大会开幕会在人民大会堂大礼堂举行，梅县区盟员们通过各种形式收听收看大会报告内容，聆听学习习近平总书记代表中国共产党十八届中央委员会所作工作报告；11月17日，盟区委组织区委委员及各支部负责人、人大代表、政协委员学习中共十九大会议精神，参会人员交流学习心得。通过形式多样学习教育活动，始终坚定理想信念，继承和发扬民盟优良传统，坚决做到自觉接受中国共产党领导，坚定地走新时代中国特色社会主义道路，为梅县区经济社会建设服务。

【参政议政】 1．5月31日至6月2日，人大、政协梅州市梅县区第一届二次会议在梅县区文化中心礼堂隆重召开。民盟梅州市梅县区委会发挥参政党作用，以高度责任感和使命感，积极参政议政、建言献策。两会期间，盟区委提交题为《统筹谋划，提质加速，全力加快中心镇建设》政协大会发言材料，集体提案2件：《关于加强文艺主题宣传，助力美丽乡村建设》和《关于争创全国文明城市六条建议》；人大代表叶柳华、沈芳提交《关于小河流域治理 排洪排涝建议》和《关于取消奇龙坑垃圾处理中心对乡镇收取垃圾处理费建议》；政协委员陈立菲、吴仕权、童大东提交《关于加强205国道白渡镇至城东镇竹洋路段大车交通管制建议》《加强管理，执行好农村公交老年优惠卡政策建议》《关于加强对梅县区政府锭塘路金锭花园前街道摆摊规范管理建议》。2．梅州市人大立法委员会委员、盟区委主委叶柳华参与《梅州市客家围龙屋保护管理条例》立法相关工作，提出好意见和建议被采纳。

【组织建设】 1．组织发展。盟区委发展新盟员1人，培养吸收对象6人。至年底，全区共有盟员166人，分属7个支部。2．组织活动。文艺支部开展 庆祝“三八”国际劳动妇女节主题活动；城区支部开展专题学习活动，学习中共中央总书记习近平对广东工作重要批示精神、学习中共广东省第十二次代表大会精神、民盟广东省换届会议精神和民盟梅州市委会参政议政工作会议精神，11月还组织支部盟员前往福建龙岩上杭开“不忘合作初心，继续携手前进”红色革命教育学习活动；高级中学支部赴平远开展“传承红色基因，重走革命先辈路”红色革命教育活动；南口中学支部组织盟员前往梅县区福晋富硒养生谷调研，解梅县区养老事业发展现状，12月带领支部盟员参观梅州市革命历史博物馆，加强爱国主义教育；华侨中学支部和松口中学支部分别开展学习贯彻中共十九大精神暨扶贫助困助学活动。盟区委在教师节期间专门分别走访四个学校支部，亲切看望盟员教师并听取意见和建议。对离退休盟员，盟区委除与他们保持经常性通讯联系外，还抽空走访交流，同时，对年老体衰或生病住院盟员及时看望，增强组织凝聚力和向心力，让盟员们感受到民盟这个大家庭温暖。3．组建梅县区首个“亲青盟萌家”。 盟区委主动联系青年盟员，主要以80、90年代盟员青年为主，区委会加强与盟员青年联系沟通，注重培养人才、锻炼人才，发挥青年生力军主体力量，充分发挥年轻优势，要求盟员青年不仅要立足本职建功立业，更要在参政议政、社会服务方面，展现青春活力，彰显青盟风采。4．做好宣传工作卓有成效。（1）不断扩大宣传工作范围，提高宣传质量，及时将工作开展情况、组织各种社会调研和社会服务工作形成文字信息及时上报盟省委、盟市委及区委统战部，全年上报各类信息9条。其中报送省委会3条，采用2条；市委统战部采用一条；向省盟宣传处投稿 2 篇。（2）广泛挖掘基层组织、盟员先进事迹，传播民盟好声音。突出宣传代表性、典型性民盟人物，发挥他们示范作用，把宣传工作重心贴近基层，贴近盟员，起到良好效果。（3）运用新媒体，创建线上“盟员之家”公众号“盟萌新天地”，运用其传播快速、覆盖面广、手段灵活丰富等特性，在内容上，重视体现政治性、独特性和亲民性，以多党合作和本党派人、史、事、绩为主要内容，运用活泼亲切互联网语言，通过图解将内容复杂、涉及广泛、专业性强内容以直观、见解形式展现。其中有一篇盟员动态《他们是“一带一路”上客家文化使者》阅读量单日达到 1112 人次，盟员纷纷点赞。为加强宣传和凝聚人心，线上线下齐发力。（4）要求各支部成立微信联络群，成立人大代表政协委员讨论群、主委班子群等，遇上特殊情况创新工作方式举行线上主委会，传达学习会议精神和讨论盟务工作开展等。（5）盟区委编辑出版《梅县盟讯》，将 2017 年盟务工作通过图文形式，全面回顾一年来主要工作和活动情况，成为完整档案资料，方便广大盟员学习传阅，也让社会各界人士更加深入解民盟作用和影响。2017 年，盟省委对在学习实践活动中取得突出成绩各级民盟组织进行表彰，民盟梅县区委员会荣获 “坚持和发展中国特色社会主义学习实践活动突出贡献奖”。

【社会服务】 1. 广大盟员积极参与植树绿化、扶贫济困活动，共捐款 1.29 万元。区委会继续从有限经费中拨出 9000 元资助 4 名家境贫寒、品学兼优学生，让他们体会到社会关怀和温暖。2. 8 月 10 日，盟区委组织文艺支部志愿者们走进梅南镇敬老院，为老人们送上慰问品并表演文艺节目，为他们送上关爱和祝福。3. 盟员夏丹丹当选为广东省第十三届人大代表；叶柳华主委当选梅州市青年联合会第四届委员会副主席，刘谦隆当选梅州市青年联合会第四届委员会委员。刘恋老师获得“梅县区优秀班主任”；梁娟老师获得“梅县区教改积极分子”；林梅老师参加梅县区“忠诚党教育事业”演讲比赛获三等奖；邓海浪、梁文胜、陈定昌、罗映珣、黄惠清、陈豫环等老师获 2016—2017 年度考核优秀教师；李玉珍辅导、赖瑜明主演廉政小品《门锁坏》参加由中共广东省纪委、省监察厅、省文化厅主办，广东广播电视台承办“广东省廉政小品曲艺创作大赛”喜获金奖；李玉珍辅导群舞《封箱》、女声独唱《家乡话》，参加广东省第七届群众音乐舞蹈花会决赛分别获得舞蹈类金奖和音乐类铜奖；赖瑜明被省委宣传部评为 2017 年“广东省基层文化能人”；在梅州市客家文化（非遗）艺术周上，刘谦隆和廖丽主演剧目《春闹》分别获得表演一等奖和三等奖；李玉珍和廖丽在成人山歌唱腔比赛中荣获三等奖和二等奖；退休盟员巫启胜：在提线木偶剧《化子进城》中，获得表演奖；退休盟员李平老师参与惠州国画院举办“秋风送爽—惠州国画院研修班作品展”，其画作在惠州荣欣弘馆展出。

（供稿：办公室）

农 工 党

【概述】 中国农工民主党（简称农工党）是爱国民主党派之一。前身是“中国国民党临时行动委员会”，1930 年 8 月成立于上海，1935 年 11 月，改党名为“中华民族解放行动委员会”，1947 年 2 月改为中国农工民主党。成员主要是医药卫生界高、中级知识分子。现在是以医药卫生、人口资源和生态环境领域高中级知识分子为主，由一部分社会主义劳动者、社会主义事业建设者和拥护社会主义爱国者组成政治联盟，是接受中国共产党领导、同中国共产党通力合作亲密友党，是致力于中国特色社会主义事业参政党。梅县于 1936 年即有该党组织活动，1950 年 10 月成立兴梅联络处，1954 年 4 月正式建立农工党梅县支部，1957 年 1 月成立农工党梅县筹委会，1960 年冬正式成立梅县委员会，选举产生农工党第一届梅县委员会。2013 年 12 月，梅县撤县设区，农工党梅县委员会更名为农工党梅县区委员会。2017 年，71 人，有 5 个支部。其中：在职 40 人，离退休 31 人，在职党员中医卫界 29 人占 73%，教育界 6 人占 15%，公务员 2 人占 5%，新阶层人士及其他 3 人占 7%。有市政协委员 1 人、区人大代表 1 人（常委 1 人）、区政协委员 8 人（常委 1 人）、区特约人民监督员 1 人、特约审计员 2 人。

【参政议政】 5 月，区人大、政协一届二次会议顺利召开，农工党委员会有人大代表、政协委员共 9 人参加两会，会议上宋国良委员代表区委会作《弘扬中医药国粹 守护民众健康》大会发言。会议期间，共提交 5 件提案：其中区委会提交《关于改善农村人居环境建设，打造生态宜居美丽乡村建议》得到区委区政府及相关部门高度重视，《关于加快建设梅县区老年中医健康养生示范园建议》是区重点建设项目之一。1 月，市政协七届一次会议期间，市政协委员谢正提交《关于 206 国道（梅城到平远段）重新规划道路标线设置超车道建议》和《关于加快推进全市医疗机构实行药品零差价提案》。

【思想建设】 1. 加强政治理论学习。区委会迅速掀起学习中共十九大、农工党中央十六大和省十三次代表大会精神热潮。同时专题学习中共中央总书记习近平视察广东重要批示精神，学习《中国共产党统一战线工作条例》、农工党党章党史。区委会还为每位党员订农工党中央刊物《前进论坛》进行学习。通过学习进一步提高党员政治素质，始终做到与中共在思想上同心同德、目标上同心同向、行动上同心同行。2. 党史教育。为更好地落实农工党中央和省委会关于开展“不忘合作初心，继续携手前进”专题教育活动精神。5 月黄念先委员参加农工党中央在惠州举办《不忘合作初心　继续携手前进》农工党党史专题讲座。9 月，区委会组织区委委员、人大代表、政协委员到全国农工党党史教育基地惠州邓演达纪念园开展“不忘合作初心，重走先辈道路”主题教育活动。通过参观邓演达陈列馆和邓演达故居，认真听取讲解，观看图片、实物、文字资料，进一步解邓演达先生光辉一生，深刻感受到先辈们奋斗历程、崇高情怀和优良作风，进一步强化政治意识。

【组织建设】 1. 组织发展工作有新突破。全年发展党员 4 名，一名是新阶层人士，填补组织发展中新阶层人士这一空白。至年底，共有党员 71 人，五个支部。粤东医院支部 21 人、机关支部 25 人、中医医院支部 10 人，退休支部 9 人、松口支部 6 人，新党员还参加新党员培训班。2. 后备干部队伍建设稳步发展。6 月，区委会推荐谢正副主委和钟素芬委员参加区委统战部举办首期统战理论政策专题培训班。同时以延安为现场教学点，重点学习以延安抗大精神为主延安精神。3. 支部活动有序开展。重阳节，为学习宣传中共十九大精神，各支部联合组织党员到大埔三河坝战役纪念馆开展爱国主义教育活动，并到西岩山茶场调研现代农业发展。重温光荣历史，缅怀革命先烈，不忘初心，牢记使命，沿着新时代中国特色社会主义道路奋勇前进。

【社会服务】 2017 年 12 月 23 日上午 9 点，农工党组织医卫专家张清祥、谢正、宋宏忠 、李干文、郑素芬、宋国良、吴伟文、郑栢平、罗琼瑶、黄念先到统战部挂钩扶贫点大坪镇开展送医送药义诊活动。义诊现场设有内科、外科、妇产科、骨科、针灸理疗科、预防保健科、疾病预防控制咨询、药剂师等科目，专家们为群众诊疗，开处方，宣传流行性疾病及艾滋病预防措施，活动送出宣传小册子 500 多份，药品 3000 元，受益群众 500 多人。此次义诊活动得到当地政府肯定和群众欢迎。最后还到扶贫点坪中村为老人检查身体。机关干部积极参与精准扶贫工作，到大坪镇坪中村帮扶张满云和吴海中两户人家，帮助他们购买鱼苗和猪苗，购买饲料，节日送上慰问金等。此外，张清祥主委科研立项 1 项：呼出气一氧化氮在支气管哮喘诊断和治疗中临床价值。

《高压氧早期干预血管性痴呆临床应用价值》医学论文发表一篇。钟素芬《用爱钥匙打开学生心扉》获得第五届广东省班主任论坛征文比赛三等奖。曾翠霞老师课例《第二单元师友结伴同行第四课老师伴我成长——主动沟通健康成长》获市级和省级“优课”两个奖项。在“中国农工民主党开展坚持和发展中国特色社会主义学习实践活动”中，农工党梅县区委员会荣获全国宣传思想工作先进基层组织。

（供稿：李雪梅）

致　公　党

【概述】 2017 年，致公党梅县区委员会在上级和中共梅县区委领导下，在区委统战部具体指导帮助下，紧紧围绕梅县区建设宜居宜业幸福家园为中心，带领全体党员在加强自身建设、参政议政、海外联谊、社会服务等方面取得一定成绩。

【思想组织建设】 2017 年，组织党员认真学习邓小平理论和 “三个代表”重要思想，学习中共十八大、十九大精神，结合区委、区政府战略方针，结合本党实际，努力提高自身素质水平，发挥致公党应有积极作用，使全体党员在思想上更加坚定自觉接受中国共产党领导政治观念。并且充分发挥基层党组织作用，在工作上做到规范化、制度化、常态化，构建强有力高素质民主党派队伍，在新时期民主政治格局中发挥应有作用。各支部党员坚持学习本党中央、省有关文件精神以及传达县两会有关精神。按照致公中央和省要求，开展坚持和发展中国特色社会主义学习实践活动。6 月，主委徐婉玲和副主委王德恩参加由中共梅县区委统战部和区委党校组织“全区统战干部理论学习培训班”赴延安干部管理学院学习一周；7 月，选送谢讯华参加致公党省委会举办“全省青年党员培训班学习”；11—12 月，区委会主委徐婉玲、副主委黄利云和副主委陈瑞玲等参加“梅县区 2017 年副科级以上干部学习贯彻十九大精神专题培训班”学习，还有其他党员在各自岗位上参加学习，通过各级培训学习，提高党员政治素质、思想素质以及业务水平。6 月 16—18 日，区人大常委会副主任李丹玲、主委徐婉玲和专职副主委陈瑞玲分别出席和列席在广州珠江宾馆举行“中国致公党广东省第十二次代表大会”。11 月 21—26 日，区委会副主委陈瑞玲、黄利云、王德恩和支部主委张晴洪、陈勇纯、杨恩参加致公党梅州市委会组织赴上海、江苏、浙江三地参观，传承“红船精神”调研学习活动，学习三地利用红色资源发展旅游经济先进经验，为梅州苏区全域旅游发展建言献策。12 月，主委徐婉玲赴北京参加“中国致公党第十五次全国代表大会”。至年底，区委会被致公党中央表彰“开展坚持和发展中国特色社会主义学习实践活动”获评为“基层组织先进集体”、谢讯华被评为“先进个人”。全区党员中，有市人大代表 1 人、市政协委员 1 人；区人大代表 1 人、区政协委员 9 人，其中常委 1 人。纪委特邀监察员 2 人，检察监察员 1 人。全年发展新党员 4 人，全区共有四个支部，党员 90 人。

【参政议政】 作为参政党，区委会在参政议政方面十分注意发挥群体智慧和力量，开展深入细致调查研究，努力提高参政议政水平。针对梅县区乡镇小型水利工程管护情况，区委会组织调研小组，深入到梅县区水务局、白渡镇等进行有关情况现场调研，形成题为《加大乡镇小型水利工程管护投入，保障水利工程良性运行》报告。会上共提交 1 件集体提案和 2 件个人提案。以上提案经政府有关部门接案后，绝大部分得到落实。10 月，区委会组织部分委员、人大代表及政协委员到梅县区梅南镇和雁洋镇部分茶场参观考察、调研茶叶种植、种类以及销售情况，并形成调研报告。在 12 月 16 日召开“致公党梅州市委会参政议政工作会议”上，梅县区党员或支部提交意见（建议）就有七件，内容涉及政府部门管理、农村垃圾处理、消防安全、医疗卫生和教育改革等多元内容。全年致公党党员在各种会议上以党派名义发言有20多次，对梅县区政治、经济、文化教育等方面提出看法和建议。担任特邀监察员党员分别参加区纪委开放日活动，担任各级人大代表和政协委员党员分别参加各种类型视察和考察活动，履行参政议政职能。

【海外联谊和社会服务】 作为侨界政党，区委会十分注意发挥自身优势开展工作，区委会主要领导经常接待“三胞”和归侨、侨眷。全年共有陈健、陈瑞玲、廖云基等多位党员到东南亚等地探亲访友、学术交流。据统计，全年全县党员共接待“三胞”1000多人（次）。此外，区委会积极推动党员在各自工作岗位上尽职尽责，做好本职工作，全年有一大批同志在各级获得各种奖励和荣誉。区委会以区委委员和支部主委名义扶助原高级中学1名已考上大学贫困生以及捐款给该学生家庭，2月，区委会到松口镇慰问该贫困学生家庭并送上慰问金；区委会办公室人员参与精准扶贫挂点大坪镇平中村两家贫困户。医务工作者们经常参加有关部门组织“送医送药”或扶贫济困义诊活动，耐心又热情为人们把脉问诊检查身体并送上药品。李国泰在各级报刊发表作品20多篇，其中市级10多篇；陈瑞玲在报刊发表文章4篇；李国泰参与编辑《梅县侨声》杂志发挥桥梁和纽带作用，深受“三胞”欢迎。

（供稿：陈瑞玲）

人民团体

总工会

【概述】 2017年，梅县区有工会组织2288家，其中企业工会2129家，发展会员7.4万多人，其中农民工入会5.6万多人。

【基层工会组织建设】 工会组建工作以换届、组建和农民工入会为重点，帮助已届满乡镇机关和非公企业做好换届工作，全年完成142家换届任务；在非公企业新建工会组织有广东康生药业有限公司等8家；在以农民工为主专业合作社新建工会组织2家，实现新增农民工入会2136人。

【争先创优】 做好省“五一”劳动奖状推荐表彰工作，梅州国基精密制造有限公司获2017年度广东省“五一”劳动奖状。

【职工服务】 筹资53.32万元开展生活救助、医疗救助、工伤探视等活动，全年救助困难职工423人次，其中筹资18.9万元开展金秋助学活动，共资助困难职工和困难农民工子女77人；筹资9万元开展高温送清凉活动；筹资16.8万元开展生活救助，共救助困难职工296人次；筹资7.12万元开展医疗救助，共慰问患重病、癌症困难职工49人次；其他帮扶困难户1.5万元。做好职工互助保障工作，全年办理“二次医保”1.02万人、女职工安康保险781人、职工医疗甲（重大病）658人、住院津贴4064人，综合报销金额全年共67万多元；关心关爱环卫工人，投入1.8万元为199名环卫职工每人购买一份“住院医疗综合互助保障”。

【职工维权】 以重点企业、行业建制带动协商工作开展，全年完成签订区域性集体合同57份、行业性集体合同 8 份，共计覆盖企业 1792 家，同时还完成 42 家企业单独签订集体合同任务。切实开展工资集体协商典型培育工作，实现该行业专项合同签订；重点企业培育工作在 BPW（梅州）车轴和广东华银集团中开展。加大调处化解劳资纠纷力度，促进职工队伍稳定，继续健全和完善区、镇（办事处、高管会）和企业三级工会劳动争议调解机构。畅通信息报送渠道，持续完善镇（办事处、高管会）和企业两级工会劳资纠纷信息员制度和梅县区快速应对职工群体性事件预案制度，做好职工群体性劳资纠纷信息报送和预警工作。在 9 家重点企业充分发挥聘任 3 名专职律师法律顾问作用，引导、帮助职工维护自身合法权益，较好地维护职工队伍稳定，促进企业发展。

【职工活动】 在“五一”节前后，联合区体育局等部门组织区直“十一大系统”职工足球比赛，与区教育局共同举办全区“教职工广场舞比赛”，两项活动参加人数近万人，影响面广、社会反响大。在国庆节前后，联合区直机关工委等部门举办由区直机关单位干部职工参加梅县区“喜迎十九大”系列文体活动，丰富区直机关干部职工文体生活，激发全区干部职工干事创业热情。

【经费收缴和管理】 税务代收工会经费工作取得新成绩，全年实现上缴上级工会 201 万元，占市总下达任务 176 万元 114%，实现工会经费稳步增长，为做好工会各项工作提供保障。

【工会管理监督】 为加强对基层工会经费审查监督，规范工会经费开支，2017 年，重点对水务局等 8 家基层工会经费收支和资产管理等经济活动真实性、合法性和效益实施进行审查，强化基层工会经费使用规范性和合法性，提高工会经费使用效益，维护工会资产安全。

（供稿：张绚彬）

共 青 团

【概述】 2017 年，共青团梅州市梅县区委员会围绕区委、区政府和上级团组织的工作部署，梅县共青团各级团组织紧扣共青团改革的时代要求，深化团的四维工作格局，着力“强三性、去四化、补四缺”，大力推进改革攻坚，激发工作活力，提升工作效率，展示良好作为，梅县共青团工作呈现出更加活跃、更有影响的发展态势。截至年底，梅县区现有基层团组织 919 个，团员总数 2.52 万人。

【学习宣传贯彻中共十九大精神】 多形式、多举措推动中共十九大精神学习宣传贯彻工作落到实处、引向深入。一是带头学习贯彻。团区委 5 次召开会议专题学习中共十九大精神，研究制定全区团员青年学习宣传贯彻中共十九大精神方案，迅速在全区团员青年中掀起学习贯彻中共十九大精神热潮。二是组织宣讲活动。12 月 6 日专门邀请以省团校杨成副校长为组长的青年讲师团一行到梅县宣讲十九大精神，覆盖基层团委书记、总辅导员、优秀学生团员、青联委员等。12 月中旬举办了“学习十九大精神，助力乡村振兴”农村领头雁培训班，团区委书记带头向农村青年宣讲，带动团干学习宣传贯彻十九大精神。至年底，进校园、进农村、进社区、进工业园宣讲累计培训 800 多名团干、各界青年。三是选定调查研究方向。围绕新目标、新任务和区委中心工作，拟定“凝聚社会力量 助力脱贫攻坚”专题调研，在深入开展贯彻中共十九大精神“深调研”活动中，寻求共青团围绕中心服务大局，助力扶贫攻坚的青春正能量。

【群团改革】 始终坚持“党建带团建，全团带队”的原则，按照省委《广东共青团改革方案》要求，聚焦思想引领核心主业，在优化组织运行方式、加强工作力量、建设服务阵地、强化网上共青团方面下功夫。一是突出思想和价值引领，强化团的政治性。广泛开展“高举团旗跟党走”“奋斗的青春最美丽”“最美南粤少年”评选等系列主题活动，承办叶帅诞辰120周年青少年系列活动，举行入队示范仪式、重温入团誓词、举办全区“十八岁成人礼”现场会等。常规化进行共青团、少先队等先进集体和先进个人表彰。二是加强自身建设，保持队伍先进性。在省团校开设2017年梅县区团干骨干主题培训班。组织社会各界青年代表到革命老区九龙障开展“喜迎十九大·不忘初心跟党走”活动，在团干、团代表中坚持“梅团早读”，在青年党员中扎实开展“两学一做”学习教育活动，在团员队伍中开展“学习近平总书记系列讲话、做合格团员”学习教育活动，在少先队员中开展“我和习爷爷说句心里话”活动，联合教育部门在中小学学校开展“青春践行十九大·牢记使命勇担当”系列活动，联合区委组织部等部门开展“不忘初心牢记使命·争当振兴发展排头兵”系列活动，把牢思想和行动的“总开关”。深入推进乡镇实体化“大团委”建设，落实区域化团建工作经费，探索建立镇级团委量化考核办法。提高基层一线人员在各级团组织担任职务的比例，实现区级团的代表大会、全委会、常委会组成人员中来自基层和一线的人员比例分别达到97%、72%、43%。重点解决工作力量薄弱问题，打造专兼挂团干队伍，由区委组织部牵头发文选拔优秀干部和青年人才到团区委挂兼职锻炼，至年底，配有挂职干部4人，兼职干部4人。三是坚持群众性，扩大工作有效覆盖面。成立辖区志愿服务公益群、青年企业家交流群、团代表交流群、青年文明号工作群等，提升工作有效性。规范电商园等“两新”组织团委的工作实现“两新”组织团建与服务电商园区建设、服务小微企业发展、服务青年就业创业的有机结合。四是落实从严治团要求，保持队伍纯洁性。从严管理团组织，健全改进“三会两制一课”制度，落实团日活动，团机关干部上班佩戴团徽；从严管理团干部，深化“1+100”联系青年制度，推动“青年之声”互动社交平台建设向纵深发展；从严管理团员，严格控制团青比例、降低团学比例，初高中团青比例分别控制在30%、60%，实行团员编号制度，完善团员退出机制，开除违法违纪的团员。同时，聘请专业人员整理归档团区委1985年至2016年文件、团务、人事等档案，移交区档案局管理。五是推动“智慧团建”系统建设，构建起新时代团建工作的新系统。专人负责、专人管理、实时加强督导，落实“智慧团建”系统录入工作，稳步推进团干部入驻移动端、团员在线报到阶段工作。全年共进驻团干部1066人，团员报到5565人。六是打造团建品牌，优化服务能力。建设“梅州百年职校”“梦想学堂”“学雷锋志愿服务月”创客文化进校园”“青年创新创业科技展”“客青恋”等品牌活动，服务中心、服务民生和青少年发展。

【服务党政中心】 围绕中心、服务大局，引导广大青年和团员，在振兴发展中找准定位坐标，积极作为、主动作为。一是抓培训培育，服务创新创业。联合人社局、电商园等单位举办青年电商培训班4期培训青年300多人次，引导20多家青年涉农企业、农业合作社“触网”开拓农产品销售渠道，推荐青年创业创新人才参与竞技，斩获青年涉农产业创业创富大赛省二等奖项目1个、获“全国农村青年致富带头人”1人。争取资源服务企业发展，扶助支持5家青年电商创业活动扬帆计划15万元的贴息支持。五四期间，联合9区直职能单位组织成功32家“双创”企业成功举办“首届梅县区青年创新创业科技展”。积极引进文创青年服务“中国乡村复兴论坛·梅县峰会”，吸引青年企业家发展青年旅社、名宿等项目。二是扎实开展“青年文明号”创建活动。通过开展创建活动，促进各行各业青年提升专业技能，促进青年在本职岗位上成为行家里手。至年底，全区创建全国青年文明号3个、省首届杰出青年文明号1个、省青年文明号7个、市级19个。三是凝集志愿力量，服务中心工作。通过抓注册、建队伍、重培训、建平台等多措并举，加强志愿服务队伍建设，服务“四城联创”，在市运动会、交通协管、商场等公共场合随处可见志愿者身影。组织志愿者和组建青年解说队伍，服务第五届世界客商大会。“i 志愿”平台注册志愿服务者达 1.9 万人、建成全市之最的 215 支志愿者服务队伍，开展 380 场次志愿服务活动，建立 300 人以上规模的社会志愿服务组织 5 个。专门组建 150 多人队伍服务市运动会，中乙铁汉赛事每场组织 50 名以上的志愿者参与赛场服务，全年累计服务 20 场 1100 人次。四是发挥网络优势，传递梅县声音。主动融入“微时代”，构建“网上共青团”工作格局，创建“梅县青年 TV”，推广“青年之声”“梅县区青年”公众号天天有推送，共青团官网周周有更新，发布梅县最新资讯和惠农、惠民、惠商政策；联合农林水、招商、旅游、教育等 20 多家职能部门开展业务、公益宣传，持续在梅县人民广场开展服务活动 3 个月。

【助力精准扶贫】 助力精准扶贫是共青团参与社会治理的重要窗口和独特优势，以小财政撬动社会大资源。一是部门联动，参与扶贫济困。对接深梅商会、敬基实业等筹措 20.8 万元开展“梅县会亲”孤儿关爱活动、敬老院老人慰问活动。二是整合资源，开展助学活动。争取青年薪火公益、梅县爱心文化协会和社会支持，全年筹资 74.9 万元扶助 156 名贫困学子上大学；引导学校组建“希望家园”“七彩小屋”“幸福厨房”等载体 10 个。三是发挥团建力量，助力教育扶贫。争取全国青少年发展基金支持，引进“百年农工子弟职校”教育品牌，与进修学校联合建立梅州百年职校，帮助 66 名建档立卡贫困户子女以技能脱贫，筹集 3 年经费约 300 万元的支持，并推荐优质就业岗位，实现就读一个脱贫一个。四是调动爱心力量，参与精准扶贫。整合乡贤、爱心人士、爱心家庭和志愿者开展“共青团助力精准扶贫月月行”活动，为建档立卡贫困户送温暖，目前已走进 10 个乡镇的 15 个省定贫困村，发放爱心物资 6 万多元；组织文化馆等志愿者开展关爱敬老院老人活动 3 期、联合财政局、图书馆慰问特殊学校儿童。同时，联合科工商务局、邮政局举行扶贫学子“邮爱勤工俭学”活动，为贫困生发放 18 万元爱心款。联合碧桂园开展公益助学活动，联合大地木地板开展“为留守儿童送宝典”活动捐赠 3500 多册字典等。五是扎实开展挂点贫困村工作。全力推进结对的梅南镇龙岗村、上村贫困家庭帮扶任务，发展种养、出台以奖代补等细则，筹资推动村址、民生项目建设等。

【服务青少年】 服务青少年成长成才是团工作社会功能的直接体现。一是抓住节庆节日，组织服务群众文艺活动。开展青少年儿童广场汇演 3 场、联合电信等开展广场舞大赛、联合兔小贝组织 500 人次开展少年儿童才艺大赛、联合 FM940 电台举办千人青年夜跑 2 场，为学生、才艺青年、群众提供锻炼展示平台，丰富群众文体生活；多家单位联合开展喜迎十九大歌咏比赛等。二是发挥红色资源优势，推动青年统战工作。承接团中央“青年同心圆计划”2 个项目 100 人次、香港志愿服务团 2 期 6 人次；对接香港新民党党首一行文化、招商考察等工作；承接第三届“情义两地行”粤港青年志愿服务合作营；对接中大、华农、华师等 8 所高校 240 名大学生开展开展“关爱留守儿童”“爱心义教”“送戏下乡”服务活动；为参与“展翅计划”的大学生提供 100 多个优质实习岗位；开展单身青年嘉年华活动 3 场为 200 多名青年搭建交流平台。三是争取“美丽中国”“希望乡村教师计划”项目落地。引进 13 名清华大学、上海交通大学等名校毕业生到雁洋、隆文等中小学支教 2 年，服务山区学生成长成才。四是拓展青少年活动载体。继续在中小学校开展“创客文化进校园”活动 4 期、举办创客公益班 2 期，开展“文化志愿服务进校园”活动 8 场，开展公务员和事业单位考试公益培训服务 100 多名青年备考，建成云电商生态园“青年之家”；协助建成占地 2 公顷的梅州加业营地，为青少年开展夏令营活动提供优质服务；对接红办等支持青少年参与“卓尔杯”“友邦杯”“红星杯”等国家级足球赛事，获得优异成绩，助力培养后备人才，擦亮“足球之乡”名片。五是开展护航青春系列活动。开展“携手禁毒”、防止金融诈骗等 12 场活动，为青少年健康成长保驾护航。

（供稿：张姗姗）

妇　联

【概述】 2017 年，梅县区妇联在区委、区政府及上级部门的领导下，服务于区委、区政府工作大局，立足基层服务妇女，扎实开展一系列工作，特别是促进妇女增收致富、关爱留守儿童等工作多次受到省、市妇联的肯定和认可。至年底，全区妇女人数 30.46 万人，占总人口数 46%。

【基层组织建设】 2017 年，区妇联认真贯彻落实中央和省、市委群团工作会议精神，加强妇联组织建设，根据《中华全国妇女联合会章程》和省、市妇联相关文件要求，开展有关村（社区）基层妇代会改建妇联工作调研，建立工作机制，制订工作方案，并于 9 月 30 日前全面完成 387 个村（社区）妇代会改建妇联工作，选举产生 387 名村（社区）妇联主席，4257 名执委。至年底，全区共有乡镇妇联组织 19 个，专职妇联干部 40 名；区直机关事业单位建有妇女组织 12 个，基层联系点共有 31 个，直接联系妇女群众数量 1500 多名。依托各村文化活动场所，整合“妇女之家”“农家书屋”等各项资源，抓好“儿童友好社区”阵地建设，新建 64 个“儿童之家”。新城办程江居委被评为省第五批儿童友好社区，南口镇瑶西村申报省留守儿童之家示范点。今后拟整合资源，在全区 338 个村（居委）中建立“妇儿之家”，充分发挥坚强阵地、温暖之家作用。

【精神文明建设】 深入贯彻习近平总书记关于“注重家庭、注重家教、注重家风”，梅县区妇联立足家庭主阵地，把社会主义核心价值观全面融入家庭建设，积极开展寻找广东“最美家庭”“画说好家风”“文明家庭”“书香家庭”等系列主题活动。立足基层，寻找和推荐 2 户“最美家庭”参加评选，选送的肖巧红家庭上榜 2017 年全国“最美家庭”和广东十大“最美家庭”，也是梅州市唯一受表彰家庭。2017 年，梅县区 3 名优秀妇女被评为叶剑英基金“孝老敬亲好媳妇”，3 名优秀少年被评为叶剑英基金“自强不息好少年”，2 名优秀少年被评为梅州市“自强不息好少年”，1 名优秀妇女被评为梅州市“孝老敬亲好媳妇”，温锡良家庭被评为梅州市“优秀书香家庭”。在粤东医院开展“文明从微笑开始”梅县区巾帼文明岗服务提升主题活动。同时为深入学习宣传贯彻中共十九大精神，梅县区妇联联合区委组织部、区委宣传部、区直属机关党委、区总工会、区共青团举办了“巾帼心向党 建功新时代”为主题的党员干部演讲比赛，进一步引导广大妇女干部群众坚定理想信念，增强“四个自信”，坚定不移跟党走，把个人奋斗追求融入实现中国梦的时代洪流，在新时代新征程中再立新功。

【促进城乡妇女事业发展】 2017 年，继续实施第三期妇女创业小额担保贷款贴息项目工作，争取省、市财政贴息资金 26.14 万元，撬动 270 万元资金为 30 户创业妇女提供贴息贷款，有效辐射带动 800 多名妇女创业就业、增加家庭经济收入，并认真做好贷款收回工作。同时联合区人社局、区司法局多次开展“春风送岗位”“送政策、送法律、爱心暖人心”等系列活动，为高校未就业女大学生、城镇失业妇女、农村留守妇女等有择业意愿女性提供 500 多个就业岗位。深入贯彻中央和省委“大众创业、万众创新”“精准扶贫精准脱贫”战略决策，区妇联联合石扇镇党委政府、梅州三丫百香果生态农业有限公司在石扇镇政府礼堂举行三丫巾帼扶贫创业示范基地百香果栽培技术培训会。该镇共有 91 名妇女群众参加培训，其中 23 名是在册建档立卡贫困妇女。

培训结束后，区妇联结合开展“姐妹携手 互帮互助”巾帼精准扶贫主题活动，现场为妇女群众免费发放3000株百香果苗。6月5日，梅县区妇联联合宝嘉培训机构举办两期精准扶贫家政专项技能月嫂培训班，培训班邀请医疗、护理经验丰富护理专家前来授课。培训中，学员们从月嫂的职业道德、行为规范、工作范围、新生儿观察、产妇护理、专业技能操作等多个方面进行系统学习，培训结束后，100多名学员经过全方面考核，合格后将领到专门机构颁发月嫂职业技能合格证书。至年底，全区先后被授名全国“巾帼文明岗”2个，省级“巾帼文明岗”5个；被命名省级“巾帼创业示范基地”3个，市级“巾帼创业示范基地”7个；被命名省级女农民专业合作示范社1个；省级巾帼林2个；市级重点培育妇女新型农业经营主体7个。2017年3月助推和促进梅州市女企业家协会梅县区分会成立。自协会成立以来，女企业家们有了一个相互交流、相互促进、相互学习的平台，将形成合力，更好地发挥广大女企业家的表率和带动作用，引领全区妇女投身经济社会建设，为梅县区经济振兴发展贡献巾帼力量。

【关爱妇女儿童健康】 区妇联积极开展女性普查，关爱妇女健康。5月19日，区妇联联合东莞粉红殖带有限公司在区委党校为近200名区直机关、乡镇妇女干部，举办一场“关爱生命、关爱家庭、关爱未来”生殖健康公益讲座，普及女性健康知识，提高女性保健意识；5月12日，区妇联汇同梅州市爱心天使义工协会，在新县城“一盏明灯素食馆”召开“梅县区2017年母亲节慰问座谈会”，8月联合梅县区妇幼保健院开展“两癌”项目免费普查公益活动，为全区2000多名妇女进行宫颈癌、乳腺癌健康普查。10月27日，梅县区妇联邀请梅州市爱心天使义工协会王笑茹会长在松源镇举办和美家庭建设讲座，镇、村妇女干部和爱心义工们共100多人参加了活动。3月11日，区妇联、区教育局联合深圳崇心教育在梅县区丽群小学举办一场《如何让孩子爱上学习》专题讲座，让现场380多名六年级学生家长受益匪浅。10月25日，梅县区妇联邀请梅县区妇女儿童医院刘剑云副院长到南口镇瑶西村开展妇女儿童健康讲座，镇、村干部、妇女儿童共80多人参加了讲座。

【维护妇女儿童权益】 依托妇女维权站阵地和“12338”妇女维权热线，加强妇女信访代理和协理工作，及时化解矛盾纠纷。组织广东粤梅律师事务所的律师举办法律讲座，重点对《中华人民共和国反家庭暴力法》《中华人民共和国婚姻法》《中华人民共和国未成年人保护法》等相关法律条文进行详细解读，发放《中华人民共和国反家庭暴力法》宣传彩页及《妇女权益保障法》法律知识宣传页，夯实妇联干部护法的基础。联合多部门开展“关爱生命、呵护家庭——禁毒联盟行动”，发放禁毒宣传手册3000余份，为咨询者详细讲解禁毒政策，传授抵御毒品方法。积极开展“三八”妇女维权活动。“三八”期间，梅县区妇联汇同公安、综治、司法等多个单位开展以“化解矛盾纠纷，创建平安家庭”为主题的“三八”妇女维权周活动。共发放《让暴力远离家庭》《平安家庭手册》《中华人民共和国妇女权益保障法》《中华人民共和国婚姻法》《中华人民共和国治安管理处罚法》等宣传资料1万多份，举办《中华人民共和国反家庭暴力法》《中华人民共和国妇女权益保障法》宣传讲座18场，接待妇女群众法律咨询300人次，提高妇女群众法律意识，营造了尊重和保护妇女的良好风尚。至年底，区妇联共接访142宗信访案件（其中来访92宗、来信2宗，来电48宗），调处率达95%。为2名贫困家庭妇女提供法律援助，帮助14名妇女维护合法权益，为其争取经济利益3.5万元。

【扶贫帮困】 2017年，梅县区妇联认真组织开展多场走访慰问活动，为农村困境妇女、儿童送去党委、政府的关怀和温暖，致力营造和谐社会环境。联合梅州市爱心协会走访慰问174户困境家庭的孤儿、单亲母亲和残疾家庭；联合梅县区工会慰问 27 名困难女职工；组织妇联干部到所挂点的贫困村蓝溪村慰问 22 户建档立卡贫困户，此次慰问活动，共发放慰问金和慰问品 15 万元。联合爱心企业中国二十二冶集团有限公司在水车镇梅江中学礼堂开展“关爱困难家庭，创建和谐社会”为主题慰问活动，此次慰问活动为来自畲江、水车、梅南三个镇 60 户困难家庭共送上 5 万元的慰问物资。并发动 1534 名爱心父母，筹资 66.15 万元，援助 1657 名困境儿童，其中 47 名孤儿获得广东省妇女儿童基金会爱心款 2.35 万元；100 名寒门学子获得叶剑英基金 10 万元。同时，发动梅州市爱心天使义工协会等社会热心人士，筹资 30 多万元，在春节、国庆前后看望和慰问了 500 多名困难群众，为她们排忧解难。六一期间，区妇联联合团区委带着深圳市梅县商会公益慈善委员会和社会各界人士的爱心先后来到松口中学、梅县区丽群小学和新城中心小学看望慰问 44 名特困儿童，给他们送去慰问金和书包、文具等慰问品并带上节日问候，同时广泛发动社会爱心人士开展“春暖童心 · 梦圆梅县”2017 梅县会亲活动，结对帮扶 194 名特困学生。

【妇儿规划】 3 月 16 日下午，梅县区妇儿工委在区政府前楼六楼会议室召开梅县区妇女儿童发展规划攻坚克难工作推进会。根据 2016 年梅县区妇女儿童发展规划监测统计资料显示，对照《妇女发展规划》中提出的 82 个主要定量指标，有 61 项指标提前达标，占 74%，有 21 项指标预期可达标，占 21%，有 4 项指标暂无数据。对照《儿童发展规划》提出的 60 个主要定量指标，有 57 项指标提前达标，占 95%，有 2 项指标预期可达标，占 3.3%，有 1 项指标暂无数据，无法判断，占 1.7%。我区在妇女儿童健康水平提升、受教育权益保障、福利保障水平提高等方面均取得明显成效，梅县区妇女儿童发展规划实施工作进入攻坚克难阶段。

（供稿：江岸婷）

工 商 联

【概述】 2017 年，区工商联在区委、区政府的正确领导和上级工商联、区委统战部指导下，认真学习贯彻中共十九大精神以及习近平总书记系列重要讲话精神，突出 “两个健康”工作主题，深入开展非公经济人士理想信念教育实践活动，进一步解放思想，抢抓机遇，主动作为，团结带领全区非公经济人士为梅县区经济振兴发展作出新的贡献。梅县区工商联连续两年被评为机关作风先进单位，至年底，再次被确认为全国“五好”县级工商联，连续四年获此殊荣，成为全省工商联工作的排头兵。

【思想建设】 以中共十九大精神为指引，统一思想，树立坚定信念。一是组织学习十九大全会精神，领会精神实质。10 月 31 日，组织轮值副主席（副会长）、常委 50 人学习贯彻中共十九大报告主要精神，深刻领会十九大就支持民营经济发展作出一系列新的重要论述。把智慧和力量凝聚到十九大确定的新目标任务上来，助推“两个健康”发展。二是深入开展理想信念教育实践活动，增强社会责任感。按照中央、省、市的部署，工商联以召开交流座谈，组织学习培训等载体，围绕“守法诚信、坚定信心”主题，广泛开展理想信念教育实践活动。5 月，与检察院联合召开“保障和促进非公经济健康发展”座谈会，宣传贯彻最高检有关文件精神，引导会员立足诚信之本做好守法典范，切实维护非公企业的合法权益。7 月，与司法局联合举办“守法诚信、共促和谐”法律宣传专题讲座，邀请法律专家授课，增强企业主法律意识。

【组织建设】 建设基层商会组织，团结广大非公经济人士，是抓好基层统战工作的落脚点。一是主动作为，争取党委政府重视。区委、区政府把工商联基层组织建设纳入对各镇绩效考核，要求有1名党委领导分工负责，建立政府联系商会工作制度，完善本区域非公经济人士信息管理等，加强对基层统战工作领导。二是以法人治理为方向，推进商会规范化建设。按照全联要求，多次召开会议，部署推进镇级商会完善法人治理结构，专门出台《关于加强基层商会规范化建设的指导意见》，对镇级商会完成法人登记工作进行奖补，每完成登记一个奖励3万元，全年已完成8个镇级商会法人登记工作，走在全市前列。2017年，指导新建南口商会、白渡商会2个镇级商会，至年底，全区建立了13个基层商会，商会覆盖率达73.7%。为贯彻全联发〔2017〕4号文精神，7月，区工商联召开“四好”商会建设工作会议，按规范要求，部署推进提升商协会组织建设水平。三是会员保持快速发展。制定《梅县区工商联会员发展和组织建设规划》，明确会员发展目标，会员发展保持快速增长，2017年，新发展会员136名，同比增长11.1%，全区有会员1416名，其中企业会员940名，占比66.4%，工商联队伍不断壮大，凝聚力、影响力、执行力不断增强。

【联络交流与宣传】 做好非公经济人士引导服务工作，是工商联工作重要抓手。一是弘扬工匠精神，加大宣传民企创新创业。利用《梅县商会》会刊、工商联网站和微信公众号，宣传国家经济政策，搭建面向会员服务经济，促进企业交流与合作的平台，及时有效为会员发布商务信息，帮助会员展示品牌，全年共发布各类信息400多条。宣传报道8位民营企业家创新创业故事，展示客商风采，弘扬梅县企业家勤奋、敬业、诚信、守法、贡献精神。二是广泛开展创新交流活动，推动转型升级，发挥会员企业领头雁作用，培育一批创新型企业。3月，在嘉元科技召开非公企业创新驱动学习交流会，传达学习梅县区创新驱动与推进基础设施建设工作会议精神。4月，组织15名企业家参加市联在浙大举办的“企业经营管理者素能提升培训班”学习。6月，组织52名企业家到中央财经大学参加创新发展培训班学习，结合现场教学到北京经济技术开发区和知名企业参观学习。通过交流学习，带动会员企业产业升级转型。三是发挥商会平台作用，广泛开展联络交流活动。第五届世界客商大会期间，区工商联按照市、区统一部署，认真做好客商大会会务工作，负责梅县籍66名国内客商的沟通联络和后勤接待工作。与深圳梅县商会、北京梅州商会、汕头梅县商会等异地客属商会建立友好关系，加强沟通联络。积极参与开展广州、梅州、清远三市工商联基层组织建设交流活动，推广先进经验和做法。

【参政议政】 组织广大非公经济人士有序参与政治和社会事务，强化责任意识，发挥人大代表、政协委员作用，发扬主人翁精神，提高履职参政能力。2017年，开展“关于企业人才培养和引进”“扎实推进基层统战工作实现有效覆盖”“推动梅州民营企业上市”和“推进基层‘四好’商会”建设等调研活动。“两会”期间，单位或个人提交人大议案19份，政协提案10件。针对企业人才状况，专门撰写《加强人才的培育，助推经济的发展》发言材料，得到区委重视。

【服务非公企业】 加强银企合作，2017年，组织召开银企合作座谈会4场次，与工商银行、广发银行、客家村镇银行、梅县农信社等签订战略合作协议。10月，与梅县农信社签订总额10亿元的授信额度支持中小微企业发展；主动参与招商引资活动，引进项目2个，完成投资1.1亿元，引进注册资本8000万元的梅州市镱诚建设工程有限公司总部进驻梅县新城；每月组织班子成员到企业走访，及时了解企业家思想动态和他们在企业生产发展中遇到的困难和问题，主动上门服务，帮助企业排忧解难。全年工商联加强与职能部门联系沟通，协助会员企业解决纠纷，维护会员合法权益5件，涉及金额400多万元。

【履行社会职责】 一是引导会员参与社会公益

活动，推动社会公益事业发展。由会员企业倡导成立的广东雁洋公益基金会、梅县外国语学校奖教奖学基金会、石扇奖教奖学基金会、梅西公益基金会等一直发挥着积极作用。此外，丙村商会、南口商会分别筹备200多万元成立“商会发展基金”，扶持会员企业发展。2017年，丙村商会又筹资300多万元支持丙村三堡大桥建设；梅西商会筹资150万元支持梅西卫生院建设。二是引导会员参与扶贫助学活动，各基层商会积极开展扶贫助学奖教奖学活动：石扇商会筹集20.5万元对全镇61名优秀学子和14名贫困学生发放助学金；南口商会募集10.5万元奖励该镇中小学校及贫困、优秀学子。三是引导会员积极参与精准扶贫，会员企业梅州金蔡光伏发电投资2.43亿元的太阳能光伏发电项目，已于6月建成并网发电，带动南口、扶大544户贫困户实现脱贫。广东丰年盛景生态有限公司投资5000多万元的太阳能光伏发电项目，于6月建成并网发电，带动梅西镇121户贫困户实现脱贫。四是工商联积极开展挂点扶贫工作。在扶贫攻坚工作上出实招，在精准脱贫上见实效，积极主动服务，尽心尽力作为，制定措施，对症下药，多措并举，综合施策的原则，使扶贫工作“扶到点上、扶到根上”。全年为灯塔村改善民生、危房改造等方面筹资9.1万元，帮助2户贫困户进行危房改造等；12月，还出资3万多元与政协文教卫体专委会到梅西镇开展送医送药送戏下乡活动。

（供稿：罗永红）

军　事

人民武装

【概述】 2017年，区人武部在上级军事机关和区委、区政府的领导下，认真学习贯彻上级党委全会精神，坚持稳中求进总基调，狠抓立根固本，致力改革强能，聚焦主业主抓，全面建设不断取得新进步。军事训练、征兵工作和正规化建设等工作均走在分区的前列，全市轻舟分队比武取得“六连贯”。年底区人武部被省军区评为先进人武部。

【政治建设】 坚持维护核心举旗铸魂，深入学习习近平主席系列重要讲话和十九大精神。坚决拥护和执行“军委主席负责制”。积极主动抓好作风纪律建设，做好全军古田会议“下篇文章”，全面彻底肃清郭徐流毒影响，两项重大教育活动常态常抓，党员“承诺践诺”主题活动有声有色。组织生活制度落实经常，“四个意识”贯穿始终，干部职工思想稳定、谋事创业氛围浓厚。

【军事训练】 紧盯应急应战职能使命，不断完善战备基础建设，持续抓好民兵应急、支援、储备三支队伍组织调整，全区18岁公民兵役登记率达到100%。民兵轻舟分队专业竞赛实现“六连冠”目标。现役干部军事训练考核优良率达100%，职工及专武干部业务水平和技能素质得到不断提高。全区约7000名高中生军训率达100%。后勤综合保障队进一步补充完善配套物资器材和进行了2期集训。

【征兵工作】 坚持以征集高素质兵员为重点，持续抓好廉洁征兵、质量征兵、“阳光”征兵。深入全区所属高中和各村民小组，全方位、全覆盖、全过程进行深入宣传发动，报名率同比增长9.8%。严把征兵体检、政审和廉洁关，高质量完成市征兵办赋予新兵征集任务。强力推进量化考评，“五率”考评得分100分，大学生占比56.4%，同比提高10.6%。其中城东、丙村、水车、梅南、桃尧、白渡、石扇、石坑和梅西水库双超额完成双合格和大学生征集任务数，南口和大坪完成双合格征集任务数。

【后勤保障】 坚持以向战斗力聚焦为重心，全面落实党委理财、办事公开等制度。严格执行各项财经规定，实行经费使用公开透明。全面贯彻落实“四个监管系统”要求。突出抓好经费管控和集中采购，行政性开支同比下降16.3%。投入300多万元，对乡镇武装部、征兵体检站、应急分队等场所进行升级改造，正规化建设水平逐步提升。

【双拥工作】 坚持以双创活动为牵引，积极发挥桥梁纽带作用。全年共出动官兵5000余人次，完成扑救山火、抗洪抢险、安保维稳等任务150余次，为地方挽回经济损失上亿元。积极参与“精确扶贫”，义务植树1万余棵，协调帮扶资金50余万元，实现29户贫困户基本脱贫。协调解决5名随军家属安置和28名军人子女入学，维护军人合法权益3起，军地军民关系进一步融洽。

（供稿：办公室）

人民防空

【概述】人民防空作为国防的重要组成部分，事关国家和人民生命财产安全，事关国防巩固和国家的长治久安，做好人防工作意义重大。为此，区人防办认真组织全体干部职工学习人防法律法规，在法律法规的框架内做好本职工作，做到依法行政，更好地服务群众、服务社会。同时，加强人防工程建设管理和人防指挥通信使用维护等方面的业务技能学习培训，不断提升人防队伍的实战能力和综合素质。

【人防宣传教育】注重结合新时期人防建设新任务，不断创新人防宣传教育渠道，较好地增强全民人防意识和国防观念。一是开展人防宣传“五进”活动。印发人防知识宣传资料、人防知识读本，分别派发至学校、机关和社区，并在城区学校开设人防知识专题课，全方位、多角度地开展人防知识进学校、进机关、进社区、进企业、进家庭等系列宣教活动。二是组织播放人防科教片。根据上级人防部门要求，认真组织人防系列科教影片《居安思危 备战人防》宣传播放工作，上半年在全区18个乡镇文化广场、华侨城广场和梅县人民广场共播放影片80场（次），确保影片播放进社区、进农村；同时还通过梅县电视台进行电视播放，扩大人防宣传教育覆盖面。三是抓住热点问题开展宣传。2017年上半年，面对人防地下车位使用管理方面时常出现信访函件态势，人防办在认真做好调查并函复的同时，高度重视群众热点难点问题，针对群众不够了解人防法律法规，有的放矢、创新方式进行人防宣传。着重对人防地下室的权属与收益、平时开发利用、平时维护管理等方面法律法规，专门通过市、区广播电台（94.0和105.8交通台），在5月中旬至6月中旬历时1个月时间每天上下班黄金时段播报相关人防知识和人防法律法规，让市民更多了解人防、认识人防、关注人防、支持人防，增强人民群众的国防观念和防空防灾意识。

【人防“结建”、防护工程】 坚持把人防建设与城市建设同步规划、同步推进，不断加强人防防护设施建设，加强人防指挥通信系统管理，防空应急保障体系建设得到进一步加强。一是认真落实“结建”政策。坚持严格执行人防相关法律法规，严格执行梅州城区同城同价的“结建”收费标准，进一步简化人防工程建设审批手续。严格征缴人防易地建设费，有力促进人防“结建”工作进一步落实，全年“结建”项目报建177宗，其中危房100宗。做到以收促建、应收尽收、应建尽建，有效推进人防地下室建设。一是加强人防地下室的维护管理。对已竣工验收人防地下室，实行备案管理，明确建设单位主体责任，与 24 个建设单位（投资方）分别签订《人防地下室使用管理责任书》共 24 份，明确对建设单位使用管理的责任和要求，积极做好人防地下室平时维护管理工作。二是加强人防工程的安全执法检查。坚持人防工程“建管用”并重原则，组织人员对人防工程开展常态化质量和安全监督检查，及时发现问题，切实保障工程安全。三是抓好人防指挥通信系统维护管理。加强对人防应急指挥中心、人防机动指挥所和警报设备的日常调试、维护管理工作，确保指挥通信系统正常运转。全年按规划新装 3 台人防警报器。

（供稿：杨素娜）

法　治

政法委及综治

【概述】 2017 年，区政法部门紧紧围绕区委、区政府的决策部署，坚持问题导向和法治思维引领，全力维护国家安全和社会政治稳定，全面服务全区经济社会发展，深入推进平安梅县、法治梅县、过硬队伍建设，各类社会风险得到有效防控，社会治理能力不断提高，执法司法能力和水平不断增强，人民群众安全感和满意度进一步提高，圆满完成中共十九大召开期间的维稳安保任务，实现“四个不发生”目标。2017 年，梅县区被中央综治委、中央组织部、国家人社部评为“全国平安建设先进区”，是梅州市唯一获此殊荣的县（市、区）。

【维护政治安全和社会稳定】 在区委、区政府高度重视下，全区上下牢固树立总体国家安全观，把维护国家政治安全特别是政权安全、制度安全放在第一位，以全区政法综治信访维稳部门力量为主力军，统筹组织协调各镇（办事处、高管会）和各有关部门形成合力，紧紧抓住十九大安保维稳工作主线，以“最高规格、最强部署、最严举措”，全力投入到维护国家安全和维护社会政治稳定的各项工作当中。一是进一步强化组织领导。由区委政法委牵头，专门成立专责十九大维稳安保工作领导小组和工作专班，从各有关部门共抽调 16 人集中办公，负责全区维稳安保工作综合协调、信息收集、情报研判、劝返稳控等工作，保障全区维稳安保工作的灵敏高效地运作。二是进一步强化制度保证。先后制定《迎接中共十九大胜利召开确保政治安全的总体工作方案》《2017 年预防化解社会矛盾工体工作方案》《迎接中共十九大胜利召开维稳安保特别防护期工作方案》《梅州市关于进一步加强社会稳定形势分析研判的实施意见的通知》《第五届世界客商大会梅县区重点项目签约、动工、竣工等系列活动方案》等一系列文件制度，进一步明确全区各级各有关部门工作任务、工作要求和工作职责，保证维稳安保有序推进。三是进一步强化情报信息研判。在十九大特别防护期，严格按上级要求实行区党政主要领导每月至少召开一次会议研究维稳工作，政法委书记、公安局长每旬至少召开一次会议研究解决突出问题，镇（高管会、办事处）主要领导每周至少召开一次维稳研判会议的制度。同时，严格执行领导同志带班制度和 24 小时信息值班制度，做到信访信息一日一报，重要情况随时上报，保证维稳安保信息畅通，处置及时得当。四是进一步强化责任落实。按照“谁主管、谁负责”“属地管理、分级负责”“一岗双责”的原则，明确要求各镇（高管会、办事处）各部门“一把手”要切实担负起第一责任，亲自动员部署，亲自协调解决问题，亲自检查督促抓落实。各项工作的牵头单位要对本领域专项工作负总责，全面掌握本系统、本领域不稳定因素的情况，及时协调、督办、解决重点个案，确保本系统、本领域在维稳安保工作中不出问题。

【社会治理暨平安建设】 区主要领导对综治和平安建设工作高度重视，切实做到亲自部署，亲自研究解决。在工作经费上，区财政给予足额保障。工作机制上，实行各镇（办事处、高管会）和各单位一把手负总责、日常工作由一名副职领导具体抓的制度，并进一步配套完善“五部委”联席会议制度、部门责任领导抓综治维稳实绩档案制度、年度述职报告制度等。同时，着力加强对各镇（办事处、高管会）党政领导班子和相关责任人抓综治和平安创建工作的实绩考核，明确各综治委成员单位职能，健全综治委成员会议、成员单位分管领导会议、联络员会议等制度，建立和健全了对综治委成员单位考评制度。严格执行党政领导干部“一岗双责”责任制和综治“一票否决权制”。工作举措上着力抓好以下六方面工作：

一是发挥政法部门主力军作用，努力营造良好社会环境，全力服务和保障全区经济社会发展。切实加强党对政法工作领导，由区委政法委牵头抓总，指导和协调全区政法各职能部门，紧紧围绕区委的工作部署，牢固树立发展是第一要务、稳定是第一责任的思想，立足本职，主动强化作为。通过以打开路、以打促安，不断强化破案攻坚，有力地保障了群众生命财产安全；通过提升城区治安防控的社会化、智能化、专业化水平，使群众安全感不断增强；通过着力加强各项社会治安管理，有效预防和减少各类违法犯罪发生，全区社会治安呈现良好局面；通过着力加强依法查办和预防职务犯罪工作，重点查处扶贫开发领域和涉农职务犯罪案件；通过依托“一镇一检察官”和派驻基层检察室，积极服务和保障镇村两级的各项中心工作。通过狠抓依法审判工作，从严从快惩治各类犯罪活动；通过依法开展民事审判，妥善解决民商事纠纷；通过加大执行工作力度，维护申请人合法权益，稳妥化解民生矛盾；通过主动延伸审判职能，积极服务区重点工程、重点项目建设，推进诉调对接机制化解社会矛盾，为经济社会稳定发展保驾护航；通过广泛深入地开展法制宣传活动，使群众运用法律手段解决自身现实问题的意识和能力进一步增强；通过深入推进一村（社区）一法律顾问工作，及时便捷地为群众提供法律咨询、法律服务、法律援助，为党委政府中心工作、重大经济项目等提供法律服务和法律保障。

二是全面推进“中心+网格化+信息化”建设，着力提升全区社会治理水平。“中心+网格化+信息化”建设是省、市综治委和政法委部署的重点工作之一，也是平安建设的重要载体。围绕“防控违法犯罪、化解矛盾纠纷、排除公共安全隐患”工作目标，全区各镇“中心+网格化+信息化”建设全面推开。成立全区推进综治信访维稳“中心+网格化+信息化”建设工作领导小组，制定并下发《梅县区关于全面推进“中心+网格化+信息化”建设工作方案》，为全区开展“中心+网格化+信息化”提供较为全面行动指南。全区网格化管理有序推进，19个镇（办事处、高管会），388个村（居），共划分网格1464个，共配备网格员 1764 人。视联网会议项目工程建设全面启动，区、镇两级建立了视联网会议系统和联勤指挥中心，至年底，全面完成全区 19 个镇街综治视联网会议系统项目，通过信息化手段，实现综治中心和网格化管理工作的高效融合、无缝衔接。“中心+网格化+信息化”建设工作经费预算纳入区政府财政预算，落实经费540多万元。区财政每年将投入1396.8万元，为全区388个村（社区）公共服务站各配备一名专职工作人员。全区基本形成以中心为枢纽、以网格为基本单元、以综治维稳力量为主导、以综治信息系统为支撑，覆盖城乡社区、条块结合、横向到边、纵向到底的“中心+网格化+信息化”工作体系，基本实现综治工作从被动应对向主动发现转变、从坐等上门到走访巡查转变，使违法犯罪防控到位、矛盾纠纷化解及时、公共安全隐患排除有效，社会安全指数和人民群众安全感明显提升。

三是继续深入实施“平安细胞”创建工程。继续在城区筛选出6个“问题”居民小区，由全区34个综治成员单位分成5个组进行分别挂点，通过投入资金，完善安装出入智能升降机、视频监控设备等安全设施，全面提升小区的防范能力和管理水平。至年底，6个小区改造成“安全文明小区”的任务均已完成。各农村乡镇继续抓好一批水平高、成效好的平安村或平安片区（多村联动）建设，并把平安村创建与“美丽乡村”建设结合起来，通过政府引导，科学规划，发动村民自主参与，多方筹集资金，建立治安岗亭、成立护村队、安装视频监控系统，改造村容村貌，整治环境卫生和加强基础设施建设等，使村里乡间的面貌焕然一新。全区创建平安村（居）达320个，占村（居）总数82.5%。此外，区教育局、卫生局、妇联、旅游局和交通运输局等牵头单位结合职责任务和工作特点，从实际出发，积极开展平安学校、平安医院、平安家庭、平安景区和平安交通等“平安细胞”创建活动，均取得较好工作成效，积小安为大安局面持续向好。

四是加强以视频监控系统为主的技防建设，不断强化立体化社会治安防控体系。全面完成“平安梅县”治安视频“标改高”工作，并新增建设了100路高清治安视频，使城区高清摄像头达到525个。镇一级治安视频改造升级工作稳步推进，大部分乡镇建立起集治安视频、护林防火、防控“两违三抢”等功能于一体的综合调度平台，在全镇制高点、主要出入口和重要路段均安装高清摄像头，实现视频资源共享，有效提高了工作效率。据统计，全区各乡镇（不含城区）共有视频监控摄像头350个。

五是着力抓好精神精神障碍患者的日常排查管控和救助工作。区委政法委切实履行好牵头责任，组织协调卫计、公安、民政、残联等部门进一步完善工作协调机制，依托区、镇、村三级管理网络，着力抓好精神精神障碍患者的日常排查管控和救助工作。至年底，全区登记在册的严重精神障碍患者人数为3224人，其中核实3级及以上患者201例。建立健全了“综治组织协调、职能部门尽责、财政全额保障、村居监督管理、家庭主动承担、社会志愿参与”的严重患者监护工作机制，为全区严重精神障碍患者购买了监护责任险。全年全区没有出现精神障碍患者肇事肇祸事件发生。

六是扎实开展“平安铁路线”创建活动。针对广梅汕、梅坎铁路在我区里程共72公里，途经6个镇的实际，组织相关部门和所在镇切实加强与梅州铁路派出所的协作配合，扎实开展“平安铁路线”创建工作，经常对境内铁路沿线乡镇开展护路宣传和落实各项护路联防措施，特别是在十九大特别防护期间，专门组织铁路沿线各镇结合实际，深入开展“喜迎中共十九大，共创平安铁路线”的主题创建活动，有效增强广大群众爱路护路意识，确保梅县区境内铁路的安全和沿线治安秩序稳定。

【法治梅县建设】 对区委全面依法治区工作领导小组进行调整，由区委书记钟光灵任组长，区人大、区政府、区政协、政法委领导为副组长，区直有关单位主要负责人为成员。在区委全面依法治区工作领导小组下，还分别成立了法治梅县、法治镇（办事处）、民主法治村（社区）创建活动专项工作领导小组，法治建设工作从上到下做到有机构、有组织、有领导，并把法治梅县建设工作摆上党委、政府重要议事日程，确保各项法治建设工作顺利开展。一是按照省、市有关工作要求，全面推开法治城市、法治县（市、区）、法治镇（乡）、民主法治村（社区）“四级同创”活动，按计划完成11个镇（办事处）、206个村（社区）和22间学校的法治创建目标任务。二是抓好法治政府进程推进。结合本区实际制定《梅州市梅县区行政机关规范性文件管理规定》，对梅县区各级行政机关规范性文件起草、审查、决定、发布、备案、修改和废止等行为作出明确规定。凡涉及梅县区经济社会发展全局，社会涉及面广，与公民、法人和其他组织利益密切相关的行政决策都按重大行政决策规定依法依规进行。严格执行区政府工作规则和区政府常务会议会务工作规程，所有行政决策事项在报送区政府常务会议讨论、审议前必须在区法制局进行合法性审查把关，确保行政机关决策有章可循。全区行政执法单位普遍建立了《行政执法人员培训、资格管理制度》《岗位执法责任制度》《行政执法公开制度》《执法监督检查制度》《举报、控告受理制度》《行政执法案件的登记和存档制度》《建立行政执法过错责任追究制度》《评议考核制度》等八项制度，以制度来规范执法人员的具体行政行为。进一步完善信访工作制度，建立和健全社会矛盾纠纷排查机制、重大群体性和突发性社会事件应急机制、劳动人事争议仲裁机制等有关制度，行政复议申请渠道畅通，对行政复议案件做到依法受理、公正审理、按时办结。三是抓好法治宣传和法律服务。通过组织有关部门开展“七五”普法、“送法下乡”“法律六进”活动、开设“法律知识讲座”、开办“以案说法”电视专栏、建立“青少年法制教育基地”、建设法治文化公园（广场）、长廊等，全方位多角度多形式地开展法治宣传，提高广大群众的法治意识和法治观念。同时，通过设立公益法律服务接待咨询窗口、开展法律援助宣传讲座、开通“12348”电话热线和网上法律援助平台、简化法律援助审批程序、建立律师工作联席会议制度、打造“1 小时法律服务圈”、发挥“法律顾问室”和“信访工作律师团”的作用等举措全力提高法律服务水平。

（供稿：何皓儒）

公 安

【概述】 2017 年，梅县区公安工作以中共十九大精神为指引，以“创新更多机制，迈向更高水平”为目标，以“创新‘六大机制’、打造‘六个更加’”的思路，以十九大安保维稳为主线，结合梅县区实际，抓好安保维稳、打击整治、治安防控、服务管理和队伍建设等工作落实，全力维护辖区社会政治和治安秩序持续稳定，为建设更高水平的“平安梅县”，服务和保障梅县区加快振兴发展做出应有贡献。

【队伍建设】 坚持依法治警、从严治警、从优待警，全年共有 11 个单位荣立集体三等功，21 个单位荣获集体嘉奖，1 名民警被评为全国优秀人民警察，38 名民警荣立个人三等功，354 名民警获个人嘉奖。加强政治建警。实施暖警爱警大举措。坚持文化育警，落实惠警措施，组织安排好民警体检、谈话谈心、家庭走访、民警子女考录大学奖励、看望、慰问等举措，关爱民警，凝聚警心，提升队伍向心力。特别是在中共十九大、第五届世界客商大会防护期间，对安保维稳工作表现突出的集体和个人实时战时奖励；对因战负伤、患病住院民警和巡防执勤一线、派出所民警实行战时慰问；对安保期间涌现出好人好事和典型经验做法实行战时宣传，进一步提升队伍凝心力和战斗力。积极开展“客都最美警嫂”评选行动。全年共慰问因公负伤民警、患病住院民警（含退休）138 人次，发放慰问金 10 万元；对民警（退休民警）病故和民警直系亲属病故慰问 55 人次，发放救助慰问金 27.92 万元。

【维护社会稳定】 以十九大安保维稳工作主线，圆满完成了全国、省、市“两会”及省第十二次党代会、村“两委”换届选举、香港回归 20 周年庆典活动、厦门金砖会晤、第五届世界客商大会等重大安保任务，创造了“用警不见警”“开放+安全”的“梅州警卫模式”，全面实现公安部“三个不发生”和省委“四个不发生”。坚决打击各类渗透破坏活动。深入推进确保政治安全“六大专项”行动和严打暴恐“断流 2017”专项行动，严密政治重点人管控。加强不稳定因素排查化解，及时掌握因工程建设、环境保护、涉众型经济犯罪、征地拆迁等引发的不稳定因素 132 起 273 人。

【治安管理】 强化对涉危爆、寄递、洗浴、网吧、废旧回收、出租房屋等行业场所治安管理业管理，严格落实寄递物流业收寄验视、实名寄递、过机安检“三个 100%”制度和网吧实名登记制度，加强“门禁+视频”建设力度。全年共受理查处行政案件 624 宗，抓获违法嫌疑人 914 人（行政拘留 517 人，行政罚款 477 人）。检查各类场所 1682 间（次），发现安全隐患 74 起，整改 28 起。

【刑事案件侦查】 深入开展“飓风 2017”“梅安 1 号”、治枪缉爆等专项行动，全年共立刑事案件 1136 宗，与 2016 年立 1187 宗相比下降 4.29%；破案 758 宗，与 2016 年破 709 宗相比上升 6.9%；抓获犯罪嫌疑人 477 人，与上年抓获 393 人相比上升 20.6%；刑拘 474 人，与上年刑拘 376 人相比上升 26.1%；逮捕 309 人，与上年逮捕 243 人相比上升 27.2%；移送起诉 404 人，与上年移送起诉 375 人相比上升 7.7%；抓获逃犯 50 名。全年侦破涉毒刑事案件 39 宗，抓获犯罪嫌疑人 50 人。查处涉赌刑事案件 15 宗。查处涉黄刑事案件 3 宗。收缴各类枪支 219 支、子弹 1244 发、管制刀具 254 把、仿真枪 35 把、炸药 1982.7 公斤、雷管 1.88 万发，侦破涉枪涉爆刑事案件 9 宗，抓获犯罪嫌疑人 18 人。

【经济犯罪案件侦查】 立经济犯罪案件 16 宗，破 9 宗，挽回损失 450 多万元，抓获犯罪嫌疑人 25 名，其中刑拘 24 人、逮捕 17 人，移送起诉 18 人。

【网络安全监管】 对全区的 57 个重点单位网站进行全面检测，将全区政府网站纳入 24 小时安全防护体系，实现网络安全领域“零事故”。全年共安装 WiFi 管控设备 2178 个，管控数居全市第一，基本实现对非经营性上网场所无线上网的管控。积极开展网上信息巡查工作，全年共编报《网警信息》84 期，上报违法线索 426 条，政治谣言样本 1809 条，舆情引导 1.56 万条，其他各类线索 25 条。

【道路安全】 以城区主干道路、旅游热点线路、景区道路、公路隧道和客货运输企业为重点，深化交通秩序大整治，全面完成 18 个乡镇农村交管站和劝导站建设工作，全年共排查治理道路交通安全隐患 37 处，排查安全隐患企业 7 家，查纠各类道路交通违法 6.75 万起，暂扣车辆 4963 辆，逮捕 16 人，行政拘留 53 人，查处酒驾、毒驾违法行为 201 起，无证驾驶 8123 起，驾驶无牌、假、套牌车辆违法行为 5276 起。全区共发生交通事故 5099 宗，死亡 77 人，与上年同比分别下降 7.91%和 28.03%，全年未发生一次死亡 3 人以上的较大交通事故。

【禁毒工作】 围绕“消化存量、控制增量、堵住毒源”的三大工作目标，深入开展“飓风 2017”涉毒专项行动，积极抓好“627”青少年毒品预防教育工程和“831”社区戒毒社区康复工程。立涉毒案件 39 宗，侦破 39 宗，刑拘 39 人，逮捕 33 人，查处吸毒人员 254 人，送强制隔离戒毒 102 人，责令社区戒毒 15 人，缴获毒品冰毒 182.15 克、其他毒品 1.8 克和吸、贩毒工具一批。解除社区戒毒社区康复人员 16 人，正在执行社区戒毒社区康复 61 人，社区戒毒社区康复报到执行率达到 100%，超出省市报到执行率 70%的达标要求。

【消防管理】 对全区重点工程项目、人员聚集场所开展消防隐患大排查，火灾隐患重点地区——桃尧镇顺利实现摘牌，全年共检查各类场所 1755 家，发现火灾隐患或违法行为 888 处，督促整改火灾隐患和违法行为 888 处，下发《责令改正通知书》750 份，下发行政处罚决定书 27 份，下发临时查封决定书 11 份，责令“三停”单位 11 家，罚款 41.9 万元，行政拘留 2 人。

【户政管理】 梅县区常住人口 61.33 万人，其中男 30.87 万人，女 30.46 万人。流动人口 3783 人。市外迁入 2151 人，出生登记 5165 人，迁往市外 2059 人，市内（含所内）移居 6762 人，死亡注销户口 6307 人，其他注销人员 51 人，恢复户口登记 241 人，户口项目变更 2.96 万人次，办理居民身份证 4.58 万张，临时身份证 6683 张。登记流动人口 7061 人、出租房屋 514 户，办理居住证 963 张，居住证擦写 563 张。编制、安装门牌 2.12 万多块。创新便民服务平台，开通出入境、户政业务 24 小时自助办证区。

【出入境与往来港澳台管理】 推进出入境信息化、电子化建设，全面清理整治梅县区“三非”外国人。全年受理各类申请材料 2.76 万份，其中：港澳通行证（个人旅游）1.79 万份、（探亲）808 份，港澳单程（定居）120 份，往台湾通行证 1698 份，护照 7004 份，台胞证延期 18 份，商务通行证 23 份。

【监所管理】 加强对监管人员教育、转化工作，杜绝“牢头狱霸”现象。拘留所全年共收拘各类违法人员 563 人，其中赌博类 228 人、吸毒类 124 人、交通类 47 人、卖淫嫖娼 37 人、司法拘留 23 人、拘留审查 16 人、其他 88 人，转其他处理 48 人次（其中转刑拘 6 人，转强制戒毒 42 人），其余全部正常出所。看守所全年新收押各类人员 489 人，变动出所 439 人，月均押量 180 人。

【警务监督】 扎实抓好党风廉政建设和队伍管理责任制落实，深入推进纪律作风“大整顿”，在分局内网开通“纪律作风曝光台”，对违反日常勤务规范、会场纪律、着装规定、值班备勤等制度、规定的相关民警进行曝光。参照市局建立问责规定，围绕 “双层保底、两级责任、共同担当”及“1234566”工作要求，充分发挥监督职能作用，对存在履职不到位，工作不落实、纪律松弛、作风散漫、执行不力等问题的民警、辅警进行严肃问责。全年共党内警告 2 人、停职 1 人，禁闭 2 人、警诫 16 人、诫勉谈话 7 人、提醒谈话 26 人、全局通报批评 2 人。

【“110”报警服务】 110 报警服务台全年共受理、处置各类警情 5.56 万起，快速、妥善处置紧急求助 63 起，及时协助处理纠纷、咨询、噪音等非紧急求助 3865 起，协助抢救伤、病人员（含交通事故伤者）500 多名，协助查找走失人员 126 名，回访各类警情 5890 起，满意率 99.8%。

（供稿：罗继东）

检 察

【概述】2017 年，梅县区检察院深入学习贯彻中共十九大精神，以习近平新时代中国特色社会主义思想为指导，紧紧围绕区委中心工作，扎实履行法律监督职能，切实推进平安梅县、法治梅县建设，深化司法改革，加强队伍建设，大力提升司法公信力，各项检察工作取得新进展。全年共获得区级以上集体荣誉 8 项、个人荣誉 35 项，其中 1 名干警被省检察院记个人嘉奖，2 名干警被市检察院记个人三等功，多名干警撰写的调研论文在各类主题征文活动中获奖或在省级以上刊物登载。

【打击刑事犯罪】 一是严厉打击各类刑事犯罪。充分履行审查逮捕、提起公诉职能，全年共受理公安机关提请批准逮捕案件 257 件 399 人，经审查后批准逮捕 217 件 314 人，不批准逮捕 44 件 91 人；受理侦查机关移送审查起诉案件 327 件 488 人，经审查后向区法院提起公诉 297 件 438 人，不起诉 11 件 23 人。二是稳步推进未成年人检察工作。结合司法改革工作要求，组建未成年人检察工作办案组负责办理未成年人刑事案件，实行“捕、诉、监、防”一体化工作模式。全年共受理公安机关提请逮捕案件 16 件 17 人，经审查后批准逮捕13件13人，不批准逮捕3件4人；受理公安机关移送审查起诉案件18件21人，经审查后提起公诉18件20人，不起诉1人。依托“1+N”法制教育模式（1为区检察院，N为全区各中小学校），联合区教育局开展以“健康成长，法律护航”为主题的“法治进校园”巡讲活动，帮助全区56所中小学（含职业学校）6万多名学生筑牢青春防线。

【预防职务犯罪】 一是依法查办职务犯罪。推行职务犯罪侦查“一案一承诺、一案一旁听、一案一总结、一案一座谈、一案一宣传”的“五个一”工作机制，严肃查办和加强预防涉农、扶贫开发等领域职务犯罪工作。全年共立查贪污贿赂犯罪案件7件7人、渎职侵权犯罪案件4件4人，均为扶贫开发领域涉农职务犯罪案件，提起公诉后被区法院全部作有罪判决。通过办案，为国家挽回经济损失 20 多万元。二是大力增强预防实效。精心撰写2份预防调查报告，供区委区政府和有关部门作决策参考。选定全区低保和社会救助人员救助资金发放为预防专题，监督扶贫资金精准使用。与邮政部门联合开展“预防职务犯罪邮路”活动，受邀到相关单位举办廉洁自律警示教育讲座，有效提高公职人员依法行政意识。深入职务犯罪易发多发领域开展预防调查6次，开展警示教育和法制宣传活动 40 场次，对梅县烟草公司烟叶工作点（隆文）工程等2项重点工程项目开展同步预防，效果良好。扎实做好个案、类案预防，结合办案发出预防检察建议6份，均被采纳。办理行贿犯罪档案查询 3595 次，提供法律咨询5次。

【社会管理与服务】 一是服务村“两委”换届选举工作。提前制定服务保障村“两委”换届选举工作监督方案，依托“一镇一检察官”和派驻基层检察室走访村居委 32 次，排查线索 8 条，化解矛盾13起，开展预防宣传16次。7月至8月，深入全区各镇开展“崇尚廉政乡村行”主题法制教育活动。二是做好扶贫“双到”工作。结合新时期精准扶贫政策，加强与相关部门的沟通联系，院领导和驻村干警经常进村入户、访困问需，帮助落实资金解决群众生产、生活中实际困难，并帮助挂点村抓好村址、文化广场等基础设施建设。三是护航企业健康发展。继续参与做好“两高一场”（高铁、高速、机场）建设的保障服务工作，与中铁十九局梅汕高铁工程指挥部签订预防职务犯罪协议书，依法介入梅汕高铁、梅畲快速干线征地拆迁工作，有效确保重点工程项目建设顺利进行。建立健全工作机制，与部分非公企业负责人座谈交流，解答法律疑问，提供法律支持。四是抓好检察环节综合治理。注重运用法治思维和法治方式化解矛盾纠纷，深化刑事和解、检调对接等工作，办理国家司法救助案件 2 件，发放救助金额 1.5 万元。全年共受理群众来信来访 44 件，接待群众来访 131 批 198 人次，均作妥善处理。

【法律监督】 一是强化刑事诉讼监督。扎实开展“危害食品药品安全犯罪专项立案监督活动”和“破坏环境资源犯罪专项立案监督活动”，成功监督立案破坏环境资源案件1件1人。全年共退回侦查机关补充侦查45件88人，改变侦查机关定性23件50人，纠正遗漏罪行3人，发出纠正违法通知书2份，发出检察建议1份。与区公安分局会签《关于开展对梅州市公安局梅县区分局森林分局、程江派出所刑事侦查活动监督试点工作意见（试行）》。依托“两法衔接”信息共享平台，审查行政执法联网单位录入平台备案案件 1053 件，防止“以罚代刑、有罪不究”。加强对量刑环节的监督，向法院发出量刑建议 176 份，被采纳167份。二是强化民事和行政诉讼监督。聚焦审判机关公权力行使，办理执行监督案件2件，现场监督法院强制执行案件1件。认真履行法律所赋予的提起公益诉讼新职能，对涉及民生、国土、环保、食品药品等领域积极排查线索，办理公益诉讼诉前程序监督案件4件，发出诉前检察建议4份，均被采纳，调查核实公益诉讼案件线索 11 件，成功督促南口镇侨乡村违法养猪场搬迁。三是强化刑事执行监督。扎实开展集中清理审前未羁押判处实刑未执行刑罚专项活动和财产刑执行专项检察“回头看”活动，持续监督纠正发现的问题。继续强化对社区矫正工作的检察监督，成功检察收监执行2件2人，有效预防和纠正脱管、漏管、虚管情形。办理羁押必要性审查案件22件22人，其中向办案机关提出变更措施建议18件，被采纳17件。

【检察体制改革】 按照既定配备比例确定员额检察官、检察辅助人员和司法行政人员数量，初步建立起与司法责任制相适应的人员管理格局。制定《检察官职权划分暂行规定》《主要业务职责权力清单》等各项落地运行制度文本，明确不同类别检察官职权范围，搭建起落实司法责任制基本框架。分类组建固定办案组2个，临时办案组3个，独任检察官办案组织形式16个，突出员额检察官的办案主体地位。严格落实司法亲历性要求和“谁办案谁负责，谁决定谁负责”办案责任制，入额院领导均已按规定亲自参与办案，员额检察官在职权范围内对办案事项作出决定率为100%。统筹抓好业绩评价体系建设、财物省级统管、职业保障制度落实、检察管理和监督制约机制建立等工作，推动检察权运行机制的不断完善。坚决拥护、全力支持配合国家监察体制改革，积极做好检察环节各项准备工作。

【队伍建设】 结合自身实际，打造夯实三个支撑（精神支撑、理论支撑、素质支撑），巩固三个平台（党组、党支部、团支部），突出三个抓手（制度保障、示范带动、督促考核）的“三个三”党建工作模式，推动全面从严治党、从严治检向纵深发展，得到梅州市检察院党组书记、检察长吴少荣等有关领导充分肯定，经验做法在区直机关党建工作座谈会上作汇报介绍。修订完善10项机关管理制度。凝练出梅县检察精神“团结、敬业、奉公、为民”，创办全市首个基层院综合内部刊物《梅检风采》，成立志愿者服务队、团支部，全面加强队伍建设。区检察院“法治进校园”法制宣传志愿服务活动获“梅州市2017年学雷锋志愿服务‘最佳志愿服务项目’”。

（供稿：陈心珍 徐千惠）

法 院

【概述】 2017年，梅县区法院有干警99人。下辖松口、丙村、大坪、畲江4个人民法庭，机关内设政工科、办公室、监察室（与纪检组合署办公）、研究室、执行局、执行一庭、执行二庭、立案庭、刑庭、民一庭、民二庭、民三庭、审判管理办公室、行政庭、司法警察大队等15个机构。全院干警深入贯彻中共十八大、十八届历次全会及习近平总书记系列重要讲话精神和对广东工作的重要批示指示精神，牢牢把握司法为民公正司法主线，充分发挥审判职能，不断深化司法体制改革，着力破解工作难题，为梅县区经济振兴发展提供更加有力的司法服务和保障。全年共受理各类案件2905件，同比上升3.2%，结案2853件，结案率98.2%，一审判决案件改判发回重审率仅为2.63%，比上年同期下降2.06%。梅县区法院被中院荣记集体三等功，民二庭被省高院荣记集体二等功，政工科被中院荣记集体三等功，2名干警被中院荣记个人三等功。区法院代表区政法系统参加梅县区第三届“廉洁火炬杯”党规党纪知识竞赛取得第一名。

【刑事审判】 准确把握宽严相济刑事政策，全年共受理刑事案件312件477人，审结311件468人，结案率99.7%，判处五年以上有期徒刑24人，重刑率5.8%；判处缓刑135人，缓刑率32.5%。

【民事审判】 全年共受理民商事案件1724件，审结1677件，结案率97.3%，解决诉讼标的金额3.85亿元。坚持“调解优先、当判则判”原则，民商事调解、撤诉案件880件，调解、撤诉率52.5%。

【**案件执行**】 全年共受理各类执行案件866件，执结862件，执结率为99.5%，执结标的金额2.24亿元。为解决执行难工作，区委高度重视，专门成立领导小组，并召开推进会，初步形成党委领导、部门配合联动、法院主导的执行工作新格局。积极开展“攻坚2017”专项执行工作，穷尽执行手段，善用强制执行措施，司法拘留21人，维护当事人合法权益。加大失信惩戒力度，将521名自然人、43个法人及其他组织列入失信被执行人名单。运用“点对点”查控被执行人银行账户846户、车辆信息846次，查封车辆110余辆。和解执结韵生活超市、梅州金盘医院拖欠工资等案件，维护了劳动者的合法权益，化解矛盾，取得良好法律效果和社会效果。

【**法院体制改革**】 全面落实司法责任制，规定院庭长办案任务数，健全审判监督职能，提升审判质效，推进繁简分流执行机制，深化涉诉信访制度改革，运用信息化手段不断拓宽司法公开渠道，在梅州市基层法院中率先开展网络庭审直播，积极开展司法救助、网络拍卖工作，不断提高服务群众的水平。升级改造诉讼服务中心立案大厅和信访安保大厅，推行小额诉讼速裁，积极开展司法救助工作，为9宗案件困难当事人缓减免诉讼费3.1万元，为92名特困当事人发放救助金28万元，彰显司法人文关怀。

【**便民服务**】 创新服务措施，开通审执绿色服务通道，全力支持地区重点工程项目建设。人民法庭积极参与基层社会综合治理，4个法庭以调解撤诉方式结案362件，调解撤诉率达61.7%，最大限度地将矛盾纠纷化解在基层。大力推动社会延伸保护、帮教、社区矫正工作，认真开展精准扶贫及软弱涣散基层组织整顿工作，结对帮扶，改善基础设施。通过送法进校园、进企业、进社区等活动，加大法制宣传力度。

【**队伍建设**】 认真贯彻落实中共十九大会议精神，坚持从严治党、从严治院，不断增强“四个意识”，坚定“四个自信”，坚决维护以习近平同志为核心的党中央权威和集中统一领导，自觉在思想上政治上行动上与党中央保持高度一致。加强司法能力建设，坚持司法作风建设不放松，以零容忍的态度整治司法腐败，打造一支忠诚干净担当的法院队伍。民二庭紧紧围绕“让人民群众在每一个司法案件感受到公平正义”的总目标，始终以“司法为民、公正司法”为主线，狠抓审判要务，努力提高办案质效，被省高院荣记集体二等功。

（供稿：钟佛梅）

司法行政

【**概述**】 2017年，在区委、区政府的正确领导和上级业务部门具体指导下，区司法局紧紧围绕区委、区政府工作大局，全面加强队伍建设，充分发挥法律宣传、法律服务、法律保障等职能作用，为促进全区经济社会发展和维护社会和谐稳定营造良好法治环境。9月28—29日，省司法厅党委书记、厅长曾祥陆率领调研组到梅县区考察指导司法行政工作，对梅县区司法行政工作给予充分肯定，认为梅县区基层司法行政工作做得比较到位，司法行政职能在基层落实得比较好，司法所机构、场所、人员落实到位，司法所长爱岗敬业、精明强干，对梅县区司法行政工作表示欣赏和满意。至年底，全区驻村律师上法治辅导课共1509场次，法制副校长、宣讲团讲师、公职人员到中小学上法制课392场次，开展法制挂图53场次、“送法下乡”法制讲座38场次、法律咨询活动38场次，向干部、群众、学生印发普法学习资料和法律知识宣传资料10万多份，受法治教育人数达40多万人次。在矫对象234人，切实做到社区矫正人员得到有效监管，近三年来，全区社区服刑人员重新违法犯罪逐年减少，重新违法犯罪率控制在0.2%以下；有安置帮教对象1190

人，安置率和帮教率达为100%。基层司法所和调委会调处各类民间纠纷3181件，调解成功3175件，调解成功率99.8%，无因调处不及时或调处不当而引发的矛盾激化、凶杀、自杀、民转刑、越级上访事件。区司法局律师担任村（社区）法律顾问80家；共办理法律援助案件134件，接待群众咨询928人次；公证处办理各类公证2796件；基层法律服务所担任法律顾问466家，办理非诉法律援助案件75宗，解答群众法律咨询3658人次，处理群众来信29件、来访265宗，避免和挽回经济损失共350万元。

【普法教育】 1. 积极做好普法学习教育工作。依托"青少年法制教育基地""国家公务员法制教育基地"青少年活动中心的"法纪长廊"和组织年度无纸化网络普法考试等形式，不断加强领导干部、公务员、青少年和企业经营管理人员的学法用法工作，推进重点对象法治宣传教育深入开展，把普法工作做深、做细、做实。2. 创新普法手段和载体，突出普法实效。一是联合区广播电视台等单位共同录制《以案说法》普法栏目，共完成节目7期。二是与梅县区邮政广告传媒合作，利用遍布全区140个播放点视频机播放法治宣传内容。三是结合"关爱明天、普法先行"宣讲计划，针对中小学生不同特点，继续开展"普法宣讲进百校"活动，到中小学开展活动59场次。四是联合市宣讲团到区消防大队开展"法律进军营"活动，提高官兵法律意识，增强官兵知法、守法、用法观念。五是开展"守法诚信、共促和谐"法律宣传月活动，进一步提升非公有制企业守法意识，推进社会主义核心价值观进非公企业。六是举办"法润梅州 平安万家"法治文艺演出。七是利用户外LED显示屏宣传法律法规，每天24小时滚动法治宣传标语、警句。八是利用人员流通大的地方实施宣传，通过法治宣传栏、印制宣传小册子等方式向干部、群众宣传有关法律法规，扩大普法覆盖面。3. 扎实推进民主法治村（社区）创建活动。认真为村（居）开展法治宣传教育、提供法律援助和法律服务，满足人民群众的法律需求，积极推进基层农村（社区）法治建设和普法依法治理工作。至年底，根据省级"民主法治村（社区）"必核清单/实地评估表"六有""六无""七个一"的创建标准，全区有53%以上村（社区）达到省级"民主法治村（社区）"标准，有12个村（社区）被全国或省授予"民主法治示范村（社区）"先进称号，雁洋镇长教村被评为第六批"全国民主法治示范村"。4. 深入开展"法律六进"活动。通过采取法治宣传、法律咨询、法治宣传栏、法治图片展、司法局网页、电视台、电台、举办法治讲座和法治文艺节目等宣传形式和手段，以及利用"三八"节、全民国家安全教育日、土地日、世界禁毒日、"12·4"全国法制宣传日和国家宪法日、法治广东宣传周等时间节点，大力推进法治宣传教育进机关、进乡村、进社区、进学校、进企业、进单位活动。全年全区驻村律师上法治辅导课共1509场次，法制副校长、宣讲团讲师、公职人员到中小学上法制课392场次，开展法制挂图53场次、"送法下乡"法制讲座38场次、法律咨询活动38场次，向干部、群众、学生印发普法学习资料和法律知识宣传资料10万多份，受法治教育人数达40多万人次。

【人民调解】 不断加强各级人民调解委员会规范化建设，进一步完善"大调解"机制、矛盾纠纷排查制度、矛盾纠纷分析研判制度，深入开展矛盾纠纷大排查大调解活动，坚持常规排查的同时，认真抓好重大活动期间、敏感期间等专项排查调处工作，把问题发现于苗头，调处于初发阶段。全年全区基层司法所和调委会调处各类民间纠纷3181件，调解成功3175件，调解成功率99.8%，无因调处不及时或调处不当而引发的矛盾激化、凶杀、自杀、民转刑、越级上访事件。

【信访工作】 一是热情接待来访群众，耐心听取他们的诉求，积极做好教育疏导化解工作。二是及时处理来信来访群众反映问题。全年共受理处理群众来信13件，接待来访20宗43人次。

【社区矫正】 1. 着力抓好区社区矫正中心建设。2月，市司法局下发《关于加强全市社区矫正中心建设工作的通知》，区委、区政府高度重视，根据省、市要求，将社区矫正中心建设列入区2017年十项民生实事工程，由区人大常委会副主任李丹玲和区人民政府副区长谢芳专项督导。区司法局按照区委、区政府工作部署，将社区矫正中心建设作为区司法行政的重点工作，迅速召开专题会议研究部署，并成立中心建设领导小组和办公室，落实专人负责，积极筹备，明确时间节点，扎实推进，在人、财、物方面全力保障，确保按计划完成建设任务。梅县区社区矫正中心设在梅县区司法局办公大楼二楼和四楼，建筑面积约350多平方米，内设办公室、报到登记室、矫正宣告室、警务检察室、心理矫治室、监控指挥室、远程视频室、档案资料室、教育培训室（四楼）。区司法局在原有办公用房基础上，聘请设计公司做好规划设计，按照省厅制订的建设标准及各项功能标识规范建设，按要求做好立项审批、政府采购、财审等相关工作，投入资金60多万元，认真做好基础装修、设备安装和调试，如期完成建设任务并投入使用。6月22—23日，全省司法行政系统落实省十件民生实事工程（社区矫正）推进会在梅州召开。与会人员到梅县区社区矫正中心参观调研，区委钟光灵书记陪同司法部社区矫正管理局局长姜爱东一行现场考察了梅县区社区矫正中心，实地察看社区矫正中心运行情况，翻阅工作台账、档案，与工作人员进行交流，详细了解梅县区社区矫正工作开展情况。在区委、区政府的高度重视和大力支持下，梅县区社区矫正整体工作稳步推进，特别是高效率、高标准地建成了梅县区社区矫正中心，切实把民生实事工程落到实处，得到司法部、省司法厅、市司法局充分肯定，赢得各地同行赞誉。2. 扎实抓好社区矫正工作。认真落实社区服刑人员接收、报到、报告、教育学习、社区服务、外出迁居审批、解除矫正等制度，对脱离监管人员及时查找并通报裁决机关，对违反监管人员依法进行惩处，确保社区服刑人员得到有效监管。一是及时做好衔接和信息录入，社区服刑人员接受监管率达100%，教育矫正率达100%。二是切实做好社区服刑人员日常管理，严格执行处罚措施，对在社区矫正期间违反监管规定的5名社区服刑人员给予警告决定，对2名未按规定时间报到且超过一个月的社区服刑人员提请撤销缓刑收监执行原判刑罚。三是落实调查评估，已完成16份调查评估意见书，为法院对缓刑和假释的判决、裁定提供真实、准确事实依据。四是积极开展帮扶，对有困难的18名社区服刑人员给予油、米和现金慰问，使社区服刑人员感受到社会温暖，树立生活信心，重新做人。五是做好重要防护期社区服刑人员管控和安全维稳工作。六是开展执法工作检查和专项督查工作，进一步促进社区矫正工作规范化管理。7月和12月，市司法局社矫科领导分别对水车司法所、畲江司法所、丙村司法所和雁洋司法所社区矫正工作进行执法检查，对社区矫正开展情况表示满意。11月28—29日，由区委政法委牵头，抽调公、检、法、司等单位相关同志组成考察组，对全区在矫人员进行全面的监督考察，同时，检查司法所、派出所和村级组织履行监管职责的情况。全年全区共接收社区服刑人员200人，按规定解除矫正204人；至年底，全区累计接收社区服刑人员1552人，累计解除矫正1318人，现在矫234人，有效防止脱管、漏管、虚管现象发生。近三年来，由于各项措施和监督管理工作到位，社区服刑人员重新违法犯罪逐年减少，重新违法犯罪率控制在0.2%以下。

【安置帮教】 进一步完善刑释人员回归前衔接和建档工作，建立规范完整刑释人员工作台账，做到底数清、情况明。全年全区有安置帮教对象1190人，已衔接刑释解教人员建档率达100%，安置率和帮教率100%。

【律师事务】 1. 深入推进一村（社区）一法律顾问工作。一是统筹安排60名律师进驻全区389个村（社区）（含梅西水库两个管理区），一村（社区）一法律顾问工作实现全覆盖。二是通过电视、户外LED显示屏、局网站设置专栏、法治文艺演出和制作工作手册、印发宣传小册子等形式，提高群众对一村（社区）一法律顾问工作的知晓度和参与度。三是加强管理工作，提高服务水平，确保顾问律师按要求履行义务，把各项工作服务到位，促进农村经济发展和社会和谐稳定。四是加强督查，促进工作。由局领导班子成员带队，组织相关人员，分五个考核组对全区389个村（社区）60名驻村律师工作进行检查考核。在半年和年度两次检查考核工作中，考核组认真听取当地党委、政府意见，组织召开司法所长、村干部和群众代表参加座谈会，抽查走访及电话了解部分村（居）民，司法所、村（社区）干部及群众代表都比较肯定驻村律师工作。7月19日，按时、高标准完成省一村（社区）一法律顾问工作绩效评价小组到由省厅抽取的梅县区丙村、南口镇开展现场绩效评价工作。7月26日，区人大常委会组织部分市、区人大代表对梅县区开展一村（社区）一法律顾问情况进行专题视察，对梅县区一村（社区）一法律顾问工作情况、取得成效以及对今后工作意见和建议畅所欲言，积极建言献策。全年驻村律师提供法律咨询3551人次，出具法律专业意见142件，法治宣传1509场次，调解纠纷275件，办理法律援助案件17件，其他548件。2. 发挥律师作用，服务社会建设。充分发挥公益法律服务来访接待室功能作用，每天安排律师值班，及时便捷地为群众提供法律咨询、法律服务，共解答群众来访和来电法律咨询200多宗400多人次。认真做好村（社区）法律顾问工作，组织律师积极参与每月15日和28日区领导接待群众来访日活动，为全区经济社会发展和服务民生提供法律服务。至年底，区司法局律师担任村（社区）法律顾问80家，没有当事人举报违法违纪案件，没有发现私自收案收费案件。

【法律援助】 一是继续完善“三级”法律援助工作网络。二是加强法律援助规范化建设，增强法律援助服务工作能力和水平。三是保持“12348”法律服务热线畅通，认真落实12345政府热线反馈信息，及时为困难群众提供法律援助咨询和受理法律诉求。四是充分发挥法律援助服务大厅作用，方便群众申请法律援助和法律咨询。五是加大宣传力度，扩大社会影响力。9月25日，组织律师、法律援助志愿者等在丙村镇开展律师宣传日暨法律援助宣传活动，传递正能量，促进法律援助便民工作常态化。全年共办理法律援助案件134件，接待、解答群众咨询928人次，所有案件均实现零收费、零违纪、零投诉。

【司法公正】 坚持把公证工作作为服务大局、促进和谐的重要途径和有效举措，加强公证处力量，配齐办公设备，强化业务人员技能培训，提高办证质量。指派公证员为党委政府中心工作、重大经济项目等提供公证法律服务，充分发挥公证工作在预防矛盾纠纷中的作用。全年共办理各类公证2796件，未出现一宗错案，未接到群众投诉和上访信件，取得良好经济和社会效益。

（供稿：李红梅）

统战 · 侨务 · 港澳台事务

统 战

【思想队伍建设】 抓好民主党派学习中共十九大精神。10 月 18 日，组织各民主党派集中收看收听十九大开幕式和习近平总书记所作的十九大报告，会议结束后，各民主党派结合实际，组织不同形式学习活动，党派成员纷纷表示，自觉接受中国共产党的领导，高举习近平新时代中国特色社会主义思想，发挥社会主义参政党的积极作用。组织民主党派开展“共画同心圆 · 喜迎十九大”征文活动，共收到征文 20 篇，向上级选送 7 篇。开展学习贯彻十九大精神调研活动。围绕统一战线高举爱国主义、社会主义旗帜，牢牢把握大团结大联合主题，巩固和发展爱国统一战线，凝聚各方磅礴力量，共推梅县区振兴发展开展调研。搭建党外干部实际锻炼和施展才华的平台，全年输送 1 名党外干部到市直机关挂职锻炼、选调 1 名党外干部到区直机关挂职学习。此外，全年提拔 2 名党外干部任正科职。

【履行职责】 农工党区委会开展“不忘合作初心，继续携手前进”主题教育活动，被农工党中央评为宣传工作先进单位；致公党区委会被致公党中央评为“开展坚持和发展中国特色社会主义学习实践活动”先进基层组织，致公党员梅县区中医院主任医师谢讯华获得先进个人称号；民盟区委会获省委会评为“坚持和发展中国特色社会主义学习实践活动突出贡献奖”，民盟主委叶柳华当选市青联副主席；由区民盟盟员李玉珍辅导、赖瑜明主演的廉政小品《门锁坏了》获得由中共广东省纪委、省监察厅、省文化厅主办，广东广播电视台承办的“广东省廉政小品曲艺创作大赛”金奖；民革党员钟李峰、梁淑芳分别授予 2017 年度“梅州好医生”和“梅州最美护士”荣誉称号。

【非公经济】 继续以“创建五好县级工商联为抓手，推动梅县区非公经济“两个健康”发展。2017 年成为广东山区工商联工作的排头兵，再次被确认为全国“五好”县级工商联，黄志平主席被评为广东省非公经济组织“党员标兵”，光荣当选为出席中国工商业联合会第十二次全国代表大会的代表。联合梅县电视台现场采访振声科技、莲泉酒业、恩嘉壹、海泰实业投资等会员企业，围绕“守法诚信、坚定信心”为主题广泛开展教育实践活动，联合检察院召开“保障和促进非公经济健康发展”座谈会，引导会员诚信守法，切实维护非公企业的合法权益。扎实推进超华科技、嘉元科技、航鑫科技、BPW（梅州）车轴、庆达实业等会员企业的扩能增效项目及和安集团梅花城、勇兴集团元亲水湾联盛商城商贸物流中心等城市扩容提质项目、南寿峰健康产业园、中国收藏文化示范基地——大观天下等特色旅游文化项目建设。会员企业参与精准扶贫工作，如梅州金蔡光伏发电投资 2.43 亿元的太阳能光伏发电项目，已于 6 月建成并网发电，带动南口、扶大 544 户贫困户实现脱贫。广东丰年盛景生态有限公司投资 5000 多万元的太阳能光伏发电项目，于 6 月建成并网发电，带动梅西镇 121 户贫困户实现脱贫。借助资本市场，促进产业升级。全区已有 12 家企业上市，其中国内主板 3 家，香港 1 家，新三板 8 家。规范商会建设，专门出台《关于加强基层商会规范化建设的指导意见》，对镇级商会完成法人登记工作进行奖补，每完成登记一个奖励 3 万元，年底，已完成 8 个镇级商会法人登记工作，走在全市前列。

【港澳台和海外统战】 一是抓好乡情调查工作。5月，区委统战部会同区民宗外侨局、侨联、工商联分工负责抓好港澳台及海外乡亲乡情调查工作，完善充实港澳台及海外乡亲数据库，摸清全区的统战资源。二是加强对外宣传工作。做好广东电视台拍摄《印象海丝》，充分发挥《梅县侨声》杂志、网站、宣传栏等宣传媒介，积极宣传全国、省、市、对台、侨务方针政策法规、相关会议和重要讲话精神，积极宣传梅县区的发展战略和工作部署，提升梅县区知名度。三是做好港澳台侨服务工作。积极为港澳台同胞、海外侨胞排忧解难，聘请常年法律顾问提供法律帮助，切实维护他们的合法权益。积极跟进来信来访，妥善处理其诉求，帮助其寻根问祖。如：协助美国六任总统顾问吴黎耀华女士找到了在松口镇蓬上村的祖居；协助印尼雅加达原省长钟万学、钟万有昆仲找到了祖居地白渡嵩山村等；四是拓展对外联络工作。发挥梅县区人脉和平台等优势，做好争取人心的基础性工作。通过走出去，加强与香港梅县同乡会、华侨华人客属社团、海外友城的沟通联络，促进经济、文化、商贸合作交流。

【参政议政】 扎实推进新的社会阶层人士统战工作，有效开展新的社会阶层人士、党外知识分子新生阶层的调查摸底和推荐工作，输送5名优秀党外人士加入省新的社会阶层人士联合会；推荐具有高职称、在事业上有积极贡献或市内外有一定影响的、代表性无党派人士、党外知识分子11名加入梅州市党外知识分子联谊会。2018年1月3日下午，全市首个“市区共建”的新的社会阶层人士足球产业活动交流示范基地在梅县区南口镇葵岗铁汉足球俱乐部正式揭牌成立。该基地依托梅县铁汉足球俱乐部开展日常管理工作，是市、区新的社会阶层人士统战工作的重要阵地。

【民族宗教】 我区依法管理宗教事务，规范宗教执法程序和执法行为，维护民族宗教领域和谐稳定。一是将宗教活动场所建设纳入城乡规划，与城市发展、全域旅游、建设特色小镇、美丽乡村等相结合，同规划。二是指导宗教场所健全人员、财务、安全等管理制度。三是以创建平安宗教活动场所和创建和谐寺观教堂活动为契机，推动宗教界进一步加强教风建设，全区有58间宗教场所获评省达标场所。四是探索民间信仰场所管理工作，落实属地管理的要求，引导民间信仰场所往法制化、规范化。五是妥善处理宗教界问题，处理好佛光寺22万伏高压线迁移、纳入城乡规划和建设用地报批等工作，一年来帮助全区宗教界解决问题12宗。六是着力维护区民族宗教领域和谐稳定，重点抓好民族宗教领域迎十九大安全稳定工作。坚决抵御宗教渗透，依法打击基督教家庭聚会点等非法宗教活动行为，联合公安局国保大队依法取缔“程江莲邦素食馆”非法宗教活动聚会点及基督教家庭聚会点共8处，教育训诫43人，切实维护国家政治安全和保证了正常的宗教秩序。

外事侨务

侨务工作以汇聚侨力、服务“一带一路”和创新驱动发展战略为新契机，通过以侨为桥，讲好客家故事，展示梅县魅力；不断涵养侨务资源，扩大联情联谊，助推梅县区振兴发展。全年接受群众来信来访20宗25人次。全年发放省贫困归侨扶贫救助补助资金286户92.2万元和争取资金500多万元扶助侨界困难群体。接受华侨捐赠843万元。

【交流往来】 加强与海外友好城市的交流合作，增进友谊。毛里求斯社会融合与经济增长部王纯部长一行9人来梅考察扶贫工作和新农村建设。俄罗斯中国中原商会会长、梅州—莫斯科经贸文化联络处主任马强到访参观考察。举办梅州市海外客属社团中青年研习班、第二届海外华校华文教师培训班、印尼万隆客属联谊会华裔青少年“中国寻根之旅”夏令营梅州营。帮助30多名侨胞找到祖籍地。梅县外国语学校（以下简称梅外）与加拿大哥伦比亚国际学院签约缔结成为姊妹学校，梅外学子杜嘉仪、王萍萍将赴哥伦比亚国际学院留学深造，还选派13名优秀学子赴英国语言学校开展夏令营游学活动。

【为侨服务】 在加强海外侨情工作调研的同时，加强沟通联络，促进乡情乡谊。一是“走出去”。区委书记钟光灵亲赴香港、澳门参加世界客属恳亲大会和世界客属青年大会，拜访香港梅县同乡会。二是“请进来”。11月第五届世界客商大会在梅州市召开，梅县区举行73个重点项目的动工、竣工、签约仪式，对加快梅县区振兴发展增添强劲动力。此外，积极做好接待和服务工作。全年接待海外侨胞、外国友人2000多人次。

【对外宣传】 全年共出版《梅县侨声》1万多册，服务侨务工作和对外宣传，让华人华侨新生代想看，爱看，看得懂。推介梅县区优美的生态、良好的投资环境，及时报道家乡发展情况，提高梅县区在海内外的知名度。充分发挥网站对外宣传主阵地的作用。利用互联网加强侨务工作的宣传力度。全年发布侨务动态信息60多条，被上级采用25条。积极协助做好梅州日报全球客商行全媒体采风团到印尼采风工作，寻访客商发展轨迹。在丙村镇设立李湘生纪念馆供乡亲参观纪念。

【代表团出访与来访】 出访：1月29—30日，梅县区代表团成员参加梅州代表团赴肯尼亚拜访当地华侨华人社团和华商代表，抓住国家“一带一路”战略发展机遇，不断深化梅州与肯尼亚在经贸、文化、旅游等领域的互利合作。

来访：泰国华人青年商会考察团一行41人回梅寻根问祖；印尼万隆客属联谊会会长吴元昌一行来梅访问；毛里求斯人和会馆会长林友福先生同其父母林检祥先生、陈桂兰女士回梅观光省亲；泰国客家总会陈维宗先生回乡观光祭祖。

马来西亚广东义山联合会杜汉光主席率团来梅观光访问；印尼汪和铭、钟万有率团来梅考察、寻根。加拿大张其勇会长一行回乡祭祖；巴厘岛客家乡亲回梅观光；澳洲纽省客属联谊会朱淦福会长回梅省亲；马来西亚怡保乡亲访梅。

港澳台事务

做好梅港青年交流工作，办好情义两地行粤港青年交流活动；香港青年服务团来梅支教；港台青年企业家来梅考察交流。香港长永国际控股公司李伟宏董事长来梅考察投资环境。

行政管理事务

【概述】 梅州市梅县区行政服务中心于2012年6月8日建成并投入使用，是梅州市率先启用的县级行政服务中心。中心位于梅县新城中心区域，办公面积5200平方米，进驻单位44个，工作人员240人，进驻行政许可、公共服务事项492项。2017年，梅县区行政服务中心推进“一门式一网式”政府服务模式改革，对进驻单位、业务进行分类、整合，设立了“一门式”综合服务窗口和公安、工商、税务、社保、民政、不动产六个“小一门”窗口。全年受理行政审批及服务事项 281283 件，办结 279950 件；镇级受理总数 26428 件，办结总数 24366 件。12345 政府服务热线受理工单 1884 件，回访工单 1743 件，按时办结率 100%，回访群众满意率 94.70%。

【“一门式一网式”政府服务模式运行】 3 月 1 日，在全市率先实行区镇两级同步的“一门式”政府服务模式改革，将区中心原来的 44 类窗口整合成一个“大一门”综合窗口和公安、工商、税务、社保、民政、不动产 6 个“小一门”窗口。5 月 2 日，区镇村三级业务流转平台正式运行，通过“一门式”改革，实行“一窗通办”，实现“群众进一个门就能办所有事”。并通过简政放权，下放一批行政许可和公共服务事项到镇村办理，实现区、镇、村三级业务直接流转，方便群众办事，提高办事效率。编制区级 44 个部门行政许可和公共服务事项标准 440 项（其中行政许可事项 215 项，公共服务事项 225 项）；下放镇中心的审批服务事项 87 项，涉及单位 15 个，比原有增加 58 项；下放村级公共服务站办理的事项有 58 项，涉及单位 16 个（其中代办业务 57 项，全权办理业务 1 项），比原有增加 52 项。认真选好配强政务服务队伍，区“一门式”综合服务窗口前台人员由政管办统一招聘、统一培训、统一调配，后台人员由各单位选派；小一门窗口人员（前台、后台）由单位调配；每个镇配置 2 名、每个村（社区）配置 1 名政务服务专职工作人员，由区中心统一培训、统一管理，列入政管办绩效考核，形成区镇村三级政务服务体系。

【完善网上办事大厅】 为解决梅县区各镇村距离跨度大、镇村居民到区办事难的问题，整合各部门和区镇村三级业务系统平台，运用互联网信息技术，加大简政放权，通过“梅州市统一申办受理平台”实现区镇村（社区）和各部门间的业务在“一张网”流通。一是在全区 383 个行政村建设村级公共服务站，配置高拍仪、身份证识别仪、取号机等设备，并铺设上下行 50 兆的宽带光纤，保证业务运行能够顺畅，把政务服务延伸到村。二是简政放权，以信任为先、审批在后的原则积极协助各职能部门下放更多审批事项到镇村办理，让群众在家门口就能办成事。三是配备专门的计算机技术人员负责统一申办平台的日常维护，根据窗口工作人员在日常操作中的反馈不断完善系统功能，为“一门式一网式”改革提供高效的平台保障。

【完善 12345 政府服务热线】 按照市政府和市行政服务中心管理办对 12345 政府服务热线的工作要求，认真做好服务热线管理工作。围绕提高现场解答率、工单回复率和群众满意率的目标，进一步整合资源，丰富和完善热线平台知识库内容，认真协调各职能部门做好群众求助、投诉事项的办理、回复工作，群众满意率得到提高。

【智慧梅县政务指挥中心建设】 9 月 30 日，智慧梅县政务指挥中心正式启动，包括应急预警指挥、信息发布、区镇村三级视频会议 3 大功能。其中应急预警和信息发布中心整合 11 个职能单位的数据，并纳入 1000 多路摄像头，打破各部门的信息壁垒，做到纵向到村镇、横向到部门，特别是在重大突发事件处置中，做到整体联动、合成作战，提高应急救援效率。区镇村三级视频会议中心采用无纸化远程会议系统，辐射全区 19 个镇 383 个村，可实现会议无纸化、便捷化和信息推送统一化、高效化。同时，还可以利用该平台将办事指南、党政宣传、就业信息技能培训等一系列最新资讯推送到各村信息发布器滚动播放，拓宽群众信息知悉渠道。

【惠民信息公开平台建设】9 月 13 日，梅县区惠民信息公开平台投入使用，第一批公开事项主要是 2016 年至 2017 年上半年的惠民涉及职能部门 12 个，事项 44 项，公开数据达 216 万条。为保障惠民信息平台平稳运行，组建惠民信息平台业务团队，包括由纪委和政管办人员组成的数据监察员和由各镇（办事处、高管会）、职能单位人员组成的信息员和数据审核员团队 67 人。

【政务服务“马上办”改革】按照市全面推进政务服务“马上办”改革工作的要求，梅县区成立政务服务“马上办”改革工作领导小组，印发改革实施方案，紧紧围绕总目标的相关要求，推进改革工作顺利开展。通过健全机制，优化流程，推动服务便捷高效优质。截至目前，办事时限比法定时限提速 49.5%，材料精简 30.8%，群众到区中心办理业务的跑动次数减少 33%（其中 1 次以内跑动次数比例达到 67.7%），节约群众办事成本。

经济

经济管理

发展与改革

【规划编制】 根据区委、区政府提出的各项要求和“十三五”规划目标，合理确定GDP、全社会固定资产投资增长等各项指标，起草编制《梅县区2016年国民经济和社会发展计划执行情况和2017年计划草案的报告》，并经区一届人大二次会议审议通过，对指导梅县经济和社会发展具有重要意义。

【重点项目建设】 为确保投资较快增长，保持投资对经济的拉动作用，保障经济平稳较快发展，区发改局根据上级有关部署，结合梅县区实际，将梅县区重大项目建设列入“十三五”规划、国家重点建设项目储备库和广东省重大项目三年滚动计划，并修编上报梅县区2017年固定资产投资计划和重点工程项目计划。与此同时，在日常工作中着重加强对重点项目的调研跟踪和协调服务，定期向区主要领导汇报重点项目工作进展情况，及时协调解决重点项目建设中存在难点问题，努力促使项目早日建成。全年全区列入省、市、区重点建设项目共67项，总投资779.7亿元，计划投资137.35亿元，全年累计完成投资130.97亿元，完成投资计划95.35%。

【固定资产投资管理】 进一步简化审批流程，继续全面实行企业投资项目网上备案，减少备案的前置条件，进一步简化备案流程，方便企业备案申请。认真做好区管权限投资项目审批、核准、备案工作。全年办结项目327宗，涉及固定资产投资269.39亿元，其中审批、核准项目182宗，涉及固定资产投资101.18亿元；备案145宗，涉及固定资产投资228.53亿元。

【项目申报】 积极做好中央预算内投资项目、省专项建设资金申报工作，并协同有关部门抓好重点项目、中央预算内投资项目建设的督查和跟踪服务工作。全年审批上报申请中央预算内投资项目2个（雁洋镇中心小学、雁洋粮仓），已争取到中央补助资金项目2个共计3815万元。

【经济运行监测】 关注国家宏观经济走势、全省经济发展趋势及周边地区经济发展态势，加强与统计、科工商务、农业、旅游、财政、税务、金融等区直部门和本土企业联系沟通，及时了解梅县区经济运行情况。做好月度和季度经济形势分析工作，加强调研，负责做好半年全区经济运行情况报告向区人大常委会汇报。总结经济运行特点，研究查找经济运行中存在矛盾和问题，提出合理化建议，为领导科学决策提供参考。

【价格调控管理】 积极贯彻落实上级光伏发电上网标杆电价政策，继续贯彻落实“平价商店”用电优惠政策和农村饮水安全工程供水用电优惠政策。积极推进农业水价综合改革，认真做好镇级自来水价格监管工作。加强对覆盖全区城乡社区平价商店监督管理，充分发挥其稳价惠民作用。强化价格监测预警，综合运用多种调控手段，努力构建稳定物价的长效机制。

【收费管理】 根据省、市、区关于深化医药卫生体制综合改革实施方案等文件精神，积极组织实施医药卫生体制综合改革。梅县区中山大学附属第三医院粤东医院、中医医院、妇幼保健计划生育服务中心、慢病院均参加改革，四家城市公立医院都于2017年7月8日前全面取消药品（中药饮片除外）加成。同时，根据梅市发改收费〔2017〕126号文要求，从7月8日起，调整梅州市城市公立医院基本医疗服务项目价格。并加强医疗服务价格管理，规范医疗机构价格行为。继续严格落实各项惠企减免政策，会同区财政部门联合贯彻粤财预〔2017〕75号文精神，自2017年4月1日起，取消或停止41项中央设立的行政事业性收费。涉及梅县区取消或停止的涉企行政事业性收费共8项，全年预计减免金额约1251万元。贯彻落实粤发改价格函〔2017〕3426号文精神，自7月1日起，降低部分行政事业性收费标准，涉及梅县区降低的行政事业性收费项目有2项。进一步完善涉企收费目录清单制度，按要求全面清理没有法律、法规和国家有关政策涉企收费，建立《梅县区涉企行政事业性收费目录清单》《梅县区涉企经营服务性收费目录清单》《梅县区涉及行政审批政府定价中介服务收费目录清单》，并在区网站上公布，实行动态调整和常态化公示制度，接受社会监督。

【价格监督检查】 按照国家、省、市统一部署，重点开展春运客运票价、景区门票价格、食盐、殡葬服务价格、电力价格、商品房明码标价、整治推销老年人保健品等专项检查和重大节日市场价格巡查。强化餐饮、旅游等重点领域明码标价监管，做好商品房销售明码标价工作和明码标价进农贸市场工作，继续推进明码实价工作。加强粮油肉菜及小宗农产品价格检查，整治商贸流通和服务行业价格行为，规范市场价格秩序。做好群众来电、来信、来访管理工作，充分发挥“12358”价格投诉举报电话作用，及时调查处理群众的投诉举报案件，化解价格矛盾纠纷，为企业和群众排忧解难，维护人民群众切身利益。全年受理各种咨询共36宗，受理投诉案件共70宗，全部圆满解决。经济制裁265.41万元，其中，没收上缴财政203.17万元，清退62.24万元。

【价格服务】 做好价格监测工作，采取定期开展城市居民食品和日用工业消费品零售价格监测，并每周上报市业务主管部门。加强价格成本调查，继续开展水稻、金柚生产成本调查，并落实服务价格成本监审制度，抓好教育培养成本、食盐生产经营成本监审工作。积极开展刑事涉案财物等价格认定工作，全年共评估涉案物品等价格117宗，评估金额1731.02万元。

【铁路建设】 一是全力推进梅汕客专（梅县区段）建设。为有效保障梅汕高铁顺利施工，积极协调各相关单位开展梅汕客专土地房屋征拆和“三电”迁改工作，完成红线内征地2505亩，占总任务98.9%；完成拆迁房屋277座，占总任务100%；完成地坟迁移360座，占总任务100%；“三电”迁改总数238处（电力82处，电信156处），完成“三电”迁改222处，占总任务93.3%，征拆和“三电”迁改工作总进度位居梅汕高铁全线前列。与此同时，进一步做好梅汕客专梅州西站、畲江北站站前广场的规划设计工作。还积极协调有关部门及时处理劳资纠纷问题。二是做好瑞梅铁路项目规划设计工作。积极配合设计单位做好瑞梅铁路梅县段约9公里的勘察设计等前期准备工作，争取早日开工建设。 三是协调推进松棚铁路物流基地建设。按照市、区政府工作部署，积极做好征地、报批等各项前期工作。全年已完成征地40公顷，平整土地13.33公顷，土地勘测定界工作已完成。四是全力推进双龙高铁（梅县区段）建设。按照市、区政府工作部署，积极努力做好龙岩至梅州至龙川铁路项目建设的各项前期工作。至年底，该项目已完成可研审查，力争早日动工建设。

【社会信用体系建设】 协调指导全区各相关单位开展社会信用体系建设，建立完善守信联合激励和失信联合惩戒制度，加强行业部门信用信息的记录、整合和归集，积极推进公共信用信息管理系统建设。大力推广信息应用，实现信息数据共享。倡导树立“诚信”理念，公示处罚失信行为，营造诚实守信社会环境，全力打造“信用梅县”。

（供稿：温盛财）

工商行政管理

【概述】 2017 年，工商行政管理局梅县区分局紧紧围绕年初各项工作安排，不断更新强化理念思维，积极主动担当社会责任，不忘初心，牢记工商使命，全面推行商事制度改革，努力实现市场监管规范化，较好地完成各项工作任务。驻区行政中心工商窗口被评为“文明窗口”称号 3 次，9 人次被评为“服务之星”；梅县区分局被区委区政府评为“梅县区机关作风先进单位”，连续四年获得该项殊荣。在全市“两建”考核工作中，梅县区位居榜首。

【登记注册管理】 通过实施“同城通办”“多证合一、一照一码”登记制度改革等措施，继续深化商事制度改革措施，努力营造宽松平等的准入环境，优化市场发展环境。并结合梅县区实际，开拓创新，积极为区域经济发展注入新动力，增强梅县区企业综合竞争力，为梅县区经济发展做好服务。2017 年，全区新发展各类企业 1358 户，比上年同期增长 27%；新发展个体工商户 4399 户，比上年同期增长 6.35%；新发展农民专业合作社 75 户。至年底，全区各类经济主体有 3.33 万户。

【企业监督管理】 扎实推进年报公示工作。积极拓宽宣传渠道，充分利用电视台、报纸、网络及政府网站等全方位、多层次开展宣传，采取集中培训、电话通知、上门服务、窗口指导、函告等方式切实保障年报公示工作有序、稳步推进。全年全区 2.5 万户市场主体公示了 2016 年度年度报告，年报率 86.8%。扎实推进“双随机一公开”监管工作。着力创新监管方式，切实规范监管行为，积极推进实施“双随机一公开”监管，较好地提升了监管效能。全年组织开展 5 次年报信息和即时信息抽查，共抽查企业 142 户、农民专业合作社 23 户、个体工商户 821 户，并将抽查结果录入企业信用信息公示系统，如实向社会公示。开展“守重”企业评选活动。积极开展“守合同重信用”企业评选活动，在全社会营造讲信用、守合同的氛围，全年筛选推荐 255 家“守合同重信用”企业进行公示，形成引领带动效应。

【市场监管执法检查】 充分履行市场监管职责，深入开展各类市场专项整治行动，有效地规范市场经济秩序，维护消费者合法权益。2017 年，全局查处各类案件 202 宗；罚没金额 93.3 万元。一是强化流通领域商品质量监管。按照省局、市局的统一部署，对流通领域服装、家用电器、儿童用品、交通工具及配件、燃气具、装饰装修材料、成品油等重点商品质量进行专项整治，并重点开展整治“老人免费体验店”违法经营行为。抽查商品（冰箱）5 批次，合格 5 批次。二是狠抓市场秩序整治规范。充分履行工商职责，加大打击无照经营、农资、成品油市场、网络市场以及侵犯商标专用权、违法广告、不正当竞争等领域违法违规行为力度。其中，共查处无照经营案件 25 宗，引导办照 412 户；查处涉农、涉消及侵犯知识产权案件 50 宗。三是重点加强商品展销会的监管。针对展销会经营户违规经营行为，区分局立足职能，组织人员加强对商品的巡查监管，及时处理消费者投诉和举报。四是开展食品经营环节狗肉安全专项整治。采取按分组分监管区域进行全面检查、重点稽查相结合方式，以梅县区城区为主要检查区域，对经营狗肉食品经营单位进行全面检查，对未取得食品经营许可证的“狗肉店”进行重点稽查。在依法依规前提下，对有违法违规内容广告招牌开展清查工作。五是将“创模限塑”工作落实到位。积极履行工商部门在限塑工作中的市场监管职责，严格督促商场、超市、集贸（农贸）市场等商品零售场所开办单位落实第一责任人责任，指导塑料购物袋销售企业建立购销台账制度，督促商户严格执行国家有关销售使用塑料购物袋的管理规定，防止不合格塑料购物袋流入市场。全力投入禽流感防控工作。建立和强化“一把手负总责，分管领导亲自抓，牵头股室具体抓，多级联动，层层抓落实”工作机制，在人力、物力方面提供有力保障，严格执行活禽市场休市制度，加强辖区内活禽市场的巡查和防控工作力度，严厉查处在休市期间违法经营活禽行为。

【商标与广告管理】 实施“商标强区”战略。以梅县区优势农产品“梅县金柚”作为龙头，重点引导柚农创建品牌商标，仅金柚这一产品就发展注册商标100多件。2017年，共办理商标查询820件，帮助引导企业商标申请注册534件（含涉农产品5件），获国家商标局核准注册商标196件。至年底，全区有有效注册商标3148件、中国驰名商标1件、省著名商标11件、香港注册商标2件。规范广告监管。加大虚假违法广告专项整治、开展互联网金融风险专项整治、每月不定期对大众媒体进行广告监测，加强对广告经营单位监督管理，规范广告发布行为，净化了广告市场。

【消费者权益保护】 围绕“网络诚信 消费无忧”消费年主题，联合区质监局、食品药品监督管理局等有关部门在华侨城广场开展“3·15”国际消费者权益日宣传咨询服务活动，现场受理消费者咨询100人次，受理消费投诉2宗，发放宣传资料4000多份。同时，进一步深化“12315五进”规范化建设，拓展社会消费维权网络覆盖面。全年受理群众咨询735宗，举报38宗；受理消费者投诉144宗，调解成功105宗，为消费者挽回经济损失40.44万元。

（供稿：李干勤）

国土资源管理

【概述】 2017年，区国土资源局紧紧围绕区委区政府发展战略，全面深入学习贯彻中共十九大精神，努力将中共十九大精神特别是涉及国土方面内容做到内化于心，外化于行，转为推动国土资源管理工作的强力举措，积极适应新常态，统筹谋求新作为，稳步推进国土资源管理各项工作，为全区经济社会振兴发展提供资源保障和优质服务。至年底，梅县区有耕地面积2.11万公顷（其中基本农田1.62万公顷）、园地1.79万公顷、林地17.99万公顷、草地2069.92公顷、城镇村及工矿用地1.25万公顷、交通运输用地3621.21公顷、水域及水利设施用地7667.39公顷，其他土地2918.84公顷。有31家矿山企业（12家建筑石场、2家矿泉水企业、3家铁矿、1家铜矿、10家石灰石、1家银锑矿、2家大理石）。

【用地预审、规划修改、耕地占补平衡】 全年受理区域内项目用地预审审批11宗；上报市国土资源局用地预审请示3宗［省道S242线梅县区程江至梅西公路建设工程（西部旅游快线）项目；长深高速公路葵岗互通立交工程项目；梅州220千伏帅乡（梅江西）输变电工程项目］；项目用地选址情况说明26宗。扎实做好梅县区土地利用总体规划（2010—2020年）中期调整完善方案的听证、公示、征求部门意见、专家论证等工作，于2017年9月5日经省厅批复（粤国土资规划调复〔2017〕8号）。村级土地利用规划2个村（梅南镇下村、南口侨乡村）年底可完成编制工作。2017年以来，报批梅大高速东环支线、G205国道至白渡梅州坑工业园区道路、城镇批次等重点项目共占用耕地37.66公顷，补充耕地37.96公顷，其中城镇批次实现“占优补优、占水田补水田”补充水田15.834公顷，单独选址项目承诺改造水田18.07公顷。

【土地征收储备、融资】 指导协助做好汕梅高铁（梅县段）166.67公顷、梅畲快速干线206.67公顷、梅平高速28.53公顷、梅县园中园（畲江）24.2公顷、东环高速93.34公顷、葵岗高速出口及互通立交10公顷、麓湖山环山公路2.67公顷、省道S223雁洋段53.33公顷、雁洋松坪6.67多公顷征地工作。协助做好广铁物流园、梅县清水公园（二期）及扶大、程江、南口城市建设用地和拟储备土地征地工作。协助做好双龙高铁的前期准备工作和雁鸣湖57.27公顷国有农用地收回工作。

【整合和盘活土地资源】 2017年，新增建设用地指标6宗，累计面积364.07公顷，其中经省审批城镇批次项目3宗，面积68.33公顷；单独选址项目3宗（高铁、梅平高速、东环高速），面积295.73公顷。上报至省国土厅尚未批准项目1宗，面积48公顷。至年底，组织用地报批2宗，面积69.67公顷。挂牌出让的新增国有建设用地使用权34宗，面积111.87公顷，出让金额11.65亿元；协议出让国有建设用地使用权7宗，面积12.07公顷，出让金额3356万元。其中，供应梅县产业集聚区工业项目用地11宗，面积28公顷。“三旧”用地出让1宗，面积0.27公顷，出让金额259万元。个人宗地补办出让及转让521宗，面积5.5公顷，出让金额1563万元；办理设施农用地备案6宗，面积2.13公顷。

【耕地保护责任制落实】 2017年，制定出台《中共梅州市梅县区委、梅州市梅县区人民政府关于2017年度镇级工作绩效考核的实施办法》（梅县区委发〔2017〕6号）、《中共梅州市梅县区委、梅州市梅县区人民政府关于2017年度镇级推进振兴发展工作考核的实施办法》（梅县区委发〔2017〕7号），并按《关于印发梅州市梅县区镇级人民政府耕地保护目标责任考核办法的通知》（梅县区府办〔2016〕12号）文件精神以及《中共梅县县委、梅县人民政府关于进一步强化土地管理和严格责任追究的规定》（梅县委发〔2011〕14号）、《梅县巡查监管“两违三抢”行为工作督查方案》（梅县委办电〔2013〕36号）和《梅县基本农田经济补偿制度实施办法》（梅府〔2013〕14号）等系列耕地保护规章制度，并完善了基本农田保护区用途管制、占用基本农田严格审批与占补平衡制度和基本农田质量保护、环境保护、监督检查等一系列制度，各镇均制定管护措施，村委会制定村规民约。耕地保护制定健全完善，耕地保护工作有章可循，全区耕地保护工作规范，耕地占补和总量动态平衡。

【基本农田保护】 2017年，全区有2个占用多划基本农田方案。梅州东环高速公路已于3月27日收到省国土资源厅备案复函；长深高速公路葵岗互通立交工程已请省国土资源厅到现场踏勘并开展论证会。完成2017年度省级基本农田经济补偿和2016年度区级补偿资金拨付工作，拨付资金共991.72万元，同时镇与村签订了2017年度基本农田经济补偿协议书。完成由国土资源部门负责实施的2015年度畲江镇和水车、程江镇两个项目共662.2公顷高标准基本农田建设任务。做好2016年度由区国土资源局实施的梅西镇、大坪镇两个项目共796.67公顷高标准基本农田建设任务，至年底，2个项目已进场施工，计划在2018年3月底前完成施工任务。2017年，全区需完成承诺改造水田任务5.87公顷，由粤水电集团实施改造28.8公顷水田项目已完成土地集约工作，近期进场，预计2018年4月底完工组织验收。未利用地开发补充水田有7个项目，建设规模约23.33公顷。

【矿产资源管理】 编制特别防护期安全生产检

查方案，组织31个矿山企业代表进行安全生产培训。对31个矿山企业进行4次季度开发利用检查。对4个矿山进行延续登记，对石扇广铭石场进行变更登记；组织对梅南良山石场等4个变更矿区范围矿山采矿权价款进行评估；对4个矿山变更矿区范围进行回复，向省厅申报2017年玉水铜矿探矿权勘查出让计划。配合局办公室做好安全生产管理工作；配合区治超办做好货物源头装载管理工作。加强探矿权人管理，重点检查硐探、槽探有无“以采代探”及超工作量硐探等，全年未发现有违法行为。

【执法监察】 抓好卫片执法工作，2017年度国家下发梅县区土地矿产卫片图斑469个，图斑监测面积353.15公顷，涉及耕地55.04公顷。2017年度，梅县区合法建设用地占用耕地面积54公顷，违法占用耕地面积6.94公顷，违法占用耕地面积占新增建设用地占用耕地总面积的比例11.39%。经核查，判定违法用地图斑有183个，其中：立案查处83宗，作出行政处罚83宗，已移送法院申请强制执行83宗，已落实罚款金额40多万元；非立案查处100宗。对违法用地案件立案率、查处率、整改率100%，依法履行职责到位率95%。全年下发土地矿产卫片图斑96个，图斑监测面积59.41公顷，涉及耕地8.53公顷。经核查，全年违法用地图斑16个，已立案查处9宗；非立案查处7宗，主要是完善用地手续、合法采矿及推填土等类型。大力加强在线巡查工作，至年底，全区通过在线巡查及区“两违三抢”督查小组发现土地违法行为有125宗，其中制止在萌芽状态88宗，立案查处9宗，完善用地手续8宗，拆除20宗，切实做到及时发现、及时查处。

【不动产登记】 做好不动产登记信息管理平台信息上报和存、增量数据汇交、档案整理等工作。进一步完善不动产登记审查审批程序和规范化要求，加强对不动产登记收件、调查、初审、审核、审批等各环节管理，按照不动产登记操作规程规范不动产登记行为，完善登记规范要求。全年权籍调查测绘部（房屋测绘队）受理完成3.05万宗、面积294.98公顷的房产测绘任务和权籍调查2065宗工作；信息档案部全年开出首套房证明和二手房证明共1.82万份，省、市上级查询2.7万份，区国土资源局查档2066份，快速简易整理不动产档案1.8万份；整理他权上架2000份，不动产档案上架入库1151盒。颁发不动产登记证5.62万本，其中不动产登记证书3.65万本，不动产登记证明1.97万份。不动产登记中心窗口多次被梅县区综政办评为“文明窗口”、工作人员荣获“服务之星”称号。

【信访和土地权属纠纷调处】 全年受理各类信访件154宗，其中反映农村三乱82宗，不动产方面50宗，其他问题22宗，受理信访件已按规定期限全部办结，办结率100%。做好政务信息公开工作，公开政务信息316条，回复依申请公开事项4宗。

【地质灾害防治】 编制并实施好《2017年度地质灾害防治工作方案》。完成全区削坡建房调查，并在梅州市地质环境信息网削坡建房数据维护管理平台完成削坡建房数据录入。指导建立全区削坡建房网格化管理工作，组织树立地质灾害隐患点警示牌365块，制定安装全区8300多块地质灾害网格化管理明示牌，完成地质灾害隐患点危险区警示牌设置工作。区政府制订《梅县区削坡建房综合整治工作方案》，将全区310户重大风险整治任务下达至各镇94户，并建立定期通报制度。加强全区重要地质灾害隐患点巡查，指导各镇、各国土资源所做好地质灾害防治，落实责任，实行网格化防范，对隐患点、削坡建房户发放避险明白卡，实行一对一防控，把防灾责任落实到镇、村和相关单位及具体工作人员，完善群测群防体系。与区电影公司合作，以声像图形象生动加强地灾防治宣传。多次配合区电视台在地质灾害隐患点拍摄一组地质灾害防治短片，在区电视台宣传播放。10 月 25 日，在松口镇蓬上村进行地质灾害应急演练。做好地质灾害隐患点的搬迁治理，消除地质灾害隐患点 45 个，完成省、市要求核减地质灾害隐患点10%以上任务。组织做好松源镇宝坑村湖洋坝上滑坡治理工程、梅西镇崇化村崩塌群、滑坡治理工程设计工作，做好石坑镇铁山嶂铁矿矿山地质环境恢复治理工程的勘查、设计工作及梅县区地质灾害气象风险预警信息发布平台建设。加强矿山地质环境治理恢复保证金缴存工作，全年已缴存入工商银行梅县支行专户保证金 1050.85 万元。

【地价评估及土地使用权交易】 继续推进梅县区 2017 年基准地价更新工作，12 月上旬进行听证和验收工作（因后期新增公共服务用地项目评估，致使该项工作有所推后）。10 月起，如期全面开展梅县区国有农用地定级评估工作。全年共办理国有土地使用权出让评估 91 宗，面积 159.33 公顷，显化土地资产 19.12 亿元，其中：挂牌出让评估 59 宗、补办出让评估 32 宗；完成 111 宗国有出让土地抵押报告的备案。

【土地变更调查与遥感监测】 严格按照国家、省、市要求，做好土地利用现状核对和上报工作；按时按质完成全年各个批次多宗建设用地报批所需地类面积数据核算、相关图件制作和资料报送工作；同时做好国家、省、市对梅县区年度土地利用变更调查的抽查和整改工作。扎实推进梅县区农村地籍调查工作，完成经费落实以及招投标任务，成立农村地籍调查工作小组，制定相应实施方案，至年底，农村地籍工作已全面普开，外业调查工作已完成 85%，调查地籍测量进度比例已完成 21%。做好集体土地所有权数据库更新备案工作，全年完成扫描登记证书 2.44 万宗并上交省厅。

【测绘管理】 完成不动产测绘业务 6000 多宗；完成畲江新城 14.5 平方公里内外业测绘，已进行市级验收；完成用地报批 4 个批次 36 宗，面积约 106.67 多公顷。

【档案管理服务】 强化档案利用意识，健全完善档案服务机制，依法做好国土资源档案利用服务。积极运用新技术，改进查阅方式，简化查阅手续，优化工作流程，最大限度为利用者提供档案服务。全年完成各类归档 982 卷，向公安、检察、法院等单位及群众提供利用服务 3568 余次。

【信息化服务】 整合各股室数据，开发升级国土资源应用系统，各股室共享部门数据，为国土资源管理提供数据分析参考，大大提高工作效率。按照上级关于政府网站集约化建设部署，做好网站关停、数据迁移工作，在关停前继续做好网站信息发布管理工作。把机房运维外包给专业运维团队，进一步提升信息化管理水平。对办公楼八楼会议室会议音响系统进行升级整改，及时更新购置计算机、打印机、复印件等日常信息化办公设备，切实保障日常办公正常运行。

（供稿：吴丽丽）

统 计

【经济运行形势监测】 2017 年，梅县区全年经济发展呈现低位运行，逐季回升态势。据初步核算，全区实现地区生产总值（GDP）199.4 亿元，同比增长 5.3%。其中，第一产业增加值 49.05 亿元，同比增长 3.7%；第二产业增加值 71.64 亿元，同比增长 3.9%；第二产业中的工业增加值 59.67 亿元，同比增长 2.5%；第三产业增加值 78.71 亿元，同比增长 7.6%。三次产业结构为 24.6∶35.9∶39.5。一是工业增速企稳回升。全区 102 家规模以上工业企业完成产值 157.18 亿元，同比增长 2.9%；实现规模以上工业增加值 42.92 亿元，同比增长 0.7%。二是固定资产投资保持较快增长。全区固定资产投资完成 187.17 亿元，同比增长 22.3%。其中：项目投资完成 139.35 亿元，同比增长 32.5%；房地产投资完成 47.82 亿元，同比下降 0.1%。在项目投资中，工业投资完成 52.9 亿元，同比增长 33.2%；工业技改完成 13.73 亿元，同比增长 13.5%。三是商品房销售量价齐升，去库存效果明显。全区房地产开发投资 47.82 亿元，同比下降 0.1%；其中住宅投资 31 亿元，同比增长 4%。商品房销售面积 145.65 万平方米，同比增长 19.1%，其中住宅 132.19 万平方米，同比增长 21.9%。商品房销售额 82.78 亿元，同比增长 41.8%，其中住宅 72.1 亿元，比增 50%。商品房待售面积 92.98 万平方米，同比下降 18%。四是市场消费保持平稳增长。全区社会消费品零售总额完成 153.88 亿元，同比增长 8.5%。按经营单位所在地分，城镇完成 116.12 亿元，同比增长 9.1%；农村完成 37.76 亿元，同比增长 6.4%。按消费类型分，批发和零售业完成 133.87 亿元，同比增长 9.8%；住宿和餐饮业完成 20.01 亿元，同比增长 0.2%。五是财政增速下滑，税收平稳增长。公共财政预算收入完成 19.73 亿元，自然口径同比下降 9.8%，可比口径同比下降 8.1%。完成税收收入 33.82 亿元，同比增长 7.2%。其中，国税完成 17.81 亿元，同比增长 40.99%；地税完成 16 亿元，同比下降 15.4%。六是金融存贷款稳健运行。金融机构各项人民币存款余额 326.72 亿元，同比增长 22.3%，其中居民存款 211.52 亿元，同比增长 6.5%。贷款余额 159.91 亿元，同比增长 19.6%。七是进出口贸易保持增长。1—11 月，累计完成进出口总额 2.79 亿美元，同比增长 18%。其中，出口总额 1.96 亿美元，同比增长 1%。实际利用外资 1092 万美元，增速持平上年同期。八是规模以上工业用电量下降幅度较大。全区规模以上工业用电量 9.15 亿千瓦时，同比下降 14.5%。

【联网直报】 2017 年，全区联网直报企业 282 家（2017 年新上 40 家，下 18 家），其中：规模以上工业企业 101 家（新上 11 家，下 11 家），房地产企业 62 家（新上 6 家，下 1 家），建筑业 45 家（新上 3 家），限上批发零售业 60 家（新上 11 家，下 3 家）、限上住宿餐饮业 14 家（新上 3 家）、服务业 17 家（新上 6 家，下 3 家）。

【基层建设】 2017 年，筹资 57 万元帮助指导镇（街道）统计站建设，提升硬件水平，不断优化统计工作环境；对完成台账建设的每位“五上”联网直报企业统计员每月发工作补贴 150 元。同时，把镇（街道）统计台账是否健全和村级报表保存是否完善作为衡量统计规范化建设的重要标志，通过开展常态化的检查，对台账、村级报表保存仍然不完善的，着力采取措施加以整改；培育“双基”示范点，以点带面提升 “双基”建设整体水平，全年选择 2 个镇和工业、贸易、投资专业的 6 家企业作为示范点，进行有针对性的培育，对于这些示范点全面加大投入和业务指导，着力把这些示范点建成“五有六化”和联网直报企业的样板。加强对统计人员和调查员的统计业务及统计法规法律知识培训，举办各类培训班 10 多期，参加人数 800 多人次。

【统计服务】 紧紧围绕区委、区政府的中心工作， 不断加强新常态下经济运行发展态势和结构变化分析，开拓创新，提供更为主动有效的统计服务。一是完善网站建设。抓好统计局的门户网站建设，进一步加强网站安全管理，推进统计信息化建设。同时，在局内强力推进统计系统办公 OA 系统软件应用。二是及时公开统计信息。丰富公开内容，扩大发送范围，充分利用各种载体及时把统计数据、政务活动等信息公布出去。整理编印了《2016 梅州市梅县区国民经济和社会发展统计资料》，发送给区四套班子领导及各镇（新城办、扶大高管会）、各有关单位。三是加强经济运行分析。紧紧围绕区委、区政府重点经济工作，密切关注梅县区经济运行中热点难点问题，为区委区政府科学决策提供针对性强、参考价值高咨询建议。全年撰写统计分析 24 篇，并按时编印和发送《统计月报》，每月为区领导提供主要经济数据分析报告，真正发挥参谋助手作用。

【专项调查统计】 一是做好第三次全国农业普查工作。全区累计动员培训普查指导员、普查员 1581 名，严格执行普查方案，精心组织，按时按质按量圆满完成 357 个普查区 1198 个普查小区的第三次全国农业普查工作，累计登记普通农户 10.75 万户，规模农户 2080 户，农业经营单位 1270 户，行政村（居委）373 个，乡镇 20 个（含梅西水库管理局）。其间，省、市检查组先后到梅县区梅南镇龙岗村、城东镇上坑村、白渡镇创乐村、雁洋大坪村进行督查和检查，省检查组专门到石扇镇中和村和松源镇五星村开展事后质量抽查，均对梅县区的三农普工作给予了充分肯定和高度评价。二是配合国家统计局梅州调查队共同推进城乡住户一体化调查和粮食生产大县抽样调查等工作。三是做好各专业各领域国家、省、市、区布置的常规统计调查和各项专项调查，如实施规模以下工业企业调查、工业企业成本费用调查、开展主要畜禽监测调查、开展基本单位清查等。

【统计法制】 加强统计法制建设，认真贯彻落实中央《关于深化统计管理体制改革提高统计数据真实性的意见》，明确防范和惩治统计造假、弄虚作假的责任，全局上下从讲政治高度深刻认识，坚决杜绝统计造假。建立防范统计造假工作机制。全面制定检查完善数据管理制度，建立数据评估机制，明确数据采集、审核、查询等各个环节工作标准和责任人，实现业务全流程、全覆盖的质量管控。同时，按照上级要求建立违规干预统计工作记录制度，对领导干部干扰、限制、阻碍统计机构和统计人员依法开展工作的，以及指使、授意统计机构和统计人员伪造、篡改统计数据或统计资料的实行全面记录、全程留痕，保留完整档案。同时，积极开展统计执法检查，不断加大统计数据质量追溯和问责。2017 年，按照上级工作部署，全区采取“双随机”检查与重点检查相结合方式开展统计执法检查，上半年和下半年各开展一次对“四上”企业、固定资产投资项目和镇（街道）统计执法大检查，每次检查单位不少于 10 个。

（供稿：范郁辉）

审 计

【概述】 2017 年，梅县区审计工作在区委、区政府的坚强领导下，在上级审计机关指导下，坚持围绕中心，突出审计重点和质量，着力在推动职责履行、加强技术创新等方面下功夫，维护全区经济秩序，发挥审计“免疫系统”功能和建设性作用。全年审计项目 26 个，已审单位 26 个。查出违规金额 2000 万元，管理不规范金额 1.26 亿元，归还原资金渠道 2000 万元。并对主要问题已分四个审计专报形式向政府主要领导作了汇报。

【财政审计】 以摸清财政底数，提高财政资金使用绩效、保障公共资金安全为目标，财政同级审重点关注政府预算体系完善情况、国有资本预算编制、调整和执行情况、转移支付资金预算管理和使用情况、财政体制运行情况、政府债务管理情况等进行审计。查出主要问题有：1. 部分一般公共预算支出计划未编列到具体单位和项目，涉及金额 7.15 亿元，占年初预算 48.83 亿元的 14.64%；2. 一般公共预算执行不够到位。全年下达指标金额 49.22 亿元，实际拨付 42.86 亿元，实际执行占年度预算的 82.75%；3. 未按规定及时拨付财政资金，涉及金额 14.35 亿元；4. 违规将财政资金拨付给预算单位实有资金银行账户，涉及金额 15.36 亿元；5. 违规借款给企业缴纳房产税、土地使用税，涉及金额 1934.58 万元；6. 1 个代收费过渡银行账户未按规定撤销；7. 未按规定提取农业土地开发资金，涉及金额 550.77 万元。针对存在问题，对部门预算编制及执行、政府采购、国库集中支付等改革措施落实情况，结合区直单位财务管理状况、注重从体制、机制上提出审计建议，为规范财政收支行为、推动财政体制改革发挥了积极作用。并代表区政府向区人大常委会作了关于 2016 年度区本级预算执行和其他财政收支情况的审计工作报告 。

【部门预算执行审计】 组织对教育局、体育局、广播电视台、统计局等 4 个单位 2016 年度部门预算执行情况审计，并延伸审计了 5 个下属单位，部分事项追溯到相关年度。审计结果表明，上述部门能不断加强财务管理工作，不断提升预算执行水平。审计发现的主要问题是：1. 预算编制方面。有 3 个单位预算编制不够完整，涉及金额 336.66 万元。2.财政财务管理方面。有 1 个单位未严格执行非税收入“收支两条线”管理规定， 涉及金额 2.84 万元；有 1 个单位账实不相符，涉及金额 2.17 万元；有 2 个单位入账原始凭证不合规，涉及金额 6.96 万元；有 2 个单位将零余额账户资金转入单位基本账户，涉及金额 37.66 万元；有 1 个单位未按规定取得发票，涉及金额 36.48 万元；有 1 个单位违反现金管理暂行条例，涉及金额 7.58 万元；有 1 个单位违规为职工购买商业保险，涉及金额 0.90 万元；有 1 个单位专项资金未单独核算，涉及金额 63.46 万元；有 1 个单位政府采购收支未登记入账，涉及金额 339.34 万元。3.专项资金管理方面。有 2 个单位未按规定使用专项资金，涉及金额 2003.03 万元。一是区教育局 2016 年将专项用于梅县区畲江镇中心小学建设的中央预算内投资资金 2000 万元，实际用于梅丰产业园投资有限公司作为政府注册资本金；二是区体育局下属业余体校“助学金”违规用于教练员伙食补助，涉及金额 3.03 万元。4.资产管理方面。有 1 个单位管理和维护费未实行政府集中采购，涉及金额 193.84 万元；有 1 个单位工程完工验收后未送财政投资审核中心审核，涉及金额 23.61 万元；有 1 个单位工程未按合同期限实施。5.“三公经费”及公务卡结算方面。有 2 个单位公务接待未严格执行审批控制制度，部分接待活动没有公函和接待清单；有 1 个单位在其他费用列支公务接待费；有 2 个单位未严格执行公务卡结算制度，费用支出以现金结算，涉及金额 3.11 万元。通过对部门预算审计，使部门预算支出进一步得到规范。

【专项资金审计】 对梅县区 2015—2016 年度福彩公益金及体彩公益金进行审计。审计结果表明：以上两项资金基本能按照上级要求做到专款专用，但存在会计核算工作不够规范问题。如：体育彩票公益金的核算，部分证账凭证附单不够齐全；福利彩票公益金核算，收支科目使用不够规范，且未设立专门账户进行管理。通过审计，有效发挥审计对专项资金监督作用，不断规范资金管理，提高了效益。

【领导干部经济责任审计】 全年经济责任审计共 14 个，查出管理不规范金额 2495 万元，负领导责任金额 2495 万元，在开展审计中，突出对政策执行、自然资源资产、财政财务收支、项目建设管理、“三公”经费、重点经济事项决策、廉洁自律等情况进行审计，着力检查领导干部守法守纪守规尽责情况，促进领导干部切实履职尽责。

【交叉审计】 根据市局安排，抽调业务骨干分别参加省市各项审计。一是南澳书记县长离任审计；二是省市自然资源审计；三是全市教育专项资金审计；四是参加乡镇异地审计工作；五是配合市纪委查账工作；六是参加市局开展审计质量检查，共 12 人次。

（供稿：办公室）

经济与信息化

【概述】 2017年，区科工商务管理局紧紧围绕创新驱动“八大抓手”，切实加大政策扶持和有效投资力度，主动对接省“实体经济十条”，落实企业技改购买设备和新上项目的扶持奖励办法及领导挂点服务企业制度，大力培育经济新动能。全年全区规上工业持续低位运行，工业投资（含技改投资）增幅较大，社会消费品零售总额同比增长，外贸进出口实现平稳发展。至2017年末，全区有工业企业777家。其中：规模以上企业102家（其中：畲江工业园企业31家），规模以下企业675家。工业产品主要有：发电量、电子元件、水泥、车轴、橡胶轮胎、编织工艺品、电解铜箔、服装、覆铜板、精炼铜等10类产品。全年全区规模以上工业企业实现工业增加值42.92亿元，比增0.7%；实现工业总产值157.18亿元，同比增长0.7%。完成工业投资59.89亿元，同比增长33.2%，其中：工业技改投资13.59亿元，同比增长12.3%。完成社会消费品零售总额153.88亿元，同比增长8.5%。

【支柱产业】 梅县区工业按行业划分有七大支柱产业：1. 电力生产；2. 电子产品；3. 机械制造；4. 建材；5. 医药化工；6. 编织工艺；7. 矿业。2017年，七大支柱产业共实现工业总产值127.13亿元，占全区规模以上工业总产值81%。其中：1. 电力生产产业：实现工业总产值34.35亿元，占规上工业总产值21.86%，全区电力生产企业共有5家，其中1家火力发电企业，4家水力发电企业，其中亿元以上企业有广东梅雁吉祥水电股份有限公司、广东宝丽华电力有限公司。2. 电子产品产业：实现工业总产值22.36亿元，占规上工业总产值14.23%，全区电子产业规模以上企业共有14家，其中亿元以上企业有广东超华科技股份有限公司、广东嘉元科技有限公司、梅州紫晶光电科技有限公司、广东嘉和微特电机股份有限公司、广东富源科技股份有限公司、广东博森光能科技有限公司。3. 机械制造产业：实现工业总产值27.70亿元，占规上工业总产值17.63%，梅县区机械制造产业规模以上企业共有14家，其中亿元以上企业有BPW（梅州）车轴有限公司、梅州国基精密制品有限公司、梅州华南三一工程机械有限公司。4. 建材产业：实现工业总产值18.95亿元，占规上工业总产值12.06%，全区建材产业规模以上企业有19家，其中亿元以上企业有梅州皇马混凝土有限公司、梅县恒发建材有限公司、梅县嘉鼎水泥有限公司、梅县泰山建材有限公司、梅县恒塔旋窑水泥有限公司、梅县南口金蔡煤灰砖厂、梅县金蔡蒸压粉煤灰砖厂、梅县源兴混凝土有限公司。5. 医药化工产业：实现工业总产值5.81亿元，占规上工业总产值3.7%；全区医药化工产业规模以上企业共有7家，其中亿元以上企业有广东科伦药业有限公司、广东燕岭生命科技股份有限公司、广东合百草制药有限公司。6. 工艺美术品制造产业：实现工业总产值15.86亿元，占规上工业总产值10.09%；全区工艺美术品制造业规模以上企业共有12家，其中亿元以上企业有梅州瑞东厚珠宝首饰有限公司。7. 矿产品业：实现工业总产值2.08亿元，占规上工业总产值1.32%；全区矿业产业规模以上企业共有5家，其中亿元以上企业有梅州市金雁铜业公司。

【工业建设】 工业投资超额完成市下达梅县区全年45亿元目标任务，连续两年增幅超过30%，呈现较强发展后劲。全区（含畲江园区）备案入笼工业投资（含技改投资）项目共74个（不含市返供电1个），已有36个项目完工投产，38个项目正加紧推进。其中，超华科技、嘉元科技、航鑫科技二期、BPW（梅州）车轴有限公司、鸿荣重工等增资扩产项目投产；盛富金属制品、金蔡光伏发电等新引进项目竣工投产；401 厂胶状乳化炸药生产线、宝丽华电力发电机组脱硫技术等项目按计划推进。

【产业转型升级】 2017 年，全区实施技术改造规上工业企业 16 家（含园区 6 家），智能化技术改造示范企业 1 家，新增机器人应用 36 台(含园区 5 家)；全区共备案技改项目 21 个，项目总投资 9.61 亿元，固定资产投资 8.44 亿元，预计项目完成后新增销售收入 15.28 亿元，新增利润 2.17 亿元；组织规上企业向省、市、区争取技术改造和技术创新类项目共 5 个专题 26 个小项，各级下达梅县区工业企业技改扶持资金 2718.9 万元(其中，BPW 等四家企业获事后奖补资金 1972.9 万元；鸿荣重工获省技改资金 100 万元；航鑫获市级风险补偿资金融资贷款 420 万元；嘉元等 3 家企业获设备更新和机器人及智能装备应用专题项目资金 226 万元）。超华科技等 23 家获区级贷款贴息 813.79 万元；全年办理“助保贷”企业 10 家，金额 5940 万元。

【信息化建设】 1. 推进原中央苏区农村超高速无线局域网应用试点工作。梅县区有 354 个行政村列入试点（包括市直管的梅西水库、上官塘、侯畲村 3 个行政村）。截至 2017 年底，据综合广东新岸线计算机系统芯片有限公司（以下简称“广东新岸线”）和中国电信股份有限公司梅县分公司（以下简称“梅县电信”）数据，梅县区 354 个试点村已全部完成实地勘察、设计、立杆，接入中心设备、开通调试和发放终端的建设任务。是全市首个完成试点工作的县（市、区）。2. 通过政策引导、龙头企业带头，鼓励企业加大信息化投入，成功培育两化融合管理体系贯标试点企业 2 家。其中广东省四〇一厂是 2015 年第一批贯标试点企业，广东超华股份有限公司是 2015 年第二批贯标试点企业。而梅州市骅锋科技有限公司也于 2017 年申报了广东省贯标试点企业。

【安全生产】 一是依据《民用爆炸物品安全管理条例》，做好广东省四〇一厂、梅州市兆安民爆梅县分公司等民爆生产、仓储企业的日常监管。督促民爆企业进行应急演练，开展民爆物品警示标识登记标识、消防设备，维护检查记录等进行认真细致的检查，在此基础上抓好企业安全生产。二是做好加油站年检和换证工作，对加油站加强监管和整治，依法审核油品的经营资格，消除各种安全隐患，严禁无牌、无证走私油流入市场，保证成品油市场平稳有序。对辖区内 56 间在营加油站进行系统、全面、细致的拉网式检查，安全运营良好。

【节能降耗】 2017 年，梅县区万元 GDP 能耗同比下降 6.84%，工业增加值能耗下降 40.33%。积极开展电机能效提升工作，帮助企业转型升级。全年电机能效提升容量共 4440.9 千瓦，申请财政补贴共 31.03 万元，其中：电机系统节能改造 2223.4 千瓦，高效电机推广 995 千瓦，低效电机淘汰 1222.5 千瓦，已超额 196.06%，完成市下达 1500 千瓦任务。

【商流贸易】 1. 紧紧围绕“发展流通、促进消费”两大任务，继续发挥梅县区产业优势和特色，积极引导内贸流通企业向智慧商业、文化商业方向发展，提升商业设施的文化内涵，推动现代商业与传统文化融合创新，着力促进消费市场繁荣，建立内外均衡的经济增长动力结构。全年全区社会消费品零售总额完成 153.88 亿元，同比增 8.5%。2. 围绕“推动供给侧结构性改革、增强品质供给、释放消费需求”的主题，积极组织企业因地制宜地组织开展形式多样、内容丰富的促消费活动，确保梅县区促消费、稳增长活动全面深入开展。3. 推动内贸流通领域供给转型升级，培育消费热点。一是扩大品质商品供给，组织企业积极参与境内外展会；二是拓宽汽车消费供给，要求二手车备案企业积极落实《广东省促进二手车便利交易的实施方案》，完善二手车交易管理服务，及时完善汽车、二手车流通管理体系。4. 整顿规范内贸流通市场秩序，优化消费环境。一是加快重要新产品追溯体系建设，以现代信息技术追溯为支撑，创新推进模式，强化互联互通，加快建设覆盖全市、先进适用的肉菜流通追溯体系，推进供给侧改革，促进监管方式创新，提升产品质量水平，保障消费安全和公共安全，更好地满足人民群众生活和经济社会发展需要。二是大力推进商务诚信体系建设，进一步加强对内贸特种行业（拍卖、典当、二手车交易市场、报废机动车回收拆解及再生资源回收等）及商贸流通企业（大型批发市场、超市等）开展安全生产大检查，有效提升行业安全风险防控能力和水平，促进相关行业企业生产和平稳健康发展，规范重点行业市场秩序。5．推进内贸流通基础设施建设，改善供给条件。加强流通标准化建设，监督指导冷链物流发展，为广大人消费者和农业企业提供从农田到餐桌的食品责任追溯体系，为社会建立起信心和信誉的保障，为农产品和食品安全保驾护航。6．深化内贸流通管理体制改革，优化公共服务。积极完善商贸流通业统计监测体系，督促样本企业及时、准确完成监测数据填报工作，为建立各部门和各行业发展信息共享机制，实现主要领导数据和典型经验互惠共享。

（供稿：李晓莹）

质量技术与监督

【稽查打假】 质监局积极开展农资产品、计量、标准、特种设备安全的监管执法检查，加大对产品质量（特别是建材、农资、服装等产品）监督检查力度，共抽查21批次；在7—9月期间，质监局牵头成立整治机构，对全区全面展开电线电缆专项整治行动，电线电缆质量安全。据统计，全年共出动执法人数928人次，检查生产、销售企业280家次，查处各类违法案件4宗，查获涉案货物货值5600万元，罚款2.32万元，处理群众投诉10宗。

【标准化工作】 2017年，质监局在标准化工作方面取得新进展。一是条码工作：注册11家，续展38家。二是发动申报产品“采标”工作。广东航鑫科技股份公司和梅州市梅县区嘉强实业有限公司等2家企业、顺利通过省局审核并取得“采标”证书。三是认真做好企业产品自我声明公开工作，引导22家企业通过企业标准信息公共服务平台自我声明公开标准。四是推进广东省肉鸽标准化示范区建设，帮助其完善各项示范项目，争取早日通过考核验收。

【计量管理及检测】 2017年，质监局制订了免费检定工作方案，协调工商、卫生等部门，推进集贸市场、医疗卫生单位免费检定工作，全年共对22个集贸市场和22个卫生医疗站，使用的电子秤、血压计等计量器具1793台件进行免费检定。确保集贸市场计价秤“统配统管”，开展诚信计量活动，共签订诚信承诺书29份。针对市场“短斤欠两”行为，确保六个重点领域3次以上巡查，并有翔实记录，开展瓶装液化石油气市场、加油站、眼镜配制店、集贸市场、超市等单位的计量监督检查，检查95家次，立案1宗；受理计量投诉6宗。同时，结合区政府“创模”工作，重点对列入省千家重点能耗企业的单位，开展以能源计量器具配备情况为基本内容的计量基础工作检查，梅县区7家高能耗企业能源计量工作通过市节能监察中心考核，无扣分，梅县区在该项工作获全市第一。另外，为10家企业提供计量咨询服务，帮助完善计量检测手段和计量管理制度的企业5家，完成30家生产企业三级计量保证体系确认评审，发展3家企业为二级计量保证体系企业。

【重要消费品安全保障】 2017年，质监局大力宣传贯彻国务院《质量发展纲要（2011—2020年）》，积极开展质量强区活动，对全区21家工业产品生产许可证获证企业、5家质量管理体系获证企业和 7 家 3C 认证企业进行建档、巡查和分类监管；还对辖区内农资产品、水泥产品、防水材料、服装进行监督抽查，全年抽查 21 批次，其中 1 批次不合格（合格率 95.2%，较去年上升 0.2 个百分点），并对上述 1 家不合格企业和市质监局移交的 5 家产品监督检查不合格企业，积极做好后处理工作，对优质产品 4 家企业推荐参加广东省名牌产品的评选或复评；对质量管理工作有示范作用的雁南飞茶田公司，推荐为梅县区中小学质量教育基地。

【特种设备安全监察】 质监局解决了特种设备安全中的突出问题和薄弱环节，促进企业落实安全生产责任。针对扶大高新区被市安委列为自动扶梯、自动人行道专项整治重点区域，及时制订工作方案，对梅县区 28 部此类电梯，以促进“三落实两有证一检验一预案”配套制度落实为抓手，开展专项整治工作。与此同时，质监局还制订《梅县区 2017 年电梯监督抽查工作实施方案》，通过监督抽查工作的实施，扩大隐患发现率。据统计，全年出动安全监察人员 278 人次，检查特种设备生产、检测、抽查使用和气瓶充装单位的设备 189 台套，共制作《特种设备安全监察检查记录》127 份，整改隐患 26 处。

（供稿：丘意平）

招商引资

【招商措施】 一、加强沟通协调，密切产业共建合作。2017 年，梅县区与广州增城市启动产业共建园区工作，双方围绕园区的创新发展、招商引资、利益共享、资金筹措等具体问题，争取获得更多政策、资金、项目的倾斜支持，加快共建园区项目的转移和引进。1. 借力对口帮扶，在梅县产业集聚地划出 2000 亩土地，分三期进行合作开发。增城区每年投入 1000 万元用于产业园基础建设资金，每年至少引进 2 个以上投资额不低于 2 亿元的汽车零部件项目。去年以来引进中新集团、盈方创投集团等一批项目落户园区。2. 加强宣传推介，扩大园区影响。采取多种宣传方式，提升共建产业园的知名度和影响力。充分发挥广州、增城的宣传媒体作用，以增城报刊、广播电视台及各新闻网站等新闻媒体为抓手，重点宣传共建园区发展情况、投资环境和政策措施。3. 把握工作重点，突破发展瓶颈。根据梅县区近年招商情况，区政府将重点解决如下问题：一是配合园区争取年度用地指标，及时完成用地报批，提供用地保障；二是大力支持增城中新公司来梅县区投资的梅州市中新工业园开发有限公司加快园区土地平整、厂房建设、园区道路等基础设施建设；三是着力完善功能配套，加快推进畲江园畲江医院、畲江中心小学扩建工程等配套项目建设；四是了解企业需求，解决实际问题，确保在建企业加快建设投产，签约企业尽快落地动工建设；五是坚持招商选资做好产业集聚，明确产业定位和发展重点，围绕延伸产业链条进行招商；六是推动增城、梅县双方的引进项目优惠政策落实到位，对于带动性强、前景好骨干企业，要落实“一企一策”进行重点扶持；七是加快综保区申报，力争综保区早日获批。二、借力客商大会，大力抓好项目引进。梅县区把客商大会作为促进招商引资、大力发展实体经济的切入点，主要领导、分管领导、职能部门上下齐上阵，“五加二、白加黑”，主动作为，加强与意向投资企业投资人的沟通联系，积极宣传梅县投资环境，热情服务企业，以情招商，确保优质项目引进梅县。10 月上旬，江西云锂材料股份有限公司董事长、梅县区南口乡贤钟先生回梅省亲考察，区委领导亲自接洽，随后由区委分管领导带领区招商、环保、国土等部门主要负责人前往江西云锂材料股份有限公司回访考察。据了解，该企业年产值超 100 亿元、年税收 8 亿元。通过积极的招商活动，并提供可用地给企业选择，该公司已确定在梅投资15亿元，建设年产2万吨的碳酸锂材料生产基地项目。此外，计划投资12亿元的中爱血液透析医疗耗材生产基地、计划投资15亿元的超华科技铜箔生产基地项目，区政府组织招商力量，加强配合协调，确保项目在大会上签约。三、力促项目落地，加快项目建设步伐。实行领导抓项目责任制，积极做好项目前期协调和审批立项等工作，区领导经常到项目建设现场实地协调解决问题，抓好上级和梅县区扶持实体经济发展及减轻企业负担等政策措施的贯彻落实，加强督促检查，力促项目加快建设。畲江园区盈方高科产业孵化园、安盛华集团、自行车头盔项目厂房及保税仓项目已动工建设；中新集团汽车零部件制造产业项目25.33公顷场地平整基本完成，100亩厂房规划方案已完成；梅州松棚铁路货场施工图设计已获得中国铁路总公司批复。城东白渡园区航鑫科技二期年产1.5万吨高锰酸钾项目的新厂区及生产线、博森二期项目切片车间及坩埚生产线正加快建设；超华梅州坑铜箔生产基地、中爱血透医疗耗材生产基地、中汇金属制品等工业项目正在办理落户手续。四、科学规划园区，推进综保区申报。梅州综合保税区选址位于梅兴华丰产业聚集带的核心区——梅州高新技术产业园区，规划面积约2.52平方公里。以“长短结合，科学规划，合理布局，着眼长远”规划理念，满足申报标准要求，留足未来发展空间，着力完善功能设施，努力把梅州综合保税区建设成为粤东北承接产业转移的示范区及区域性物流中心。省政府于2015年8月向国务院申报设立梅州综合保税区，国务院已于当月将梅州市申报设立梅州综合保税区的材料批转海关总署。现申报工作仍在跟进中。至年底，梅州综合保税区已完成征地拆迁120公顷，平整土地100公顷，部分市政道路、综合排水工程、中央大道市政工程等基础设施建设有序推进，综保区标准厂房及保税仓项目已动工建设，海关综合楼已完成场地勘探，卡口、隔离围网和查验场地正加快设计。省市共建创新创业孵化园（专利技术孵化产业园）首期项目综合楼和1栋研发车间可投入使用。已签约项目12个。

【招商情况】2017年，全区引进投资额5000万元以上项目21个，计划投资总额103.19亿元，已投入金额35.48亿元。其中工业项目有13个，计划投资总额40.54亿元，已投入金额4.2亿元。第五届世界客商大会梅县区有73个总投资490多亿元的重点项目参加“签约、动工、竣工”活动，其中签约的项目共有18个，计划投资109亿元，主要涉及工业、商贸和文化旅游等产业。

（供稿：余琴）

2017年1—12月全市招商引资项目基本情况统计表

填报单位（盖章）：梅州市梅县区招商局　　　　填报日期：　2017 年 12月 25 日

类别	序号	投资方（所在地）	企业名称（在梅注册新成立公司）	项目名称	产业分类	计划投资总额（万元）	计划固定资产投资额（万元）	预计年产值（万元）	预计年税收（万元）	已投入金额(万元)	其中：外资已投入金额（万美元）	签约时间	工商注册时间	项目投资地点	是否乡贤回归项目	备注
投产项目（一）	1	邹挺芳（梅州）	梅州金蔡光伏发电有限公司	金蔡光伏发电	工业	130000	120000	15000	1200	25000		2017.01.08	2016.10.27	南口镇金声村		首期投产
	2	宝新能源股份有限公司、塔牌集团、超华、喜之郎集团、温氏集团	梅州客商银行股份有限公司	客商银行	商贸	200000	200000			200000		2017.1.18	2017.6.22	华侨城		
	3	余集淮（梅州）	梅州市栢琚酒店有限公司	栢琚酒店	商贸	6000	6000	2000	100	6000		2017.3.11	2016.11.07	程江镇		
	小计					336000	326000	17000	1300	231000						
在建项目（二）	1	李伟忠（梅州）	梅州恒拓建材有限公司	恒拓建材	工业	5100	5000	2400	120	4000		2017.7.13	2017.7.18	石扇镇南村		
	2	洪永军（揭阳）	广东御固创新科技有限公司	御固创新科技	工业	15000	15000	5000	400	548.2		2017.3.10	2016.7.21	白渡镇汶水村		
	3	夏洪军等（深圳）	梅州市思铂顿体育器材科技有限公司等	自行车智能专利科技产品	工业	10000	10000	30000	1000	2000		2017.3.12	2017.10.18	畲江保税区		
	4	章伟军（梅州）	梅州市梅县区宝恒建材科技有限公司	宝恒建材	工业	8300	5200	1000	100	4000		2017.5.13	2017.6.23	石扇镇中和村		
	5	王晓达（深圳）	梅州市梅县区畲江镇野趣谷家庭农场	野趣谷	旅游	30000	20000	3000	200	19000		2017.10.18	2017.04.11	畲江镇官铺村		
	6	陈新、李健章（梅州）	梅州市难得食食品有限公司	“难得食”食品	工业	18000	18000	20000	1000	1300		2017.9.16	2017.6.30	雁洋镇东洲村		
	7	苏国芳（深圳）	梅州市顺兴再生资源有限公司	顺兴再生资源	工业	5000	5000	12000	186	1890		2017.12.13	2017.01.18	松口镇铜琶村		
	8	姚运良（梅州）	梅州市世通顺沥青混凝土有限公司	世通顺沥青混凝土	工业	5000	5000	2000	150	1500		2017.11.20	2016.8.19	城东镇		
	小计					96400	83200	75400	3156	34238.2						

2017年1—12月全市招商引资项目基本情况统计表

填报单位（盖章）：梅州市梅县区招商局　　填报日期：　2017 年 12月 25 日

类别	序号	投资方（所在地）	企业名称（在梅注册新成立公司）	项目名称	产业分类	计划投资总额(万元)	计划固定资产投资额(万元)	预计年产值(万元)	预计年税收(万元)	已投入金额(万元)	其中：外资已投入金额（万美元）	签约时间	工商注册时间	项目投资地点	是否乡贤回归项目	备注
未动工项目（三）	1	朱海星（广州市中新塑料有限公司）	广东众新旺科技有限公司	汽车零配件、机械制造、电子产业	工业	30000	30000	25000	1000	1100		2017.8.16	2017.8.4	梅州综合保税区		
	2	罗浩雄（梅州）	梅州中环房地产开发有限公司	众创金融中心	商贸	84500	84500	28200	2820	15810		2017.4.3	2016.11.14	扶大高新区剑英大道		
	3	雷兆明（梅州）	梅州市明宇新材科技有限公司	明宇新材科技	工业	10000	10000	2000	80	288		2017.9.12	2016.07.07	白渡镇汶水村		
	4	广州锦绣投资有限公司（梅州）	梅州市敏鸿房地产开发有限公司	敏捷江城原著	房地产	140000	140000	55000	5500	42913		2017.11.15	2017.10.09	扶大高管会		
	5	王梅基（梅州）等	梅州客家新世界发展有限公司	暂未定	房地产	108000	100000	23500	2350	29078		2017.9.30	2017.9.14	扶大高管会三丰村		
	6	肖开文等（梅州）	广东凯煜智能科技有限公司	凯煜自动化和智能化设备研发生产中心	工业	9000	9000	10000	600	371		2017.12.25	2017.09.01	南口镇		
	小计					381500	373500	143700	12350	89560						
合计（一+二+三）						813900	782700	236100	16806	354798						
合同项目（四）	1	钟斌（梅州）	广东中爱医疗科技股份有限公司	中爱血透医疗耗材生产基地	工业	100000	100000	109000	6000	0		2017.9.20	2017.8.22	白渡镇沙坪村		
	2	钟斌（梅州）	梅州市和安能源科技有限公司	和安光伏农业	工业	60000	60000	8000	650	0		2017.9.13	2017.08.11	白渡镇沙坪村		
	3	古享林（梅州）	梅州市客都明珠影业有限公司	客都明珠影业	文化	40000	40000	100000	12000			2017.11.23	2017.11.09	程江镇		
	4	宝丽华集团（梅州）、洛阳奥吉特菌业股份有限公司（洛阳）	广东宝善生物科技有限公司	广东宝善生物科技	农业	18000	18000	1000	50			2017.9.8	2016.8.18	丙村镇		
小计						218000	218000	218000	18700	0	0					

填表人：叶碧玉　　单位主要负责人：卜华兴　　县（市、区）分管领导：张小兰

食品药品监督管理

【概述】 根据《广东省人民政府关于改革完善市县食品监督管理体制的指导意见》（粤府〔2013〕85号）精神，设立梅州市梅县区食品药品监督管理局，加挂梅州市梅县区食品安全委员会办公室牌子，为区人民政府工作部门。全区设12个乡镇派出机构，2017年4月，梅县区政府将原每村1位食品药品安全协管员工作职责并入村（社区）公共服务站工作范畴，全区招聘383个村（社区）政务服务专职工作人员。

【食品生产、流通和餐饮安全监管】 一是食品生产监管方面：2017年，食品药品监督局食品生产监管工作以《梅县区2017年食品生产企业监督检查计划》为基础，扎实有序开展日常监督检查。全年共出动执法人员924人次，检查食品生产企业138家次，食品生产加工小作坊93家次；调查处理投诉举报案件29宗，其中1宗涉嫌行政违法移交至稽查分局；发出责令整改通知书40份，约谈企业2家。在小作坊专项整治中，引导食品生产加工小作坊升级改造3家，取缔食品生产加工小作坊数5家；在桶装饮用水专项整治中，立案查处企业1家，注销企业2家；在食用花生油专项整治中，共检查花生油生产加工单位85家次，发出《告知书》7份。二是食品流通监管方面：食品流通监管分别开展春秋两季学校食堂、农村食品安全“扫雷”行动，畜禽水产品抗生素等专项整治行动，全年检查食品经营户3361户次，检查批发市场、农贸市场等各类市场121个次，现场发出责令改正通知书23份；完成食用农产品快检任务3.57万批次，其中合格3.54万批次，合格率99.05%，无害化处理不合格产品384.1公斤，有力保障了全区人民群众“菜篮子”安全。三是餐饮安全监管方面：餐饮安全监管按照餐饮服务3年提升工作计划要求，切实提升企业量化分级管理水平。2017年，新增申请A级单位15家，并通过验收检查；保障重大活动和农村集体取餐共105余场次，全部场次平安无事故；实施“明厨亮灶”餐饮单位520家，覆盖率达28%。到年底，完成本级食品抽检414批次，执法抽检7批次；完成市级食品抽检273批次；配合省市食品抽检170批，餐具9批。

【药品、医疗器械监管】 2017年，是采用全国统一GSP认证标准的第一年，梅县区零售药店多、分散广，且企业申报时间不同，食药局采取各种办法，顺利完成认证工作，全年共完成42家药品零售企业的新版GSP认证工作。同时，为巩固GSP认证成果，不断提高企业的质量管理水平，对新版GSP认证进行跟踪检查，全年共完成新版GSP认证跟踪检查60家。至年底，共出动执法人员796人次，检查药械生产、经营企业218家，医疗机构180家，发出整改通知35份；全区共上报药品不良反应310例，医疗器械不良事件135例。

【保健食品、化妆品监管】 区食药局在整治推销老年人“保健品”以及保健食品非法会议营销专项治理行动中，牵头会同工商、公安、质监、发改等部门，对辖区内以公益讲座、健康诊疗、会展销售等方式推销保健品的经营点开展摸底排查工作，未发现有违法违规行为。至年底，完成年度化妆品抽样17批次，保健品监督、专项抽样共10批次，对不合格产品及时进行处置，并及时将调查处理情况上报。此外，在“四打一规”化妆品安全专项整治中，共出动执法人员213人次，检查化妆品经营企业325家，“非法添加专项监督”抽样2批次，其中不合格产品1批次，国产非持备案专项检查经营企业数325家，国产非特备案专项检查产品数量693个。立案5宗，其中行政处罚2宗，各罚没金额7260元和115元，警告3宗，全部已结案。发现未备案产品数13个，已结案责令整改13家。

【行政审批和职业技能培训】 2017年，区食药局受理行政审批事项2148件，非行政审批事项3648件，系统外受理97件，全部按时办结，实现零差错、零投诉。同时，做好初、中级食品安全管理员等教育培训工作，全年组织初级食品安全管理员培训班2期共142人次、中级2期共40人次；食品安全管理员继续教育培训班2期，其中初级331人次、中级246人次；开展食品生产企业负责人业务培训班1期76人次，药师与药品质量管理员继续教育2期共391人次。

（供稿：许玉芬）

中小企业

【概述】 2017年，梅县区中小企业局围绕区委区政府中心工作、聚焦"一区两带六组团"建设，服务大局、落实好党风廉政建设责任制，全力服务好中小微企业，较好地完成全年各项工作目标任务。全年民营企业产值142亿元，占全区GDP70%，税收完成28亿元，占全区税收87%。

【服务体系建设】 充分发挥中小企业服务中心平台作用，开展咨询、融资、市场开拓、科技创新、后备上市新三板等全方位服务。积极开展"大众创业、万众创新"活动。与区共青团、科工商务局等单位在梅县人民广场举办《梅县区青年创新创业、科技体验公益展》活动，参展企业30多家，各参展企业展示出创新科技产品让市民参与体验，前来参观体验人数5000多人。在参展活动期间，区中小企业局派送《省、市、县（区）惠企政策文件汇编》至企业单位150份，重点宣传省、市"关于促进民营经济大发展的若干政策措施"，现场咨询互动热烈，效果良好。

【协调企业转型升级】 积极争取上级扶持中小微企业发展专项资金。2017年，为广东力天世纪传媒股份有限公司等8家电商企业申请"扬帆计划"支持资金36万元；为广东引领科技信息公司、梅县云电商两家服务平台申领补助资金60万元；为广东自远环保股份有限公司等6家新三板挂牌申报省奖补扶持资金250万元；为广东博森光能科技有限公司等7家2016年上规工业企业申报获得贴息补助200.55万元。尽量让全区中小微企业享受上级的政策扶持，通过财政扶持资金放大效应，加快梅县区中小微企业发展步伐。

【开展融资服务，促银企对接】 中小企业局充分发挥服务中心桥梁作用，开展各种形式政银对接活动，为企业解决融资难问题。2017年，继续发动企业加入市信贷风险补偿基金重点企业池和申领创业券，至年底，全区入池企业44家，已获贷款企业10笔，3494万元；申领创业券企业26家45万元（全市230万元），为中小企业搭建融资平台，拓宽中小企业融资渠道，解决中小企业融资难问题。同时，为企业在生产经营活动中提供法律咨询、支持和会计辅导等服务活动。全年为广东省航鑫科技股份公司、广东博森光能科技有限公司、梅州市程江梯级水电厂、梅州利臻实业有限公司、梅州市恒业实业有限公司和广东裕盛纺织科技有限公司等100多家企业解决6亿多元融资贷款。

【推进企业产品市场开拓】 组织企业参加中博会、企业产品展销会、发挥电子商务等，拓展产品销售渠道，让企业产品更好地销往全国和世界各地。2017年9月至10月，挑选华创风等多家企业到广州参加中国（国际）第十四届中小企业博览会，分别进行商贸对接、投资对接、产品展示等活动，取得较好效果。同时，继续与广东引领信息科技公司在淘宝创业园服务中心培训基地联合举办青年创业者等不同类型人员参加的各类电商创业、劳动就业的培训，全力推动以发展农村电商为主的“互联网+”和劳动再就业工作。

【技能培训】 通过自身主办、协助企业举办、组织管理者参加上级举办的各类培训等形式，努力推动全面提高企业管理者和普通员工的素质和水平。与区委组织部、区委党校、区科工商务局等单位在区委党校举办改革创新与经济发展专题培训班，参会人数 60 多人。主要学习十九大精神及以“互联网+”与创新、投融资体制改革与创新、大众创业、万众创新和知识产权等内容，并组织学员到雁洋镇、畲江镇开展现场教学。

（供稿：宋青）

安全生产监督管理

【概述】 2017 年，梅县区安全生产工作在区委、区政府的正确领导下，深入贯彻习近平总书记、李克强总理关于安全生产工作一系列重要讲话、批示精神和省、市安全生产工作部署，坚持“安全第一、预防为主、综合治理”方针，强化“红线”意识和“底线”思维，积极开展特别防护期安全生产大检查、危险化学品综合治理、重点行业专项整治等工作，加大安全生产行政执法力度，未发生较大以上生产安全事故，安全生产形势基本稳定。至年底，全区有非煤矿山企业 27 家，危险化学品生产经营企业 64 家（生产企业 2 家，经营企业 62 家），烟花爆竹经营户 79 家(其中：批发 2 家，零售 77 家）；同时，对全区安全生产工作进行综合监管。

【“一岗双责”制度】 一是全面落实梅县区安全生产“网格化”管理制度，明确各级领导干部的监管责任，坚持“管行业必须管安全，管业务必须管安全，管生产经营必须管安全”，形成政府纵向分级负责、部门横向按责监管、网格人员责任管理的全覆盖监管网络，实现“责任全覆盖，监管无盲区”。二是全面落实党政领导干部安全生产“党政同责，一岗双责，失职追责”，加大对安全生产责任制考核，在《梅县区 2017 年度镇级推进振兴发展工作考核实施办法》安全生产工作考核占 8 分，占考核总分 100 分 8%，由区安委年终组织安全生产责任制考核小组对 19 个镇政府（办事处、高管会）和 24 个区直单位进行考核。

【安全监管】 强化对重点行业、重点地区安全问题专项整治，促进安全措施落实。一是认真做好特别防护期安全生产监管工作。印发《梅州市梅县区特别防护期安全生产检查工作方案》，各镇（办事处、高管会）和有关部门结合各自职责制定特别防护期安全检查工作方案，强化组织领导，层层落实责任，做到动员部署到基层、责任落实到各镇（办事处、高管会）和部门、监督检查到企业，从严，从实、从细抓好安全生产特别防护期的安全监管工作。全年检查生产经营单位 2071 家次，发现并消除隐患 1514 项，治理重点安全生产隐患 74 宗，联合惩戒安全生产失信单位 1 家，及时消除一批安全隐患。二是加强烟花爆竹管理。针对元旦春节期间烟花爆竹销售旺季，组织各镇政府和安监、公安、消防等有关部门人员对烟花爆竹批发、零售经营单位开展专项整治行动，严厉打击非法储存、经营烟花爆竹行为，共检查烟花爆竹经营单位 120 家次，缴获并销毁非法销售烟花爆竹 2000 多公斤，行政拘留 1 人。三是开展危险化学品安全综合治理。全年检查危险化学品企业 125 家次，排查并整改安全隐患 231 项，对 5 家违法危化企业作出行政处罚 0.46 万元，危险化学品事故得到有效防范。四是强化非煤矿山安全监管。以非煤矿山汛期、采空区治理、防“六类事故隐患”为重点，加强对采场边坡、冒顶片帮、矿井通风、提人设备、采空区、“六大系统”等排查治理工作，发现隐患 233

项，其中对 3 家地下开采矿山实施停产整顿措施。通过强化非煤矿山安全监管，提高了非煤矿山企业安全生产的主动性和自觉性。

【执法监察】 全区安全生产执法监管工作紧紧围绕安全生产大检查和安全生产隐患的排查治理，继续保持“打非治违”高压态势，制定《梅州市梅县区安全生产监督管理局 2017 年度安全生产监管执法工作计划》，积极推进安全生产监督检查“双随机、一公开”工作，组织开展各职能部门联合执法，并委托全区 19 个镇（办事处、高管会）开展安全生产行政执法，加大安全生产的执法力度。对每一起生产安全事故，及时成立事故调查组，严格按照“四不放过”原则，严肃处理责任单位和人员，并对有关人员进行约谈，以事故教训倒逼安全生产责任制落实。全年对 65 起违法违规行为作出行政处罚，共处罚款 221.33 万元（含生产安全事故处罚 212.12 万元），约谈工作不力单位 4 家、有关人员 8 人。

【应急救援】 把安全生产应急救援的实战演练工作列为镇级政府和职能部门年度安全生产责任制考核一个重要内容，督促各镇各部门加强对企业指导，加大对安全生产应急救援的实战演练工作，完善和提高应急救援实用性和可操作性，积极开展应急救援演练工作，组织非煤矿山、危险化学品、烟花爆竹、学校等 159 家单位开展安全生产应急演练活动，参加演练人数 3000 多人次，提高从业人员安全意识和应急救援能力。

【职业安全健康】 加强《中华人民共和国职业病防治法》等法律法规宣传，积极督促企业职业危害申报。全年以非煤矿山、电子、电镀重点行业作为全年重点监管行业，加大行政检查执法力度，共计检查企业 80 家次，发现隐患 259 处。严格执法，对违反《职业病防治法》企业进行查处，督促企业开展职业卫生现状评价。

【宣教培训】 一是广泛开展安全生产宣传教育。每年投入 3 万元委托区邮政公司，在广场、社区等公共场所的视频、平面广告上投放安全生产宣传图片，扩大宣传范围。6 月 16 日，市安委会和区安委会在梅县区人民广场联合举办“安全生产月咨询日”活动，共发放各类宣传资料 2 万多份，同时，举行“我为安全生产献力量”万人签名、现场答题、抽奖等活动，让现场参与群众乐在其中的同时又学到了安全知识。12 月 7 日，区安委办根据国务院、省、市安委会要求，在梅县区人民广场举办第一个“安全生产法咨询日”活动，安监、交运、消防、住建、交警等区安委会成员单位摆设咨询台，现场接受群众就《中华人民共和国安全生产法》等相关法律法规的咨询，发放宣传资料 5000 多份，进一步促进全民安全生产意识提升。二是加强培训，提高安全生产监管能力。2017 年上半年，委托培训机构对非煤矿山企业、危险化学品生产经营单位、烟花爆竹零售经营户、一般生产经营单位主要负责人和安全管理人员共计 301 人，进行安全生产知识培训，提高企业安全监管人员和从业人员的业务素质和安全意识。从 11 月开始，区安委办组织振声安全生产培训中心专家对全区 19 个镇级政府领导干部、监管人员、村级巡查员及辖区内生产经营单位主要负责人和安全管理人员进行安全生产知识培训。开展培训 19 场次，参加培训 2380 人。

（供稿：陈国龙）

责任编辑：卢清

农　业

种 植 业

【概述】 梅县区金柚、水稻、茶叶为三大农业主导产业。2017 年，全区金柚种植面积 1.93 万公顷，总产 55 万吨；农作物总播种面积 5.76 万公顷，其中水稻面积 2.35 万公顷，总产 16.41 万吨；茶叶种植面积 1013 公顷，产量 946 吨；全年蔬菜复种面积 1.3 万公顷，其中梅南镇是省级蔬菜专业镇，全镇蔬菜种植面积包括复种面积共有 805.3 公顷，全区种植的主要品种有番茄、菜椒、苦瓜、丝瓜、冬瓜、豆角、萝卜，形成了七大种植基地。至年底，建成省级专业镇 3 个，市级专业镇 3 个，种养专业村 211 个；培育发展区级以上农业龙头企业 161 家，其中：省级 23 家、市级 42 家；农民专业合作社 985 家；家庭农场 1092 家。2017 年认定为国家农产品质量安全县。且是国家现代农业示范区。

【粮食生产】 一是加强技术指导工作，积极推广良种良法。通过梅县农情、农业信息、新闻专题和深入田间指导等方式，加强在水稻生长各时期肥水管理和病虫防治等方面的生产指导；结合基层农技推广示范项目，加强技术培训，加大病虫综合防治、测土配方施肥、“强源活库优米”、水稻“三控”技术、水稻控释肥等各项实用新技术的推广应用。二是大力引进推广深两优 5814、恒丰优 387 等优良品种；全年全区农作物总播种面积 5.76 万公顷，其中水稻面积 2.35 万公顷，总产 16.41 万吨，推广主导品种主推技术面积占水稻总面积的 97%。

【金柚生产】 一是全面推广果园标准化管理。依托省级现代农业示范园区项目和梅州市 2016 年度农业专项资金—农业标准化示范园建设项目的立项实施，推进全区金柚标准化生产、规模化种植和产业化经营。通过开展标准园创建活动，带动千家万户的果农实行标准化生产，提高金柚管理水平。全年金柚面积 1.93 万公顷，总产 55 万吨。二是加强金柚管理，提高金柚质量。按《无公害金柚栽培技术》要求，在各个农事季节及时召开现场会、培训班、印发技术资料、农业信息和深入果园现场指导，全年累计举办培训班 6 期、编印《农业信息》600 份，帮助群众解决生产中遇到的问题。同时，印发梅县区人民政府《关于加强金柚质量管理的通告》到各镇、村人流密集场所进行张贴宣传，开展金柚质量巡查活动，指导果农适时采摘，确保金柚质量提高。三是开展“梅县十大优质金柚园”评比活动。为提高金柚质量、打造金柚品牌、提升金柚影响力，在全区优质金柚示范园中组织有关专家严格按评分标准评选出松源赖建华等“十大优质金柚示范园”，通过评比活动，增强种品牌意识和精品意识。

【金柚基地与品牌建设】 基地品牌建设，一是加强金柚品牌宣传、推介力度，11 月 4 日，在雁鸣湖景区举办梅县区第八届“金柚文化节”，利用节庆活动，在中央、省、市各级电视台，梅州日报、南方农村报、羊城晚报、网站等新闻媒体开展多层次多角度的正面宣传报道，通过政府搭台，企业唱戏，组织部分优秀企业、品牌金柚参加各类展销会。二是加大金柚深加工研发力度，延长金柚产业链，提高金柚产品附加值。三是引导鼓励企业与科研院所合作，进行金柚深加工产品的研发，先后培育引进梅州富柚生物科技有限公司、李金柚农业科技发展有限公司等。年底全县建立起大批金柚商品化生产基地和从事柚类产业的各级农业龙头企业、农民专业合作社。其中较有代表性的有：种植金柚面积 80 公顷的农业部柑橘标准园——雁鸣湖金柚种植基地和省级现代农业示范园；种植金柚 2.67 公顷的石扇象村坪柚果出口示范基地，该果场加入梅县木子金柚专业合作社，成为合作社的柚果基地之一；种植金柚面积 100 公顷的雁洋南福金柚生产示范基地；以及松源赖建华等“十大优质金柚示范园”，广东梅龙柚果股份有限公司、梅县石扇其峰水果专业合作社、梅县石扇柳记专业合作社、梅县启勇水果专业合作社、梅县桃尧镇维记水果专业合作社等签约的柚果基地。打造出“木子”“十记”“泰岭”“嘉应梅龙”“嘉珍”“松峰”“老钟”“石扇”“梅燕”“梅盛”“新萍”“嘉宝山”等 20 多个品牌金柚。

【茶叶基地建设】 梅县区茶叶生产历史悠久。是全国十大生态产茶县，处于莲花山脉（韩江上游）茶叶产业带，属亚热带季风气候，阳光充足，雨量充沛，种植茶叶的光、温、水、气、土壤等自然条件优越。2017 年，全区有茶叶总面积 1000 公顷，产量 977 吨。主要产茶区域分布在雁洋镇长教村、阴那村，梅南镇九龙村、黄寨村、北洞村，石坑镇、南口镇、梅西上官塘水库等地，千亩以上茶园有 2 个；种植品种有单丛、黄金桂、金萱、金观音、金牧丹、软枝乌龙、本地绿茶等；注册的主要商标有“雁南飞”“阴那山”“健神”“梅凤”“凤山”“嘉应客茶”等，在国内外享有盛名。

抓规划布局　茶叶是梅县区四大主导产业之一，区农业部门充分利用茶叶产业扶持政策，发挥生态自然优势，积极扶持各类农业经营主体开发种植茶叶发展适度规模经营，先后重点在革命老区梅南镇、国际慢城雁洋镇、历史茶区石坑镇、梅西上官塘水库等，规划建设 10 多家面积 6.7 公顷以上标准化茶园。

创建龙头企业　2017 年底，全区有茶叶生产经营主体 23 家（农业企业 、合作社 、家庭农场），其中省级农业龙头企业 3 家、市级 3 家。建立起雁南飞茶田有限公司、阴那山茶叶公司、梅南北山嶂茶业专业合作社、骏辉实业有限公司等一批茶叶龙头企业和专业合作社。

农旅结合融发展　围绕叶产业和文化生态、健康休闲、养生体验这一主题，以国家现代农业示范区建设为抓手，实现茶业观光旅游融合、共赢发展。如：阴那山有机茶种植基地，位于广东省风景名胜区阴那山（海拔 1297 米），占地 150 公顷，终年温和湿润、云雾缠绕，土质肥沃，具有得天独厚的茶树种植气候和地理环境，又有千年古刹灵光寺等文化旅游资源，结合美丽乡村建设，通过举办“禅茶文化节”等系列活动，很好地将茶田景区与文化旅游有机结合。雁南飞茶田有限公司则依托优越的自然生态资源和标准化生产的茶田，以珍爱自然、融于自然的生态为理念，把生态农业和旅游业有机结合起来，开发为体现博大精深客家文化和中国茶文化内涵的国家 5A级旅游度假村。此外，以打造“十里红军路，万亩生态茶”为契机，在革命老区梅南镇引导扶持开发生态茶园与红色旅游相结合的发展模式。

“梅县绿茶”品牌建设　一是成立梅县区茶叶协会。2016 年 5 月 4 日梅州市梅县区茶叶协会成立，协会成立后，充分利用协会这一交流平台，组织协会成员到种茶生产先进地区进行学习交流，开展茶产品国际交流，国内区域合作。二是制订梅县绿茶产品标准。组织茶叶方面有关专家制订“梅县绿茶”产品标准（梅县绿茶产自叶帅故乡——梅县高海拔的莲花山脉区域。外形：条索紧结卷曲，色泽绿润灰白上霜；香气：野韵、高香、细腻、粟香与花香显著；滋味：鲜爽醇厚回甘；汤色：绿明亮；叶底：柔软匀整），打响“梅县绿茶”区域公共品牌。三是举办培训班，提高制茶技能。2016 年 8 月，梅州市梅县区茶叶协会与华南农业大学技能鉴定中心联合举办“梅县绿茶高级制茶工培训班”，有 38 人获得高级技工证书。四是建立梅县绿茶示范户。至年底，梅县区共建立“梅县绿茶”示范户 13 户，免费

发放制茶机械，以点带面，促进“梅县绿茶”产品提质增效。2017年开展“三品一标”认证，有四家企业产品获得“三品”认证，其中“雁南飞”和“阴那山”获得广东省“农业名牌产品”称号和有机茶标志认证。五是加大投入，增添制茶新设备。利用政府加大对农业投入机遇，积极争取项目资金，及时更新制茶机械设备，提高制作名优茶能力，使制作名优茶比例提高到80%左右。

【经济作物】 加快发展壮大蔬菜、茶叶、烤烟、油茶等具有本区特色的“特色农业”，大力发展如新围龙公司葡萄高标准种植基地等一批新的精致高效农业，发展以程江、南口为中心的城郊农业经济区，发展一批名贵树木、无公害蔬菜、花卉等高效高值经济作物和出口创汇农业；以梅西、大坪、石坑为中心的西部山地农业经济区，发展种植银杏、油茶、脐橙、板栗、奈李、柿等一批优质水果及南药；同时还因地制宜培育引进一批适合当地发展、市场前景好的名优品种，如树葡萄、火龙果、杨梅等。

【蔬菜基地建设】 通过引进新品种、新技术，加强蔬菜种植技术培训和无公害、标准化种植基地建设，大力扶持农业龙头企业和种植大户建立专业合作组织，引导农民逐步向种植绿色蔬菜、有机蔬菜发展。年底，全区有蔬菜专业镇1个，省级“菜篮子”种植基地4个，蔬菜专业合作社30个，无公害蔬菜认证企业8家，全年蔬菜复种面积约1.33公顷。其中梅南镇是省级蔬菜专业镇全镇蔬菜种植面积包括复种面积共有805.3公顷，全区种植的主要品种有番茄、菜椒、苦瓜、丝瓜、冬瓜、豆角、萝卜，形成了七大种植基地。

【种子管理】 一是完善种子经营备案制度，依法把好种子生产、经营初审关。分别对在辖区范围内7家经营双杂种子及主要农作物种子的经销商及其设立300多个营销网点进行备案登记；对经营双杂种子及主要农作物种子的经销商计划经营的品种及数量进行备案登记（40多个经营品种近15万公斤）；此外，严格遵守有关法律、法规，做好种子生产、经营许可证的审核工作。

二是实行种子质量安全承诺制度，加强种子市场的监管工作。凡在辖区经营主要农作物种子的经销商，均必须先签订“主要农作物种子质量安全承诺书”后方可经营。同时，加强种子市场的监督检查力度，对违法、违规生产、经营种子的单位和个人作出相应处罚，对群众投诉及时调查，依法查处种子案件，及时调解种子纠纷。

三是完善种子室内检测配套设施，做好种子质量监督抽查工作。不断完善检验室的配套建设及检验仪器设备的添置、检验、校准工作，严格按照申报项目的各项指标，配合其他种子检测机构对农作物种子进行质量监督抽查，并对经营不合格种子的单位及个人移交执法大队进行处罚。

【农业科技推广】 推进化肥零增长行动　根据上级农业部部门统一部署，制定实施《梅州市梅县区到2020年化肥使用量零增长行动实施方案》，开展宣传、培训、推广应用新技术，全年主要农作物化肥使用量为10.4万吨，比上年增长0.5%。化肥零增长行动宣传进万家活动获得“广东省先进单位”称号。

实施果菜茶有机肥替代化肥项目　项目实施87个农业经营主体，面积1867公顷，在石扇镇建立万亩示范片，遴选5家大型禽畜养殖场和有机肥加工企业为0有机肥生产单位，对实施主体施用禽畜粪便为原料加工的有机肥进行补贴。

通过增施有机肥实现示范县核心产区和知名品牌生产基地化肥用量较上年同比减少15%以上，辐射带动全县化肥使用量实现零增长；有机肥用量同比提高20%以上，全区畜禽粪污综合利用率同比提高5个百分点以上；土壤有机质含量同比平均提高5%以上，酸化、盐渍化等问题得到初步改善。

测土配方施肥技术　积极推进测土配方施肥技术推广，建立梅县区粮食作物、经济作物施肥指标体系，包括水稻、金柚、玉米等施肥指标体系，完善测土配方施肥专家咨询系统，推广、应用测土配方施肥技术面积5万公顷，施用配方肥面积2.67万公顷，为全县9.5万户农户提供测土配方施肥技术服务，发放施肥建议卡0.8万份，减少不合理施肥纯量175吨，配方肥施用量3500吨，农作物总增产0.9万吨，增强了农民科学施肥意识，减少乱施、滥施肥料现象，提高了科学种田（地）水平，实现增产节支增收效果

秸秆还田技术 全区推广应用秸秆还田技术面积68%，减少秸秆焚烧，增加土壤有机质

冬种绿肥技术应用 全年冬种绿肥1666.7公顷，充分利用冬闲田发展冬种绿肥等作物，提高耕地利用率和耕地地力。

推广水肥一体化技术 全区金柚水肥一体化技术应用面积达到2.8万亩，省工90%以上、节水50%以上、省肥20%以上、增产10%以上。全区主导作物金柚实现减少化肥用量、提高肥料利用率、减小劳动强度和劳工投入，增产提质增效。

农村沼气建设技术推广 完善、配套、服务、培训农村户用和养殖场沼气建设，形成高效、安全沼气生产体系。完成农村户用补贴26户，检查、指导、培训农户、养殖场主沼气建设、安全生产检查42场次，发放《梅县区农村户用沼气建设与使用管理手册》400份。

【病虫害预测与防治】 认真做好农作物重大病虫监测，构建病虫监测预警体系。在梅县区石扇镇建立现代农业示范区综合监测站和信息平台，创新病虫信息发布方式，提高监测预警的时效性和准确性；定期或不定期开展调查，确保调查数据全面准确，病虫预报准确率达90%以上。在病虫害防治适期及时发出预报与防治措施，指导农民选择高效、低毒、低残留的对口农药，结合农业措施、物理措施、生物措施积极开展病虫综合防控工作。通过文件通知、邮件发送、短信和微信平台、广播电视媒体、梅县区农业信息网、技术员深入田间地头等多种途径，全方位多层次地及时向各镇农业企业、农业合作社、家庭农场、种植大户等发送宣传，做到镇不漏村、村不漏户，将综合防治技术广泛告知农民和专业户，使之充分掌握病虫综防技术，有效开展病虫科学防控，实现稳产增产增收。全年编发《病虫情报》9期，短信通知和微信发布3次，电视专题2次。全年水稻病虫草鼠为害损失率仅2.3%，果蔬茶等经济作物病虫为害损失率6.2%，有效地控制病虫危害损失。

【农产品认证与质量监管】 一是“三品”和省农业名牌等农产品认证工作。全年新“三品”认证农产品7个，新获得省农业名牌产品2个，名特优新农产品3个。至年底，全区发展 “三品”认证农产品121个，其中无公害46个，绿色22个，有机53个；有省农业品牌产品16个，名特优新农产品5个，省十大名牌产品2个。

二是加强农业品牌日常监管力度。开展无公害、绿色食品、有机农产品和地理标志农产品获证单位质量管理、认证产品标志使用的农业龙头企业（农民专业合作社）抽检，通过检查全区“三品一标”农产品标识规范，市场流通环节未发现有违规使用“三品一标”标识的行为，“三品一标”农产品中未发现违法添加和滥用非食用物质行为。

【农业执法检查】 一、抓好农产品质量安全执法监管。坚持定期、不定期对程江、扶大、城东、南口等蔬菜种植集散地执法检查，主要针对农产品检测站抽检发现的违规使用农药的问题，实行检打联动，进一步加大对涉及农产品质量安全案件的查处，打击违法，及时把住农产品生产安全的关口。

二、强化源头治理，规范农业投入品监管和加大假劣农资经营行为的查处力度。实现基本消除假劣农资导致重大恶性农业生产事故发生和从源头上保障农产品质量安全的目标。通过农资打假专项治理行动，杜绝销售和使用甲胺磷等禁用高毒农药行为，农药质量和标签抽查合格率分别提高2个百分点和3个百分点。严格种子生产经营主体监管，淘汰一批不合格种子企业，退出一批问题品种。提高肥料监管能力，提高肥料产品质量和包装标识合格率，农资打假重大案件执

法查处率达到 100%。

三、抓协调联动，促打假合力。积极发挥农资打假牵头职能作用，加强与有关部门协作，联合公安、工商、质监等部门在各自的职责范围内做好农资监管工作，形成强大的打假合力。

【惠农补贴】 一是根据《财政部、农业部关于全面推开农业“三项补贴”改革工作的通知》(财农〔2016〕26号)和《广东省全面推行农业“三项补贴”改革工作实施方案》(粤财农〔2016〕213号)要求，严格规范程序，对2016年度耕地地力保护补贴面积进行核实、登记、汇总。2016年全区登记耕地地力保护补贴面积16000公顷、112044户报财政部门核拨补贴资金。二是严格落实区纪委要求，积极配合各镇、村做好种粮补贴入户核查工作，全区累计核查353个村11245户，发现线索339条，发现不符合补贴农户338户341人，整改落实268户270人。三是积极协助区人保财险公司和各镇政府开展水稻种植保险投保工作，动员种粮群众参加水稻保险，全年累计投保面积24906.7公顷，完成上级下达的投保任务。四是推广水稻全程机械化和山地自动运输系统等现代农业装备应用，认真落实农机购置补贴政策，2017年落实补贴资金173.5万元，补贴农机具630台，补贴农户582户，提升现代农业装备水平。

【农业综合开发与项目扶持】 1. 实施好梅县区2017年高标准农田基本建设项目。全年整治农田566.7公顷，完成排灌渠道11191.3米，机耕路17823米，小陂头3座等，投入资金1275.00万元。

2. 2017年全区批复17个镇实施实施一事一议财政奖补项目94宗。项目涉及94个行政村，项目预计总投资2617.50万元，其中：财政奖补资金872.50万元，群众筹资筹劳及社会捐赠等1745.00万元。直接受益人口127043人。

3. 2017年美丽乡村建设试点在水车镇白沙村开展。项目预计总投资437.77万元，群众筹资筹劳及社会捐赠等62.77万元。直接受益人口1067人。项目实施内容为铺筑村内水泥硬底化道路、休闲公园、活动中心、修建桥梁、安装路灯等公益基础设施。

4. 大力推进高速公路出口美丽乡村建设。认真抓好畲江、梅南、雁洋、丙村、梅西、扶大、城东等7个镇8个高速公路出口美丽乡村示范点建设的美化、绿化、亮化和外立面改造、标志性景观规划、建设等工作，总投资5800万元。

【农业产业化建设】 继续推动农业龙头企业的发展。全区20家企业评为广东省重点农业龙头企业。全年有3家企业符合条件申报广东省重点农业龙头企业，48家企业评为梅州市重点龙头企业；有5家企业符合条件申报梅州市重点龙头企业，76家企业评为梅县区农业龙头企业；有10家企业符合条件申报梅县区农业龙头企业。

大力发展家庭农场，根据中央加快构建新型农业经营体系精神和农业部下发《关于促进家庭农场发展的指导意见》，大力培育发展家庭农场，年底，全区已注登记发展家庭农场367家，总数达到1092家，累计评选出33家区级示范性家庭农场。

【农业社会化服务体系建设】 一是建立农技推广机构综合服务模式，区镇两级共有农技推广机构20个。二是建立农民专业合作社模式，全区建起农民专业合作社985家，全年新增注册合作社60家。三是发展农业龙头企业模式，采取一头联市场，一头联基地联农户的方式，年底，全区有区级以上农业龙头企业达161家，其中：省级23家、市级42家；新培育申报省级龙头企业3家、市级5家、区级10家；有家庭农场1092家，新成立367家。培育新型职业农民400人，其中生产经营型200人，社会服务型200人。四是推出政府部门、合作银行、合作保险公司三方联合办理的“政银保”业务，至年底为300多家“四大经营主体”发放农业贷款近1.85亿元。五是成立金柚协会，全区有石扇、白渡、雁洋、松口、桃尧五个镇成立了金柚协会。

【农业信息化建设】 一是实施村级惠农信息化

建设项目，完善 95 家省级惠农信息社的站点建设、管理和培训工作，结合项目实际，成立专家团队，开展培训和公益服务，同时加强对“互联网+”农业惠农政策、“互联网+”农业金融、“网销”农产品品牌形象设计、农产品电商运营与管理等知识的培训，促使农业电商行业快速发展，带动线下销售，实现“线上线下齐开花”。

二是做好惠民信息平台和“三农”综合信息服务工作，至年底 “梅县农业”微信公众号共编辑发布、推送信息 356 条，梅县农业信息网站各栏目信息 1838 篇，移动MAS信息机短信服务平台发送各类指导短信息 11.04 万条次。

三是利用移动MAS信息机短信服务平台为农业龙头企业、农民专业合作社、科技示范户、种植大户等提供农业技术指导、农情农事预测预警、农业重大疫情、突发性自然灾害预警及农业防灾减灾对策等信息。全年发送各类指导短信息 22 条，共计 9.46 万条次。

【农业可再生能源开发与利用】 区农业部门完善、配套、服务、培训农村户用和养殖场沼气建设，全年完成农村户用补贴 26 户，检查、指导、培训农户、养殖场主沼气建设、安全生产检查 42 场次，发放《梅县区农村户用沼气建设与使用管理手册》400 份。

【农村土地承包与经营权流转】 一是搞好农村土地承包经营权确权登记颁证工作。至年底，全区完成外业指界面积 2.07 万公顷，实测率 99.02%（按国土二调面积 2.09 公顷计）完成一轮公示 4185 个村民小组，公示率 96.1%，完成二轮公示 4415 个村民小组，公示率 95%，申请颁证 106338 户，颁证率 94.6%。通过政府采购招投标完成了数据库软件采购并安装调试，档案整理、数字化服务工作有开展。

二是推进涉地遗留问题的化解长效机制建设。引导镇级设立农村土地承包调解委员会、村组设立调解小组或指定专人调解，实行村组土地承包经营纠纷高处体系，全面摸清历史遗留和潜在涉地存量纠纷，通过协商、调解、和诉讼等渠道，就地就近解决农村涉地历史遗留矛盾纠纷，做到小问题不出村组，大矛盾不出乡镇，确保农村社会和谐稳定，有效解决确权纠纷。全年发生承包经营纠纷总数 60 件，调处纠纷数 60 件（其中，乡村调解 50 件，区级调解纠纷数 10 件）。

三是加强农村土地承包经营权流转的指导和管理工作，推进“三权分置”引导农村土地承包经营权有序流转，发展农业适度规模经营。

林 业

【概述】 2017 年，梅县区林业局树立和践行绿水青山就是金山银山发展理念，以 “四大工程”“两大抚育”“森林资源管护”为重点抓手，扎实抓好森林工程建设，强化森林资源管理保护，促进林业经济快速发展，推进新一轮绿化广东大行动，为梅县区振兴发展提供良好的生态基础。

【森林抚育】 扎实抓好森林工程建设。林业部门全力抓好碳汇林、生态景观林带、森林围城工程、美丽乡村等林业“四大工程”和“两大抚育”建设。全年完成碳汇造林 1026.7 公顷，完成社会造林 1653.3 公顷；完成景观林带建设 20 公里；完成 46 个美丽乡村建设，其中石坑镇七朱村、龙径村，松源镇白玉村，桃尧镇麻坝村等 4 个为省级示范点；完成雁洋镇、大坪镇等 2 个森林公园建设；完成森林抚育任务 8400 公顷，其中新造林抚育 5066.7 公顷、中幼林抚育 3333.3 公顷。

【森林资源保护】 一是做好森林防火工作。严格落实森林防火领导带班 24 小时值班制度，要求护林员在特别防火期实行森林防火巡查制度；通过悬挂横幅、宣传标语、大型广告牌，发放宣传单、环保袋、日历，安排防火车辆广播宣传等多种防火宣传方式，营造全区共同参与森林防火的氛围；加大资金投入力度，全年投入 580 万元建设40个远程高清视频监控，采用视频监控和智能林火识别相结合的技术，实现视频监控范围可达5公里、视频监控360度旋转、火源点实时智能自动报警等森林防火监控需求；投入90万元完成约10公里的生物防火林地建设。二是严厉打击涉林违法行为。开展“利剑行动”“红线行动”等专项行动，查处各类林业案件50宗，其中森林刑事案件19宗，林业行政案件31宗。三是严把行政审批关。全年办理省、市、区重点工程项目征占用林地审批17宗，审批面积128.4公顷。办理各类行政审批许可事项1873件，办结率100%。其中：木材运输证1800件、林木采伐证审批62件、林木种子生产经营许可证审批9件、三有保护野生动物审批登记2件。四是加强森林病虫害防治。鉴于全区松材线虫病疫情严重，投入170万元聘请专业防治公司对全区松材线虫病疫情进行常年监测，已清理病枯死树9839株，诱杀天牛3.2万只，全区松材线虫病疫情得到基本控制。五是开展森林资源调查工作。协助省林业厅完成了广东省第九次国家森林资源连续清查工作；投入550万元开展全区森林资源二类调查工作。

【化解涉林纠纷，维护林业权益】 一是积极化解涉林纠纷。将林权纠纷调处工作下沉至基层，将群众矛盾有效解决在基层。全年收到林权争议和信访案件51宗，其中正式受理案件20宗，调处案件18宗。二是开展林权证复查核发。通过政府购买服务方式，在广东省率先全面启动全区林权证复查审核工作，投入178万元对全区约1.34万本林权证进行全面重新复查核发，有效解决和减少了群众之间的林权纠纷。2017年全省深化集体林权制度改革工作现场会在梅县区召开，梅县区在现场会议上作了《深化林权制度改革、促进梅县绿色发展》的经验发言。三是开展涉农资金专项整治。全年发放生态公益林补偿资金3123.7万元，发放率达94.3%。同时，按照省、市纪委开展涉农领域腐败问题专项治理工作部署，对全区生态公益林补助资金进行全面调查，完成入户核查8449户，发现问题线索56个，对于发现问题全部要求限期落实整改措施。

【林业经济】 全年分别完成4家企业省级林业发展及保护专项资金（第五批）的下达工作，完成3家企业的省级林业发展及保护专项资金（特色经济林补助项目）申报工作，完成2家省级龙头企业的复核及新增2家省级龙头企业申报工作。梅县区被省林业厅评定为2017年广东省林下经济扶贫示范县。全年全区林业经济总产值27.3亿元，面积7586.7公顷。

畜牧·水产

【概述】 2017年，区畜牧水产部门以畜牧水产业生态健康特色养殖和产业结构调整为主线，以市场需求为导向，以培植龙头为重点，推动现代畜牧水产业持续健康协调发展。全区生猪饲养量64.05万头，其中存栏26.60万头，出栏37.45万头；三鸟饲养量851.04万只，其中存栏198.72万只，出栏652.32万只；牛饲养量2.58万头；羊饲养量4.24万头；兔饲养量46.52万只；肉类总产4.53万吨；新种牧草2600公顷；牧业总产值11.11亿元；渔业养殖面积4112.7公顷，水产品产量2.89万吨，同比增长4%，产值3.41亿元，同比增长8%。

【畜牧】 禁养区畜禽污染整治　按照《梅州市梅县区畜禽养殖业污染问题专项整治工作方案》，与各相关部门、各镇人民政府形成联动机制，各司其职、各负其责，切实做好畜禽污染综合整治工作。至年底，关闭或搬迁禁养区内生猪养殖场（户）25家，合计关闭或搬迁生猪4643头，综合地方财政投入补偿资金278.63万元。通过开展畜禽养殖业污染问题专项整治行动，农村生态环境明显改善。

农产品质量安全检测　建立养殖生产企业、屠宰企业、兽药和饲料及饲料添加剂生产经营企业的监管名录 1347 家和“黑名单”制度，全面落实养殖生产企业、畜禽屠宰企业、兽药和饲料及饲料添加剂生产经营企业等生产经营者的主体责任。全年有 2 家兽药经营企业通过验收兽药产品经营质量安全（简称兽药GSP）认证经营企业示范奖补条件，创建 7 家质量安全标准化养殖生产经营企业。充分发挥区农检中心畜禽水产品检测室的作用，实现畜禽水产品定性定量检测工作常态化。全面加强畜禽水产品质量安全从养殖到餐桌的全程监管，确保人民群众舌尖上的安全。还聘请华东师范大学终身教授、博士生导师，水生生物学学科带头人陈立侨教授为区现代农业战略发展顾问，并成立陈立侨教授工作室，以助推全区现代水产业的快速发展。

全年出动执法人员　1247 人次，检查兽药经营企业、饲料生产经营企业、畜禽水产养殖场、屠场及动物诊疗机构 99 家次，发放《动物和动物产品质量安全告知书》《严禁使用“瘦肉精”等违禁物质告知书》《病死动物无害化处理告知书》等宣传资料约 4000 份。7 月 4 日，区畜禽水产品质量安全工作通过市人大常委会组织的食品安全执法检查组的考核。

重大动物疫病防控　重点开展禽流感、口蹄疫等重大动物疫病的免疫注射工作。全年累计拨出疫病防控经费 125 万元，用于购买禽流感、猪瘟、口蹄疫、高致病性猪蓝耳病等重大动物疫病防疫的疫苗、消毒药物等防控物资和防疫员的注射人工补助等。对禽流感、口蹄疫等重大动物疫病的免疫注射做到应免尽免，确保免疫质量。全年高致病性禽流感、口蹄疫等畜禽群体免疫率均达 90%以上，耳标佩戴率 95%以上。

品种改良　按照 2017 年度品改计划，继续抓好以生猪、牛等品种为主的改良工作。一是抓宣传促动，通过印发宣传资料、送科技下乡，开展咨询、电视播放等多形式多方式地向广大农民群众宣传良种良法，推动品种改良，引导群众走科技兴牧之路。二是抓畜牧品改示范基地，以基地示范，辐射带动农户搞品改，全区有猪品改示范基地 16 个，其中有 9 个为万头肉猪示范基地；牛品改示范基地有 2 个。三是抓好黄牛冷精配种工作，继续实行冷配员与养牛户联系卡制度，充分发挥冷配员能力，鼓励其跨乡镇开展冷配工作并做好冷配后的回访工作，全年冷配改良黄牛 926 头，产下冷配杂交小牛 832 头。

屠宰检验与检疫　强化畜禽出栏前报检的产地检疫制度和实行检疫证电子出证制度，杜绝带病畜禽调运和宰杀，全区定点屠宰场严格执行生猪“凭动物检疫合格证明和免疫耳标方可进场”的制度，屠宰检疫加盖检疫合格印章，凭动物检疫合格证明方可上市销售，全区屠宰检疫率 100%。全年投入 20 多万元对全区 16 家生猪定点屠宰场（点）建设视频监控系统平台，对屠宰场内生猪进场、屠宰检验、检疫过程、肉品出场、场内卫生情况进行远程全方位无死角监控，实现屠场检疫规范化。同时，定期组织执法人员到各屠场、白渡三鸟批发市场开展检疫巡查，有针对性地组织人员对全区产地检疫和票证使用加强督查，进一步规范检疫和出票，加大对私屠滥宰、屠宰环节添加“瘦肉精”、屠宰病死猪等违法行为的打击力度，保障全区肉食品质量安全。

疫病监测　不断完善区、镇、村动物疫情监测网络，充分发挥镇、村动物疫情报告观察员的作用，保证疫情报告的及时性和准确性，提高预警预报水平。全年送省、市监测抽猪血清 471 份检测A型口蹄疫、亚洲Ⅰ型口蹄疫、O型口蹄疫、猪蓝耳病免疫抗体和国家动物疫病固定监测、种猪场主要疫病监测；抽羊血清和棉拭子各 70 份监测小反刍兽疫监测；抽禽血清 471 检测禽流感、新城疫免疫抗体；采鸡棉拭子 655 份、鸭子棉拭子 10 份、鹅棉拭子 10 份、鸽棉拭子 10 份、环境样品 45 份作禽流感病原学检测；采牛羊粪便 40 作华支睾吸虫检测。通过开展牲畜口蹄疫、禽流感、猪蓝耳病、猪瘟、新城疫、布氏杆菌病等畜禽多种疫病的血清学和病原学方面的监测，全面掌握疫情动态和免疫效果水平。

落实惠民政策　全区有保能繁母猪 30084

头，申报有优质后备母奶牛饲养补贴 42 头。全年投保生猪养殖保险 10.05 万头。在完成渔船 2015 年度油补工作的同时，已完成 2016 年度油补和 2017 年禁渔补助申报工作乡镇申请初审工作，并正由渔业主管部门审核。

【水产】 特色养殖　2017 年梅县区较成规模的特色养殖企业有梅县区海霞水产品养殖有限公司的娃娃鱼养殖、梅州市正佳水产生态养殖场的中华鳖仿生态养殖、梅州市晨丰水产养殖有限公司的武昌鱼养殖、梅州好自然农业有限公司石金钱龟养殖、梅州市梅县区柏亨养龟场的平胸龟养殖、梅州市圣宝现代发展农业有限公司、梅南龙氏观赏鱼养殖有限公司、梅西水库银鱼、珍珠、银斑鱼养殖、水车小龙虾养殖和城东的稻田养虾等 20 多家。

水产品质量监管　完成省、市交监控计划 98 个，其中：监督抽查数量 24 个，风险监测数量 22 个，快速检测数量 52 个；98 个抽样中有一个样品结晶紫不符合要求，检测合格率达 99%，达到省 95%的要求。同时还积极开展水产品质量安全快速检测的自检工作，对 3.3 公顷以上 77 家水产养殖单位养殖品种和水样进行抽检，检测品种包括草鱼、罗非鱼、鲤鱼、团头鲂、鲮鱼、淡水白鲳、鲫鱼等 20 多个品种，检测成分包括氯霉素、孔雀石绿、呋喃唑酮、呋喃西林等共 7 个；全年检测水产养殖单位 50 家，合格率达 100%。

水产苗种检疫　结合开展人工增殖放流对全区 1 家水产苗种繁育场、3 家水产苗种培育场单位开展水产苗种产地检疫工作。年底，按照《水产苗种产地检疫规程汇编》的检疫方法进行检疫，出具检疫合格证明 38 单，检疫水产苗种 1.25 亿尾（鱼花、鱼苗等），包括“四大家鱼”、鲤鱼、鲫鱼、长丰鲢等在内的 10 多个水产品种苗种，检疫合格率为 100%。

电鱼和禁渔执法　2017 年，梅县区首次实施禁渔制度，在加大执法巡查力度的同时，深入到各个河段水域开展电鱼、禁渔专项执法行动 36 次，出动车辆 36 辆（次），出动快艇 5 次，租借工作船 6 艘，共巡查 250 公里；其中夜间执法巡查 8 次，清理销毁网具 10 张，河笼 183 套，查获 6 艘涉嫌电鱼“三无”船只，并当场拆除销毁电鱼工具 6 套，收缴逆变器 2 台、背式电机 1 副，没收并放生渔获物 67 公斤，查处电鱼案件一宗，罚款 1000 元。此外，春节前还配合支队处理禁渔区违规捕鱼案件 1 宗，罚款 3000 元。

渔政执法检查　坚持日常巡查、专项行动及渔船检验相结合，特别是在重大节假日及中共十九大召开前等重要时间节点以及在危险天气未解除的情况下加强执法巡查。全年出动执法车（艇）28 次，执法人员 83 人次，检查渔船 359 艘次；检查过程中对现场发现临水作业未穿救生衣、船体或主机有故障存在安全风险与隐患的渔船依法给予下达限期整改通知书，全年共下达限期整改通知书 13 份，整改情况及时跟进。同时做好安全执法检查记录等台账。

渔业增殖放流　2017 年投入渔业增殖放流资金 45 万元，分别于 5 月 26 日、6 月 5 日及 27 日在程江镇程江河段、梅江河梅南河段及石窟河丙村芦陵水域开展渔业增殖放流活动，累计投放青、草、鲢、鳙、鲮、赤眼鳟等苗种 420 万尾。通过实施人工增殖放流，增加了渔业资源量，改善了江河生态环境，增强了水域生态系统自身调节能力，有效地保护了渔业生态平衡。

水污染事故处理　2017 年在丙村、城东、南口、梅南等镇处理塘鱼污染事故 15 宗，涉及水面 13.3 多公顷，通过技术指导和应急处置方案实施，为渔民挽回直接和间接经济损失 100 多万元。

水利水电

【概述】 2017 年，梅县区完成水利项目年度投资 11.6 亿元，占年度计划 7.7 亿元的 150.6%，是历年正常工作量的 3 倍。

主要包括：3 宗山区中小河流治理工程、3

宗水系连通工程、梅县新城水厂主体工程和工艺设备安装、23 宗灌区改造工程、13 宗农村中型及重点小型机电排灌工程、31 宗引水陂头维修、10 座山塘除险加固及圳道“三面光”等一批农村水利工程，2 宗小流域综合治理工程和梅县区革命老区及原中央苏区崩岗治理一期工程、亲水公园二期和程江河除险加固及两岸景观提升工程。

【防汛抗灾】 6 月，受强降雨云系的影响，6 月 3 日、13 日、16 日分别出现短时强降雨，造成全区三次受灾。面对灾情，三防部门快速反应，积极应对，科学调度，全力抢险，将灾害损失减到最低。一是加强组织协调。严格落实以行政首长负责制为核心的三防工作责任制，严格执行应急响应会商制度和联合值守工作制度，凝聚防灾抗灾工作合力。二是做好应对各种极端天气的组织保障、物质储备、预案方案、抢险队伍准备。编制防汛抗旱工作方案，修编各类防汛预案。培训区、镇、村防汛人员 500 余人，开展防汛抢险应急综合演练，落实小型水库专管员和管护经费。三是强化检查巡查、监测预警和防洪调度，突出抓好江河堤围、山塘水库、水电站蓄水工程和在建水利工程度汛安全管理，切实做好江河洪水、山洪灾害防御以及城市防洪排涝等工作，确保人民群众生命财产安全。

【市政供水建设】 加大市政供水建设力度，夯实水务支撑保障，全年投入 2.3 亿元完成梅县新城水厂主体工程和工艺设备安装，预计 2018 年 2 月底投产供水，从根源上解决梅县新城、嘉应新区及周边 11 个镇街 30 多万人的用水问题。

【水利工程建设与管理】 深化水利工程管理体制改革，明晰产权落实管护。3 月召开全区深化小型水利工程管理体制改革动员部署会议，按照职责分工，密切配合，按时完成全区 1540 宗小型水利工程改革任务，并逐级审批颁发权证。

【农田水利建设】 2017 年投入 0.98 亿元完成石子岭灌区等 23 宗灌区改造工程、31 宗引水陂头维修、10 座山塘除险加固及圳道“三面光”等一批农村水利工程，改善及新增灌溉面积近 5333.3 公顷。

【村村通自来水工程建设】 2017 年继续推进村村通自来水工程建设。项目总投资 3.02 亿元，2017 年计划投资 0.99 亿元实施 10 个镇（畲江、梅南、石扇、雁洋、白渡、松口、隆文、桃尧、大坪、城东），完成投资 1.88 亿元，完成投资率 189%，其余 8 个镇已进场施工建设 7 个镇，总体工程进度 65%。

【农村小水电建设】 全年投资 8645.48 万元实施建设 1 宗涝区治理工程、13 宗机电排灌新（重）扩建工程，加强全区 185 宗小水电工程汛前、汛后的安全检查工作，确保全区小水电工程安全运行。

【水资源保护与开发利用】 继续贯彻落实《水法》《水土保持条例》，切实推进依法治水，合理利用水资源。一是加强宣传力度。以“世界水日”“中国水周”为契机，以加强水工程、水资源保护为重点，加大宣传力度，营造良好管理氛围，提高全民节水保水意识。二是落实“三条红线”。认真贯彻国务院关于《实行最严格水资源管理制度的意见》，严格按三条红线控制指标抓好工作落实，万元GDP用水量及万元工业增加值用水量指标考核均居全市前列。全年征缴水资源费达 300 多万元（不含电站），延续变更取水许可证 57 份。

【水土保持】 围绕市委、市政府新一轮“绿满梅州大行动”部署，搞好“五沿”崩岗水土流失治理工作，实现水土资源的可持续利用和生态环境的可持续维护。全年投入 5948 万元完成先锋河、乌泥河两宗小流域综合治理工程和梅县区革命老区及原中央苏区崩岗治理一期工程，治理河流 19.18 公里，治理水土流失面积 32.84 平方公里。

【河道管理】围绕提高江河湖泊的综合效益，水务部门积极开展河涌整治与生态修复。扎实推进南粤水更清行动，大力开展清淤清障、景观改造为主的河涌整治工程，打造“河畅、水清、岸固、景美”的水环境。在抓好2016年山区中小河流治理项目的收尾和验收的同时，投入7469万元完成实施3宗治理工程，治理河道49.4公里。使全区水环境质量达标率大幅度提高。同时做好河道采砂管理工作。采用日常巡查和依托视频、GPS监控系统规范全区中标砂场的采砂秩序，使采砂活动严格按《广东省河道采砂管理条例》的规定和省市有关河道采砂监管文件要求依法有序开展。

【水政执法】通过开展日常执法检查和水资源管理执法专项行动，不断加大执法力度，整合执法力量， 积极加强与海事、公安、交通、乡镇等部门的紧密合作，建立定期联合巡查制度，对各砂场的采砂作业安全、船舶安全、现场管理、采砂秩序等方面进行检查；高度重视群众投诉举报线索，加大夜间、节假日时间巡查力度。全年巡查205次，受理群众举报10宗、制止倾倒废渣1宗、拆除河道违建建筑物1宗、查处违法采砂案件7宗，实施行政处罚7宗，罚款21万元，规范了取水、用水、入河排污和水源保护等水事行为，水资源执法效率有所提高。

【全面推行河长制】2017年12月12日以并列全市第一的成绩通过市级河长制中期评估和验收。12月27日顺利通过省级河长制中期评估和验收小组抽查验收。年底，三级河长体系全面建立，区、镇、村三级工作方案、配套制度、河长制办公室全面出台，区、镇两级明确实行双总河长，分别由党政主要领导担任；成立区级河长制实体机构——区河湖服务中心，落实专职人员；河长责任全面落实，向社会公开区级总河长、区级负责河流（流域）河长名单和区、镇、村三级河长名录；河长巡河履职达到全覆盖，其中区级河长巡河10人次，镇级河长巡河171次。

【小型水利工程管理体制改革】2017年3月召开全区深化小型水利工程管理体制改革动员部署会议，各级各部门按照职责分工，密切配合，通力合作，按时完成全区1540宗小型水利工程改革任务，并正逐级审批颁发权证。

气　象

【天气预报】2017年，梅县区高温、台风、暴雨洪涝、短时雷雨大风等气象灾害频发，应急保障服务难度大。区气象部门面对复杂的天气气候，全体预报员充分发扬不怕苦、连续作战的精神，坚守工作岗位，确保重大灾害性天气预报服务过程期间各项气象服务工作有序开展，为全区防灾减灾贡献力量。在汛期前，调整充实汛期气象服务领导小组，及时安排汛期工作检查。入汛后，严格执行各项汛期服务工作制度。坚持汛期24小时值班制度，坚持重要天气会商制、局长签发制、值班登记制，紧紧抓住灾害性、关建性、转折性天气做好预测预报及资料服务工作。根据天气变化及时分析制作天气快报，专题服务，按时发布长、中、短期天气预报和森林火险等级、地质灾害等级预报等服务产品。通过传真、互联网络等手段服务到乡镇及相关单位；每天通过气象影视产品、微博、微信平台发布短期天气预报和72小时乡镇精细化预报。

【气象服务】一是决策气象服务及时准确。除准确做好年内重要节日、重要活动期间的天气预报，还紧紧抓住灾害性、关建性、转折性天气做好预测预报，提供准确、及时、优质的气象服务，为各级领导科学决策提供依据。全年共发布各类天气报告85期（《重大气象信息快报》41期、《天气报告》18期、《重大气象信息专报》6期、《地质灾害气象风险专题预报》20期）；制作农情调查36期、梅县区气象月报12期。

二是公众服务多措并举。充分利用新媒体，

拓展气象为民服务的渠道。继续拓展应用微信、微博、短信平台、气象影视产品，广泛开展规范化服务，除及时发布最新的天气预报、重要天气报告、预警信息外，还提供与生活、生产息息相关的气象科普知识，引导社会公众了解、关注气象，科学防御气象灾害。手机短消息气象服务在为用户提供气象预报的同时，还根据天气气候状况提出生产、生活、健康方面的温馨提示，使短信用户倍感气象服务的实用性和亲切感，以赢得社会对气象服务工作的认可。

三是做好“直通式”气象服务。将全区重点涉农企业、专业合作社负责人、大型种养殖户、气象信息员等纳入决策服务平台，无偿为其提供重要天气预报、天气实况等信息。通过电视、手机短信、QQ、微博、微信、电子显示屏、农村大喇叭等传播渠道，将农用天气预报、农业气象灾害预警等信息及时传送给重点服务对象。推进智慧农业气象服务，通过智慧手机终端推广广东农气APP，让农业种植大户初步了解农业天气相关情况。通过数据平台可将农业气象监测预警、气象为农服务信息发布到示范区及周边地区的农业种植基地（种养大户、合作社、龙头企业）、科技示范户、种植基地、农技推广员等手中。

与区农业局加强对接合作，在金柚黄龙病高发季节，为梅州市首次利用直升机进行金柚黄龙病统防统治飞防工作提供全方位气象服务。在金柚黄龙病飞防活动开展期间，梅县局多措并举，每天为飞防活动提供活动区范围的天气预报、预警信息服务，同时还借助农村气象大喇叭发布农作物重大病虫害防治信息和飞防注意事项。

【灾害天气预警发布】 2017年，共向公众发布各类预警信号100次，其中寒冷预警信号10次、暴雨预警信号27次、森林火险预警信号14次、台风预警信号4次、高温预警信号13次、雷雨大风预警信号30次、大雾预警信号2次，累计发送短信280条，51.60万人次。接受梅县区电视台专题采访13次。启动气象灾害应急响应7次，启动19次恶劣天气领导一线带班。并通过省突平台、将预报、预警及时传递到各级领导和群众手中。

【测报站点管理】 2017年，完成综合探测基地降水类天气现象仪和综合集成硬件控制器的安装和调试，对备份新型站进行升级改造，新建1个区域自动气象站和1个回南天观测站，2个区域站点进行了升级改造；率先在石扇镇建新村建成全省首个现代农业示范区农情生物预警和气象综合监测站。全年地面测报、地面气象报表预审、酸雨质量无错，26个区域自动气象站运行情况稳定，国家级站数据资料传输及时率99.38%，可用率100.00%，区域自动站来报率达98%，无早、迟、缺测、涂改和伪造等重特大责任性事故。在中国气象局观测司第26次全国酸雨观测质量样品考核中，K值、pH值和纯水均为优秀。

【防雷安全管理】 易燃易爆场所防雷检测做到半年检测一次，覆盖率100%，全年完成178宗90个易燃易爆场所（包括化工企业、炸药仓库和烟花爆竹仓库等）；一般场所年度检测完成85宗。完成63宗129栋新建建（构）物的防雷装置竣工检测业务。

积极履行安全生产重点单位监管职责，落实气象灾害隐患排查和整改，派出安全生产检查组，开展特别防护期、粉尘涉爆企业、气象灾害防御、危化品易燃易爆场所、学校等专项安全生产检查52次，排查出安全隐患12处，整改率100%，全年本单位负责监管的领域未发生安全生产事故。完成辖区雷电灾害风险点排查、评级、管控工作任务，将我区55个加油站、2个油库、4个气库、29个炸药仓库、2家烟花爆竹仓库和3个化工企业列入风险点危险源数据库，分门别类明确了每一处风险点、危险源的具体分布、管理和监管的责任单位、责任人和管控状态，并每月根据实时情况及时更新数据库，实行动态管理。与区教育局组成联合检查组对全区范围内各中小学校、幼儿园建（构）筑物的防雷设施进行了安全检查，对已投入使用的建（构）筑物防雷设施进行安全检测，消除存在的雷击隐患，提高了学校雷电灾害防御能力，确保了广大师大和校舍的安全。

【气象现代化建设】 梅县区突发事件预警信息发布中心业务用房建设项目于 1 月通过竣工验收。9 月 30 日，突发事件预警信息发布业务平台和智慧梅县政务指挥中心正式启用。梅县区预警信息发布业务平台依托梅县区突发事件预警信息发布系统，按“一模”要求进行高标准建设，接入公安、应急、三防、气象、林业、农业、城管等多部门的视频信号，为全区自然灾害、事故灾难、公共卫生等各类突发事件预警信息发布提供权威、畅通、有效的综合平台。该平台的启用，将进一步健全“政府主导，部门联动，统一发布，分级负责，纵向到底，横向到边”的突发事件预警信息发布机制，最大程度地减轻灾害损失提供保障。

工　业

2017 年，全区规模以上工业企业实现工业增加值 42.92 亿元，同比增长 0.7%；实现工业总产值 157.18 亿元，同比增长 0.7%。全区完成工业投资 59.89 亿元，同比增长 33.2%，其中：工业技改投资 13.59 亿元，同比增长 12.3%。至 2017 年末，全区有工业企业 777 家。其中：规模以上企业 102 家（其中：畲江工业园企业 31 家），规模以下企业 675 家。在规模以上企业中，年产值达亿元以上的企业有 19 家，5 亿元以上产值的企业有 6 家。

工业产品主要有发电量、电子元件、水泥、车轴、橡胶轮胎、编织工艺品、电解铜箔、服装、覆铜板、精炼铜等 10 类产品。

【支柱产业】 2017 年，梅县区工业按行业划分有电力生产、电子产品、机械制造、建材、医药化工、编织工艺和矿业等七大支柱产业。年底，七大支柱产业实现工业总产值 127.13 亿元，占全区规模以上工业总产值的 81%。其中：

1. 电力生产产业：实现工业总产值 34.35 亿元，占规上工业总产值的 21.86%，全区电力生产企业共有 5 家，其中 1 家火力发电企业，4 家水力发电企业；亿元以上企业有广东梅雁吉祥水电股份有限公司、广东宝丽华电力有限公司 2 家。

2. 电子产品产业：实现工业总产值 22.36 亿元，占规上工业总产值的 14.23%，全区电子产业规模以上企业有 14 家，其中亿元以上企业有广东超华科技股份有限公司、广东嘉元科技有限公司、梅州紫晶光电科技有限公司、广东嘉和微特电机股份有限公司、广东富源科技股份有限公司、广东博森光能科技有限公司等 6 家。

3. 机械制造产业：实现工业总产值 27.70 亿元，占规上工业总产值的 17.63%，全区机械制造产业规模以上企业共有 14 家，其中亿元以上企业有BPW（梅州）车轴有限公司、梅州国基精密制品有限公司、梅州华南三一工程机械有限公司等 3 家。

4. 建材产业：实现工业总产值 18.95 亿元，占规上工业总产值的 12.06%，全区建材产业规模以上企业共有 19 家，其中亿元以上企业有梅州皇马混凝土有限公司、梅县恒发建材有限公司、梅县嘉鼎水泥有限公司、梅县泰山建材有限公司、梅县恒塔旋窑水泥有限公司、梅县南口金蔡煤灰砖厂、梅县金蔡蒸压粉煤灰砖厂、梅县源兴混凝土有限公司等 8 家。

5. 医药化工产业：实现工业总产值 5.81 亿元，占规上工业总产值的 3.7%；全区医药化工产业规模以上企业共有 7 家，其中亿元以上企业有广东科伦药业有限公司、广东燕岭生命科技股份有限公司、广东合百草制药有限公司等3家。

6. 工艺美术品制造产业：实现工业总产值15.86亿元，占规上工业总产值的10.09%；全区工艺美术品制造业规模以上企业共有12家，其中亿元以上企业有梅州瑞东厚珠宝首饰有限公司1家。

7. 矿产品业：实现工业总产值2.08亿元，占规上工业总产值的1.32%；全区矿业产业规模以上企业共有5家，其中亿元以上企业有梅州市金雁铜业公司1家

【工业建设】 工业投资超额完成市下达梅县区全年45亿元的目标任务，连续两年增幅超过30%，呈现较强的发展后劲。全区（含畲江园区）备案入笼的工业投资（含技改投资）项目共74个（不含市返供电1个），已有36个项目完工投产，38个项目正加紧推进。其中，超华科技、嘉元科技、航鑫科技二期、BPW（梅州）车轴有限公司、鸿荣重工等增资扩产项目投产；盛富金属制品、金蔡光伏发电等新引进项目竣工投产；401厂胶状乳化炸药生产线、宝丽华电力发电机组脱硫技术等项目按计划推进。

【产业转型升级】 2017年全区实施技术改造规上工业企业16家（含园区6家），智能化技术改造示范企业1家，新增机器人应用36台（含园区5家）；全区共备案技改项目21个，项目总投资9.61亿元，固定资产投资8.44亿元，预计项目完成后新增销售收入15.28亿元，新增利润2.17亿元；组织规上企业向省、市、区争取技术改造和技术创新类项目共5个专题26个小项，各级下达梅县区工业企业技改扶持资金共2718.9万元（其中，BPW等四家企业获事后奖补资金1972.9万元；鸿荣重工获省技改资金100万元；航鑫获市级风险补偿资金融资贷款420万元；嘉元等3家企业获设备更新和机器人及智能装备应用专题项目资金共226万元）。超华科技等23家获区级贷款贴息813.79万元；全年办理“助保贷”企业10家，金额达到5940万元。

【招商引资】 第五届世界客商大会梅县区有73个总投资490多亿元的重点项目参加“签约、动工、竣工”活动，其中工业项目有13个，计划投资总额40.54亿元，已投入金额4.2亿元。

【中小企业】 2017年全年民营企业产值预计142亿元，占全区GDP70%，税收预计完成28亿元，占全区税收87%。积极争取上级扶持中小微企业发展专项资金，为广东力天世纪传媒股份有限公司等8家电商企业申请“扬帆计划”支持资金36万元；为广东引领科技信息公司、梅县云电商两家服务平台申领补助资金60万元；为广东自远环保股份有限公司等6家新三板挂牌申报省奖补扶持资金250万元；为广东博森光能科技有限公司等7家2016年上规工业企业申报获得贴息补助200.55万元。

继续发动企业加入市信贷风险补偿基金重点企业池和申领创业券，年底，全区入池企业达44家，已获贷款企业10笔，3494万元；申领创业券企业26家45万元（全市230万元）。此外，全年为广东省航鑫科技股份公司、广东博森光能科技有限公司、梅州市程江梯级水电厂、梅州利臻实业有限公司、梅州市恒业实业有限公司和广东裕盛纺织科技有限公司等100多家企业解决6亿多元融资贷款。

【科技创新】 2017年，梅县区有国家高新技术企业25家；广东省高企培育入库企业35家；广东省创新型企业2家、创新型试点企业1家；省级工程技术研究中心9家、国家级知识产权优势企业1家等。

全年组织申报省级科技计划项目20项，获准立项7项，获得财政资金支持610万元；组织广东超华科技股份有限公司、广东嘉元科技股份有限公司、广东泰鸿科技股份有限公司、广东振声科技股份有限公司和BPW（梅州）车轴有限公司等12家企业申请省级研究开发财政补助资金，合计得到核拨省级研究开发财政补助资金422.97万元。广东佳鸿达科技有限公司、广东绿园环保

科技有限公司、广东泰鸿科技股份有限公司、广东骅锋科技股份有限公司等5家企业获取技术合同金额共2573.06万元。在列入梅县区建立研发机构考核任务的66家规上工业企业中，到年底实现26家企业建立研发机构，占比为39.39%；在列入梅县区建立研发机构考核任务的19家1亿元以上工业企业中，到年底实现15家企业建立研发机构，占比为78.95%；在列入梅县区建立研发机构考核任务的6家5亿元以上工业企业中，到年底实现研发机构100%全覆盖。

【供电】 2017年实现连续安全生产2192天；累计完成平均停电时间19.75小时；累计完成平均停电次数4.01次；综合电压合格率99.8%；累计完成售电量9.2亿千瓦时，累计综合线损率3.60%。当年电费回收率100%。客户满意度87.03分；供电单位成本220.94元/千千瓦时。配网可转供电率59.42%。

安全生产管理　强化安全生产的“红线”意识和“底线”思维；认真执行“1234”人身风险管控机制，严抓班组“两票”管理，督促五类人员落实现场安全风险管控到位标准；完成现场安全督察1100次，处理现场违章65起。持续规范班组安全基础管理，消除配网安全隐患1463处，完成整改96.6%。整改低压裸导线23处，完善配网安健环9106块。实现年度安全生产目标。

信息化建设　稳步推进数据质量专项提升工作，信息系统及终端运维服务持续提升，全年处理了1986张事件单，保障了“6+1”系统应用及终端正常运行。综合数据网络建设，通过投运自建光缆提升带宽至1000M。实施全局更换国密PKI，强化关键、敏感数据的信息安全保障。

电力供应　新能源并网业务新增容量2.6万千瓦；完成3家小水电自供区供电业务接管任务。开展10千瓦线路多次跳闸专项治理工作，全面完成10千瓦主线清障任务，完成196台重过载配变轮换和128个低电压台区整改工作。全年完成配网带电作业102次，智能开关更换80个，D类电压合格率99.89%。

全年投入资金914万元，进行架空线路改造、完善配电安健环等措施，有效控制并降低了设备风险。

电网规划　统筹农村电网升级改造与电力行业精准扶贫，计划投资2000万元对41个省级贫困村进行农网升级改造，助力贫困村脱贫致富。全面完成2016年5000万元新建配网工程投资及结算工作，继续抓好2017年2.1亿电网投资建设任务。继续推进“220千瓦帅乡变”和“富远线”等主网项目的属地化管理。

经营管理　完成9条高损线路、143个高损台区降损治理目标任务，综合线损率3.60%；加大“反偷查漏”治理力度，查处窃电、违约用电共114宗，追回电费和违约金20.8万元。完成智能电表轮换7.2万块，智能电表和低压集抄覆盖率分别达到94.21%、73.79%，全年实现电费回收率100%。

交通 · 通信

交通 · 运输

【概述】 2017年，梅县区交通、公路部门积极开展全省“四好农村路”示范县创建活动，打造“畅安舒美”公路环境，提升公路通行能力、路况水平、安全水平、服务水平和文明水平，加快构建全区现代综合交通运输体系，着力把交通环境改善转变为区位和产业发展优势，全力推进重点项目建设。

至年底，全区公路通车总里程约3055公里，公路密度为123公里/百平方公里。其中：1. 高速公路4条共116.5公里；2. 国、省道13条共546.2公里；3. 县乡村道2392.3公里。全区已开通城乡公交线路51条，投入运营车辆约500辆，全区行政村355个，已通车271个。

2017年，统筹协调推进高铁、高速公路、普通公路等交通运输基础设施项目建设，在总投资230.63亿元中，年度计划投资33.05亿元，实际完成投资约30.6亿元（其中铁路16.2亿元，高速公路5.9亿元，普通公路8.5亿元），基本完成年度计划任务，比上年的18.3亿元增加12.3亿元，同比增长67.2%。

【交通基础设施建设】高速公路建设方面　1. 梅平高速公路梅县区段长5公里，总投资5亿元，全年实际完成投资2.3亿元全面完成征拆任务，实现无障碍施工。

2. 梅大高速公路梅州东环支线长15公里，总投资20.1亿元，全年实际完成投资3亿元。

3. 长深高速公路葵岗互通立交对接葵岗高铁西站，估算总投资2.43亿元， 全年投资0.6亿元完成征拆和前期工程。

国省道公路建设　1. 省道S242线梅西至程江公路建设工程（西部旅游快线）全长32.45公里，其中主线长30.61公里，支线长1.84公里，同步配套建设绿道25.79公里，总投资18.63亿元，采用PPP模式建设。年底完成项目立项，并进行勘察设计招标和PPP入库工作。

2. 推进省道S223线梅县区松源至雁洋段（出省通道）改建工程，项目全长67.29公里，总投资33.28亿元，项目采用PPP模式，分两个阶段进行实施，第一阶段为雁洋环镇段；第二阶段为松源至雁洋段，完成初步设计批复和施工图设计评审等工作，年度完成投资2.11亿元，累计完成投资2.35亿元。

3. 国道G206线兴宁松陂至丰顺北斗石桥头段改建工程（梅县段），年度完成投资3000万元，主要为前期工作和征地拆迁费用，已进入施工准备阶段。

国省道维修改造　完成国道G205线竹洋1号、2号桥及潘屋桥改造加固工程。动工建设G206线龙岗中桥维修加固工程。完成省道S224线雁洋大桥加固维修工程。完成省道S332线凳仔岗隧道维修加固工程。完成梅州大桥桥面污水径流收集工程。

县乡公路、园区道路建设　全年改造县道路面4条，长约85公里，总投资1.56亿元，分两年建设。年度实际完成投资6000万元。

园区道路即G205国道至白渡梅州坑工业园道路（含瓜洲大桥），长5.913公里，总投资1.15亿元，采用PPP模式建设。全年实际完成投资6000万元。

桥梁建设方面　建设畲江镇芦陂桥、丙村大桥、石坑镇琴江桥、松口镇广福桥等4座桥梁，全年实际完成投资2200万元。

创建文明示范路　2017年以省道332线凳子岗隧道至老虎塘段为先行段，投入资金162万元对该段公路按文明示范路标准进行建设。具体：1. 投入资金50万元，对沿线坏烂路面、硬路肩、水沟墙、桥梁伸缩缝等进行维修。2. 在S332线K39+650公路左侧设置停车休息区，投入资金30万元在停车区设置卫生间、凉亭和公路文化宣传牌等设施。3. 投入资金32万元，全线种植冠幅60厘米以上大红花、夹竹桃、双荚槐等15000株。4. 投入资金8.0万元，对沿线乱堆乱放、违章广告标牌等进行整治，拆除非公路标志6块，清理垃圾、余泥2250立方米，设置公里桩11块，百米桩102块。5. 投入资金42万元，完善缺损的标志、标线，全段补画标线4443平方米，增设标志牌7块，道口桩10根，完善7座桥梁的标识牌，并对不规范、反光不足、损伤严重的标志牌进行换膜、换牌面处理，对危险路段增设钢护栏358米。2017年梅县区获评广东省第二批“四好农村路”示范县。

【公路养护与绿化】2017年农村公路养护里程1883公里，其中县道312公里、乡道1370公里、村道 201 公里。由 5 个县道养护中心、一个绿化队负责县道养护工作；19 个镇级乡村公路管理站负责辖区内乡村公路的养护工作。年底，国道年末优良路率 88.2%，占计划数的 102.6%，省道年末优良路率 86.7%，占计划数的 102%；机械完好率 93%，一二类桥梁占桥梁总数的 92.4%。

按照市委市政府“五沿”绿化要求，投入 55 万元，完成S332 线、S224 线绿化补种，共种植大红花等 5000 株；对G205 线白渡段和S224 线城东至雁洋段进行绿化修剪。

【交通综合执法与路政管理】 全年出动执法人员 4500 多人次，出动执法车辆 780 多辆次，检查车辆 3600 辆次；查处各类交通违法行为 309 宗（其中：运政案件 162 宗；路政案件 87 宗；超限运输案件 59 宗；水路案件 1 宗）；罚款 15.735 万元。

路政坚持“依法治路、规范管理、文明执法、热情服务”的管理目标，履行保护路产、维护路权的职责，加强路政巡查。全年无公路“三乱”，路政上路 285 天 1820 人次，巡查里程 26175 公里，路政发案 80 宗，立案 80 宗，结案 80 宗，立案、结案率 100%；发现违法案件 25 宗，告知区综合行政执法局 25 宗；收回路产赔偿费 72.36 万元。

【道路运输管理】 全年审批维修企业 35 家、普通货物运输企业 19 家，换发道路运输从业人员从业资格证 1760 张；办理客运车辆新增入户 11 辆，完成客运车辆年度审验 352 辆次；办理危险品货物运输车辆新增入户 34 辆，普通货运营运车辆新增入户 1452 辆，完成车辆年度审验 3981 辆次；完成行政许可场地验收 54 次、驾培机构新增 2 家、年度企业质量信誉考核 36 家；注销老旧营运车辆和营运黄标车辆 2673 辆。

【安全生产管理】 认真贯彻“安全第一，预防为主、综合治理”的安全生产工作方针。一是完善安全设施、安保建设，规范健全基层安全生产管理工作。二是集中开展公路风险点危险源排查整治专项行动工作，强化上路巡查，深入开展隐患整治工作。三是积极开展“安全生产月”、特别防护期等专项活动。四是加强安全应急管理和安全培训及演练工作等。全年投入安全生产管理费用 52.5 万元，打造“平安公路”“平安工地”，全年无发生因公路管理不善、安全设施不齐全而造成的责任事故。

【基层站建设管理】 积极创建“文明养护中心”，抓好配套基础设施建设。全年投入资金 58.09 万元对隆文养护中心养护机械配备结构进行完善，购置养护车 5 台，对原购置的 1 台装载机安装了空调，购置割草机 1 台，绿篱机 3 台，高枝剪 1 台，黄油机 1 台，灌缝机 2 台，切割机 1 台，油锯 1 台，汽油除虫机 1 台；投入资金 1.8 万元完善隆文养护中心和松源、松口、丙村 3 个养护作业点的生活设施，配备了煤气炉、风扇、热水器、洗衣机、电视机、抽油烟机、餐台等生活设施；投入资金 0.95 万元对松口作业点搭设天棚；投入资金 0.93 万元完善隆文养护中心的电脑设备。

邮　政

【概述】 2017 年，中国邮政集团公司梅州市梅县区分公司（以下简称“梅县区分公司”）在全区有 25 个城乡网点（含代理金融网点 21 个），网点遍布所有乡镇，邮政投递服务覆盖全区所有城乡，开办的业务种类有函件、包裹、报刊发行、储蓄汇兑、分销物流、代理保险、集邮等。年底，全公司有员工 203 人，实现年业务收入同比增长 10.92%。中国邮政储蓄银行梅县支行圆满完成梅州市分行下达的收入、利润目标，且双项指标均在全市排名第一。2017 年度，在广东省分行先进单位表彰活动中，梅县支行荣获突出贡献奖，在梅州市分行先进单位表彰活动中，荣获优胜支行奖。

【**代理金融业务**】 2017 年底，邮储余额规模达 42.01 亿元。分公司灵活应对市场变化，发挥服务优势，积极开发代收学费、代发工资、征地款、柚农资金链等项目；主动“进社区、进村镇、进市场”，配套“金融产品包＋非金融增值服务包＋活动包”，让服务更加方便快捷；不断整合自身业务资源，拓展扫码付、第三方绑卡和手机银行等业务，满足不同用户的金融需求。

【**邮务类业务**】 融入地方经济，发挥文化广告传媒宣传优势，为政府和企业提供全方位的宣传服务；响应为民办实事的号召，通过邮乐购、邮乐小店、拼多多、微商、朋友圈等线上线下渠道进行销售，做大农产品返城项目，拉动寄递业务的快速发展；通过组织品牌家电和小家电下乡等方式，实现融合发展。

【**邮政营业网建设与管理**】 加强各网点使用技防设施情况的检查及维护，在所有营业网点、代办所、投递部加装视频监控设备；完成行政、邮运生产车辆车载视频监控系统安装工作；完成府前路、白宫、水车、梅南、扶大等 5 个支局的ATM机预留孔铁板加装；全面完成各类业务设备的更新改造和升级维护，有力支撑邮储、保险等业务的发展。

【**邮储银行梅县支行**】业务经营　2017 年末，邮储银行梅县支行累计投放创业贷款、“政银保”“扶贫贷款”、家庭农场贷款、小额贷款、商务贷款、企业贷款、房贷等各类贷款超过 20 亿元，含邮政代理网点在内各类存款余额规模逾 58 亿元，成为地区普惠金融服务的生力军。

积极贯彻落实“大众创业、万众创新”的号召，大力弘扬奉献、友爱、互助、进步的志愿服务精神，促进农村青年创业就业深入践行社会主义核心价值观，弘扬“奉献、有爱、互助、进步”的志愿精神，加强与团区委、志愿者协会的合作，组建志愿者服务队积极参与团区委组织的各项公益活动。6 月 12 日，梅县农村青年创业金融服务站及全市首家“梅州志愿者卡”服务中心在邮储银行梅县支行挂牌成立。持续开展系列“金融知识进校园”“金融知识进万家活动”“金融知识普及月”“网络安全活动周”等活动，志愿者服务队向广大市民宣讲日常生活中出现的网络诈骗案件，提高普及预防电信（网络）诈骗意识，切实提高群众风险防控能力及意识。

内控风险管理　一是进一步强化操作风险、案件风险、声誉风险、舆情事件、员工行为管理以及安全保卫工作，结合“内控优化年”活动契机，切实提高全行员工合规意识和风控技能。二是抓尽职检查，业务条线和合规条线紧密配合、各司其职，共同做好业务监督检查工作。三是抓整改问责，根据内外检查发现问题的严肃程度，按照“十条禁令”、违规行为处理办法、轻度违规行为积分管理办法分别予以不同的处理，特别对针对问题整改不到位或屡查屡犯的行为，做到违规必究。

通　信

【**电信**】 基础设施建设　2017 年，梅县分公司精确把控光宽补点建设，全力支撑网络简化、整村推进、政企光改和市场业务发展的需求。建成 4G全覆盖的高速优质移动网络，并针对重点区域进行 4G+（载波聚合）试点。上半年，提前完成农村 800M重耕 4G基站建设任务，全区行政村 4G信号基本实现全覆盖，强力支撑了 4G业务发展。全年完成 800M重耕 4G基站建设 218 个（其中农村 134 个、城市 84 个）。再结合数量众多的WiFi热点，在梅县建成光纤、4G、WiFi为一体的广覆盖、高速率的互联网＋优质网络。业务拓展中，搭建了先进的智慧乡镇视频网，梅县区全域都可接入到高清 4K画质的天翼高清视频服务。

节能减排　认真贯彻执行政府节能减排工作目标任务，完成 2017 年全部TDM局点退网下电工作，盘活网络资源，提升资源管理效益；提升光网建设端口利用率。

业务发展　在市场经营工作中，不断强化经营管理，创新实施营销活动，积极拓展市场份额，实现宽移收入占比全市最高，全业务用户发展量不断攀升。

通讯保障　积极响应“互联网+”时代浪潮，助力、服务智慧政务、智慧民生、智慧产业能力不断增强。协助梅县区政府建设“梅县区森林防火预警系统网络平台”“梅县区食品药品监督管理局阳光厨房网络平台”“公安出租屋管理系统网络平台”，助力梅县区防火安全、食品安全、出租屋安全建设。助力教育创强，建成覆盖所有中小学的教育城域网，实现可接入安全专业的教育内网，“校园班班通”平台等高速接入互联网，大大提升学校获取教育材料便利性；搭建了教育OA办公自动化系统、教育视频网、教育云三通两平台，大大提升了梅县区教育信息化水平。配合梅县区公安分局，联合举办“梅县区安全WiFi工作推动会”，推动酒店awifi、旅业网绿色平台建设。继续服务“平安梅县”建设，在梅县区域内建设 “平安视频监控”网络。五是结合互联网+政务，助力“智慧乡镇”平台建设。

梅县分公司获评梅州分公司“2017 年度渠道暨终端双优标杆”荣誉称号，梅县分公司锭子桥营业厅荣获梅州市总工会授予 2017 年度“梅州市女职工文明岗”称号。

【移动】 网络建设　一是夯实基础设施，全年完成乡镇传输机房选址 17 个，新增 21 台OLT设备，新建通信管道 46 管程公里，新建光交箱 96 个。二是资源精准投放，全年建成 242 个LTE站点，新增家宽预覆盖 3.5 万户，其中由工信部、财政部发起的电信普遍服务试点村建设 43 个（涉及 6432 户），行政村宽带覆盖率达 84.86%，助力提升农村宽带市场的普及率，推动农村信息化的发展。三是加快扩容提速，持续优化光网覆盖，推进示范村光网建设，以示范村为中心向周边农村辐射，建设畲江、雁洋 10GE环，不断提升LTE带宽。全年扩容 965 个家宽片区，优化 139 个PON口，有效提升网速；实现重要OLT全部双上联，保障网络安全。四是组织通信保障，组织技术人员全力保障“梅县区基层服务综合平台”、梅县区“县—镇—村”三级视频会议平台正常运行。同时，积极配合高铁、梅畲快线、东环高速、美丽乡村等重要市政建设，按要求完成通信管线迁移；圆满完成“世界客商大会”“足协杯”等重要活动的通信保障工作。

助力民生通信建设　中国移动广东公司梅县分公司，以“提升核心能力，全面深化数字化服务转型发展” 为主线，推进价值转型，实现公司发展再上新台阶。全年通信业务总量 5.9 亿元，同比增长 41.95%；主营业务收入 2.09 亿元，同比增长 6.87%；移动电话用户达 46.12 万户，同比增长 8.62%；年末互联网用户 32.75 万户，同比增长 17.72%。

助力“智慧梅县”建设　一是智慧政务投入 300 万元，建设梅县区 （区—镇—村）三级机构电子政务平台，全面覆盖区委区政府、19 个镇级建制单位、20 个区直属单位，助力梅县区政府办公的智能化水平；二是智慧教育，给全区 60% 以上中小学提供 100M~500M带宽以上网络接入服务，加快推进梅县区教育“三通两平台”建设；三是打造基层公共服务平台，为全区 383 个行政村提供超过 50Mbps带宽的光纤接入，助力梅县区“一门式一网式”政务服务改革；四是推进惠民信息监管体系建设，分别为梅县区 16 个职能部门提供惠民补贴信息的智能收集、公开及监督，方便群众通过短信、手机APP、电脑及自助终端查询；投入 1300 万元为各乡镇建设 22 个互联网数据接入机房，全力支持原中央苏区农村信息基础设施工程建设；同时，还为区住建局提供了在建工地监管平台，利用专线网络实时监控全区在建工地施工及泥头车运营，有效加强安全及环境管控，提升城市管理规范；为智慧梅县区指挥中心大楼提供 2G高速带宽，全面提升梅县区应急管理调度效率；配合区畜牧局打造高效、统一的政府肉品信息监管体系，建设 16 个生猪屠宰视频监控平台，助力梅县食品安全监管；配合区政法委开展社会治安综合治理信息系统的平台建设，发挥分公司在 4G先进技术和网络覆盖的优势，为区 1425 位网格员提供手持信息采集终端，实现对有关信息的采集，并与综治中心互联互通；五是在平安梅县方面，配套投入超过 1000 万元，建设 60 多个城区（视频监控及高清卡口）、乡镇（视频监控）的监控传输点，对重要交通路口及乡镇区域提供实时监控，助推平安梅县建设水平。在省公司的统一组织下，2017 年开展四批次的防范打击通信信息诈骗暨信息安全现场监督检查工作，对 400\呼叫中心、物联网、语音专线、互联网专线、用户个人信息保护等重点业务进行检查，通过“加大检查频次、提高检查深度、扩大检查范围”及时发现和整改问题，推动全面落实信息安全责任和管控要求，进一步深化防范打击通信信息诈骗专项暨信息安全监督检查机制；同时配合公安机关对非法经营、网络诈骗、暴力抗法、涉黑涉恶等涉及非法互联网宽带接入行为的违法犯罪活动依法开展打击活动，履行企业社会责任。

此外，通过加大成本补贴的方式加快 4G终端流动速度、激活农村用户三大需求（社会生活需求、智能家居需求和学习生活需求），聚焦大连接战略，加大信息化的投入，全面深化数字化服务转型发展，助力“智慧梅县”建设。

城 乡 建 设

住房和城乡规划建设

【概述】 2017 年，梅县新城扩容提质项目共 55 个，总投资 485.87 亿元，其中，竣工项目 17 个，总投资 70.44 亿元；在建项目 26 个，总投资 54.7 亿元；拟动工项目 12 个，总投资 63.73 亿元。建成区面积 20 平方公里，建成区绿化覆盖率 42.46%，绿地率 36.30%，人均公共绿地面积 16.8 平方米。

【城乡规划】 市政规划　编制专项规划，重点突出新城扩容提质项目建设，并推动文体教育、医疗保健、汽车商贸、家居建材、电子商务、金融等产业集聚发展。在巩固华侨城、大新城建设的基础上，协助做好《梅县区槐岗片区控制性详细规划》和《梅县区葵岗片区控制性详细规划》的成果技术审查工作，促进城区、园区、产业同步发展。协助做好高铁梅州西站、畲江北站站房和站前广场规划设计的审查工作。完善地下综合管廊、新自来水厂等配套市政基础设施，推进亲水公园二期及程江河景观提升工程，完善绿色公共空间、城市慢行系统、公共停车场等民生设施，提升城市综合承载能力，加快进城大道等重点市政道路规划，打通一批断头路，实施人行天桥工程，优化新城路网结构。完成城乡规划建设疑似违法图斑核查工作。做好“三旧”改造的规划设计工作，使“三旧”改造工作平稳有序地推进。

用地规划　全年完成 123 宗用地规划、面积约 289 万平方米，完成 154 宗建筑工程、建筑占地 45.3 万平方米的规划报建审批工作；同时，依据《中华人民共和国城乡规划法》，对各规划建设的项目进行严格、规范的规划核实。全年出具规划用地条件 23 宗 36.53 万平方米；发出用地规划许可12宗28.23万平方米；发出工程规划许可86宗面积约186万平方米；工程规划核实42宗113.98万平方米。

测绘服务　做好规划用地红线图的绘制和技术服务，完成规划核实测量42宗，113.98万平方米，创收155余万元。原状重建复线71宗，建筑工程放线复验线25宗，纵横断面图、市政管线工程放样和高程测量6宗，土石方工程测算3宗。

村镇规划　按照以城带乡、节约集约、生态宜居、和谐发展的城镇化建设理念，坚持城乡统筹，城乡一体化发展。一是扎实做好梅县区整县推进乡村规划编制和乡镇总体规划修编工作。完成全区各镇的总体规划及村庄整治规划编制工作，为做好32个省定贫困村的规划设计工作，专门成立由局长任组长、相关股室专业技术人员组成的规划编制工作领导小组，主动与3个专业设计团队对接，现已完成32个省定贫困村的美丽乡村规划。初步完成全部村落修编的30%村庄建设规划，雁洋镇总体修编规划，松源镇、畲江镇的总体修编规划工作在12月底前完成初步成果。另外，梅县区2017年第一批打造宜居宜游的美丽乡村村庄规划编制工作，包括城东、程江等17个镇共计52个村庄规划的编制，除后来新增程江镇横岗村方案正在编制中外，其他51个村已经完成初步成果。二是加大传统村落保护力度，申报第五批国家级传统村落11个。三是《梅县阴那山风景名胜区总体规划（2015—2030）》重新修编后正上报省政府审批，完成阴那山风景名胜区6.46平方公里1∶500地形图测量任务。

【城乡基础设施建设】　优化内部管理，形成合力推动重点工程建设，科学整合多个部门成立重点工程建设管理办公室（重点工程管理股），主要负责落实区委、区政府安排给住建局的重点项目建设管理工作——做好梅县新城棚户区改造、梅县新城地下综合管廊、雁洋特色小镇三个项目的融资、前期报批报审和施工现场的管理和协调工作。一是全年棚户区改造项目实现固定资产投资2.9亿元。二是地下管廊项目所里平安路、公园南路、三丰二路、三葵二路、外环路段顺利开工建设，实现投资额6亿元；配合中燃公司投入5000万元铺设天然气市政管道25公里、庭院50公里及建设一座汽车加气站，为群众提供清洁能源。同时，加快乡镇管道天然气工程建设工作，投资30120万元，在梅县区丙村、雁洋等12个乡镇，建设气化站、各类燃气管线及相关配套设施设备。现已完成招投标工作。三是雁洋特色小镇融资工作稳步推进。

全年办理：建设工程用地规划许可证34份，建设工程规划许可证441份，放、验线记录441份，建筑工程施工许可证90份，市政公用、管线沟工程规划许可19份。全年办理施工许可84项，建筑面积295.2万平方米，总造价528609万元。

【建筑市场管理】　一是加强建筑业管理。实现全区建筑业总产值25.33亿元，同比增长11.66%。全年新增建筑企业1家，企业总量增至35家。二是做好工程竣工验收备案管理工作和招标告知性备案登记工作。办理了144项竣工验收备案手续，建筑面积125.15万平方米，投资金额约21.18亿元，共93项工程进行了招标告知性备案。三是抓好清理拖欠工程款和农民工工资的工作。全年协助处理拖欠工程款和农民工工资拖欠的投诉9宗，涉及130多人次，追发工资款约300万元，促使梅县区建筑业、房地产业没有出现侵犯劳动者合法权益的行为。四是协助5家企业办理了资质落户和晋级奖励。在做好管理的同时，引导企业加强信用建设，这是全区建筑行业创新发展的重要举措，有利于推动我区建筑业快速健康发展。五是抓好“建材打假”工作。全年出动检查人员556人次，检查建设工程项目105家（次），商品混凝土生产单位20家（次）。经检测全部合格，合格率达100%。通过深入开展建材打假专项行动，使生产、销售和工程中使用的假冒伪劣建材声违法活动得到遏制，全区建材市场经济秩序进一步规范。六是对建设单位未取得施工许可证擅自施工的，共作出行政处罚4宗，处罚金额50.56万元。七是加大安全生产执法检查力度。共出动检查人员484人次，共检查了70家（次）企业99项（次）工程项目，受检面积431万平方米。检查中发现安全隐患445个，共发出停工通知书6份，整改通知书92份，整改意见459条；同时，对安全责任落实不到位的施工、监理企业及相关责任人按照《广东省住房和城乡建设厅建筑工程安全生产动态管理办法》实施动态扣分表109份186条扣556分。

【房地产管理】 *商品房管理*　一是全年发放商品房预售许可证115宗（与去年同比增长12.75%），批准预售面积121.63万㎡（与去年同比增长32.03%）、10154套（与去年同比增长39.34%）。2017年全区销售12105套（与去年同比减少0.62%），销售面积132.58万平方米（与去年同比增长6.56%），销售均价5908元/平方米（与去年同比增长20.67%）。二是创新模式加快非住宅去库存。2017年市政府下达梅县区非住宅商品房去库存任务是2.5万平方米，全年净化解非住宅商品房2.543万平方米。三是批准成立9家公司，开发公司的总数达130家。四是加强小区物业管理。培养和扶持物业服务企业，提高房地产市场品位，通过规范推广前期物业工作，逐步推动物业管理工作。程江、新城共成立小区业主委员会105个，物业公司有17家。

住房公积金　2017年，新增14家非公企业共682人参与建立住房公积金制度。全年办理住房公积金缴交单位434个，缴存人数2.39万人，归集住房公积金3.68亿元，累计吸存住房公积金20.45亿元，归集余额8.76亿元，同比增长8.2%，审查住房公积金抵押贷款843户，发放贷款户数683户，累计贷款发放户数6718户；共发放贷款额2.14亿元，累计发放贷款总额11.80亿元，收回贷款金额9449万元，累计收回贷款金额4.37亿元；办理住房公积金支取、转移人数1.03万人次，金额2.95亿元，累计提取总额11.68亿元；催收补交住房公积金单位25个；清理各银行一人多账户共2360人，单位零余额账户28个。扎实推进供给侧结构性改革，通过落实降低住房公积金缴存比例为企业减负这一举措，全年为12家企业减负28万元，降低企业的运营成本，促进企业良性发展。

房屋征收管理　坚持先安置、后拆迁原则，组织强有力的队伍，依法依规推进征地拆迁工作，并妥善安置失地农民和拆迁户，做到“拆迁一处，建设一片、稳定一方”。全年拆迁工程主要有：亲水公园二期（含扶大段及程江段）项目；扶大盈方创投建设项目；梅平高速项目线外增加、路网一期二期建设项目；东环高速项目；G206国道畲江段项目；长深高速葵岗出口项目；新城办断头路项目；公园南路管廊建设项目；乡树园市政道路（二期）项目；松源圩镇扩容改造项目；扶大三丰、所里储备用地项目；2016年第十六批次畲江镇政府储备用地项目；嘉应教育学院用地项目。涉征项目17个（含高铁及梅畲快线线外增加项目），完成389宗房屋征收补偿协议书签订与补偿工作，房屋及附属物拆迁占地面积70153.98平方米，建筑面积113660.37平方米，发放房屋征收补偿款约52716.87万元（含各镇直接发放的补偿款）。

农村危房改造　2017年，全区农村危房改造任务662户，现已全部开工，已竣工528户，预计2018年2月底前全部竣工。

公租房使用管理　完善住房保障制度，实行实物配租和住房租赁补贴相结合。重新制定《梅县区公共租赁住房实施细则》，扩大保障范围，降低申请条件，降低公租房租金标准，做到应保尽保，公租房分配工作进入常态化，实行年度核查、实物配租与货币补贴相结合的住房保障机制。全年完成362套空置保障房分配任务。对1户不符合条件享受公租房的对象，已按建保〔2017〕126号文件精神，作出完善处理。做好房改房上市管理工作，上市交易26户，继承4户，出具住房补贴证明81份，审批住房补贴23人，审批使用住房基金（单位）8万元，注销单位的住房基金账户2个。同时，做好公房房租收

缴和公房安全维修管理等工作，全年房租任务241.5万元，预计可收缴256多万元，占任务的106%；加强维修成本控制，全年维修房屋566间，建筑面积1.69万平方米，维修费支出20万元，比去年减少维修支出近5万元。

棚户区改造 加快棚户区建设工作进度，精心组织抓好工作落实，全面完成市政府下达的梅县区城市棚户区改造900套（户）任务。同时，扎实推进扶大三丰和程江大沙等2个棚户区安置小区改造项目。

城市综合管理

【概述】 2017年，城市综合管理部门按新型城镇化建设及城市扩容提质的要求，依托数字城管系统，加强城区的城市管理工作。对20平方公里建成区内违法建设、市容市貌、环境卫生、市政设施、园林绿化、城市路灯等日常城市管理工作实行网格化管理。

【环境卫生管理】 按照国家卫生城市标准，加大城区270万平方米道路清扫、保洁力度，主要街道路面按照16小时的保洁要求进行保洁。实行小区定点定时收集垃圾，一天两次收集，营造干净整洁的小区。推行环卫作业市场化，基本实现“管干分离”，同时，协助指导城区三个镇城中村的环卫作业以招投标形式进行服务外包，有效提升了城市清洁水平，城区生活垃圾无害化处理率100%。同时，进一步完善环卫基础设施，不断提高环卫作业水平。

【市政道路】 以项目建设为重要抓手推动“环境升级、城市升值”。1. 投入2.5亿元建设总长2860米的剑英大道延长线及客都大桥连接线市政道路。2. 投入1.8亿元建设进城大道工程（宪梓大道南至高铁梅州西站）项目。打通大新东路、新满街等断头路。

【园林绿化】 注重质量和档次的提升，突出美观与特色，大力加强园林绿化管理工作。2017年，投入500多万元对城区绿地进行增绿补绿。同时加强对城区53万平方米公共绿地的监管力度，完善对承包企业的考核制度，进一步提高城区绿化水平。

【路灯、灯饰】 进一步提升城区亮化水平，加强路灯巡查管理，2017年，投入355多万元对梅塘西路路灯进行改造，现已完工，投入693万元对梅县区新城区城中村进行新安装路灯，现已立项，正在进行审图等程序，进一步提高城区路灯覆盖面。目前城区路灯里程长达165.87公里，有路灯7690杆19968盏。通过抓好城区路灯日常维护管理，亮灯率保持在98%以上，路灯故障修复及时率、开关灯时间准确率、灯容灯貌合格率都达到，国家规定标准。

【城市管理监察】 按照城市扩容提质的要求，推进市容市貌整治和城市管理行政执法工作，城市综合管理水平有较大提升。一是违法建设得到有效防控。对违法建设行为零容忍，实行网格化管理，对违法建设及时发现、及时制止、及时拆除。全年查处各类违章、违法建设135宗，面积10800㎡，强制拆除115宗，面积9200平方米（其中临时搭建铁皮瓦35宗，面积2800平方米）。为城市建设顺利推进提供了用地保障。二是建筑垃圾运输车辆管理收到明显成效。加强对未封闭严密、轮胎带泥、沿途撒漏、污染路面的泥头车的整治力度，现城区泥头车撒漏污染路面和乱倒建筑垃圾等现象已得到有效遏制。三是市容环境综合整治取得明显成效。加大对城区乱摆乱卖等“六乱”行为的整治力度，对占道经营的夜排档进行专项整治，同时处理好堵与疏的关系，引导摊贩进店进市场经营。全面治理违章户外广告和店面招牌，确保城区市容市貌整洁、有序。据统计，全年组织整治行动180多次，整治期间规范店外经营门店5600多间，取缔流动乱摆卖摊档1730多宗，清理、拆除城区违章灯箱广告牌共400

多块，约18000平方米，整治夜排档560多家。

【管道燃气】 2017年，配合中燃公司投入5000万元铺设天然气市政管道25公里、庭院50公里及建设一座汽车加气站，为群众提供清洁能源。同时，加快乡镇管道天然气工程建设工作，投资30120万元，在梅县区丙村、雁洋等12个乡镇，建设气化站、各类燃气管线及相关配套设施设备，已完成招投标工作。

环境保护

【概 述】 2017年，梅县区突出环境优先，树立底线意识，严格环境监管，扎实推进污染减排，着力解决突出环境问题，环境质量保持良好，为全区经济社会发展提供良好的环境保障。环境监察分局获2017年全市环保执法大练兵先进单位。

【环境监测】 全区环境质量总体保持良好，局部得到改善。城区空气质量优良率98.9%；地表水水质基本达到划定功能区标准，饮用和备用水源水质达标率100%；城区环境噪声基本符合城市噪声质量标准。

【环境保护管理】 1. 扎实开展创建国家环境保护模范城市和文明城市活动。创模26个指标中，已有24项达标。2. 深化环境保护行政审批制度改革，优化环保服务。认真执行环保法律法规，落实产业政策，严把建设项目环评审批关。全年审批项目97个，网上备案环境影响登记表项目131个，验收25个，办理排污许可证76个。争取中央、省环保专项资金943万元。

【污染减排】 强化污染减排。预计2017年可减排化学需氧量461.73吨、氨氮208.27吨、二氧化硫4807.98吨、氮氧化物1885.26吨（有待上级环保部最终核定）

【环境综合整治】 一是加强执法监管。全力推进中央环保督察组交办案件和全市十大环境问题的整治。完成13家小砖厂整治，积极开展环境安全隐患排查整治、饮用水源地的专项检查、全区工业污染源全面达标排放工作、大气和水污染防治专项执法检查等专项行动，严肃查处环境违法行，确保全年无环境安全事故发生。全年出动执法检查1414人次，检查企业634家次，发出《责令改正违法行为决定书》40份，立案调查违法案件39宗，已处罚39宗，处罚金额104万元，比上年增加277%，全年排污费入库额717万元。二是突出重点整治。加强对水环境和大气环境的保护力度，以畜禽养殖业污染问题专项整治为抓手，加快村镇污水处理厂建设，开展松源河、程江河流域沿河污染整治。深入推进程江镇周塘村、城东镇石月村、石下村环境综合整治工作。开展机动车污染防治，实施黄标车闯限行区电子执法，淘汰黄标车1400辆，完成锅炉淘汰整治14台套。环保、公安、城管、住建等部门开展联合执法，加大对城区扬尘、机动车尾气、工业企业废气、餐饮油烟、露天焚烧等综合整治，有效改善城区环境质量。同时，加强固体废物、化学品管理以及重金属污染防治、工业挥发性有机物治理。对全区31家涉危险废物企业进行整治，规范危险废物管理，提高安全处置水平，杜绝非法转移行为。三是解决环境信访投诉。全年受理各类环境信访案件535宗，办结率100%。

对外经济贸易

【外商投资】 2017 年，新签外商投资项目（已批准）165 个，合同利用外资金额 4977 万美元，同比增长 1.0%。实际利用外资 1058 万美元，同比减少 3.1%。

【对外经济贸易】 全年完成外贸进出口总额 30293 万美元，同比增长 5.4 %。其中，出口总额 21423 万美元，同比减少 7.3%；进口总额 8869 万美元，同比增长 57.9%。

【对外经济管理】 搭建平台，积极推动企业“走出去”。组织 20 多家外经贸企业参加广交会及香港、澳门、德国等境内外展览会。

梅县区 2017 年外贸骨干企业出口海关统计表

表 1

序号	企业名称	当年金额（万美元）	基期金额（万美元）	同比增长%
1	卡莱（梅州）橡胶制品有限公司	13029	10322	13.23
2	BPW（梅州）车轴有限公司	2560	2519	1.62
3	广东恒一实业有限公司	727	216	236.91
4	梅州市中一实业发展有限公司	802	962	−16.58
5	梅州鸿荣重工有限公司	408	336	+21.39
6	梅州市锦芳工艺有限公司	715	796	−10.18

梅县区 2017 年外贸骨干企业进口海关统计表

表 2

序号	企业名称	当年金额（万美元）	基期金额（万美元）	同比增长%
1	卡莱（梅州）橡胶制品有限公司	4255	2535	67.85
2	广东嘉元科技股份有限公司	1195	202	492.3
3	BPW（梅州）车轴有限公司	1632	833	95.85
4	广东超华科技股份有限公司	1697	789	115.1

商贸流通

2017年，全区社会消费品零售总额完成153.88亿元，同比增长8.5%；其中，限额以上零售总额完成46.46亿元，同比增长2.2%。10家限上批发业完成9766万元，同比增长35.7%；46家限上零售业完成413447万元，同比增长4%；19家限上住宿业完成26245万元，同比下降29.2%；9家限上餐饮业完成15114万元，同比增长15.3%。

按经营单位所在地分，城镇完成116.12亿元，同比增长9.1%；农村完成37.76亿元，同比增长6.4%。按消费类型分，批发和零售业完成133.87亿元，同比增长9.8%；住宿和餐饮业完成20.01亿元，同比增长0.2%。

供销商业

【概述】 全年商品总购进69035.18万元，同比增长5.27%；商品总销售73155.13万元，同比增长5.11%；农副产品销售总额16785.55万元，同比增长2.04%。

【“新网工程”建设】 以“新网工程”建设为抓手，使供销社成为新时期为民服务的“便利店”、助农发展的“加速器”，搞活城乡流通，助推农民奔康致富。一是完善农资现代流通网络，发挥农业生产资料公司的主渠道作用，加强与农资厂商的联系合作，扩宽农资商品供应市场，以配送中心、22个加盟店、67个农资配送经营常年客户网点为载体，开展“一站式、零距离”的服务，送肥送药到果园、菜园、田间地头满足群众的农业生产需求，服务“三农”。全年销售各类化肥、农药、农膜等农资商品金额达5211.25万元，同比增长19.18%。二是健全农产品现代流通网络，组建联合社，壮大聚集发展。联合利民水果专业合作社、大雅红肉蜜柚专业合作社、梅县三乡情专业合作社等25个专业合作社组建联合社；与松口大黄村经济联合社、（客家）村镇银行“三家”联动，联合22个农民专业合作社组建联合社，信息资源共享，优势互补，为农促销；并发挥电子商务优势，开展网上销售业务，推动农产品及金柚销售，取得明显实效。三是加快再生资源现代流通网络建设，助力推动城乡人居环境的净化美化。在加强废旧物资回收市场监管，营造良好的经营环境的同时，充分发挥物资回收公司的主导作用，利用全区5个直营店、80个加盟店和160多个废旧物资回收经营网点，开展分购联销活动，推进绿色回收进社区、进农村活动，减少环境污染，实现再生资源的循环利用，净化美化城乡人居环境。全年废旧物资购销额达9044.43万元，同比增长0.74%。四是推进日用消费品现代经营网络建设。组织60家农民专业合作社入驻市供销社的电子商务平台和“供销社百货大商场”栏目建设，其中有4家专业合作社进驻实体店，使广大消费者通过电子商务平台能快速得到民生综合服务的各种信息，为群众提供更完善的便民服务。全年日用消费品销售额达15031.12万元，同比增长3.73%。

【农超对接和平价商店建设】 一是抓好农超对接、平价商店建设工作，促进专业合作社与超市的有效对接，扩大农产品直接供应超市的销售；二是依托畲江基层中心社，大力推进该社与省供销社梅州天润公司合作，做活做强畲江中心社天润平价粮油直营店，活跃流通，方便群众。

【农民专业合作社建设】 充分发挥山区的优势资源，按组织化、规模化、品牌化、产业化标准，大力扶持各类专业合作社发展，积极引导专业合作社走特色之路。一是抓好利民水果专业合作社 53.33 公顷金柚实验基地、丙村大雅 66.67 公顷红肉蜜柚两个国家农综项目的完善管理，优化种植结构，扩宽产品销售；二是协助三乡情青梅专业社做好梅山、梅园的产业发展，重点是扶持三乡情青梅专业社道路、水沟建设，进一步提升专业社的基础设施建设；三是加强与广东华清园生物科技有限公司的合作，积极协助嘉泰梅片树专业合作社在梅西镇的土地租赁续约工作，扩大 33.33 公顷梅片树种植，打造 333.33 公顷梅片树种植基地，其中以“供销社+公司+基地+农户”的模式，带动当地农户种植梅片树 200 公顷，引领农民充分利用当地的山地优势“耕山致富”；四是大力协助梅松专业合作社做好仓储建设和电子商务发展业务。合作社领办的“梅县梅松柚果专业合作社”下属“广东十记果业公司”在 2015 年 10 月引进了京东商场和国内大型优质生鲜食品网“未来生活网”落户梅县区云电商产业园，推动梅县区电子商务的发展，扶持各类专业合作社网上开店，开展与 5i5D 代销平台业务，实现农产品与电商企业的有效对接，开拓网上销售农产品的业务。至 2017 年底，扶持发展影响力较大、带动能力较强的农民专业合作社 4 家，累计 78 家，入社农户 11036 户，有市级示范社 28 个、省级示范社 13 家、国家级示范社 3 个。

【基层社管理】 不断完善供销社服务“三农”功能，加强基层社管理，推动经营业务发展，更好地服务基层，服务群众。一是加强社属企业的经营管理，开拓业务，提高经济效益；二是不断完善畲江、梅西中心社建设，更好地发挥中心社的服务功能作用，依托畲江基层中心社，大力推进该社与省供销社梅州天润公司合作，做活做强畲江中心社天润平价粮油直营店，活跃流通，方便群众。中心社全年销售额达 3814.68 万元，同比增长 9.31%，取得较好的经济和社会效益。

烟草专卖

【概述】2017 年，梅州市梅县区烟草专卖局（分公司）深入贯彻中共十九大和行业各级会议精神，坚持稳中求进总基调，积极应对困难和挑战，各项工作有序推进，成效显著。1—12 月，实现销售收入 6.37 亿元（不含税），同比增加 3.54%；实现税利 1.77 亿元，同比增加 0.36%；实现利润 1.48 亿元，同比增加 6.12%；上缴税收 0.29 亿元。

【烟叶生产】 一是合理优化布局，稳定种植规模。全区共签订烟叶种植收购合同 511 份，落实种植面积 654.8 公顷；全面实行专分散收模式，共收购烟叶 27496.5 担，完成计划的 99.99%，完成比例居全市第一；省局（公司）工商交接检查等级质量合格率 77.5%，居全市第二。二是加强生产示范，推进现代烟草农业建设。建设优质烤烟生产核心示范片 3 处 66.67 公顷，探索开展生态特色烟叶生产示范 13.33 公顷，育苗、机耕、分级服务覆盖率 100%，植保、烘烤服务覆盖率逐年提高，烟叶生产科技含量进一步提高。三是强化基础建设，夯实烟叶发展后劲。共投入补贴资金 49.725 万元，建设烟基项目 26 件，受益烟田面积 260 公顷；隆文镇、松东镇烟叶工作点建设项目稳步推进。

【卷烟营销】 全区有持证入网零售客户 1905 户，其中电子结算占比 90.66%，网上订货客户占比 95.28%。一是精准调控投放策略，保持良好市场状态。做好需求预测，深入市场走访调研、加强“三维五率”信息采集、协助客户促销售、去库存，科学合理实施货源投放，保证市场平稳有序、供需平衡。全区共销售卷烟20968.52 箱，完成全年计划 99.98%；实现单箱收入 31362.5 元，同比增加 4.97%。二是聚焦重点品牌培育，挖掘潜在市场空间。通过新商盟、终端建设等现代化手段，拓展新品宣传方式，开展双喜主题陈列竞赛，不断加大省产烟宣传力度，同时采取“一品一策”做好省外重点品牌培育工作。1—12 月，全区销售重点品牌19063.53 箱，占全区卷烟总销量的 90.91%，同比增加 1.6%；销售省产双喜 13081.264 箱，同比增加 2.56%。三是强化零售终端建设，着力提升服务水平。强化终端信息采集功能，抓好现有功能终端升级改造，切实增强终端价值。1—12月，建成零售终端393户，终端建设率20.22%；借鉴广西网建经验，成功组建自律互助小组 90个，切实保障客户合法利益；为零售户提供增值服务、亲情服务，进一步密切客我关系，切实提升客户满意度。

【专卖管理】 一是坚持“要市场、要销量、要效益”原则，注重案件线索经营，全力提高经营案件质量，为卷烟销售腾出市场空间。全年查处各类涉烟违法案件 380 宗；累计查处各类卷烟459.05万支，涉案金额805.37万元。二是密切联系公安、工商等职能部门，严查卷烟制售假大要案，捣毁卷烟制假窝点 2 个，均达国标卷烟制售假网络案件标准，查获缴获制假烟机 8 台套，查获卷烟计 307.12 万支、烟丝 15.85 吨及大批制烟原辅材料，协助公安机关依法逮捕 11人。三是强化依法行政，全面落实“双随机、一公开”监管要求，建立健全本局“一单、两库、一细则”，切实营造常态化、规范化、制度化的事中事后监管新模式；进一步完善实体性窗口和网上行政审批服务平台，加强许可证后续监管，规范卷烟市场经营。全年办理许可证申请 681 份，保持行政许可零投诉。四是以“大户治理、非烟防控、两烟规范”为抓手，继续抓好真烟非法流通治理工作，立足“234”举措，深入开展“两烟”生产经营监管。1 至 12月份，查获非烟 142.74 万支，非烟外流量为 22.9万支。

（供稿：钟怡明）

食盐专卖

【主营业务】 一是紧紧结合食盐专营企业准公共性企业的定位，立足保市场供应、保食盐安全、保经济效益、保企业和谐为使命，把营销工作向纵深方向发展，做精做细每一个环节，确保市场持续稳定；二是提升食盐直配直送率，切实掌控终端网络；三是积极做好饲料用盐和工业用盐客户的沟通和合作；四是合理布局季节性用盐的供应，并提前做好沟通联系，确保腌制用户不会从其他非法渠道购进盐产品；五是做好食盐价格监测点选定，掌握食盐价格动态，防止囤积居奇，哄抬盐价行为，特别是保障边远地区的食盐价格平稳和合格碘盐供应；六是做好食盐电子追溯系统建设，完成食盐产品来源可追溯、去向可查证、责任可追究的食盐安全可追溯体系。

【盐政管理】 一是坚决贯彻落实好省局关于抓好盐改过渡期的盐政管理工作部署和要求。二是坚持履行好维护盐业市场正常秩序的监管职责，要求全体盐政执法人员密切关注市场动态，加强市场巡查访销力度，继续派发省市《关于加强食盐市场管理的通告》，严厉查处违规跨区销售外盐产品的行为，提高食盐经销商依法经营意识。全年立案查处涉盐违法案件 5 宗，依法没收无证经营食盐 2.25 吨。2 月 19 日和 11 月8 日，在梅州城区分别查获违法销售的孝感广盐华源有限公司盐产品 30 吨和四川“久大”盐化有限公司盐产品 30 吨，上述两宗案件因数量达到刑事犯罪，依法已移交公安立案调查，有力震慑涉盐不法分子的嚣张气焰。三是进一步强化联合执法工作机制，多次牵头联合食药监局、工商局等职能部门，深入开展食盐安全检查行动，严厉查处违反国家盐改政策及扰乱食盐市场秩序的行为，有效维护食盐市场秩序稳定。

【盐政宣传】 2017 年，印制《致食盐经销商、消费者一封信》《盐改社会调查问卷》《购买放心盐、拒绝臭脚盐》等宣传资料，向全市食盐经销商和广大消费者派发。同时，争取政府的支持，利用各新闻媒体等渠道加大盐改政策和食盐安全知识的宣传。与梅州电视台、梅州日报等新闻媒体合作，在《服务 900》《民生 820》等栏目相继播出盐政执法人员维护食盐市场稳定、保障食盐安全以及解读盐改政策等节目。通过宣传，使食盐经销商及消费者对于盐改政策有了积极、正面的认识。

【食盐质量安全】 一是根据省集团公司部署和食盐定点生产企业相关要求，积极引入食品安全管理体系“危害分析和关键控制点管理体系（HACCP）”，将 HACCP 管理体系作为食盐安全管理核心，加强认证成果运用，全面提升质量管理水平和食品安全保障能力。二是按照国家食盐定点厂内控标准和 ISO 质量体系标准持续做好食盐生产质量管理和质量控制，杜绝不合格食盐流入市场销售，保证食盐出厂合格率100%，有效履行合格食盐充足供应市场的重要职责。

（供稿：张富祥）

电子商务

【概述】 梅州市梅县区电子商务产业园创办于2014年5月，是梅州市首个电子商务产业园。园区已初具规模，创业环境优、示范效果好、拉动效应强。至 2017 年，园区引进云电商基金、阿里巴巴跨境贸易、京东、广东引领、客家村镇银行金融服务中心等 62 家电商企业进驻（其中包括 “广货网上行”百家商城 1 家、千家网店 3 家、广东省电子商务示范服务商 1 家），电子商务产业园交易额达 15 亿元，比上年同期增长20%，带动全区实现电商交易额31.2亿元，实现税收 700 多万元。

【扶持措施】 一是积极创造条件，重点支持跨境电商公共服务平台，为中小企业发展电子商务业务提供便利；鼓励有能力的企业单独开展跨境电子商务贸易；鼓励企业发展跨境电子商务进口。二是积极培育电商人才。至 2017 年开展各种培训会 87 场次，培训各种电商人才达5000 人次，为打造大众创业、万众创新打下坚实的人才基础。三是充分发挥电子商务产业园的效应，统一整合资源，扩大宣传范围，创造良好的发展氛围，吸引在外地创业的互联网企业回梅发展。2017 年，引进包括“乐村淘”等全国知名农电商平台入驻园区。

【农村电商】 一是积极落实《梅州市梅县区关于加快农村电子商务发展的实施意见》。在继续完善 19 家镇级农村电商示范服务站功能的基础上，有序推进 32 个精准扶贫村农村村级电子商务服务点的建设，大力发展涉农电商，提升农民触电意识，通过“以镇带村”推动农村创业就业。二是借力广东十记果业有限公司联合阿里巴巴知名电商平台共同打造“阿里巴巴淘宝聚划算聚寻农活动”的示范效应，带动乡镇农村积极参与到电子商务发展中来，推进农民发展电子商务参与度。三是积极申报省级、国家级电子商务进农村综合示范区项目。

粮食储备

【概述】 2017 年，梅县区粮食部门切实抓好依法治粮工作和抓好粮食安全政府责任制落实工作，确保全区粮食安全。全年完成市政府下达梅县区县级储备规模 2.6 万吨（稻谷）和食用植物油动态储备 50 吨目标，各占计划任务的100%。

【**仓储管理**】 严格执行省、市有关储备粮管理办法，做到储粮管理到位，制度健全，堆位品种数量清楚，粮情稳定，抓好人、财、物的安全管理和规范化管理，实现“一符四无”粮仓要求。2017 年，认真开展“大快严”回头看和安全储粮、安全生产专项检查及春秋两季的粮油安全检查，确保安全生产不出问题。并组织人员学习培训进行科学保粮推广，运用环流熏蒸、电子测温、机械通风保粮新技术，全局上下树立“宁流千滴汗，不坏一粒粮”的宗旨，做好储备粮防高温、防虫、防鼠雀、防霉变，防盗、防火、防水、防台风、防事故等工作，降低粮食损耗，确保全区粮食储藏安全。

【**粮食轮换**】 在储备粮的轮换工作中，区粮食局领导班子和穗丰公司一班人高度重视，精心组织，尊重市场规律全力抓好2017年县储0.2万吨（稻谷）轮换出入库工作，及早筹足粮食收购资金，认真分析市场粮价走势，做好夏粮收购的前期准备工作。2017 年，按照上级要求，储备粮的轮出轮入均在梅州市嘉应粮食交易中心挂牌采取网上竞价采购交易方式进行。同时抓好粮食采购入库数量、质量关，坚持每车过磅验斤并抽样验质，加强对脂肪酸值、水分、杂质、出糙率、精米率、黄粒米、虫害等检测工作，依照国家粮食卫生标准，做到以检验数据说话，坚决杜绝“人情粮”“关系粮”“以陈抵新粮”。在规定时间内全面完成当年粮食轮换和采购任务，分别安全存放在穗丰粮食收储有限公司下属程江、马麻岌、白渡、松口、畲江五个储粮库点，确保实现数量真实、质量良好、储存安全和达到“储得进、管得好、调得动、用得上”的储备粮管理目标。

【**价格监测**】 做好粮油市场价格监测工作，完善粮油监测体系，抓好城镇居民粮油消费和社会粮油供需平衡调查，提高粮油市场保供稳价调控能力。切实加强市场粮情监测制度和预警体系建设，坚持粮价网点监测制度和定期上报制度，落实定点专人负责，及时掌握市场粮情动态，为上级政府实施粮食宏观调控提供可靠的依据。全年开展各类粮食执法检查10次，出动40（人）次，使全区的粮食市场得到有效监管。

【**应急机制**】 按照《梅县区粮食应急预案》要求，认真落实梅县区粮食应急预案的日常工作，加强全区粮食市场的监管和应急、预警体系的建设，全区设立应急供应网点 23 个、建立平价粮油商店 5 个、应急配送中心 1 个、应急加工企业 2 家、应急运输企业 2 家。并在区政府统一领导下开展粮食应急加工、运输、供应演练，加强与各相关部门合作，各司其职，各负其责，稳定粮食市场，确保全区粮食安全。

【**集资矛盾化解**】 粮食集团公司于 1993 年起向职工和社会集资总额达 1.74 亿元，虽经十多年的努力，兑付一部分债务，但由于集资额较大，涉及面广，如果处置不妥，将严重影响社会的和谐稳定。为此，主管部门高度重视社会治安的综合治理工作，专门成立综治领导小组协调粮食集团公司一班人，克服困难，想尽千方百计筹集资金，耐心细致做好集资户的解释工作，对特殊困难集资户采取一些灵活帮助措施，并全力抓好每年 1%集资余额兑付和嘉得利酒店的管理工作，2017 全年未出现集资户集体上访和闹事事件的发生，切实维护粮食系统的社会和谐稳定。

（供稿：陈访军）

旅游业

2017年，梅县区旅游局积极推动梅江韩江绿色健康文化旅游产业带建设和全域旅游示范区创建，树立全域旅游的发展理念，大力发展“旅游+”，充分发挥旅游业在促改革、转方式、调结构、惠民生中的积极作用，不断优化旅游发展环境和产业结构，不断完善旅游基础设施和公共服务体系，稳步推进旅游项目建设和旅游招商引资，大力发展乡村旅游，依法治旅工作、旅游安全管理、旅游宣传营销和旅游市场环境等得到进一步强化。继续打响“叶帅故里、客都明珠、国际慢城、长寿之乡”的旅游品牌，全区接待游客1814万人次，同比增长11%。其中，住宿设施接待过夜游客1295万人次，同比增长6.7%；旅游总收入151亿元，同比增长11.2%。连续七年评为广东省县（市）域旅游综合竞争力“十强”，位居全省第二，擦亮“中国旅游强县”金字招牌。

【旅游发展规划】 一、旅游发展分期计划

（一）重点建设阶段：2017—2020年 本阶段为梅县区旅游开发建设的重点阶段，主要任务是建设形象引领项目和重点带动项目，推进行车风景道、水上风景道和绿道建设，完善旅游基础服务设施开发建设等。1. 为“十三五”期间梅县区旅游项目的大力开发建设完成前期的规划设计编制、土地征收、招商引资等准备工作；2. 按照国际慢城标准，继续完善雁洋镇慢城建设，并辐射带动全区慢生活旅游目的地建设；3. 加快推进松口古镇、侨乡村、洞天湖旅游区、金柚产业园等重点项目的建设；4. 对雁南飞茶田景区、雁鸣湖旅游度假村、麓湖山文化产业园、灵光寺景区、南寿峰健康文化园等发展相对成熟的项目进行完善提升；5. 启动城区、油草塘、鸡冠山、五指峰、水车镇、桃尧镇、南口镇、大黄村、横西村、横东村、长教村、南福村、群丰村、禅林寺、莲花寺等支撑项目的建设；6. 推动包括行车风景道、水上风景道和绿道建设，尤其是覆盖城乡、景区的绿道慢行系统的打造；7. 大力开展旅游形象宣传和旅游产品推介，策划大型旅游节庆活动，全面推进旅游市场营销；8. 加快智慧旅游的建设与推广；9. 完善旅游道路、标识系统、水电等基础配套设施以及特色餐饮、住宿等接待服务设施的开发建设；10. 要大力推动乡村旅游发展，特别是主要旅游景区（点）周边乡村，结合梅县区古民居、古村落、金柚园、茶园等资源，引导和扶持当地村民发展以农家乐为主的乡村旅游产品。

（二）提升完善阶段：2021—2025年 本阶段是梅县区旅游开发建设的提升完善阶段，主要任务是架构完善的旅游产业体系，基本完成规划的旅游项目，积极扩大旅游影响。1. 完成桃源村、雁上村、侨乡村、茶山村、群丰村等形象引领项目的建设；2. 继续完善提升松口古镇、侨乡村、洞天湖、金柚产业园等重点项目的建设；3. 完成城区、油草塘、鸡冠山、五指峰、水车镇、桃尧镇、南口镇、大黄村、横西村、横东村、长教村、南福村等支撑项目的建设；4. 根据旅游市场需求推动旅游项目深度开发，不断推出各项参与性旅游活动；5. 完成主要旅游乡镇的现代化服务功能改造，提升沿线旅游服务水平；6. 积极开展多种形式的区域旅游合作开发；7. 规范和提升以农家乐为主的旅游产品，形成梅县区发展乡村旅游的重要内容。

（三）品牌发展阶段：2026—2030年 本阶段为旅游目的地深度发展时期，主要任务是根据市场动向建设新的旅游项目，推广旅游品牌，提升旅游综合服务水平，增加游客停留时

间和综合消费能力，提高综合旅游业盈利能力。争取到规划期末，把梅县区建设成为旅游品牌特色突出、旅游项目发展成熟、旅游产品类型丰富、旅游服务设施和基础设施配套完善的文化旅游强区。

二、项目发展分期计划

梅县区旅游项目投资估算与分期开发安排计划表

表 3

旅游项目	开发建设分期			投资估算（亿元）
	近期（2017—2020 年）	中期（2021—2025 年）	远期（2026—2030 年）	
城区类旅游项目				3.9
大新城盘古步行街提升	√			1.5
梅县区人民广场提升	√			0.1
曾宪梓体育场提升	√			0.1
梅县区文体中心提升	√			0.2
梅县区梅花山公园提升	√			2
社区类旅游项目				33.1
雁洋国际慢城	√	√	√	5
松口客家南洋小镇	√	√		10
水车客家民俗小镇	√	√		2
南口客家侨乡小镇	√	√		8
桃尧客家原态小镇	√	√		2
侨乡村	√	√		1.5
雁上村	√			0.5
茶山村	√	√		1.3
桃源村		√		0.5
横东村	√	√		0.4
横西村	√	√		0.5
大黄村	√	√		0.3
长教村	√			0.2
南福村	√	√		0.8
群丰村	√			0.1
园区类旅游项目				22.4

续表 3

旅游项目	开发建设分期			投资估算（亿元）
	近期（2017—2020 年）	中期（2021—2025 年）	远期（2026—2030 年）	
雁南飞茶田景区	√		√	1.5
麓湖山文化产业园	√			2.5
雁鸣湖慢生活体验园区	√		√	0.8
金柚生态产业园	√	√		3.2
油草塘生态渔乐园	√			2.6
南寿峰健康文化产业园				1.8
雁回巢国际养生园				10
景区类旅游项目				16.7
五指峰景区	√	√		1.8
灵光寺旅游区	√		√	1.2
鸡冠山景区	√	√		2.8
洞天湖旅游区	√	√		8.5
桥溪古韵	√			0.1
莲花寺				1.0
禅林寺				0.5
白沙村湿地公园				0.8
项目总投资：72.2 亿元				

梅县区结合《梅江韩江绿色健康文化旅游产业带发展规划（2016—2030）实施方案》，聘请北京大衍致用旅游规划团队对原《梅县区旅游产业发展总体规划》进行优化修编，新的《梅县区全域旅游发展总体规划》以全域旅游的发展理念，突出国际前瞻视野，结合梅县区的交通体系、城市水系、智慧城市和美丽乡村、国土资源等重大专项规划，实现有机融合、无缝对接，科学描绘梅县区全域旅游发展的新蓝图。按《梅县区全域旅游总体规划》要求，东部以雁洋特色小镇为核心，向松口古镇、王寿山旅游资源开发为主，重点打造养生休闲度假、客家文化游；南部以九龙嶂革命老区的红色旅游资源、绿色山水为依托，进一步开发红色旅游、休闲养生以及漂流探险参与性项目；西北部以西部旅游快线建设为契机，加快沿线古村落古民居、乡村旅游开发，激活洞天湖水库旅游开发，带动银杏林等旅游资源开发；中部城区以梅县新县城、槐岗新城、葵岗新城建设为中心，布局发展城市休闲和商务旅游，构建全域旅游发展基本框架。从 2017 年起，计划利用 3 年左右的时间，全面实施“12325”工程，即培育和打造 1 条美丽乡村主题游览路线；2 条乡村景观轴线（沿梅江和沿国道）；3 大美丽乡村组

团（雁洋—松口组团、侨乡—槐岗组团、龙岗—白沙组团）；推进高速出口及主要沿线改造提升，推动人居环境整治村、新农村示范村、省定扶贫村与美丽乡村精品村规划建设；梅南九龙、水美、龙岗和水车白沙连线打造，以红色旅游和乡村旅游，打造旅游品牌。

【重大项目建设】 按照区委、区政府2017年重点工作安排，落实挂钩联系制度，大力推动列入省、市重点的旅游项目：南寿峰健康文化产业园、古梅梦景文化旅游产业园、中国收藏文化示范基地、足球小镇项目、创意南口·客归侨乡·麓湖山庄、三乡养生度假村、祥和养生园和新南湾水岸游乐休闲中心等。2017年，坚持为企业服务、为重点项目服务，力促项目早上马、活动见成效。注重与各乡镇、各相关企业加强沟通联络，深入基层，深入各施工现场，做好协调工作，积极为旅游建设重点项目服务，帮助企业解决实际问题。落实重点工作月汇报制度，每月2次将各乡镇相关重点工作的情况综合汇总向区政府、市局汇报。同时，紧紧围绕“加快推进梅江韩江绿色健康文化旅游产业带建设”核心任务，实行项目月报，同项目有关企业联系挂钩，认真做好上报工作。

【配套设施】 加强景区景点和美丽乡村的道路、停车场、旅游厕所、游客公共信息服务等旅游基础设施建设。认真贯彻落实习近平总书记和省委、省政府关于“厕所革命”的重要指示以及《梅州市人民政府办公室关于印发梅州市旅游厕所建设管理三年（2015—2017年）行动计划实施方案的通知》精神，进一步做好厕所建设工作，对辖区内的相关乡镇、村、景区、乡村旅游点新建、改建的厕所进行筛选，经过多次的上报、更改等后续工作，确定共12座旅游厕所，其中新建7座、改扩建5座，已完工的有12座。基本实现全区主要旅游景区（点）和交通主干线的旅游厕所基本达标，其中雁南飞投入500多万元，高标准建设两座含第三卫生间旅游厕所。

加强景区景点和美丽乡村的道路、停车场、游客公共信息服务等旅游基础设施建设。结合乡村旅游开发和美丽乡村建设，提升一批县道乡道，在高速公路、国省道、城市道路及连接景区主要道路增设旅游交通标识标牌，共投入200多万元完善新县城的旅游标识标牌。提升梅县区全域旅游服务中心功能，完善交通枢纽、商业中心、游客集散中心和旅游咨询服务中心的建设。按照创建旅游休闲示范城市标准，科学合理整合梅花山公园、人民广场、文体中心、曾宪梓体育场、亲水公园、盘古步行街、精宫博物馆、万秋楼、济济楼、大屋夸等丰富的旅游资源和休闲场所，在梅县人民广场增设旅游咨询点1个，提升游客服务中心功能。

【景区（景点）建设】 雁南飞茶田景区按照国家AAAAA旅游级景区的标准要求，不断优化提升景区人行道路、改造茶情阁、旅游厕所等旅游服务设施。投入1亿元，优化景区内旅游交通道路，新修建3条波罗格原木栈道、重新改造茶情阁、改建3座旅游厕所（其中包括3个第三卫生间）等项目；南寿峰健康文化产业园获评AAA级景区，筹建旅游度假酒店、玻璃栈道等项目，不断完善文化长廊、停车场、风雨廊等旅游服务设施。广东华银集团与棕榈园林联手打造幸福雁鸣湖足球小镇、房车营地亲子体验区等项目；麓湖山文化旅游产业园启动创建国家AAAA级旅游景区和文化使者家园项目，佳禾现代农业园启动创建国家AAA级旅游景区。

【“旅游+”项目】 雁洋南福村依托毗邻雁鸣湖、雁南飞等景区优势，突出金柚文化、孝慈文化、客家文化，规划建设“南福春秋”旅游景点；阴那村主打乡情牌，借助外出乡贤的力量，突出农村房屋客家元素的改造提升，致力建设最美客家建筑风情村，大力发展民宿业；梅南镇顺里村引进三个企业，分别种植茶叶、南药，发展休闲旅游；松口镇铜琶村利用闲置的小学，建成澜峰阁写生基地，与元魁塔、士德堂等景观形成梅县区新的旅游亮点；畲江镇连江村在黄塘水库种养场基础上，积极转型升级，发展“农业+旅游”项目，唤发生机和活力，建成然中园生态旅游休闲农庄。丙村群丰村依托久负盛名的仁厚温公祠、大夫第等客家围屋，结合河豚养殖等特色水产业，着力抓好祠堂周边环境整治，打造集“体验客家祠堂文化与特色美食”为一体的文化旅游景点。

【旅游新业态】 大力培育发展养生保健、乡村旅游、民宿旅游、特色文创、旅游电商、自驾露营、房车营地、动力滑翔伞、水上飞机等旅游新业态，丰富“商、养、学、闲、情、奇”的旅游体验项目，不断推出梅县区新、奇、特的旅游市场引爆点。引进广东宏图俱乐部动力滑翔伞项目落户松口镇横西村，开启梅县、梅州旅游新业态。出台旅游扶持办法，积极开展民宿试点，雁洋镇大坪村志睦楼民宿成为梅县区首家证照齐全的民宿。通过以点带面，促进民宿的发展，引进莫干山团队在南口镇、松口镇设计建设民宿，浙江桐庐规划团队在雁洋镇阴那村建设禅修主题民宿。农家乐得到蓬勃发展，雁洋镇山里人家、丙村镇杜陂坑、丙村九峰山、松口元诚庄园等四家农家乐被评定为“三星级农家乐”，具备一定接待能力。

【旅游宣传】 为打响“叶帅故里、客都明珠、国际慢城、长寿之乡”的旅游品牌，2017 年，投入各项宣传经费 152 多万元，组织或参加宣传推介活动 36 多场次，不断提升梅县区旅游目点地形象。一是参与大型旅游推介。充分利用上级旅游主管理部门提供的推介平台，参加广东国际旅游博览会、深圳国际旅游博览会、广州国际旅游展、厦门海峡国际旅游博览会及由市旅游局组织的贵州、汕头、揭阳、惠州、河源、上海等地的旅游专题推介活动，同时，邀请香港，惠州，汕尾等地旅游同行到梅县区踩线和考察旅游资源，不断扩展壮大客源市场。二是举办系列旅游活动。打好旅游节庆活动品牌，成功举办“第六届雁鸣湖柚花飘香节和金柚飘香节”“第六届禅茶文化旅游节”，协办然中园杨梅节活动，通过一系列的旅游活动提升梅县区旅游的知名度和影响力。三是丰富旅游宣传渠道。对“梅县旅游微信公众号”加强管理和扩充；在游客的主要聚集地制作树立大型旅游宣传灯箱、租用订制全域旅游宣传车，全天候在各主要路段宣传，通过一系列针对性的宣传推送，形成有网络、有户外的系列宣传渠道，扩大旅游品牌知名度和影响力。

【景区（景点）选介】 南寿峰景区　位于梅县区松口镇，占地 933.33 公顷，以建设“神秘的客家药王养生谷、国家级的养生养老胜地”为战略发展目标，以“文化+休闲+养生+养老”为主题，计划打造成客家特色浓郁、中医药养生技术先进、养生养老功能齐全的主题型休闲度假健康产业园。

南寿峰是中医药养生文化与客家民俗文化相结合的创新型文化、旅游、养生、健康产业园区，未来的经济业态可涵盖文化旅游、文化创意、养生服务、餐饮住宿、健康疗养、养老地产、中药种植、保健品开发等多个领域。通过文化产业和医药、旅游、养老等产业的结合，能够有效提升文化产业的穿透力和生命力，对全省的文化产业发展具有显著的带动性和示范性，是一个兼具经济效益和社会效益的文化新业态项目，能够有效帮助山区群众脱贫致富，使客家文化及中医药文化得到弘扬和传承，增强海内外客家人的自豪感和凝聚力，促进健康养生养老产业的发展，并带动相关产业集群发展。

（供稿：熊宝轩）

财政·税务

财 政

【概述】 2017 年，梅县区财政部门认真贯彻落实区委、区政府的工作部署，积极应对经济下行压力，完善财政体制，抓好财源建设，加强监测分析，依法科学理财，更加注重优化支出结构，着力保障和改善民生，进一步推进财政科学化、精细化管理，着力提高资金使用效益和水平，为全区经济和社会各项事业协调发展提供有力保障。2017 年，全区一般公共预算收入完成 197317 万元，同比减收 21513 万元，减幅 9.83%（按可比口径减幅 8.05%）；一般公共预算支出完成 514670 万元，同比增支 3573 万元，增幅 0.7%。

【财政改革】 坚持用改革的办法化解矛盾、破解难题，全面推进财政管理科学化信息化，健全绩效透明、运行规范、监督有力的财政管理机制，着力提高政策资金效益和理财水平。一是从深化预算编制改革入手，引导全区充分认清当前经济财政形势，遵循勤俭节约、量力而行的原则编制部门预算，进一步提高预算编制的有效性与合理性。同时，进一步开展中期财政规划编制工作。二是不断深化财税体制改革，进一步理顺管理和运行机制，不断提高财税工作科学化水平。三是加大预决算公开改革，实现非涉密全公开，财政预决算、部门预决算以及“三公”经费预决算实行全面公开，不断细化公开内容。四是进一步深化乡镇国库集中支付改革，在全区下辖 19 个乡镇(办事处、高管会）全面实行乡镇国库集中支付制度基础上，进一步规范乡镇国库集中支付管理。五是继续深化国有资产管理、政府采购、公务用车制度、PPP 模式实施建设项目等改革，切实提高财政资金的监督管理水平，增强财政活力。六是优化财审流程，全面加强财审工作，缩短审核时间，提高审核效率，服务全区项目建设。

【民生支出保障】 区财政部门始终把提升民生保障水平作为重要任务，着力推进各项民生事业加快发展。一是切实做好涉及各项考核科目的核算、监测和保障工作，足额优先保障民生支出，重点关注惠民政策落实。全区村（社区）综合服务平台建设工作全面完成，通过上级验收；十件民生实事全部完成。二是针对重点项目立项多的情况，紧紧围绕区委区政府部署要求，财政在预算中足额安排财政配套资金，同时积极探索筹融资渠道，合理确定项目实施方式，充分发挥财政资金杠杆作用，撬动社会资本助推区域发展。三是面对刚性支出不断加强，收支矛盾凸显等形势，财政部门强化工作措施，保障重点项目支出的同时，从严安排一般性支出，大力压缩行政经费支出，提高财政资金使用效益，做到有保有压。四是社会保障、医疗卫生、节能环保等重点支出得到较好保障，促进社会事业全面发展。五是清理财政结余结转资金，盘活财政存量资金，加快财政资金拨付进度，财政存量资金规模明显下降，存量资金大幅减少，提高财政资金使用效益。

【财政监督管理】 通过规范理财，严格财经纪律执行，不断提高资金使用效益，绩效管理水平不断提升。一是加强财政支出管理，强化预算执行，在预算管理上按照“无预算不支出”的原则严格执行人大审议通过的预算，严禁超预算或无预算安排支出，进一步增强预算的约束力和执行力。二是加快预算执行进度，加强支出进度分析和部门协调，加大重点支出监控力度，认真开展财政支出专项督查工作，从多个角度、多个层面规范财政资金的使用管理。三是牢固树立过“紧日子”思想，严控一般性支出，规范公务接待、“三公”经费等方面的管理，千方百计降低行政运行成本。四是加强财政监督管理，开展涉农领域腐败问题等专项检查，建立健全覆盖政府性资金和财政运行全过程的监督机制。五是强化财政支出绩效考评，加快建立“预算编制有目标、预算执行有监控、预算完成有评价、评价结果有反馈、反馈结果有运用”的预算绩效管理模式，筑牢财政资金安全防线。六是推进财政投资评审和政府采购。2017年，完成预结算项目267个，送审金额23.15亿元，审定金额20.91亿元，核减2.24亿元，综合审减率 9.67%。全区全年组织政府采购689批次，采购预算93549.56万元，实际采购92759.20 万元，节约资金 790.36 万元，节约率0.84%。

（供稿：廖剑方 李婧纯）

税 务

【国家税务】 2017 年，区国家税务局以中共十九大精神和习近平新时代中国特色社会主义思想为指导，紧扣“保和谐、提质效、创佳绩、控风险”的工作目标，实现文明创建与税收工作的“双赢”，11 月，被中央文明委授予“第五届全国文明单位”称号，这是继年初荣获“全国税务系统先进集体”的又一殊荣，是文明建设综合性评价的国家级的最高荣誉。全年完成税收收入 17.81 亿元。

税收收入 全年组织工商税收收入 17.81 亿元，同比增收 5.21 亿元，完成市局下达任务15.16亿元的117.41%。

税源管理 1. 统筹组织收入。不断拓宽组织收入统筹工作的广度和深度，横向从组织督导、信息共享、联合分析、风险预警和收入评价等方面加大统筹力度，实现部门联动、多管齐下抓收入；纵向坚持“一把手”负总责，层层分解组织收入目标和责任，形成分析联动、组织联动、监控联动的组织收入工作格局。2. 防控税收风险。组织骨干成立专业纳税评估团队，落实风险应对管理工作。2017 年，纳税评估任务进度完成129.3%，推送县级风险任务4批，接收上级推送 29 批风险任务，风险纳税人总户数 355 户，完成 323 户，入库税款 7163.16万元，加收滞纳金或处罚入库税款 3047.88 万元。3. 抓好汇算清缴。通过加强宣传培训，做好政策辅导，确保全年实际汇算清缴面 100%。其中，参加汇算清缴企业所得税纳税人共 3114户，其中 A 类企业 2134 户，实现企业所得税收入 19430.02 万元；B 类企业户 980 户，实现企业所得税收入 339.8 万元。

依法治税 坚持深化“梅花文化”内法治涵，以依法行政工作领导小组为中枢，各部门密切协作，将依法治税贯穿于税收工作的全过程，勇于探索和实践，健全组织保障，规范执法程序，优化纳税服务，强化监督制约，积极推进税收法治工作创新和发展，先后开展行政执法公示、行政执法全过程记录、重大执法决定法制审核共三项税收法治创新工作。对发票专项、高风险企业、出口退税等方面开展检查，2017 年共立案检查企业 10 户，达到大要案标准2宗，移送公安机关立案侦查2宗，抓获犯罪嫌疑人2人，全年立案查补收入147.81万元，自查收入 2770.57 万元。区国家税务局被区委区政府推荐为创建广东省第三批法治文化建设示范点的全区唯一一家申报单位，成功被命名为第三批“广东省国税系统法治基地”的单位。

征管改革 以贯彻落实“互联网+政务服务”和深化国地税征管体制改革为切入点，创新征管措施，不断提升征管质效。

1. 提升风险应对质效。加强业务工作督

导，定期召开税收风险业务工作推进会，安排部署风险应对工作。加强风险应对成果统计和分析工作，及时调整和完善管理措施，跟踪落实好后续管理。加强欠税管理工作，及时对欠税企业进行纳税偿还能力分析，查明欠税原因，有针对性地分类清缴欠税措施，监督企业分批次限期清缴入库欠缴税款。

2．提升数据清理质效。国地合作，统筹推进，成立国地税数据质量清理联合工作组，定期召开数据质量清理联席会议，研究商讨数据清理方案，保障数据清理工作的稳步开展。协同作战，抽调多名业务骨干组成清理工作小组，集中办公，现场协调，全力提高错误数据的修改效率。强化督导，确保质效，建立工作反馈机制，专人负责，利用微信、电话等方式及时反馈和解决疑难问题，抓好数据异常成因分析，确保数据清理质效。

3．提升电子档案管理质效。成立税收征管电子档案推广工作领导小组，就条码的录入、影像采集查询和操作方法及电子档案管理系统操作注意事项进行集中培训和现场演练，认真搜集整理推行工作中碰到的问题，迅速研究解决，确保电子档案管理工作的顺利开展。全局已完成资料3万余套征管资料的整理、贴码、扫描、归档工作。

纳税服务　以深化“放管服”改革为抓手，着力打通办税服务堵点、盲点、断点，建立涵盖事前、事中、事后的现代纳税服务新格局。

1．简政放权。审批更少，仅保留4项由区县级国税部门审批的事项，落实办理时限承诺制，全部做到“零超时”。协作更优，对内加强部门协作、完善信息互通，对外加强宣传引导、完善后续监管，大力推进商事登记制度改革。流程更简，简化前置性备案流程，全市率先开展出口退（免）税无纸化管理试点，既加快退税速度，又降低执法风险。

2．提速减负。劲吹便民办税春风，推出减少办税等候时间、简并涉税资料报送、提高纳税申报质量等5类20项47条便民措施，化解“痛点”“堵点”“难点”，提高办税效率。广拓多元办税渠道，大力推行网上办税为主、自助办税为辅、实体办税服务厅兜底的多元办税模式，加快实名办税进程，实名认证率达94.95%，办税情况率97.88%。力谋创新办税亮点，全市独家开通邮政速递发票服务，六县两区“全覆盖”，全市首批列入电子回单柜使用网点，高峰时段不排队，全市首批设置24小时办税服务厅，自助办税“全天候”。

3．合力共赢。聚国地税之力，落实44项国地税合作事项，大力推行国地税联合办税厅“一窗通办”，创新实践国地税互派干部挂职锻炼制度，国地税合作焕发“1+1>2”新活力。聚税银之力，先后推出客家村镇银行“税融通”、建设银行“税易贷”、中国银行“税融通”以及农信社“税银通”思想金融服务，全年累计新增发放贷款15949万元，受惠企业22家，有力助推大众创业、万众创新。聚各方之力，与区委政府、金融办、银行创新推出连环式精准服务，降低制度性交易成本，促进辖区金融业及房地产业发展，助推城市扩容提质。

【地方税务】 2017年，是实施“十三五”规划的重要一年，也是供给侧结构性改革的深化之年。梅县区地方税务局在市地税局的领导和区委、区政府的大力支持下，以“夯实基础”为总基调，以“抓收入、促改革、优服务、严执法”为抓手，以提高税收征管质量、推进税收征管改革、持续优化纳税体验、不断严明税收执法等措施作为“二次创业”之道，在组织收入、征管改革、纳税服务、队伍建设等方面精准发力，助推梅县区地税事业的“新启航”。

税收收入　2017年，梅县区地税局累计组织税费收入24.58亿元。其中：组织税收收入16亿元，完成市局下达预期的103%，同比下降2.9亿元，降幅15%；剔除“营改增”因素，可比下降4400万元，降幅2.68%；组织社保费等规费收入8.57亿元，同比下降1.36亿元，降幅14%。

税源管理　一是加强主要税种的管理。在

土地增值税方面，成立清算工作小组，采取集中办公方式，加快推进清算速度；撰写《关于土地增值税清算有关问题的报告》呈报区政府，争取政府对清算工作的重视和支持；牵头召开土增税清算协调会，区政府分管财税工作的常务副区长和财政、国税、国土、住建等部门负责人参加会议，达成部门协作推进土增税清算的共识。2017年，梅县区地税局共组织清算8个楼盘项目，补征税款 2172 万元；清算土地使用权交易18宗，入库税金3079万元；累计征收土增税（含预征）3.35 亿元，同比增加 4430 万元，增幅 13.94%。在企业所得税方面，完善季度预缴管理，辅导企业准确按季预缴，实现税款均衡入库；做好 2016 年度企业所得税汇算清缴工作，实现汇缴率100%，补缴税款9854万元；累计征收企业所得税5亿元（含汇算补缴），在总收入中占比31%，构成梅县区地税局税收收入的第一大来源。在个人所得税方面，做好全员全额明细申报工作，重点关注高收入人群、大型企事业单位、股权转让等方面的个税申报，如期完成年收入 12 万元以上个税自行申报工作，累计征收个人所得税 2.1 亿元。二是大力组织欠税清理。摸清欠税底数，建立台账，实行班子成员包干负责制，将欠税大户分配给每位局领导，由局领导带领责任分局人员抓清理，层层传导压力，推动清欠工作扎实开展。2017 年，清理欠税近 8223 万元（不含滞纳金）。三是落实好税收优惠政策。小微企业税收优惠受惠面达到100%，确保应享尽享，2017年，通过该项优惠政策共减免所得税276万元；在高新技术企业所得税优惠方面，加强政策辅导，为入选广东省高新技术企业培育库的4户企业解析税率优惠、研发活动及研发费用归集范围、特别事项处理、会计核算与管理等内容，全年通过高新技术企业税率优惠政策共减免所得税 1318 万元。四是开展数据清理，提高征管数据质量。结合历次问题数据清理工作，加强与国税、工商等单位的协调沟通，认真清理金税三期系统问题数据，累计清理近1万条问题数据，提升金三系统征管数据质量。五是加强社保费管理。积极开展社会保险扩面征缴工作，提前超额完成扩面征缴任务。联合法院、社保局对一户长期欠缴社保费的企业采取强制执行措施，为全市首例，追缴社保费135万元，维护参保职工权益。联合区人社局劳动保障监察大队组成工作组，到零参保和欠费企业开展社保知识宣传和欠费催报催缴工作。

征管改革　一是有序推进“夯实基础年”各项工作。对照省局指出 “基础工作不实、基层建设不牢、基本能力不足”三大问题进行深入剖析，梳理并制定包括 49 项任务的工作清单，对表推进各项工作；2017 年底，开展自查自改，对照清单上的 49 项任务开展地毯式自查，总结工作取得的阶段性成效和存在不足，有针对性地提出改进措施并予以落实。二是建设电子税务分局。承担全省地税系统电子办税实体化试点工作任务，通过前期大量的调研工作，最终明确电子税务分局的建设目标、建设途径、机构定位和岗位设置，搭建起专业化、年轻化的电子税务分局团队。三是扎实推进风险管理分局建设工作。根据征管业务现状和实际需求，将松口税务分局的职能调整为风险应对，负责围绕分析确认纳税人税法遵从状况而开展的税收管理事项，同时将土地增值税清算、企业所得税汇算清缴后续管理、股权转让以及重点税源企业的税务注销清算等业务也移交至风险管理分局。四是做好执法全过程记录试点工作。购置了 23 部执法记录仪，制定《梅州市梅县区地方税务局执法记录仪使用管理办法》，保障执法部门的需求；通过实地调研、召开座谈会等形式，对各税务分局及稽查局的执法情况进行摸底，绘制行政执法流程图。

纳税服务　一是扎实推进纳税人满意度整改工作。对办税厅服务、办税软件、网上办税服务、涉税审批、进户执法等18个大项34个小项具体工作，提出详细的整改措施和长效巩固措施，印发整改方案，并将整改工作列入绩效考核。二是做好税收宣传工作，拓宽政策受众面。在梅县区著名旅游景点雁南飞、雁鸣湖、桥溪古韵、叶剑英纪念园共放置 9 个门型架展板、2 个固定宣传栏和 6 个税宣小册子摆放区，构建起多层次的景区宣传格局。在行政服务中心北门广场、梅县区人民广场举办税收宣传现场咨询会，面对面与前来咨询的群众交流，为他们耐心细致地解答二手房交易涉税政策、个人所得税政策、个人购房缴纳契税流程等热点问题，获得广大群众的“点赞”。举办“税法进企业”活动，到梅县区“云电商”产业园、粤东医院召开政策宣讲会，听取纳税人对地税工作的意见、建议，现场为企业财会人员进行纳税辅导，宣传税收优惠政策。联合区国税局在梅县广播电台制作一档税收知识专题栏目，每天固定在两个上下班的高峰期播出，进一步拓宽税收知识宣传的受众面。三是做好行政服务中心大厅管理和国税代征点的工作。行政服务中心办税大厅累计受理业务逾 1.3 万笔计税费 1.3 亿元。

（供稿：梁炜坤）

金 融

银 行 业

2017 年，年末金融机构各项本外币存款余额 326.72 亿元，同比增长 22.3%。其中，城乡居民储蓄存款余额 211.52 亿元，同比增长 6.5%。金融机构各项本外币贷款余额 159.91 亿元，同比增长 19.6%。

【中国工商银行股份有限公司梅县区支行】 2017 年，中国工商银行梅县支行全体员工认真落实上级行工作部署，进一步强化“四大标杆”意识，深化“四大理念”，主动适应经济新常态，不唯计划唯市场，创新营销手段，提高营销水平，继续坚持稳健经营、从严治行的理念，各项工作取得较好成效。截至 12 月末，本外币各项存款余额为 342379 万元，比年初减少 3170 万元。各项贷款余额（不含票据）254312 万元，比年初增加 52313 万元，小企业贷款业务稳步健康发展，继续保持信贷业务资产质量优良。在规范中收的情况下，实现中间业务收入 2781 万元，拨备前利润 11095 万元，利润实现持续增长。

业务经营　2017 年，存款方面：重视抓好服务工作，努力提升网点服务质量和服务效率，切实服务和维护好客户；通过“存款+理财产品”组合营销，带动各项存款的增加；抓源头，通过加强对省行“十大市场”以及代发工资、三方存管、拆迁补偿款、机关事业单位养老金、住维账户等的营销力度，促进各项存款增长和其他业务的发展。加强客户经理管户，通过多走访客户，大力挖掘潜在存款，以资产业务带动存款的增长。加快互联网金融发展，大力营销“4e”业务，促进电子银行业务全面快速发展。

信贷业务方面：加大客户营销力度，开展集群式营销、网点阵地营销，强化对公客户的全产品配套和存贷比考核，打造梅县支行小企业服务品牌。加快个人贷款业务的发展与转型，不断提高个人贷款业务的综合贡献。加强贷款全流程的风险控制，严控信贷风险，确保资产质量的稳定优良。一是严把准入关，实施贷款集体审议，强化贷前调查，关注第一还款来源，加强抵押物、抵押率控制；二是加强贷后管理，引导客户经理落实责任，不能将贷后管理流于形式，真正管好每一笔贷款；三是做好化解，通过季度法人贷款分析会，一户一策化解风险。

内控案防　扎实抓好内控案防工作，进一步加强和改进党风廉政工作。一是强化合规理念的传导，提高员工内控与合规理念、违规风险和责任意识。二是开展党风廉政建设、案件防范专项治理和查防工作、商业贿赂案件专项治理等活动，与各网点负责人签订内控管理、党风廉政建设和案件防范、社会治安综合治理和消防安全等责任书，保障内控案防和安全工作责任落实。三是坚持每月召开案防分析会议，抓好案件易发部位、重要交易环节的检查工作，规范操作行为。四是认真做好反洗钱和反假货币工作，严格执行反洗钱法和反假货币的管理规定。通过深入开展“两学一做”学习教育活动，不断推进作风建设及党团队伍建设；以“三严三实”作为作风建设的新坐标，深入抓好党风廉政建设和案件防范工作责任制的落实，坚持廉洁合规教育，进一步筑牢全行拒腐防变思想道德防线；并突出重点，认真抓好“十大禁令”的落实，理财销售“七条纪律”及十大重点领域和关键环节的案件防控工作；不断强化员工异常行为排查和动态管理，及时消除案件隐患。

（供稿：黄健明）

【中国建设银行梅县区支行】 2017年，支行科学决策，全体员工齐心努力，争先创优，被建总行评为文明单位及五星级网点。主要指标完成情况：1. 存贷款稳步增长，一般性存款余额30.25亿元。各项贷款余额18.22亿元，比年初新增4.11亿元。企业存款余额13.63亿元。公司类贷款余额1.01亿元。个人存款余额16.62亿元，比年初新增1.37亿元。2. 资产质量与风险控制良好，不良贷款余额为0。3. 各项业务稳健发展。其中公司机构客户新增187户，市分行排名第2名；实现中间业务净收入1609万元，市分行排名第2名；手机银行活跃客户新增完成率139%，全市分行排第2名；个人有效客户加权新增18763户，完成全年计划的276%，全市分行排第一；贵金属加权销售16900克；基金销售8261.96万元，加权销售3.04亿元，全市分行排第一；龙行四海注册用户779户，全市分行排第一；粤通卡完全504户，完成率93%，全市分行排第3名。

业务经营　1. 抓党建，促业务全面发展。要求各支行建立营销小组，每个小组的党员要在营销工作中起先锋模范带头作用，对本小组的营销工作进行组织发动，制定切实可行的工作计划和措施，对落实情况的检查和督促。优化绩效考核机制，充分调动全员的积极性，各项业务指标都取得较好的业绩，梅县支行机构重要客户、重点项目、个人客户新增，私人银行客户新增，分期通、OBU、CTS、电银产品、房贷业务、龙行四海注册用户数新增，扶贵支行基金业务、华侨城支行分期业务都取得分行靠前的业绩。2. 优化绩效考核机制，充分调动全员的积极性。在机构重要客户、重大项目拓展，电银产品、有效客户新增，分期通、OBU、CTS、房贷业务都取得较好的业绩。全年实现中收1470万元，市分行排名第一。扶贵支行贵金属加权销售16900克；基金销售8261.96万元，加权销售3.04亿元，全市分行排第一，代理各类保险加权销量717万元；华侨城支行分期业务比年初新增5290万元，完成市分行全年计划1705万元的310%，市分行排名第一名。3. 打造精品服务。支行扎实推进服务100，着力推进渠道转型，按照《梅州市分行营业网点服务质量管理考核实施细则》加强服务检查、考核，重视解决服务问题。通过智慧柜员机、自助设备、电子银行等提升服务效率。加强网点营业环境卫生整治和周五环境整洁日大扫除，注重细节，提供优质、差异化服务，并在营业大厅配备一系列便民服务，给客户耳目一新的温馨感受，提升网点的服务形象，进一步体现满意在建行的服务宗旨。

内控管理 一是切实履行“一岗双责”，主动落实“合规平安年”创建活动。贯彻落实银监对银行业监管制度，开展以双线手册为基础的合规教育活动，通过早会，周会，月度经营分析会反复学习各种案例及案件防控知识，围绕重点部位、重点环节、重点机构和人员、重点区域和时段开展风险点排查，消除管理和操作中的漏洞和隐患。二是加强员工行为动态排查管理，及时掌握员工日常行为规范，着重关注是否有赌博行为。强调信誉不能代替制度，不断提高员工遵章守纪、合规经营的自觉性，提升案件防控能力。梅县支行营业室柜员在5月堵截一被电信诈骗客户，成功挽回客户损失5万元。华侨城支行在6月，协助公安机关成功缉拿全国逃犯一名。三是结合内外部业务检查，强化精细化管理激励约束作用，把综治工作个安全保卫工作列入重要议事热诚，坚持“谁主管，谁负责”的原则，签订“安全防范工作目标管理责任书”，确保安全营运。

（供稿：林清健）

【中国农业银行梅县区支行】 2017年，梅县支行严格贯彻落实省、市分行党委提出的工作部署，坚持稳中求进的总基调，积极作为，实现各项业务的有效发展。截至12月31日，各项存款余额42.39亿元，比年初增7089万元，增幅20.08%。其中对公存款余额9.16亿元（日均余额11.05元），比年初减少1.38亿元，日均增量-959万元；个人存款余额33.23亿元（日均余额32.75亿元），比年初增2.09亿元，增幅6.71%。

业务经营 （一）存款方面抓扩户、提质、增效。一是继续加大对重点账户的拓展维护力度，努力抓好优质企业账户的维护，积极关注园区内企业落地情况，做实客户基础。二是借助梅县产业集聚区基础设施（PPP）项目加强对政府、社保、园区办等相关部门的沟通联系，不断跟进“美丽乡村”建设项目进展，成功拓展梅县区土储中心、三角镇湾下村居委会多个相关重点项目。三是密切关注持续密切关注陆丰甲湖湾电厂、梅州富力城等重大项目的资金使用及建设情况，及时做好重点对公账户营销维护工作和对公贷款户月末和季末存款归航。四是持续跟进S223线沿线公路建设及拆迁项目，加强与当地政府以及相关村委的沟通联系，提前跟踪维护好关键人员，积极推进账户落地。五是针对县域农村市场特点和客户需求，做大做优银行卡业务，加大借记卡、惠农卡、社保卡等各类卡产品的有效发卡，提高激活率和使用率，扩大惠农通工程对农村储蓄资金的吸纳能力。六是切实推进“访客”工作，全面落实“管户包”管理，落实管户职责、范围和数量。

（二）贷款方面抓潜力深挖、加快投放和储备 一是做好对重点客户的维护和管理，积极抓好陆丰甲湖湾电厂银团贷款的投放工作，做好内部兄弟行和外部参加行的沟通衔接，确保贷款顺利发放。二是抢挖客户资源，积极营销住房按揭贷款，继续抓好富力城、梅县碧桂园、锦绣国际家居城、御元阳光城、梅花城、君悦世家等按揭业务，全力做好住房按揭贷款的投放和储备。三是突出重点领域，营销优质项目，加强与政府部门的沟通联系，进一步加大对当地农业龙头企业、柚农、茶农等新型农业主体的支持力度。四是强力推进三农“一号工程”，加快“惠农e贷”落地投放，加大对“网捷贷”“便捷贷”等新型贷款产品白名单客户的营销力度，积极推广惠农快农贷业务。五是统筹部署强化人才队伍建设，组建个贷分期中心，集中精干力量储备个贷、分期资源，坚持“引进来”和“走出去”相结合，打造从楼盘驻点到贷款调查、审核和发放一条龙的专业化服务。在信贷规模和人员紧缺的情况下，实现个人住房按揭贷款较年初增6.7亿元。

内控管理 梅县支行严抓党风廉政建设和案件防范、风险管理工作，坚决守住风险底线。一是紧密结合“两学一做”学习教育，分别就党委班子成员与党员、党员与群众开展谈心活动，党员领导干部谈心谈话做到“下谈两级”。谈心谈话深入结合员工行为“案防排雷”行动，真正通过党员谈心谈话发现员工异常行为，解决员工潜在的问题。二是坚持按季召开员工行为管理风险分析例会暨案防分析例会，持续抓好员工“网格”管理、“案防排雷”回头看、业务风险漏洞严控等工作，压实“两个责任”。三是“以三线一网格”为抓手，重点开展“网格”管理专项排查，全面梳理员工行为“网格式”管理系统中历次排查数据，重点关注员工是否存在参与民间借贷、非法集资、“飞单”、代客理财、赌博、信用卡套现、洗钱、违规查询征信等行为。四是切实履行主体责任，强调网点负责人是基层案件风险防控第一责任人，重点关注各层级员工是否存在异常行为，特别是营销人员的工作记录，落实好上班期间的外出报告制度。五是深入基层调查研究，帮助基层解决困难和问题，并通过员工座谈，重点了解基层重要岗位和重要环节工作人员八小时外的行为，综合运用日常观察、排查家访等形式，充分了解员工社会交往和家庭生活等情况，对存在违规违纪苗头的行为，及时采用提醒谈话、诫勉谈话等方式处理。

【中国农业发展银行梅州市梅县区支行】 2017年，围绕省分行“定好位、聚好焦、建机制、抓落实”的工作思路，各项工作取得一定成绩。至12月底，各项贷款余额90729万元，比年初减少5479万元；各项存款余额66280万元，比年初减少32497 万元；中间业务收入19万元，实收利息4659万元，利息收回率100%，净利润3215万元，人均利润 214.3万元。

业务经营　一是牢固树立执行国家政策、服务国家战略，确保粮食安全的责任意识，认真做好粮油收储资金供应管理工作。根据地方粮食增储任务进度的实际需要，保证资金供应，并切实做好贷后监管工作。坚持不定期开展粮食库存检查，以及销粮款的跟踪检查，及时回笼销货款。累计发放县级储备粮贷款646万元；累计收回县级储备粮贷款625万元。二是着眼于发展战略，拓宽服务领域，积极营销非经营性中长期贷款业务。2017年，积极与发改、财政、金融局、企业沟通协调，突出支持水利建设、污水处理、村村通自来水、农村公路、农村人居环境改善、棚户区改造等，打造服务“三农”的品牌形象。1月底发放农村交通中长期贷款7400万元。上报梅州市梅县区恒基水务投资有限公司水利建设项目贷款42500万元；6月20日成功发放（首笔）水利建设项目固定资产贷款100万元。11月30日发放第2笔7900万元水利建设项目固定资产贷款，用于支持梅州市梅县区村村通自来水工程项目建设。根据项目工程进度，此次贷款发放主要用于该项目畲江镇、白渡镇、大坪镇、松口镇以及雁洋镇五个乡镇部分的村村通自来水工程，进一步改善梅县区居民生活条件。三是严格按照上级行有关项目贷款管理的要求，不折不扣执行“盯住土地、卖地还款”的管理模式，指定专人负责跟踪项目贷款收储土地挂牌出让情况，及时收回贷款本息。2017年，累计收回中长期贷款20900万元（为债券置换收回土储贷款18750万元、置换收回伟业水利贷款800万元和提前归还堤围除险加固工程项目水利贷款 1350 万元）。四是积极发展存款和中间业务，树立“存款增效”理念，加大力度开展存款组织工作，探索拓宽中间业务领域。至12月底，各项存款余额66280万元；中间业务收入19万元。五是做好2017年度6户贷款企业信用等级评定和授信工作，对已发放贷款加强贷后监管和贷款基础信息真实性核查工作，严格执行贷款“十不准”，并与6个贷款企业签订《银企廉政共建协议书》。

内控管理　一是开展“违法、违规、违章”“监管套利、空转套利、关联套利”“四不当”和市场乱象整治专项治理工作自查、整改工作，同时结合《2017年内控评价工作方案》开展了内控评价工作，进一步提高内控合规意识，强化合规机制建设。二是开展安全生产大检查、2016—2017年度安全评估自查、声誉风险排查、对照《银行业金融机构安全评估标准》自查、执法监察等自查工作，健全内部控制监督机制，提高风险防控能力。三是严格落实各项规章制度，抓好贯彻落实《关于印发中国农业发展银行梅州市分行基础管理考核责任清单和负面清单（2017 年修订）的通知》等制度办法，促进业务流程化和责任的落实。同时结合内外部业务检查，认真抓好整改落实，强化基础管理考核激励约束作用。四是按照省、市分行要求，开展保密、印章管理自查工作，进一步加强保密管理和着力规范印章的保管、审批、使用、登记手续。

（供稿：张萍）

【梅县区农村信用合作联社】 2018 年，梅县联社坚持立足农村、服务三农、服务中小微企业的市场定位，以“抓改革、促发展、防风险”为工作总基调，以改革为中心，以“客户归社、创新驱动”两大战略为抓手，突出小微、社区和普惠三大特色，解放思想，勤勉务实，创新争先，各项业务稳健发展。截至 2017 年底，各项存款余额 70.80 亿元，较年初增长 18.77%；各项贷款余额 42.25 万元，较年初增长 9.47%。存贷款规模均居梅县区金融机构前列。

业务经营　一是加快推进改革进程。根据省委省政府的战略部署，2017 年，梅县联社与梅江联社启动合并改制梅州农商行工作，至 2017 年底，已向中国银行业监督管理委员会提交梅州农商行筹建请示，加快推进农村金融改革的步伐。

二是加大支农支小力度。2017 年，梅县联社积极践行习总书记提出的“金融要回归本源、服从服务于经济发展”精神，立足做小、做特、做优的市场定位，发力小微信贷、消费信贷、普惠金融和产业金融，大力支持“三农”和战略新兴产业，创新信贷产品，推出公职贷等 6 款消费信贷和 3 款小微企业贷等新贷款产品，优化升级支农系列贷款产品，特色化服务能力大大增强，有效地满足不同群体的消费性需求，有力地支持小微企业及“三农”的发展。至 2017 年末，梅县联社涉农贷款余额 21.52 亿元，占比 50.94%；小微企业贷款余额 23.65 亿元，占比 55.97%，涉农和小微企业贷款增幅高于贷款整体增幅，实现了涉农贷款持续增长和小微企业 “三个不低于”目标。三是扎实开展普惠金融工作。为适应互联网金融的发展，切实提升客户体验，梅县联社多措并举持续完善电子服务渠道。至 2017 年末，累计布放自助设备 88 台，累计安装 POS 机 591 台，设立助农取款点 113 个，卡存量 24.16 万张，网上银行存量 1.88 万户，手机银行存量 3.8 万户，鲜特汇收银台存 1.07 万户，自助发卡机、鲜特汇+体检（旅游）、移动缴费、鲜特汇驿站+扫码墙等陆续上线，电子服务渠道进一步完善。与全区范围内 368 个行政村建立常态合作关系，丰富完善乡村金融服务站内涵，派驻客户经理，指定联络员，定期在金融服务站点开展宣传、讲座、交流等活动，扩大金融服务覆盖面。积极开展金融精准扶贫工作，对辖内 32 个贫困村进行建档立卡的贫困户达 8344 户，对已建档立卡贫困户累计发放贷款金额 2425 万元，实现“三农”、小微、贫困地区等薄弱环节普惠金融服务的基本覆盖。

内控管理　一是抓党建引领推促改革发展。梅县联社充分发挥党建引领作用，着力抓党建和法人治理联动共建，制定党建工作任务清单明确党建目标和方向，把党建工作纳入《联社章程》，建立健全“三重一大”前置程序，明晰党委办和党委组织部工作职责，按要求配备专职职党务工作者，落实党建和改革发展“四个同步、四个对接”，推动加强党的领导和完善公司治理统一起来。二是抓合规经营防范金融风险。围绕省联社安全保卫工作要点，组织人员进行专项培训教育，开展防抢劫预案应急演练，严格把控安防基础设施，推进异地值守建设，全年实现安全运营。持续完善流程银行建设，实现流程体系文件基本覆盖现有管理及业务操作，全年共制定和完善制度文件 105 个制度。强化专项检查，全年开展重点业务风险专项检查，内容涉及信贷风险排查、不良贷款问责、员工异常行为以及作风建设等 30 多项的风险排查工作。增强流动性风险管理意识、调整资产负债结构、加强存贷款的流动性监测、完善流动性风险管理内控体系等，切实提升流动性风险管理水平。加强舆情监测，重视声誉风险管理，全年均无发生苗头性信息及重大舆情事件。

（供稿：黄广钧）

【中国邮政储蓄银行梅县区支行】 2017 年，中国邮政储蓄银行梅县支行积极应对政策变化和各种挑战，抓好各项决策部署的落地执行，完成梅州市分行下达的收入、利润目标，且双项指标均在全市排名第一。至年末，各类贷款超过 20 亿元，各类存款余额规模逾 58 亿元。

业务经营　2017 年，邮储银行梅县支行主动适应经济新时期的金融服务需要，积极对标中共十九大提出增强金融服务实体经济能力的要求，统筹兼顾、因地制宜、综合施策、主动作为，持续改进和强化服务实体经济能力，将更好地满足实体经济有效金融需求作为创新发展的出发点和落脚点，肩负起时代赋予的责任和使命，成为地区普惠金融服务的生力军。为积极响应中央“大众创业、万众创新”的号召，大力弘扬奉献、友爱、互助、进步的志愿服务精神，促进农村青年创业就业深入践行社会主义核心价值观，弘扬“奉献、有爱、互助、进步”的志愿精神，2017 年，邮储银行梅县支行全面加强与团区委、志愿者协会的合作，组建志愿者服务队积极参与团区委组织的各项公益活动。6月12日，梅县农村青年创业金融服务站及全市首家“梅州志愿者卡”服务中心在邮储银行梅县支行挂牌成立。为加强公众金融知识宣传教育，提高社会公众防范风险和正确使用金融服务的意识，邮储银行梅县支行持续开展一系列“金融知识进校园”“金融知识进万家活动”“金融知识普及月”“网络安全活动周”等活动，志愿者服务队向广大市民宣讲日常生活中出现的网络诈骗案件，提高普及预防电信（网络）诈骗意识，切实提高群众风险防控能力及意识，获得当地群众的广泛赞誉。

内控管理　一是加强管理，进一步强化操作风险、案件风险、声誉风险、舆情事件、员工行为管理以及安全保卫工作，结合“内控优化年”活动契机，切实提高全行员工合规意识和风控技能。二是抓尽职检查，业务条线和合规条线紧密配合、各司其职，共同做好业务监督检查工作。三是抓整改问责，根据内外检查发现问题的严肃程度，按照“十条禁令”、违规行为处理办法、轻度违规行为积分管理办法分别予以不同的处理，特别对针对问题整改不到位或屡查屡犯的行为，做到违规必究。

（供稿：刘壁嘉）

【梅县区客家村镇银行股份公司】 梅县客家村镇银行股份公司（证券简称：客家银行；证券代码：839969）是由商业银行发起设立的村镇银行，成立于 2010 年 11 月 3 日，于 2016 年 12 月 23 日在新三板公开挂牌上市，成为广东省首家在新三板挂牌上市的银行。

2017年，梅县客家村镇银行内设8个职能部门，辖有支行 7 家，分理处 25 家，从业人员总数达 284 人。截至 12 月 31 日，存款总额 303511.45 万元，较年初增加 3328.66 万元，增长 1.11%；各项贷款余额 177464.57 万元，较年初增加 1889.32 万元，增长 11.91%；各项资产总额 333206.34 万元，较年初减少 12381.72 万元，减少 3.58%；各项收入累计 20132.64 万元，各项支出累计 14830.75 万元，利润总额 5301.88 万元，净利润 3956.12 万元。

业务经营　（一）深耕“三农”惠民生　坚持“立足县域、服务三农”的服务宗旨，不断强化服务意识，2017 年，重新组建普惠金融部，牵头落实普惠金融政策。截至 2017 年 12 月末，全行涉农贷款余额 133337.52 万元，占各项贷款余额的75.13%，较上年同期增加2163.25万元，增幅1.65%。（二）助力精准扶贫 据统计，2017年，广东全省各地累计发放扶贫小额贷款7.46亿元，其中梅县客家村镇银行发放扶贫小额贷款9851万元，占全省的13.2%。梅县客家村镇银行的金融扶贫工作走在全省金融机构的前列，支持建档立卡贫困户1969户。（三）立足实体经济 服务小微企业 梅县客家村镇银行坚持“支持实体经济、服务小微企业”的市场定位，不断探索“政银企”合作模式，充分利用“政银保”“助保贷”“支农贷”等金融优惠政策，大力拓宽小微企业融资渠道，为小微企业创业创新输入资金血液。截至2017年12月末，小微企业贷款余额17.41亿元，小微企业贷款余额占全部贷款余额的98.12%。此外，梅县客家村镇银行引入德国IPC微贷技术，通过“专项规模、专职团队、专业流程、专门风控”的运营模式，提高支持小微企业的能力。截至2017年12月末，该行微贷中心累计发放贷款581笔，累计贷款金额突破1亿元。（四）拓宽融资渠道，降低融资成本 梅县客家村镇银行不断加大产品创新力度，先后开发“知识产权质押贷款”“助保贷”“政银保”“技改贷”等特色业务产品，拓宽融资渠道，降低融资成本，助力实体经济、小微企业和创新创业团队发展。为突破科技型小微企业融资瓶颈，梅县客家村镇银行在梅州市首推“知识产权质押贷款”，使科技型小微企业凭借自身拥有的无形资产“知识产权专利”，就能得到资金融通，实现企业的快速发展。2017年，通过与梅县区政府合作开展的“助保贷”业务，累计发放“助保贷”贷款14笔9000多万元。与市经信局合作推出“技改贷”，着力解决企业技术改造融资难问题。此外，与梅县区农业局、台湾农民创业园等单位合作，创新推出的“政银保”融资产品，以项目资金贴息担保模式，重点扶持农业龙头企业发展。至年底，127家农业龙头企业、专业合作社及家庭农场从该行获得“政银担”贴息贷款5764万元。

内部管理 围绕合规守法经营、内控制度执行、规范管理、风险防范等重点内容开展全面的风险管控工作。一是扎实开展现场检查工作。包括村镇银行全面风险排查和操作风险与治理市场乱象排查、“监管三套利”“三违反”“四不当”排查、银行业风险防范排查；财务管理、同业业务、信贷票据业务、公司治理等内部专项检查；柜面存款业务、反洗钱检查、账户管理等定期检查。二是持续开展非现场检查工作。定期通过调阅远程监控录像，适时地检查各营业网点的柜面操作情况，发现违规行为，立即下发整改要求和风险提示，有效地提高辖内柜面服务人员的风险意识，防范操作风险。全年印发12份风险提示，并对违规人员共计120人次进行通报和经济处罚，涉罚金额1.34万元。三是严格开展内部审计工作，以合规审计为基础，以风险审计为导向，围绕风险防控，对重要岗位人员开展离任审计工作，全年对19名部门及网点负责人开展离任审计工作，真实客观地作出评价，强化责任，落实整改。四是组织员工行为排查工作，每个季度对全行员工“8小时”内外情况、交友圈和兴趣爱好等进行排查，发现异常的，及时通过谈话、深入调查了解具体情况，消除隐患，全年共对1248人次进行排查。

（供稿：赖志坚）

保险业

2017年，梅县区中保财产险全年各类保费收入4602.8万元，同比增长12.7%；赔款金额2078万元，同比增长24.4%。梅县区中保人寿险全年各类保费收入14672万元，同比增长17.5%；赔款金额925.7万元，同比增长156.9%。

【中国人民财产保险股份有限公司梅县区支公司】 2017年，支公司上下一心，在保费完成情况、利润和各项考核指标都取得喜人的成绩。截至 2017 年底，支公司实现保费收入 4602.8 万元，同比增长 12.7%。赔款金额 2078 万元，同比增长 24.4%。

业务经营　一、车险方面　年初受整个市场环境影响，梅州车险市场出现保费负增长的情况下，支公司在逆境中求发展，积极部署二手车保险市场，逆势而上，一季度车险发展实现“双超”。进入二季度，受市场整体费用拉升影响，支公司车险业务发展受到一定阻力，为实现“双超”目标，支公司全体上下不抛弃不放弃，积极走访所有合作车商，并大力开拓新渠道，上半年车险业务地实现 5.9%的增长。下半年充分利用分公司政策，稳扎稳打，保费也实现稳步增长，至 11 月，甚至实现 69.6%增速。全年车险增速 19.9%。

二、商业非车险　在新增繁重的移动销售任务和部分短期大单无续保业务影响的情况下，支公司年初商非业务发展面临压力巨大，1 月、2 月都出险业务负增长的情况。为填补缺口，扭转局面，加快业务发展，支公司想尽办法，多次拜访相关部门，洽谈业务合作事宜。在支公司的不懈努力下，商非业务终于在 3 月迎来转机。梅县区邮政分公司代理支公司业务量逐渐增多，全年累计代理 72.19 万元保费；成功统保全区精神障碍患者监护人责任保险，保费 34 万元多；成功统保梅县区公里学校校园方责任保险保费达 130.2 万元；移动销售全年完成 37 万元保费。全年商非增速稳定在 24.3%。

三、农险方面　（一）能繁母猪续保工作，2017 年共承保 30084 头能繁母猪，同比上年增加 4996 头，增长率 20%，增加保费 30 万元左右。（二）生猪保险方面。梅县区畜牧局积极配合支公司工作，不遗余力地宣传这个保险项目，支公司业务人员挨家挨户到各养殖场宣传动员养殖户投保生猪保险。全年承保 85508 头生猪，保费 171 万元。（三）水稻种植保险，因土地确权和农业“三项补贴”改革，种植户信息及种植面积有较大变化，支公司与种植户重新签订投保协议。全年承保 2.49 万公顷，完成保费 749.3 万元。

内控管理　内控制度建设是风险防范的源头性、基础性工作。2017 年，公司内控体系建设工作按照总省市公司工作部署，依计划安排开展，严格执行相关制度文件。业务管理方面，做到依法合规承保、准确录入客户信息、业务档案完整有序归档；财务管理方面，严格执行各项财务制度，建立健全的内部财务管理制度；在反洗钱内控制度发面，建立反洗钱岗位责任制，做到分工合理，责任到人，确保反洗钱各项工作职责落实到位；同时，结合支公司实际情况，制定反洗钱操作相关规章制度细则，客户身份识别、身份资料及交易记录保存规范，并按归档留存。

客户服务　客户服务是一个涉及员工素质，企业文化、操作流程等多方位的工作，为更好地提升客户忠诚度和满意度，公司以市场为导向，以客户为中心，建立完善的客户服务管理体系。着重从完善制度着手，通过加大制度的执行力不断加大服务考核力度，以进一步提高全体员工的综合素质，着力抓好全体客户服务人员的服务规范性，继续加强客户服务基础管理工作。

【中国人寿保险股份有限公司梅县区支公司】 2017 年，经营的险种主要有：人寿保险类（含新拳头产品 “盛世臻享”、百万如意行及国寿福至尊版保险）、意外伤害险类、短期健康险类等。2017 年，各类保费收入 14672 万元，同比增长 17.5%；赔款金额 925.7 万元，同比增长 156.9%。

业务经营　个险方面：个险渠道年度达成长险首年保费 2259 万元，同比增长 7.8%，十年期及以上期交达成 1940 万元，同比增长 13.10%，短险达成 444.74 万元，同比增长 10.4%，其中三季度完成目标 98%，四季度超额完成。银保方面：首年新单保费 2490.76 万元，完成年度进度 106.3%，完成标保 545.67 万元，完成年度进度 65.27%，十年及以上期交 197.53

万元，完成年度进度 69%，同比增长 116%；短险 44 万元，完成年度进度 110%，同比增长 46.85%；团险方面：完成短期险保费 1120 多万元，完成进度 107.3%，同比增长 13.4%，其中个险渠道完成短险保费 443 万元，完成业务进度 93.5%，同比增长 10.6%，团险渠道完成短险保费 632.5 万元，完成进度 119%，同比增长 13%，银保渠道完成短险保费 44 万元，完成进度 110%，同比增长 74%。

内控管理 2017 年，公司加强内部控制管理工作。大力优化人力资源配置，积极开展"非法集资"治理专项活动，加强客户信息采集；积极加强和完善单证管理，从源头上杜绝因单证造成违规违纪事件发生。积极完善用印管理，有效防范印章使用带来潜在风险的发生。

客户服务 2017 年，公司强化保全理赔等客户服务工作，严格实行岗位责任制，加强技能培训，提高服务质量。保证客户投保工作，保证客户续期缴费、复效、退保、期满给付等各项保全工作顺畅。

（供稿：卜晓灵）

上 市 公 司

梅 雁 吉 祥
（证券代码：600868）

2017 年，因公司电站所在区域降雨较上年同期减少 43%，公司主营业务电力生产受到较大影响，全年销售电量 39370.55 万千瓦时，同比下降 43.75%。营业收入较上期下降 33.23%；利润总额和归属于母公司股东的净利润较上期分别增长 93.68%和 70.60%，主要是公司取得投资收益等非经常性损益 10488.20 万元。报告期内公司总资产为 2399892905.03 元，归属于上市公司股东净资产为 2303723529.07 元，营业总收入为 242681410.08 元，实现归属于上市公司的净利润 116359952.36 元。

【经营情况】 报告期内因公司电站所在区域降雨较少，公司主营业务水力发电受到较大影响。管理层聚焦主业，以安全生产为前提积极创新，实现发电设备效能提升。同时管理层结合经营状况开展市场调研，适时整合公司非主营业务，并严格控制管理费用和财务费用，进一步提高经营效益，实现 2017 年年度的利润目标。

1. 主营业务水力发电。公司进一步聚焦主业，加强管理，通过向下游要水头、向设备要电量、向上游要水位、向管理要效益等措施，提升发电效率。根据 2017 年经营计划，公司加大了对控股子公司丰顺县梅丰水电发展有限公司 B 厂的建设力度，建设工程及机电设备安装已基本完工，施工进度取得重大突破；全资子公司梅州龙上水电有限公司的提升发电量的土地、房屋、道路租用、征用及补偿等工作有序推动。

2. 公司全资子公司梅州市梅雁中学继续深化特色办学理念，突显全封闭、寄宿制学校的办学特色、强化"量化考核"的特色管理。2017 年度中考全市重点上线率达 58.7%，高考本科率 25.21%，较往年有大幅提升；报告期内公司完成全资子公司梅州市梅雁如意投资有限公司注册资本的缴纳。

3. 对租赁经营企业的管理。报告期内租赁经营企业梅州市梅雁旋窑水泥有限公司实现利润 488.7 万元，同比增加 1057.51 万元，实现扭亏为盈；梅州市梅雁矿业有限公司实现营业收入 536万元，较上年减亏910万元。公司监督、指导承租单位管好资产、依法经营、履行合同、照章纳税，落实安监和环保等政府职能部门整改要求，实现全年安全生产无事故。

4．进一步贯彻“绿色清洁能源”的发展理念，成立地热能源利用项目调研小组，对发展潜力巨大，符合国家绿色发展理念及公司绿色清洁能源发展方向的地热能源利用（包括但不限于干热岩等新型能源）开展前期调研，探讨在现有水力发电的基础上，进行新的能源投资，走好外延发展之路。

5．实现公司资产价值。报告期内公司转让广东嘉元科技股份有限公司 20.78%的股权和梅县金象铜箔有限公司 21.33%的股权合计取得 104236997.78 元的股权投资转让收益；积极协调争取资产权益，收到政府回收土地款的利息补偿 1782 万元，促进协议继续履行。

【分配预案】 2017 年度公司经审计的母公司净利润为 124277771.92 元，合并报表归属于上市公司所有者的净利润为 116359952.36 元。公司拟按 2017 年期末总股本 1898148679 股为基数，向全体股东每 10 股派发现金 0.20 元（含税），合计派送现金股利 37962973.58 元，占审计后归属于上市公司股东净利润的 32.63%。本议案尚需提交 2017 年年度股东大会审议。

（摘自公司年报）

宝新能源
（证券代码：000690）

2017 年，国内经济运行稳中向好，但个别风险因素依然存在。伴随着供给侧结构性改革的持续深化，全国电力供需总体宽松，火电机组利用小时数持续下降；电力市场化改革步伐加快，售电侧竞争日趋激烈；同时，煤炭价格高位上涨，火电企业成本上升，行业发展压力较大，经营形势严峻复杂。面对严峻复杂的经营环境，公司坚持战略定力，坚定发展信心，稳电力、抓金融，贯彻“产融结合、双轮驱动”发展战略，积极应对挑战，优化运营组织，抓好生产管理，主动、自觉、持续规范运作。报告期内，实现营业收入 25.15 亿元，同比下降 28.96%；归属于上市公司股东的净利润 1.03 亿元，同比下降 84.71%，公司每股收益为 0.05 元。

【经营情况】 （1）稳健运营，优化能源产业布局

①公司积极利用各种有利因素，努力抓好梅县荷树园电厂日常经营，推进陆丰甲湖湾清洁能源基地项目建设，综合运用多种措施积极应对电力行业安全环保、绿色发展的新形势，积极探索合同电量转让等新交易模式，着力提升运营机组的安全生产管理水平、节能环保水平、项目建设水平，确保安全生产、有序建设、平稳发展。其中，在国家深入实施供给侧改革、严控火电规模的背景下，陆丰甲湖湾电厂新建工程项目（2×1000 兆瓦 超超临界机组）作为广东省重点能源建设项目，获国家、省、市政府和有关部门重点支持，建设有序推进。该项目的顺利建设，为公司陆丰甲湖湾清洁能源基地的长远发展奠定了坚实的基础。公司将继续全力以赴做好基地的建设工作，确保项目工程优质高效完成，巩固新能源电力细分行业龙头地位，坚持走资源综合利用、企业绿色崛起的科学发展之路。

②为积极参与售电侧市场竞争，把握电力体制改革机遇，报告期末至报告披露日，公司出资 2 亿元设立全资子公司广东宝新能源电力销售有限公司。通过向产业链下游延伸，公司力图开拓售电业务，实现发、售电业务的协同支持，进一步优化公司资源配置和产业格局，打造新的利润增长点，提升公司新能源电力主业竞争力。

（2）稳步前行，推动金融战略落地

公司在做大做强新能源电力的同时，积极推进新金融控股布局，全力构建涵盖银行、证券、基金、投资、保险、征信、融资租赁于一体的金融大平台，培育打造金融产业集群，形成新的利润增长极，实现金融板块与电力板块的良性互动发展。

①梅州客商银行稳健发展

报告期内，公司发起设立的梅州客商银行获批开业运营。作为广东银监局辖内首家民营银行，梅州客商银行立足国家级农村金融改革创新综合试验区梅州，坚持“四个金融，三位一体”的发展战略，夯实管理强基础，创新服务促发展，圆满完成经营目标任务，实现稳健发展的良好开局。梅州客商银行是公司金融战略落地的重要抓手，其天然的核心金融平台属性、丰富的渠道客户资源可有效对接各项金融业务，合力打造公司金融生态圈，构建金融产业链，全面提升公司金融板块运作的整体效率和竞争力。

②调整构建多种金融业态协同发展

报告期内，公司受让及增资宝合金服 40%的股份，建立与参股公司百合网的业务合作，助力打造“互联网+”新业态；完成协议受让东方富海 30%的股份，布局开拓“银行+PE”新模式；为更好地筹建、经营梅州客商银行，结合自身实际情况和未来发展需要，公司转让了持有的南粤银行股权，调整优化公司金融资产结构。新的多元化金融业态有助于进一步壮大公司实力，形成资本生态圈，夯实金融平台基础，推动板块协同发展。

（3）稳妥实施，构建激励长效机制

在《2015 年至 2024 年员工持股计划》及其配套文件的基础上，报告期内，公司继续实施了第三期员工持股计划，并于 2017 年 7 月 10 日通过二级市场买入的方式完成了第三期员工持股计划股票的购买，购买均价 5.79 元/股。至此，公司首期、第二期、第三期员工持股计划合计持有公司股票 16034420 股，占公司总股本的比例为 0.74%。员工持股计划的稳妥实施，进一步建立和完善了公司劳动者与所有者的长效利益共建共享机制，彰显了对公司长期发展、长远价值的坚定信心，有助于通过制度机制的创新牵引，聚合优秀人才加盟，进一步提升公司吸引力和凝聚力，促进公司持续、健康、高效发展。

【分配预案】 每 10 股派发现金红利 0.30 元（含税）。

（摘自公司年报）

超华科技
（证券代码：002288）

2017 年，在国内外经济明显回暖和相关政策的支持下，新能源汽车、5G 通讯、汽车电子、智能穿戴等行业取得快速发展，带动上游电子基材产业的迅速增长。报告期内，铜箔、覆铜板等电子基材延续景气上行的市场行情，产品价格平稳上升。公司抓住行业发展机遇，一方面坚持“纵向一体化”，不断向上游原材料产业延伸发展战略，全力推动新产品新技术开发，提升电子基材产能，优化产品结构；另一方面，不断加强营销推广，深入推进客户结构调整，一系列战略调整和改革措施初见成效。报告期内，实现营业收入 143860.23 万元，同比增长 38.96%，实现归属于上市公司股东的净利润 3685.50 万元，同比增长 160.46%。

【经营情况】 1. 持续加码电子基材主业，完善产业布局

报告期内，公司从日本引进的 6~8um 高精度锂电铜箔设备完成安装调试，并成功投产。加上公司原有铜箔产能，公司已拥有万吨的铜箔产能，并成为国内少数几家拥有万吨级高精度铜箔生产能力的企业。同时，公司已成功实现6um高精度锂电铜箔的试产并获得成品，标志

着公司已具备目前最高精度6um锂电铜箔的生产能力。在铜箔、覆铜板等电子基材产品市场行情持续向好的推动下，报告期内，公司新增铜箔产能已产生利润，对公司业绩增长做出了积极贡献。此外，公司计划通过一系列的投融资活动，推进电子基材新产品新技术开发和产能扩充，以进一步抓住行业发展机遇，优化电子基材产业结构，抢占行业发展的先机。报告期内，公司推出非公开发行股票项目方案。公司拟募集资金总额不超过 88330 万元，用于年产8000吨高精度电子铜箔工程（二期）、年产600万张高端芯板项目、年产700万平方米FCCL项目的建设。公司本次定增募投项目是公司结合行业发展趋势作出的项目布局，项目的实施将有效完善和补充公司现有电子基材的产品结构和产能，为公司提升行业竞争力提供强有力支撑。此外，公司计划总投资 30 亿元，在梅州市梅县区白渡镇梅州坑打造电子信息产业基地，首期规划建设年产 20000 吨高精度电子铜箔项目，二期规划建设年产 2000 万张高频高速覆铜板项目。项目采取分期投入分期建设的方式，目前该项目仍在积极推进中。

2. 公司技术创新成果突出，为产品产业化奠定坚实基础

发展过程中，公司一直秉承“市场驱动+技术创新”的产品战略，高度重视行业发展动态和趋势研究，并通过自主创新和产学研合作等技术创新方式，开展一系列技术研究活动，积极推进产品升级和新产品开发储备。报告期内，公司继续加强与华南理工大学、哈尔滨理工大学、嘉应学院等高校的合作，并取得突出成果。公司联合华南理工大学、哈尔滨理工大学研制的“纳米纸基高频高速基板技术”通过行业协会组织的专家成果鉴定，鉴定认为“该项目总体技术水平已达到国内领先水平，填补国内空白”。本项技术成果的取得标志着公司高端覆铜板技术水平迈入新的台阶，将为公司2017 年非公开发行股票募投项目之一——“年产 600 万张高端芯板项目”的实施和相关技术成果的产业化奠定坚实基础。高频高速覆铜板将在 5G 通讯领域有广泛运用。此外，报告期内，公司分别与华南理工大学、哈尔滨理工大学合作，成功完成“一种电路板用高性能对位芳纶绝缘纸的制造方法”“一种高频覆铜板用聚苯醚改性环氧树脂及其制备方法和应用”两项发明专利的申报，并得到受理。

3. 持续推进客户结构调整，已初见成效

为优化客户资源，改善回款情况，公司自2016 年下半年开始对客户结构进行调整，引入优质大客户资源，优先选择回款周期短、风险低的客户及长期友好合作的老客户，并在 2017年度持续推进。截至 2017 年底，公司客户结构调整已初见成效。其中铜箔、覆铜板等电子基材客户已基本覆盖行业下游的龙头企业和上市公司，并建立稳定的合作关系，有效改善客户回款情况。同时。公司大力推进内部营销体系建设，加强营销团队建设，拓展营销渠道，加大销售推广力度，并取得阶段性成果，有效推动公司收入规模的增长。

【分配预案】 2017 年度，利润不分配(实施)。

（摘自公司年报）

新三板：

骅锋科技
（证券代码：833796）

公司所属行业为计算机系统集成行业，主营业务为提供计算机信息系统集成服务和信息平台运营服务，主要服务包括计算机信息系统集成服务、教育信息化基础环境建设服务及教育信息化服务与运营。公司拥有完善的研发、技术、施工、服务体系，拥有包括“教育云开放平台”“智慧校园图书管理系统”“智慧校园基础平台”等多项教育信息化及系统集成软件著作权，为政府机构、事业单位、企业、学校等提供专业、优质的服务。

2017 年，公司管理层紧紧围绕全年目标，强化市场拓展，把握发展机遇，扩大公司规模，丰富和优化现有业务，进一步增强竞争力，取得较好的经营成果。公司主营业务继续保持良好的发展势头，营业收入、总资产、净资产较去年同期呈现增长态势；由于公司报告期内开始调整公司内部结构，同时为未来发展储备人才，净利润未能同比增长。报告期内，公司实现营业收入 81719380.56 元，较上年同期增长 32.09%；实现净利润 6196189.65 元。截至 2017 年 12 月 31 日，公司总资产为 126203524.95 元，较上年期末增长 82.91%，净资产为 45713275.94 元，较上年期末增长 15.68%。

在系统集成服务方面，公司通过参加招投标、客户单位直接委托等方式开拓业务。公司凭借长期以来专注于计算机信息系统集成服务业务积累的丰富经验和对政企事业单位客户的充分了解与深入摸索以及所拥有的相关行业资质和经验丰富的技术开发人员，根据客户 IT 规划，帮助客户制定核心平台建设方案，通过结构化的综合布线系统和计算机网络技术，将各个分离的设备（如个人电脑）、功能和信息等集成到相互关联的、统一和协调的系统之中，使资源达到充分共享，实现集中、高效、便利的管理。公司为客户提供从硬件环境搭建到软件开发、从前期系统建设到后期维护的一体化服务，并通过提供上述服务获取收入。

在教育信息化服务与运营（智慧校园运营）方面，公司通过对学校的校园信息化前端及市级云端平台相关软硬件的建设，提高校园管理的信息化水平，通过搭建“校园一卡通”平台，以实现食堂消费、超市消费、水控消费、考勤管理、外来人员登记、门禁管理、停车管理、会议签到、电子巡更等功能；通过“校讯通”平台及相关 APP 应用，实现家校互动、同步课堂等功能；学校通过智慧校园管理系统，实现统一管理校内所有视频监控设备、一卡通、消费 POS、银行圈存机、短信、微课程平台、教学质量管理系统、APP 应用等，并通过该项目与中国移动进行收益分成。

报告期内，公司员工持续增加，业务量持续增长。公司分别在河源、中山新设分公司，有效提升公司的业务开拓能力和服务响应质量；公司新投资成立 2 家全资子公司，并开始调整公司结构、完善公司布局，为此后进一步发展打下基础。

公司 2017 年年度权益分派方案为：拟以公司现有总股本 3000.00 万股为基数，向全体股东每 10 股送转 5.0 股。

（摘自公司年报）

嘉元科技
（证券代码：833790）

公司主要从事于锂离子电池负极集流体应用的 6～12μm 各类高性能电解铜箔及 PCB 用电解铜箔的研究、生产和销售。2017 年，公司实现营业收入 5.66 亿元，同比增长 35.21%；实现净利润 8519.25 万元。

嘉元科技作为动力电池用铜箔的研究、制造和销售为一体的专业生产厂家，在国内同行业中，无论是技术水平还是规模水平均具有较强的竞争能力。2017 年，公司坚定当前在铜箔产业的战略布局，以生产高性能锂电铜箔为核心做大做强公司铜箔业务，积极开发、生产附加值高的锂电铜箔拳头产品，继续强化技术创新和科研成果产业化推进工作，巩固公司在高性能锂电铜箔领域的领先地位。10 月，公司抓住三期 6500 吨/年技改项目第一条年产 3500 吨生产线试产的有利时机，加大部分产品的成果转化工作和产品生产力度，公司产能得到进一步提高，锂电铜箔产品产销两旺，为公司业绩提升奠定良好基础。

（摘自公司年报）

泰鸿科技

（证券代码：839343）

公司主营业务为 IT 系统集成服务、IT 系统运维服务以及游戏代理运营。公司已形成较完善的研发、技术、服务等体系，拥有多项软件著作权，不断对技术、服务等流程进行完善优化，为政府机构、事业单位、企业、学校等客户提供专业、优质的服务。

2017 年，公司实现营业收入 65625729.12 元，较上年同期增长 97.39%；净利润 12219075.83 元，较上年同期增长 276.60%。

公司主要通过 IT 系统集成服务、IT 运维服务等业务获得收益。其中 IT 系统集成服务是通过招投标等方式获取订单，依据客户个性化的实际需求，向客户提供项目整体解决方案，构建软硬件应用平台，完成订单项目，向客户收取相关设备及集成服务的费用，形成收益；IT 运维服务包括为客户提供产品、系统集成项目的售后服务和日常开展的运维类业务，以“服务合同”的方式为客户提供定期维护、日常故障的检测与排除、软硬件升级等技术及咨询服务，以此获取长期收入

报告期内，公司在业务上坚定业务方向，实施聚焦策略，深耕细分市场，在积极为客户提供项目整体方案的同时，还提供“售前—实施—培训—售后”一条龙式的细微周到服务。根据市场需求加快开发新产品、新项目，并结合公司现有客户、渠道等资源，为将来经营业务的创新进行积极布局，为销售渠道建设进一步完善和拓展打下坚实基础。

公司在经营规模稳步的同时，持续优化内部运营管理模式，强化公司对各部门业务的协同管理，提高信息交流的效率和共享程度，加快业务审批的流程。

公司着力提升科技核心竞争力，始终坚持自主研发和科技创新，注重自我知识产权建设，加大在软件开发、智慧政务和数字城管等领域的投入，2017 年，公司被认定为梅州市互联网+智慧政务工程技术研究中心，共取得 9 项软件著作权证书。

（摘自公司年报）

自远环保

（证券代码：839987）

公司的主营业务为：城镇生活污水治理；医院污水治理；工业废水废气治理；环境治理设施第三方运营管理；环保治理成套设备的研发、生产及销售。2017 年，公司顺应环保治理行业的发展趋势，全面推进整体发展战略的关键年。报告期内，公司管理层根据年初制定的经营规划，以“稳定发展”为基本理念，围绕战略发展目标，不断加大新技术的研发力度，积极开拓市场，提高市场占有率，同时不断吸纳优秀人才加入，持续完善内部控制体系，强化公司规范运作意识，提升公司的经营管理水平。2017 年，公司实现营业收入 5237.55 万元，同比增长 63.30%；实现利润总额 370.95 万元，同比增长 69.45%；实现净利润为 354.68 万元，同比增长 72.85%。公司总资产规模为 6894.17 万元，较期初增长 57.26%；净资产为 4418.77 万元，较期初增长 201.81%。

业务拓展方面，稳步持续拓展污水治理业务市场。随着农村环境综合治理成为环境治理的重点领域，结合公司地域优势，报告期内，公司重点挖掘农村综合环境治理市场、丰富污水治理业务类型；基于在梅州市环境治理市场的品牌效应和实践经验，公司积极拓展业务区域覆盖范围，通过设立的赣州分公司团队，积极开展赣州市各县区工业园、村镇环境治理项目，凭借高素质研发队伍、成熟的环境治理技术工艺设计、完善的售后服务体系等，

在梅州市、赣州市境内业务市场得到持续健康的发展。

技术研发方面，提高技术服务水平。凭借

公司在污水治理行业内丰富的技术沉淀和经验积累，公司于 2017 年 9 月通过广东省科技厅组织的关于“2017 年度广东省工程技术研究中心”的认定，粤科函产学研字〔2017〕1649 号。

报告期内，公司取得1项实用新型专利，为：一种组合式微动力生物滤池；3 项高新技术产品，分别为：安全型二氧化氯消毒液制备装置、一体化膜法污水净化设备、组合式微动力生物滤池。至报告期末，公司拥有 17 项专利，其中：2 项发明专利、15 项实用新型、6 项高新技术产品。

（摘自公司年报）

客都股份
（证券代码：871589）

广东客都物业发展股份有限公司于 1999 年 01 月 19 日在广东省梅州市工商行政管理局注册成立，总部位于梅州市梅县区雁洋镇雁中村添溪路口慢城酒店。2017 年 6 月 1 日，广东客都物业发展股份有限公司在全国中小企业股份转让系统成功挂牌，登陆新三板市场。主要从事：物业管理、房地产租赁、中介服务、园林绿化、花木养护服务、生态保护和环境治理及运输服务、社区餐饮、超市、汽车美容服务等。

公司紧抓服务品质，提升服务质量，同时积极开拓环境卫生产业。报告期内，公司客户满意度稳步提高，较好地完成 2017 年经营计划。1. 财务状况：报告期末，公司资产总额为 43092650.67 元，较期初的 31328681.92 元，同比增长 37.55%。2. 经营成果：（1）报告期内，营业收入 24734374.11 元，较期初的 11719666.79 元，同比增长 111.05%。（2）报告期内，实现归属于挂牌公司股东的净利润 947813.91 元，较期初的 897948.90 元，同比增长 5.55%。

2017 年，公司物业行业一方面随着房地产市场的发展顺势而为，不断扩大管理规模达到量的累积；另一方面以传统物业融合信息技术，升级改造，改变传统运营模式从而带来质的改变。在不断变革、转型升级中，立足传统物业服务业务，把握时机向多元化方向发展。

1. 打造专业化、标准化服务。物业企业针对不同物业业态（如商业、写字楼、住宅等）不同岗位（安全、环境、机电等）形成自有的标准化管理、操作模式，提升服务质量，降低营运成本，为后续市场拓展树立良好的品牌形象。

2. 与信息技术、智能化的融合发展。一方面公司坚持以提升物业服务质量为核心，建立有自身特色的服务标准，物业企业积极引入停车场管理系统、智能门禁系统、监控管理系统等设施设备，突出环境卫生产业，以生活垃圾、余泥渣土清运为突破口，提高机械化劳动作业程度，推动企业转型升级需求。另一方面公司进行智能化、信息化探索，通过设备、系统智能化改造，起到降低成本增加效益作用。

3. 纵向拓展社区增值服务。行业内领先企业借力资本升级增值服务，解决业主生活痛点，打造更便捷、更舒适的社区，以此助力满意度升级。在社区租售、团购、餐厅、教育、养老等方面都做出深度的探索。

（摘自公司年报）

客家园林
（证券代码：871629）

广东客家园林股份有限公司成立于 2004 年 5 月 27 日，是一家专业从事园林绿化施工、绿化养护的企业，公司主要业务为园林绿化工程施工。2017 年 6 月 9 日，广东客家园林股份有限公司在全国中小企业股份转让系统成功挂牌，登陆新三板市场。2017 年，报告期内公司实现营业总收入 67973211.07 元，比上年同期增长 192.08%，完成 2017 年经营计划的 194.2%。实现归属于公司所有者的净利润 4056483.11 元，比上年同期增长 87.97%；完成 2017 年经营计划的 124.81%。

2017 年，公司一方面加大对影响公司投标相关业绩的投入。另一方面提升自身综合竞争能力，使得自身业务多样化，综合化， 产业化，以增强自身抵御风险能力。由于园林行业产业链的各个环节，苗木种植、景观设计、园林施工、绿化养护具有较强的协同效应。公司以园林工程施工为起点，发挥区域优势和人才优势，在上游的苗木种植与销售，景观设计，下游的绿化养护，皆有布局，报告期内，公司更实现经营产值的快速增长。主要原因是公司抓住梅州建设广东省级新农村示范片的契机，与当地政府及有关单位签订梅县区各乡镇高速公司出口美丽乡村示范点的施工合同，合同总额达 9500 多万元。在报告期内完成主要工程：（1）梅县区水车镇新农村建设项目；（2）梅县区畲江镇新农村建设项目；（3）梅县区丙村高速公路出口美丽乡村示范点建设项目；（4）梅县区城东高速公路出口美丽乡村示范点建设项目；（5）梅县区雁洋三乡高速公路出口美丽乡村示范点建设项目；（6）梅县区梅西高速公路出口美丽乡村示范点建设项目；（7）梅县区梅南高速公路出口美丽乡村示范 点建设项目；（8）梅州市举办世界客商会绿化景观提升工程项目。

（摘自公司年报）

力天世纪
（股票代码：871265）

力天世纪于 2008 年成立。2017 年 4 月 17 日，广东力天世纪传媒股份有限公司在全国中小企业股份转让系统成功挂牌，登录新三板市场，成为新三板客家传媒第一股。力天世纪是一家大型、综合的多媒体立体式广告传媒企业。旗下有梅州力天广告传媒有限公司及梅州市多多信息网络科技有限公司，运营客家房产网、0753 门户网、梅州车 GO 网、今日头条（梅州）等线上平台，形成集户外广告发布、网络宣传推广、线下活动执行、电商整合营销、演艺娱乐文化传播的多媒体立体式广告传播机构。

2017 年，公司实现营业收入 2369.87 万元，比上年同期增加 61.57%；实现净利润 122.10 万元，归属于母公司股东的净利润为 124.32 万元；截止报告期末，公司总资产、净资产分别为 3701.50 万元、1963.37 万元，较本年期初分别增长 23.77%、57.27%。

2017 年，公司以现有的网络、户外资源为基础，以网站建设及新媒体运营延伸为核心，持续发展互联网概念，努力打造成为覆盖粤东、福建及江西等客家区域及潮汕区域的全媒体传媒企业。

1. 网络网站发展方面。利用房产家居产业以及周边行业大数据，充分发挥自身互联网运营者的思维，发掘开发可能性运营的项目产业，2017 年 6 月开设“客家房产网”河源、赣州等分站，通过各地 “房产网”分站运营团队为基础，开展手机端营销，加强各领域大数据的积累，强化企业发展的基石。

2. 户外资源发展方面。公司加强各户外资源的合理利用，充分发挥新三板挂牌企业的优势，报告期内，公司在城市内新代理和建设交通中心位置的柏丽广场 LED 广告屏、梅县区嘉应西路墙体三面翻广告牌，同时，将梅州市梅县区原有的果皮箱升级改造完成第二代城市太阳能广告灯箱，同时具备售卖、共享功能的第三代环保灯箱正在研发中，具有一定城市覆盖率的项目资源，大大提高公司区域竞争优势。

3. 公司投资设立全资子公司梅州智慧城心网络科技有限公司及控股子公司梅州卡纳婚庆文化有限公司，扩大公司对外影响力，优化团队建设，继续培养、引进组成能足以支撑公司未来发展的技术人才队伍，健全公司人才激励机制，强化人力资源的整合。报告期内，公司完成 2017 年第一次股票发行，发行股票 200 万股，每股价格为人民币 3 元，募集资金总额为人民币 600 万元。通过股票发行，优化公司财务结构，夯实公司资本实力，降低财务费用，提高盈利水平，并满足公司经营规模持续扩大带来的营运资金需求，增强公司整体竞争力。

（摘自公司年报）

科教文

科　学　技　术

【概述】 根据《梅州市机构编制委员会关于印发梅县区人民政府职能转变和机构改革方案的通知》（梅市机编发〔2014〕96号）和中共梅州市梅县区委办公室、梅州市梅县区人民政府办公室《关于印发〈梅县区人民政府职能转变和机构改革方案〉的通知》（梅县区委办电〔2014〕60号）精神，设立梅州市梅县区科工商务管理局，挂梅州市梅县区知识产权局牌子，为梅县区人民政府工作部门。区科工商务管理局围绕创新驱动"八大抓手"，切实加大政策扶持和有效投资力度，主动对接省"实体经济十条"，落实企业技改购买设备和新上项目的扶持奖励办法及领导挂点服务企业制度，大力培育经济新动能。全年全区规上工业持续低位运行，工业投资（含技改投资）增幅较大，社会消费品零售总额同比增长，外贸进出口实现平稳发展。至2017年底，全区有工业企业777家。其中：规模以上企业102家（畲江工业园企业31家），规模以下企业675家。

工业产品主要有：发电量、电子元件、水泥、车轴、橡胶轮胎、编织工艺品、电解铜箔、服装、覆铜板、精炼铜等10类产品。

1—12月，全区规模以上工业企业实现工业增加值42.92亿元，同比增长0.7%；实现工业总产值157.18亿元，同比增长0.7%。全区完成工业投资59.89亿元，同比增长33.2%，其中：工业技改投资13.59亿元，同比增长12.3%。全区完成社会消费品零售总额153.88亿元，同比增长8.5%。

【支柱产业】 梅县区工业按行业划分有七大支柱产业：电力生产、电子产品、机械制造、建材、医药化工、编织工艺、矿业。全年七大支柱产业实现工业总产值127.13亿元，占全区规模以上工业总产值的81%。

1. 电力生产产业：实现工业总产值34.35亿元，占规上工业总产值的21.86%，梅县区电力生产企业有5家（其中：1家火力发电企业、4家水力发电企业；亿元以上企业有广东梅雁吉祥水电股份有限公司、广东宝丽华电力有限公司）。

2. 电子产品产业：实现工业总产值22.36亿元，占规上工业总产值的14.23%，梅县区电子产业规模以上企业有14家，其中：亿元以上企业有广东超华科技股份有限公司、广东嘉元科技有限公司、梅州紫晶光电科技有限公司、广东嘉和微特电机股份有限公司、广东富源科技股份有限公司、广东博森光能科技有限公司。

3. 机械制造产业：实现工业总产值27.70亿元，占规上工业总产值的17.63%，梅县区机械制造产业规模以上企业有14家，其中：亿元以上企业有BPW（梅州）车轴有限公司、梅州国基精密制品有限公司、梅州华南三一工程机械有限公司。

4. 建材产业：实现工业总产值18.95亿元，占规上工业总产值的12.06%，梅县区建材产业规模以上企业有19家，其中亿元以上企业有梅州皇马混凝土有限公司、梅县恒发建材有限公司、梅县嘉鼎水泥有限公司、梅县泰山建材有限公司、梅县恒塔旋窑水泥有限公司、梅县南口金蔡煤灰砖厂、梅县金蔡蒸压粉煤灰砖厂、梅县源兴混凝土有限公司。

5. 医药化工产业：实现工业总产值5.81亿元，占规上工业总产值的3.7%；梅县区医药化工产业规模以上企业有7家，其中亿元以上企业有广东科伦药业有限公司、广东燕岭生命科技股份有限公司、广东合百草制药有限公司。

6. 工艺美术品制造产业：实现工业总产值15.86亿元，占规上工业总产值的10.09%；梅县区工艺美术品制造业规模以上企业有 12 家，其中：亿元以上企业是梅州瑞东厚珠宝首饰有限公司。

7. 矿产品业：实现工业总产值 2.08 亿元，占规上工业总产值的 1.32%；梅县区矿业产业规模以上企业有 5 家，其中：亿元以上企业是梅州市金雁铜业公司。

【工业建设】 超额完成梅州市下达梅县区工业投资全年 45 亿元的目标任务，连续两年增幅超过 30%。全区（含畲江园区）备案入笼的工业投资（含技改投资）项目 74 个（不含市返供电 1 个），36 个项目完工投产，38 个项目正加紧推进。其中：超华科技、嘉元科技、航鑫科技二期、BPW（梅州）车轴有限公司、鸿荣重工等增资扩产项目投产；盛富金属制品、金蔡光伏发电等新引进项目竣工投产；401 厂胶状乳化炸药生产线、宝丽华电力发电机组脱硫技术等项目按计划推进。

【产业转型升级】 全区实施技术改造规上工业企业 16 家（含园区 6 家），智能化技术改造示范企业 1 家，新增机器人应用 36 台（含园区 5 家）；备案技改项目 21 个，项目总投资 9.61 亿元，固定资产投资 8.44 亿元，项目完成后新增销售收入 15.28 亿元，新增利润 2.17 亿元；组织规上企业向省、市、区争取技术改造和技术创新类项目共 5 个专题 26 个小项，各级下达梅县区工业企业技改扶持资金 2718.9 万元（其中：BPW 等四家企业获事后奖补资金 1972.9 万元；鸿荣重工获省技改资金 100 万元；航鑫获市级风险补偿资金融资贷款 420 万元；嘉元等 3 家企业获设备更新和机器人及智能装备应用专题项目资金共 226 万元）。超华科技等 23 家获区级贷款贴息 813.79 万元；全年办理“助保贷”企业 10 家，金额达到 5940 万元。

【信息化建设】 1. 推进原中央苏区农村超高速无线局域网应用试点工作。梅县区有 354 个行政村列入试点（包括市直管的梅西水库、上官塘、侯畲村 3 个行政村）。至 2017 年 11 月 2 日，据综合广东新岸线计算机系统芯片有限公司（以下简称“广东新岸线”）和中国电信股份有限公司梅县分公司（以下简称“梅县电信”）数据，梅县区 354 个试点村全部完成实地勘察、设计、立杆，接入中心设备、开通调试和发放终端的建设任务，是全市首个完成试点工作的县（市、区）。

2. 通过政策引导、龙头企业带头，鼓励企业加大信息化投入，成功培育两化融合管理体系贯标试点企业 2 家。其中：广东省四 O 一厂是 2015 年第一批贯标试点企业，广东超华股份有限公司是 2015 年第二批贯标试点企业。而梅州市骅锋科技有限公司 2017 年申报广东省贯标试点企业。

【安全生产】 依据《民用爆炸物品安全管理条例》，做好广东省四〇一厂、梅州市兆安民爆梅县分公司等民爆生产、仓储企业的日常监管。督促民爆企业进行应急演练，开展民爆物品警示标识登记标识、消防设备，维护检查记录等进行认真细致的检查，抓好企业的安全生产。

做好加油站的年检和换证工作，对加油站加强监管和整治，依法审核油品的经营资格，消除各种安全隐患，严禁无牌、无证的走私油流入市场，保证成品油市场平稳有序。对辖区内 56 间在营加油站进行系统、全面、细致的拉网式检查，安全运营良好。

【节能降耗】 梅县区万元 GDP 能耗同比下降 6.84%，工业增加值能耗下降 40.33%。开展电机能效提升工作，帮助企业转型升级。全年电机能效提升容量 4440.9 千瓦，申请财政补贴 310254 元，其中：电机系统节能改造 2223.4 千瓦，高效电机推广 995 千瓦，低效电机淘汰 1222.5 千瓦，超额 196.06%完成梅州市下达 1500 千瓦的任务。

【商流贸易】1．围绕“发展流通、促进消费”两大任务，继续发挥梅县区产业优势和特色，积极引导内贸流通企业向智慧商业、文化商业方向发展，提升商业设施的文化内涵，推动现代商业与传统文化融合创新，着力促进消费市场繁荣，建立内外均衡的经济增长动力结构。全年全区社会消费品零售总额完成153.88亿元，同比增长8.5%。

2．围绕“推动供给侧结构性改革、增强品质供给、释放消费需求”的主题，积极组织企业因地制宜地组织开展形式多样、内容丰富的促消费活动，全面深入开展梅县区促消费、稳增长活动。

3．推动内贸流通领域供给转型升级，培育消费热点。一是扩大品质商品供给，组织企业积极参与境内外展会；二是拓宽汽车消费供给，要求二手车备案企业积极落实《广东省促进二手车便利交易的实施方案》，完善二手车交易管理服务，及时完善汽车、二手车流通管理体系。

4．整顿规范内贸流通市场秩序，优化消费环境。加快重要新产品追溯体系建设，以现代信息技术追溯为支撑，创新推进模式，强化互联互通，加快建设覆盖全市、先进适用的肉菜流通追溯体系，推进供给侧改革，促进监管方式创新，提升产品质量水平，保障消费安全和公共安全，更好地满足人民群众生活和经济社会发展需要。大力推进商务诚信体系建设，进一步加强对内贸特种行业（拍卖、典当、二手车交易市场、报废机动车回收拆解及再生资源回收等）及商贸流通企业（大型批发市场、超市等）开展安全生产大检查，有效提升行业安全风险防控能力和水平，促进相关行业企业生产和平稳健康发展，规范重点行业的市场秩序。

5．推进内贸流通基础设施建设，改善供给条件。加强流通标准化建设，监督指导冷链物流发展，为广大人消费者和农业企业提供从农田到餐桌的食品责任追溯体系，为社会建立起信心和信誉的保障，为农产品和食品安全保驾护航。

6．深化内贸流通管理体制改革，优化公共服务。积极完善商贸流通业统计监测体系，督促样本企业及时、准确完成监测数据填报工作，为建立各部门和各行业发展信息共享机制，实现主要领导数据和典型经验互惠共享。

【科学技术】梅县区有国家高新技术企业25家；广东省高企培育入库企业35家；广东省创新型企业2家、创新型试点企业1家；省级工程技术研究中心9家、市级14家；广东省省部产学研示范基地3家、科技特派员工作站8个；省部产学研合作重点实验室培育单位1家；广东省产业技术创新联盟1个；省级技术创新专业镇8家、市级2家；广东省众创空间试点单位2家；市级科技企业孵化器1家；全国企事业知识产权试点单位1家、国家级知识产权优势企业1家、省知识产权优势企业5家、省知识产权教育试点学校2所；广东省青少年科技教育基地4家。

【科技创新与项目申报】科技项目申报　开展科技调研和科技计划项目申报工作。组织申报省级科技计划项目20项，获准立项7项，获得财政资金支持610万元。组织企业申请研究开发补助资金。组织广东超华科技股份有限公司、广东嘉元科技股份有限公司、广东泰鸿科技股份有限公司、广东骅锋科技股份有限公司、广东自远环保股份有限公司、广东振声科技股份有限公司、广东省401厂、广东佳鸿达科技有限公司、广东天丽彩科技有限公司、广东绿园环保科技有限公司、广东航鑫科技股份公司和BPW（梅州）车轴有限公司等12家企业申请省级研究开发财政补助资金，合计得到核拨省级研究开发财政补助资金422.97万元。组织企业申领创新券:广东自远环保股份有限公司、广东佳鸿达科技有限公司、广东卓立变压器有限公司、广东航鑫科技股份公司、广东骅锋科技股份有限公司和梅州正方网络有限公司等5家企业共申请获得44万元创新券。做好技术合同登记，广东佳鸿达科技有限公司、广东绿园环保科技有限公司、广东泰鸿科技股份有限公司、广东骅锋科技股份有限公司和梅州正方网络有限公司等5家企业的26个项目取得技术合同登记，技术合同金额2573.06万元。

科技创新平台建设 1. 专业镇：梅州市梅县区南口镇人民政府获批为省文化旅游技术创新专业镇；2. 青少年科技教育基地：梅州市南寿峰健康产业园有限公司的“南寿峰健康产业园省级青少年科技教育基地”认定为广东省青少年科技教育基地；3. 众创空间：广东引领信息科技有限公司申报市级科技孵化器的“引领众创空间”被确定为广东省众创空间试点单位。4. 产业技术创新联盟：广东梅龙柚果股份有限公司牵头联合两家高校、一家科研机构、一个行业协会、一家服务中心、十家企业申报的“广东省梅县金柚产业技术创新联盟”获得省科技厅批准认定。5. 科技企业孵化器:梅州云电商生态城投资管理有限公司认定为市级科技企业孵化器。6. 工程中心：广东骅锋科技股份有限公司和广东自远环保股份有限公司2家企业批准组建省级工程中心；卡莱（梅州）橡胶制品有限公司、广东宝丽华电力有限公司、广东航鑫科技股份公司、梅州市梅县区雄辉实业有限公司、广东鸿荣重工股份有限公司、广东振声科技股份有限公司、广东泰鸿科技股份有限公司、广东佳鸿达科技有限公司、广东天丽彩科技有限公司和广东绿园环保科技有限公司等10家企业批准组建市级工程中心；广东博森光能科技有限公司、广东宝丽华服装有限公司、梅州市梅县区金蔡蒸压粉煤灰砖厂、梅州市梅县区南口镇金蔡煤灰砖厂、梅州市中一实业发展有限公司、广东卓立变压器有限公司、梅州市梅县区庆达实业有限公司、广东顶业农牧饲料有限公司、广东翔龙科技股份有限公司和梅州市亮如昼科技有限公司等10家企业批准组建区级工程中心；在列入梅县区建立研发机构考核任务的66家规上工业企业中，到年底，实现26家企业建立研发机构，占比39.39%；在列入梅县区建立研发机构考核任务的19家1亿元以上工业企业中，实现15家企业建立研发机构，占比78.95%；在列入梅县区建立研发机构考核任务的6家5亿元以上工业企业中，实现研发机构100%全覆盖。

产学研结合 做好省部产学研结合科技特派员的选派工作，全年有广东嘉元科技股份有限公司、广东航鑫科技股份公司和广东绿园环保科技有限公司等3家企业与2所高等院校、科研院所建立产学研合作关系，聘请6名科技特派员。同时，做好科技特派员工作站的建设工作，全年有广东自远环保股份有限公司、梅州市梅县区雄辉实业有限公司和梅州振声现代农业装备有限公司等3家企业获得省科技厅批准组建省部产学研科技特派员工作站。

【科技成果与奖励】 全区有6项科技成果通过市级科技成果鉴定，7项科技成果获2017年市科学技术奖（二等奖1项，三等奖6项）。合计获奖单位11个、获奖科技人员83人次。组织专家鉴定区科技成果2项。

2017年梅县区获市以上科学技术奖情况表

表4

序号	获奖成果名称	完成单位	获奖情况
1	电解铜箔生产废水处理工艺	广东嘉元科技股份有限公司	市科学技术奖二等奖

续表 4

序号	获奖成果名称	完成单位	获奖情况
2	微动力组合式生物滤池＋人工湿地耦合技术在农村生活污水处理中的应用	广东自远环保股份有限公司	市科学技术奖三等奖
3	金柚“清洗、包装和运输”三位一体机的研制及应用	梅州市鑫农机械制造有限公司、梅州市农业信息中心	市科学技术奖三等奖
4	中科 3 号异育银鲫规模化健康养殖示范与推广	梅州市海志水产养殖有限公司、梅州市梅县区畜牧兽医水产技术推广站、梅州市渔业技术推广与疫病防控中心	市科学技术奖三等奖
5	无花果引种及配套高效栽培技术研究与集成	梅州市客家一品百果园生态农业发展有限公司、广东省农业科学院农产品公共监测中心	市科学技术奖三等奖
6	金柚饮料及其制备方法	广东梅州市富柚生物科技有限公司	市科学技术奖三等奖
7	猪链球菌疫苗使用技术的研究和推广应用	梅州市梅县区动物卫生监督所	市科学技术奖三等奖

【高新企业管理】 梅州金益玻璃实业有限公司、梅州琉璃光电力设备有限公司、梅州市成就电子科技有限公司、BPW（梅州）车轴有限公司、广东奥蓝科技发展有限公司、广东华创风实业有限公司、广东华鼎新维设计工程有限公司、广东三益计量检测有限公司、广东翔龙科技股份有限公司、广东卓力变压器有限公司、梅州市锦芳工艺有限公司、梅州市梅县区雄飞实业有限公司、梅州市云讯网络科技有限公司等 13 家企业通过高新技术企业新认定。广东超华科技股份有限公司、广东嘉元科技股份有限公司 2 家企业重新认定为高新技术企业。组织做好广东省高新技术培育企业入库申报工作：全区有 35 家企业申报广东省高新技术培育企业入库；暂时有广东翔龙科技股份有限公司等 3 家企业获准高新技术培育企业入库，获得奖励资金 90 万元。组织广东骅锋科技股份有限公司、广东自远环保股份有限公司等 10 家企业申报 23 项高新技术产品认定，全部获得通过认定。

【专利与知识产权】 1. 积极推动知识产权创造、运用、保护和管理全面发展。全年，梅县区专利申请量 525 件（其中：发明专利 85 件，实用新型专利 286 件，外观设计专利 154 件）；专利授权量 300 件（其中：发明专利 26 件，实用新型专利 157 件，外观设计专利 117 件）。6 家企业列为首批梅州市知识产权重点保护企业，分别是广东超华科技股份有限公司、BPW（梅州）车轴有限公司、广东嘉元科技股份有限公司、广东振声科技股份有限公司、广东源源富家酒业有限公司、梅州市锦芳工艺有限公司。加大知识产权保护力度，抽查带有专利标识的商品 100 多款，查处假冒专利商品两件，严厉打击假冒专利产品的生产者和销售者，净化市场。

2．扎实推进专利技术孵化产业园规划建设。梅州市于2016年11月与广东省知识产权局签订《共建知识产权服务粤东西北创新驱动发展试验市合作协议书》，共建梅州市专利技术孵化产业园。项目位于梅州市梅兴华丰产业集聚带核心区，首期规划面积7.73公顷，采用创新创业孵化园与专利技术孵化产业园“合二为一”的思路统筹规划，分期建设。梅县区积极承担起建设主体责任，首期投资2.5亿元，占地面积3.67公顷，建筑面积2.5万多平方米，包含3栋研发车间、1栋专利技术孵化综合楼、3栋产业服务楼及连廊等建筑，以孵化创新、研究开发、教育培训、配套服务为产业主体，为创业者提供工作、学习、生活、交流的场所。同时，在综保区及梅州高新区各规划33.33公顷作为建设“专利技术实施和产业化园区”用地，实现产学研一体化发展。现开展前期招商工作，引进一批投资强度大、产出效益好、科技含量高的企业，引进社会资本参与园区开发与合作共建，承担梅州市专利技术引进转化、创业企业孵化、创新人才引进等任务。

【防震减灾】 好防震抗震管理和服务工作　认真做好梅西柱坑、龙虎地震观测井的日常运行维护管理工作；积极做好广东省地震示范社区工作。经过组织申报，新城办事处富贵社区被认定为2017年广东省地震安全示范社区。

地震预警台站建设　严格按照《广东省国家地震烈度速报与预警工程项目基准站、基本站、一般站场址勘选工作指南》，协助省市业务部门在梅县区范围内选取11个乡镇建设地震烈度速报与预警工程及安装烈度仪。

防震抗震演练及宣传　提高梅县区中小学校地震应急能力，联合区应急办、区教育局在丙村中学开展地震应急避险演练，增强师生安全避震的防范意识；为提高全区人民防震减灾意识，印制2万多份防震减灾小册子及地震挂图，分发到全区各镇、各村（居委）及全区各中小学校。

（供稿：李晓莹）

教　育

【学前教育】 梅县区有各级各类幼儿园114所（其中：区直属幼儿园1所、镇中心幼儿园19所、学校附设幼儿园18所、民办幼儿园76所），其中有省一级幼儿园1所，市一级幼儿园18所，区一级幼儿园20所，规范化幼儿园88所。全区幼儿园有教职工2284人，教师学历达标率100%；在园幼儿20978人，学前三年毛入学率99.8%。

【中小学教育】 梅县区有各类学校60所(其中：完全中学8所，初级中学17所，中心小学和直属小学28所，中等职业学校2所，教师进修学校、富力足球学校、特殊教育学校、青少年宫、技工学校各1所），幼儿园114所。在职教职工5368人，中小学生66878人(其中：普通高中8478人、中等职业学校2824人、初级中学13918人、小学41658人），适龄儿童入学率和小升初升学率100%，高中毛入学率96.06%。

全区考生3892人，上重点本科线209人，比上年增加10人；上本科线1493人，入围率38.4%；上专科线3523人，入围率90.5%。高级中学高考再上新台阶，上重点本科线180人，比上年增加9人；考上本科线以上1038人，入围率82.71%，比增0.31%。华侨中学体艺特色教育初步凸显，考上重本的人数中有 12 人为体艺特长生；农村完中高考取得较好成绩，如丙村中学有 7 人、松口中学有 4 人考上重本，且大都为文化类考生。中考成绩方面：全区考生 4181 人，考上 950 分的有 35 人，900 分以上 237 人。

【中等职业教育】 梅县区有中等职业学校 2 所，即公办中等职中 1 所（梅县区第一职业学校），民办中等职业学校 1 所（梅州市英才外语学校）。另外，教师进修学校 1 所、技工学校 1 所。在校学生 2824 人；教职工 173 人，其中专任教师 50 人。

【成人教育】 梅县区 19 乡镇（办事处、高管会）均办有成人文化技术学校共 19 所，其中 2 所达到省级示范校标准，其余 17 所达到市级示范校标准。学校均成立了有镇党委或政府领导参加的校务委员会，配备有成人教育专职工作人员，全区有专职干部 19 名，专职教师 76 名，兼职教师 100 多名；有图书阅览室 20 个、图书 5.2 万册、服务实体 20 个。另有村级成人文化学校 22 所、开展培训的中等职业学校 2 所。

【特殊教育】 梅县区历来重视适龄残疾儿童少年接受义务教育工作，7~15 周岁三残儿童少年入学率 98.1%；完善梅县区特殊教育学校的设备设施，让 33 位“三残”儿童得到更好的教育；在全区共设立随班就读资源教室 6 间，有 314 名残疾儿童少年就读。

【特色教育】 全国文明校园——梅县区程江镇中心小学创建于 1932 年，是一所镇级中心小学、广东省规范化学校，先后被评为全国优秀家长学校、广东省书香校园、广东省语言文字规范化示范学校、梅州市德育示范学校、梅州市培育和践行社会主义核心价值观示范点等。2017 年，学校被评为第一届广东省文明校园、第一届全国文明校园。学校把“社会主义核心价值观”融入“三礼”教育，育人成果良好，构建了和谐文明校园，成为梅县区一所优秀的德育示范学校。

外地生源占 61.2%，独生子女占 35.6%，留守儿童占 20.6%。学校建立长效机制，丰富载体，采取多种形式，做到 “二近”一是以学生最亲、最近的家长和老师的良好行为，来影响教育孩子。二是用学校、家庭、社区等身边先进典型来教育孩子。“三实”工作措施扎实、形式求真务实、评价机制落实。“四细”教育读本“细”、宣传工作“细”、提出要求“细”、家校教育工作 “细”。通过各项活动确保“三礼”教育深入开展、巩固教育效果并逐渐形成特色。

开展“三礼”教育活动，一是促进师德水平的提升。二是促进学生思想道德素质的提高。三是促进良好班风和校风形成。四是促进家庭和睦社区和谐。

学校的“三礼”教育引导学生学会做人，得到社会的广泛好评。《梅州日报》、梅州电视台《民生 820》《广东教育》《青鸟教育》《新课程》等主流媒体和核心期刊对“三礼”教育成果和育人模式进行专题报道，并给予高度的评价。市关工委在学校德育校本课程《“三礼”教育规则》的基础上加以充实，还专门印制了 1 万份“三礼”教育规则向全市中小学学校推广学习。

【民办教育】 民办幼儿园　梅县区有民办幼儿园 76 所，在园幼儿 12855 人。全区民办幼儿园有教职工 1516 人，教师学历达标率 100%。

民办职业学校　梅县区有民办中等职业学校 1 所，即梅州市英才外语学校。该校地处梅州城区，是一所由梅州市教育局批准成立的中等职业学校，1996 年创办，有 20 多年办学历史，是梅州市一所大型的民办中等职业学校。有学生 1440 多人，教职工 56 人，开设 4 个专业：计算机应用、电子商务、电子电器（与电工）、学前教育。

【教师队伍建设】 师资质量　梅县区中小学有

教职工5368人，其中小学2143人、公办幼儿园58人、青少年宫23人、特殊教育学校11人，初级中学1131人，完全中学1839人，职业中专、进修学校163人。中小学教师学历全部达标，本科、研究生率逐年提高。

队伍培训 举办校长高级研修班、骨干教师培训班、各项专题讲座及邀请国内教育领域的知名学者、专家前来讲学、授课等方式，加强对校长、教师的培训，投入资金250多万元，全年累计培训校长、教师近22000人次，派出50多名校长到先进地区学习培训。

引进人才 积极实施高素质人才引进工程，面向全国招聘75位重点大学全日制师范类应届毕业生或全日制师范类本科起点的硕士研究生到梅县外国语学校任教，招聘40位师范类本科毕业生充实到各中小学校任教。

【教育经费与教学设施】 *教育经费* 梅县区年度教育经费总投入149898.9万元（其中：国家财政性教育经费134618万元、民办学校中举办者投入3338.2万元、社会捐赠经费977.7万元、事业收入10614.3万元、其他收入350.6万元），比上年投入144818.5万对比教育经费投入增加5080.4万元，增长3.5%。

教学设施 全年，梅县区为创建“广东省推进教育现代化先进区”，投入资金3000多万元，用于完善中小学教学设备设施，新安装电教平台307个，新购电脑1730台，购置图书及教学仪器以及仪器橱架一批。全区各中小学校教育技术装备发展势头良好，中小学有理化生实验室153间，科学实验室637间，网络多媒体教室1837间，学生计算机8474台，电教平台1837个，78所学校安装了校园网。教学仪器设备总价值7497.332万元，藏书187.1683万册、生均29册；每所学校有1间或1间以上的计算机室，计算机生机比达到7∶1，师机比0.995∶1；各中学、完全小学有1间或1间以上的综合电教室；中学理化生实验室和小学科学实验室能满足教学的需要；每所中心小学都安装有语言实验室及其他学科功能场室，教学仪器及图书等设施设备也逐年增加，全部分学校的教育装备已达到教育现代化标准，为促进梅县区中小学教育手段现代化，推进实施素质教育，加快课程改革，提高教育质量提供重要的条件保障。

【校园卫生安全】 抓好学校安全工作，时刻绷紧“安全”这根弦。积极落实中小学安全工作的各项防范措施，坚持开展安全文明校园创建活动，完善学校安全责任考核，健全和落实学校安全应急管理制度，配合相关部门开展学校及周边环境综合治理，全面实行学校食堂卫生监督量化管理制度，重点抓好学生上下学交通安全、防溺水安全、校园安全、食品卫生安全、消防安全等，特别是加强了接送学生车辆的管理工作，每学期均多次联合交警、交通等相关部门对违规校车进行整治，有效杜绝校车安全事故的发生。坚持依法治校、依法治教的原则，健全学校各项管理制度，各中小学校法治工作合格率达100%。一年来，全区各中小学校综治安全工作态势平稳，近8万名师生犯罪率为零，学校安全事故明显减少。

【德育工作】 在小学抓好“三礼”（礼仪、礼节、礼貌）教育、中学抓好养成教育的基础上，全区各校积极创新德育新模式，逐渐形成自己的特色和品牌，如程江镇小的“三礼”教育、丽群小学开展的行为规范教育、宪梓中学的养成教育均取得良好效果，中小学生的良好行为习惯已初步养成，程江镇中心小学获评广东省“文明校园”及梅州市首批“全国文明校园”。

【体育、文艺工作】 梅县区中小学以提高学生素质和健康水平为目标，扎实推进体艺工作的开展，体育和文艺工作得到进一步加强，各校体艺卫工作多次受到国家、省、市的表彰。全面实施《振兴“足球之乡”实施意见》，大力抓好校园足球运动的开展，高级中学足球队参加2017年全国校园足球东南赛区的比赛中荣获第三名，参加 2017 年全国体育“未来之星”阳光体育大会广东省五人选拔赛总决赛荣获冠军并获参加全国总决赛的资格，参加“省长杯”总决赛荣获亚军并获参加全国决赛资格。成功举办梅县区第 58 届中小学生田径运动会和第 13 届中小学生足球联赛，顺利承办梅州市第八届运动会学生体育组的比赛，梅县区健儿荣获团体总分第一名。

（供稿：萧潇）

文化艺术

【文化设施建设】 *完善公共文化设施建设* 2017 年，区文广新局推进文化驿站建设，建成 10 个文化驿站、完成 13 个农村文化俱乐部的创建任务。推进行政村综合性文化服务中心建设，对全区 355 个行政村调查摸底，建设 220 个行政村综合性文化服务中心，创建 16 个行政村综合性文化服务中心示范点和松口、畲江、梅南 3 个乡镇文体广场示范点。免费开放图书馆、文化馆、博物馆、乡镇综合文化站（室），为群众提供更好的服务。

创新发展公共文化服务机制 区委、区府办出台《梅州市梅县区图书馆总分馆建设工作实施方案》，加强文化基础设施的建设，启动图书馆、文化馆总分馆制的建设，确立南口、雁洋、城东、白渡、丙村、新城办 6 个分馆为试点建设单位，完成分馆图书加工 15099 册。

【文学艺术创作】 大型山歌剧《春闹》荣获客家文化（非遗）艺术周“优秀剧目奖”；木偶剧《海族总动员》荣获第十三届广东省艺术节优秀剧目三等奖；舞蹈《封箱》荣获广东省第七届群众音乐舞蹈花会金奖、歌曲《家乡话》荣获铜奖；小品《门锁坏了》《不能砍的树》荣获广东省廉政小品曲艺创作大赛金奖和铜奖；歌曲《客家的围屋》、小品《一枚勋章》获得广东省群文创作一等奖。由文化馆选送的少儿舞蹈作品《好子莫做蟾蜍罗》《排排坐唱山歌》分别荣获广东省群众文艺创作“三等奖”。

【群众文化】 *群众文化活动* 成功举办“中国梦·丝绸路”文化迎春松口行、梅县区第 29 届中秋山歌节、全区“喜迎十九大”歌咏比赛，开展《风清气正·依法治区 共建文明》专题的文艺在梅县区 19 个镇巡回演出和学习宣传贯彻中共十九大精神文艺演出暨农村业余文艺汇演精品展演等大型群众文化活动。暑期开展“喜迎十九大·关爱弱势群体”等 7 项系列社会公益志愿者活动。举办“新时代 新征程 新篇章——中国共产党第十九次全国代表大会宣传解读图片展”、《兰馨山海芳野百年——罗芳伯与兰芳公司图片展》等展览和文博讲座各 5 场；举办“守户平安·迎祥纳福”2017 年梅县区客家门神画市级非物质文化遗产项目代表性传承人侯文发作品展；继续开展客家山歌、非遗进校园及山歌、舞蹈免费培训和“送春联”等活动，提升文化惠民服务质量，丰富群众的精神文化生活。

加强对外文化交流 木偶传习所应邀参加第十三届 2017 中国（厦门）国际海峡旅游博览会和广东省首届“文化和自然遗产日”活动。应邀参加墨西哥州 Tlalnepantla 市参与“传承与创新”2017 中国文化周开幕和马来西亚广东会馆联合会 70 周年庆典的演出，吸引当地市长和群众观看，得到当地华侨和嘉宾们的高度赞誉。

【文化市场整治】 *加强文化市场监管* 推进行政审批制度改革，加强简政放权、放管结合、优化服务工作力度；在加强日常监管的基础上，积极开展迎接中共十九大文化市场专项保障行动和“扫黄打非”等专项行动，全年出动执法人员8435人次，检查文化经营单位1910家次，作出行政处罚4家，收缴各类非出版物228张册，取缔非法游商1家，确保健康向上的文化市场秩序。根据年初局党组安全生产工作会议具体部署，层层分解安全生产责任，落实了安全生产主体责任，组织与下属各单位和文化市场经营单位分别逐一签订安全生产责任书。采取有力措施，抓好文广新系统安全生产工作，尤其是文化市场安全生产监管，共出动执法人员1622人次，检查场所524家次，排查安全隐患88家次125处，限令限期整改13家，投入整改资金22.41万元。

【电影放映】 全年开展农村公益电影和中小学校爱国主义教育电影放映活动4820场，春节慰问老区送影拍照活动516场，观影人次38万多人次。同时，还开展“梅县区农村人居环境综合整治宣传”“国土资源法制宣传”“人民防空教育宣传”等放映宣传活动。

【公共图书馆】 加强文献资源建设，图书馆新增书籍、杂志共4260册，订购年期刊40种，盲人读物10种，报纸16种，加强数字图书馆建设，移动图书馆访问量968395次，歌德借阅机外借量达155296册，读优秀学术文献传递下载量122513次。

积极开展“4·23”世界读书日全民阅读系列活动：举行“书香梅县·全民阅读”活动暨梅州市梅县区图书馆、文化馆总分馆启动仪式；推广数字阅读，向群众派发梅州市梅县区图书馆数字阅读卡；开展“青少年21天阅读挑战书”活动、“如何做好孩子的引路人公益讲座”“朗读会”“暑期少儿志愿者活动”“花艺DIY比赛活动”“父母课堂公益讲座”“远离精神鸦片——游戏，做中华好少年公益讲座”“喜迎十九大·关爱弱势群体”等一系列社会公益志愿者活动；到梅县区特殊学校“喜迎十九大·关爱弱势群体”活动，向孩子们赠送一批价值6800元的有声绘本读物及梅县区图书馆数字阅读卡。

投入11万元装饰装修松口图书馆少儿阅览室，购置少儿图书4096册，设立沈沧源捐赠图书阅览室，接受沈沧源作家捐赠书籍1087册，书稿29件，设施设备等，丘哲铜像捐赠仪式在松口图书馆举行。

【文物保护】 积极推动落实文物保护政府责任制，积极申报各级文保单位和文化遗产点工作，申报有国保4处、省保10处、市保14处，2017年度有12处被梅州市人民政府公布为市级文保单位；做好文保单位的维修、保养、抢修工程项目实施工作，2017年省拨文化遗产专项资金500万元，主要对双龙大夫第、莲塘洋楼、世德堂等进行维修、保养、抢修工程工作；向省申报2018年文化遗产保护项目专项资金1100多万元；松口镇铜琶村获得中国文物保护基金会“老屋拯救行动计划”特色村专项资金400万元；做好新建梅县区博物馆前期准备工作。

至年底，梅县区有各级文物保护单位62处，其中：国保1处、省保14处、市保31年、县保16处。

附：各级文保单位名录

梅县区各级文物保护单位一览表

表 5

序号	级别序号	级 别	名 称	年 代	地 址	文 号	批 次
1	1	国家级	叶剑英故居	1897 年	梅县区雁洋镇雁上村虎形自然村	国发〔2001〕25 号	2001 年 6 月第五批
2	1	省级	灵光寺	唐代	梅县区雁洋镇阴那村	粤府办〔2002〕56 号重新核定	1978 年第一批
3	2	省级	元魁塔	明代	梅县区松口镇铜琶村	粤府办〔2002〕56 号重新核定	1989 年 6 月第二批
4	3	省级	南华又庐	1886 年	梅县区南口镇侨乡村	粤府办〔2002〕56 号	2002 年 7 月第四批
5	4	省级	桥溪村古民居建筑群（含仕德堂、朱氏祖祠、守庆公祠、世德楼、燕怡楼、慎安居、凌云馆、宝善楼、桥溪小学、宝善家塾、衍庆楼、宝庆居、继善楼、逸庐、世安居、祖德居）	清代	梅县区雁洋镇长教村	粤府办〔2002〕56 号	2002 年 7 月第四批
6	5	省级	宋湘故居	清代	梅县区白渡镇创乐村	粤府〔2012〕123 号	2012 年 10 月第七批
7	6	省级	李金发故居	1900 年	梅县区梅南镇上村	粤府〔2012〕123 号	2012 年 10 月第七批
8	7	省级	群丰大夫第（仁厚温公祠）	清代	梅县区丙村镇群丰村	粤府〔2012〕123 号	2012 年 10 月第七批
9	8	省级	仪园	1949 年	梅县区水车镇先锋村木莲塘	粤府函〔2015〕343 号	2015 年 12 月第八批
10	9	省级	世德堂	明清	梅县区松口镇铜琶村下店	粤府函〔2015〕343 号	2015 年 12 月第八批

续表 5

序号	级别序号	级别	名称	年代	地址	文号	批次
11	10	省级	张民达旧居	1925 年	梅县区桃尧镇螺江村	粤府函〔2015〕343 号	2015 年 12 月第八批
12	11	省级	双龙村大夫第	清代	梅县区畲江镇双龙村	粤府函〔2015〕343 号	2015 年 12 月第八批
13	12	省级	莲塘村古氏洋楼	1919 年	梅县区城东镇莲塘村	粤府函〔2015〕343 号	2015 年 12 月第八批
14	13	省级	邓仲元旧居和仲元小学旧址	1918 年	梅县区丙村镇银场村	粤府函〔2015〕343 号	2015 年 12 月第八批
15	14	省级	喆庐	1925 年	梅县区松口镇大黄村	粤府函〔2015〕343 号	2015 年 12 月第八批
16	1	市级	盘龙围	清代	梅县区石坑镇龙凤村	梅市府〔2014〕2 号	2014 年 1 月第二批
17	2	市级	蔡蒙吉故居	明代	梅县区松源镇金星村	梅市府〔2014〕2 号	2014 年 1 月第二批
18	3	市级	新南斐厦堂	明—清	梅县区松源镇新南村	梅市府〔2015〕4 号	2015 年 2 月第三批
19	4	市级	闽粤梁氏宗祠	明—清	梅县区松源镇青塘村	梅市府〔2015〕4 号	2015 年 2 月第三批
20	5	市级	茶山资政第	民国	梅县区水车镇灯塔村茶山自然村	梅市府〔2015〕4 号	2015 年 2 月第三批
21	6	市级	侨乡德馨堂	民国	梅县区南口镇侨乡村	梅市府〔2015〕4 号	2015 年 2 月第三批
22	7	市级	肖向荣故居	清	梅县区石扇镇新东村	梅市府〔2015〕4 号	2015 年 2 月第三批
23	8	市级	悦来凹下山新居	民国	梅县区白渡镇悦来村	梅市府〔2015〕4 号	2015 年 2 月第三批
24	9	市级	邓太乙墓	元	梅县区松口镇盘龙村	梅市府〔2015〕4 号	2015 年 2 月第三批
25	10	市级	谢田谢氏祖祠	清代	梅县区城东镇谢田村	梅市府〔2016〕13 号	2016 年 6 月第四批
26	11	市级	悦来敦尚楼	民国	梅县区白渡镇悦来村	梅市府〔2016〕13 号	2016 年 6 月第四批
27	12	市级	铜琶爱春楼	清代	梅县区松口镇铜琶村	梅市府〔2016〕13 号	2016 年 6 月第四批

续表 5

序号	级别序号	级别	名称	年代	地址	文号	批次
28	13	市级	桃源继述楼	清代	梅县区桃尧镇桃源村	梅市府〔2016〕13 号	2016 年 6 月第四批
29	14	市级	太湖刘屋	清代	梅县区畲江镇太湖村	梅市府〔2016〕13 号	2016 年 6 月第四批
30	15	市级	坑美以祯居（蒲风故居）	清代	梅县区隆文镇坑美村	梅市府〔2016〕13 号	2016 年 6 月第四批
31	16	市级	广东工农革命军（东路）第十团团部旧址	1927 年	梅县区梅南镇九龙村	梅市府〔2016〕13 号	2016 年 6 月第四批
32	17	市级	连江作庐	1941 年	梅县区畲江镇连江村	梅市府〔2016〕13 号	2016 年 6 月第四批
33	18	市级	人和三堡学堂	清代	梅县区丙村镇人和村丙村中学	梅市府〔2016〕13 号	2016 年 6 月第四批
34	19	市级	中和善庆庐（彭精一故居）	1931 年	梅县区石扇镇中和村	梅市府〔2016〕13 号	2016 年 6 月第四批
35	20	市级	槐岗村继善堂	清	梅县区程江镇槐岗村	梅市府〔2017〕5 号	2017 年 3 月第五批
36	21	市级	温鸣剑旧居	民国	梅县区丙村镇红光村	梅市府〔2017〕5 号	2017 年 3 月第五批
37	22	市级	红旗村夏氏祖屋	清代	梅县区新城办事处富贵居委红旗村民小组	梅市府〔2017〕5 号	2017 年 3 月第五批
38	23	市级	安思居	民国	梅县区雁洋镇下村村	梅市府〔2017〕5 号	2017 年 3 月第五批
39	24	市级	南福村笃敬庄	清代	梅县区雁洋镇南福村	梅市府〔2017〕5 号	2017 年 3 月第五批
40	25	市级	锦鸡村干庐	民国	梅县区南口镇锦鸡村	梅市府〔2017〕5 号	2017 年 3 月第五批
41	26	市级	茶山村德崇楼	清	梅县区水车镇灯塔村茶山自然村	梅市府〔2017〕5 号	2017 年 3 月第五批

续表 5

序号	级别序号	级别	名称	年代	地址	文号	批次
42	27	市级	茶山村畅云楼	清	梅县区水车镇灯塔村茶山自然村	梅市府〔2017〕5 号	2017 年 3 月第五批
43	28	市级	茶山村大夫第	清	梅县区水车镇灯塔村茶山自然村	梅市府〔2017〕5 号	2017 年 3 月第五批
44	29	市级	松口图书馆	民国	梅县区松口镇公园路	梅市府〔2017〕5 号	2017 年 3 月第五批
45	30	市级	松口火船码头	清	梅州市梅县区松口镇	梅市府〔2017〕23 号	2017 年 11 月第六批
46	31	市级	松江大酒店	民国	梅州市梅县区松口镇	梅市府〔2017〕23 号	2017 年 11 月第六批
47	1	县级	龙岩寺	清代	梅县区隆文镇岩前村	梅市府字〔1987〕104 号	1987 年 11 月第二批
48	2	县级	中山公园	1933 年	梅县松区口镇社区居委圩镇中心	梅市府字〔1987〕104 号	1987 年 11 月第二批
49	3	县级	龙源宫	清代	梅县区松源镇圆岭村蕉松公路旁	梅府〔2010〕43 号	2010 年 11 月第三批
50	4	县级	龙居堂	清代	梅县区白渡镇嵩溪村坎里小组坝围	梅府〔2010〕43 号	2010 年 11 月第三批
51	5	县级	茶山村古民居建筑群（含访云楼、绍德堂、翼诒楼、培元楼、振华楼、承庆楼、云汉楼、儒林第、同德楼、义顺庐、进士第、搏云书屋、稻香楼、伯荣楼、萼辉楼、云汉女子学校、祥裕楼）	清至民国	梅县区水车镇灯塔村茶山自然村	梅府〔2010〕43 号	2010 年 11 月第三批

续表 5

序号	级别序号	级别	名称	年代	地址	文号	批次
52	6	县级	陈烈士敬岳纪念碑	1941 年	梅县区丙村镇横石村双对坑	梅府〔2010〕43 号	2010 年 11 月第三批
53	7	县级	宝善楼	1915 年	梅县区城东镇石下村	梅府〔2010〕43 号	2010 年 11 月第三批
54	8	县级	承聚楼	1923 年	梅县区城东镇谢田村	梅府〔2010〕43 号	2010 年 11 月第三批
55	9	县级	光远居	1940 年	梅县区白渡镇创乐村	梅府〔2010〕43 号	2010 年 11 月第三批
56	10	县级	承德堂	民国	梅县区南口镇侨乡村	梅府〔2010〕43 号	2010 年 11 月第三批
57	11	县级	梅县革命烈士纪念碑	1960 年	梅县区南口镇益昌村	梅府〔2010〕43 号	2010 年 11 月第三批
58	12	县级	廖氏雕楼	民国	梅县区水车镇先锋村曾田自然村廖氏庆捷公祠左侧	梅府〔2010〕43 号	2010 年 11 月第三批
59	13	县级	来安楼	民国	梅县区梅南镇顺里村大凹	梅府〔2010〕43 号	2010 年 11 月第三批
60	14	县级	扬孝石刻	明代	梅县区丙村镇石窟河西崖新墟村古渡口岸边	梅府〔2010〕43 号	2010 年 11 月第三批
61	15	县级	高隐洞天摩崖石刻	清代	梅县区大坪镇汤湖村	梅府〔2010〕43 号	2010 年 11 月第三批
62	16	县级	水光接天摩崖石刻	明代	梅县区畲江镇莲江村鸭粤威山双头潭吴钩洞口	梅府〔2010〕43 号	2010 年 11 月第三批

【文化遗产保护与传承】 积极做好梅县区非物质文化遗产保护工作和申报工作。组织开展服务传承人活动，为传承人开展非遗传承活动搭建平台和载体。完成申报 “梅县区客家门神画”“水车小桑等公王”为省级项目、申报市级代表性传承人3人，李玉珍批准为梅县竹板歌市级代表性传承人。举办市级代表性传承人侯文发“梅县区客家门神画”作品展；非遗项目“客家泥塑”参加第十三届中国深圳文博会。客家山歌传承保护中心入选为第三批广东省非物质文化遗产传承基地。全年完成松源扛公王等4项非遗项目摄制工作、2017年《客家非遗》梅县专题编辑的工作，印制2000册。

至年底，梅县区有省级非遗项目4项、市级非遗项目7项、县（区）级非遗项目32项，共有9类43项；各级非遗项目代表性传承人42人。

附：各级非物质文化遗产目录

梅州市梅县区（省级、市级、区级）非物质文化遗产代表性项目及代表性传承人名录汇总表

（全区项目共9类43项，其中省级4项、3人，市级7项、2人，区级32项、36人）

省级非物质文化遗产代表性项目及代表性传承人名录（4项、3人）

表6

序号	类别	项目名称	传承人
01	传统音乐	客家山歌（松口客家山歌）	（省级）卢月英、 （区级）温婉香、廖胜华、李园妹、梁媚玲、刘谦隆、廖　丽、黎　骏、梁　莹
02	传统戏剧	木偶戏（梅县提线木偶戏）	（省级）巫启胜、 （区级）黎为艺、李嘉珍、廖佳萍、陆怡婷、聂　瑜
03	曲艺	竹板歌（梅县竹板歌）	（省级）肖建兰（市级）李玉珍
04	传统技艺	酿造酒传统酿造技艺 （梅县客家娘酒酿造技艺）	（省级）温凤珠、 （区级）郭榴红、温带芬、郭忠爱、郭忠义

市级非物质文化遗产代表性项目及代表性传承人名录（7项、2人）

表7

序号	类别	项目名称	传承人
01	传统技艺	畲江菊花糕	（区级）张应新

续表 7

序号	类别	项目名称	传承人
02	民俗	松源扛公王	（区级）王耀东
03	民俗	水车小桑等公王	（区级）罗铸英
04	传统体育、游艺与杂技	足球运动	（区级）杨电松、陈晋干
05	传统技艺	南口车陂仙人粄	（区级）饶俊顺
06	传统美术	梅县区客家门神画	（市级）侯文发、（区级）徐建文
07	传统技艺	丙村开锅肉丸	（区级）李尧君

区级非物质文化遗产代表性项目及代表性传承人名录（32 项、37 人）

表 8

序号	类别	项目名称	传承人
01	民间文学	客家方言	
02		歌仙刘三妹的传说	
03		民间歌谣	
04		民间谚语	
05	传统音乐	客家山歌	
06	传统技艺	白渡牛肉干（白渡镇）	宋增广
07		松源麦芽糖（松源镇）	王集荣
08		南口黄皮豆干（南口镇）	
09		石坑柿花（石坑镇礤岭村）	
10		隆文竹编（隆文镇卢溪、横坑、木寨村）	
11		隆文土纸（隆文镇梅州村）	
12		隆文木炭（隆文镇苏溪村）	

续表 8

序号	类别	项目名称	传承人
13	传统技艺	梅县客家名菜（新城盐焗鸡）	
14		畲江工艺品（畲江镇）	
15		九龙手工茶（梅南镇九龙村）	
16		石扇鱼血焖饭（石扇镇）	
17		石扇咸菜（石扇镇）	
18		梅西肉丸（梅西镇）	
19		客家服饰	
20		客家围龙屋	
21		梅县金柚（丙村镇）	钟亮
22		金柚陈茶（丙村镇）	
23		客家手工茶（丙村镇）	李新玲
24		钉砻（雁洋镇）	张学敬
25	民　俗	挂大牌（松源镇松兴坪村）	
26		七月二十八日老姑婆生日（水车镇安和、白沙村）	
27		观音生日（大坪镇营里村）	
28		升龙转火（程江镇西山村）	
29		作福（城东镇莲塘村）	
30		“三月三”相公爷出巡（石扇镇）	张绍轩、张傲明、张建新、张自荣
31	传统舞蹈	打腰鼓（桃尧镇）	
32	传统美术	客家泥塑（文化馆）	刘沅声、刘芷瑜

2018 年 3 月制表

【文化产业】 梅县区有文化产业企业159家，努力在推动传统媒体和新兴媒体融合发展、实施动漫精品战略上下功夫，培育壮大文化产业。同时，推动文化与旅游的融合发展，本年累计完成投资:南寿峰文化健康产业园 4 亿元、中国收藏示范基地3亿元，梅州麓湖山文化传承发展与健康养老产业项目9.3亿元。启动投资30亿元的古梅梦景文化旅游产业园建设工程；努力推动文化产业创新升级，以畲江编织工艺的产品开发创新为代表的梅州工艺品位列广东省装饰品出口产值前列，盛世文化发展公司的作品《海上丝绸之路·松口》获得“客都文化杯”文化创意大赛金奖。

（供稿：何友花）

广 播 电 视

【概述】 2017 年，梅县区广播电视台积极开展舆论宣传，开启县级台制播电视系列剧先河，大力发展广播电视事业，实现了中共十九大期间广播电视安全生产和安全播出“零事故”，队伍建设和管理上新台阶。电视台、电台上送梅州广播电视台新闻通联排名在全市各县级台中双双居首，《足球小子》电视专题节目在第五届全国市县电视台推优活动中获一等奖。

【宣传报道】 舆论宣传 一是注重宣传策划。坚持开好每周一次的周前编辑会，对上周新闻宣传进行总结回顾，研究下一周新闻宣传重点，策划安排重大题材、重点工作、重点项目、相关节日、纪念日活动的宣传报道，使新闻宣传紧跟群众关注热点和区委区政府工作重点，更好地围绕中心、服务大局，让新闻宣传内容更加丰富、更有质量。二是突出宣传主题。把中共十九大、第五届世界客商大会等影响大、群众关注度较高的重大事件的宣传，作为一场战役来打，坚持及早研究、制订方案、精心安排采访播出。在十九大的会前、会中、会后，先后策划“喜迎十九大召开、砥砺奋进的五年、各界关注十九大召开、十九大报告解读、各界热议十九大报告、学习宣传贯彻十九大精神”专栏，播出 30 多条新闻，开展持续、深入、声势浩大的宣传；配合做好第五届世界客商大会宣传，开设“客商、院士访谈专栏”。同时，精心组织专栏和系列报道，开设十九大、世界客商大会等相关专栏外，还策划开设“改革发展惠民生、振兴发展看梅县、新春走基层、新年开好局、推进综合服务预警平台建设、推进人居环境整治、争创新业绩当好排头兵、精准扶贫见行动、推进全域旅游、关注十大民生实事、学习习总书记重要批示精神、四创联动、创文你我他、打造社会主义新农村”等 30 多个专栏和系列报道，创下历年来开设新闻专栏和系列报道数量之最。专栏和系列报道的开设，使新闻宣传更加紧跟中央、省、市、区工作重点，更好地反映社会和群众关切，宣传更有温度，为各项重点工作的落实、重大活动的开展、重大政策的宣传贯彻营造良好的舆论氛围。三是创新报道方式。积极学习借鉴上级台的新闻宣传手法，创新本地新闻宣传方式，对一些重大活动重大题材新闻进行现场报道，对一些场景转换比较多的新闻进行记者现场假连线；转换新闻报道角度，在每周一次的编辑会上，有意识策划一些群众关注的民生项目实施、群众共享发展成果方面的题材，并要求记者站在群众角度进行报道，让新闻宣传更“接地气”，群众更喜欢看。如：从群众切身感受到的变化着手，在民声栏目开设“身边的变化”专栏，体现五年来社会经济发展让群众享受到的获得感。

外宣工作　发挥广播电视喉舌职能，大力加强外宣工作，努力传递梅县声音，讲好梅县故事。一是外宣通联双双居首。上送市电视台播出新闻稿件计 873 分（2017 年开始市台采用打分制），位居全市各县台第一，比第二名的大埔台多 148 分；上送市电台播出新闻 479 条，位居各县台第一，比第二名的蕉岭台多 130 条。此外，电视专题片《足球小子》荣获第五届全国市县电视专题类一等奖。二是完成《梅县纪事》纪录片的制播。与中央电视台第七频道合作，拍摄播出《梅县纪事》纪录片上、下集，并如期在第五届世界客商大会期间安排在 CCTV7 和我台两个自办频道播出。通过央视大平台，更好展现梅县区客家历史文化、生态农业、田园风情，更好地向海内外讲好梅县故事。三是微信公众号得到进一步推广。继续编发新闻手机报的同时，把本地新闻资讯推送到微信公众平台中，有效扩大了受众群体；构建有线数字电视业务微信办理平台（将于近期开通），届时既方便用户办理缴费、报装有线数字电视业务，又大大提高本台微信公众号的关注度。

此外，在电台方面，继续与梅州天音公司合作，打造好梅县人民广播电台，在各时段的电台节目中不断融入梅县元素、客家元素，尽力体现办台的本土特色。

电视节目　通过优化引进节目和筹拍本地电视短剧，大力丰富自办频道节目，擦亮本地自办频道品牌。一是调整优化电视合作栏目。积极打造“有观点的频道”，继续与湖南长沙中广天择传媒有限公司合作，对上年推出的《有话直说》《观点致胜》《记者再报告》《鲁豫有约》《非常幽默》等五档合作栏目进行优化，在保留《有话直说》《观点致胜》《记者再报告》三档节目的基础上，新推出《X 档案》栏目，安排在本地综合频道播出。经过优化后的播出节目，受到了更多观众的欢迎。二是不断丰富本地专题节目。由专题中心负责，重点推出《梅县教育》《梅县农情》《健康园地》《纪检监察之窗》《客家方圆》《以案说法》《梅县党建》等 7 个本地固定专题栏目，全年累计制播 136 期节目，其中 7 个专题共制播 124 期，制播区委、区政府工作的专题 12 期。栏目内策划开设系列节目，如：《梅县农情》开设的“种养能手”系列共播出 8 期，既有种果、种茶，也有养鸡、养兔、养龟能手；《客家方圆》开设的“客家的味道”系列共播出 7 期，展现鱼散粉、肉丸、仙人粄、牛肉干、红菇等客家美食。三是首次筹资制播本地少儿电视系列剧。开设少儿客家话栏目，与梅州树德文化公司合作，首次筹资制播“相亲相爱”80 集本地系列短剧，是一档喜庆、幽默风趣、健康向上的少儿客家话栏目，总时长 17 分钟，于 2017 年 7 月 17 日起在自办频道播出，至 11 月底全部播完，并在广东电视教育频道和全市各县级台中播出。系列短剧的制播，在全市各县级台中开启制播本地电视剧先河，使客家话地方方言得到进一步传承和推广。

【事业发展】　城乡网络建设　把网络工作重心放在优化网络上，以升级改造城乡网络、提供优质服务来巩固老用户、发展新用户。全年积极开展有线电视线路整治、有线电视管网迁移和建设工程，完成富力城 B 区、翡翠绿洲、客家新世界 B 区、豪生国际公馆、世纪金郡、槐江雅苑、花园城二期、山水明珠、客家新世界二期等 12 个小区的网络线路架设和开通有线电视业务；新覆盖丙村镇郑均村未通达有线数字电视的行政村，对城区及 94 个行政村的部分网络进行了改造。据统计，全年城乡新架设光纤线路 74.33 公里，新开通 91 个光节点，新架设改造主干电缆 105.2 公里，同时，与市广电网络签订《融合发展协议》，做好新小区双向接入方案，建立依托省市广电网络的双向传输平台，为有线电视网络开通高清、宽带、互动等个性化业务，以及增强优势和竞争力打好基础。

有线数字电视　以企业化管理推进文广视讯公司的网络服务，以提高有线数字电视服务质量来巩固和壮大广播电视网络阵地。全年有线电视开通工单总数 8167 单，超时工单 11 单，开通及时率为 99.8%（考核≥95%），比上年同期提升 5.1%；有线电视安装满意率为 99.75%(呼叫中心取值，考核≥98%)，故障工单总数 10029 单，超时工单数 215 单，故障维护及时率为 97.8%（考核≥95%），故障维护及时率比上年同期提升 17.9%，维护满意率 98.74%（呼叫中心取值，考核≥98%），服务质量排名居全市各县级台前列。2017 年，全区有线数字电视新装主机 5008 户，总用户 10.5 万户，在用 9.34 万户。

广告经营　全年实现广告创收 256 万元。

【安全播出】 一是精心动员部署。按照省广电局、上级安委会和消委会等部门对安全工作的部署，先后组织台安全播出和安全生产工作领导小组成员、台各部门负责人、全台干部职工，召开十场次的安全生产工作会议，传达安全工作会议相关精神，对照研究本台的安全工作，对安全生产工作进行多次动员部署和推进。3 月份以来，专门制定《梅县区广播电视台开展 2017 年广电系统安全大检查实施方案》，向台各中心室、文广视讯公司下发《关于做好中共十九大广播电视安全播出和安全生产工作的通知》，重新成立台消防安全小组，做到全台上下安全工作职责任务明确，有力推进。二是认真自查整改。针对 2017 年十九大安全播出和安全生产这一政治任务，开展高要求、高频率的安全大检查自查自纠工作。开展三个阶段的检查整改。在省局组织的三个阶段的检查中，对照检查内容，多次对安全播出、有线数字电视网络安全、安全生产和安全保卫、化学品、电气火灾等方面工作进行自查自纠，并对第二阶段整改任务表中列举的 25 项共性问题和隐患中的两项进行了整改，对潮塘发射中心的锈蚀问题、文广视讯公司的线路凌乱、台部分消防器材未及时更换等问题一一进行整改落实。开展突击性检查。坚持安全工作“时时抓”、安全警钟“天天敲”的原则，先后开展三次突击性检查、应急播出演练和消防演练，促进各项安全措施落到实处。三是加强硬件建设。夯实无线发射硬件基础，新架设一条从台大楼至潮塘发射中心长 26.2 公里的有线电视光纤线路，保证在卫星接收和微波传输信号源出现故障时及时启用备用光纤信号源；投入 18.3 万元，对潮塘发射中心进行发射铁塔维护、变压器和空调的更换，并增设同轴开关；完备备用电源和办公设施，投入 6 万多元，购置 64 只 UPS 电源蓄电池，安装在本台大楼；投入 9.3 万元更换 15 个基层广播电视站的备用电源，更换程江前端、西阳广播电视站、瑶上广播电视站的机房空调，确保机房在恒温条件下正常运转。三是添置采编设备。筹资 9 万多元，添置摄像设备，保证日常新闻采编工作的正常开展。进一步夯实安全播出基础，确保全年广播电视安全播出“零事故”。

（供稿：刘利梅）

体　育

【基础设施建设】 城乡的普通中学和中心小学有足球、羽毛球、乒乓球、篮球、田径等运动场地及健身器材设施。至年底，全区有大、小足球场 103 个，乒乓球桌（室）78 个，田径场 25 座，篮球场 259 个，游泳池 3 个。

梅县区大型的体育设施有：1. 梅县文体中心。位于梅县人民广场侧，占地面积 9850 平方米，建筑面积 22136 平方米，总投资 4 亿多元。按国际标准比赛场馆建设，并采用客家围龙式的建筑风格，圆形建筑直径达 112 米，可容纳观众 6000 多人，是一个集比赛、大型演出和会展于一体的综合性场馆。

2．曾宪梓体育场。曾宪梓体育场与梅县文体中心前后相接，并与梅县人民广场、梅县梅花山公园连为一体，占地面积 3.2 万平方米，其中建筑面积 4600 平方米，观众座位 2 万多个，建筑资金约 2.8 亿元。曾宪梓体育场按国际标准比赛场馆设计建设，可进行足球、田径等体育项目的大型赛事活动。

【群众体育】 认真贯彻落实《全民健身条例》和《梅县区全民健身计划（2016—2020 年）》，抓好群众身边的组织、搞好群众身边的体育活动、建设好群众身边的体育设施，提高人民群众的健康水平。

1．加大力度建设城乡体育健身基础设施。根据工作部署，完成铁炉桥社区体育公园建设。全年下拨 30 套小全民健身路径、5 付室内乒乓球台、6 付室外乒乓球台等器材，服务全区广大市民，方便群众健身，为群众提供更多的体育健身场地和体育设施。

2．积极承办具有影响力的品牌赛事，推动梅县区体育运动的发展。4 月 5 日举办第六届“檀兴杯”6 地市青少年拳王争霸赛；4 月 18 日至 5 月 24 日，举办第二届“超华杯”乡镇机关足球邀请赛；4 月至 6 月份举办 2017 年六镇足球联赛、承办中国“足协杯”足球比赛梅县铁汉生态杯主场赛事（梅县赛区）；4 月至 10 月份承办 2017 中国足球协会乙级联赛梅县铁汉生态的主场赛事；5 月 2 日至 5 月 22 日，举办梅县区首届中式黑八“特呈码头杯”台球公开赛；5 月 18 日至 5 月 21 日，承办 2017 年广东省老年人太极拳剑比赛；5 月 17 日至 6 月 28 日成功举办 2017 年梅县区直机关足球联赛。

3．积极举办和参加各项赛事。 5 月 12 日，梅县区足球队获得 2017 年梅州市五四青年足球比赛亚军；5 月 27 日，梅县区足球队获得“迪莱杯”广东省第二届百县（区）足球赛（梅州赛区）冠军；6 月 23 日，梅县区足球队获得“迪莱杯”广东省第二届百县（区）足球赛总决赛冠军；6 月份，举办梅县区台球协会会员让分赛；7 月至 8 月份，成功承办 2017 年梅州市“铁汉生态”杯第八届运动会；8 月 22 日至 25 日，举办 320 名棋手参加的 2017 年梅县区“三棋”等级比赛；9 月 17 日至 24 日，举办 2017 年梅县区百城千村健身气功交流展示活动；11 月 25 日至 27 日，举办梅县区 2017 年“体彩杯”LCBA 广东中式台球球王争霸赛。

4．加强体质测定与运动健身站、晨晚练点、健身气功三个站点的建设。聘请两名专职人员做好体质测定与健身指导工作，完成 1000 多名群众监测样本。全年选送 15 名晨晚练、健身气功立站点人员参加省、市级专业培训，为全民健身活动的开展打下良好基础。

【竞技体育】 重视抓好各项竞赛活动，提高竞技水平，加强后备人才的培养。6 月 28 日，梅州市“铁汉生态杯”第八届运动会在梅县区文体中心隆重开幕。梅县区体育代表团参加除蹦床项目外的所有项目，以 75.5 枚金牌数位居竞技体育组金牌榜榜首、以 3141.8 分成绩获综合团体总分第二、竞技组田径总分第一、五项球类总分第二的历史最好成绩。梅县区足球队获得“迪莱杯”广东省第二届百县（区）足球赛（梅州赛区）冠军；梅县区足球队“迪莱杯”广东省第二届百县（区）足球赛总决赛冠军；梅县区足球队获得 2017 年梅州市五四青年足球赛亚军；梅县庆达足球队获得 2017 年梅州市“足协杯”足球赛冠军；梅县高级中学获得 2017 年全国青少年“未来之星”阳光体育大会初中组广东省五人制足球选拔赛冠军；梅县铁汉生态足球队首次冲甲成功，成为我区首支、梅州市第二支中甲球队。

【体育产业管理】 做好 2017 体育彩票销售年度计划工作和制定奖励促销方案，确保全年分配的年度任务，至年底，体育彩票销售额为 4872.23 万元。加强足球产业培育。鼓励和支持社会资本投向足球产业，将足球与文化旅游等产业融合发展，延长足球产业链条，促进足球相关产业发展。积极协助富力足球学校申报国家青少年足球训练基地；协助铁汉生态环保股份有限公司对体育公园的策划和开发，加快落实《梅州市体育产业策划》足球相关项目的开发。严查细管确保我区高危体育行业（游泳池）的安全运作。

【梅县区业余体校】 梅县区业余体校全年投入训练和比赛等经费150万元（其中：足球专项经费125万元），用于选才、组队和参加市级以上的比赛。全面恢复食、宿、训练为一体的“三集中”办学模式，在梅县区华侨中学旁租赁一栋楼房，供业余体校运动员食宿，进行统一管理。区业余体校有在编足球教练员8人（其中：高级教练4人、中级教练1人、初级教练3人）。为备战市运会，聘请羽毛球教练1人，乒乓球教练2人，跆拳道、拳击教练1人，足球教练8人。

分别组建03、04年龄组女子足球队，06、07年龄组女子足球队；04、05年龄组男子足球队；06、07年龄组男子足球队；羽毛球队、拳击队，业余体校各项目运动员统一安排在离住宿就近的华侨中学、扶大宪梓小学、德兴小学、程江镇中心小学等学校就读和训练。同时，参加梅州市第八届市运会足球比赛中获得：2001—2002年龄组少年女子足球比赛冠军；2001—2002年龄组少年男子足球比赛亚军；2004—2005年龄组少年男子足球赛获得第三名。

【富力切尔西足球学校】 学校于2013年9月18日正式开学，首期工程占地250亩，共投资2亿元兴建行政中心、教学中心、生活中心、运动员培养与发展中心，及14块具备全天候训练条件的国际顶级足球场，其中人造草球场选用荷兰进口GreenField品牌草种，有在校学生213人。

参照“中国足协青少年足球培训基地”和省一级学校标准，学校二期工程（中学部）建筑面积8000平方米于2015年9月正式完工投入使用，涵盖教学、生活、住宿等功能，建设有文化课室、生化实验室、物理实验室、技术分析室、会议室、公寓、食堂、餐厅、更衣室等，能够同时满足500人的生活、学习、足球教学和会议需要。

【梅县客家足球俱乐部】 俱乐部立足“规范管理、科学训练、坚持不懈、争创一流”的要求，打造一支组织纪律性强，作风意志过硬，形象深入人心，富有责任感使命感的“铁军”。俱乐部设有综合管理部、竞训部、外联商务部、财务部、训练基地等部门，有工作人员30多名。同时，还拥有一支一线球队、一支U18精英梯队、三支与梅州市体校共建的其他年龄段梯队（U16、U15、U13各一支），其中一线队教练组成员10名，签约职业球员28名；U18精英梯队教练组成员5名，队员22名；其他年龄段梯队教练组成员9名，队员60名。在一线队28名签约的职业球员中，有8名梅州籍球员。

俱乐部足球训练基地位于梅州市梅县区南口镇是一个集俱乐部办公室、球场、健身中心、康复室、休息室、球员食堂、球员公寓及停车场等配套设施齐全的综合性训练基地。未来规划将在现有训练基地的基础上，在周边建设一个集足球学校、康复医疗中心、球员公寓、训练基地及相应商业配套等大型综合性足球产业园区。

俱乐部梅县铁汉生态足球队在2017年中国足球乙级联赛赛季中冲甲成功，获得2018年中甲联赛资格，成为全市第二支、梅县区首支甲级足球俱乐部。

集体获奖情况（国家、省、市）

表 9

单 位	奖项名称	授予单位	授予时间
梅县区体育局	2013—2016 年度群众体育先进单位	国家体育总局	2017 年 8 月
梅县区体育代表团	梅州市第八届运动会金牌总数第一名	梅州市第八届运动会组委会	2017 年 8 月
梅县区体育代表团	梅州市第八届运动会综合团体总分第二名	梅州市第八届运动会组委会	2017 年 8 月
梅县区体育代表团	梅州市第八届运动会五项球类总分第二名	梅州市第八届运动会组委会	2017 年 8 月
梅县区田径队	梅州市第八届运动会田径团体总分第一名	梅州市第八届运动会组委会	2017 年 8 月
梅县区足球队	“迪莱杯”广东省第二届百县（区）足球赛冠军	广东省体育局	2017 年 6 月
梅县区足球队	“迪莱杯”广东省第二届百县（区）足球赛（梅州赛区）冠军	梅州市体育局	2017 年 5 月
梅县高级中学	全国青少年“未来之星”阳光大会初中组五人制足球赛（广东赛区）冠军	广东省足协	2017 年 6 月
梅县庆达实业足球队	梅州市“足协杯”冠军	梅州市足协	2017年10月

（供稿：何志新）

社 会 科 学

党史资料征集与党史研究

【党史资料征集与编纂】 2017 年，梅县区委党史研究室收集老干部稿件和党史资料 5 篇；收集、整理梅县 1949 年 10 月至 1978 年 12 月反映政治、经济、社会、文化等发展情况的图片资料 12 幅。做好党史编写工作，完成《中国共产党梅县地方史》第二卷（1949.10—1978.12）初稿撰写。向老领导、老同志等征求意见，完成第一次修改，计划 2018 年定稿出版。增补《广东中央苏区历史——梅县区》丛书《概述》《光辉历程》《老区新貌》等版块文字资料近 3 万字，调补老区新貌图片 23 幅，上报广东省委党史研究室；增补、核调梅县区革命遗址史料 27000 多字，图片 68 幅上报梅州市委党史研究室。撰写《重温叶帅好学精神，争做学习型干部》研讨论文 5000 多字，入选广东叶剑英研究会主办的“中华民族的独立和复兴与叶剑英”学术研讨会；参与“八一”南昌起义暨三河坝战役 90 周年纪念活动，撰写报送《梅县的策应和三河坝战役对梅县革命斗争的影响略述》研讨文章 4000 多字；撰写报送 6 篇党史工作简讯，在梅州党史网站发布；撰写梅县区近年来党史工作开展情况、2018 年改革开放 40 周年纪念活动设想，并为中央和省委《党史工作条例》的制定和实施提出有关建议共 4000 多字，报梅州市委党史研究室。整理 2016 年度方志年鉴资料近 4000 字，报区方志办。

【史料服务】 联合区文广新局等部门继续推进革命旧址和纪念设施工程修建工作，保护利用好革命遗址。配合协同梅南镇党委做好九龙嶂革命根据地旧址群东江工农红军总指挥部（后）和军事训练所旧址、红军标语库来安楼，红十一军第 46 团驻地旧址图文布展等工作；协助石扇镇做好肖向荣生平事迹陈列展的布展工作，挖掘、充实肖向荣有关史料；为雁洋镇三乡开设革命斗争历史图片展提供图文史料，协助做好布展工作。为山东青岛市委党史研究室查找和提供薛尚实（三角镇人，解放后曾任青岛市委书记）有关史料；协助市委党史研究室查补有关历史档案和资料，修补和完善《中共梅州市地方史》第二卷（1949.10—1978.12）文稿（初稿）；为梅州日报社提供中共闽西南潮梅特委第六次执委扩大会旧址上新屋蛟花堂革命史料；为五华县委党史研究室提供古大存图文资料；为区政协提供梅县区革命遗址图文史料；为区总工会编纂志书提供有关史料。配合区有关领导陪同省、市各级领导和老干部到梅南、松源等苏区考察、调研苏区发展和革命遗址保护开发工作；为区委、区政府推进红色旅游产业建设提供意见建议；整理梅南水美村和松源新南村 2 个红色村庄有关申报材料，上报省委组织部；上报市委党史研究室松口镇中井村等 4 个市级红色村庄和 1 个村支书。配合区有关部门开展党史学习和宣传，加强理想信念教育和社会主义核心价值观建设，助推“创文”工作。为水车镇小桑村老干部撰写该村革命斗争史和城东镇潮塘村李刚老干部收集整理潮塘革命斗争史提供有关史料。

（供稿：林柿华）

地方志编修

【综合年鉴编纂】 《梅县年鉴（2017）》为总第 23 卷，全书设大事记、梅县区概况、政治、经济、科教文、社会生活、乡镇建设、国民经济主要指标、内设机构、名录、文献辑存等 11 篇、共 38 章、125 节、799 个目、彩照 18 版，约 56 万字。《梅县年鉴》坚持一年一鉴、当年编辑、当年出版，年鉴由方志出版社负责审核出版。

【《梅县 26 年风华》】 历经三年多的努力，《梅县 26 年风华（1988—2013）》于 2017 年 3 月正式出版，详今略古、图文并茂，主要记载梅县自 1988 年梅县、梅江区分设以来至 2013 年间的经济社会发展历程，回顾总结梅县各阶段重要工作情况、各方面重大成就，全书分为四大版块，文字约 10 万字，收录 359 张图片，其中新、旧对比照 22 组。该书的出版，得到领导干部和社会群众的喜爱，并在客商大会期间作为文化精品赠送给参会的海内外嘉宾。另外，为宣传和弘扬客家先贤——王利亨“清正廉明、忠孝传家”的风范，于 2017 年 5 月整理出版《琴籁阁诗钞》。

【《中国名镇志丛书·松口镇志》】 《松口镇

志》是当代松口人民政治、文化生活的一件大事，是承传名镇文脉，抢救和保存名镇历史资料，并展示名镇基本发展概貌的一项开拓性文化建设工程。镇志编修工作被作为梅县区政府文化事业的重点工作之一。历经两年多的时间，该书于 2017 年 3 月，通过广东省地方志办公室复审，并报送中国地方志指导小组办公室审查验收，直至成书付印。2017 年 12 月 12 日，由中国地方志指导小组办公室主办，贵州省地方志编纂委员会办公室、黔东南州人民政府承办，黔东南州地方志办公室、雷山县人民政府协办的第二届全国名镇论坛暨第二批中国名镇志丛书出版座谈会在贵州省黔东南州雷山县召开。大会为第二批 26 镇（第一批 11 镇）颁发荣誉证书和牌匾，其中：梅县区《松口镇志》入选，中国地方志指导小组办公室、中国名镇志丛书编纂委员会为梅县区人民政府地方志办公室及松口镇分别颁发荣誉证书、中国名镇志文化工程牌匾。

【自然村落历史人文普查】 自然村落历史人文普查工作是省委、省政府的任务要求，是省志办部署的重点工作之一。梅县区为做好普查工作，及早谋划、科学部署、全力推进、狠抓落实，较好地完成普查任务。2017 年 4 月，广东省志办陈华康主任来梅调研时，对梅县的普查工作给予高度评价。2017 年 5 月，梅州市政府在丙村镇召开普查工作现场会，会议充分肯定了丙村镇、梅县区的工作经验。全面完成梅县区 19 个乡镇（高管会、办事处）列入普查的调查任务，并在全市率先通过《全粤村情 梅县卷一》普查文稿的终审并上报至广东省志办出版。

（供稿：办公室）

档案工作

【基础设施建设】 2017 年，梅县区档案局抓住国家实施西部地区县市级档案馆建设项目的机遇，积极做好梅县区档案馆建设，区委、区政府把档案馆建设列入 2017 年区重点项目，其规划占地 3500 平方米，总建筑面积 6800 平方米（其中：地面建筑面积 5000 平方米，地下车库建筑面积 1800 平方米），项目总预算 2530 万元，资金由梅县区财政局统筹解决。新建档案馆坐落于梅州市梅县区行政区电商大楼南面，于 2017 年 10 月 13 日正式动工兴建。同时，加强对库区安装的闭路监控系统和报警系统及涉密计算机进行全面的检修和维护，并对用电、照明、档案消毒、除湿等设备进行维护、维修和保养，确保设备的正常运行。

【馆藏档案】 2017 年底，馆藏档案有 90425 卷又 161627 件，排架长度 1017 米，其中：中华人民共和国成立后档案 112 个全宗，档案 89075 卷；中华人民共和国成立前档案 1350 卷（民国档案 1234 卷，革命历史档案 116 卷）。有声像档案 190 盘，照片档案 8550 张，实物档案 177 件，图书资料 7283 册。档案案卷目录 16 本，全引目录 938 本，归档文件目录 177 本，专题目录 4 本。

【档案收集整理】 接收区政府、区团委等单位文书档案 5900 件；收集和整理 2016 年度省、市领导调研重点建设项目及重大活动仪式等 43 项，有重大影响或较大规模的活动相片 305 张；征集各类资料 150 册，包括梅县三乡文社《山捻花》全套 62 册、《宋、陈、钟氏族谱》等。

【档案利用】 提供档案查阅利用 240 余卷，接待查阅利用者 900 人次，出具复印证明 650 余份，为领导决策、修史编志，落实政策、工作查考、离任村干部工龄补助、阶级成分、解决山林权、责任田纠纷提供有力的证据。

【档案综合管理】 加强对区直机关、乡镇、村委会档案管理工作情况的检查和业务指导，结合机关档案目标管理升级、年度档案立卷归档工作，对区农业局、客商银行、丙村镇等单位开展档案业务指导工作，协助相关单位做好档案的管理，档案立卷归档工作得到有效落实。根据省、市档案局关于对档案综合管理已达标单位的复查办法，对档案综合管理达标升级满四年、八年、十二年以上的区供电局、区工商局、建设局、松源镇等 22 个单位开展档案复查工作，各单位按照通知要求进行自查、整改，巩固档案达标成果，提高档案工作规范化管理水平。

【信息化建设】 按照《梅县区档案局数字档案馆项目实施方案》要求，完成第三期数字化项目 100 万页的扫描任务。全年新增著录档案文件级条目 1 万多条 ，档案目录条目总数达到 68 万多条。在“梅县区档案局”网站主动公开的政府信息 68 条，全年发布工作动态栏目 37 条，业内动态 10 条。

（供稿： 蔡梅生）

责任编辑：邓慧聪

白渡镇沙坪村

社会生活

人力资源和社会保障

【转移就业服务】 职业技能培训和鉴定　组织全区各类专业技术人员7058人开展继续教育公需科目的培训学习，选派全区19名乡镇公务员参加2017年广州梅州公务员对口培训。全年，组织城乡劳动力技能晋升培训1091人，完成技能等级证书人数914人，新增转移就业11333人；接受鉴定申请23期693人，核发技能等级证书462人（其中：初级工309人，中级工153人）。

就业与失业登记　使用省级创业就业专项资金206.79万元，创业贴息贷款66户227.03万元，创业带动就业补贴24家128人，补贴金额32.4万元。抓好“南粤春暖”“春暖梅州”“春暖梅县”“秋季公共就业服务”等就业服务和就业援助活动，开展53场现场招聘会，参加招聘企业798家（次），发布招聘信息13442条，接待求职人员34742人次，达成就业意向13201人，成功介绍就业5016人，安置城镇新增就业人数4208人，帮助失业人员实现再就业3402人，帮助就业困难人员实现就业357人，城镇登记失业率控制在2.42%。全力做好高校毕业生就业保障工作，全年接受毕业生报到251人，整理入库毕业生档案1741份，办理纯调档手续237人，办理调干相关手续26人。

孵化园建设　推进梅兴华丰产业集聚带现代创业孵化园（省市共建创新创业孵化园）建设，首期第一阶段工程投入7000多万元建设一栋占地1350平方米、建筑面积1.7万平方米的12层综合楼和一栋占地2224平方米、建筑面积8072平方米的4层研发车间，基本完成装修；首期第二阶段工程于2017年10月底动工建设，第一栋建筑面积8000平方米的研发车间于2017年10月底动工，进入基础作业施工。

【工资福利制度】 按照上级的统一安排部署和政策规定，及时兑现各项工资福利待遇，做好住房维修和物业管理补贴、乡镇工作补贴、机关单位交通补贴、养老保险制度改革、基本工资和离退休待遇调整等审批工作。对违法违纪并受处分人员的工资及相关福利待遇严格按规定予以处理，维护工资政策的严肃性。

【社会保险】 至年底，全区累计征收社保费6.7836亿元，完成全年任务6.0838亿元的111%。其中：①企业职工养老保险累计征收4.7188亿元，占全年任务4.2738亿元的110%；②失业保险累计征收971万元，占全年任务899万元的108%；③职工医疗保险累计征收1.7517亿元，占全年任务1.5537亿元的112%；④工伤保险累计征收1334万元，占全年任务1000万元的133%；⑤生育保险累计征收826万元，占全年任务664万元的124%；⑥城乡居民医疗保险累计征收8856万元；⑦城乡居民养老保险累计征收2260万元。工伤认定数为60宗，其中工亡2宗。工伤伤残鉴定数为33宗（其中：伤残一至四级的1宗，七至十级30宗，未达伤残等级的2宗）。因病丧失劳动能力鉴定9宗。做好城乡居民基本养老保险待遇领取资格认证与生物特征采集工作，将人脸自助设备安装到各镇（高管会、办事处），全年共采集56455人。实现与异地508家医院的联网结算，深化医保支付方式改革，对普通病种住院报销实行以按病种付费、按人头付费、按床日付费、按实付费、一次性补助的各种付费方式相结合的复合型付费方式。全年梅县区企业退休人员社会化管理服务率82.26%，比上年的81.51%提高0.75个百分点，顺利完成省下达82%的工作服务目标。

【基金管理】 全面推开智能审核系统的应用，

利用第一批上线的 14 种扣款规则，采用初审、复审、终审三级审批程序，对定点医疗机构各项医疗行为进行全面、多级的审核，实现对医保医疗服务全方位监控。建立社保基金督查制度，由财务与保险基金监督股牵头，会同养老与失业保险股、医疗与工伤保险股，每月对社会保险业务经办、基金运行、数据核实开展督查，保障基金有序运行。

【劳动权益保障】 劳动合同与工资福利 广泛宣传贯彻现行企业工资福利政策，加强对企业劳动合同制度的指导，强化对未签订劳动合同单位的监督处理；进一步规范集体协商行为，完善集体合同制度，全区企业劳动合同签订率95%。继续实行企业工效挂钩办法，合理调控企业量化工资增长，完善企业职工工资新机制。开展企业薪酬调查。开展和谐劳动关系创建，全年参加创建企业单位有 5 家，符合要求的达标企业有 2 家，累计 65 家。

劳动保障监察 健全预防化解劳资纠纷工作机制，建立梅县区解决企业拖欠工资问题联席会议制度，出台建设领域农民工工资支付保证金管理暂行办法，缴交农民工工资支付保证金的工程项目有 16 个，缴交金额达 3621.5 万元。继续认真执行《梅州市建筑领域工人工资支付分账管理实施细则》，严格督促建设主管部门和企业按照细则要求全面抓好贯彻落实，确保工人工资按时足额发放到位，目前建筑施工、交通水利等行业企业已建立工人工资账户，政府投资工程严格执行工人工资分账管理制度；坚决打击违法分包、转包、挂靠等行为，建立欠薪施工企业“黑名单”制度，依法依规做好治理工程建设领域欠薪和处置劳资纠纷。在全区范围内联合开展解决拖欠农民工工资问题专项行动，全年共检查、督查、巡查用人单位 219 家，涉及劳动者 17918 人，发出整改通知 4 份，纠正违法行为 4 宗。对因拖欠工资问题引发的劳动争议，纳入“绿色通道”，受理投诉案件 63 件，为 200 多名劳动者追回工资 190 多万元；处理群众来访来电来信 342 批（次）471 人次；积极妥善处理 30 人以上集体上访和突发事件 2 宗，涉及 140 多人，追发劳动报酬 390 万元。

人事与劳动争议仲裁 全年处理劳动人事争议案件 260 宗，其中立案受理 256 宗、不予受理 4 宗，涉及劳动者人数 273 人，涉案金额 577.06 万元。立案受理案件中含劳动报酬案件 71 宗、解除劳动关系案件 154 宗、确认劳动关系案件 10 宗，社会保险案件 13 宗，其他 8 宗。当期审结案件数 260 宗，法定期限内结案率为 100%，其中仲裁裁决 37 宗、仲裁调解 211 宗、撤回仲裁申请 12 宗，调解率 81.15%。

【人事人才】 公职人员管理 坚持“公开、平等、竞争、择优”原则，梅县区招录 46 名公务员和 255 名事业单位工作人员，全年无投诉举报。严格按照要求办理人事调动工作，为 43 名公务员和 56 名事业单位工作人员办理人事调动。开展新录用公务员和新聘用事业单位工作人员初任培训，举办全区人事干部培训班，提升公职人员政治素养和业务能力。全年共办理政府系统副局级以上干部任免 89 人次，对政府系统单位股级干部任免进行材料备案及不定期的检查监督。做好全区机关事业单位工作人员年度考核工作，其中：机关单位工作人员 3067 人，优秀 403 人、称职 2550 人、不定等次 107 人，不称职 2 人，未参加考核 5 人；事业单位工作人员 8913 人，优秀 1108 人、合格 7741 人、不合格 2 人、不定等次 58 人、未参加考核 4 人。

军转干部安置 接收军转干部 14 人，安置随军家属 6 人，及时、足额调整梅县区企业军转干部生活困难补助标准，进一步开创梅县区军转工作新局面。

专业技术人才队伍建设 全年为企事业单位专业技术人员办理评审、认定高、中、初级专业技术资格 388 人。做好全国各类专业技术资格考试管理工作，服务会计、统计、计算机模块、教师资格等考试考证人员 343 人（次）。完成 4987 名中小学教师职称过渡工作。

【梅县区技工学校】 全年招生 292 人，学生就业率达到 99%以上。2017 年新开设汽修专业，专门聘请汽修专指导实训，定期组织汽修专业学生到“车空间汽车维修中心”实地参观学习汽车维修车间工作情况。通过“走出去、请进来”等方式先后与广州汽车乘用车集团、佛山乐创电商园、东莞五株科技公司、佛山市飞星视听设备厂、梅州市志浩电子科技有限公司等 8 家名优企业签订实习生顶岗实习三方协议。

（供稿：钟沣宇）

卫生和计划生育

【人口管理】 2017 年，区卫生和计划生育局认真贯彻落实“全面二孩”政策，优化服务，依法抓好抓紧人口计生工作。自 2017 年 1 月 1 日至 10 月 31 日，全区常住人口出生 4986 人，与上年同期对比增加 618 人，出生率 10.17‰，自然增长率 5.34‰，政策生育率 98.42%，出生人口性别比 104.34，社会抚养费征收入库 257.9 万元。

一是完善工作机制。积极完善计生兼职单位职责、目标要求及考核方案，不断健全齐抓共管、综合治理的工作格局。持续加大打击“两非”工作力度，有效遏制“两非”案件发生。二是加大宣传力度。大力开展“全面二孩”政策宣传，积极开展宣传创新试点工作。三是强化信息支撑。重点围绕出生人口、孕环情监测、人口信息、健康信息等基础工作，切实提高全员人口信息系统数据的完整、准确、更新及时，不断提升服务水平。四是优化服务环境。积极推进计生工作人员调配和管理体制改革，依托成功创建“新一轮全国计划生育服务先进单位”的契机，加强业务培训，有效提高服务队伍素质，提升计生服务实效。五是保障经费到位。财政预算投入计生经费逐年增长，保障工作经费足额到位，2017 年区财政投入计生经费达3149.2万元，人均58.4元。六是落实奖扶资金。加大计生家庭的扶助保障力度，建立“双岗”联系制度，做好计划生育特殊家庭人员家庭医生签约服务，实现签约人群全覆盖；及时足额发放各项奖扶资金；积极开展创建幸福家庭活动，宣传新家庭人口文化，走访慰问计生困难家庭。

【医药卫生体制改革】 一是加强领导，明确责任。围绕医改工作目标，倒排时间表，压实责任，落实医改工作责任分工机制、督查落实机制和考核问责机制。二是以人为本，深化改革。坚持“以人民为中心”，成立城市公立医院管理委员会，持续深化公立医院改革。取消药品加成政策，全区公立医疗机构实现药品零差价销售；调整医疗服务价格，规范药品采购，将基本药物作为首选药物，使用合理药品，确保用药安全。粤东医院创“三甲”通过预验收，中医医院和妇幼保健计划生育服务中心升“二甲”工作正加快推进。三是积极探索，创新模式。创新医院管理模式，将梅县区人民医院全权委托中山大学附属第三医院经营管理，洽谈广梅开发区医院托管事宜。并以此为试点推广建立紧密医联体建设，探索实行粤东医院、中医医院分片与镇卫生院建立医联体，签订分院托管协议，实施一体化管理。粤东医院、中医医院与全区 18 家镇卫生院签订协议并挂牌。全区家庭医生签约服务 16.15 万人。四是突出实效，巩固医保。全区城乡居民医疗保险的参保人数为 488931 人，参保率达到 99%，基本实现人人参保目标。完善异地结算，2017 年 1 月起，实现与异地 385 家医院实行联网结算。进一步提高城乡居民医保部分待遇，同时关注弱势群体，开展医疗救助一站式结算。五是落实服务，提升水平。按要求全面落实国家基本公共卫生服务项目工作，不断提高项目质量，各项指标达到评估目标要求。

【创建卫生强区】 开展“基本医疗和基本公共卫生服务”示范镇创建工作，卫生强区创建工作成效突显。一是加大资金投入，夯实卫生事业基础。至年底，全区投入创强资金近 5.2 亿元，新建、改扩建粤东医院感染大楼、广梅开发区医院等一批区镇两级医疗机构综合医技大楼，动工建设区中医医院养生大楼，完成 305 间标准化卫生站建设。梅西卫生院新综合大楼已建成投入使用。筹资 1.2 亿元为区镇两级医院购置先进医疗设备。同时，继续推进“两基”示范镇创建工作。二是完善人事制度，稳定卫技人才队伍。加大人员招聘力度， 全年招聘卫技人员有 75 人入围体检。三是启动“基卫”项目，提升信息化水平。按计划顺利启动实施“基卫”项目，全面开展基层卫生信息系统的建设、培训、上线工作。全区 18 间基层医疗卫生机构于 9 月底完成系统上线运行工作要求，并补齐全区基础卫生院的信息系统电脑、网络、打印机等硬件设施，对全区医生、公卫人员 800 多人次进行系统操作培训，系统平稳运行，有效保障网络信息安全。

【基本公共卫生】 落实经费保障，确保按人均 50 元保障基本公共卫生经费足额配套到位。健全体制机制，保障公共服务。建立分级诊疗制度和家庭医生签约服务。严格执行基本药物制度并实行零差率销售，有效控制药品费用的不合理增长。落实基本公共卫生服务，12 类国家基本公共卫生服务、4 项重大公共卫生服务项目全部免费或补助的方式向全民提供。

【卫生监督检查】 公共卫生　采取日常监督、突击检查、专项整治三结合等措施，依法查处违法行为。开展集中整治“号贩子”和“网络医托”专项行动、打击“两非”专项整治、传染病医源性感染防控专项整治、放射诊疗防护检查等工作，监管工作的能力和水平不断提高。全年受理各类行政许可总数 830 份，出动卫生监督人员约 1826 人次，检查医疗机构 343 间，查处无证行医 6 宗，取缔 6 宗；实施行政处罚 6 宗，罚款金额 3.5 万元；对 2 家医疗卫生机构的不良执业行为实施记分查处，记 4 分；调查处理群众投诉举报 5 宗；检查发出指导性卫生监督意见书 700 份。

饮用水卫生　由区政府牵头卫计、水务、环保等部门组成的联合检查组对农村饮水安全开展检查，出动 80 人次，检查单位 23 家，持有生活饮用水卫生许可证的有 10 家，持证率 43.5%。

学校卫生　联合区教育局、区食品药品监督管理局对辖区内 13 间中小学开展学校卫生综合评价工作，经检查及评价，均能达到学校卫生 B 级标准。

【传染病防治】 依法开展免疫规划工作　严格执行扩大免疫规划疫苗免费接种和二类疫苗自愿自费接种的要求，扩大免疫和加强免疫接种率均达 99%，建卡发证率为 100%；严把疫苗购进关，实行统一采购、统一配送，并做好疫苗进出账管理和冷链系统管理；部门联动，加强儿童入托、入学预防接种证的查验及接种工作。

抓好慢性病防治工作　开展结核病、职业病、食管/贲门癌等慢性病防治工作；肿瘤随访登记工作质量进一步提升，个案资料完整、随访工作落实。加强人口死亡医学证明签发和报告管理，加强部门联动，进一步提升全区死因监测工作水平和工作质量。

加强传染病管理工作　加强对法定传染病和艾滋病、梅毒、麻风病等传染病管理工作。进一步健艾滋病检测网络建设，扩大检测覆盖面，新建 7 个艾滋病检测筛查实验室，13 个艾滋病检测点，有 6 个实验室和 6 个检测点通过验收，其余项目有序推进；有效提高梅毒病例报告质量；加强麻风病愈后存活人员日常管理，提高生活质量。扎实做好活禽经营市场从业人员的健康监护及落实休市措施。加强登革热媒介密度监测和抗药性监测，落实病媒生物防制消杀等措施，全区无登革热病例。

梅区成功创建省级慢性非传染性疾病综合防控示范区、荣获“广东省严重精神障碍管理治疗工作先进县（区）”称号；在“2017年广东省卫生应急技能竞赛梅州市选拔赛”中，梅县区卫生和计划生育局荣获团体一等奖；粤东医院被评为广东省儿童口腔疾病综合干预项目优秀实施单位。

【医政管理】 开展“改善医疗服务行动”和“平安医院”建设工作，提升医疗服务能力，使患者满意度、社会满意度、医务人员满意度明显提高，医患关系更加和谐。全面推进家庭医生签约服务工作，基层医疗机构分片建立家庭医生签约服务团队，至年底，全区家庭医生签约服务覆盖率达到30%以上，重点人群签约服务覆盖率达到 59%以上。全面建立分级诊疗制度，全面提高县域内住院率，全年县域内住院率达到90%，达到省、市标准。抓好卫技人员培训工作，选送基层医疗机构中医类全科医师 10名参加中医全科培训，区级医院选派6名医师参加儿科医师转岗培训。另外，全区还选送 16 名产科医生、护士参加市级产科医师、助产士转岗培训。继续开展“建设群众满意的乡镇卫生院”活动，松口、丙村、梅南镇卫生院通过市级 2016—2017 年度“群众满意的乡镇卫生院”抽查复核。深入开展优质护理服务工程，推行责任制整体护理的服务模式，为患者提供优质护理服务，提升患者满意度。健全和完善医院感染预防体系，加强监测和专业队伍建设，规范医疗机构医疗废物管理。继续加强抗菌药物临床应用专项整治，做好医疗机构药品集中交易监管，积极推进阳光用药信息化系统的建设。开展医疗质量巡查工作，加强医疗质量管理，保障医疗安全。进一步完善政策机制，推动提升工程实施，基本完成国务院“十二五”期间深化医改有关基层中医药工作目标任务。市“十三五”基层中医药服务能力提升工程规划顺利开展，全区有 11 间卫生院完成中医馆建设项目。

【妇幼保健】 继续实施国家重大公共卫生服务项目　做好农村孕产妇住院分娩补助工作，全区农村孕产妇住院分娩补助 2019 人；继续开展农村妇女增补叶酸预防神经管缺陷工作；开展“艾梅乙”筛查，阻断母婴传播；完成10483例农村妇女宫颈癌检查及农村地区宫颈癌监测和2059例省精准扶贫村“两癌”检查工作。

出生缺陷综合防控项目　继续实施出生缺陷综合防控项目，开展免费婚前医学检查和孕前优生健康检查工作，落实出生缺陷报告制度；继续开展地贫防控工作，2017 年度无重型地贫儿出生。

计划生育技术服务　全年全区施行节育手术4535 例，查环查孕服务6320人次，术后随访服务4962 人次，发放避孕药具13669人次 。

全国残疾预防综合试验区创建工作　2017年 3 月份正式启动国家残联确定为全国残疾预防综合试验区创建工作，按时完成全年目标任务。

【行政管理】 开展简政放权，放管结合，优化服务工作。做好卫生计生监督执法全过程记录试点工作。从“抓制度落实、抓文书规范、抓装备升级、抓信息化支撑”四个方面积极推进执法全过程记录工作，试点工作取得实效。严格执法监督，规范文明执法。进一步完善卫生计生行政执法程序，全面落实行政执法责任制，及时受理监督举报及执法投诉，提高执法效率和规范化水平。四是持续开展“两建”工作。不断深化卫生计生监督体制改革，加强卫生计生监督体系建设和卫生计生监督队伍管理，社会信用体系和市场监管体系建设成效明显。五是加强卫计系统普法工作。扎实做好“七五”普法工作，学法与执法相结合，普法工作成效明显。六是深入开展打击“两非”工作。持续加大打击“两非”工作力度，有效遏制“两非”案件的发生，全年共发出30份指导性意见书。七是加大对非法行医打击力度。全年共出动监督执法人员2373人次，查处无证行医6宗、取缔6宗，处罚金额0.3万元。

【安全生产和综治工作】 一是落实安全生产“一岗双责”制度，从医疗安全、消防安全、临床用血安全、疾病预防控制、在建工程施工安全等方面入手，明确部门职能职责，对人员密集场所、重点部门、重点部位进行了认真的督查和整改，全面抓好安全生产工作。加大投入，全年累计投入50多万元用于添置消防设备、设施、整改电线电路、完善消防通道等，最大限度地将安全隐患扼杀在萌芽状态，全年无安全生产事故发生。

二是坚持“预防为主，打防结合”的方针，深入排查调处矛盾纠纷，积极做好综治信访维稳工作，有效解决民生信访问题，信访答复时间缩短，答复满意率大大提高。全年接访群众41人次，收到各类信访案件144宗，信访来电133次，成功化解医疗纠纷2宗次，减少重复上访事件发生，从源头上化解不稳定因素，医疗环境得到有效保障。

【卫生科研与应用】 加大全科医生培训力度，全年培训57人；扩大订单定向医学生培养规模，根据省卫生计生委等六部门《关于印发广东省订单定向培养农村卫生人才实施方案的通知》，梅县区2014—2017年签订19名卫生定向人才充实到边远基层卫生院，2018年需求计划16名。加强技术交流合作，粤东医院、中医医院等单位与多家省内知名医院建立协作关系，培养学科带头人，全年上送全科医师培训5人。

【应急防控】 进一步增强卫生应急能力，有效防控H7N9禽流感、手足口病等重大传染病，全年有效应对和处置水痘、诺如、流感等突发公共卫生事件6起。

【爱国卫生运动】 大力开展爱国卫生运动，投入20万元开展防控登革热和禽流感消杀行动，进一步改善城乡环境卫生。落实“巩卫”责任，做好2018年迎接国家卫生城市复审考核工作。省、市卫生镇村创建工作扎实推进，分三批次开展省卫生镇创建工作，力争到2020年全面完成，首批次石扇和石坑镇的创建工作有序推进；全区创建250个省级卫生村、342个市级卫生村，省、市卫生村创建工作排名全市前列。

【红十字会】 持续开展红十字会工作，继续做好贫困家庭先天性心脏病儿童的筛查救助，大力开展社会救助活动，免费发放爱心企业捐赠药品救助贫困患者，积极参加“博爱· 人人行”活动。

【无偿献血】 全年参加无偿献血人数1946人，献血总量40万毫升，有效保证医疗临床用血。

【健康教育宣传】 举办“世界无烟日”“健康中国行”、计划生育二孩政策、妇幼保健、公共卫生服务项目等专题讲座和“预防接种日”“世界精神卫生日”等大型宣传咨询义诊活动近20场次；利用电视、报纸、微信公众号等媒体开展形式多样的健康知识宣传活动，印制发放健康教育宣传册、妇幼保健知识小册等8万多份，提高群众健康意识。全年申报创建“无烟单位”73家；中医医院和松口镇中心卫生院两家医院获得“广东省健康促进医院”称号。

【民生实事及重点项目】 稳步推进民生实事和重点工作，全面完成市、区十项民生实事和重点项目工作；惠民政策落到实处，全年有4.7万人享受各种计划生育奖励扶助金1821万元；做好惠民信息平台信息数据的收集和录入工作，专人专线专机管理。

（供稿：陈敏）

扶贫开发

【农村改革发展】 1. 全面加强和改进党对“三农”工作的领导，经济社会发展取得明显成效。健全全区农村工作领导小组和党委农村工作综合部门体系，配齐力量配强班子，形成“党委统一领导、党政齐抓共管、部门各负其责”的农村工作领导体制和工作机制；建立健全涉农矛盾化解工作体制，严格落实矛盾纠纷逐月滚动排查和定期分析研判。按照属地管理、谁主管谁负责原则，逐一制定针对性防范处置措施，落实工作责任，定期跟踪苗头隐患。成立工作专班，对可能演化成群体性的，落实领导包案，限期化解，对列控人员之外的工作对象应控尽控，做到一天一报，抓早抓小，最大限度把涉农矛盾纠纷解决在农村基层。

2. 推进农业供给侧结构性改革。调整农业区域产品结构，健全现代农业生产体系，增加绿色安全农产品供给。推进农业产品结构调整，稳定粮食产量和播种面积，做大做强特色优势产业，加快形成具有梅州特色的农产品生产结构。实施农业品牌战略，加强从“农田到餐桌”全过程质量安全监管，增加安全优质农产品供给。以做强做大 5 个农业经济板块为抓手，大力发展精致高效农业；划出一定比例的年度新增建设用地计划指标，支持休闲农业、乡村旅游等新产业新业态发展，打造现代农业产业园、农业科技园、农民创业园，促进形成现代农业产业集群；大力推进绿色发展和创新发展，提高农业可持续发展能力；调顺生产经营方式，健全现代农业经营体系，提高农业规模效益和综合竞争力。

3. 推进农村综合改革。开展农村集体产权制度改革的试点探索。对接脱贫攻坚，推行“资源变股权、资金变股金、农民变股东”的做法，引导和支持农民入股，组建土地股份合作社等经营主体，进一步拓宽农民增收渠道；稳步推进农村土地确权登记颁证工作，提高农民种粮积极性，增加农民收入；打造农村投融资平台。设立产业引导助农增收基金，鼓励地方政府发起设立或参与各类农业农村发展投资基金。支持建立担保机制和风险补偿基金，规范引导工商资本投入方式，撬动更多金融和社会资本投向农业农村；大力发展农村电子商务。加快建设覆盖区、镇、村电子商务物流体系建设，加快农产品电商服务平台网点建设，完善鲜活农产品直供直销体系；培育农业职业经理人，健全新型职业农民教育培训、认定管理、政策扶持三位一体培育制度。建立健全职业农民认证管理制度和选拔、培养、社保、服务机制，着力培育懂生产、会经营、善管理的新型职业农民队伍；优化农业用地保障机制，通过入股、联营等方式，重点支持农产品加工流通、现代农业等设施建设；健全农村创业创新机制。支持农民创业孵化园、信息服务平台、乡村旅游创客示范基地建设，鼓励有条件的农民工、中高等院校毕业生、退役士兵和科技人员等返乡创业。

4. 推进基层治理改革创新。深入开展基层腐败问题、涉农领域贪腐问题、农村涉黑涉恶问题专项治理，严厉打击严重影响百姓安居乐业的“村霸”和“微腐败”；提升基层组织维护农民权益的能力水平，充分发挥党组织领导下的群众自治组织的作用，引导和推动集体经济组织、群团组织以及村民理事会、参事会、乡贤会等各类组织有序参与基层治理；加快村（社区）公共服务中心（站）建设，完善农村产权流转管理服务平台建设，加强农村集体“三资”监管。全区村级基层公共服务站已全部建设完成。

【农村环境建设】紧紧围绕构建“一区两带六组团”新格局，按照“六个一”规划要求和城乡人居环境综合整治工作部署，突出以“精准谋划、示范带动、要素保障”为切入点，扎实推进村庄规划、外立面改造、村巷道硬底化、村村通自来水、小公园、文化活动场所、美化绿化亮化、村容村貌整治、卫生保洁队伍、雨污分流、生活污水处理、畜禽集中圈养人畜分离、村规民约、章程及村民理事会等工作，全力推进城乡环境综合整治和美丽乡村建设。全年，完成村庄规划的自然村849个，占61.5%；村庄村巷道硬底化1128个，占81.7%；实现通自来水1123个，占81%。完成人居环境综合整治自然村1128个，占自然村总数的81.7%，2018年完成90%以上整治任务。

以雁洋省级新农村示范片、重点烟区新农村示范村省定贫困村新农村示范村建设为抓手，以点带面，典型引路，大力推进社会主义新农村建设、倡导文明新风。1. 雁洋省级新农村示范片建设工作。以“叶帅故里·国际慢城·美丽雁洋”为主题，以雁上村、南福村、大坪村、塘心村和阴那村等五个村为主体，连片规划面积40.3平方公里，涉及18个自然村29个村民小组，1752户7024人。聘请浙江卓创设计公司进行示范片项目建设设计提升，在前期投入2亿多元的基础上，再投入6000多万元启动道路、饮水、亮化、美化、污水处理等50个项目建设，其中道路、饮水等民生问题基本得到解决，改路、改水、改厕覆盖率达到100%，民居外立面改造提升达430座，生活污水处理设施建成2个，在建和完成设计的有6个。人居环境整治长效机制基本建立，村容村貌显著改善，基本达到省级新农村连片示范村建设“两年基本实现目标”的要求。

2. 重点烟区新农村示范村建设工作。按《梅州市梅县区2015—2018年重点烟区新农村建设实施方案》，2015—2018年梅县区规划建设三个示范村，每个村补助500万元。2015年为松源镇横坊村，2016年为松口镇中江村，2017年为隆文镇木寨村。松源镇横坊村示范点基本完成项目建设，待相关部门评估验收，松口镇中江村和隆文镇木寨村正有序推进。

3. 美丽宜居乡村建设工作。认真贯彻落实十九大报告提出的乡村振兴战略，以32个省定贫困村的为重点，在全域开展社会主义新农村建设工作。一是突出规划引领。为高起点规划建设，我区聘请浙江卓创旅游规划设计有限公司从生态、文化、资源、产业等方面对我区的城乡发展进行定位，对乡镇、村落、旅游景区、产业区等进行规划，做到规划合理、特色明显。目前，已形成“12425”规划方案，即突出1条美丽乡村主题游览路线，2条乡村景观轴线，4大美丽乡村组团，25个精品示范村。通过精品示范、串点成线、整体推进等举措，打造“山水梅县·客韵乡村”全域美丽乡村。二是突出建设重点。以简约实用，能落地见效为建设标准，从环境整治、产业培育和文化传承等方面入手抓好整治和建设。注重村美。在全区355个行政村按“整洁村”的标准进行整治，实行“三清理、三拆除、三整治”，全面落实庭院美化、杆线序化、道路亮化、立面洁化、村庄绿化、沟渠池塘净化。选取25个村作为精品村打造成为山水生态型田园综合体。注重民富。强调产业支撑，夯实农村发展基础，深入挖掘地方特色，统筹发展乡村生态旅游、休闲农业和农业新型产业带动农民增收致富。注重文化。充分挖掘梅县深厚人文资源，传承客家文化，为我区美丽乡村建设提升底蕴、层次。注重人和。以“文化礼堂、精神家园”为主题，打造集学教、礼仪、娱乐于一体的综合性农村文化礼堂。三是突出示范村打造。加快推进全区32个省定贫困村创建社会主义新农村示范村的建设，确保在2018年底全部达到省验收标准。32个省定贫困村已投入资金1.11亿元，发放清拆“地票”852张，清理村巷道乱堆乱放2516处，清理沟渠池塘632处，拆除危旧房2962间10.05万平方米，拆除乱搭乱建违章建筑176处2776平方米，拆除非法违规广告招牌687处

3910 平方米，完成生活污染、生活污水、水体污染整治 621 宗，拆除后复绿 72 处 13210 平方米，32 个省定贫困村正按 EPC 模式开始施工建设。四是突出全民共建。按“谁受益、谁所有、谁管理”的原则，探索村民通过村民理事会、村规民约等形式主动参与公共基础设施建设管护制度，让新农村建设得到巩固提升。32 个贫困村成立 132 个村民理事会。村民理事会真正担负起牵头、组织、协调、监督的主体作用，实现了“群众自己的事自己做”。同时，围绕筹办明年 4 月在梅县区南口侨乡村和松口古镇举办中国乡村复兴论坛，全力推进村镇产业布局、客侨文化推广、建筑经验积累、保护开发古村落、美丽乡村建设和全域旅游打造等工作，积极推介梅县区丰富多彩的客侨文化和秀美山水，促进客都乡村振兴。

【涉农维稳工作】 制订《2017 年涉农领域社会矛盾专项治理工作方案》，建立部门联动矛盾化解机制，区、镇和村三级职能部门在土地承包经营权确权、农业生产、集体经济管理及收益分配、自然灾害、网络媒体等方面定期开展排查工作；按照《梅县区信访维稳突出问题处置化解工作专班》的工作部署和《2017 年梅县区预防化解社会矛盾总体工作方案》，建立台账，定期召开涉农维稳领导小组联席会议，实行“一日一报”，确保涉农维稳工作有人做、有人跟踪、有人化解纠纷，落实“有目标、有领导、有部门、有专人、有措施、有考评”的工作要求。2017 年的涉农维稳工作“总体形势和谐稳定”，实现“四个不发生”目标，确保中共十九大特别防护期及省第十二次党代会稳定。

【扶贫开发】 坚持科学分类、精准发力，“一村一策、一户一法”，对建档立卡贫困人口实施精细化管理，对扶贫资源实行精细化配置，通过入股光伏产业和龙头企业等分红收益、发展种养、转移就业、政府兜底等措施对贫困户实行精细化帮扶。对有劳动能力的量身制订产业帮扶、资产收益、小额贷款和转移就业，实现增收稳定脱贫；对无劳动能力的优先落实低保、五保等政策进行兜底，对未纳入低保五保的无劳动能力贫困户由区财政兜底纳入基本生活保障；对因病致贫的贫困户则落实医疗保险和实行大病救助等方式进行帮扶；对因学致贫的贫困户则落实教育帮扶政策，减免学杂费和给予生活补助等帮扶措施；对因灾致贫的贫困户和因残致贫的贫困户，则结合其家庭实际情况分别给予社会保障和产业、就业等帮扶措施实现稳定脱贫；对住房困难的贫困户，则落实住房改造资金，帮助贫困户解决住房问题，纳入危房改造 927 户（其中 2016 年 79 户，2017 年 662 户，2018 年 186 户）。全年，全区筹集帮扶资金 2.75 亿元，实施帮扶项目 4.4 万个，光伏发电项目 27 个，引进和培育壮大龙头企业 35 家，组建农民专业合作社 67 个，发展乡村旅游项目 12 个，建立电子商务平台 40 个，帮助转移就业 1085 人。2016 年实现 3815 户 5840 人脱贫，2017 年脱贫 2315 户，6695 人，两年实现脱贫 73%。

一是突出扶贫先扶“智”。针对农村贫困户文化水平低下，就业门路不多，家庭收入单一的状况，梅县区着力开展智力帮扶，提升群众致富能力。落实教育扶贫政策。帮助贫困户适龄子女入学，对贫困户子女实行免学费和补生活费。介绍贫困户子女免费就读各类技工学校、职业学校，为贫困户子女“走出去”创造条件，实现“走出一个、带出一户、脱贫一户”目标；针对农村富余劳动力开展农村实用技术、技能培训，帮助农村贫困户拓宽就业门路，创造就业机会；开展电商培训，鼓励引导有条件的农民特别是农村青年自主创业。通过电商培训实现贫困户自主创收，自主盈利等形式，带动非重点村的贫困户实施产业扶贫帮扶项目。

二是突出治穷先治“志”。为树立贫困户“自力更生艰苦奋斗”的脱贫信心，激发贫困群众精气神，梅县区大力宣传党在农村的各项惠农政策，制订出台《梅州市梅县区精准扶贫项目“以奖代补”实施方案》，实行“以奖代补，奖勤罚懒”的办法，取得良好效果。如水美村，在精准扶贫工作动员会上，明确提出产业扶贫到户，扶贫资金与产业项目挂钩，参与产业开发的贫困户才能享受补助，其他没参与的贫困户不再实行“平均分配”。对参与产业项目的贫困户实行“奖勤罚懒”“奖补与收成挂钩”，即多劳多扶、少劳少扶、不劳不扶，对所有参与产业的贫困户得到的扶持资金不一，打破了平均化，调动贫困群众的积极性，破除“等靠要”思路，让贫困群众由“看”变“干”。隆文镇在结合该镇实际和贫困户意愿的情况下，确定了以“种养帮扶为主”的总体帮扶思路，一户一策，因人施策。制定“隆文镇精准扶贫种养产业奖补政策”，在前期种苗采购、中期种养管理、后期出栏销售等三个环节，采取以奖代补的帮扶模式。具体做法是：如发展养牛产业，农户自行去采购，由镇、村干部到场确认，符合条件的认定为种苗，每头补贴 2000 元，其余资金由农户负责。通过辛勤劳作，待肉牛出栏了，不仅能获得牛的销售收入，还能额外获得每斤 10 元的奖励性补贴，增收效果非常明显。让农户自己去采购种子、种苗，避免了农户对种苗品种和价格不满意的问题，增强贫困户发展生产的自主性，能更好调动他们的生产积极性。

三是突出脱贫先造“血”。注重做好精准扶贫长效增收机制项目的落实，千方百计帮助贫困村建立产业发展平台，引导龙头企业、农民专业合作经济组织、中介组织等参与精准扶贫工作，促进农业企业、扶贫龙头企业与农户形成相对稳定的产供销关系，引导龙头企业与农民专业合作社有效对接，实现村有主导产业、户有致富项目。金柚品牌帮扶。梅县区是“中国金柚之乡”，全区发展培育农业龙头企业达 161 家，农民金柚专业合作社 985 家，家庭农场 1092 家，2017 年全区柚类种植面积 1.93 万公顷，总产约 55.9 万吨，产值约 30 亿元，占农民人均纯收入的40%左右。我们积极引导贫困户参股合作社，积极发展金柚产业致富脱贫。如松口镇分别与梅州市农管家农业服务有限公司、广州市农财大数据科技股份有限公司签约，三方共同发起成立了松口镇“驮娘柚”扶贫产业园，成立农事劳动服务中心，把贫困户纳入特色产业发展体系，帮助贫困户发展自身金柚种植和提供金柚农事生产服务就业致富；发展特色产业帮扶。结合当地群众的生产习惯，支持农户发展烤烟种植、蔬菜种植、养鸡、养蜂、茶叶的生产。如梅南镇水美村因地制宜，采取基地+公司+农户的模式，引进五谷鸡养殖企业进驻，与村民签订养殖协议，由企业提供技术指导和鸡苗，直接向各家农户下订单，统一收购农户养殖的五谷鸡销往珠三角地区，打响五谷鸡品牌，有效带动村民致富；光伏扶贫帮扶。全区光伏扶贫项目投入 26478 万元、装机 28359.81 千瓦，参与贫困户 1533 户，贫困人口每年人均增收 1000 多元。南口镇、梅西镇和松口镇等镇光伏扶贫效果十分显著。如松口镇桃宝村光伏投入268万元，带动贫困户19户 68 人，一年可为贫困户增收2000元，为村集体增收 14 万元；金融扶贫帮扶。制定《梅州市梅县区扶贫小额信贷工作实施方案（2016–2018年）》，与邮政储蓄银行和客家村镇银行开展合作，共发放扶贫小额信贷资金 4568 万元。如南口、梅西镇以贫困户为单位，贷款 5 万元金融资金入股光伏发电企业，贷款利息由政府帮扶资金贴补，贫困户从入股分红中获利；资产投资收益帮扶。全区 14 个镇投入 2831 万元扶贫资金到优质企业伟业公司，每年获取 8%的投资收益分红，为贫困户特别是分散贫困户的脱贫增收提供可靠收入。

四是突出措施保“精准”。精准管理建档立卡贫困人口。严格以省贫困标准进行“一户一档”管理，及时更新贫困人口动态变化情况；精准建设扶贫云大数据平台。举办扶贫大数据平台建设业务培训班指导系统建设，全面、准确、动态管理扶贫云系统；精准制订帮扶规划。根据“两不愁、三保障、一相当”的总目标，制定年度脱贫规划，对贫困人口的帮扶坚持“一村一策、一户一法”的原则，实施靶向疗法，对建档立卡贫困人口实施精细化管理，对扶贫资源实行精细化配置。

【老区建设】 认真贯彻落实《赣闽粤原中央苏区振兴发展规划》《关于进一步促进粤东西北振兴发展的决定》和《中共广东省委办公厅广东省人民政府办公厅关于加大脱贫攻坚力度支持革命老区开发建设的实施意见》，不断改善老区群众的生产生活条件；做好春节慰问老区工作，让老区人民感受到党和政府的温暖。

【贫困村互助资金试点】 2011年以来全区在12个村开展互助金试点工作，省拨扶持互助资金180万元（平均每个村15万元）。至年底，互助资金协会有会员525户，其中贫困户264户，累计发放借款54人次，发放贷款98万元其中（投资种植类借出81.3万元，投资养殖类借出3.7万元，电商业借出3万元，加工制造业借出10万元）。互助资金的投入，缓解了村民生产投入筹资困难的状况。

【“大禹杯”竞赛活动】 在大坪镇雷甘村、梅西镇白面村和南口镇瑶美村等3个村建设“大禹杯”竞赛活动示范点，示范点总投入119万元。项目建成后，改善灌溉面积93.33公顷，新增灌溉面积4.67公顷，提高农田的耕种效率，农业生产基本条件得到大改善，农业综合生产能力大大提高。

【智力扶贫】 举办各类技术、技能培训班共40多期，实现农村富余劳动力在家创业或向二、三产业转移，拓宽就业门路，家庭的经济收入大幅增加。

【扶贫农业龙头企业】 着力培育、扶持、壮大一批扶贫农业龙头企业。根据广东省要求完成梅县高山农业有限公司、梅县作家庄园、广东十记果业有限公司、梅县天草农业发展有限公司等4家省级扶贫农业龙头企业的监测工作。同时，新申报3家扶贫农业龙头企业，分别为广东万斛源生态农业有限公司、梅州市兴缘农业发展有限公司、广东丰年盛景生态有限公司。扶贫农业龙头企业以“公司+基地+农户”的形式辐射带动贫困户融入当地主导产业，贫困户通过发展生产，家庭经济收入大幅提高。

（供稿：张清祥）

民　政

【概述】 2017年，区民政局坚持“民政为民、民政爱民”的工作理念，以迎接中共十九大胜利召开和学习宣传贯彻中极十九大精神为主线，努力践行以人民为中心的发展思想，大力推进民政改革创新，着力加强基层基础工作，全面提升民政工作总体水平，在全区民政系统干部职工共同努力下，各项民政工作取得了显著成效，为全区经济社会发展和社会大局稳定作出积极贡献。

【社会保障】 低保动态管理。强化保障对象动态管理，积极做好低保政策与扶贫政策有效衔接工作，切实做到应保尽保、应退尽退、精准帮扶。至年底，全区有低保对象7646户、16681人，低保金支出5047万元。从2017年1月起，全区城镇、农村低保补助标准分别为每人每月460元、210元。对不符合低保、五保条件的无劳动能力建档立卡贫困户家庭成员每人每月发放210元基本生活保障金。

留守儿童和困境儿童关爱保护。提高孤儿

基本生活保障标准，分散、集中供养孤儿标准分别为每人每月880元、1450元，全区有孤儿57人，累计发放基本生活费66.62万元；建立事实无人抚养儿童生活津贴制度，标准为500元/人月，事实无人抚养儿童188人，累计发放97.25万元。

“两项”补贴发放。困难残疾人生活补贴每人每年1800元，重度残疾人护理补贴每人每年2400元，全区困难残疾人4760人，重度残疾人10469人，全年支出“两项补贴”3090万元。

农村五保供养。农村五保供养标准为每人每月810元，全区有农村五保供养对象2085人，全年发放五保金1976万元。

城乡医疗救助服务。继续实施医疗救助“一站式”结算服务，全面开展重特大疾病救助工作，为全区城乡低保、特困供养、建档立卡贫困户购买城乡居民医保446.5万元，发放医疗救助金796万元，救助人数2685人；城乡医疗救助住院补助平均标准从每人每年2178元提高到2828元，城乡低保对象基本医疗救助比例达到80%以上。

临时救助。全区下拨冬春救助资金78.42万元用于新生灾害和冬春期间困难群众的生活救助；积极开展“寒冬送温暖”专项救助和流浪乞讨人员引导劝导工作，累计上街开展救助巡查156人次，救助流浪乞讨人员和求助对象165人次，派发御寒衣服、食品和发放救助资金等累计开支救助经费1.15万元。

【防灾救济】 加大自然灾害救助物资储备体系建设力度，规范预警、灾情统计和应急响应机制。一是高效有序应对各种自然灾害。2017年1月至8月期间，梅县区部分地区遭受暴雨洪涝、台风等自然灾害影响，造成17个乡镇35.5万人次不同程度受灾，紧急转移安置1093人；房屋倒塌158户323间，农作物受灾面积937公顷，直接经济损失6921万元。灾情发生后，民政部门迅速派出工作组会同当地党委政府及时到现场查堪灾情，及时开放应急避护场所，安置房屋倒塌的群众，全力做好受灾地区的救助安置和灾后恢复重建工作，投入75万元补助资金完成18户因灾全倒户重建家园工作任务。二是扎实推进防灾减灾各项工作。开展“5·12”防灾减灾宣传活动，完善救灾仓储管理工作，开展救灾应急基础设施、应急避护场所检查；投入120多万元为全区60多万户籍人口投保自然灾害公众责任保险；投入100多万元为全区农房购买自然灾害财产保险。

【基层政权建设】 全面完成村（居）换届选举工作。按照区委、区政府统一部署，早谋划、早安排、早介入，精心组织好第七届村（居）委会换届选举工作，相继出台换届选举意见和具体实施方案，开展选举工作培训，选举工作依法依规，有序展开，全区355个村委会，32个社区居委会换届选举工作已6月前全面完成，基层民主参选率达93%以上；妇女村代表达到1/3以上；“一肩挑”和“交叉任职”比例均达到80%以上；选举产生新一届村（居）务监督委员会成员1161人，未发生因选举引发的集体上访和群体性事件。通过民主选举，一大批优秀人才被选进了村（居）委班子，进一步夯实村级组织队伍。

【双拥优抚安置】 复退军人服务体系建设　全面建立区、镇、村三级的复退军人服务体系建设，制发服务机构工作规范牌匾和工作制度文件，明确工作人员的职责和工作要求，公开招聘40名镇级复退军人服务站专职工作人员，并经集中培训，全部上岗履职。梅县区在全市复退军人服务中心授牌仪式暨全市加快复退军人服务体系建设工作推进会上作经验介绍。

抚恤金和生活补助发放　提高重点优抚对象定期抚恤金和生活补助标准，对全区4089名重点优抚对象优待金按月实行社会化发放，全年累计发放优待金约350万元；发放义务兵家庭优待金380万元；投入134.73万元为优抚对象购买城乡医疗保险、发放门诊补助和医疗补助。

安置工作　认真做好退役军人的接收登记

和职业技能培训工作，发放449万元退役军人安置补助金；通过落实“阳光安置”制度，在全市率先完成19名转业士官到乡镇工作的安置任务，占全市安置任务的1/3。

拥军优属活动 召开军政、军民、优抚对象座谈会185场，慰问烈军属50人次；为驻梅部队随军家属发放就业安置补助金57万多元；切实抓好军休干部“两个待遇”的落实。

走访慰问和“爱心献功臣”活动 从2017年起，为部分优抚对象发放春节、“八一”节日慰问金每人各100元；组织“关爱功臣”巡回医疗队到水车、桃尧镇为200多名重点优抚对象开展送医送药活动。

安抚、稳控工作 做好政策解释和复退人员稳定工作，针对信访问题比较突出的优抚对象“两参人员”要求，提高优抚待遇和部分退役老兵要求认定“参战”身份以及带病回乡等问题，主动协助当地党委政府做好调查核实、政策解答、安抚和稳控工作，使上访的人数大幅减少，为经济发展和社会稳定起到促进作用。

【“双百计划”】 2017年，是广东省启动“双百镇（街）社会工作服务五年计划”的第一年，按照“切实发挥好专业社会工作服务基层、服务群众、服务民生的重要作用”的工作定位，扎实推进“双百计划”各项工作。营造良好宣传氛围，充分利用政府网站、微信公众号、广播电视等媒体，以及各社区宣传栏、横幅、广告牌等开展宣传；联合区禁毒办、新城街道办等单位在华侨城广场举办“岭南社工宣传周”活动，广泛宣传社工和志愿服务理念。建立社会工作人才激励机制，鼓励干部职工积极参加社会工作者职业水平考试，并组织参加相关业务知识培训。推动“双百计划”在梅县区落地生根。积极做好社工服务站申报、选点和运营等建设工作，按规定标准建立新城、雁洋、石扇、松源等4个社会工作服务站，招聘14名社工，社工工资、配套资金、活动服务经费落实到位。积极参与广东社工“双百计划”示范点创建工作，新城服务站被省定为示范建设点。

【专项治理】 认真开展涉农领域腐败问题专项治理。全区民政系统主动作为、多措并举，开展以低保、五保、医疗救助等社会救助政策存在问题为重点的专项治理和全区民政干部及村（居）民委员会成员近亲属享受低保情况的专项治理等工作。全区核查低保户8050户，17759人，特困供养2024人，医疗救助6429人，排查干部1943人，清退低保对象1366户3453人；清退违规领取的低保金1.36万元。

【社会福利服务】 稳步推进公办养老机构公建民营供给侧改革试点工作。采取统筹打包模式，全力推进梅县区公办养老机构公建民营供给侧改革试点工作。在全市公办养老机构改革工作推进会上介绍梅县区的做法，并得到市局的肯定和表扬。梅县区的养老改革工作完成招投标书制作，并经省厅、市局审核通过。在3月中旬上网公示，招投标工作有序进行。

民政福利服务机构消防安全。投入315万元对全区19间敬老院消防设施进行全面升级改造，投入4万多元启动养老机构责任保险统保示范项目，提高养老机构抵御风险的能力。同时，联合区消防大队开展民政福利机构消防安全业务知识培训、消防安全大排查和整改工作，全区民政福利机构总体平稳。

引进民间资本兴办养老服务业。全年，吸引社会资本投资兴建养老机构7家，增加养老床位800张；梅县区公办养老机构21家、民办养老机构5家，居家养老服务中心1家，拥有养老床位数3017张，每千名老年人拥有床位数27.3张，完成市级下达的指标任务。同时，继续抓好省、市重点项目梅县区福晋老年公寓建设项目。

【军休所和光荣院管理】 抓好军休干部“两个待遇”的落实。严格按照政策规定，认真落实军队离、退休干部的经济待遇和政治待遇；认真组织走访慰问在梅州市外居住的老同志，为他们送去党和政府的关心和温暖。认真做好光荣院老人的生活服务工作。切实保障优抚对象权益和孤寡优抚对象的基本生活高于当地群众的生活水平。

【民间组织管理】 社会组织登记管理改革。进一步加强社会组织党的建设工作，将党的建设写入社会组织章程，指导梅县区松口沙田柚协会成立党支部。积极推进“一网式、一门式”行政许可审批。大力开展行业协会商会与行政机关脱钩试点、行业协会商会涉企收费专项清理工作、境外非政府组织和基金会在境内活动管理梳理排查工作。依法办理申请变更、注销、换发证书等，完成社会组织实行全国法人统一社会信用代码更换；清理“僵尸”社会组织48个，全区有社会组织341家。

【公益慈善事业】 组织开展“广东扶贫济困日”活动。开展形式多样和内容丰富的“6·30”扶贫济困日系列活动。至年底，区慈善会接受扶贫济困捐款400.73万元；有3个爱心企业荣获梅州扶贫济困奖铜奖。

【福利彩票】 加强福利彩票发行管理。全年销售福利彩票4406万元，提前超额完成上级下达的销售任务，得到梅州市福彩中心的肯定和表扬。

【婚姻登记】 从5月1日起，梅县区实施了周末和部分法定节假日提供婚姻登记服务。全年，办理婚姻登记业务总额7663宗，其中：结婚登记4909对、离婚登记1346对，补领婚姻登记证1408件，登记合格率100%。

【收养登记】 全年累计办理申请收养登记业务105人次，符合条件均予以办理。11月底，设立梅县区救助点，负责辖区内流浪乞讨人员的日常衔接、救助咨询、临时救助和转送核查等救助管理工作。全年劝导、救助流浪乞讨人员、救治精神病人185人次。

【老龄工作】 老年人权益保障和优待工作。全区向符合政策的高龄老人21706人、百岁老人65人，发放高龄津（补）贴、“客家寿星奖”和百岁老人保健金681.7万多元；投入130.3万多元为全区102134名60周岁以上老人购买老年人意外伤害保险。与市老龄办、区行政服务中心和镇级沟通协调，将老年人优待证下放镇级办理，并投入2万多元刻制区、镇印章，全年办理“老年人优待证”3000份；积极配合省老龄办在梅县区开展以医疗、教育、农业等方面的智力援助及帮扶活动。

【殡葬管理】 深入开展殡葬管理工作，至年底完成并理顺殡葬管理与服务站所分设工作，殡仪服务业务委托梅州市殡仪馆实施；全年免除殡葬基本服务费3751宗，金额427.43万元，火化率保持100%；依法处置违规建坟案件6宗；广泛开展免费树葬公益宣传活动；对辖区1家经营性公墓和5家公益性公墓进行专项检查整治，对部分手续不完善和档案不规范的问题及时督促整改。

【区划地名管理】 至8月29日，全面完成广东省第二次全国地名普查工作并通过省验收，采集11大类，58个子类的地名信息14715条。同时，认真做好地名标志牌设立和行政区划调整勘界测绘，加强地名文化保护和清理整治不规范地名。

（供稿：陈伟岳）

残疾人事业

【概述】 2017 年，梅县区有残疾人近 3.5 万人，占全区总人口的 5.86%，其中：持证残疾人 15983 多人，约占残疾人总数的 47%。梅县区残联严格按照残疾人事业发展的新要求，狠抓班子、队伍和基层组织建设，全面推动残疾人社会保障、扶贫解困、康复教育、就业维权、组织建设、宣传文体等各项工作，为残疾人解难事、办实事，残疾人事业呈现健康发展的良好趋势，残联班子领导能力、执行力能进一步提升，广大残疾人热点和难点问题得到有效解决，残疾人群体保持稳定，为构建和谐社会做出积极的贡献。

【民生工程】 1．全面完成社区康园中心建设工作任务。根据梅县区 2017 年重点工作和民生实事安排，认真贯彻落实省、市残联《关于进一步加强社区残疾人康园工疗网络建设的通知》要求，切实推进社区残疾人康园中心建设，做好摸底、调查、规划、确定等相关工作，新建松源、隆文、白渡、城东、畲江、梅西等 6 个社区康园中心，规范运行新城等 7 个社区康园中心，全面完成民生实事工作建设任务，有 20 个社区康园中心建成并规范运行。

2．全面按时发放残疾人“两项津贴补贴”。全年，梅县区符合贫困残疾人生活津贴条件的残疾人 4706 名，重度护理补贴条件残疾人 10198 名，区残联会同区民政局按月进行社会化发放。

【残疾人康复】 一是争取社会资助，全面完成白内障复明手术无障碍工作。积极争取香港力行植林慈善基金会的大力支持，免费为 322 个白内障患者实施白内障复明手术；完成低视力助视器验配 24 名；免费装配适用型假肢 8 具；免费集中收治重度残疾人 230 名；收治脑瘫儿童康复训练 61 名，孤独症儿童康复训练 70 名。免费发放轮椅（含儿童轮椅）485 辆，拐杖 68 副，免费装配助听器 243 个，开展盲人定向行走技能培训 30 名。二是提质升级康复机构，圆满完成残疾人康复任务。梅县区残疾人康复中心属下的梅县区残疾人爱心康复中心（广东省二级孤独症儿童康复机构）、梅县区残联孤独症儿童康复中心、梅县区中医院康复科和梅县区残疾人康复中心脑瘫训练部，不断加强内部管理，努力提升服务水平，从日常管理抓起，通过建章立制的方式，强化目标责任制考核，逐项完善跟踪落实。区残联通过规范机构的经营行为，增强机构诚信守法意识和质量责任意识，提高行业自律水平，提高监管能力，为 0~6 岁残疾儿童提供康复服务。三个康复机构努力打造特色课程，全面推进课程建设，为孤独症儿童和脑瘫儿童提供普通幼儿教育的环境，使残疾儿童能够更快更好的完成康复训练。全年，康复机构为 70 名自闭症儿童、61 名脑瘫儿童提供康复训练。

【扶残助残】 认真协助教育部门做好残疾儿童学前教育，继续实施“扶残助学”工程，开展残疾人实用技术培训、岗前培训等个性化的职业技能培训。2017 年，全区投入经费 30.2 万元，扶持 284 名残疾人创业就业；积极抓好贫困残疾人学生扶残助学调查、登记、帮扶工作，争取香港力行植林慈善基金会捐资 23 万元，帮助 128 名贫困残疾人家庭优秀学生完成学业。

认真贯彻落实《广东省分散按比例安排残疾人就业办法》，主动出击，加强协调，认真做好协调服务工作，发挥残联职能作用，按照“广东省残疾人就业保障金年审和地税征收系统”提供的数据进行年审核定，严格把关，促使企业安排残疾人就业比例逐年提高，全年 35 家企业安置残疾人 90 名，征收就业保障金 312 万元。

【信访工作】 认真做好信访接待和调查处理工

作，及时将矛盾化解在基层，解决在萌芽状态，切实保障残疾人的合法权益。全年接来电来信64件（次），接待来访38人（次）。

【专项工作】 1. 有序开展全国残疾预防综合试验区创建试点工作。根据国务院办公厅《关于印发国家残疾预防行动计划（2016—2020年）的通知》（国办发〔2016〕66号）和中国残疾人联合会、国家卫生计生委、公安部、国家安全监管总局、全国妇联关于印发《全国残疾预防综合试验区创建试点工作实施方案》的通知以及广东省残疾人康复工作办公室《关于做好全国残疾预防综合试验区创建试点有关工作的通知》精神，成立梅县区实施全国残疾预防综合试验区创建试点工作领导小组，印发《梅县区创建全国残疾预防综合试验区重点干预项目工作实施办法》，全面启动试验区创建试点工作，扎实有效地开展梅县区全国残疾预防综合试验区创建试点工作，深入开展各项重点干预项目。至年底，梅县区为413名高危孕产妇提供前诊断服务，给予500元/人的诊断补助；为118名0—6周岁疑似残疾儿童提供筛查诊断服务，给予300元/人的诊断补助；为1277名疑似残疾人评定为相应等级的残疾人，给予80元/人的评定补助。群众知晓率已达到80%以上。

2. 圆满完成动态信息数据动态更新工作。全国残疾人基本服务状况和需求信息数据动态更新工作是促进残疾人事业发展重要的一项基础性工作。梅县区残联在6月召开动员培训会后，立即开展残疾人数据动态更新工作。一是加强领导，精心部署。成立残疾人数据动态更新工作领导小组，制定《梅县区全国残疾人基本服务状况和需求信息数据动态更新工作实施及督导方案》。二是组织培训，熟悉业务。于2017年6月20日至30日，分七期对全区20个镇（办事处、高管会）残联理事长、专职委员和390个村（社区）居委430名调查人员进行培训，做到残疾人数据动态更新工作入户调查方法得当，调查人员业务熟悉，圆满完成残疾人数据动态更新工作各项任务。

3. 落实创文工作。 区残联成立创建全国文明城市工作领导小组，制订《梅县区残联创建全国文明城市工作实施方案》，并充分利用横幅、宣传栏、电视、广播、报纸、网络等加大对梅县区创文工作及残疾人事业的宣传，营造良好的创文工作氛围，成立志愿服务队伍，全会干部职工有19人（含单位聘请人员5名），全部注册成为志愿者，每一个志愿者都能踊跃参与志愿服务活动，争做志愿服务精神的践行者，进一步提高干部职工和广大残疾人参与文明城市创建的积极性、主动性和自觉性。同时，还针对残疾儿童的实际情况，开设多种形式的康复教育项目，创新“康教”模式，把康复训练与思想道德教育结合起来，努力营造一个帮助残疾儿童健康成长、启迪梦想的康复环境，为残疾儿童积极融入社会、平等参与社会奠定扎实基础。至年底，有70多名残疾儿童在区残疾人康复中心通过康教模式训练，开发潜能，改善了功能。通过开展学前教育、户外活动、交通常识和文明礼貌教育，孩子们在认知能力、语言能力、生活自理能力、融入社会能力普遍提高，有18名残疾儿童回归到普通幼儿园或普通学校就读。

4. 文化体育成绩显著。充分利用宣传舆论工具，利用“全国助残日”“爱耳日”“扶贫济困日等重大节日，认真开展“扶残助残”系列活动。与电信局、广播电视台建立长期合作关系，开辟“梅县残疾人之声”栏目，利用短信、新闻、广播等形式宣传维护残疾人合法权益。认真做好《中国残疾人》《广东残疾人》《三月风》等杂志的征订、发送工作；开展“文化下乡”“文化助残”“三关爱”志愿服务活动，积极营造良好的扶残助残氛围。同时，精心组织参加市第七届残疾人运动会，夺得33块金牌、19块银牌、33块铜牌，分别获得团体总分第一名、奖牌总数第一名。

（供稿：李广呈）

责任编辑：邓慧聪

乡镇建设

新城办事处

【概述】 梅州市梅县区人民政府新城办事处（简称新城办）成立于 1999 年，位处梅县区城区，总面积 3.88 平方公里。东临梅江河，北接梅江区西郊办事处，西、南靠梅县区程江镇，办事处驻梅县区华侨城扶贵西路 5 号。下辖程江居委会、富贵居委会、华侨城居委会、西桥居委会和锭子桥居委会等 5 个居委会。2017 年，辖区常住人口 9 万多人，户籍总人口 2.4 万多人，总户数近 2 万户。2017 年税收收入 5900 万元，固定资产投资 2000 多万元。

【工商企业】 2017 年引进梅州客商银行、梅州华明创新实业有限公司、梅州腾安电子科技有限公司等 3 个项目，其中梅州客商银行股份有限公司注册资本 20 亿元，项目已正式营业。全年申报梅州华鼎新维实业有限公司、梅州力天世纪、梅州康宏建材有限公司、梅州琉璃电力设备有限公司等 4 家企业上规。

【征地拆迁】 做好华侨城断头路征拆工作，至 2017 年底，已对 20 户人家 21 座房屋进行了丈量评估，已有 16 户居民签订了征收补偿安置协议。

【民生】 2017 年发放城镇居民低保金 59.8 万元、农村居民低保金 36.7 万元，临时救济资金 2.1 万元，城乡医疗救助 12.8 万元；全面完成“一门式一网式”政务服务平台建设。

【综治维稳】 全年办事处综治信访维稳中心共接访来访人员 61 批 160 多人，受理矛盾纠纷 55 宗，成功调解 53 宗，成功率 96%，全面推进“中心+网格化+信息化”工作建设，专门成立工作领导小组，负责督导工作开展情况，并投入 20 多万元建设联勤指挥室等硬件设施，同时对网格员进行培训，熟悉综治 E 通的操作，做好相关信息系统的数据录入工作。全年派出所接警 2831 起，其中立刑事案件 235 宗，破获 93 宗；立治安案件 416 宗，查处 410 宗。

【计划生育】 全年户籍人口出生 379 人，出生率 32.04‰，人口自然增长率 26.83‰，性别比 115.3，政策生育率 97.97%。

【文化】 投入 50 多万元，在华侨城广场、文体活动中心、西桥社区等公共场所积极推进社会主义核心价值观宣传示范建设工作，以点带面，全面营造全民创文氛围。7 月 1 日，社工正式进驻富贵社区，建立社工和社区居民彼此的信任关系。筹资 30 多万元，在文化活动中心全新打造新城办工会联合会，下有 5 个社区，各类企业 613 家，职工 6384 人，为企业工会会员免费开放各类活动场所，开展“道德大讲堂”“文艺进社区”等活动；开展文化祠堂建设，富贵居委夏氏祠堂荣获市级“文化祠堂”称号。

【教育】 辖区内小学有丽群小学（省一级小学）、新城中心小学、扶外小学共 3 所；适龄儿童入学率 100%，义务教育阶段升学率 100%。有鹏辉、春天等幼儿园 20 所。

【社区建设】 在社区居委中开展“宜居社区”的活动，其中锭子桥社区居委通过省“宜居社区”的考评。筹资 10 万多元提升改造了中央大道 A 区安全文明示范小区，新成立 3 个小区业主委员会，协助 2 个小区完成业委换届改选，提升辖区居民生活质量和物业管理水平。

【环境综合治理】 投入 130 多万元，引进枫榆保洁公司实行环卫市场化运作，结合网格式管理，垃圾整治工作实现无缝对接；加强对主要街道和背街小巷“六乱”行为和“五小”场所等突出问题的整治，其中投入 5 万多元，对扶贵东路、西路、华侨城广场、怡迪苑周边街道的缓坡总计

5 公里进行整治，整顿伯公下李屋市场，维护市场及周边的秩序。

【党的建设】 2017 年，全办有党支部 25 个，有党员 1022 人，其中新发展党员 5 人。2017 年，新城办定为全市非户籍常住居民及党员参加社区“两委”选举试点单位之一。5 月 11 日前，完成 5 个社区党支部的选举工作，选举支部委员 17 名和支部书记 5 名，2 个试点社区党组织的非户籍专职委员人选当选。6 月 7 日上午，召开社区居委居民代表大会，参选率 97.5%，选举产生 35 名委员，其中 2 名为社区非户籍专职委员。10 月底，19 个机关企事业和“两新”党支部完成换届。抓好“两新”党组织建设，2017 年新成立 1 家广东佳鸿达科技有限公司党支部；发挥“智慧党建”云平台作用，将程江社区居委打造党建示范点。

以“网格化建设”为抓手，创新组织设置，健全党建网格化。实现党组织设置和驻点直联工作相结合，驻点团队成员和辅助团队成员联户全覆盖。以“创文”为契机，共走访群众 14557 户、个体工商户 3149 户，解决环境卫生、民生等问题 86 个。

党工委书记切实履行党风廉政建设的主体责任，定期召开党风廉洁建设专题会议，加强对班子成员和干部队伍的管理；推进农村基层党员干部违纪违法线索集中排查工作。全年排查线索 13 条，转立案 2 条，已结案 1 条，给予党纪处分 1 人，了结 11 条。

（供稿：刘莹慧）

梅州高新技术产业开发区梅县区（扶大）园区管理委员会

【概述】 扶大高新区位于梅县区城区，高新区驻区委党校内。东临梅江，北靠程江，南、西两面是丘陵地带，与程江镇车上、槐岗相邻，西与南口镇接壤。2017 年，下辖 4 个村（铁炉桥村、三葵村、所里村、三丰村）、1 个居委（社区居委），有 5182 户，在册人口 12054 人；辖区面积 18.8 平方公里，其中：耕地面积 20.6 公顷（含水田面积 17.33 公顷），林地面积 726.67 公顷。完成固定资产投资 52.59 亿元，同比增长 5%；完成工商财政税收 4.01 亿元，同比增长 40.24%；镇级地方财政税收 1.16 亿元，同比增长 3.6%。2017 年，扶大高管会上级拨款 2385 万元，全年支出 2385 万元，其中：行政经费支出 758 万元；文教、卫生、民政、五保、体育方面支出 229 万元；农林水、道路建设支出 729 万元；计划生育经费支出 20 万元。

【农业】 全年水稻种植面积 71.67 公顷，总产 514 吨；水果种植总面积 84 公顷，总产 2955 吨，其中金柚种植面积 56.07 公顷，总产 2475 吨；生猪存栏 4928 头，出栏 8920 头；“三鸟”存栏 4.42 万只，出售 50.9 万只；养殖水面 21.6 公顷，总产 162 吨。在三葵村 5–7 组创建早晚稻粮食高产示范点，面积 13.33 公顷，实现公顷产 630 公斤以上。宣传国家农业机械购置补贴政策，发放国家补贴资金 2400 元。

【工商企业】 园区企业共有 70 家，投产企业有 60 家，2017 年引进的企业有:广州锦绣国际投资有限公司、梅州市中环房地产开发有限公司、广东御元健康产业投资发展有限公司等 3 家企业。成功推动 1 家工业企业（梅州市金益玻璃有限公司）上规，规上工业企业有 8 家：广东鸿荣机械设备制造有限公司、广东鸿荣重工有限公司、广东顶业农牧饲料有限公司、广东自远环保股份有限公司、广东卓立变压器有限公司、惠兴米业、梅州市森润生物质燃料有限公司、梅州市金益玻璃有限公司；成功推动 2 家企业成为限额以上批发零售业企业（中裕丰田 4S 店、梅县大润发购物广场），限额以上批发零售业企业有 11 家。至年底，园区规模以上工业总产值 3.19 亿元。有连锁超市 1 个，酒店 2 家，餐饮服务业 35 家，个体工商户 415 户。

【圩镇与农村基础设施建设】 全年完成管廊建设外环路、公园南路、亲水公园二期、三丰7号地政府储备用地、平安路等新开征项目，征收土地面积52公顷，房屋206座。梅县区特殊学校项目全面完成并投入使用。推进亲水公园二期、管廊建设、金利来梅州经济总部、三丰棚户区、铁汉生态城等项目建设。投入300多万元，完成所里村珊全片美丽乡村示范点建设，对村道进行路面扩宽、铺筑沥青，同时对道路两边进行灯光亮化、空地绿化，对珊全桃发老人院门前人民休闲广场进行设施升级，新增户外健身器材并建设篮球场；投入330多万元，用于供电线路迁改、村民出入村道和村民生产生活排水渠道建设。

【环境保护与治理】 投入100多万元，用于创建文明城市，对各村背街小巷、G206国道沿线、农贸市场等重点区域的“六乱”行为进行综合整治。投入610多万元，对梅河高速城西出口处进行美化、绿化、亮化，全面完成升级改造工程。完成投入200多万元的梅西灌区改造，解决灌区灌溉难问题。投入150多万元、200多万元分别改造三丰、三葵村灌区并进行验收。建立健全镇级河长制度，深化“河长制”管理，强化河长管、治、保“三位一体”工作职责，综合治理，持续改善水环境质量。强力推进黄标车淘汰整治。

【土地保护与利用】 全年发现违法用地93宗，发出责令违法行为通知书13份，强制拆除90多宗，制止停建53宗，制止乱占滥用土地的违法行为。

【民生】 城乡居民基本养老保险参保3558人，参保率95%；参加新型农村合作医疗8974人，参合率100%，参合金161多万元。失地农民养老保险办理3909人，申请资金351万元。低保户有54户124人，特困人员10户10人，2017年发放低保、五保及困难群众补助款64.92万元。发放退役士兵优抚补助金65.3万元。精准扶贫工作共筛选39户82人，其中五保户10户10人、有劳动力的8户27人、无劳动能力的贫困户31户55人，投入资金30多万元用于慰问、产业帮扶工作，2017年三葵、三丰、铁炉桥三个村共8户16人脱贫。全年完成农村危房改造5户。

【综治维稳】 全年接待来访群众26批共46人次，为群众提供法律咨询863人次，受理群众矛盾纠纷、来信来访44宗，解决44宗；接收社区矫正人员6人，解矫2人；镇村两级调解委员会全年调解矛盾纠纷案件73件，成功率98%。未发生一起群体性事件、集体越级上访事件。开展4场次“七五”普法宣传。全年接警1000多起，调解各类纠纷786起，全年立刑事案件66宗、破17宗，查处治安案件94起、侦破38起，行政拘留4人，行政罚款25人，强制戒毒2人，刑事拘留4人，逮捕4人，收缴枪支4支，追回被盗摩托车10辆。

【计划生育】 全年出生人数184人，人口自增率12.98‰。政策生育率97.59%，人口出生率16.23‰，完成免费孕前健康检查70例。完成“四术”30例，征收社会抚养费11.35万元。

【卫生】 扶大卫生院有现职人员23人，其中执业医师8人，执业助理医师5人，执业护士4人，检验师1人，西药师1人。主要仪器设施有：B超、心电图、血细胞分析仪、尿液分析仪、全自动生化分析仪、牙椅、红外线灯治疗仪、中频脉冲治疗仪、电子低频治疗仪，有住院病床8张。投入36万元，改造村级公建民营医疗站3个。

【文化】 做好电影放映，送戏下乡到三丰村演出，组织做好社区广场舞的比赛和指导工作，各村还建立广场舞健身舞文艺队，参加市、区、组织的比赛活动，建立农村文体协管员目标责任，各村配有一名文体协管员。在节日期间分别进行篮球、拔河比赛活动，“六一”儿童节小学举办歌咏、游园等文化体育活动。协同相关部门对辖区范围内的6家文化市场经营门店进行检查工作，全年出动检查行动10次，出动检查人数48人次。做好客家古民居牌匾固定、消防安全检查，做好文保单位标志各处的安装、照相工作，加强管理文化遗产保护工作。

【教育】 梅县外国语学校　是新建的一所集中小学、幼儿园于一体的高标准、现代化、有特色的公办外国语学校。位于梅县区新城西片区剑英大道旁，占地面积26.67公顷，建筑面积11.75万平方米，项目总投资10.5亿元（学校建设约4.5亿元，土地估价6亿元），于2014年3月正式破土动工，2015年8月基本建成、9月开办。按招生5000人（高中1500人、初中1500人、小学1500人、幼儿园500人）规模的创办。2017年学校有227位教职员工（教师201人、教辅人员23人、校医3人），教师均为国家“211”工程院校全日制师范类毕业生或全日制师范类本科起点的全日制硕士研究生，教辅人员也为师范类全日制本科毕业生。2017年学期学校四个部设56个教学班，学生2622人（幼儿园小班5个班157人、中班3个班103人；小学一年级12个班564人、二年级8个班336人；三年级4个班174人、初一级6个班270人、初二级6个班241人、初三级6个班221人；高一级6个班237人、高二级4个班159人、高三4个班160人）。

梅县外国语学校小学部　设三个级24个教学班，学生1073人（小学一年级12个班563人、二年级8个班336人、三年级4个班174人）。

梅县外国语学校幼儿园　有20名职员工，2017年暂设有8个小班，有学生260人。

梅县区宪梓中学　是一所区直属初级中学，梅州市一级学校。学校位于梅县新城区，创办于1969年，原名梅县扶大中学，1990年起由原全国人大常委、金利来集团董事局主席曾宪梓博士先后捐资近2000万元重新兴建，并于1993年春更名为梅县宪梓中学。2014年更名梅县区宪梓中学。学校占地面积约10万平方米，建筑面积3.8万平方米，校园绿化率80%。2017年，学校有教学班81个，学生4763人，教职工337人，其中中学高级教师77人，中学一级教师170人。2017年度学校被教育部命名为“全国青少年校园足球特色学校”；被评为“广东省依法治校达标学校”“梅州市文明校园”。通过广东省“推进教育现代化先进区”督导验收。2017年度，曾宪梓博士捐资兴建的大礼堂基本完工，学校正门广场改造工程基本完成。

扶大宪梓中心小学　由原全国人大常委、香港金利来集团董事会主席曾宪梓博士捐资建设。学校占地面积1.45万平方米，生均占地面积17平方米；建筑面积6750平方米，生均建筑面积7.9平方米。2017年，有教学班29个，学生2061人，教职工111人。学校按规范化学校标准配齐功能场室，是广东省规范化学校。设教学点1个：铁炉潭教学点设一至四年级7个班，有学生271人，教师18人。

扶大宪梓中心幼儿园　由曾宪梓博士捐建的一所规划设计达标的全日制幼儿园。于2009年投资150多万元，对幼儿园进行全面改造装修。改建后通过“梅州市一级幼儿园”的评估验收，成为梅州市一级幼儿园。幼儿园占地面积2700平方米，建筑面积1400平方米，2017年，有教学班7个，有幼儿382人，有教职工16人。各类人员学历达标率100%，专业合格率100%。

梅县区特殊教育学校　是一所为适龄智力障碍残疾儿童提供基础教育的九年制义务教育学校，也是梅县区第一所并且是唯一一所的特殊教育学校。学校于2012年9月创办，原址在程江镇大和村，新校位于扶大高新区三葵村，政府投资4050万元建设，于2017年8月建成并交付使用。学校占地面积1.5万平方米，建筑面积6000平方米，建有教学楼、办公楼、综合楼等，配备有标准的足球场、篮球场、羽毛球场等运动场地，配置唱游律动室、多感官室、家政室、心理辅导室等15功能场室。2017年，学校有2个教学班，有学生33人，有教职员工14人。

【党的建设】 2017年全镇有党支部15个，其中“两新”支部5个，党员643人，发展新党员6

人。切实履行党委主体责任和党委书记第一责任人职责，形成“一级抓一级、一级带一级、一级促一级、层层抓落实”的党建工作责任体系。结合基层党建阵地建设不够规范的实际情况，年初将三葵村支部、中心小学支部、铁炉桥医院支部定为党建示范点，投入 20 多万元完善村级多功能党员活动室，对辖区内村级各项制度、牌匾进行整合。做好党费收缴，做到 100%按时足额收缴。完成村级换届选举，选举产生新一届村“两委”成员 22 人，其中支部书记、主任“一肩挑”，交叉任职率 90.9%，文化程度、年龄结构、性别结构与上届持平。推进“两学一做”学习教育活动，深化驻点直联工作、加强作风建设，以“我要干，如何干”六字原则，强化干部责任心，纠正干部慵懒怠政的不正之风，推进干部队伍建设。强化村账镇管，对征地拆迁、项目建设、村级财政等方面严格执行收支两条线的财经纪律。深入推进“智慧党建”，完善党务、政务、村务信息公开，以群众的评议为干部工作打分。加强意识形态建设，针对园区非公企业较多的现状，推进“两新”组织建设，2017 年“两新”组织发展党员 3 人。

（供稿：刘嘉玲）

程江镇

【概述】 程江镇地处梅县区新县城，镇政府驻大新城步行街。东连新城办事处，西接扶大高新区和南口镇，南望梅州城区，北邻梅江区。总面积 54 平方公里，其中：耕地面积 502.47 公顷，山地有林面积 3013.33 公顷。辖 14 个行政村 1 个居民委员会，2017 年户籍人口 4.6 万人，常住人口 10 万多人。自然资源有钴、煤、石灰石、矿泉水等资源，其中煤炭储量丰富。2017 年，全镇工商税收 3.85 亿元，减少 2600 万元，减少 6.32%，（其中：本级税收 1.44 亿元，减收 1300 万元，减幅 8.28%）。

【农业】 全年农作物总播种面积 1064.1 公顷，其中水稻种植面积 592.3 公顷，总产量 4268 吨；水果种植面积 206.5 公顷，总产量 4917 吨，其中柚子种植面积 129.6 公顷，总产量 2992 吨；蔬菜种植面积 284.06 公顷，总产量 1.76 万吨；生猪饲养量 1.3 万头，“三鸟”饲养量 9.12 万只；水产品总产量 525 吨。推进农村农业产业结构调整和发展方式转变，大力支持三大、城西片蔬菜、兰花等专业合作社组织做大做强，以“浒洲村葡萄园”等特色农业基地为示范，增强辐射带动能力。

【工商企业】 2017 年，全年引进招商引资项目 5 个，投资金额 8.6 亿元。其中，槐岗海泰花园总投资 1.7 亿元；腾御园总投资 2.6 亿元建成预售；总投资 8000 万元的维也纳酒店、2 亿元的栢琚酒店投入营业；琉璃光电力设备有限公司总投资 1.5 亿元。新增 5 家上规企业，其中 2 家限额以上企业（东升汽车销售有限公司、嘉金汽车销售有限公司）、1 家限额以上餐饮企业（大江畔酒店），2 家规模以上工业企业（琉璃光电电力设备有限公司、绿园环保有限公司）。

【圩镇与农村基础设施建设】 新建长滩电排站，实施长滩村周四电管站建设；加大投入对墩上村福安康森林公园管理站和停车场等基础设施及林地复绿、登山道建设；完成村级卫生站新建或改建工程，除卫生院所在村扶外村、居委外的其余 13 个村全部完工，医疗设备全部到位；原中央苏区农村超高速无线局域网应用试点建设全面建设完成，14 个村均完成发放终端设备，进入设备调试阶段。新城区公共厕所、公共自行车站点等城市服务功能日趋完善。开通至长滩公交车，实现公交车“村村通”；投入 50 多万元，对长滩村陂三至陂一、德兴小学门口道路、墩上村进村主干道合计 3.4 公里进行改造升级；大新东路、梅州师范至金德宝路“断头路”均建成通车、乡树园至梅州师范道路实现半边通行；乡树园至怡景豪园市政路拆迁工作全面完成。投入 280 万元新建长滩电排站；投入 50 万元，实施长滩村周四电管站建设；继续关注城中村内涝点、低洼地区等的涝区治理，突出防汛保安、民生水利工程建设重点。

【环境保护与治理】 做好封山育林，实行分片分段“网格化”护林防火。严厉查处砍伐毁林的不法行为，完善森林防火机制，不断加强扑火队伍建设管理和配强扑火设施设备，实行领导带班巡查制度，加大野外火源管理力度。实施城乡环境综合治理工程，加大环境监督力度，抓好污染减排、大气污染防治工作，落实环保责任制，扎实开展节能减排全民行动，倡导绿色低碳生活方式。大气防治污染和饮用水源保护工作落实到位。开展倾倒建筑余泥和焚烧垃圾污染环境的整改，禁养禽畜，淘汰黄标车，加强餐饮油烟污染的管理。

【土地保护与利用】 梅汕高铁、梅畲快速干线项目程江段基础工程基本完成，正在加快建设；亲水公园（二期）项目全面完成征地拆迁，进入无障碍全线段施工；大沙棚户区改造、城市综合管廊公园南路项目建设用地征拆工作全面完成土地房屋征拆，正全力抓好相关遗留问题，加快全线段入驻施工；新城水厂封顶，正在装修，进入设备调试阶段。加大“两违三抢”巡查防控力度，继续落实镇村组三级联动的“网格化管理制度”，实行党政领导带队针对重点区域进行 24 小时巡查， 2017 年依法拆除违章建筑 62 宗，拆除面积 1.4 万平方米。

【民生】 城镇职工基本养老保险和城乡居民基本养老保险、城乡居民基本医疗保险投保均 90% 以上。最低生活保障体系实现城乡全覆盖。全年筹集各类帮扶资金 818.32 万元，实施帮扶项目 3 个。制定《程江镇实施光伏发电扶贫工作方案》，通过光伏发电项目进行帮扶；完成 2017 年精准脱贫“以奖代补”项目，奖补资金直接划到贫困户“一卡通”。

【综治维稳】 2017 年，镇司法所共受理调解各类民事纠纷 116 宗，调解成功 116 宗，成功率 100%；同时还协助各村调委会调解 76 宗；接受群众来信来访及法律咨询 178 宗，无民转刑案件发生。所共登记接收刑释解教人员 32 名。成立 10 人组成的社会管理办公室，将全镇 185 个小区分为 5 个网格，2 人一组开展社会网格化管理，进一步掌握社情民意，维护社区稳定；成立社区戒毒中心，定期组织相关人员进行查验康复情况及学习教育；开展“平安村、平安社区、平安校园、平安单位、平安家庭”等各类平安创建活动，推进大平安建设。

【计划生育】 2017 年 1 月至 12 月，全镇出生 733 人（一孩 264 人、二孩 442 人、多孩 27 人），政策生育率 98.36%，出生率 30.7‰，孕前健康检查 215 对。切实加强流动人口的管理和服务，确保村（居）委不漏户、户不漏人、人不漏项、做到情况明、底子清，并建档完善信息资料等，共清理出租屋 657 间，商铺 1456 间，举办专题活动 1 场，发放宣传品 6000 多份，检验计生证明 325 人次，共投入专项清查经费 4.25 万元。严格做好计划生育奖励扶助，全镇享受节育奖有 900 人、农村部分家庭奖励有 468 人，城镇独生子女奖励有 176 人，特别扶助 8 人。

【卫生】 程江镇卫生院全年医疗门、急诊总人数 20862 人次，业务总收入 205 万元。为辖区内常住居民开展健康体检，并建立健康档案或更新健康档案个人信息，为辖区居民建立纸质健康档案 45359 份，录入电子档案 45359 份，其中 18 周岁以上居民总数为 95155 人，其中 35 周岁首诊测血压人数为 7279 人；免费提供测血糖、血、尿常规人数计 2697 人（共 8091 人次）。预防接种门诊人数 80352 人次，春季、秋季完成入学、入托预防接种查验 8253 人(其中辖区内 5755 人)。预防接种门诊被评为 AAA 级。学生体检总人数 14005 人；完成妇女宫颈癌检查 2285 例，对检测阳性者，进行随访追踪；积极宣传及实施《梅州市出生缺陷干预工作方案》，系统构筑“三道防线”，减少人口出生缺陷；共规范管理高血压患者 1655 人，糖尿病患者 502 人，精神疾病患者 417 人；开展家庭医生式服务签约活动，组建家庭医生签约团队 15 个，团队成员下乡到户为村民提供健康知识咨询、免费体检、测血糖、血压和相关辅助检查。签约的居民家庭 5600 户，签约人数 21363 人，签约率 30.69%；做好慢性非传染性疾病综合防控示范区各项工作，成立慢性病患者自我管理小组，管理 21 人，开展活动 2 次，参加 110 人次。

【文化】 程江镇文化部门积极参与市“三多三促”农村文化俱乐部创建工作，2017 年创建车上村景西祖祠农村文化俱乐部和周塘村杰贵杰隐公祠农村文化俱乐部，12 月 7 日通过市级检查验收。参与区农村业余文艺汇演，组织编排两个节目参赛，表演《梅县风光醉游人》、快板《打麻雀》；组织举办 2017 年程江镇“贺岁杯”足球赛；接收上级部门配送到各村农家书屋“十九大文件及学习辅导读物”，并发放到各村；对市级文保单位槐岗村继善楼进行检查，并成立槐岗村继善楼保护领导小组；对文教体育服务中心进行整改，提高乡镇综合文化站服务效能。

【教育】 梅县北大附属实验小学（梅县区程江镇中心小学） 是一所区级中心小学、省规范化学校，含两间完小（槐岗小学、发昌小学）和四个教学点（大塘小学、大和小学、新民小学、长滩小学）。中心小学有 83 个教学班，学生 5600 多人。

【党的建设】 2017 年，全镇有党支部 34 个，党员人数 1817 人，吸收新党员 15 人，通过参加民主评议合格党员占 100%。完成镇党委和人大、政府领导班子换届选举工作；加强党员的思想建设、组织建设、作风建设和制度建设，规范党内组织生活。整合镇村干部力量，建立镇、村两级联动机制，定期研判解决群众反映的问题。2017 年走访群众入户率 100%。投入 149 多万元，对墩上村村址办公场所及条件进行升级改造，入村主干道改造完成，并对周边道路、场地进行绿化、亮化、美化，完善文体设施、健身器材。

（供稿：郭 欢）

南 口 镇

【概述】 南口镇地处梅县区西南部，距梅县区人民政府 12.8 公里，镇政府驻南口圩。由原南口、瑶上、荷泗三镇于 2004 年合并而成，辖区总面积 262.5 平方公里，其中山林面积 1.85 万公顷、耕地面积 2400 公顷、城镇面积 2.5 平方公里。矿产资源主要有钴、锰、煤、石灰石、硅石、钨、钼、铁、金、稀土、高铝土、铀等。辖 46 个村和 3 个居委会。2017 年，全镇社会生产总值 32.04 亿元，同比增长 7.1%；工业生产总值 17.02 亿元，同比增长 11.5%；农业生产总值 10.16 亿元，同比增长 4.7%；固定资产投入 15.87 亿元，同比增长 140%；规上工业总产值 5.77 亿元。镇级财政收入 1657.07 万元；国地两税共完成 4200 万元。

【农业】 全年水稻种植面积 3866.67 公顷，总产 2.7 万吨；现有 2400 公顷果树，其中金柚 1400 公顷，脐橙 366.67 公顷；有农业龙头企业 16 家、其中省级 3 家（广东健神科技股份有限公司、广东徐梅农林发展有限公司、梅州生原现代农业有限公司）、市级 6 家（梅县莲泉酒液酿制有限公司、梅县南口镇嘉园蔬菜种植场、梅县南口镇荷泗洋坑种养场、梅州市东强农业科技发展有限公司、梅州市尚鸿农业有限公司、梅州市客乡乳业有限公司）、区级 6 家（梅县富裕源养鸡有限公司、梅县荣运农业发展有限公司、梅州市鹏嘉生态农业发展有限公司、梅县福田肥业有限公司、梅州市福昌来食品有限公司、梅州葵山农业发展有限公司、梅州征诚园林绿化有限公司），有农业专业合作社 41 家，家庭农场 14 家，其中新发展 2 家农业专业合作社，1 家区级农业龙头企业。建立完善了镇农产品质量安全监管站，固定了检测室场所，完善了检测设施，每月开展了 100 个蔬菜质量安全风险监测及数据报送工作。积极开展基层农技推广体系建设项目，到 12 月底集中培训 12 次，培训学员 750 人次，现场指导 3960 人次，建立科技书屋 1 个，发放科技书籍 300 册。完成农村新能源项目沼气池建设 20 个。一村一品有：双桥火龙果、锦鸡砂糖橘、侨乡橘红茶、南龙杨桃、南虎佛手、车陂葡萄等。全年完成 18 个村的土地确权外业工作及公示。

【工商企业】 全年引进梅州金蔡光伏发电有限公司、梅州嘉应机动车驾驶人考场有限公司等 2 家企业，计划投资总额 16.2 亿元，完成投资 6.26 亿元。2017 年，工业生产总值 17.02 亿元，比增 11.5%。其中规模较大的企业有梅州金蔡光伏发电有限公司、广东新金基文化创意产业集团有限公司、梅州南宇砂轮有限公司、梅州莲泉酒液酿制有限公司、广东长荣生物科技有限公司等。

【圩镇与农村基础设施建设】 投入 523.53 多万元，完善中小河治理工程和大劲水库、瑶美水库、禾仓石水库灌区加固改造工程，抓好水利、水电、移民工程的管理和建设。实施河长制，保护好程江河南口段、南口水、荷泗水、大沙水四大水系。完成 X026 梅瑶路升级改造，全线段建成通车。通过立项申请财政拨款、乡贤捐资和群众自筹等方式，筹集资金 279 万元，铺设水泥硬底化道路 9 公里；投入 49 万元，做好乡村公路养护工作。完成了 46 个村的村庄整治规划编制，巷道硬底化建设，村村通自来水工程建设，实施农村雨污分流工程。投入 680 万元，全面实施农村生活垃圾收集、转运、处理一体化。建设污水处理项目，侨乡村 498 万元污水处理工程已完成建设投入使用，仙湖村、葵黄村、竹香村、瑶美村、荷田村、七贤村污水处理工程已动工建设。

【土地保护与利用】 全年发现阻止违建、破坏耕地等行为 227 宗，主要区域分布在梅汕高铁防控区域、葵岗高速出口、西部快线和车陂工业园区，问题主要是农民未批先建、占用耕地建房。全年共发出限期拆除通知书 117 宗，先后参与政府组织的拆除违章建筑 37 宗和拔除抢种一批。

【民生】 做好农业“三项补贴”改革工作，及时足额发放生态林资金 269 万元。发放各类民政救助优抚资金 1289 万元，落实优抚 496 人，做好 230 名五保户和 868 户低保户的服务保障工作。实现城乡居民社会养老保险全覆盖，城乡居民医疗保险参保率达 99.1%。做好动物防疫和产地检疫工作。全年防疫生猪 18377 头、牛 228 头、羊 715 头、鸡鸭 80913 羽。产地检疫 8262 头。投入 450 万元建成 50 个镇村两级公共服务站点。投入 500 万元，统一标准建成 40 个村级医疗卫生站，方便群众办事就医。全镇贫困户共有 1158 户，贫困人口有 2550 人，筹集扶贫资金 4453.98 万元，其中 2706 万元投资金蔡光伏发电扶贫项目，2017 年 536 户有劳动能力贫困户分得红利 259 万元。鼓励有劳动能力贫困户加入到专业合作社统一生产经营，种植紫玉淮山、百香果、红心番薯等经济价值高农产品 6.6 公顷。2017 年脱贫 337 户、1115 人。

【综治维稳】 发挥镇街综治信访维稳中心和镇、村、村小组三级社会矛盾纠纷排查调处网络的作用，推进一村（居）一法律顾问工作，实现小事不出村，大事不出镇。全年受理各类纠纷 155 宗，调处调解成功 151 宗，调处调解成功率 98%。全年受理 110 报警 851 起，立刑事案件 37 宗，破案 24 宗；受理行政案件 114 宗，查处 114 宗，抓获违法人员 59 人，行政拘留 39 人，罚款 20 人。

【计划生育】 全镇已婚育龄妇女 13588 人，其中已婚未育 676 对。全镇户籍人口出生 983 人，性别比 108.7∶100；人口出生率 13.59‰，计划生育率 97.56%，人口自然增长率 6.72‰。

【文化】一是投入20多万元，兴建竹香村文化广场，建成农村文化俱乐部和文化综合服务站。二是开展文物保护和非物质文化遗产保护工作，侨乡村德馨堂申报省级文物保护单位。三是组织市、区山歌剧团送戏下乡，开展文化活动68多场。

【党的建设】开展镇领导干部驻点普遍直接联系群众互动，坚持四个固定（固定联系时间、固定联系地点、固定联系人员、固定联系方式），强化与群众联系。成立了49个驻点团队，每周二到村走访接待群众。全镇走（接）访群众16680户和41820人次，建立村（居）民档案22898户。全年收集群众反映问题或意见建议6842条，解决民生问题165件，化解基层纠纷208宗。全年按计划新发展党员28名，全镇有党支部65个，党员2916名。全年收缴党费12.07万元。有困难党员57人受帮助，发放区镇关爱基金额3.72万元。抓好2个后进村（鱼田村、龙塘村）整改工作，针对存在的突出问题，一村一策制定工作方案。

（供稿：巫惠敏）

畲江镇

【概述】畲江镇地处梅县区南部，镇政府驻地畲江镇红星村，距梅县区人民政府42公里，206国道贯穿全镇，广梅汕铁路穿境而过，是汕梅、梅河高速公路交汇中心。东南与丰顺县相邻，西南与兴宁市、水口镇为邻，东北部与水车镇交界，西北与兴宁市的新圩镇接壤。辖区面积175平方公里，其中山地面积1.29万公顷。下辖23个村和2个居委会。2017年，有13595户，总人口48881人。矿产资源有：钴、铀、瓷土和矿泉水资源等。2017年，实现规上工业总产值47.7亿元，同比增长28.6%；固定资产投资45.45亿元，同比增长23.1%；限额以上批发零售商品销售总额582万元，同比增长15.9%；住宿餐饮业总额620.7万元，同比增长20.2%。年农民人均可支配收入19407元，同比增长9.5%。实现税收6034万元，同比增长58%，其中国税5066万元，地税968万元，乡镇净收入1645万元。

【农业】水稻种植面积2003.3公顷，总产1.38万吨；水果种植面积1382.1公顷，总产3.17万吨；生猪饲养量10万头；水产养殖面积113.5公顷。全镇有农业龙头企业7家，其中省级农业龙头企业1家（梅州市惠兴米业发展有限公司）、市级农业龙头企业3家（梅州天地杰农林发展有限公司、梅州市然中园现代农业发展有限公司、梅州市珍宝金柚实业有限公司）、区级农业龙头企业3家（梅州市莲花山有机农场农民专业合作社、梅州市龙兴豪农林业投资有限公司、梅州伊利冷冻食品有限责任公司）。农业基地有梅州欧玛植物油有限公司、官铺龙兴豪农林业投资有限公司花木场、连江黄塘水库然中园油茶种植基地、梅州市梅县区畲江镇新辉兰花种植场、梅州市梅县区畲江镇金运来兰花种植场，志伟家庭农场金柚种植。

【工商企业】全年完成招商项目3个，计划投资总额5.5亿元，已投入金额共2.21亿元。招商项目分别是广东众新旺科技有限公司、梅州市梅县区畲江镇野趣谷家庭农场、梅州市思铂顿运动器材科技有限公司、梅州市明眸电子有限公司

【圩镇与农村基础设施建设】2017年，筹资710多万元实施新彰河小流域综合治理二期工程，完成新彰河流域内清淤、清障、山洪圳道和崩岗治理等；筹资1565万元完成船子坜和黄竹坜电排站建设；筹资952万元完成覆盖13个行政村的村村通自来水输水主管改造和扩网工程。筹资140多万元完成叶田、咸和、太湖和彰三村共计3.5公里的农村水泥硬底化铺设；筹资200多万元完成芦陂桥建设；筹资260多万元完成X023线1.5公里改造。同时做好因高铁、快线施工车辆受损的路面1.5公里的挖补修复工作，完善各

乡村公路的线路牌、标志牌、公路桩、路边坡等设施。至 2017 年底，累计投入 1.95 亿元，其中广梅开发区医院迁建工程、镇中心小学扩建工程、X023 线 1.5 公里道路升级改造工程、污水处理厂二期、老圩和黄竹沥两座电排站建设、高速公路出口沿线景观提升、芦陂桥建设、便民利商政务中心建设等基本完成建设；沿 206 国道商业街改造提升、“一江两岸”水景观提升、村村通自来水工程、X968 线 3.9 公里改造工程和国道 G206 线松陂至北斗石桥头段（梅县径义段）的升级改造工程正有序推进。

【环境保护与治理】 一是加大污水处理和管网建设力度，扎实推进镇级和 11 个村级污水处理设施建设，至 2017 年底镇级二期污水处理已建成投入使用，11 个村级污水处理建设正有序推进。二是全面推行“河长制”，建立健全镇、村两级河长制工作实施方案和相关制度，切实保护河湖生态环境和水资源。三是落实圩镇工艺污染整治，对圩镇范围内的工艺企业进行环保整治，重点对工艺品沿街摆晒、喷染漆粉、制作噪音及气味等进行了专项整治，同时鼓励企业生产工艺和环保设施进行升级改造。四是扎实开展大气污染治理，完成年度淘汰黄标车 23 辆；加强护林防火巡查，严查野外焚烧秸秆、杂草等露天焚烧行为。五是开展畜禽养殖污染源整治，重点抓好畜禽养殖业污染问题专项整治，对全镇 52 家小型养猪场、散养户进行宣传，按排污干湿分离要求，防止污染环境。至 2017 年底共投入资金 30 多万元，全面拆除大中型养猪场 3924 平方米，以点带面开展各村禁养区内禽畜养殖户的禁养工作。

【民生】 城乡居民医疗保险参保人数 39195 人，参保率 100%。全镇医疗补助总额 2238 万元。在重阳节前为全镇 80 岁至 99 岁的高龄老人共 1197 人发放高龄老人补贴 35.91 万元。为 7289 位 60 岁以上老人投保老人意外险 9.09 万元。全镇建档立卡贫困户 458 户 952 人，2017 年来通过狠抓种植业、养殖业、工艺编织业、光伏发电和小额信贷等产业帮扶项目，累计拨付到各村扶贫资金 450 万元，实施集体产业项目 2 个、个体种养产业项目 5 类 123 个，直接受益贫困户 120 户 416 人。2017 年实现脱贫 162 户 389 人（其中有劳动力 85 户 281 人、无劳动力 77 户 108 人），脱贫率 84.62%。

【综治维稳】 一是坚持打防结合、预防为主、专群结合、依靠群众的方针，完善社会治安防控体系，广泛开展平安创建活动，打击各种违法犯罪活动、扫除“六合彩”赌博毒瘤。二是加强青少年法制教育，预防和减少青少年违法犯罪。三是切实加强对企业、矿场的安全生产监督检查，排除一切安全隐患。2017 年，镇维稳中心接访 84 场次，镇领导接访咨询 250 多人次，接待来客来访群众 320 多人次，受理矛盾纠纷 73 宗，调解成功 71 宗，调解成功率 97%。村级工作站接待群众来访 148 批，369 多人，受理矛盾纠纷 132 宗，成功调处 102 宗。

【计划生育】 2017 年出生 714 人，人口出生率 14.48‰，其中政策内出生 701 人，政策外出生 13 人，政策生育率 98.18%；人口自然增长率 9.22‰。落实享受“全国农村部分计划生育家庭奖励扶助”有 166 人，城镇独生子女父母奖励 22 人，特别扶助 2 人，全年上报农村计划生育节育奖励 527 人。

【文化】 畲江文化站站舍 1600 平方米，室外活动场地 6000 平方米，活动中心有图书馆、阅览室、综合培训室、少儿培训室、老人活动室、文艺创作室，文艺活动室、办公室等，并配备有文化活动器材一批，藏书 1.6 万册。全镇 23 个村 2 个居委均建立了多功能文化活动室，订有报刊，并成立了农家书屋。“畲江民间艺术团”和社区文艺队积极创作节目，在畲江公园或到各村进行巡回演出。2017 年，送戏下乡 20 多场次，播放电影 100 多场次。

【教育】 畲江镇有完全中学 1 所（梅县区畲江中学）；九年制学校 1 所（梅县区径义中学）；完全小学 2 所（畲江镇中心小学、韬奋学校）；小学教学点 5 所（太湖教学点、彰坑教学点、松林教学点、杉里教学点、韬奋分教学点）；幼儿园 7 所，其中公办 2 所（畲江镇中心幼儿园、径义镇中心幼儿园）、民办 5 所。

【党的建设】 2017 年，全镇有党支部 36 个，党员 1637 人，其中发展新党员 17 人。一是结合“两学一做”常态化学习计划和内容，充分利用党委中心组和每周五集中学习制度，组织全镇党员干部认真学习中共十九大精神，同时不断加强班子成员对政策、法律和相关业务知识的学习。二是督促各党支部严格落实和健全“三会一课”制度，鼓励引导各支部通过微信群、微信公众号等现代信息手段推广支部主题党日活动。三是深入把驻点直联工作制度化、常态化、规范化，建立驻点普遍直接联系群众工作运作流程、工作日志、台账管理、考核评价等机制，对直接联系过的每一户村（居）民、工商户或每一家驻村（社区）单位，分别记录他们的详细情况，并随时更新动态信息，对群众反映的问题及时按程序作出处理。2017 年全镇 25 个村（社区）共梳理、解决群众反映问题 2613 件。四是于 2017 年 6 月底全面顺利完成村（社区）“两委”换届选举工作，一肩挑比例达到 84%和“两委”班子交叉任职率均达到 82%，完成换届后，重点做好班子思想作风和能力素质建设，增强班子整体合力。

【广东省工艺编织专业镇】 畲江是广东省确立的中心镇之一，也是梅州市重要的编织工艺生产出口基地，2005 年获广东省工艺编织专业镇的荣誉称号。

编织工艺是畲江的主导产业，始于 1977 年，2017 年，有工艺企业 30 多家，其中拥有私营出口权的企业 21 家，工艺品种从最初单一的竹制品发展到现在的藤、竹、木、铁、丝制品等五大类八万多个样式，产品远销欧美、日本等世界各国。经过 40 年的发展，以畲江编织工艺为代表的梅州工艺品已发展成为我省装饰品出口产值排名第三的产品，畲江工艺行业的发展，吸纳了梅县南部 2 万多闲散劳动力在家从事编织业。

2002 年，在畲江组建了“梅县工艺品行业协会”，旨在做好加强技术、人才、信息、项目的交流与合作，促进工艺行业做大做强。通过集聚式发展，以锦芳工艺有限公司、安吉工艺有限公司、宏丰工艺有限公司为代表的工艺龙头企业带动中小型企业发展，成行成市，形式了一定的整体竞争力。

随着 2008 年国际经济金融环境的急剧变化，对畲江的工艺编织出口行业造成了一定的影响。镇党委、政府牢固树立崇商重企的时代理念，进一步转变工作作风，深入企业了解、调研实际情况，帮助企业妥善应对国际经济环境变化对我镇工艺行业的影响，一是引导企业加快产业结构优化升级，进一步完善管理体制，改变家族式管理体制，引导他们大力引进专业人才，加强技术创新能力，不断提高现代化管理水平和科技信息交流，增强工艺产品的国际竞争力。二是大力推动“产学研”联合，加快科技成果转化。进一步引导、支持企业与高等院校和科研机构建立长期稳定的合作关系，形成“产学研”联合。三是引导企业进一步解放思想，树立做强做大的信心和决心。克服小富则安的小农意识，树立不进则退的发展理念，把畲江镇工艺企业的地缘优势、基础优势、人才优势、技术优势、品牌优势等，转化成发展优势。2017 年，畲江工艺产值实现 2.57 亿元。

（供稿：林志明）

水车镇

【概述】 水车镇位于梅县区南部，梅江河自西南向东北穿流，将地域分成东西两部分，东南与径义和丰顺县建桥、丰良为邻，西南与畲江相连，东北与梅南交界，西北与荷泗和兴宁市径南、新圩接壤。镇政府驻水车圩，距梅县区人民政府 31.9 公里。辖 18 个村民委员会和 1 个圩镇居委会。全镇总面积 123 平方公里，其中山地 9333.33 公顷，耕地 933.33 公顷，鱼塘约 300 公顷。全镇有 5180 户，总人口 2.3 万人。2017 年全镇实现社会生产总值 6.82 亿元，同比增长 7.9%；工农业总产值 6.18 亿元，同比增长 7.9%。工业总产值 3.46 亿元，比增 8.5%，农业总产值 2.72 亿元，同比增长 5.3%；规模以上工业总产值 2339 万元，同比增长 5.27%；限额以上批发零售商品销售额 1218 万元，同比增长 17.2%；完成镇级税收 567.8 万元，同比增长 8%；完成全镇固定资产投资 4.34 亿元。

【农业】 全年实现农业总产值约 2.72 亿元，比增 5.3%，水车镇域内主要农产品为金柚、水稻种植和水产养殖，其中金柚种植面积约 393.33 公顷，水稻种植面积约 520 公顷，水产养殖 240 公顷，其他农作物种植面积约 206.67 公顷。

【工商企业】 2017 年，引进梅州市惠兴米业有限公司拟投资 4000 万元建设集稻米加工、销售为一体的基地。全年实现工业总产值 3.46 亿元，同比增长 8.5%。

【征地拆迁】 全力推进项目建设，严格按有关政策法规和程序进行操作，梅汕高铁梅畲快线合计征地约 110.33 公顷，拆迁房屋 43 座，并且完成“两线”征地拆迁遗留问题。

【圩镇与农村基础设施建设】 科学规划镇区建设，加大镇区道路、供水供电、通讯、污水及垃圾处理等基础设施投入，完成 1 个镇级、19 个村级公共服务中心平台建设，完成圩镇道路修补和路灯安装，规划编制前进路商业街建设项目、足球场建设项目，启动梅汕高铁和梅畲快速干线拆迁安置区建设项目，实施将军山森林公园、生活垃圾处理设施、中心小学扩建、卫生院综合大楼建设等项目，新建成 14 座村级卫生站。投入 2000 多万元，推进先锋河、水声河、泮坑水、灯塔河、梧塘河的小流域综合治理工程；投入 72 万元，对 100 公顷水域内的水浮莲进行清理；投入 900 多万元，进行镇村两级污水处理项目建设。

【民生】 全年发放优抚款 145 万多元、社会福利 200 万元、低保五保生活保障 366 万多元，完成 33 户贫困户的危房改造工作。严格按照《梅县区水车镇精准扶贫开发资金使用监管办法》和《梅县区水车镇精准扶贫开发项目资金管理操作流程》的要求，统筹安排 727.94 万元用于基础设施建设、产业帮扶、资产帮扶、就业帮扶、贫困慰问等项目，实现 102 户 268 人脱贫。发放生态林补贴 200 万元、发放地力补贴 163.4 万元、发放基本农田保护经济补偿 59 万元，完成土地确权登记外业及一、二轮公示工作，已申报颁证 93.5%。

【综治维稳】 实行矛盾纠纷定期摸排制度，及时掌握纠纷苗头，及时化解矛盾隐患；实施综治工作中心联席研判制度，切实形成化解矛盾纠纷的强大合力。2017 年全镇建有调解委员会 19 个，调解员 57 人，镇村两级调委会受理各类矛盾纠纷 110 件，调解成功 110 件，公安部门立行政案件 37 起，破案 37 起；立刑事案件 10 起，破案 2 起。

【计划生育】 全镇户籍人口出生 317 人，出生率 12.67‰，政策生育率 98.11%，全镇已婚未育妇女 209 人，已生一孩以上夫妇 3954 人。有 106 对夫妇进行了孕前优生健康检查，完成全年目标 92.17%，对于地贫筛查阳性的对象进行跟踪随访。征收社会抚养费 9 例，合计 15.45 万元。

【卫生】 水车镇卫生院现职人员 39 人，其中执业医师 7 人、执业助理医师 8 人、执业护士 9 人；主要仪器设施有：B 超、心电图、血细胞分析仪、尿液分析仪、心电监护仪、胎心监测仪等，有住院病床 10 张。

【教育】 梅江中学 创办于1939年，首任校长温柏心是日本早稻田大学留学生，1952年由私立学校改办为公办学校，并纳入国家教育计划中。1960年，梅江中学一度更名为水车中学，在“文化大革命”期间办了3年高中。1981年，经梅县人民政府批准，学校复名为梅江中学，重新恢复校董会和校友会。由原董事长黄琪翔之夫人，全国政协原委员郭秀仪女士担任名誉董事长，原全国政协常委、全国妇联副主席黄甘英担任董事长。2017年全校共有师生299人，44位老师学历100%达标，其中高级职称7人、中级职称30人；设7个教学班，学生255人。

水车镇中心小学 原名“铸英学校”，创办于1923年，由几间旧祠堂组成。解放后，党和政府关心支持下，学校面貌发生了巨大变化，80年代初开始改造了西楼、北楼。1998年由香港宝莲禅寺捐资40万元人民币建起了东楼三层共12间教室，2005年由省老促会拨款建起南楼两层8个教室，学校占地面积5666平方米，建筑面积有3419平方米。2017年，全校有教职工40多人，13个教学班，学生456人。附设幼儿园一个，设大、中、小三个班，幼儿150多人。

【党的建设】 2017年度批准转正党员9名，发展党员10名，全镇有基层党支部27个，党员1007人。注重村级干部队伍建设，加强审核，顺应民意，如期完成村（居）“两委”换届，实现党支部书记、村主任“一肩挑”的村16个，占84.2%，有36名村“两委”成员实现了交叉任职。全镇建立村（居）民档案5985本，定点接访群众1431人，入户走访群众4823户，收到群众反映问题或意见建议356个，解决356个。

【美丽乡村梅县示范点白沙村建设】 为了更好地推进美丽乡村建设，水车镇白沙村按照“生活宜居、环境优美、设施配套、产业联动”的要求，整合水、林、山、田、村等资源，结合客家文化、水文化、香花文化，科学编制了《白沙村总体规划设计》。根据规划，白沙村美丽乡村示范点建设项目采用EPC模式建设，计划投资3000多万元，于2017年6月完成立项审批，同年9月完成招投标。白沙村已完成各种线路整改和污水处理厂建设（湿地公园模式）、乡村演绎大舞台、驿站、游客服务中心、悟心荷风栈道等，正推进道路升级改造、生态停车场等项目建设。通过发展特色农业、带动乡村旅游，促进农民创业就业，实现农村增收致富，真正打造成为梅江边上充满客家民俗特色的、具有岭南风情文化的生态宜居宜游宜业美丽乡村。

【梅县水车生物谷建设】 广东梅兴华丰产业集聚带梅县集聚区水车产业园水车生物谷地处梅县区水车镇河东片，项目建设用地约3.2平方公里，生态种植基地约1.3平方公里。目前已基本完成水车生物谷范围1：500规划地段现状图测绘。根据《梅县水车镇土地利用总体规划（2010—2020）》核对，水车圩镇范围和涉及村内不符合土地利用总体规划面积约11.39平方公里，正申请在总体规划中期调整中，向生物谷建设调入建设用地2平方公里。投资1260万元将园区内五个行政村全部纳入美丽乡村五村联动道路建设，已基本完成16公里的道路路基和水泥硬底化建设。配合做好国道G206、梅畲快速干线、梅汕高铁等交通基础设施的建设，同时申请开通梅汕高速水车出入口。

（供稿：张足锐）

梅 南 镇

【概述】 梅南镇位于梅县区南部，镇政府驻新塘圩，距梅县区人民政府20.2公里。东面与丰顺县龙岗镇毗邻，西面与南口镇相连，南面与水车镇交界，北面与程江镇、梅江区长沙镇接壤。广梅汕铁路，国道206线，梅揭高速公路，在建汕梅高铁、梅畲快线穿境而过。全镇总面积145平方公里，辖区内有行政村16个和居委会1个。

2017年，总户数4628户，总人口1.6万人。2017年镇级税收收入实现3430万元，比增39.89%，固定资产投资2.67亿元；规模以上工业总产值3.26亿元。

【农业】 全年水稻种植面积873.14公顷，产量5779吨；蔬菜（含菜用瓜）种植面积919.44公顷，产量2万吨；水果种植面积622.9公顷，产量8719吨；生猪出栏5870头，存栏能繁殖母猪750头；水产产量902吨。

【工商企业】 现有龙上电站和恒发混凝土、恒发建材有限公司3家规模以上工业企业。加快现有企业的发展水平和规模，在政策、科技、信息、资金、人才等方面提供多种形式的有针对性的对接服务，全力帮助企业解决发展过程中遇到的供水、供电、土地、招工等难题，促进企业转型升级。

【圩镇与农村基础设施建设】 投入24万元，开展Y223线专项整治工作，对红军路（黄礤–九龙线段）进行全线整修。投入75万元，将上村村址到李金发故居道路进行扩建。投入2200万元，建设自来水厂，解决平原片10条村（居）统一供水问题，工程已动工建设，其余7个山区村设立取水点集中统一供水；完成上村联坡灌圳工程。

【环境保护与治理】 一是抓好环境卫生整治工作。将垃圾清运业务外包给深圳市志诚达物流有限公司，负责对全镇卫生进行清运处理。推进镇、村两级污水处理设施建设，镇级污水处理厂已建设完成，有7个村级污水处理设施动工建设。二是持续开展美化绿化梅南大行动。在森林公园及各村种植树木1万余株，增绿面积13.33公顷。三是以点带面建设美丽乡村。抓好龙岗、水美、南坑、罗田上村、北洞和汕梅高速梅南出入口环境提升等示范点建设。坚持规划先行，聘请专业设计团队做好美丽乡村建设规划编制。其中龙岗、水美、南坑作为省定贫困村，3条省定贫困村共完成“三清理”173处64吨，完成“三拆除”158处（间）2.62万平方米，完成“三整治”86宗，发放“地票”134份，登记拆除面积2.6万平方米。共筹资1821万元用于环境整治、道路、休闲广场、卫生、饮水等项目建设。通过3条省定贫困村率先发动，以点带面建设美丽乡村，上村投入75万元，扩建村址到李金发故居的道路；投入28万元，扩建上村足球场、篮球场及乐园桥，投入40万元，完成胡一声故居环境提升工程；投入10万元，完成坪上村道扩建及硬底化建设；北洞村投入36万元，建设休闲文化广场；投入2.5万元，完成北洞溪清淤清杂及部分溪堤加固维修工程；投入8万元，开展三清三拆三整治工作，拆除面积6500平方米；投入10万元，完成村道到户的水泥硬底化工程；完成汕梅高速梅南出入口环境提升总体工程。

【旅游】 投入145万元对龙文公学旧址升级改造，投入95万元建设水美村红军纪念园；投资280万元，建设水美村综合服务大楼，将水美村打造成红色党性教育基地。以九龙嶂红色旅游特色区为发展中心，对各个革命根据地旧址进行修缮，进一步打造“三点一轴”为格局的九龙嶂革命根据地旧址群。投入10万元，对九龙嶂革命斗争纪念馆配套设施进行完善；充分挖掘九龙嶂革命根据地区域周边的自然资源，将九龙嶂打造成集红色教育、文化展示、休闲娱乐于一体的旅游特色区。

【民生】 社保实现全员覆盖，确保各类补助发放到位。落实好辖区内低保户、五保户、残疾人等困难群体救助政策。全力创建“广东省卫生强镇”；全力做好基本医疗和基本公共卫生服务示范镇工作，2017年度，区政府下达城乡居民医疗保险任务13446人，全镇完成13456人。推进“一门式一网式”政务服务体系建设，全镇17个村（居）建成公共管理服务站并全面启用，均配备专职工作人员及硬件设备。全镇有建档立卡贫困户382户、1098人，其中相对贫困村3个，相对贫困户138户、446人；分散贫困村13个，分散贫困户244户、652人。帮扶项目主要涉及养殖业（猪、牛、羊、鸡、鸭等）合计365人、种植业（水果、蔬菜、水稻、绿茶、油茶等）452人、农产品加工（豆制品加工）3人、农产品运输（三轮摩托车）5人、建光伏发电项目30户。

【综治维稳】 大力排查涉农领域、征地拆迁等方面矛盾纠纷，推动社会矛盾化解取得实效。开展信访突出问题专项治理，落实领导班子定期接访制度，及时解决上访群众合法合理诉求，把问题解决在萌芽状态。2017年调处各类纠纷矛盾86宗，成功调处85宗，成功率98%，受理案件30宗，成功调处29宗，成功率96%。立刑事案件8宗，破获2宗；受理民事纠纷86宗，调处成功85宗，调处成功率99%。

【计划生育】 全镇户籍人口出生215人，人口出生率12.68‰，自增率7.55‰，政策内出生192人，政策外出生6人，计划生育率97.21%，其中一孩82人、二孩125人、三孩出生8人，出生性别比104.76。

【卫生】 做好“广东省卫生强镇”创建工作；做好基本医疗和基本公共卫生服务示范镇工作，2017年完成7个村村卫生站的新建和改建工作；申报广东省卫生村7个，申报梅州市卫生村7个，辖区内所有村均获得梅州市卫生村称号。梅南镇卫生院地处圩镇，占地面积2600平方米，总建筑面积2323平方米，设有病房8间、病床26张，年门诊病人4万多人次，住院病人3000多人次。

【文化】 加强对名人故居和红色旧址的保护，投入60多万元，对九龙红军第十团部旧址进行全面修复，争取广东省文物保护专项资金80多万元，完成对上村李金发故居进行房顶及屋内部分横梁的修缮。

【教育】 梅南镇中心小学　坐落于梅南镇圩镇中心，创办于1914年。校区占地面积1.26万平方米，校舍面积4839平方米。现有教职工45人，有学生552人。

梅南中学　始创于1914年，占地面积4万平方米，建筑面积6000平方米。现有教职工34人，有学生93人。

【党的建设】 2017年，全镇有28个党支部，党员780名，其中预备党员10名，女党员207名。35岁及以下的党员161名，大专以上学历的党员250名。基层党组织28个，其中非公党组织4个。入党申请人64人，积极分子35人，发展对象11人。

【广东省蔬菜专业镇】 2017年，全镇蔬菜（含菜用瓜）种植面积914.87公顷，产量2万吨，其中菜椒种植面积232公顷、苦瓜种植面积261.33公顷、豆角种植面积155.33公顷。成立梅南镇蔬菜协会，直接连结带动蔬菜种植面积达333.33公顷，辐射带动农户1200多户。现有梅县梅南芃盛、梅县梅南顺里山里人、梅州市梅县区梅南均记3家蔬菜种植专业合作社，采取农户+合作社+超市模式，积极推进与万达广场荣华超市农超对接工作，积极帮助农户实行“订单农业”，调动农户种植蔬菜积极性。

（供稿：余鹏辉）

梅西镇

【概述】 梅西镇位于梅县区西北部，镇政府设在龙虎圩，距梅县区人民政府51.4公里。邻界于梅县、兴宁、平远。总面积92.7平方公里。下辖17个村和2个居委，2017年总户数8702户，总人口30471人。2017年实现本级财税收入660万元，比增11%；规模以上工业产值1.1亿元；固定资产投资5471万元。

【农业】 全年粮食作物播种面积1620.2公顷，其中水稻种植面积1426.87公顷，总产量1.03万吨；茶叶种植面积88.47公顷，总产量86吨；水果种植面积1296.13公顷，总产量3.38万吨；其中柑橘橙种植面积297.73公顷，总产量7942吨，金柚种植面积581.33公顷，总产量1.49万吨，李子种植面积119.27公顷，总产量2634吨；生猪出栏2.56万头，“三鸟”出栏13.02万只，水产养殖面积136.53公顷，产量2172吨。有农业龙头企业9家，分别是广东客乡农牧发展有限公司、梅县三益农林发展有限公司、广东长荣林业发展有限公司、梅州市凤山茶业有限公司、梅州市清山生态农业发展有限公司、梅州市梅西水库金丰园农业发展有限公司、梅州雄盛农业发展有限公司、梅州市嘉应农业技术开发有限公司、梅州米子峰茶业有限公司，有专业合作社36家，有家庭农场62家。

【工商企业】 全年招商引资引进项目3个，一是广东丰年盛景有限公司发展光伏发电；二是梅州市梅县区嘉园农业发展有限公司发展蔬菜种植基地；三是广东省新仓实业有限公司进行房地产开发项目。同时，培养梅州技腾科技公司上规模，增加投资，延长产业链，可增加就业岗位。原有振声科技、广东四〇一厂、梅州市技腾科技有限公司、广东长荣林业发展有限公司、华润五丰农产品有限公司、广东嘉阳梅片树发展有限公司等企业。2017年全镇规模以上工业产值1.1亿元。

【圩镇与农村基础设施建设】 争取交通项目补助资金及“一事一议”政策约350多万元，建设打造6.2公里水泥硬底化道路，其中罗墩2公里、宜塘2公里、田福0.7公里、崇化2.3公里；争取资金328万元，完成高速公路出口景观提升工程；投资500多万元完成X010线，梅西段5公里的重新铺筑改造；配合市、区对投资18.9亿元的西部交通快速干线，该项目已立项，进入招标设计阶段。争取水利资金300多万元，完成丰田电排站、白面罗墩电排站建设；投资800多万元的龙增中小河流治理项目，全长8公里，已近完工；投资600多万元的琴江河水系连通项目，全长10公里，春节前全线完工；投入42万元，开展龙塘片渠道治理项目（大禹堤）；争取移民项目资金90多万元，在车子排村完善人居环境整治；投入150多万元，完善龙虎居委河道整治；投资1000多万元的万亩高标准农田建设项目开始组织实施。龙虎新社区由梅州丰盛房地产公司成功摘牌，已动工建设，预计2018年下半年将整体完工；车子排居委建设用地储备已完成征地1.67公顷。

【环境保护与治理】 2017年6月27日，与广东志诚达再生能源物流有限公司签订《梅州市梅县区梅西镇垃圾中转站建设及垃圾清运转运》合同，并于7月1日起实施，由志诚达公司负责日常垃圾的清运转运，实现垃圾清运服务外包。落实绿色发展理念，全面推行河长制工作。加强领导，成立河长制工作领导小组，设立河长办；出台《梅县区梅西镇河长制工作方案》，制定《梅县区梅西镇河长制河长会议制度》，编制镇、村（居）河长名录；统筹协调，投入资金，全面清理辖区河库内的水浮莲，加大整治河长制范围的污染源，已完成河道整治32公里；推进“三清”“三拆”“三整治”，人居环境综合整治工作，把开展村庄环境整治，整体推进美丽乡村建设的目标要求与农民意愿结合起来，以自然村为单位，成立村民理事会，发挥群众主体作用，引导群众提高环境卫生意识。全镇有56个自然村成立村民理事会，开展整治347处，拆除旧危房、废弃猪牛栏及露天厕所茅房、乱搭乱建、违章建筑等4.08万平方米，拆除非法违规商业广告、招牌等257处，整治生活垃圾死角199处，清理垃圾178吨，治理生活污水9处、水体污染4处。

【土地保护与利用】 严格遵循《中华人民共和国农村土地承包法》《农村土地承包经营权登记试点工作规程》，按照“摸清底子—清查核实—

测绘绘图—登记造册—张榜公示—颁发证书”的工作流程开展工作。2017 年已申请颁证 5918 户，颁证率 96%。与 19 个村集体经济组织签订耕地保护目标责任书 19 份，各村与村域内的村民小组签订耕地保护目标责任书 185 份，涉及基本农田保护面积 1369.67 公顷，补贴金额约 70 多万元。建立土地动态巡查机制防控“两违三抢”，全年开展土地巡查执法 320 多人次。加强关闭矿井和非法开采稀土的监控管理，全年未发现有偷采偷挖行为。

【民生】 实行产业帮扶，与广东丰年盛景生态有限公司的合作，实行“光伏扶贫”项目。2017 年每户光伏扶贫分红款 5800 元全部发放到位，121 户贫困户共发放 65.68 万元。2017 年预脱贫 283 人，两年脱贫率 76.4%；2017 年危房改造计划数 26 户，完成 25 户，1 户五保户因死亡而取消；村项目 23 个，完成 15 个，进行中 8 个，完成率 65.2%；户项目 2050 个，完成 1377 个，完成率 67.2%；“631”财政资金下拨 550.21 万，使用“631”财政配套资金 529 万元，使用率 96.1%。做好辖区内低保户、五保户、残疾人等困难群体救助政策，发放救助金额 259 万余元，为退伍军人发放优待金 116.8 万余元。全年组织白内障筛查 4 次，为 45 位患者实施复明手术。全镇 19 个村（居）建成公共管理服务站并全面启用，均配备专职工作人员及硬件设备，实现群众“少跑腿”。全年为 26 户困难户进行危房改造。加快推进村村通光纤工程，实现 4G 网络农村全覆盖。推进农村超高速无线局域网应用试点建设工作，17 个村共发放无线终端 4750 台。

【综治维稳】 坚持每周信访维稳研判制度，按照网格化管理层层落实责任。开展“一村（居）一法律顾问”工作，全年处理矛盾纠纷 83 宗，调处 83 宗，调处成功率 100%，其中司法受理 14 宗，调解 14 宗，无民转刑案件、纠纷激化案件的发生；立刑事案件 7 宗，破 4 宗；治安案件 13 宗，查处 11 宗，查处率 85%。

【计划生育】 全年户籍人口出生 417 人，政策生育率 98.08%，人口出生率 14.21‰，自然增长率 9.71‰。享受农村部分计生家庭奖励政策的有 88 人，城镇独生子女父母奖励 5 人，农村计划生育节育奖励的有 353 人，计划生育特别扶助 5 人，有 152 对育龄夫妇参加孕前优生健康检查。

【卫生】 有梅西卫生院 1 间和村级卫生站 17 个。梅西镇卫院现职人数 36 人，其中执业医师 8 人，执业助理医师 4 人，执业护士 8 人，住院病床 30 张；主要仪器设备有 X 光机，B 超，心电图，血液分析仪，血球计数仪，尿液分析仪，救护车等。新建卫生院综合楼（占地 500 平方米，楼高 5 层，建筑面积 2500 平方米），创强工作开展以来，累计投入资金 1000 多万元，现卫生院综合大楼和宿舍楼、各村卫生站全部建成并投入使用。

【教育】 有中学一所（梅西中学），设教学班 12 个，学生 420 人，有教师 92 人。有小学一所（梅西镇中心小学），设教学班 19 个，有学生 530 人，教师 54 人。有幼儿园 3 间，在园幼儿 310 人，幼师 24 人。举办 2017 年广东省四〇一厂奖教奖学扶贫济困活动，共 120 多位优秀学生、教师发放奖教奖学金 23.8 万元。发动乡贤，争取慈善资金 15 万元及教育局 200 多万元，用于建镇中心小学图书馆，完成前期设计、立项和报批程序，已动工建设。

【党的建设】 2017 年，全镇有党支部 27 个，党员 1219 人，其中新发展党员 12 人。通过多种形式，大力宣传贯彻中共十九大精神。一是积极购置十九大报告、党章，及时发放给每位党员，使广大党员能够及时、充分地学习十九大精神。二是领导班子带头学懂弄通做实。通过召开学习十九大精神专题党委会、党政联席会议、中心组学习等方式，交流心得体会，以十九大精神统揽梅西工作全局，围绕目标经济，全力推进项目建设，积极完成好各项目标任务。三是成立宣讲团，到村、企业、事业单位，宣讲十九大精神，准确地把中共十九大精神的思想精髓、核心要义，传递到广大党员中、广大老百姓中，让广大党员、老百姓听得懂、能领会、可落实，使十九大精神深入人心。四是每个支部成立党员学习微信群，方便外出和行动不便的老党员。群内及时传阅最新中共十九大精神等材料，以通俗易懂的方式宣传到户到人，争取做到家喻户晓、人人皆知，真正做到全覆盖、广宣传、真落实。五是制订计划，将学习十九大精神向纵深发展。每周例会、每次党委会、各党支部的“三会一课”等必须学习十九大精神，推动全面从严治党向纵深发展。广泛征集挖掘梅西镇红色史料，全力开展红色遗址普查和维护，重修烈士纪念碑、吴汉超等革命先烈故居，打造一批广大党员干部接受党性教育和革命教育的平台和基地。

（供稿：张捷枫）

石 坑 镇

【概述】 石坑镇位于梅县区西北部，交通西接梅西的县道可直通大坪、平远，东有连接瑶上的瑶石公路，到南口镜内的 205 国道仅 26 公里。镇政府驻转水潭，距梅县区人民政府 39.2 公里，下辖 17 个行政村和 1 个居委会,辖区面积约 87.2 平方公里。石坑是太平天国天王洪秀全的祖籍。主要旅游景点有洪秀全祖居“梅魁第”、李氏祖居“盘龙围”、梅西区苏维埃政府旧址“东阜公祠”“葛藤窝”革命烈士纪念碑、龙凤村莲花观赏景点等。2017 年，全镇总户数 7436 户，人口 2.7 万人，农业总产值 2.7 亿元，固定资产投资 4455 万元。

【农业】 全年粮食作物播种面积 1500 公顷，其中水稻种植面积 1366 公顷，产量 7856 吨；经济作物主要有金柚、柑橙、李、柿、茶（食茶、油茶）、木署、姜等，其中柰李历史悠久，产品果大、色美、风味独特而远近闻名；“两茶一柿”为传统特产；石坑单丛茶先后荣获“广东省名茶”和“北京博览会金奖”称号。石坑米酒以其醇香浓郁获深圳举办的“世界客家文化节”唯一指定饮用酒。农业基地有石坑种猪场、岭村柰李生产基地等。茶叶种植面积 166.7 公顷；柑橘种植面积 152.9 公顷；金柚种植面积 416.3 公顷，产量 1.13 万吨；李子种植面积 342.4 公顷；生猪饲养量 3.35 万头，“三鸟”饲养量 17.5 万只；水产养殖面积 48.9 公顷，产量 569 吨。2017 年，水稻高产创建示范区水稻每造平均亩产 600 公斤。蔬菜农药残留的检测方面，全年完成 2900 个样品检测，超标数为 0 个。全镇有合作社 36 家、家庭农场 10 间。

【工商企业】 2017 年，全年招商引资项目有 3 个，分别是梅州市志诚房地产开发有限公司、梅州市梅县区石坑赢联农业发展有限公司、梅州市旋锋建筑基础工程有限公司，计划总投资 2 亿多元。原有企业 18 家，分别是梅州市振声矿业有限公司、梅县昌泰发展有限公司、梅县石坑客乡酿酒有限公司、石坑礤洋径水电站、石坑礤洋径电站樟树坑分站、梅县诚泰实业发展有限公司、梅县石坑沙坑口选矿场、梅县石坑屠宰场泰亿手袋加工厂、恒泰花园、天草电商、志诚达再生能源物流有限公司、绿林农林有限公司、梅州市盛富金属制品有限公司、梅州州市梅县区美创家具经营部、梅州州市梅县区梅花山商务酒店、梅州市醉鹅世家餐饮管理有限公司和梅州市诚泰发展有限公司等。

【圩镇与农村基础设施建设】 圩镇新区征地 1.6 公顷挂牌土地由志诚房地产公司竞得，已动工建设，在新开发区规划建设 1 个市场和 1 个超市综合体，完善配套综合住宅区、幼儿园等设施，并有机结合石坑人文、历史，打造具有客家风情的阜熙商业街。全镇还通过村民理事会自主筹集资金 200 多万元，兴建琴江桥、马径桥、龙中洗马陂桥和文化广场、转水潭公园、岭村水口公园等便民基础设施。完成区交通局验收的道路建设包括岭村村址至矿隆坑2.16公里、七朱排里至南塘0.9公里、龙塘Y272至前街0.6公里、Y272至后街0.8公里、澄中东方至黄泥径0.8公里、礤岭村址至杨澄坑0.867公里、龙凤赤竹至白古坑0.36公里、七朱白桥至田心0.3公里、长布上畲至公王0.25公里，合计总长6.14公里，自筹资金达到近百万元、营坳公路5公里路基基本完工。岭村坳峰至村址1公里道路扩宽全面完工验收。X010线石坑至梅西段改造工程于9月份全面完工。落地琴江水系连通河流治理项目，对礤梅村到马径村全长10公里左右的河道进行清淤清障和生态护坡维护，总投资1289万元。

【环境保护与治理】 镇投资280万元用于澄上村、长埔村160公顷一包三年的碳汇林建设项目。投入200多万元的110公顷的生态造林工程，投入70多万元的417.93公顷的森林资源抚育和管护工程按时完成。镇协助区林业局实施龙径村、七朱村投入40多万元的美丽乡村建设项目；配合公路部门推进岭村公路绿化景观路建设项目；转水森林公园二期工程有序推进；实施6.5公里生物防火林带龙中段建设。成立24人的护林队，专职护林员5人，负责全镇全天候森林防护。

【土地保护与利用】 全年受理群众来信4封，来访12批，制止违法用地6宗。“两违三抢”动态巡查制止10宗无用地手续的违法建设，违建面积约1000平方米。

【民生】 全镇现有重点优抚对象98人，老年退役士兵47人，每月定期发放抚恤定补金8.06万元。为17位家庭困难退伍军人向上争取临时困难补助1.31万元。发放退伍安置3人自谋职业补助金8.49万元。完成全镇复员退伍残疾军人、烈士子女及五老人员60周岁以上享受政府补助145人的信息录入。为98名重点优抚对象购买2018年城乡居民医疗保险。今年有新增低保32户，98人，低保金额2.15万元；退出低保71户，191人。3人纳入特困供养。现全镇在册低保382户，925人，每月发放低保金额共20.68万元。分散五保60人，每月共发放4.86万元。为城乡低保925人、特困供养87人、孤儿及事实无人抚养儿童14人购买2018年度城镇居民医保。全年医疗救助29人，金额35.5万元；临时救济13人，金额2.87万元。2017年全镇80~99周岁的老人844人，发放老年高龄津贴25.32万元；百岁老人3人，发放客家寿星奖3600元。全镇老年人意外伤害保险参保人数达1163人，共2.33万元。全镇17个行政村共有建档立卡相对贫困户422户1028人，其中一般贫困户92户310人，低保贫困户265户647人，五保贫困户65户67人，有劳动能力贫困户229户766人。至12月底，共筹集精准扶贫精准脱贫资金2105万元，投入使用资金1510万元，用于产业帮扶、基础设施及新农村建设。镇政府与梅州市金胜创新科技有限公司达成协议，由贫困户自愿入股投资，在镇政府办公、宿舍、计育大楼顶建设光伏项目，解决分散贫困户产业帮扶。初步完成4个省定贫困村项目库的修改和规划编制文本，完成52户农村危房改造、验收工作。

【综治维稳】 加快推进“中心+网格化+信息化”建设工作，实现网格化高效运作。全年镇村受理矛盾纠纷47起，调处矛盾纠纷47起，调处率100%。镇级共调处各类矛盾纠纷2宗。信访办共接到各类信访案件（含投诉、咨询等）16宗，回复16宗，办结率100%。社区矫正在矫对象8名。接收刑释解教人员（含社矫期满人员）8人，安置率、帮教率均100%。另外，立刑事案件1宗，破1宗；查处治安案件17宗，查处率100%。

【计划生育】 全年户籍人口出生424人，性别比106.83，其中一孩181人、二孩212人、三孩及以上31人，人口出生率15.56‰，政策生育率98.11%；常住人口全年出生268人，性别比106.15，其中一孩116人、二孩133人、三孩及以上19人，人口出生率15.14‰，政策生育率

97.01%；全年流出人口约有 4200 人，其中育龄妇女约有 2000 人。

【卫生】 石坑镇卫生院有现职干部职工 32 人，其中医生 10 人、护士 8 人、药剂 5 人、防疫 3 人，医技 1 人、工勤人员 2 人，另新招聘 4 人、退休 1 人。开设病床 20 张；全年门诊 2.95 万人次，全年住院 35 人；全年医技检查 3657 人次，其中 B 超超 347 人次，阳性率 57%；心电图 199 人次，阳性率 49%；X 光 269 人次，阳性率 47%；化验 2842 人次，阳性率 45%。全镇设村卫生站 17 个，有乡医 12 人(其中具有执业助理医师资格以上的有 2 人)，保健员 13 人。

【文化】2017 年，澄江村完成建设近 2800 平方米的金钟围文化俱乐部，包括活动室集图书室、棋牌室、乒乓室、健身房于一体。礤岭村正在建设村级文体活动中心。中共十九大召开后，文化站加强宣传，及时为全镇农家书屋和镇阅览室更新十九大报告、党章等有关读物。

【教育】 2017 年，全镇有独立初中 1 所，完全小学 1 所，小学教学点 1 个，幼儿园 2 所，成人文化技术学校 1 所。石坑中学，创办于 1970 年秋，是一所农村寄宿制初级中学。有教学班 8 个，学生 207 人，其中内宿学生 111 人。在职教职工 49 人，有中、高级教师 33 人，其中专任教师 40 人，35 人具备本科学历，2 人在读本科，教师学历全部达标。石坑镇中心小学，始建于 1938 年，其前身是梅县私立秀全纪念学校，全国政协原副主席叶选平为学校题写校名。现有 16 个班学生 613 人。专任教师 42 人，有省优秀教师 2 人、市优秀教师 2 人、叶剑英基金优秀教师 1 人，教师合格学历达标率 100%。

【党的建设】 2017 年，全镇有党支部 25 个，有党员 1042 人，其中 35 岁以下党员 289 人、占比 28%，36 岁至 45 岁党员 155 人、占比 15%，46 岁至 60 岁党员 270 人、占比 26%，61 岁以上党员有 328 人、占比 31%，大专及以上学历党员 343 名、占比 33%。对软弱涣散村，安排党委班子中能力较强的成员挂村，并配备村书记后备人选。2017 年石坑镇换届的村（社区）18 个，全镇共登记选民 22102 名，其中有 22030 名选民参加选举投票，参选率达到 99.7%。同时调整镇党委“两学一做”学习教育活动协调小组人员，重新制订“两学一做”学习计划。以党支部为基本单位，以“三会一课”为基本制度，坚持每月召开党小组会议、党支部委员会议和每季度召开一次支部党员大会。

（供稿：丘文铮）

大 坪 镇

【概述】 大坪镇位于梅县区西北部，镇政府驻大坪圩，距梅县区人民政府 30.5 公里。南邻南口镇，北接平远县长田镇，东通梅江区城北镇，西靠梅西水库管理局。总面积 76.7 平方公里。辖 12 个村委会和 1 个居委会，总户数 5379 户，总人口 19226 人。2017 年，全镇生产总值 4.78 亿元；税收实现收入 336.6 万元，乡镇净收入 126 万元，同比增长 66%；固定资产投资完成 18723 万元，比增 106.9%；批发零售业 1896 万元，同比增长 8%；农村年人均可支配收入 16338 元。

【农业】 2017 年，在开展粮食高产创建活动中被评为“梅县区粮食高产创建活动先进镇”；做好 30 户科技示范户和合作社、家庭农场技术指导和农业培训工作，2017 年三台村彭远珍果园被评为梅县区十大优质金柚园；农村土地承包经营权确权登记颁证工作颁证率达 98%，正在开始农村经济组织证明书换证工作。全年水稻种植面积 836 公顷，产量 5932 吨；水果种植面积 1168 公顷，产量 2.67 万吨，其中金柚种植面积 625 公顷，产量 1.32 万吨；水产总产量 928 吨；生猪出栏量 2.45 万头，“三鸟”出栏量 1.75 万只。

【工商企业】 以吉祥产业园为依托，重点服务吉祥产业园区厂房等基础设施建设，计划总投资5亿元，2017年底已投入2亿多元。通过园区以商招商，大力建设发展以光电产业为基础，以新材料新工艺为导向的高新技术的产业园工业。2017年已进驻星泰环保科技股份有限公司、梅州市亮如昼科技有限公司、TFT液晶显示器有限公司、梅州市大江畔月饼厂等企业公司。

【圩镇与农村基础设施建设】 稳步推进圩镇的扩容提质工程，不断完善圩镇的消防公共设施和亮化工程、排污工程。快速推进交通基础设施建设，实现年初2亿元的省重点项目梅平高速公路（大坪段）建设工程正在进行路基、桥隧等施工。投入395.5万元新建、加宽惠及8个村11.3公里的农村公路路面硬底化建设。总投资680多万元、惠及13个村（居）的村村通自来水工程完成70%的管道铺设，预计2018年春节前完工；稳步实施总投资350多万元的程江河（大坪段）中小河流治理工程建设，完成河道清理、70%的水毁河段护岸和70%的守台村过河大桥重建工程。

【环境保护与治理】 做好总投资350万元镇级森林公园建设工作，进行森林公园管理处、停车场、登山道路、观景亭及公共厕所等基础工程建设工作；开展护林护绿行动，全年完成碳汇林改造33.33公顷；推进大坪镇河长制工作，完成领导机构、配套制度、管理人员等配套工作；投入近400万元，开展有针对性的畜禽污染整治、除险加固涉水设施、水域垃圾清理等巩固工作，已清理河道垃圾约3.5吨、整治沿河禽畜养殖场10户，初步实现水净民乐生态好的目标；黄标车淘汰工作，完成任务数的65%。

【土地保护与利用】 耕地保有量保持动态平衡，基本农田保护工作任务按时、按质、按量高标准完成；对镇域内矿产资源进行经常性巡查，确保无非法开采行为；全面排查地质灾害隐患，做好削坡建房户管理工作并建立完善的管理台账，全镇削坡建房户共695户，重大削坡风险户4处，完成重大削坡风险户1处。

【民生】 有序开展低保、五保资金足额发放到位，拥军优属工作。加大扶持就业创业力度，积极组织农村青年、致富能手参加“领头雁”等公益性的劳动技能培训。推进农村留守儿童关爱活动，完成2个贫困村农村妇女“两癌”免费检查。积极推行城乡居民养老保险，做好常规性的续缴费工作，全镇参保人数16212人，参保率98.34%。13个村（居）的村级公共服务站专职人员如期上岗，投入50多万元完成镇、村两级公共服务综合平台建设，建立多功能服务综合平台，户口迁移、村级证明等业务在村一级就能办理。创新“光伏+种养+就业”产业帮扶模式，全年共投入206.98万元专项扶贫资金，实施帮扶项目150多个。其中有93户291人开展种养项目，预计年人均增收3000元；41户131人开展光伏发电项目，预计年人均增收1400元。累计实现146户305人次脱贫，脱贫率达72.3%。此外，有序推进相对贫困村雷甘、三台村“两中心三广场”建设、雨污分流、交通道路、垃圾处理等设施建设。

【综治维稳】 建立领导坐班接访制度，成立信访维稳突出问题处置化解工作专班，为实现高效稳妥处置信访问题提供制度保障；推进“中心+网格化+信息化”建设，切实开展“八大系列专项行动”，围绕“九类信访突出问题”开展矛盾纠纷排查工作，务求将矛盾化解在萌芽状态。全年共受理群众矛盾纠纷93宗，成功调处92宗，调处率99%。此外，精神病患者排查和社区戒毒及反邪教宣传工作得到良好开展，2017年已申报雷甘、清连村为“全国无邪教示范村”。全年立刑事案件4宗，破获3宗；发生治安事件12宗，查处6宗。

【计划生育】 2017年全镇总出生189人，计划生育率98.94%，出生率18.94‰，征收社会抚养费8.78万元。

【卫生】 全面完成镇级卫生院和村卫生站的基础项目建设并通过验收，达到市级“两基”示范镇的标准。年投入 60 万元，完成大坪、秀湖、坪畲 3 个村标准卫生站改造，并通过区级验收标准，全镇 12 个卫生站改造全部完成；完成全镇生活垃圾服务外包工作，全镇清扫保洁、生活垃圾处理率达 100%。

【体育】 镇有标准足球场 2 个、篮球场 9 个，13 个村（居）均设有体育锻炼场所和设施，春节期间举办“顺风杯”足球比赛。

【文化】 镇完成 8 个村的村级文化活动中心的建设，送电影下乡共 144 场，邀请区山歌剧团演出 2 次，春节、元宵、“五一”、“七一”、中秋、国庆等重大节日举办了大型群众性文艺演出。

【教育】 我镇共有幼儿园 2 所（大坪镇中心幼儿园、广博幼儿园），在园幼儿 235 人，幼师 21 人；小学 1 所（大坪镇中心小学），学生 367 人，教师 46 人；中学 1 所（程风中学），学生 184 人，在职教师 43 人；适龄儿童入学率 100%，义务教育阶段升学率 100%，教师学历达标率 100%。

【党的建设】 2017 年，全镇有党支部 21 个，党员 950 人，其中新发展党员 9 人。按照“学懂弄通做实”的要求，认真学习中共十九大报告和新修订的《党章》，深入学习领会习近平新时代中国特色社会主义思想，牢固树立“四个意识”，坚持“四个自信”。大力整顿软弱涣散党组织，以村级换届选举为契机，调整充实、选优配强了育豪村“两委”班子；全力筹措资金优先解决群众反映强烈的民生问题，已投入了 60 多万元完成了村道拓宽、河道整治、村址改造等项目。扎实推进涉农领域腐败问题专项治理工作，成立 13 个入户核查小组，对各村（社区）涉农资金的管理、使用情况进行严格核查，发现线索 12 条，镇立案 4 宗，谈话提醒 52 人，党纪政纪处分 4 人。

（供稿：梁雅琳）

城 东 镇

【概述】 城东镇地处梅州城郊，镇政府所在地竹洋，距梅县区人民政府 17.6 公里，东邻丙村，西连石扇、城北，南与东郊、西阳交界，北与白渡和蕉岭县新铺接壤。下辖 12 个行政村和 1 个居委会。全镇矿产有煤、锰、铜、铅、锌、石灰石、建筑石和黏土等。辖区面积 79.3 平方公里，圩镇面积 1.2 平方公里，广东省（机电）技术创新专业镇。2017 年统计有 5383 户、22137 在册人口。全镇规模以上工业总产值 20.19 亿元，同比增长 27.54%；完成固定资产投资 8.3 亿元，同比增长 278%；完成工商财税 1.85 亿元，同比增长 25%；实现镇级财政收入 5039 万元，同比增长 15.89%；年农村人均收入 17665 元。

【农业】 全镇有耕地面积 1073.33 公顷，林地面积 5433.33 公顷。全年水稻种植面积 986.67 公顷，总产量 7031 吨；水果种植面积 1480 公顷，其中沙田柚种植面积 733.33 公顷。水产养殖面积 173 公顷。做好农村土地确权登记工作，目前完成申请颁证农户 3945 户，颁证率 97%。发展“互联网+现代农业”，依托木子金柚建立惠农信息社和镇级电商示范服务站，加快实现“工业品下乡”和“农产品进城”双向流通。引进乐得鲜在石下村投资 120 万元种植 2.33 公顷葡萄园。新围龙农业发展有限公司、城东农业服务中心获得广东省农业技术推广奖；木子金柚评为“广东省名优新特”农产品经营专用品牌、梅州市金柚首批红名单企业；玉水全市首家小龙虾稻米混养大型实验基地等辐射带动能力不断增强，推动了现代农业与生态特色旅游融合，突出农业科技服务，推广良种良法，全镇建立了 9 个农业科技示范村，申请 5 个村级“一事一议”项目奖补资金共 55 万元。有农民专业合作社 3 家。

【工商企业】 全镇规模以上工业企业 9 家，全镇规模以上工业总产值 20.19 亿元，同比增长 27.54%，以 BPW 车轴为龙头辐射带动装备制造业集聚发展，积极实施创新驱动发展战略，建成了 BPW 亚洲研发中心，投资 5000 万元的七期增资扩产项目竣工投产。以 205 国道沿线商铺为带动，发展与工业、建筑、运输相配套的工程机械商贸销售、机械汽车维修等现代服务业。深入实施“乡贤回乡投资兴业”工程，2017 年共引进现代协卓农业物流配送中心、均耀机械制造等招商项目，总投资额 6 亿元；全年新注册企业 33 家、个体工商户 209 户。全镇有企业 256 户，外资企业 6 户，农民专业合作社 26 户，个体户 939 户，其中新增企业 53 户，外资企业 1 户，个体 173 户；有酒店 3 家，餐饮服务 174 户（新增 51 户），旅游业 12 户（新增 2 户）。

【圩镇与农村基础设施建设】 筹资 600 多万元建设镇卫生院医技综合大楼，已建成封顶。新建 3 个村卫生医疗站，已竣工投入使用。启用镇政务中心及 13 个村（居）公共服务中心，实现老百姓“家门口办事”。全面完成农村超高速无线局域网建设任务。完成全镇 11 个村的村村通饮水安全工程、圩镇自来水厂、2 个污水处理厂和各村雨污分流等的项目设计和用地征地。

【环境保护与治理】新装全域旅游标识牌 52 块，新农村建设各类型宣传牌 150 块（幅）。全面完成投资 1600 多万元的城东高速出口景观工程、竹洋圩镇周溪河滨水景观、205 国道沿线景观绿化提升工程、高速公路至圩镇街道立面提升工程。通过政府购买社会服务的方式，与广东志诚达再生能源有限公司签订垃圾转运保洁协议，购置并向各村发放 800 只垃圾桶，购买 26 辆垃圾收运车、1 辆转运车辆及聘请 34 名保洁员，每天对全镇范围内（含河道）的垃圾进行清运保洁，实现全镇生活垃圾统一分类减量压缩处理后运至奇龙坑垃圾填埋场进行无害化处理。完成 16 公里村道硬底化及美化工程，完成 12 公里道路路灯亮化工程。

【土地保护与利用】 加强对农村农民建房的监管，引导群众依法依规建房。完善镇“两违”防控网格化管理责任，确保责任落实到位。切实加强“两违三抢”防控，及时发现、制止和查处违抢行为，依法拆除违章建筑 35 处 1515 平方米，全年整合征用了土地 35.32 公顷，拆迁房屋 35 座。

【民生】 有低保户 176 户，保障人口 359 人，全年发放保障金 109 万元。有分散农村五保户 53 人，全年发放保障金 42.9 万元。全镇 2017 年在册优抚人员计 157 人，为优抚对象发放 81.7 万元。对三无人员、优抚对象、老党员困难户、老基层干部困难户、因灾、因病、因祸、因残致贫困难户全年发放医疗救助金 4.13 万元，临时困难救助金共 7.44 万元。农村合作医疗保险，参保人员数 16994 人，参保率 100%。玉水、莲塘 2 个省定贫困村，筹资和争取财政支持 656 万元完善村级办公设施、建设文化长廊、村民活动场所、实施亮化工程等。全镇有劳动能力贫困户 87 户，利用金融扶贫政策，入股广东木子金柚合作社，获取年 9%分红收益。投入资金 165 万元，扶持 53 户贫困户发展光伏发电项目，全部完成建设并网发电。各分散村均按“一户一策”的方案，均按程序申请帮扶资金。实现脱贫 201 户 406 人，占 78.5%。

【综治维稳】 完善村、镇两级综治信访维稳工作平台，建设“中心+信息化+网格化”平台，开展“平安细胞”创建活动。加大创建“平安城东”工作力度，完成 10 个村平安视频建设，镇村主要路口有 150 多个摄像头，实现全天候监控。全年接访群众 185 人次，为群众提供法律咨询 70 多人次，受理批转各类纠纷 16 宗、解决 15 宗。全年立刑事案件 23 宗，查处治安案件 39 宗。

【计划生育】 全镇全年育龄妇女 5338 人，已婚育龄妇女 4178 人。新婚 93 对；全年出生 245 人，出生率 21.49‰，自然增长率 12.63‰；性别比

104.17；政策内242人，政策内生育率98.78%。全面实施免费孕前优生健康检查，切实做好全面实施"二孩"政策的服务工作。

【卫生】 开展"灭蚊防病"爱国卫生运动，抓好春秋防疫、动物疫情、H7N9禽流感疫情的监测和防控工作；2017年，竹洋、潮塘、石下3个村评为省级卫生村；葵上、葵下、石月3个村评为市级卫生村。镇卫生院现职人员32人，其中主治医师2人、执业医师5人、执业助理医师8人、执业护士8人、药剂士3人、药剂师1人、其他4人，检验师1人。主要仪器设施有：B超、心电图、血细胞分析仪、尿液分析仪、心电监护仪、胎心监测仪，X光机等，有住院病床8张。

【文化】 以"四城联创"为抓手，积极推进精神文明创建活动，城东镇在全区业余文艺汇演上以小品《巧妈进城》获得一等奖。组建11支业余文艺队伍，坚持送戏下乡、播放电影。莲塘村"法珙"公祠荣获"三多三促"农村文化俱乐部示范奖。

【教育】2017年，有完全中学1所（广益中学）、小学1所（城东镇中心小学）、幼儿园3所（公办的城东镇中心幼儿园和民办的金盘幼儿园、宝宝幼儿园）。全镇有教职工188人，有中学生172人、小学生815人，有在园幼儿530人。

【党的建设】 全镇有党委1个，村（居）党支部13个，机关企事业单位党支部7个、"两新"组织党支部3个。有党员1144人，新发展党员10人。完成全镇第七届村（居）"两委"换届选举工作，13个村（居）委配齐配强"两委"干部57名。其中书记、主任一肩挑11人，达到84.6%。交叉任职36人，交叉率92.3%。机关企事业单位"两新"党组织于9月底全面完成换届。汾水村列为软弱涣散基层党组织，通过抓好村"两委"班子和后备干部建设，改建老人活动中心和卫生站，计划进行村道扩宽及硬底化、建设自来水饮水工程和修建汾水村足球场。收集各级班子建设、发展经济、民生实事、信访维稳等意见建议23条，化解矛盾28宗。贯彻落实"两学一做"学习教育，常态化制度化要求，规范执行"三会一课"等党内组织生活制度，提高党员干部思想政治素养，增强维护党中央权威和党的团结统一的坚定性。

【城东白渡产业园】 深入实施"乡贤回乡投资兴业"工程，2017年引进现代协卓农业物流配送中心、伟友耐磨、均耀机械制造等招商项目，总投资额6亿元，2017年新注册企业33家、个体工商户209户。以绿色工业小镇为发展定位，以"两轴多点"为总目标（205国道为工业发展轴、潮塘玉水的莲花山脉生态旅游发展为轴，生态宜居示范点—八环三旧改造项目，生态旅游观光点—古梅梦景文化产业，新农村建设示范点—玉水莲塘村），推进绿色、集约、智能、低碳的特色工业小镇建设。

【广东省机电专业镇】 以"城东白渡工业园区"为载体，围绕"聚焦工业"一条主线，突出"重点项目建设、招商引资、企业上规模和上市"三大重点，大力发展实体经济。一是以BPW车轴为龙头辐射带动装备制造业集聚发展，积极实施创新驱动发展战略，建成了BPW亚洲研发中心，投资5000万元的七期增资扩产项目竣工投产，计划动工建设车轴八期扩建工程，有效带动装备制造业的发展，庆达二期、伟友耐磨、均耀机械制造等正加快建设。二是以205国道沿线商铺为带动，发展与工业、建筑、运输相配套的工程机械商贸销售、机械汽车维修等现代服务业。三是深入开展"暖企"行动，实行党政领导挂点服务重点工业企业、重点项目制度，全力支持服务企业增资扩产、产业升级，不断培育新的增长点。

（供稿：李依薇）

石扇镇

【概述】 石扇镇位于梅县区北部，镇政府驻中和圩，距梅县区人民政府27.8公里。东界城东镇，西邻平远县长田、热水，南连梅江区城北，北接蕉岭县新铺、徐溪。总面积91.4平方公里，辖12个行政村和1个圩镇居委，现有人口6458户21358人。

全镇实现农村经济总收入10.75亿元，同比增长9%；完成税收收入347.2万元，同比增长27.43%；完成规上工业总产值3.19亿元，同比增长36.6%；完成限上批零销售额5612.9多万元，同比增长192.8%；完成固定资产投资1.17亿元，同比增长44.5%；完成招商引资项目3个总投资近1.55亿元，同比增长55%；全镇森林面积6625.2公顷，其中生态公益林面积3568.7公顷，森林覆盖率达72.32%，新建镇级矮寨森林公园。全区首个广东省森林小镇、广东省梅县金柚产业技术创新联盟落户石扇镇。

【农业】 2017年，全镇水稻种植面积382.69公顷、玉米面积138公顷，花生312公顷，咸菜140公顷，水果种植面积1522.53公顷，其中金柚面积1438.67公顷，金柚总产近6万吨，总产值3亿多元，同比增长15%。实施畜禽养殖业污染整治和转型转产，畜禽水产养殖产量有所降低，但效益明显增加；农村土地确权颁证和农业“三项补贴”改革全面完成。

【工商企业】 一是先后引进宝恒建材、三丫农业等企业，总投资近1.55亿元。二是支持规上工业企业增资扩产和转型升级，金辉建材、嘉鼎建材共投入4000多万元新建干粉砂浆项目，销售额同比增长40%；拓锋石粉厂投入6000多万元新建自动化加工建材产品基地，销售额比增300%。三是全镇农电商和小额物流快递产值实现翻倍增长。

【圩镇与农村基础设施建设】 投入300多万元，实行农村垃圾卫生保洁清运社会化外包。投入50多万对圩镇农贸市场进行升级改造。投入3220万元，实施中小河流治理项目，已完成工程进度的80%。投入1100多万元，实施卫生院改扩建工程，在原卫生院址上拆旧新建一栋占地606平方米、6层高、总建筑面积3200平方米的综合楼，主体工程已封顶；投入300多万元对12个村卫生站实施改建改造工程，已全部建成运营。投入800多万元，完成巷道硬底化28条7.2公里，新农村公路9条7.8公里。投入2600多万元，建设镇级和村级污水处理厂，村级项目已动工建设。投入2900多万实施村村通自来水工程，项目已动工。投入160多元，建设中和电灌站，投入62.8万元，修复水毁工程。

【民生】 全年组织农村劳动力培训3次450人次，全年完成农村危房改造37户；新增低保五保82户167人，核减96户298人；参加城乡居民医疗保险18244人，培训转移农村贫困户102户325人；全年完成4867份农产品样品检测任务，源头加强农产品质量安全监测。全年淘汰19辆黄标车。开展“扶贫助困日”“青春情暖”“助力精准脱贫攻坚”“扶助特困学生上大学”等扶贫助困活动6场（次），筹措近20万元用于全镇奖学助困活动。实施金柚、百香果、火龙果等特色产业帮扶项目，探索实施“政银企农”四位一体小额金融贷款帮扶项目，已成功签约60户185人，每户年均收入4500元；探索推进光伏发电等长效帮扶措施，已意向签约28户91人；有效推动81户220人实现稳定增收。

【综治维稳】 推进综治信访维稳“中心+网格化+信息化”工作，将全镇划分为54个网格，依托综治e通，68名网格员参与到化解矛盾纠纷中来，有效构建“科技手段+行政力量+社会力量”的互联互动、共管共治的工作格局。以法治镇村、无邪教镇村创建为抓手，严格落实镇领导接访下访和包村包案的领导责任以及驻村干部、社工、村干部的属地管理责任，按照“三到位一处理”原则，坚持“三属地三同步”做法（属地管理、属地排查、属地化解；政策宣传与问题排查同步、法律服务与疏导化解同步、直联工作和信访维稳同步），全面排查治理涉军、涉土地等不稳定因素，同时依托党政联席会、每周信访维稳研判会等载体，逐一评估研判，落实领导包案，专班化解，有效确保辖区特别防护期“小事不出村、大事不出镇，矛盾不上交”，维护社会和谐稳定。全年受理办结信访件 24 宗，成功调处农村矛盾纠纷 156 宗。全年辖区共接警情 202 条，立刑事案件 7 宗，破 4 宗；立治安案件 23 宗。

【计划生育】 全年出生 251 人，其中男 136 人，女 115 人，性别比 100；二孩出生 143 人，占比 56.97%；出生率 11.86‰，计划生育率 98.81%，人口自然增长率 8.53‰。

【卫生】 推进“基本医疗和基本公共卫生服务示范镇”创建活动，计划投入 1400 多万元，推进镇卫生院改扩建和 12 个村卫生站升级改造，其中 2017 年完成投资 900 多万元。全镇有中心卫生院 1 家，各类医务人员 36 名，床位 20 个。

【体育】 全镇现有足球场 3 个，室内运动场馆 1 个，篮球场 7 个，全镇 13 个村（居委）均建有文体休闲广场。全年先后组织篮球赛、足球赛、羽毛球赛等各类文体活动 20 多场（次）；春节期间，镇级举行“丽辉建材杯”篮球赛和“石扇足协杯”足球邀请赛，各村自发组织开展各类文化体育活动 12 场次。

【文化】 全镇有业余文艺健身队 12 支、农家书屋 12 个，全年开展各类文化下乡活动 28 场次，邀请各类专家教授开展文化讲座 6 场 700 多人次，开展各类专题征文活动 3 次，开展党章党纪党规、农村知识等考学活动 3 场次，举办学习贯彻十九大精神暨“美丽庭院·十佳文明媳妇”文艺汇演，选派队伍参加市广场舞比赛获得三等奖，参加区演讲比赛获得二等奖；申报肖向荣故居为省级文物保护单位。

【教育】 全年投入 300 多万元，对梅北中学运动场等进行升级改造。2017 年，有初级中学 1 所，教职工 45 人，学生 274 人；有小学 1 所，教师 44 人，学生 727 人；幼儿园 2 所，幼儿 430 人，幼师 28 人。

【党的建设】 2017 年，全镇有党支部 20 个，党员 1095 人，全年发展党员 10 名。查处党员干部 5 人。一是推进“两学一做”学习教育和干部驻点联系群众常态化制度化，通过“机关支部示范学、每周例会轮流学、值班党小组讨论学、微信平台在线学、挂村包片分享学、定期考评督导学、联系工作检验学”等“七个学”以及“专题党课、宣讲、送学、考学、征文、书法、文艺汇演”等“十个一”系列主题活动形式，学懂弄通做实十九大精神。二是坚持把纪律规矩挺在前面，推动村级换届呈现“新老交替承前启后、民主集中合理交叉、女干部比例稳步提高、整体素质结构优化提升、群众民主意识和参选热情显著提高”等五个新特点；投入 900 多万元，用于松林村软弱涣散党组织整顿及公共基础设施建设；投入 104 万元，保障村级党组织日常办公和阵地规范化建设，全年成功创建 3 个党建示范点。三是落实全面从严治党主体责任，推动建立完善履行主体责任专题报告、常态谈话提醒、责任追究问责通报机制，建立健全干部队伍“轮流带学、抽查汇报、谈话提醒、督查通报”等机制，倒逼广大党员干部自觉加强理论学习和实践历练，逐步增强“八个”本领；健全完善机关行政后勤、文秘管理、组织人事等制度 28 项，常态加强监督检查，着力用制度管人、用机制考核干部；始终坚持严管与厚爱并重，既从严从实抓好干部日常教育监督管理和作风建设，又在政治上激励、工作上支持、人文上关怀，有效营造清正廉洁、勤政务实、团结奋进的干事创业氛围。

【广东省金柚专业镇】 一是突出理念创新，初步形成以质定价的市场导向。以点带面、以奖代补投入200多万元实施“生态柚园”五级联创暨农药化肥零增长、农业面源污染治理等专项行动，积极上级支持250万元实施有机肥替代化肥行动。全省首个现代农业示范区生物预警和气象综合监测站在石扇镇率先建成启用，全年金柚总产量6万吨，总产值3亿多元，比增15%，人均金柚年收入超过1.6万元。二是突出管理创新，初步形成协同创新的运行体系。坚持以“政府引导、行业主导、市场化运作”理念推进金柚产业组织创新，协调华南农业大学、仲恺农业工程学院、嘉应学院、省、市、区农科院及部分农业龙头企业组建全区首个广东省梅县金柚产业技术创新联盟，建成金柚产业协同创新中心，初步构建“政产学研”协同创新和成果转化平台。三是突出经营创新，初步形成三产融合的发展业态。大力培育农业龙头企业、农产品深加工企业等新主体，大力发展电商营销、休闲农业、创意农业和乡村旅游等新业态，推动金柚产业“接二连三”融合发展。全年新增省级农业龙头企业1家，市级农业龙头企业1家，兴缘柚果被评为中国名优产品。投资1550万元的兴缘农业自动化包装项目竣工运营，投资2000多万元的梅龙柚果农产品深加工项目正在调试投产，投资近1000万元的科涛农业金柚公园、体验农业项目初步运营。

（供稿：杨钢军）

丙村镇

【概述】 丙村镇位于梅县区东部，镇政府驻地丙村圩镇镇南街，距梅县区人民政府26.8公里。东南部邻雁洋，西南连白宫、西阳，东北接雁洋、松南，西北界城东、白渡。辖21个行政村和1个社区居委会。全镇有12562户，总人口4.6万人，辖区面积170.7平方公里，其中：耕地面积1280公顷、林地面积1.28万公顷。旅游快线S223、S224线、梅大高速公路、嘉应环城高速（在建）和梅坎铁路贯通整个丙村。2017年，全镇社会经济总收入27.05亿元，同比增长22.2%；农业总收入6.45亿元，同比增长15%；农村人均收入2.18万元，同比增长20%；镇级税收入库8309万元；固定资产投资3.83亿元，同比增长105.7%。

【农业】 2017年，粮食作物播种面积1880.2公顷，粮食总产量1.69万吨；其中水稻1247.47公顷，产量9253吨。水果种植面积共1887.13公顷，总产量4万吨，主要以种植柚果为主，特色水果有红肉蜜柚、三红蜜柚、红肉火龙果、百香果、银二枇杷、四季龙眼等。种植特色水果产业基地53.33公顷，全镇经济作物种植面积629.47公顷，主要有花生、木薯、中草药材等。出栏肉猪1.73万头，家禽出栏量19.5万只，肉用牛105头，肉用羊1086只，肉用狗2958只，家兔6489只；水产养殖面积208.33公顷，总产量2705吨。2017年，新引进奥吉特菌业、稻丰实业有限公司，培育发展新型农业经营主体，新增金柚、三红蜜柚、百香果、红肉火龙果等特色产业基地33.33公顷。新增省级农业龙头企业1家（客迁食品），有省名特优新农产品富柚金柚1号饮料、省名牌稻丰系列大米、新增区级农业龙头企业1家、注册农民专业合作社2家、家庭农场1家。完成21个村的农村土地承包经营权确权登记的一轮公示、二轮公示，申请颁证8773户，颁证率91%。

【工商企业】 2017年，新引进梅州市光能源有限公司、宝善科技等2家企业，引资额5.2亿元。全镇工业总产值32.92亿元，其中规上企业有荷树园电厂、梅县泰山建材有限公司、丙村水泥厂、梅县锦江电路板有限公司、梅州新嘉建材有限公司，新培育客迁食品、九五建材、佳通电子、丙村客运新上规，全镇有农贸市场1个，个体工商户1640户，其中商店户1514户，连锁超市3家，酒店3家，餐饮服务120家。

【圩镇与农村基础设施建设】2017年，投入1000多万元，完成梅大高速丙村出口景观提升，基本完成镇中心规划修编，对接市规划设计院、铁汉生态设计公司，整治规划建设五个美丽乡村，抓好田头、郑均两个省定贫困村新农村建设工作；投入约100多万元，完善公共服务中心、启用三级视频会议系统、配齐各部门办公设备、建设生态停车场、改造三堡文化活动中心、提升机关饭堂环境、安装浩泽净水系统等系列工程；投入近100万元，充分利用现有闲置房屋等资源进行装修或改建，高规划、严要求开展“五小”建设；计划投入210万元，规划、新建1个镇中心垃圾中转站；投入780多万元，完成溪联、红光村镇级污水处理净化站；计划投入3805万元，建设丙村三堡大桥（全长670米，桥梁总长346米，桥梁宽16米，引道长324米），已动工建设；投入183万元，实施红光电排站工程建设；投入55万元，实施银竹电灌站工程建设；投入300多万元，完善人和、红光、旋风3个灌区项目及人和村电灌站进行加固改造工程。

【旅游】境内有五百多年历史的中国传统民居建筑客家围龙屋——仁厚温公祠，有省级文物保护单位银场村邓仲元故居，有市级文物保护单位新圩村扬孝石刻，有叶剑英元帅少年时期就读的三堡学堂，有明清秀才李文固墓地等名人故居景点。一是做好旅游线路规划。锦江桥至梅福粗石坑旅游专线公路沿线村为重点的旅游线路，包括：梅福村李文古故居、墓地，梅州市梅县区刘屋家庭农场、梅州天绿农业发展有限公司、黄梅村广利家庭农场、东溪辉鸿农业发展有限公司；仁厚温公祠、生泰鱼庄、邓仲元故居、银二村枇杷基地、杜陂坑民宿和梅溪山庄民宿；旋风村、芦陵村（举人村）——市级生态村；郑均村、咀头村乡村游。二是利用沿路古民居风貌，在群丰、芦陵、咀头村等村鼓励开发民宿，并利用山水田园风光打造具有丙村特色的乡村旅游项目。三是结合农业特色水果品种多的优势，利用田头红肉火龙果、四季龙眼、银二枇杷、大雅红肉蜜柚基地为游客推出采摘、品尝、购买于一体的亲子田园旅游项目。2017年，投入200多万元，对长寿山森林公园的风雨亭、运动场以及登山水泥石级等设施进行维修，并增添一批休闲健身器材。

【环境保护与治理】将1万多株苗木分拨到21个村委会进行套种，对东溪村、黄梅村等666.67公顷景观林和碳汇林进行抚育施肥，建成长寿山镇级森林公园并通过验收；全年制止乱占乱开林地21宗，发出整改通知21宗；投入38万元，进行全镇畜禽污染整治。采取“户收集、村转运、镇处理”的模式，保洁清运外包实行招投标，由志诚物流中标实施；投入230多万元，继续强化农村生活垃圾处理，新购买垃圾桶320个，聘请保洁员71名；横石、田头、程江、咀头、联和成功申报省级卫生村，银二、银场、新圩、芦陵、东溪、溪联、人和、郑均成功申报市级卫生村。

【土地保护与利用】开展耕地动态巡查，确保耕地面积稳定。完善镇村建房用地管理“网格化”巡查制度，规范管理圩镇和农村建房。抓好梅州东环高速公路丙村段“两违三抢”防控，并专门成立9个巡查防控工作小组，全天候做好东环高速沿线“两违三抢”的防控工作；完成东环高速红线征地66.87公顷，拆迁房屋全部签约。制止无用地手续的违法建设2宗，查处违法用地3宗，拆除违章建设4宗。

【民生】城乡居民医疗保险参保32770人，农村社会养老保险参保13739人，其中享受养老待遇有8484人。建设完成敬老院新建老人宿舍楼一栋；免费为69位贫困白内障患者成功施行复明手术（植入人工晶体）。郑钧村发放地票42份，拆除危、旧、弃房42间1395平方米。田头村发放地票60份，拆除危、旧、弃房69间1930平方米。强化职业技能培训，全年培训各类人员280人次。发放种粮补贴186.72万元；发放生态公益林补偿共200万元。郑均、田头2个省级贫困村筹集帮扶资金133万元，进行精准扶贫帮扶。

全镇有居民低保户41户66人，农村低保户536户1078人，孤儿4人，事实无人抚养儿童3人，全年共发放低保救助金326.48万元；享受五保对象117人，共发放五保救助金107.56万元；做好部队退伍士兵的安抚工作，其中复员退伍46人、参战人员115人、60周岁退役士兵149人、三属人员4人、伤残军人10人、五老人员4人、建国前人员1人、烈士子女7人，共发放优抚补助210.4万元。

【综治维稳】 2017年，完成“七五”普法任务。积极做好“一村（社区）一律师”顾问法律援助服务，常年聘请一名法律顾问，为85名家庭经济困难的群众提供法律援助。全年受理各类矛盾纠纷55宗，成功调处54宗，当场解决问题8宗，转交相关部门答复解决41宗，成功调处率98%。全年领导干部接访群众286人次。强化“中心+网格化+信息化”建设，围绕“排查防控违法犯罪、排查化解矛盾纠纷、排查排除公共安全隐患”三大功能，将全镇划分97个网格，每个网格员配备一部办公手机。投入30万元将丙村派出所由四级所提升至二级所。2017年立刑事案件35宗，破获21宗。

【计划生育】 2017年，全镇出生506人，其中一孩189人，二孩291人，三孩及以上26人，出生率19.19‰，政策生育率97.63%，性别比104，自然增长率6.37‰。全年征收社会抚养费10.4万元。

【卫生】 2017年，横石、田头、程江、咀头、联和成功申报省级卫生村，银二、银场、溪联、人和、郑均、东溪、芦陵、新圩申报市级卫生村，旋风村成功申报市级健康村。投入325.9万元，新建标准化村级卫生站10个，装饰标准化村级卫生站8个。投入480万元，进行三堡医院综合大楼建设，完成基建、装修，进入竣工验收阶段。投入74.8万元，进行住院病房改造和购置医疗设备。

【体育】 投入90多万元，完成三堡足球场提升改造工程。举行丙村镇“贺岁杯”村级足球联赛中，溪联、银竹田头联队、红光居委联队分获冠、亚、季军；在春节期间，在丙村中学球场举办新年足球友谊赛。

【文化】 2017年，投入约100万元，建成叶帅文化启蒙园；完成对全镇22个村（51个自然村落）的自然村落历史人文普查；温鸣剑将军故居成功申报市级文保单位并挂牌；完成丙村仁厚温公祠第一期修缮和保护工作，完善周边配套基础设施。

【教育】 丙村中学　现有37个教学班，学生1655人；教职工208人，其中高级教师38人、中级教师139人，本科以上学历158人，高中教师学历全部标，初中教师学历标率100%，省级以上优秀教师3人，嘉应名师2人，市普教系统“百千万人才工程”培养对象1人，学校领导设校长兼党支部书记1人，副校长4人，中层干部12人，均为中高级职称。2017年丙村中学高考一本上线率居全区第二。是广东省重点科研课题实验学校、广东省绿色学校、全国校园足球特色学校、省首批校园足球推广学校。

丙村镇中心幼儿园　是梅州市一级幼儿园，占地面积5280平方米，建筑面积2398平方米，其中户外活动场地面积3200平方米，绿化覆盖率60%以上。教学设备全部按省二级标准配备，开设有大、中、小共8个班，有幼儿351名，教职工37名，其中正、副园长共3名，专任教师17人，保育员及后勤人员16人，医生1人，保健员1人，各类人员学历标率100%。

【党的建设】 丙村镇有39个党支部，党员2025名。全年发展党员15名。抓好圩镇社区居委党支部软弱涣散党组织整顿，加强支部班子建设，规范党务、村务、财务等规章制度，筹资30多万元，提升党员干部服务能力；打造田头、旋风、地税、富柚党支部基层党建示范点建设，辐射带动各村（社区）以“六有”为标准，做到“一厅四室”具备。组织和引导广大党员领导干部深入学习宣传贯彻中共十九大精神，坚持“四个自信”，增强“四个意识”，完成村、社区“两委”换届选举，全镇共选举产生新一届村（社区）“两委”干部 108 人，其中，新进“两委”干部 26 人，新任村（社区）支部书记 13 人，35 岁左右年轻干部 19 人。丙村镇有党代表 177 人。充分发挥党代表工作室作用，使党代表工作室真正成为“知民情，解民忧，谋发展，促和谐”的平台；开展党代会年会制试点工作，让党代表发挥好联系群众、参与决策、党内监督等作用。强化涉农、扶贫领域的核查。成立由党政领导任组长的 22 个核查组，对所有涉农资金和集体“三资”的管理使用进行一次全面清查，对扶贫救助、涉农补贴等惠民政策落实情况由各驻村工作组开展入户核查。强化“两违线索”的排查，排查线索 27 条，其中属于七类范围的线索 25 条，涉农领域问题线索 10 条，扶贫领域问题线索 4 条。立案 3 宗 3 人，3 宗都已结案，对违反党纪的 2 名党员作出党内严重警告处分。

（供稿：李思雁）

雁洋镇

【概述】 雁洋镇地处梅县区东北部，镇政府驻雁洋圩镇荷树岗，距梅县区人民政府 35.2 公里。位于莲花山脉的五指峰下，东、南、西、北四面分别与大埔县英雅、大埔县银江、梅县区丙村、白渡、松口镇接壤。总面积 188 平方公里。下辖 27 个行政村和 2 个居委会，2017 年总户数 8750 户，总人口 33801 人。有 3 家 A 股上市公司（广东梅雁吉祥水电股份有限公司、广东宝丽华新能源股份有限公司、广东超华科技股份有限公司）、新增 2 家新三板上市企业，共 3 家新三板上市公司（广东嘉元科技股份有限公司、广东客家园林股份有限公司、广东客都物业发展股份有限公司）、1 家美股上市公司［卡莱（梅州）橡胶制品有限公司］；有 1 家 AAAAA 级景区（雁南飞茶田景区）、3 家 AAAA 级景区（叶剑英纪念园、雁鸣湖旅游度假村、灵光寺）及阴那山五指峰旅游景区、桥溪古韵等。全镇农村经济总收入 107.2 亿元，比增 7.2%；固定资产投资 21.5 亿元；规上工业生产总值 51.8 亿元；税收收入 9.09 亿元；年居民人均可支配收入 25845 元。

【农业】 全年粮食作物种植面积 1141 公顷，总产量 8980 吨，其中水稻种植面积 1084 公顷，总产量 8796 吨；金柚种植面积 971 公顷，总产量 3.22 万吨；生猪饲养量 2.26 万头，“三鸟”饲养量 21.64 万只。有农业龙头企业 15 家，其中省级农业龙头企业 3 家（梅县雁南飞茶业有限公司、广东华银集团公司、广东梅县雁球食品有限公司）、市级农业龙头企业 7 家（广东万斛源生态农业有限公司、广东虎形山生物科技有限公司、梅州市梅县区海霞水产品有限公司、梅州市英帅茶业有限公司、梅州市梅县区恒盛农业发展有限公司、广东客家园林股份有限公司、梅州好自然农业有限公司）、区级农业龙头企业 5 家（梅县世德果业有限公司、梅州市新泓基农业科技发展有限公司、梅县安盛果蔬有限公司、广东雁归来养生产业有限公司、梅州市达亿生态农业发展有限公司）。有农民专业合作社 57 家，有家庭农场 37 家，新增 14 家。有雁鸣湖南药生产基地、阴那山茶叶基地、南福金柚现代化示范区、雁南飞茶叶生产基地、雁上鸿园花木生产基地、雁上村金线莲种植基地、南福村火龙果种植基地。部分农户开始尝试播种倒吊黄、甜橘柚、草莓、火龙果、青梅、百香果、菊花等经济作物，经济作物种类趋于多样化。2 家农业龙头企业入选区创建国家农产品质量安全县、农业标准化项目示范企业。成功申报 11 名现代青年农场主培养对象和 13 名新型职业农民培训对象，在 21 个专业村选出 63 名科技示范户，每个科技示范户带动 20 户农户做好农作物新品种的试验示范和测土配方施肥工作。金诚信柚果专业社建立镇级农电商平台，有效带动周边农户的金柚销售。

【工商企业】2017 年，雁洋镇持续加大对实体经济的有效投资，全力支持企业增资扩产、产业升级、科技创新，超华科技投资 5 亿元的“年产 8000 吨高精度电子铜箔工程项目”一期完成建设，正在进行试产，二期已于客商大会期间正式动工，同时，超华科技投资 3.76 亿元的“年产 600 万张高端芯板”和投资 2.66 亿元的“年产 700 万平方米 FCCL”项目也已正式动工；嘉元科技总投资 7.2 亿元的“年产 1.5 万吨新能源动力电池用高性能铜箔技术改造项目”一二期已基本建成；嘉元科技成功组建投资 8000 万元的企业技术中心升级改造项目，进一步加大对企业的科研投入和科技筹备；广东客属文化产业开发投资有限公司投资 10 亿元建设的“中国收藏文化示范基地”项目基本建成，投资 2 亿元建设的“中国收藏文化示范基地二期（御园商住楼）”项目正在建设。全镇规模以上企业增加 3 家，有卡莱（梅州）橡胶制品有限公司、广东超华科技股份有限公司、梅州超华数控科技有限公司、梅州超华电子绝缘材料有限公司、梅州超华电路板有限公司、梅州市梅县区亿丰实业有限公司、梅县雁洋矿业有限公司、广东梅县雁球食品有限公司、梅州侨韵环保科技有限公司、广东嘉元科技股份有限公司、广东翔龙科技股份有限公司共 11 家。有个体工商户 784 户，其中商店 646 户、酒店 13 家、餐饮服务 132 家、农贸市场 1 个；有企业 232 家。2017 年全年工业总产值 53.3 亿元。

【圩镇与农村基础设施建设】采取特许经营管理模式启动雁洋中国特色小镇项目建设，推动红色旅游、生态旅游、客家文化旅游、康养产业、足球运动产业跨越发展，不断提高文化旅游产业发展和新型城镇化建设水平，促进生产、生活、生态“三生融合”和产城人文“四位一体”。完成雁洋镇 188 平方公里总体规划修编和 9 平方公里核心区控制性详细规划、92.26 平方公里产业发展规划初稿。共谋划 23 个项目，总投资 33.2 亿元，其中已启动 7 个项目建设，完成投资 3 亿多元。环镇路项目完成征地 40 公顷，完成 5 公里路段清表，建成路基约 3.5 公里；雁洋中心小学项目完成体育馆主体建设，综合管沟项目完成近 4 公里的管网铺设；沿街外立面提升改造项目完成 40 户民居改造；中国收藏文化示范基地侧市政道路项目完成路基建设；富力足球学校侧市政道路已正式动工，水质净化厂项目已进场清表；加业梅州营地基本完成内部装修。

【旅游】有以茶文化为主题的国家 AAAAA 级景区——雁南飞茶田度假村、以养生文化为主题的国家 AAAA 级景区——雁鸣湖旅游度假区、以禅文化为主题的国家 AAAA 级景区——灵光寺景区，以红色教育为主题的国家 AAAA 级景区——叶剑英纪念园，以足球运动为主题的富力切尔西足球学校以及粤东名山阴那山五指峰、桥溪古韵等景区；种植 1.4 万公顷的常绿阔叶林、竹林、灌木丛，森林覆盖率 78.1%，空气质量优良率和水质达标率均 100%，空气离子浓度更是常年保持在每立方厘米 96800 个以上；有广东省文物保护单位桥溪村及松坪、石楼、雁下村等共 187 座古民居得到全面的保护与修缮。

叶剑英故居 位于雁洋镇虎形村，建于清代，占地面积 350 平方米。20 世纪 70 年代初，由当地政府及地县拨出专款进行部分整修。1987 年列为县级文物保护单位；1989 年被列为省级文物保护单位；1989 年建立叶剑英纪念馆；2001 年列入全国第五批重点文物保护单位；2001 年纪念馆成为全国爱国主义教育示范基地；2007 年扩建成叶剑英纪念园；2010 年被评为国家 AAAA 级旅游景区。

雁南飞茶田景区 位于雁洋镇南福村，由广东宝丽华集团有限公司投资创办，占地总面积 450 公顷，是一个以客家文化、茶文化为主题，融茶叶生产、加工和旅游度假于一体的“三高农业”“生态农业”“旅游农业”的旅游度假区，先后荣获国家 AAAAA 级旅游景区、全国农业旅游示范点、全国三高农业标准化示范区、全国青年文明号。

雁鸣湖旅游度假村 位于雁洋镇南福村，动

植物物种丰富。由广东华银集团有限公司于1996年8月投资创办，是国家AAAA级旅游景区、全国农业旅游示范点、广东最美乡村旅游示范区、省级农业龙头企业、省青少年科技教育基地。2006年，雁鸣湖森林公园被评定为国家级森林公园。其中，雁鸣湖旅游度假村占地733.33公顷，以“山水园林路立体开发，农业与旅游配套建设”的思路开发，以“绿色休闲、养生保健”为主题，强化生态和游乐两大特色，按“春晖园、夏晓园、秋实园、冬融园”等四大功能景区建设。

灵光寺　位于雁洋镇境内的阴那山麓，原名圣寿寺，始建于唐朝，1385年由梅鼎捐钱扩建，易名“灵光寺”，并亲书“灵光寺”三字嵌刻在山门殿的门额上，是广东省四大名寺之一。是广东省重点文物保护单位之一，也是一个“以佛教文化为主线，融佛教、生态、探险、茶文化为一体”的国家AAAA级景区。

阴那山五指峰　位于粤东莲花山脉东北部，是梅州首屈一指的胜景名山，被称为“粤东群山之祖”。险峻雄奇的玉皇顶海拔1298米；情人谷、观音岩、帷帐壁、棋盘石、茶泉坑等十几处神秘景观，已投入资金6000多万元，高山之巅的科普天文馆是由中国科学院紫金山天文台主持设计、施工，堪称国内水平最高的大众科普天文馆。阴那山与罗浮、南华鼎峙齐名，并称“粤东三胜”。

桥溪古韵　位于雁南飞茶田景区以东4公里的阴那山五指峰西麓，现有人口223人，常住人口60多人，海外华侨三胞6000多人，村里朱、陈两姓人家，自明朝末年开始，世代联姻。村内客家民居建筑，依山傍水，错落有致，山涧溪流清澈。古树婆娑、远山含黛、层林尽染。整个村落内小桥、溪水、古树、民居构成一幅秀丽客家山村的田园风光。2002年桥溪村古民居建筑群被列为广东省文物保护单位，2012年11月被评为“广东最美十大古村落”。

【环境保护与治理】 完成全年春季抚育造林80公顷，抚育深山含笑、山杜英、木荷、枫香、红椎等树木9.1万株，碳汇林抚育100公顷，新开设森林防火林带1条共6.2公里，组建27个村级扑火队伍；调解山林纠纷2宗，治理有害生物危害的山林面积1400公顷，全年制止毁林开荒、违规建坟42宗，上报区林业局处理林政案件4宗，处理违规野外用火3宗；保护水生态、水资源，其中雁洋水总长13公里，完成85%的工程量；三乡水总长17公里，完成75%的工程量；长教水总长3公里，完成95%的工程量；落实河长制，全镇5条主河流、19条支流、39个湖泊均设立河长；新建成4个农村生活污水处理设施。雁洋镇生活垃圾清运及圩镇环境卫生保洁工作于2012年1月1日起由梅州市康宇建设有限公司承包，主要负责统一清运全镇生活垃圾至奇龙坑填埋场处理及圩镇沿线保洁工作；景区沿线专门聘请4名保洁员，分段全天候负责沿线卫生保洁工作；全镇建立保洁队伍30个，保洁员90人，专职垃圾清运人员30名；2017年累计投入专项资金200多万元用于道路硬化，投入10万元购置垃圾箱和环卫设备。编制全镇27个村的人居环境整治规划，全镇98个自然村，2017年完成92%的自然村环境综合整治任务。

【土地保护与利用】 加强基本农田保护区的管护，建立包片动态巡查责任制；加强土地跟踪监察，聘请9名土地巡查员，一周五天对雁洋全境进行巡查，全年共查处25宗土地违法案件，其中20宗阻止在萌芽状态，责令拆除5宗；做好土地信访工作，全年接来信2宗，接访80人次，纠纷35宗，处理34宗。

【民生】 推进202户373人相对贫困人口精准脱贫，筹集资金164万元，其中投入40万元扶持34户贫困户发展种植和养殖项目；向22名贫困学生发放农村义务教育阶段学生人均3000元的生活补助；建成大坪、南福、莆里、文社、永福、黄沙、小都、下村等8个村级卫生站；建成镇级公共服务中心和29个村级公共服务站，完成办理各类服务事项4400多件；全镇进行土地确权的27个村，282个村民小组7087户，1016.07公顷，正在进行外业修改和签合同，部分村已经完成打证。为保证农产品质量安全，在镇政府设立检测室，完成每个月400只样品的检测任务，并在27个村聘请27名村级农产品质量安全协管员。有53户农户购买有补贴的农业机械共获得财政补助10.2万元，为15个村进行高标准农田建设和一事一议项目申报共获得财政奖补430多万元，发放全镇8000多户农户的农业种粮补贴160多万元。

【综治维稳】 全面创建“平安雁洋”，完成“中心+网格化+信息化”建设工作，共划分为108个网格，选任152名网格员；全年受理各类民事纠纷128宗，其中，镇级调处35宗，村级调处91宗，调处成功率98%；接收社区矫正人员10人，解矫10人，在矫人员有13人；举办普法培训班2场次800多人，到中小学上法制课4次、受教育3000余人次，下发宣传资料2000多份、张贴横额标语160多条幅、出版法制宣传栏4期；建立法治公园（长廊）共8个，全镇29个村（居）均聘请法律顾问；基层法律服务所担任常年法律顾问共35家，代写法律文书15件，诉讼代理9宗，见证3件，解答法律咨询300多人次；全年立刑事案件15宗，破案6宗；立治安案件55宗，查处55宗。

【计划生育】 全年出生400人，政策生育率98.25%，人口出生率11.48‰，自然增长率7.87‰。征收社会抚养费8.35万元。

【卫生】 有镇级卫生院1个、村级卫生站17个。雁洋镇卫生院属一级乙等医院，占地面积5000平方米（含三乡门诊2900平方米），建筑面积5257平方米（含三乡门诊2584平方米）；卫生院编制人数52人，实有人数50人，其中在编人员42人；卫生院设内、外、妇、儿、中医、预防保健等职能科室，辅助科室有检验、放射、影像等；医疗设备有：全自动血液分析仪、全自动生化仪、心电图机、彩超机、计算机X线成像系统等。四和村、雁下村、对坑村共3个村被评为“广东省卫生村”。

【体育】 有雁鸣湖11人制足球场1个、7人制足球场1个；有富力足球学校11人制天然草足球场2个、9人制人造草球场4个、7人制人造草球场5个、5人制人造草球场2个及守门员训练场1个；有雁洋中学11人制足球场1个；有三乡中学11人制足球场1个；有大坪村5人制足球场1个；举办雁洋镇第五届新春足球、篮球比赛；雁洋镇参加第二届“超华杯”乡镇机关足球邀请赛获季军。

【文化】 雁洋镇文化园位于雁洋镇圩镇中心地带，与叶剑英元帅纪念园首尾相连，总投资950多万元，于2005年12月26日开工，2009年底建成投入使用，占地面积1万多平方米，绿化面积1500平方米，硬化面积5000平方米，美化面积100平方米，舞台面积350平方米，辅助设施1950平方米，含1个文化活动中心、1个文体广场、2个室外乒乓球台、1个篮球场及一批休闲健身设施。文化活动中心建筑二层总面积1800平方米，内设全国信息资源共享点、图书电子阅览室、卡拉OK厅、棋牌书画室、老人少儿活动室、乐器室、歌舞培训厅、文娱文作室，图书室内藏书2万多册。全镇29个村（社区）均建立多功能文化室，订有报刊，并成立农家书屋。组建5支业余文艺队伍，全年送戏下乡162场。

【教育】 有初级中学1所（雁洋中学）、九年一贯制学校1所（三乡中学）、中心小学1所（叶剑英红军小学）、幼儿园1所（雁洋镇中心幼儿园）、足球学校1所（富力足球学校）。

雁洋中学 创办于1905年，是梅州市一级学校。占地面积7.8万多平方米。2017年有9个教学班，有学生352人；有教职工48人，其中高级教师8人、中级教师24人。2017年中考考上重点线的学生有12人，其中考入梅县东山中

学有6人，考入梅州市曾宪梓中学有3人，梅县高级中学有3人。

三乡中学 成立于1912年，占地面积6.93万平方米，建筑面积5295平方米。2017年有9个教学班，有学生330人，其中小学219人，中学111人，有教职工33人，其中高级教师4人、中级教师21人、初级教师8人。2017年中考考上重点线的学生有3人，其中考入梅县东山中学有1人，梅县高级中学有2人。

叶剑英红军小学 始办于1967年，1975年政府公办民助迁建于现址，并于1976年经教育主管部门确立为中心小学，2009年8月经全国红军小学建设工程办公室命名为叶剑英红军小学，占地面积8000多平方米，建筑面积3800平方米。小学原址位于雁上村，新校区位于雁中村，2017年完成体育馆主体建设。2017年有教学班30个，有学生995人，有教职员工61人，其中一级教师47人、二级教师14人。

雁洋镇中心幼儿园 创办于1976年，占地面积4085平方米，生均25.8平方米；建筑面积1382平方米，生均8.7平方米；户外活动场地使用面积1064平方米，生均6.7平方米。2017年在园幼儿483人，教职工28人。

富力足球学校 位于雁洋镇雁下村，是一所民办公助学校，由广州富力地产集团与梅县区人民政府合作兴建，于2013年9月正式开学。学校首期工程占地16.67公顷，投资5亿元兴建行政中心、教学中心、生活中心、运动员培养与发展中心等，并铺设14块具备全天候训练条件的国际顶级足球场。学校实行基础教育与足球训练并重的全日制寄宿办学模式，按照广东省一级学校标准开设小学至高中课程，纳入梅州市国民教育系列。2017年有学生312人，有教职工147人(含编外)，其中一级教师7人；有教练48人，其中C级教练员6人、D级教练员20人。

【党的建设】 2017年，全镇有党支部69个（含所有党总支、党委的下属党支部），党员2053人，其中新发展党员28人，吸收预备党员28人。有党代表工作室1个、党代表工作站29个、党代表信箱30个、党员关爱基金1个。全年有56位（人次）农村党员因病申请农村党员关爱基金补助，发放5.94万元补助款，其中镇级基金发放2.6万元补助款。一是按照“学懂弄通做实”的要求，通过党委理论中心组学习会、全镇党员干部大会，认真学习中共十九大报告和新修订的《中国共产党章程》，深入学习领会习近平新时代中国特色社会主义思想，牢固树立“四个意识”，坚持“四个自信”。二是推进“两学一做”学习教育，全镇69个党（总）支部全部制定“两学一做”学习教育活动方案，全面落实“三会一课”制度。镇党委主要领导全年给镇村党员干部上党课12次，聘请资深党建工作者上党课3次。三是完成村级换届工作，全镇选举产生村（社区）“两委”干部126名，整体队伍结构实现“一退三升”，得到极大优化：“一退”是指60岁以上的村（社区）干部全部退出；“三升”是指新进村（社区）干部中35岁左右成员25名，同比增长26.2%；大专及以上学历的成员17名，同比增长21.4%；女性干部36名，同比增长12.5%。四是整顿软弱涣散党组织，以村级换届选举为契机，调整充实、选优配强黄沙村“两委”班子，实现村党支部书记、村委会主任“一肩挑”，干部职数由原来的7人，降到现在5人；平均年龄由原来的52.5岁，降到现在的44.8岁；确定2名村级后备干部进行重点培养；投入460多万元完成村道拓宽、河道整治、生活污水设施、村址改造、卫生站和老人活动中心等项目。五是推进党风廉政建设，镇党委书记与其他领导班子成员、镇领导班子成员与所驻点村（社区）“两委”干部共开展谈话提醒297人次。排查出农村党员干部违法违纪线索33条，完成线索查处置33条，党纪处分6人。成立29个入户核查小组，对各村（社区）涉农资金的管理、使用情况进行严格核查，共处理3人，追回资金近3万元，核减补贴面积12.98公顷。

【广东省旅游专业镇】 制定专业镇产业发展规

划，陆续编制《梅州雁洋文化生态旅游产业园总体规划》，《雁洋综合服务区城市设计方案》《叶帅故园客家天堂（叶剑英纪念园二期）修建性详细规划》《雁南飞茶田度假村旅游发展总体规划》《梅县雁洋镇桥溪古村落旅游概念性规划》《梅县雁洋大坪村生态宜居乡村建设规划》《梅县区南福村乡村旅游概念性规划》《梅县区阴那村乡村旅游概念性规划》《雁洋镇总体规划》《梅州市梅县区雁洋镇省级新农村示范片综合提升方案》等规划。各个景区的建设项目符合规划要求，保护利用当地自然和人文景观资源，规划注重整体统一，与地形地貌、自然环境和人文风貌相协调，突出乡村特色和地方特色。并聘请广州首诚太合实业发展有限公司编制《梅县雁洋镇创新型专业镇“一镇一策”发展规划》，努力把雁洋打造成世界客家文化旅游新目的地、泛珠三角地区休闲旅游目的地和广东省文化、健康、教育休闲旅游的首选目的地，逐步形成客家文化旅游产业集聚区。同时，雁洋镇聘请棕榈园林的规划专家团队，用全域旅游的发展理念，突出国际前瞻视野，按照国际慢城提出的 8 条公约，以雁洋“叶帅故里·国际慢城”为核心，认真编制完善雁洋国际生态慢城旅游发展的详细规划，规划把雁洋的旅游产业与新型城镇化建设、特色高效农业、生态文明建设和美丽乡村建设紧密结合，着重发展乡村旅游、红色旅游、生态休闲、健康养生、客家民宿、房车营地等旅游新业态，打造融入客家文化元素的国际生态慢城。成立以镇党委书记为总负责的雁洋镇旅游专业镇建设领导小组，下设办公室，负责协调专业镇重点项目规划建设、招商引资、土地利用、重点难点问题等方面事宜。支持旅游项目建设，坚持“绿水青山就是金山银山”的绿色发展理念，以创建省级旅游度假区为目标，在乡村旅游发展、景区品味提升和旅游交通体系完善等方面全面发力，推进“旅游+农业”“旅游+体育”模式发展。全力服务现有景区升级提质，雁南飞景区投入 1 亿多元完成升级改造，新建成 3 公里人行栈道、2 个充电桩、1 座第三卫生间；雁鸣湖与棕榈园林合作投资 32 亿元打造的雁鸣湖文化健康养生产业园启动建设，全面打造景区酒店、商业街区、房车营地等高端旅游设施。加快推进乡村旅游发展，聘请浙江卓创乡建设计团队编制《梅州市梅县区雁洋镇省级新农村示范片综合提升方案》，谋划 39 个项目，有 14 个是近期实施项目，其中慢城门户景墙、入口环岛改造两个项目全面建成。积极发展以民宿为主的生态富民产业。实施绿道慢行系统提升项目，谋划建设 12 个自行车驿站，将景区及周边各村串珠成链，现投入 200 辆自行车，建成 9 个慢行驿站。

（供稿：陈施思）

白 渡 镇

【概述】 白渡镇位于梅县区东北部，总面积 187.6 平方公里。镇政府驻白渡圩，距梅县区人民政府 32.6 公里。东南与松口、丙村相连，南与城东为邻，东北与隆文、松口交界，西北与蕉岭县新铺、高思接壤。全镇有山地面积 1.47 万公顷，圩镇面积 0.43 平方公里。辖 24 个行政村和 1 个社区居委，2017 年，总户数 8444 户，户籍人口 2.84 万人。2017 年，全年农村经济总收入 11.78 亿元，同比增长 5.2%，农民人均纯收入 19252 元，同比增长 8.1%；国税完成 2967 万元，同比增长 23.3%，镇级地方收入 777 万元，同比增长 13.7%；完成固定资产投资 5.3 亿元；规模以上工业总产值完成 6.2 亿元。

【农业】 全镇耕地保有量不少于 1246.73 公顷，基本农田面积保持不少于 1028 公顷。2017 年，全镇种植金柚、柑橘、橙、香蕉、荔枝、龙眼、柿子、李子、杨桃等水果面积 2266.67 公顷，产量 4.2 万吨，其中柚子种植面积 2086.67 公顷，产量 3.6 吨；种植水稻 1866.67 公顷，产量 1.4 万吨；种植蔬菜 800 公顷，产量 3.6 万吨。全镇有农业龙头企业 5 家，其中市级农业龙头企业 4 家（梅县白渡镇瓜洲芳华种养场、梅县白渡镇生辉种养场、梅州市晨丰水产养殖有限公司、梅州市畜禽良种繁殖场），县级农业龙头企业1家（梅县利民水果专业合作社）；2017年新成立农民专业合作社4家，全镇合作社有78家；新成立家庭农场15家，全镇家庭农场有109家。农业基地有2个，一是嵩溪村油茶种植业综合标准化研究基地；二是梅大金柚种植基地。风车斗金柚园被评为"2017年度梅县区十大优质金柚示范园"。蕉南村建立了16.67公顷的优质稻示范点推广恒丰优7166、Y两优1988等优质稻品种。名优产品有梅县非物质文化遗产"白渡牛肉干"、强基酒、嘉珍无公害金柚、梅大金柚等，2017年"嘉珍牌"金柚对接了超市。

【工商企业】 至2017年底，白渡有内资私营企业87家，外资私营企业14家，非私营企业19家，个体工商户737户。规模以上企业3家（广东博森光电科技有限公司、广东航鑫科技股份有限公司、梅县源兴混凝土搅拌有限公司），2017年完成规上产值6.2亿元。梅兴华丰产业集聚带梅县集聚区城东白渡产业园区涵盖城东、白渡两镇，其中白渡控制区内面积约14平方公里，规划发展新型电子和新材料两大主导产业，已落户的企业有15家，包括广东航鑫科技股份公司、梅州市佳居门业有限公司、源兴混凝土有限公司、博森光能科技有限公司、梅州市三鸟批发市场、诚辉化工股份有限公司、和安沥青混凝土有限公司、粤一蒸压砖厂、悦一石灰厂、梅县区天恒水泥预制构件有限公司、广东绿园环保科技有限公司、梅州市锦龙汽车配件有限公司、梅州市明宇新材科技有限公司、广东御固创新有限公司、梅州市可嘉实业有限公司。2017年加大力度不断完善基础设施和生活配套设施建设，园区快速干线（含瓜洲大桥）动工建设，供电线网基本完成迁改任务，污水处理厂等配套工程完成规划设计，完成沙坪、汶水、梅州坑等工业园区和圩镇新区建设项目160公顷土地征收工作。2017年辖区内列入省、市重点建设项目的有5个。省重点项目G205国道至白渡梅州坑工业园道路项目（含瓜洲大桥）全长5.91公里，总投资1.15亿元。市重点项目2个：广东博森光电多晶硅铸锭炉项目二期总投资4亿元，建设切方车间，安装70台PV800切片机；航鑫科技二期投资1.5亿元完成建设年产1.5万吨的高锰酸钾生产线，安装三台三相反应塔和两套高效节能蒸发器。区重点项目2个:无人驾驶航空器设备生产项目投资2.5亿元建设航电设备、无人驾驶航空器生产线；明宇新材项目投资1亿元建设年产防火玻璃30万平方米、防火玻璃门窗2万套、安全节能玻璃40万平方米、节能门窗4万平方米生产线。

【圩镇与农村基础设施建设】 悦来、桃柳、径口、公珠等4村率先推进污水处理项目建设。打造径口、公珠和悦来美丽乡村示范点。投入640万元实施X962线蕉岭铁岭至白渡大桥路面改造工程；投入600多万元新建和加宽乡村道路约13公里，修复水毁路面150多处。全镇现有镇管小一型水库2宗（石子岭、汶水），村管小二型水库2宗（碓子角、陂头坑），总库容1029万立方米，镇村管重点山塘33宗；万亩灌区1宗（石子岭），千亩灌区6宗（沙坪、梅大、白渡、赋梅、公珠、汶水）；中小河流域石窟河一宗。2017年，总投资2500万元的石子岭灌区改造工程和投资300多万，的沙坪、建侨、蕉南三个电排灌站建设完工；总投资982万元、惠及16个村的村村通自来水工程完成过半；实施总投资2600多万元的高思水中小河流治理工程。完成镇、村公共服务平台建设，25个村（社区）公共服务站专职人员如期上岗，镇村视频会议系统等完成安装。完成镇、村复退军人服务站建设。

【民生】 全年筹集"一事一议"财政奖补资金108万元，并发动乡贤捐资216万元实施10个村的公益事业建设。落实资金110多万元，实施96户危房改造和精准扶贫户住房修缮。完成兑付生态公益林补偿资金224.5万元。全年共发放低保、五保救济金和优抚补助589万元，发放残疾补贴、高龄补贴、退伍安置费和义务兵优待金等230万元，为困难群众解决医疗救助、临时救济等86万元，为重度残疾人和低保五保优抚对象缴纳城乡居民医保26万元。全镇建档立卡精准扶贫贫困户583户、1214人。2017年再实现脱贫207人，总体脱贫率超过7成。产业帮扶一期投入专项资金284.56万元，帮助全镇有劳动能力的165户贫困群众实施种养项目250多个。与航鑫科技合作，将全镇149户有劳动能力贫困户的专项帮扶资金以每户1万元的标准入股企业，期限五年；鼓励全镇30户5人以上有劳动能力的贫困户以每户2万元的标准入股，期限一年，均按每年8%的受益参与分红。相对贫困村悦来村的村集体和贫困户个人分布式光伏发电产业帮扶项目全部完工并网。

【综治维稳】 实行网格化管理，全镇聘用综治网格员100名，发放工作专用移动终端，确定网格事件上报处理流程，完成综治视联系统安装。成立镇治安巡逻队和12个村级群防群治服务队，对重点地段进行护村巡逻。开展以创乐村、公珠村、蕉南村、建侨村、白渡卫生院、白渡中学、白渡镇小等平安细胞示范点建设。2017年，镇综治信访维稳中心受理各类大小矛盾82宗，调解成功78宗，其中重大矛盾纠纷4宗，调处成功2宗；镇村维稳工作站排查、受理矛盾纠纷34起，调处成功33起。全镇配备5名“一村一法律顾问”，全年参与调处24宗矛盾纠纷，接受村民的法律咨询130宗，开展法制宣传96次。白渡派出所开展了“反电信诈骗”“涉黑恶专项整治”“涉枪专项整治”“扫黄打非”等专项行动。全年接处警情627起，其中立刑事案件9宗，受理行政案件65宗，调解纠纷97宗，共抓获各类违法犯罪人员63人，其中捕判6人、强制戒毒3人、行政拘留35人。

【计划生育】 2017年，全镇出生人口382人，人口出生率12.74‰；人口自然增长率4.94‰；流入人口为351人，流出人口420人，常住人口22544人；计划外出生7人，计划生育率98.25％。

【卫生】 2017年，白渡镇卫生院有职工42人，其中执业医师10人、执业助理医师4人、执业护士12人；主要仪器设施有：B超、X光、心电图、血细胞分析仪、尿液分析仪、心电监护仪和胎心监测仪等，住院病床30张。2017年1月，总投资1300万元的新卫生院首期门诊综合大楼项目动工建设，项目位于白中岗，建筑面积2986.05平方米，建筑占地面积772.63平方米。全年投入252万元推进村级医疗资源整合，新建或改建村卫生站14间。

【文化】 镇文体中心包含文化广场、宋湘文体中心和文化公园。其中，文化广场占地面积3000平方米，设有舞台、篮球场、宣传栏和健身器材等；宋湘文体中心占地1500平方米，设有宋湘纪念馆、成人大学、图书室、棋牌室、音乐室、老人活动室、管理办公室等多个功能室；文化公园占地2500平方米、绿化面积1400平方米。全镇24个村和1个圩镇居委均设有村级文化室。白渡村粤云祖祠获评2017年梅州市“三多三促”农村（社区）文化俱乐部。全镇有文保单位5个，分别是省级文保单位宋湘故居、市级文保单位凹下山新居、敦尚楼和区级文保单位龙居堂、光远居。2017年投入200万元对宋湘故居进行了整体修缮。依托峰溪村石溪自然村“中国传统村落”和钟理和故居地嵩溪村的文化资源，完成嵩山石溪美丽乡村旅游开发项目和岭下“梦里原乡·台湾作家钟理和祖居地纪念公园”的规划设计和清拆整治等前期工作。宋湘纪念馆增加28幅宋湘书法作品。计划总投资1183万元的宋湘森林公园项目动工建设。完成全镇67个自然村落的历史人文普查工作。

【教育】 白渡中学　位于白渡镇中心区，创办于1951年10月，是由原铸人公学、杏村学校、象宿中学三校合并而成。校园占地面积3.7万平方米，建筑面积近1万平方米。2017年，设有6

个教学班，学生 192 人，教职工 44 人，取得中学高级教师职称的 9 人，中学一级教师职称的 28 人。2017 年中考考入市、区重点高中 8 人。

白渡镇中心小学　校园占地面积 1.36 万平方米，建筑面积 5018 平方米。2017 年，有 17 个教学班，在校学生 773 人，教职工 46 人，取得小学高级教师职称的 40 人，小学一级教师职称的 6 人。设有 25 个功能场室（包括兼用），设施设备均按义务教育规范化要求配置。2017 年，镇中心小学被评为“广东省绿色学校”。

白渡镇中心幼儿园（民办）　占地面积 3368 平方米，建筑面积 1572 平方米，教室 6 间，设有图书室、体育活动室、音乐活动室、阅览室、美术室等 10 个功能室。2017 年有教学班 6 个，在园幼儿 170 人，教职工 15 人。

【党的建设】 白渡镇有党支部 36 个，其中农村党支部 25 个，“两新”组织 2 个（升华纸业党支部、广东航鑫科技党支部，均属于新经济组织党组织）。2017 年撤销凯盛旋窑水泥有限公司党支部、水泥一厂党支部，新成立广东航鑫科技党支部，11 个企事业支部按期完成换届。2017 年，全镇新发展党员 13 人，全镇有党员 1324 名，完成村级换届选举，共选出第七届村（社区）“两委”干部 107 名，村监委干部 75 名。书记、主任“一肩挑”22 人，交叉任职率 88%；“两委”成员交叉任职 58 人，交叉任职率 77.3%。2017 年将梅大村党支部定为软弱涣散党支部整顿对象，筹资 98 万元新建村址、村卫生站和文化活动中心。投入 5 万多元，向全镇 1112 户农村党员颁发“共产党员户”门牌。全年镇级配套关爱基金帮扶及慰问特困党员 184 人，共 9.73 万元。镇纪委重点查处换届选举领域的违纪违法问题，开展农村基层党员、干部违纪违法线索集中排查活动，2017 年排查出农村基层党员干部违纪违法线索 27 条，了结 22 宗，立案 5 宗，党纪政纪处分 5 人。开展涉农领域腐败问题专项治理，对 2013 年至 2016 年全镇各项涉农领域资金进行全面清理核查，入户核查 3150 户，发现问题漏洞 29 个，全部作上报整改。

（供稿：邹冰）

松口镇

【概述】 松口镇位于梅县区东北部，镇政府驻地松口镇寺坑新区，距梅县区人民政府 48.1 公里。东与大埔县青溪为邻，西与白渡镇嵩山接壤，南接大埔县英雅和梅县区雁洋镇，北与桃尧镇、隆文镇相连。辖区面积 328.6 平方公里，下辖 41 个村委会和 5 个社区居委会，全镇总户数 14617 户，总人口约 7.3 人。规模以上工业总产值 6330 万元，比增 47.82%，完成本级税收 424 万元。

【农业】 2017 年，全年粮食作物播种面积 1.06 万公顷，其中粮食种植面积 2913.8 公顷，其中粮食总产量 2.08 万吨（水稻产量 2 万吨）。推行“公司+基地+农户”的发展模式，推动优良品种种植，加快农业产业结构调整工作。以沙田柚协会和嘉丰公司为基地，发动农户、科技示范户种植红心蜜柚、官溪蜜柚等，全年新种红心蜜柚、官溪蜜柚及“三红”蜜柚、“三黄”蜜柚 4048.33 公顷。水果种植面积 4703.3 公顷，总产量 13.87 万吨，主要以种植金柚为主，特色水果有红肉蜜柚、三红蜜柚、沙田柚等。经济物的种植面积 1154.2 公顷，主要有大豆、薯类、花生、木薯、烟草等。全年出栏肉猪 4.8 万头，出栏家禽 52 万只，肉用牛 829 头，肉用羊 1785 只，肉用狗 7768 只。水产养殖面积 410.2 公顷，产量 3536.07 吨。评审通过市级农业龙头企业有 5 家，省重点农业龙头企业有 2 家。全镇有农民专业合作社 169 家、家庭农场 191 家，有 12 家企业和家庭农场入选省级惠农信息社。

【工商企业】 2017 年，引进 3 家企业，计划投入 2.03 亿元。全镇规模以上工业企业有广东梅州建兴水泥厂 1 家，规模以上工业总产值 7000 万元。有农贸市场2个，各类经营户共1688户，其中商店户1537户、连锁超市3家、酒店4家、餐饮服务144家。

【圩镇与农村基础设施建设】 一是全力推进“六个一”项目建设。完成水质净化站一期工程、古镇保护利用设施项目、中山公园升级改造主体工程、颐福善养老院医养中心、上井烟区新农村建设、中江烟区新农村建设、张榕轩祖屋保护修缮、镇综合政务中心、46个村（居）公共服务站点、37个村卫生站建设等11个项目建设。正在实施6个中国传统村落，世德堂、爱春楼、源远楼古民居保护修缮，外婆家·仁寿庄围龙民宿建设，30个村的村村通自来水工程、11个村污水处理设施 、广福桥等8个项目建设。全力做好2018年4月在松口镇举办的中国乡村复兴论坛·梅县峰会的各项筹备工作。积极申报松口特色小城镇、海丝文化特色小镇、南寿峰康养小镇。二是大力完善基础设施建设。全力配合好S223线雁洋到松口至松源出省快速通道的规划建设。投入交通建设资金950万元，完成20.5公里乡村公路建设。投入水利资金818.82万元，完成大小水利工程8宗。投入350万元，推进人居环境综合整治，将辖区垃圾统一转运至市填埋场处理，关闭整治原镇垃圾填埋场，将全镇垃圾统一外包，实现市场化运作。

【旅游】 松口镇位于粤、闽、赣三省交界处，是岭南四大古镇之一。松口镇加强古镇古街、古村落、红色资源等的保护开发，争取文化名片，被授予“中国华侨国际文化交流基地”，被评为“广东十大海上丝绸之路文化地理坐标”，推进重点文物和非物质遗产的申报评选，完成桃宝、富坑传统村落的申报，铜琶、梅教、小黄、大黄和南下五个传统村落特色民居调查，铜琶、梅教、小黄、大黄、南下和圳头六个村传统村落的村级的道路指示牌和村庄介绍牌，元魁塔申报国家文物保护单位；建成“世界客侨移民纪念馆”“叶帅童年纪念馆”“丘哲纪念馆”；擦亮“中国历史文化名镇”“中国历史文化名街”品牌，提升南寿峰健康产业园国家AAA级旅游景区，南寿峰森林公园被评为区级森林公园，申报市级森林公园，积极协助南寿峰申报农业公园和特色小镇。引进雄鹰滑翔伞俱乐部落户横西，2017年10月正式营业；修缮保护张榕轩祖屋，建设“张榕轩纪念馆”。

【环境保护与治理】 2017年全年发放树苗约1.2万株，实现全民植树约0.6公顷。5至12月份，提前淘汰黄标车57辆。投入150多万元，清扫垃圾并运送到市填埋场统一处理，每月组织镇村干部和城管队员对圩镇及周边主要干道的六乱现象进行集中整治；筹集800多万元，升级改造松口中山公园和周边排污排水系统；正在报建总投资500多万元的圩镇中心污水处理厂建设；投资185万元，建成两个日产100吨污水处理点，对圩镇周边五个村的人居环境进行整治，建设美丽乡村，推动古镇开发和全域旅游建设。城镇管理监察队共拆除乱拉乱挂的遮阳网、遮阳布、塑料膜共120处，共拆除乱摆乱挂的灯箱招牌10处，共清理乱涂乱画、乱挂的宣传广告500处，共整治纠正乱摆乱卖360户次。全年印发环境卫生综合整治宣传资料8000份发到各村，印发环境卫生综合整治宣传资料2000份发到圩镇各商户、住户，印发环境卫生整治宣传资料1000份发到柚果销售户、贮藏户，通过这些宣传方式营造浓厚的环境卫生综合整治氛围。

【土地保护与利用】 一是完成2017年度耕地保护目标责任制，全镇耕地保有量不少于2133公顷，基本1660公顷，共发放梅县区基本农田补助资金100.54万元。审批备案农民建房80户。全年及时制止、查处违章建筑及未批先建29户；配合区国土资源局执法队利用卫星遥感影像图外业现场核查图斑35个，查处违法用地7宗，补办农设施用地5宗。全年共制止违法用地21宗，恢复土地原貌。维修重建农村危房84户，全年现场勘查、放线58宗。

【民生】 2017年，松口镇城乡居民医疗保险参保总人数49873人，总参保率97.7%，参保率同比上年提高1%，缴费总金额897.7万元。其中，非农户籍居民4443人，非农户籍居民参保率87.8%，参保率同比上年降低2.2%，缴费金额79.9万元；农业户籍居民45430人，农业户籍居民参保率98.8%，参保率同比上年提高1.4%，缴费金额817.8万元。松口镇有农村低保户889户，1988人，每月发放低保金约46万元；城镇低保户99户，196人，每月发放低保金约9万元，另外五保户309人，其中分散五保274人，集中五保35人，每人每月领取五保金810元，全年共发放低保五保救济金869万元。同时，为全镇2626名低保五保人群购买2018年农村合作医疗，合计47.27万元。全年新增低保户101户，合计281人；减少233户，合计614人。2017年共处理50多起起房屋毁损，经保险公司勘查，共赔付50户房屋损毁困难户，共计19.2万元赔款；为150户困难群众发放大米3000公斤、生油350升共计1.8万元；为174户困难群众申请临时救济金约22.5万元。为193户患重大疾病的困难家庭提供医疗救助，发放救济金约63万元；发放12名2016年自主就业退役士兵安置费补助共计38.72万元；为全镇300名重点优抚对象购买2018年农村合作医疗，合计5.4万元。全镇有定补优抚对象480人，全年发放优抚事业经费约310万元。对26位符合手术条件的老人进行白内障免费手术，向全镇9位百岁老人，每人每月发放200元百岁老人补助金。重阳节期间，为全镇80周岁以上老人发放高龄津贴近77万元，为百岁寿星发放奖励金1.08万元。全镇有残疾人1610人，其中一、二级残疾人1085人，三、四级残疾人525人，每月发放残疾人补贴。其中重度残疾人的护理补贴每人2400元，共1085人；困难残疾人生活津贴每人1500元，为全镇582名重度残疾人购买2018年合作医疗，成立残疾人康园中心，聘请专职人员1名，为20名残疾人提供康复以及工作。累计兑现粮种补贴、生态公益林补偿金等资金675.2万元。

【综治维稳】 松口镇始终把矛盾纠纷排查调处工作放在重要位置，每月召开全镇矛盾纠纷排查工作会议，每周召开一次维稳研判会议，并及时向上级综治办上报全镇矛盾纠纷排查调处工作情况。2017年，松口镇共组织开展13次矛盾纠纷排查会议，全镇共排查调处较大矛盾纠纷24宗，化解长期矛盾纠纷2宗。2017年，镇村两级共受理各类矛盾纠纷211起，共调处各类矛盾纠纷206起，调处成功200起，调处成功率97.08%。全力开展“法治创建”和“法治村（社区）创建”活动，安装平安监控视频142个，利用广播、DVD、宣传横幅、宣传标语等大力宣传禁毒、防邪教和爱路护路及铁路联防等知识。发放宣传资料1.8万余份，悬挂横幅27条，贴宣传标语1.75万张，受教育人数2万多人次。落实一村一驻点律师的工作，提高群众的依法解决矛盾纠纷的认识。

【计划生育】 全年户籍人口出生829人，出生率11.18‰，自然增长率6.12‰，政策生育率97.95%。

【卫生】 辖区内现有卫生站37个，卫生站医生18人。梅州市梅县区松口镇中心卫生院地处松口镇寺坑开发区，医院占地3.57公顷，总建筑面积12047平方米，副科级建制，医院编制人数158人，现有在编干部职工121人（其中副高5人，中级职称25人，初级职称81人，其他10人），聘用人员21人，返聘人员2人，离退休人员105人；编制床位99张，开放床位80张。分设：全科、外科、内儿科、妇产科、急诊科、中医科、门诊部、医技科、皮肤科、防疫组、药政科及行政后勤。设备有：X光机、CR、DR、彩超、B型超声波、多功能心电监护仪、心电图、进口全自动生化分析仪、半自动生化分析仪、进口血球计数仪、电解质分析仪、血气分析仪、凝血四项、尿12A机、碎石机、电子胃镜、进口自动眼压仪、多功能腰椎牵引床、电脑中频治疗仪等设备。3月，引进梅州市江信实业有限公司，在老院区成立医养结合项目“梅州市梅县区颐福善养老院”。4月，与梅州市中医医院签订协作协议，进行全方位合作及双向转诊。每逢星期四市中医院派出4位专家到卫生院坐诊，同时，医院选派人员到市中医院进修，加强医院人才建设。8月，医院“县级公立医院升级建设项目”申报成功，2017—2019年获得省级财政补助资金2040万元及市县财政配套资金720万元，共2760万元用于医院手术室、中医康复区、住院病房改造、检验科、放射科改造等及及CT、进口全自动生化分析仪、进口电子胃镜等部分医疗设备的购进、更新。该项目建设后，医院床位将达140张。

【体育】 元魁塔足球俱乐部组织举办第二届“超华杯”乡镇机关足球邀请赛、2017超华足球夏令营活动；国庆期间，组织在松口中学足球场举办千人广场舞表演赛；春节期间，组织举办超华颂德“贺岁杯”足球比赛。

【文化】 2017年，建成泰东村“大夫第”农村文化俱乐部；松口图书馆、火船码头、松江大酒店被公布为市级文保单位；春节期间，组织各村文艺队举办春节文艺汇演。由30位画家共同制作完成《海上丝绸之路文化长卷》，亮相世界客属恳亲大会和世界客属青年大会，烧制成大型瓷板画于中山公园门口展示。

【教育】 2017年，松口镇中心小学被评为“广东省依法治校示范校”“梅州市文明校园”，学校申报的梅州市第九届教育科研课题《农村学校校园足球的普及与提高的实践研究》获准立项，松口中学高考重本上线4人、本科上线48人、专科上线约400人；成立古杨瑞招奖学金。

【党的建设】 2017年，全镇有党支部73个，有党员3043人，其中新发展党员32人。重视基层党建工作队伍建设，设立基层党建工作办公室，组织村（居）党支部书记参加省、市、区示范培训班学习，结合计育例会、部门工作会议等对现任村（居）党支部书记和后备干部进行集中培训，分别报送14名现任村（居）党支部书记或“两委”干部中的优秀党员报读农村行政管理大专班。开展“三严三实”专题教育和“两学一做”学习教育。整顿泰东、梓育软弱涣散村党组织，并投入86万元，落实民生实事23件，实施党建工作“一村一品牌”战略。完成村级班子换届。落实服务群众专项经费，建立健全“服务、帮扶、管理”三位一体的党员关爱机制，补助党员153人次、补助12.99多万元。投入使用45个村（居）公共服务站。

【中国历史文化名镇、名村】 松口镇建制早于梅州，经千年孕育，具有丰富的客家人文资源，有独特的区位优势、丰富的华侨资源、优良的生态环境和港口运输等良好条件，客家先民南迁的始居地之一，享有“文化之乡”“华侨之乡”“山歌之乡”的美誉。小黄村、大黄村、梅教村、南下村、铜琶村被列入第三批中国传统村落保护名录，圳头村被列入第四批中国传统村落保护名录，每个传统村落获中央财政专项资金300万元。镇党委政府高度重视文物古迹和古建筑的保护工作，文物古迹基本保存完好。同时，结合松口镇实际，制订《松口镇文物古迹保护管理办法》、《关于加强松口镇古民居保护工作的意见》等多项符合松口历史古迹保护实际的管理制度，使保护工作有章可依。编制《松口镇总体规划（2013—2030）》《梅县区松口镇历史文化名镇保护规划2013—2030》，小黄、大黄、梅教、南下、铜琶、圳头编制《传统村落保护发展规划》，各村保护利用设施项目建设有序进行。投资750万元，其中中央资金480万元，完成松口保护利用设施建设项目，对历史街区水电、道路、消防等基础设施进行改造。

（供稿：温文雅　侯红娜）

隆文镇

【概述】 隆文镇地处梅县区东北部，距梅县区人民政府 62.5 公里。东连桃尧，西邻蕉岭县高思，南与松口、白渡交界，北与松源接壤。总面积 114.3 平方公里。下辖 14 个行政村和 1 个居委会，2017 年总户数 6083 户，总人口 2.4 万人。2017 年，全镇生产总值实现 5.84 亿元，同比增长 7.1%；财税入库 1075.5 万元；本级净收入 279.2 万元；固定资产投资 2384 万元，同比增长 12.3%；农村人均可支配收入 17186 元。

【农业】 全年粮食种植面积 828.73 公顷，总产量 6142 吨，其中水稻种植面积 767.87 公顷，总产量 5794 吨；全镇种植沙田柚、蜜柚、三红柚 1279.82 公顷，产量 5.9 万吨，产值 2.3 亿元；引进省级龙头企业梅州市正佳农业发展有限公司，构建农产品种养、加工、销售产业链，示范带动群众种植烟叶 96 公顷，烟叶产值 610 万元。生猪饲养量 9893 头，“三鸟”饲养量 6.2 万只，水产养殖面积 43.3 公顷。

【工商企业】 2017 年，引进梅州市鑫辉实业投资有限公司、梅州市搏创实业有限公司、梅州市奥丰实业有限公司等 3 家企业，计划投资总额 1.5 亿元，实际已投资 3229.9 万元。全镇有商店 270 家、农贸市场 1 个、酒楼饭店 13 家、超市 3 家、个体工商户 270 户，实现工商税收 279.2 万元。

【圩镇与农村基础设施建设】 科学规划圩镇二期建设，已完成 0.33 公顷征地任务并已进入挂牌拍卖前期准备工作；计划投入资金 1300 万元，在 9 个行政村新建小型供水站的自来水村村通工程，已完成立项进入招标程序；投入 495 万元的镇级生活污水处理厂，已完成库房基础工程建设，正在进行管线铺设工作；投入 700 万元的横庄、岩前、卢溪等三个村级污水处理站已完成选址工作，垃圾中转站选址和征地工作正在进行当中。

【旅游】 境内有“神秘龙宫”美誉的国内首个水下全淹洞绿窟潭；独具特色的客家文化遗产有龙岩寺、秉彝庄、龙岗围、600 年古堡“将军第”、李氏祖祠“百三郎祠”等客家古民居。

【环境保护与治理】 发放张贴各类护林防火宣传册 1.5 万份，悬挂横幅 10 多条，购置垃圾桶 800 多个，垃圾清运车 6 辆。投入 119.9 万元，深入开展卫生镇村创建活动，提前完成 2017 年省、市下达的卫生村创建任务，其中江上、坑美、三坑、梅州获评省卫生村，卢溪、横庄、横坑、联坑、文普获评市卫生村。成立 275 人的护林员队伍，其中专职护林员 29 人，隆文镇全年实现无山火。投入 140 多万元建设镇级森林公园。

【土地保护与利用】 完成 2017 年度耕地保护目标责任制，全镇耕地保有量不少于 1451 公顷，基本农田保护区面积不少于 861 公顷。做好隆文 S223 沿线“两违三抢”的防控，全年处理土地违法行为 6 宗。

【民生】 全年农村合作医疗保险参保 18805 人，参保率 98.75%。全镇确定精准扶贫贫困户 355 户、656 人。其中省级贫困村横庄村有贫困户 44 户、93 人，2017 年脱贫 124 户 271 人，贫困户脱贫比例 71.6%。

【综治维稳】 2017 年，完成“七五”普法，建立“一村（社区）一律师”顾问法律援助，常年聘请两名法律顾问，为困难群众提供法律援助。2017 年全年受理各类矛盾纠纷 54 宗，其中代表基层人民政府处理纠纷 5 件，成功 5 件；参与处理社会矛盾纠纷 45 件，成功 34 件。隆文派出所全年接处警情 250 起，受理治安案件 30 宗，立刑事案件 9 宗，调解纠纷 78 宗；抓获各类违法犯罪人员 31 人，其中捕判 3 人，强制戒毒 3 人，行政拘留 21 人，抓获网上在逃人员 1 人。

【计划生育】 全年出生 340 人，政策生育率 98.24%，人口出生率 25.6‰，自然增长率 12.05‰。征收社会抚养费 4.17 万元。

【卫生】隆文镇卫生院是一级乙等医院，有医务工作人员35人（其中在编31人，临工4人），在岗人员中副高1人，中级1人，初级27人，全科医生有4名，上级医院进修职工有3人。编制床位20张，开放床位10张。内设：门诊（含住院）、治疗室（护士站）、中西药房、收费处、化验室、放射室、牙科室、B超心电图室、妇幼组、防疫组、公卫组，新增中医馆科室；有梅州、檀江、卢溪、文普、村东、江上、横庄、三坑、联坑、岩前、居委等卫生站11个，由镇卫生院提供技术指导和业务培训。

【文化】全镇14个行政村和1个圩镇居委均设置有农家书屋；有2个农村文化俱乐部，其中有市级俱乐部示范点百三郎祠农村文化俱乐部；全镇有市级以祯居（蒲风故居）和县级龙岩寺文保单位各1个。

【教育】有幼儿园1间、中心小学1间、初级中学1间。

隆文镇中心小学　占地面积1.3万平方米，有教学班16个，有学生681人；有教职员工46人，其中支教有4人，大专以上学历46人，占全体教师的100%。设有幼儿园1间，是梅州市市级规范化幼儿园，有在园幼儿410多人。

隆文中学　占地面积5.03万平方米，建筑面积1.56万平方米，2017年有初中部教学班5个，有学生137人；有教职员工38人，其中高级教师1人，一级教师16人，二级教师19人，高级技工2人。

【党的建设】2017年，全镇有党支部23个，党员1000人，其中新发展党员10人。一是抓好“三严三实”“两学一做”等专题学习教育活动，除做好规定动作，还着力在微信公众平台“隆文小镇”设立“微党课”专栏，以图文并茂的方式将党务知识推送到党员干部及群众的手机上，方便党员干部群众及时阅读学习。二是开展“软弱涣散党组织排查整顿”工作，龙牙居委软弱涣散党组织摘帽；成立驻村（居）工作团队15个，全面铺开镇街领导干部驻点普遍直接联系群众制度，通过接访、走访、座谈会等形式，实现镇街领导干部与群众沟通交流全覆盖；全镇共建立村（居）民档案6018户，走访群众7850人次，收到群众反映问题342件，解决314件，结案率91.8%。

（撰稿：冯志智）

桃尧镇

【概述】桃尧镇位于梅县区东北部，与福建省永定县接壤，是著名的革命老区，也是爱国将领张民达将军、中国工程院院士廖万清将军的故乡。全镇总面积118平方公里，镇政府驻桃尧圩，距离梅县区人民政府67.5公里，圩镇面积1.5平方公里。辖黄沙、桃源、桃溪、螺江、澄坑、珠玉、麻坝、余坑、练坑、大美、显朝、诰上、深教、竹岌共15个村和1个居委。总户数5187户，总人口17654人。有铁、稀土和石灰石等资源，水资源丰富。2017年，全镇农村经济总收入3.9亿元，农民人均可支配收入17952元，分别比增8.5%、8.26%；工商各税收入396.54万元；完成固定资产投资1.29亿元。

【农业】桃尧金柚是桃尧镇的第一传统产业，也是桃尧的支柱产业。2017年，诰上村新荣家庭农场创建梅县区金柚示范园，镇农业组开展了桃尧镇金柚质量评比活动。2017年，桃尧镇金柚协会成立了党支部，更加规范地管理协会事务，不断增强果农、柚商之间的沟通交流。2017年，桃尧全年金柚实有面积1498.33公顷，产量4.83万吨，金柚总产值约2.95亿元；烟叶种植面积30公顷，产量1.26千担，粮食种植面积1533.33公顷，产量1.21万吨。全年生猪出栏1.11万头，“三鸟”饲养量6.72万只。按质按量完成3961户农户和62家单位的农业数据普查和 PDA 数据录入。2017 年，完成全镇 15 个村 158 个村民小组 4104 户的资料收集、外业指界，一、二轮公示和 5 个村（深教、珠玉、竹岌、桃溪和余坑）的合同签订工作，其余的 10 个村正在紧张有序打印合同，土地确权的颁证率为 98%。

【工商企业】 2017 年，完成招商项目有 3 个，其中工业项目 1 个，农业项目 2 个。原先引进的给力机电、润土生态旅游开发有限公司等企业发展势头良好。

【圩镇与农村基础设施建设】 投入 110 多万元，用于圩镇基础设施建设，包括圩镇市场升级改造、主道路铺筑柏油路面、完善圩镇排水设施、实施绿化、亮化等工程；投入 30 多万元，统一圩镇 4 条商业街标牌标识，建成特色商业街。完成新铺筑道路有练坑村 1.3 公里、麻坝村 2.3 公里、深教 1 公里，新拓宽道路有珠玉村 2 公里，竹岌村 1.5 公里、黄沙村 0.3 公里；镇村路网得到不断优化和完善；完成总投资 1553 万元的尧塘水中小河流治理工程；基本完成总投资 1661 万元泮溪、黄沙、桃源、桃溪灌渠改造工程和总投资 2200 万元，松源河桃尧镇段 20.25 公里中小河流治理工程。2017 年，在全区率先提出以“地票”制解决权属问题，开创“三清三拆三整治”新模式；以“拆旧建新”的新思路突破农村建房用地难瓶颈，同时积极推动“四个一”项目建设（即建好一个美丽小区；拓宽一条道路；建一座小广场或公园；复耕一片土地），抓好新农村建设。2017 年，全年全镇累计拆除危旧房屋、茅房、废弃猪栏等约 165 座，拆除面积约 1.2 万平方米。珠玉村新农村住宅示范区建设主体工程基本完工，麻坝村两个新农村住宅示范区项目规划完成，正在实施路网建设。

【旅游】 王寿山位于桃尧镇黄沙村境内，海拔 1148 米，是梅县区第二高峰，素有“九峰十八景”之美誉 ，主要景点有螳螂挂壁、棋盘石、笠麻栋、和尚拜烛等。鸡冠山位于桃源村境内，海拔 800 米。鸡冠山由桃源村乡贤张鼎信投资 3000 多万元，在鸡冠山原“五七”知青农场进行一期开发，建成一栋酒楼、三栋别墅。2017 年完成鸡冠山镇级森林公园建设。桃源古村落，2011 年 10 月被认定为广东省古村落，桃源村 2012 年被评为省宜居名村，2012 年 12 月入围第一批“中国传统村落”候选名单，桃源古村落保护开发项目正在进行。爱国将领张民达故居位于螺江村，由孙中山先生亲拨一万元光洋筹建。初建于 1924 年，取孙中山“逸仙”之“逸”字，把该楼房命名为“逸庐”，“逸庐”二字由廖仲恺题写，2002 年被评为县级爱国主义教育基地，2016 年被评为省级文物保护单位。2017 年桃源村继述楼被评为梅州市文物保护单位。

【环境保护与治理】 2017 年，投入 260 多万元，通过政府采购程序，购买第三方服务（包括垃圾收集、清运、河道保洁等）实现城乡垃圾卫生处理一体化，建成一座现代化垃圾压缩中转站，2017 年桃尧镇黄沙、显朝、松林、诰上、大美、练坑 6 个村完成创建市卫生村工作，桃溪、麻坝、竹岌、黄沙、显朝、松林 6 个村完成创建省卫生村工作。

【民生】 2017 年，累计发放低保金 146.9 万元，五保金 56.6 万元，惠及困难群众 168 户；新农村合作医疗参合率 100%，落实重大病医疗救助资金 3.75 万元。完成圩镇足球场建设；建成麻坝亲水公园、松林亲水公园；完成大美健身广场、桃溪文化广场、珠玉文化广场、麻坝爱民广场、松林文化广场、澄坑健身广场；新增路灯 394 盏，实现进入桃尧主路路灯全覆盖；建成桃源村污水处理设备；松林村污水处理正在施工中，麻坝村污水处理设施完成项目选址工作。落实农村危房改造 5 户，发放生态公益林款 1634.99 万元。投入 72 万元完成 11 间村级卫生站建设，其余按标准进行改建；投入 43 万元进行卫生院升级改造。投入 44.1 万元完成一个镇级和 16 个村（居）的公共服务站建设，招录16名专职人员，实现“一门式”服务，“一窗受理”。2017年，全镇贫困户有288户共636人，有劳动能力扶贫户有124户共384人，无劳动力低保户有102户共190人，五保户有62户共62人。2017年全镇共投入各类扶贫资金500多万元，投入帮扶资金268万元，其中投入219.8万元用于省定贫困村基础设施建设。全镇预脱贫113户324人。

【综治维稳】 2017年，全年全镇召开42次信访矛盾纠纷研判会议，共排查调处各类纠纷63宗；未发生重大群体性事件和恶性刑事案件；严格执行信访工作相关规定，畅通信访渠道，全年接待群众来访90批次，上级交办案件15件。

【计划生育】 2017年，全镇出生238人，出生率11.60‰，政策内生育率98.32%，自然增长率14.78‰，性别比为103.42，免费孕检达任务数85例，完成89例，完成率104.78%。

【教育】 桃尧中学 校园占地面积约8万平方米，校舍建造面积约9000平方米。有教学楼2栋，教师办公楼2栋，学生宿舍2栋，教师宿舍楼2栋，学生膳堂1座，设有一场十八室，建设标准达到省颁一类一标准。建有篮球场2个，一个德新广场，一个200米跑道运动场，还有一座多功能的礼堂。2017年，有教学班3个，有学生80人，有教师24人。

桃尧镇中心小学 校园占地面积2.3万平方米，建筑面积3500平方米。有9个班级，在校学生312人，教职工25人，设有15个功能场室（包括兼用），设施设备均按义务教育规范化要求配置。

桃尧镇中心幼儿园（公办） 建筑面积450平方米，教室3间，设有图书室、体育活动室、音乐活动室、阅览室、美术室等6个功能室，有教职工4人，在园幼儿63人。

【党的建设】 2017年，全镇有党支部21个，有党员965人，其中新发展党员10人。一是坚持党的领导，依法依规，完成第七届村“两委”换届选举工作，选举产生村两委干部共82名.二是做好干部直联工作。镇驻点工作团队每周二进村入户，通过走访、接访、座谈等多种“零距离”方式，为群众排忧解难。全年全镇分片上门走访群众1721户，入户率91.1%，定点接访群众1042人，召开座谈会328场次，群众反映问题484宗，解决470宗，群众满意度100%。三是扎实推进“两学一做”学习教育制度化、常态化，进一步增强党员干部政治意识、大局意识、核心意识、看齐意识。四是开展“三会一课”制度执行情况的督查工作，16个村（居）党支部共查出问题98个，并针对问题进行逐一整改。五是抓十九大精神贯彻落实。镇党委政府制定《桃尧镇学习宣传贯彻党的十九大精神工作方案》，征订120多本《中国共产党第十九次全国代表大会文件资料汇编》下发到每一位镇干部和支部书记手中，并适时邀请市委宣讲团、教授等到桃尧镇为全体镇村干部深刻解读十九大精神，并利用党委会、党政人大联席会、党委中心组以及周前会，由党委书记亲自带头学，组织35周岁以下干部轮流上台通读十九报告，同时通过印发宣传资料、政府网站、微信公众号、大型LED显示屏、户外宣传栏和制作横幅、宣传画等大力宣传十九大精神。同时还完成6个村文化广场建设，投入20多万元对镇级文化站进行改造升级；六是整顿麻坝村软弱涣散党组织。由党委书记带领一支驻点团队，加大对软弱涣散村麻坝村的整顿和扶持力度。

（供稿：谢媛媛）

松 源 镇

【概述】 松源镇位于梅县区东北部，东邻福建永定洪山，西连蕉岭南礤，南与隆文、桃尧交界，北与蕉岭北礤、福建上杭、武平接壤，是两省五县八乡镇的集散地。辖区面积 149.5 平方公里，圩镇面积 3.5 平方公里。镇政府驻地金星，距梅县区人民政府 83.4 公里，下辖 22 个行政村和 1 个居委会。2017 年有 11040 户，在册人口 42044 人。境内矿产有锰、铁、铀、煤、金、瓷土和石灰石等资源，宝坑锰矿、杨阁铁坑铁矿储量丰富。全年实现社会总产值 7.77 亿元，同比增长 7%；农村经济总收入 5.95 亿元，同比增长 8%；实现工商税收 501.4 万元；实现镇级财政收入 1721.8 万元；完成固定资产投资 4924 万元，同比增长 266.2%；年农民人均纯收入 15813 元，同比增长 8%。

【农业】 松源是农业大镇，大力发展特色农业，抓好烤烟、柚果、优质水稻生产基地建设。2017 年全镇种植烤烟 498.06 公顷，收购量 22155.42 担，总收入 3000 多万元；全年种植粮食 1933.33 公顷，其中优质水稻 1780.87 公顷；金柚种植面积 740 公顷，蜜柚种植面积 673.33 公顷，预计产值 1.91 亿元；其中着力培育和扶持特色农产品加工龙头企业及发展农产品专业合作社，2017 年农产品专业合作社共 46 个、家庭农场 195 个。培育了市级龙头企业“梅州恒丰农业科技有限公司”1 家和梅县“十大优质金柚园”梅州市梅县区松源镇华勇家庭农场 1 个。

【工商企业】 坚持数量与质量并重，深入实施“乡贤回乡投资兴业”工程，发挥镇乡贤较多且特别热爱家乡的特点，争取更多的乡贤回乡兴业，推动中心镇“六个一”和美丽乡村事业建设，投入资金 16.69 亿元。

【圩镇与农村基础设施建设】 全年投入 4343.19 万元完善交通、农田水利、公共设施建设。交通方面：投入 430 万元完成金星、五星、彩山等 6 个村总长 12.5 公里农村公路水泥硬底化建设（已验收 8.5 公里，未验收 4 公里）；投入 223.19 万元完成金星、青塘、横坊、白玉等 12 个村的亮化工程建设；农田水利方面：完成总投资投入 2900 多万元的省级水利示范县项目——梅县区乌泥河小流域综合治理工程；完成投入 200 多万元的麻地水库灌区改造工程，对 6.8 公里的圳道进行修建和升级；投入 200 多万元修建圳道 4.5 公里、坡头 5 座。公共设施方面：投入 250 多万元完成便民利商政务中心及村级公共服务站建设；投入 40 万元完成居家养老活动中心项目；投入 100 多万元对圩镇进行道路挖补、美化亮化等。

【旅游】 松源是具有光荣革命传统的老苏区，早在 1926 年秋，中国共产党就在松源播下红色的革命种子，成立了中共松源支部，1928 年成立了松江区委。1929 年 10 月 19 日，红四军一、二、三纵队共 6000 多人在朱德军长的率领下进入松源，点燃了松源革命烈火，开展了轰轰烈烈的武装斗争。松源有古文物、古民居、古建筑 35 处，其中麦芽糖、祭祀“扛公王”、挂大牌 3 个县级非物质文化遗产保护项目；有龙源宫、斐厦堂 2 处县级文物保护单位及市级文物保护单位—蔡蒙吉故居。积极开发红色资源，推动松源红色、文化、乡村、生态休闲和健康养生旅游新业态。通过完善景点景区建设，盘活松源集红色教育、特色人文、青山绿水和田园风光为一体的综合型旅游模式。

【环境保护与治理】 全力推进水体污染防治攻坚工作。一方面按照《松源镇全面推行河长制工作方案》要求，建立了镇、村两级河长体系，形成巡河、护河、治河常态化机制，组织镇、村两级集中开展水浮莲大清理、垃圾整治等专项治理行动，加快镇、村污水处理设施建设，2017 年，径口、横坊、湾溪村级污水处理厂已动工建设，园岭、五星村完成征地进入项目设计阶段。另一方面大力开展畜禽养殖污染专项整治，制定《松源镇畜禽养殖业污染问题专项整治工作方案》，科学划定畜禽养殖禁养区，分别制定禁养区、限养区及适养区内畜禽养殖业清理整治方案，至年底，全镇签约退养协议 170 户，完成拆除 138 户，清除养殖面积 3.63 万平方米。

【土地保护与利用】 国土管理按照基本农田“七有”“五不准”要求，加大耕地保护力度，成立“两违三抢”联合执法队并签订巡查责任书进一步加强土地巡查执法监察工作，把违法违规用地和非法采矿行为处理在萌芽状态。全年累计上报审批用地 25 宗，其中一宗为设施农用地用于家庭农场建设。

【民生】 从 2017 年 1 月份起，城镇居民最低生活保障标准从 500 元提高到 580 元；农村最低生活保障标准从 350 元提高到 400 元；城镇居民最低生活保障补贴月人均从 419 元提高到 460 元；农村最低生活保障补贴月人均从 191 元提高到 210 元。为各类民政对象共 1758 人免费参加 2018 年度新农村合作医疗；全年有 104 人次手工申报医疗救助，救助金额 43.41 万元；临时救济 117 人次，救助金额 13.12 万元；农村特殊困难救助 68 人次，救助金额 1.38 万元。重点优抚对象 180 人，60 周岁农村籍退役士兵 99 人，及时为 9 名 60 周岁退伍军人办理了补助申请；及时发放退役士兵一次性安置费和义务兵家属优待金。全镇有五保户 165 人，其中在松源敬老院集中供养的有 14 人，分散供养的有 151 人。

【综治维稳】 镇综治办始终把调处纠纷和维护周边和谐稳定摆在重要位置。坚持在法治框架下化解矛盾，整合各类维稳资源，加强维稳形势分析研判、矛盾纠纷排查化解，强化信访问题源头治理，加大重点领域和重大社会矛盾化解力度。全年调解各类民事纠纷 300 起，调解成功 300 起；接待群众来访 78 人次，组织排查 11 次，排查调处重点矛盾纠纷 6 件，受理上级交办信案 24 件，已办结上级交办信案 22 件。由村级综治维稳站受理矛盾纠纷共 42 件，成功调处 42 件。

【计划生育】 全年人口出生 490 人，人口出生率 11.12‰，人口自然增长率 5.54‰，政策内生育率 97.76%；出生男女性别比为 100，全年免费孕前优生健康检查 220 例，征收社会抚养费 30.82 万元，药具发放、随访服务率 100%。

【卫生】 宜康医院占地面积 2001 平方米，总建筑面积 5218 平方米，是镇中心卫生院建制，现有卫生技术人员 48 人，其中有中级医师 3 人，执业医师 12 人，执业助理医师 5 人，执业护士 11 人，其中主管护师 1 人，护师 5 人，护士 6 人，设内儿科、中医科、骨伤理疗科、妇产科、治疗室、预防接种门诊等，拥有彩超、CR、全自动生化分析仪、全自动尿液分析仪、全自动血细胞分析仪及心电图等先进设备。

【文化】 计划投入 2000 万元建成松源镇红色纪念馆，正在做好选址及前期准备工作。乡贤每年投入资金 1 万多元购置音响、服装、演出道具。结合春节、“三八”、“五一”、中秋、国庆等重大节日，每年投入活动经费 2 万多元举办歌咏、舞蹈、象棋、乒乓球、足球、篮球等各项比赛。抓好农村电影“2131”工程工作。推广数字电影放映，全年放映电影 250 多场。组织文艺队、音乐队和腰鼓队下乡演出，全年完成送戏下乡 10 多场。

【教育】 *松源中学*　占地面积 7.71 万平方米，建筑占地 1.21 万平方米，建筑面积 2.55 万平方米，初中部有 9 个班级，高中部有 6 个班级，有教职工 82 人，其中女教师 24 人，2017 年在校学生 574 人，其中初中部共 376 人，高中部共 198 人。

松源镇中心小学　占地面积 2 万多平方米，建筑面积 5957 多平方米。有 32 个班级，在校学生 1233 人，教职工 75 人。

松源镇中心幼儿园（公办）　幼儿园占地面积 2751 平方米，建筑面积 1481 平方米，教室 8 间，设有幼儿多功能活动室、厨房、寝室、户外体育活动场、种植园地、玩水池、玩沙池、饲养角等。有教职工 26 人，在园幼儿 313 人。

【党的建设】 2017 年，全镇有党支部 30 个，党员 1554 人，其中女党员 375 人，男党员 1179 人，党员平均年龄 54 岁，发展预备党员 15 名。一是紧扣“五个真”做文章，继续坚持“辅助团队问联、驻点团队直联”的工作模式，全年在村定点接访群众 745 名，分片走访上门慰问群众 11023 户，共 41003 人，11023 户村（居）民建立了档案，召开座谈会 550 场，群众反映问题 220 宗，解决 215 宗，群众满意度 98%。二是 23 个村（社区）完成了换届选举任务。其中 16 个村（居）委会一次性选举成功，参选率 96.84%，22 个村（社区）党组织一次性选举成功，参选率 95.28%。镇村干部编制 98 名，社区居委干部编制 6 名，选举产生村（社区）“两委”干部 121 人，其中女干部 35 人，占 29%，中共党员 87 人，占 72%，连选连任的有 75 人，“两委”交叉任职人数 50 人，交叉任职率 72%，书记、主任一肩挑 19 人，一肩挑比例 83%，一肩挑与交叉任职均实现 100% 的村（社区）有 8 个。35 周岁以下 8 人，35~40 周岁 8 人，41~59 周岁 98 人，60 周岁以上 1 人，平均年龄 48 周岁，较上届平均年龄年轻 4 岁。大专及以上学历 13 人，较上届增加 85.7%，中专、高中、中技学历 72 人，较上届较少 11%，初中及以下学历 32 人，较上届减少 88%。三是强力整顿，解决软弱涣散党组织突出问题，全年召开专题研究解决问题会议镇级 10 次，村级 40 次，解决软弱涣散问题镇级 3 个，村级 16 个，落实民生实事 3 件；投入整顿资金 20 万元，用于新农村建设、坳下老人活动室建设、新建及维修圳道、道路维修等。

（供稿：张晓红）

责任编辑：黎志康

国民经济主要指标

国 民 经 济 主 要 指 标

（一）2017 年梅县区主要经济指标（综合）

表 10

地区生产总值（按当年价计算）

项　目	计算单位	2017 年	2016 年	2017 年比 2016 年 +、－%
一、地区生产总值	万 元	1993961	1880153	5.3
农林牧渔业	万 元	496473	488845	3.9
#农、林、牧、渔服务业	万 元	5996	5207	14.2
工业	万 元	596719	591752	2.5
#开采辅助活动	万 元	669	604	10.0
#金属制品、机械和设备修理业	万 元	1457	1312	10.5
建筑业	万 元	121776	101027	12.3
批发业	万 元	51581	45529	11.6
零售业	万 元	95424	90205	4.2
交通运输、仓储和邮政业	万 元	78208	72123	4.7
住宿和餐饮业	万 元	36778	37668	−2.9
住宿业	万 元	10194	11817	−15.1
餐饮业	万 元	26584	25851	1.9
金融业	万 元	72502	60992	15.0
房地产业	万 元	152320	123692	14.9
房地产业（K 门类）	万 元	109787	85958	19.8
居民自有住房服务	万 元	42533	37734	5.0

续表 10

项　目	计算单位	2017 年	2016 年	2017 年比 2016 年 +、－%
其他服务业	万 元	292180	268320	5.4
营利性服务业	万 元	109507	91815	16.2
#信息传输、计算机服务和软件业	万 元	51488	44658	12.3
非营利性服务业	万 元	182673	176505	–0.1
第一产业	万 元	490477	483638	3.7
第二产业	万 元	716369	690863	3.9
第三产业	万 元	787115	705652	7.6
二、人均地区生产总值	元	36755	34782	4.9

注：2017 年、2016 年 GDP 数据为新口径（含 R&D）快报数据；增长速度按可比价格计算。

（二）2017 年梅县区主要经济指标（人口）

表 11

人口状况

		2016 年	2017 年
一、全区年末户籍人口	人	611638	613346
其中：男	人	307695	308743
女	人	303943	304603
性别比	%	105.39	101.36
其中：农业人口	人	322078	325430
非农业人口	人	289560	287916
二、全区年平均户籍人口	人	610403	612492
三、年末常住人口	万人	54.17	54.33
城镇化率	%	51.05	51.58

表 12

计划生育情况

		2016 年	2017 年
一、出生人数	人	8006	8555
其中：男	人	4108	4396
女	人	3898	4159
出生人口性别比	%	105.37	105.70
出生率	‰	12.47	13.22
二、全年死亡人口	人	3434	3630
死亡率	‰	5.35	5.61
三、全年自然增长人数	人	4572	4925
自然增长率	‰	7.12	7.61

（三）2017 年梅县区主要经济指标（农业）

表 13

梅县区基本情况

指　标	计算单位	2017	指　标	计算单位	2017
1. 统计单位	个	20	其中：农林牧渔业	人	130918
2. 村（居）委会	个	390	6. 土地面积	平方公里	2483
其中：居委会	个	33	7. 年末耕地面积	亩	316112
3. 总户数	户	181064	其中：水田	亩	210495
4. 总人口	人	613346	8. 水田占耕地比例	%	66.6
其中：乡村人口	人	325430	9. 按乡村人口人平耕地	亩/人	0.97
5. 乡村从业人员	人	204213	10. 农业机械总动力	万千瓦特	16.65

表 14

2017 年各镇基本情况

镇别	土地面积（km^2）	村委会（个）	居委（个）	村（居）民小组（个）	总户数（户）	总人口（人）
城　东	79.3	12	1	157	5557	20956
程　江	58	14	1	176	17044	46026
石　扇	91.4	12	1	147	6451	21363
梅　西	92.7	17	2	173	8640	30946
石　坑	87.2	17	1	179	7421	27074
大　坪	92.6	14	1	170	5709	21177
南　口	262.2	46	3	645	19340	70223
畲　江	175	23	2	318	13572	48871
水　车	122.9	18	1	198	6484	22786
梅　南	146.5	16	1	142	4629	16281
丙　村	170.4	21	1	265	12512	43203
雁　洋	183	27	2	282	8752	33799
松　源	149.5	22	2	324	12370	42121
隆　文	113.4	14	1	236	6787	23681
桃　尧	118.7	15	1	158	5153	17392
白　渡	187.6	24	1	230	8474	28405
扶　大	19.5	4	1	58	4770	12240
松　口	328.6	41	5	481	17523	64075
新　城	3.9	0	5	66	9876	22727

表 15

农业总产值及其构成

计算单位：产值：万元　构成：%

项　目	2017 年	
	现价产值	构成
农林牧渔业总产值合计	781400	100
1．农业	620813	79.4
其中：谷物及其他作物	99475	16.0
水果	305370	49.2
2．林业	9036	1.2
3．牧业	108064	13.8
其中：生猪	66012	61.1
4．渔业	30144	3.9
5．农林牧渔服务业	13343	1.7

表 16

主要农作物面积、产量

计算单位：面积：亩　亩产：公斤　总产：吨

项目	2017 年			2016 年			2017 年比 2016 年增减+、–%	
	面积	亩产	总产量	面积	亩产	总产量	绝对数	%
一、粮食作物	469603	408	191807	472014	406	191775	32	0.0
其中：1．稻谷	350025	465	162869	350323	464	162649	220	0.1
（1）早稻	170125	464	79023	167956	453	76012	3011	4.0
（2）晚稻	179900	466	83846	182367	475	86637	–2791	–3.2
2．大豆	40982	232	9499	44048	215	9489	10	0.1
二、花生	53914	211	11353	55804	213	11892	–539	–4.5
三、木薯	17860	780	13937	18199	798	14518	–581	–4.0
四、蔬菜	200779	2629	527865	197536	2583	510297	17568	3.4
五、瓜类	27655	1941	53668	28241	1793	50623	3045	6.0
六、黄烤烟	15104	142	2142	14913	145	2167	–25	–1.2

表 17

水果面积、产量

计算单位：面积：亩　总产：吨

项目	2017 年		2016 年		2017 年比 2016 年增减+、-%	
	面积	总产量	面积	总产量	绝对数	%
合计	457408	805126	457208	785086	20040	2.6
1. 柑桔橙	43873	79928	45793	77409	2519	3.3
2. 香（大）蕉	17272	26566	18025	25584	982	3.8
3. 龙眼	8488	8197	8432	7103	1094	15.4
4. 柿子	7881	11596	8036	11466	130	1.1
5. 李子	32142	44428	32494	45890	-1462	-3.2
6. 柚子	294115	559878	290337	546080	13798	2.5
7. 其他水果	53637	74533	54091	71554	2979	4.2

表 18

畜牧业生产情况

项　目		计算单位	2017 年	2016 年	2017 年比 2016 年增减+、-%	
					绝对数	%
一、生猪	全年饲养量	头	575571	595813	-20242	-3.4
	1. 年末存栏量	头	210052	209297	755	0.4
	其中：能繁殖母猪	头	11498	11709	-211	-1.8
	2. 全年出栏肉猪头数	头	365519	386516	-20997	-5.4
	猪肉产量	吨	28356	28269	87	0.3
二、大牲畜	年末存栏头数	头	8675	13348	-4673	-35.0
	全年出栏头数	头	2067	3901	-1834	-47.0
	肉产量	吨	256	477	-221	-46.3
三、羊	年末存栏量	只	9825	11459	-1634	-14.3
	全年出栏量	只	13779	15753	-1974	-12.5
四、家禽	全年饲养量	只	8895660	8816884	78776	0.9
	其中：出栏量	只	6701467	6602619	98848	1.5
	禽肉产量	吨	9788	9678	110	1.1

表 19

水产品面积、产量

项　目	计算单位	2017 年	2016 年	2017 年比 2016 年增减+、－%	
				绝对数	%
1．养殖面积	亩	61350	61350	0	0.0
其中：鱼塘	亩	39877	39877	0	0.0
山塘水库	亩	21473	21473	0	0.0
2．总产量	吨	30748	29339	1409	4.8
其中：鱼塘	吨	20583	19486	1097	5.6
山塘水库	吨	7239	6947	292	4.2

表 20

梅县区各镇水稻面积、产量

计算单位：面积：亩　亩产：公斤　总产：吨

镇　别	2017 年			2016 年			2017 年比 2016 年增减+、−%	
	面积	亩产	总产量	面积	亩产	总产量	绝对数	%
城　东	14913	467	6958	14772	465	6871	87	1.3
程　江	8885	478	4246	8896	480	4273	−27	−0.6
石　扇	14815	460	6816	14823	460	6820	−4	−0.1
梅　西	22198	456	10131	21403	468	10013	118	1.2
石　坑	15501	483	7485	15440	491	7575	−90	−1.2
大　坪	12530	465	5830	12540	472	5922	−92	−1.6
南　口	52260	446	23307	51177	461	23573	−266	−1.1
畲　江	29030	478	13870	28780	466	13425	445	3.3
水　车	12078	419	5058	12139	410	4979	79	1.6
梅　南	13032	445	5799	13032	443	5779	20	0.3
丙　村	18712	491	9181	18712	493	9223	−42	−0.5
雁　洋	16268	498	8103	16790	470	7885	218	2.8
松　源	20023	457	9146	22047	433	9542	−396	−4.2

（续表20）

镇别	2017年			2016年			2017年比2016年增减+、-%	
	面积	亩产	总产量	面积	亩产	总产量	绝对数	%
隆　文	11295	491	5544	10867	486	5281	263	5.0
桃　尧	18202	460	8368	18225	471	8588	-220	-2.6
白　渡	28562	474	13536	28584	481	13744	-208	-1.5
扶　大	1075	497	534	1377	507	698	-164	-23.5
松　口	40128	465	18677	40216	463	18609	68	0.4

表21

梅县区各镇蔬菜面积、产量

计算单位：面积：亩　亩产：公斤　总产：吨

镇别	2017年			2016年			2017年比2016年增减+、-%	
	面积	亩产	总产量	面积	亩产	总产量	绝对数	%
城　东	15095	3650	55096	14560	3651	53156	1940	3.6
程　江	4355	4087	17798	4361	4082	17800	-2	0.0
石　扇	10625	2300	24438	10615	2246	23840	598	2.5
梅　西	6955	2886	20069	6912	2860	19771	298	1.5
石　坑	7551	1750	13214	7444	1713	12750	464	3.6
大　坪	7628	2100	16017	7625	2068	15768	249	1.6
南　口	29841	2350	70126	29632	2333	69132	994	1.4
畲　江	16892	3441	58122	16089	3517	56593	1529	2.7
水　车	12620	1810	22842	12450	1805	22475	367	1.6
梅　南	13723	1705	23397	13468	1700	22895	502	2.2
丙　村	22083	3499	77260	22083	3434	75841	1419	1.9
雁　洋	5428	2030	11018	5322	2037	10840	178	1.6
松　源	4856	2065	10027	4721	2030	9585	442	4.6
隆　文	8544	1777	15181	8367	1745	14603	578	4.0
桃　尧	4069	2055	8363	3985	2029	8085	278	3.4

（续表 21）

镇　别	2017 年			2016 年			2017 年比 2016 年增减+、-%	
	面积	亩产	总产量	面积	亩产	总产量	绝对数	%
白　渡	12021	3074	36956	11983	3074	36840	116	0.3
扶　大	1250	2180	2725	1425	2178	3104	-379	-12.2
松　口	16515	2168	35805	16386	2140	35068	737	2.1

表 22

梅县区各镇水果面积、产量

计算单位：面积：亩　总产：吨

镇别	2017 年		2016 年		2017 年比 2016 年增减+、-%	
	年末面积	总产量	年末面积	总产量	绝对数	%
城　东	22242	34082	22151	33445	637	1.9
程　江	3098	4917	3109	4933	-16	-0.3
石　扇	29546	77315	29542	77066	249	0.3
梅　西	19343	34101	19225	34449	-348	-1.0
石　坑	15271	24808	15173	24653	155	0.6
大　坪	17237	26200	17292	26670	-470	-1.8
南　口	61639	114926	62442	115632	-706	-0.6
畲　江	20674	32369	20413	33272	-903	-2.7
水　车	17227	25062	17132	24977	85	0.3
梅　南	9298	9218	9298	9210	8	0.1
丙　村	28307	42021	28094	41877	144	0.3
雁　洋	19282	38631	19628	36724	1907	5.2
松　源	26426	49746	28668	50152	-406	-0.8
隆　文	21238	32723	20575	32611	112	0.3
桃　尧	27828	52973	25957	51288	1685	3.3
白　渡	44715	51786	44779	51099	687	1.3
扶　大	1260	2955	1292	3007	-52	-1.7
松　口	70550	138865	70211	131773	7092	5.4

表 23

梅县区各镇生猪饲养量

计算单位：头

镇别	2017年	2016年	对比上年+、-%		镇别	2017年	2016年	对比上年+、-%	
			绝对数	%				绝对数	%
城　东	27968	28899	-931	-3.2	梅　南	8637	10715	-2078	-19.4
程　江	30300	34093	-3793	-11.1	丙　村	48745	52044	-3299	-6.3
石　扇	29858	32465	-2607	-8.0	雁　洋	29443	24762	4681	18.9
梅　西	44699	44380	319	0.7	松　源	22271	26446	-4175	-15.8
石　坑	32406	34688	-2282	-6.6	隆　文	21007	18493	2514	13.6
大　坪	41075	37245	3830	10.3	桃　尧	15403	16847	-1444	-8.6
南　口	59872	61845	-1973	-3.2	白　渡	46868	49665	-2797	-5.6
畲　江	27638	29606	-1968	-6.6	扶　大	12808	14123	-1315	-9.3
水　车	10793	11341	-548	-4.8	松　口	62989	65145	-2156	-3.3

表 24

梅县区各镇三鸟饲养量

计算单位：只

镇别	2017年	2016年	对比上年+、-%		镇别	2017年	2016年	对比上年+、-%	
			绝对数	%				绝对数	%
城　东	1200699	1198878	1821	0.2	梅　南	615057	623483	-8426	-1.4
程　江	365546	384246	-18700	-4.9	丙　村	1486003	1468645	17358	1.2
石　扇	344255	344212	43	0.0	雁　洋	275775	290232	-14457	-5.0
梅　西	157384	153716	3668	2.4	松　源	101140	104808	-3668	-3.5
石　坑	159476	158702	774	0.5	隆　文	281137	270197	10940	4.0
大　坪	271225	257779	13446	5.2	桃　尧	123582	112562	11020	9.8
南　口	644483	643804	679	0.1	白　渡	565022	554437	10585	1.9
畲　江	642291	639384	2907	0.5	扶　大	553205	571227	-18022	-3.2
水　车	319514	306797	12717	4.1	松　口	725033	690710	34323	5.0

（四）2017年梅县区主要经济指标（工业、能源）

表25

工业企业单位个数

计算单位：（个）

项　目	2017年	2016年
规格以上工业企业	101	101
1. 按轻重工业分	–	–
（1）轻工业	38	40
（2）重工业	63	61
2. 按经济类型分	–	–
（1）国有企业	1	2
（2）集体企业	1	1
（3）股份合作企业	1	1
（4）股份制企业	89	90
（5）外商及港澳台投资企业	6	6
（6）其他经济类型企业	3	1

注：从2011年规模以上工业统计范围改为年主营业务收入达2000万元及以上的工业企业

表26

规模以上工业总产值

计算单位：万元

项　目	2017年	2016年	2017年比2016年 +、–%
规格以上工业企业	1465288	1808780	2.9
1. 按轻重工业分	–	–	–
（1）轻工业	399783	365837	36.6
（2）重工业	1065505	1442943	–6.9
2. 按经济类型分	–	–	–

续表 26

项　目	2017 年	2016 年	2017 年比 2016 年 +、-%
（1）国有企业	11596	9439	33.8
（2）集体企业	6669	4696	37.5
（3）股份合作企业	8905	11999	10.3
（4）股份制企业	1147498	1512690	1.1
（5）外商及港澳台投资企业	282193	257954	5.4
（6）其他经济类型企业	8427	12002	-5.2

注：1. 从 2011 年规模以上工业统计范围改为年主营业务收入达 2000 万元及以上的工业企业；
2. 增长速度按 2017 年同口径的可比价格计算。

表 27

规模以上工业主要产品产量

项　目	计算单位	2017 年	2016 年	2017 年比 2016 年 +、-%
1. 服装	万件	76.3	91.5	-16.6
2. 发电量	万千瓦小时	482617.32	845745.08	-42.9
（1）水电	万千瓦小时	38456.8	74089.02	-48.1
（2）火电	万千瓦小时	444160.52	771656.06	-42.4
3. 电路板	M^2	1501982	1416469	6.0
4. 水泥	万吨	486.4	486.7	-0.1
5. 橡胶轮胎外胎	万条	1107.6	996.5	11.1

注：1. 从 2011 年规模以上工业统计范围改为年主营业务收入达 2000 万元及以上的工业企业；
2. 增长速度按 2017 年同口径计算。

表 28

规模以上工业实现利润总额

计算单位：万元

项　目	2017 年	2016 年	2017 年比 2016 年 +、−%
利润总额总计	100533	197225	−49.03
1. 国有企业	739	−2550	减亏 128.98
2. 集体企业	−79	−16	增亏 393.75
3. 股份合作企业	1245	1387	−10.24
4. 股份制企业	64131	174197	−63.18
5. 外商及港澳台投资企业	34390	23913	43.81
6. 其他经济类型企业	107	294	−63.61

注：1. 从 2011 年规模以上工业统计范围改为年主营业务收入达 2000 万元及以上的工业企业；
2. 增长速度按 2017 年同口径计算。

表 29

规模以上工业增加值（现行价）

计算单位：万元

项　目	2017 年	2016 年	2017 年比 2016 年 +、−%
合　计	388206	520744	0.7
1. 国有企业	9180	4901	9.4
2. 集体企业	1581	1008	21.6
3. 股份合作企业	3295	3311	13.9
4. 股份制企业	299280	441734	−0.3
5. 外商及港澳台投资企业	72261	66351	−0.7
6. 其他经济类型企业	2609	3439	−5.2

注：1. 从 2011 年规模以上工业统计范围改为年主营业务收入达 2000 万元及以上的工业企业；
2. 增长速度按 2017 年同口径计算。

表30

规模以上工业资产合计

计算单位：万元

项　目	2017年	2016年	2017年比2016年 +、-%
合　计	2123389	2337643	-9.2
1. 国有企业	54114	50710	6.7
2. 集体企业	2550	2586	-1.4
3. 股份合作企业	23559	18461	27.6
4. 股份制企业	1810080	2012246	-10.0
5. 外商及港澳台投资企业	221148	248800	-11.1
6. 其他经济类型企业	11938	4840	146.7

注：1. 从2011年规模以上工业统计范围改为年主营业务收入达2000万元及以上的工业企业；
2. 增长速度按2017年同口径计算。

表31

规模以上工业主营业务收入

计算单位：万元

项　目	2017年	2016年	2017年比2016年 +、-%
合　计	1428809	1673163	-14.6
1. 国有企业	11321	10890	4.0
2. 集体企业	6669	4707	41.7
3. 股份合作企业	8791	12000	-26.7
4. 股份制企业	1137160	1414920	-19.6
5. 外商及港澳台投资企业	256441	218644	17.3
6. 其他经济类型企业	8427	12002	-29.8

注：1. 从2011年规模以上工业统计范围改为年主营业务收入达2000万元及以上的工业企业；
2. 增长速度按2017年同口径计算。

表 32

能源单耗指标

能源消费总量（万吨标准煤，等价值）			电力消费量（万千瓦时）					
						其中：工业消费量（万千瓦时）		
2017 年	2016 年	增减（+、-%）	2017 年	2016 年	增减（+、-%）	2017 年	2016 年	增减（+、-%）
110.54	112.73	-1.94	198788.97	190693.29	4.25	105761.59	107699.25	-1.80

表 33

能源单耗指标

规上工业综合能源消费量（万吨标准煤，当量值）			单位 GDP 能耗（等价值，2010 可比价）（吨标准煤/万元）		
2017 年	2016 年	增减（+、-%）	2017 年	2016 年	降低（增长）率
34.72	39.83	-12.83	0.5694	0.6112	-6.8390

表 34

能源单耗指标

单位 GDP 电耗（2010 可比价）（千瓦小时/万元）			工业增加值能耗（规模以上，当量值，2010 可比价）（吨标准煤/万元）		
2017 年	2016 年	增减（+、-%）	2017 年	2016 年	降低（增长）率
1024.0537	1033.9799	-0.9600	2.1695	3.6359	-40.3300

表 35

规模以上工业企业水消费量

指标名称	取水量（万立方米）		
	报告期	上年同期	同比增减（%）
合　计	1795.04	2447.12	–26.6
1. 地表淡水	1463.48	2127.99	–31.2
2. 地下淡水	55.15	62.66	–12.0
3. 自来水	263.28	250.23	5.2
4. 矿井水	7.12	5.42	31.4
5. 雨水	0.97	0.92	5.4
6. 其他水	5.04	0.9	460.0
外排水量	206.91	246.76	–16.1
重复用水量	1075.74	1553.47	–30.8

表 36

规模以上工业企业主要能源购进、消费与库存

能源名称	计量单位	购进实物量			工业生产消费量			年末库存量		
		2017 年	2016 年	比上年 +、-%	2017 年	2016 年	比上年 +、-%	2017 年	2016 年	比上年 +、-%
一、原煤	吨	1457533.44	2552030.59	-42.89	1461000.72	2585561.56	-43.49	390926.37	400744.64	-2.45
二、天然气	万立方米	116.75	107.99	8.11	116.55	106.99	8.94	0.2	0	
三、液化天然气	吨	44.5	45.3	-1.77	43.9	42.1	4.28	3.8	3.2	18.75
四、汽油	吨	421.14	788.09	-46.56	42.08	30.8	36.62	0.2	0.1	100.00
煤油		0	0							
五、柴油	吨	5725.74	6107.17	-6.25	2714.03	3456.45	-21.48	918.85	1505.29	-38.96
六、燃料油	吨	0	149.98	-100.00	0	149.98	-100.00			
七、液化石油气	吨	4.25	1.56	172.44	0	0				
八、润滑油	吨		0		1.2	1.9	-36.84	0.8	2.6	-69.23
九、其他石油制品	吨	24.65	18.7	31.82	24.65	18.7	31.82			
十、热力	百万千焦	79226.23	17694.44	347.75	79226.23	17694.44	347.75			
十一、电力	万千瓦时	67400.19	72001.76	-6.39	91485.7	115463.84	-20.77			
十二、煤矸石	吨	2147855	3552571	-39.54	2143685	3556591	-39.73	18480	14310	29.14
十三、生物燃料	吨标准煤	3031.62	3034.68	-0.10	3031.62	3089.35	-1.87		448.9	-100.00
能源合计	吨标准煤	-	-		1614752.81	2734436.16	-40.95			

（五）2017年梅县区主要经济指标（建筑业）

表37　　资质等级以上建筑业基本情况

项目	计算单位	2017年	2016年	2017年比2016年增减 +、-%
一、建筑业个数	个	45	42	7.1
二、资产总计	万元	355407	301088	18.0
三、建筑总产值	万元	253361	226908	11.7
1．建筑工程	万元	230666	215671	7.0
2．安装工程	万元	12680	6087	108.3
3．其他产值	万元	10015	5150	94.5
四、营业收入	万元	288251	284700	1.2
五、营业利润	万元	18543	15989	16.0
六、利润总额	万元	18448	16619	11.0

（六）2017年梅县区主要经济指标（交通运输）

表38　　交通运输线路长度及机动车辆水上运输船舶拥有量

项目	计算单位	2017年	2016年	2017年比2016年增减 +、-%
一、公路通车里程	公里	3055	2803	9
二、汽车合计	辆	4111	4456	-8
其中：货车	辆	3980	4318	-8
客车	辆	131	138	-5
三、汽车挂车	辆	644	361	78

注：汽车中，其中：私人货车2484辆。

表 39　　　　　**交通运输部门、旅客运输量、周转量**

项目	计算单位	2017 年	2016 年	2017 年比 2016 年增减 +、– %
一、货物运输量	万吨	1918	1754	9.40
二、货物周转量	万吨公里	345248	315693	9.40
三、旅客运输量	万人	416	390	6.70
四、旅客周转量	万人公里	54084	50721	6.60

（七）2017 年梅县区主要经济指标（固定资产投资）

表 40　　　　　**固定资产投资**

主要指标	计量单位	2017 年	2016 年	2017 年比 2016 年增减 +、– %
固定资产投资总额	万元	1871717	1529864	22.3
其中：项目投资	万元	1393488	1051303	32.5
房地产开发投资	万元	478229	478561	–0.1
按产业分				
1. 第一产业	万元	5862	0	–
2. 第二产业	万元	528953	397054	33.2
其中：工业投资	万元	528953	397054	33.2
#技改投资	万元	137342	121041	13.5
3. 第三产业	万元	1336902	1132810	18.0

（八）2017 年梅县区主要经济指标（房地产）

表 41

房地产基本情况

主要指标	计量单位	2017 年	2016 年	2017 年比 2016 年增减 +、- %
房屋施工面积	万平方米	317.95	209.9	51.5
其中：住宅	万平方米	203.87	136.9	48.9
房屋竣工面积	万平方米	48.41	41.4	16.9
其中：住宅	万平方米	33.35	30	11.2
商品房销售面积	万平方米	145.65	122.3	19.0
商品房销售额	亿元	82.78	58.4	41.7
商品房销售套数	套	10825	8885	21.8
待售面积	万平方米	92.98	114.04	-18.5

（九）2017 年梅县区主要经济指标（贸易业、物价）

表 42

贸易业限额以上单位数量

单位：个

项　目	2017 年	2016 年
总　数	84	80
1. 企业	62	56
批发业	10	13
零售业	41	33
住宿业	9	9
餐饮业	2	1

续表 42

项　目	2017 年	2016 年
2. 个体经营户	22	24
批发业	0	0
零售业	5	5
住宿业	10	9
餐饮业	7	10

表 43

社会消费品零售总额

项目	计算单位	2017 年	2016 年	同比增减（±%）
1. 社会消费品零售总额	万元	1520508.9	1418701.6	7.2
其中：限额以上社会消费品零售总额	万元	444589.4	476308.3	–6.7
按行业分：批发与零售业	万元	1320440.6	1219112.4	8.3
住宿餐饮业	万元	200068.3	199589.2	0.2
按城乡分：城镇	万元	1064356.2	993091.1	7.2
乡村	万元	456152.7	425610.5	7.2
2. 批发零售业销售总额	万元	1750385.8	1597302	9.6
其中：批发业销售总额	万元	521339.5	435799	19.6
其中：限额以上	万元	148400.5	141408	4.9
零售业销售总额	万元	1229046.3	1161503	5.8
其中：限额以上	万元	417224.7	418019	–0.2
3. 住宿业营业额	万元	94949.8	107534	–11.7
其中：限额以上	万元	44844.4	62323	–28.1
4. 餐饮业营业额	万元	138506.9	133660	3.6
其中：限额以上	万元	14667	14184	3.4

表 44

居民消费价格分类指数

（以上年同期价格为 100）

项　目	2017 年	项　目	2017 年
居民消费价格指数	101.5	3．烟酒	101.1
一、食品烟酒	98.8	4．在外餐饮	100.9
1．食品	97.8	二、衣着	100.6
（1）食粮	100.3	三、居住	104.5
（2）菜	89.6	四、生活用品及服务	100.6
（3）畜肉类	94.9	五、交通和通信	101.6
（4）禽肉类	100.5	六、教育文化和娱乐	102.4
（5）水产品	107.6	教育	102.1
（6）蛋类	97.5	七、医疗保健	107.1
2．茶及饮料	100.6	八、其他用品和服务	100.5

（十）2017 年梅县区主要经济指标（劳动工资）

表 45

全部城镇非私营在岗职工人数、工资总额及年平均工资

项　目	计算单位	2017 年	2016 年	2017 年比 2016 年 +、－%
一、在岗职工年末人数	人	35532	36801	–3.4
其中：国有单位	人	17238	16881	2.1
集体单位	人	1207	1349	–10.5
其他单位	人	17087	18571	–8.0
二、在岗职工工资总额	千元	2575276	2419742	6.4

续表 45

项　　目	计算单位	2017 年	2016 年	2017 年比 2016 年 +、－%
其中：国有单位	千元	1601337	1404118	14.0
集体单位	千元	47973	49724	–3.5
其他单位	千元	925966	965900	–4.1
三、在岗职工年平均工资	元/人	74034	66318	11.6
其中：国有单位	元/人	93662	83723	11.9
集体单位	元/人	51751	46471	11.4
其他单位	元/人	55245	51802	6.6

表 46　区属城镇非私营单位在岗职工人数、平均人数及年平均工资

项　　目	计算单位	2017 年	2016 年	2017 年比 2016 年 +、－%
一、在岗职工年末人数	人	28650	30957	–7.5
其中：国有单位	人	14457	14060	2.8
集体单位	人	1207	1349	–10.5
其他单位	人	12986	15548	–16.5
二、在岗职工工资总额	千元	2058936	1953126	5.4
其中：国有单位	千元	1381136	1195655	15.5
集体单位	千元	47973	49724	–3.5
其他单位	千元	629827	707747	–11.0
三、在岗职工年平均工资	元/人	74586	64976	14.8
其中：国有单位	元/人	96610	85735	12.7
集体单位	元/人	51751	46471	11.4
其他单位	元/人	50866	47048	8.1

备注：1. 以上统计范围是辖区内全部独立核算的企业、事业和机关单位（不包括乡镇企业、私营单位和个体工商户）。2. 2013 年起新口径包括城镇非私营网报单位。

表 47

国有单位在岗职工人数和工资总额

项目	职工年末人数（人）			职工年平均人数（人）			职工工资总额（千元）			职工年平均工资（元/人）		
	2017	2016	2017 比 2016 年 +、-%	2017	2016	2017 比 2016 年 +、-%	2017	2016	2017 比 2016 年 +、-%	2017	2016	2017 比 2016 年 +、-%
总　计	17238	16881	2.1	17097	16771	1.9	1601337	1404118	14.0	93662	83723	11.9
1．农、林、牧、渔业	12	14	-14.3	12	13	-7.7	321	283	13.4	26750	21769	22.9
2．采矿业	711	740	-3.9	718	726	-1.1	37344	36290	2.9	52011	49986	4.1
3．制造业	0	0		0	0		0	0				
4．电力、燃气及水的生产和供应业	169	178	-5.1	169	182	-7.1	5261	8950	-41.2	31130	49176	-36.7
5．建筑业	0	0		0	0		0	0				
6．批发与零售业	215	231	-6.9	221	237	-6.8	24346	23991	1.5	110163	101228	8.8
7．交通运输、仓储和邮政业	479	487	-1.6	482	484	-0.4	33647	30399	10.7	69807	62808	11.1
8．住宿和餐饮业	0	0		0	0		0	0				
9．信息传输、计算机服务和软件业	333	332	0.3	333	335	-0.6	22557	19549	15.4	67739	58355	16.1
10．金融业	74	80	-7.5	76	78	-2.6	9110	8875	2.6	119868	113782	5.3
11．房地产业	0	0		0	0		0	0				
12．租赁和商务服务业	520	487	6.8	519	491	5.7	41417	35400	17.0	79802	72098	10.7
13．科学研究、技术服务与地质勘查业	721	764	-5.6	719	763	-5.8	63045	58515	7.7	87684	76691	14.3

续表 47

项目	职工年末人数（人）			职工年平均人数（人）			职工工资总额（千元）			职工年平均工资（元/人）		
	2017	2016	2017 比 2016 年 +、−%	2017	2016	2017 比 2016 年 +、−%	2017	2016	2017 比 2016 年 +、−%	2017	2016	2017 比 2016 年 +、−%
14. 水利、环境和公共设施管理业	493	495	−0.4	471	470	0.2	22004	19426	13.3	46718	41332	13.0
15. 居民服务和其他服务业	23	23	0.0	23	23	0.0	906	899	0.8	39391	39087	0.8
16. 教育	5657	5627	0.5	5630	5574	1.0	656296	560421	17.1	116571	100542	15.9
17. 卫生、社会保障和社会福利业	2762	2527	9.3	2671	2497	7.0	213731	191807	11.4	80019	76815	4.2
18. 文化、体育与娱乐业	345	329	4.9	346	331	4.5	24556	20784	18.1	70971	62792	13.0
19. 公共管理与社会组织	4724	4567	3.4	4707	4567	3.1	446796	388529	15.0	94922	85073	11.6

表 48

城镇集体全部单位在岗职工人数和工资总额

项目	职工年末人数（人）			职工年平均人数（人）			职工工资总额（千元）			职工年平均工资（元/人）		
	2017	2016	2017 比 2016 年 +、−%	2017	2016	2017 比 2016 年 +、−%	2017	2016	2017 比 2016 年 +、−%	2017	2016	2017 比 2016 年 +、−%
总　计	1207	1349	−10.5	927	1070	−13.4	47973	49724	−3.5	51751	46471	11.4
1. 农、林、牧、渔业												
2. 采矿业												
3. 制造业	12	10	20.0	12	10	20.0	410	420	−2.4	34167	42000	−18.7
4. 电力、燃气及水的生产和供应业	39	36	8.3	39	36	8.3	823	747	10.2	21103	20750	1.7

续表 48

项目	职工年末人数（人）			职工年平均人数（人）			职工工资总额（千元）			职工年平均工资（元/人）		
	2017	2016	2017 比 2016 年 +、−%	2017	2016	2017 比 2016 年 +、−%	2017	2016	2017 比 2016 年 +、−%	2017	2016	2017 比 2016 年 +、−%
5．建筑业	674	810	−16.8	394	531	−25.8	11093	13678	−18.9	28155	25759	9.3
6．批发和零售业	23	25	−8.0	23	25	−8.0	451	463	−2.6	19609	18520	5.9
7．交通运输、仓储及邮政业	3	3	0.0	3	3	0.0	60	60	0.0	20000	20000	0.0
8．住宿和餐饮业	0	0		0	0		0	0				
9．信息传输、计算机服务和软件业	0	0		0	0		0	0				
10．金融业	450	459	−2.0	450	459	−2.0	34980	34200	2.3	77733	74510	4.3
11．房地产业	0	0		0	0		0	0				
12．租赁和商务服务业		0			0			0				
13．科学研究、技术服务和地质勘查业	0	0		0	0		0	0				
14．水利、环境和公共设施管理业	0	0		0	0		0	0				
15．居民服务和其他服务业	2	2	0.0	2	2	0.0	36	36	0.0	18000	18000	0.0
16．教育	4	4	0.0	4	4	0.0	120	120	0.0	30000	30000	0.0
17．卫生、社会保障和社会福利业												
18．文化、体育和娱乐业												
19．公共管理和社会组织												

表 49

其他单位在岗职工人数和工资总额

项目	职工年末人数（人）			职工年平均人数（人）			职工工资总额（千元）			职工年平均工资（元/人）		
	2017	2016	2017比2016年+、-%	2017	2016	2017比2016年+、-%	2017	2016	2017比2016年+、-%	2017	2016	2017比2016年+、-%
总　计	17087	18571	-8.0	16761	18646	-10.1	925966	965900	-4.1	55245	51802	6.6
1．农、林、牧、渔业												
2．采矿业	83	79	5.1	83	48	72.9	3297	1573	109.6	39723	32771	21.2
3．制造业	10013	12952	-22.7	10259	12893	-20.4	576874	643016	-10.3	56231	49873	12.7
4．电力、燃气及水的生产和供应业	809	876	-7.6	815	1218	-33.1	84581	132330	-36.1	103780	108645	-4.5
5．建筑业	3045	1759	73.1	2511	1595	57.4	105906	64860	63.3	42177	40665	3.7
6．批发和零售业	1502	1261	19.1	1438	1264	13.8	52177	48746	7.0	36284	38565	-5.9
7．交通运输、仓储及邮政业	177	286	-38.1	176	284	-38.0	6441	8082	-20.3	36597	28458	28.6
8．住宿和餐饮业	440	445	-1.1	465	446	4.3	16122	13203	22.1	34671	29603	17.1
9．信息传输、计算机服务和软件业	196	294	-33.3	197	282		12957	12614		65772	44730	47.0
10．金融业	307	296	3.7	316	299	5.7	29386	25005	17.5	92994	83629	11.2
11．房地产业	203	216	-6.0	206	215	-4.2	11819	11411	3.6	57374	53074	8.1
12．租赁和商务服务业	122	89	37.1	112	84		5209	4391		46509	52274	-11.0
13．科学研究、技术服务和地质勘查业	0	18		0	18		0	669			37167	-100.0

续表 49

项目	职工年末人数（人）			职工年平均人数（人）			职工工资总额（千元）			职工年平均工资（元/人）		
	2017	2016	2017 比 2016 年 +、-%	2017	2016	2017 比 2016 年 +、-%	2017	2016	2017 比 2016 年 +、-%	2017	2016	2017 比 2016 年 +、-%
14. 水利、环境和公共设施管理业	0			0			0					
15. 居民服务和其他服务业	44			44			1416			32182		
16. 教育	146			139			19781			142309		
17. 卫生、社会保障和社会福利业												
18. 文化、体育和娱乐业												
19. 公共管理和社会组织												

表 50

全部单位在岗职工人数和工资总额

项目	职工年末人数（人）			职工年平均人数（人）			职工工资总额（千元）			职工年平均工资（元/人）		
	2017	2016	2017 比 2016 年 +、-%	2017	2016	2017 比 2016 年 +、-%	2017	2016	2017 比 2016 年 +、-%	2017	2016	2017 比 2016 年 +、-%
总　计	35532	36801	-3.4	34785	36487	-4.7	25752	24197	6.4	74034	66318	11.6
1. 农、林、牧、渔业	12	14	-14.3	12	13	-7.7	321	283	13.4	26750	21769	22.9
2. 采矿业	794	819	-3.1	801	774	3.5	40641	37863	7.3	50738	48919	3.7
3. 制造业	10025	12962	-22.7	10271	12903	-20.4	57728	64343	-10.3	56205	49867	12.7
4. 电力、燃气及水的生产和供应业	1017	1090	-6.7	1023	1436	-28.8	90665	142027	-36.2	88627	98905	-10.4

续表 50

项目	职工年末人数（人）			职工年平均人数（人）			职工工资总额（千元）			职工年平均工资（元/人）		
	2017	2016	2017 比 2016 年 +、-%	2017	2016	2017 比 2016 年 +、-%	2017	2016	2017 比 2016 年 +、-%	2017	2016	2017 比 2016 年 +、-%
5. 建筑业	3719	2569	44.8	2905	2126	36.6	11699	78538	49.0	40275	36942	9.0
6. 批发和零售业	1740	1517	14.7	1682	1526	10.2	76974	73200	5.2	45763	47969	-4.6
7. 交通运输、仓储及邮政业	659	776	-15.1	661	771	-14.3	40148	38541	4.2	60738	49988	21.5
8. 住宿和餐饮业	440	445	-1.1	465	446	4.3	16122	13203	22.1	34671	29603	17.1
9. 信息传输、计算机服务和软件业	529	626	-15.5	530	617	-14.1	35514	32163	10.4	67008	52128	28.5
10. 金融业	831	835	-0.5	842	836	0.7	73476	68080	7.9	87264	81435	7.2
11. 房地产业	203	216	-6.0	206	215	-4.2	11819	11411	3.6	57374	53074	8.1
12. 租赁和商务服务业	642	576	11.5	631	575	9.7	46626	39791	17.2	73892	69202	6.8
13. 科学研究、技术服务和地质勘查业	721	782	-7.8	719	781	-7.9	63045	59184	6.5	87684	75780	15.7
14. 水利、环境和公共设施管理业	493	495	-0.4	471	470	0.2	22004	19426	13.3	46718	41332	13.0
15. 居民服务和其他服务业	69	25	176.0	69	25	176.0	2358	935	152.2	34174	37400	-8.6
16. 教育	5807	5631	3.1	5773	5578	3.5	67619	56054	20.6	11713	10049	16.6
17. 卫生、社会保障和社会福利业	2762	2527	9.3	2671	2497	7.0	213731	191807	11.4	80019	76815	4.2
18. 文化、体育和娱乐业	345	329	4.9	346	331	4.5	24556	20784	18.1	70971	62792	13.0
19. 公共管理和社会组织	4724	4567	3.4	4707	4567	3.1	446796	388529	15.0	94922	85073	11.6

表 51

社会从业人员数

单位：人

项　目	2017 年	2016 年	2017 年比 2016 年增减+、－%
合　计	283869	271255	4.65
一、按登记注册类型分组			
1. 国有单位	17356	16827	3.14
2. 集体单位	129157	129163	0.00
3. 股份合作单位	4103	4103	0.00
4. 联营单位	1489	1489	0.00
5. 有限责任公司	12953	12953	0.00
6. 股份有限公司	4643	4848	–4.23
7. 外商投资单位	1333	1333	0.00
8. 港澳台投资单位	6923	6923	0.00
9. 私营企业	45475	34453	31.99
10. 个体经济	48345	47071	2.71
11. 其他经济	12092	12092	0.00
二、按产业行业分组			
1. 第一产业	130918	130311	0.47
2. 第二产业	46899	44124	6.29
3. 第三产业	106052	96820	9.54
三、按国民经济行业分组			
1. 农、林、牧、渔业	131125	130449	0.52

续表 51

项　目	2017 年	2016 年	2017 年比 2016 年增减+、- %
其中：农、林、牧、渔服务业	207	138	50.00
2. 采矿业	827	823	0.49
3. 制造业	27956	27417	1.97
其中：金属制品、机械和设备修	1	1	0.00
4. 电力、燃气及水的生产和供应业	2570	2384	7.80
5. 建筑业	15547	13501	15.15
6. 批发和零售业	35426	32315	9.63
7. 交通运输、仓储和邮政业	8602	8429	2.05
8. 住宿和餐饮业	11303	10944	3.28
9. 信息传输、计算机服务和软件业	2711	2044	32.63
10. 金融业	1436	1602	-10.36
11. 房地产业	2686	1743	54.10
12. 租赁和商务服务业	6353	4123	54.09
13. 科学研究、技术服务和地质勘	2232	1687	32.31
14. 水利、环境和公共设施管理业	1964	1883	4.30
15. 居民服务和其他服务业	14865	14372	3.43
16. 教育	6350	6198	2.45
17. 卫生、社会保障和社会福利业	3144	2910	8.04
18. 文化、体育和娱乐业	872	700	24.57
19. 公共管理和社会组织	7900	7731	2.19

（十一）2017 年梅县区主要经济指标（居民生活）

表 52

住房和耐用消费品拥有情况

指标名称	单位	2017 年			2016 年		
		全体	城镇	农村	全体	城镇	农村
一、现住房情况	–	–	–	–	–	–	–
（一）人均住房建筑面积	平方米/人	44.0	43.3	44.5	43.8	43.1	46.4
二、每百户耐用消费品拥有情况	–	0.0	0.0	0.0	0.0	0.0	0.0
（一）家用汽车	辆	28.3	36.2	22.3	28.0	35.9	17.8
（二）摩托车	辆	137.3	129.3	143.4	136.2	128.4	134.0
（三）电冰箱（柜）	台	97.8	96.6	98.7	97.8	96.6	96.8
（四）洗衣机	台	95.5	98.3	93.4	95.6	98.3	92.5
（五）热水器	台	109.7	113.8	106.6	109.6	113.7	98.8
其中：太阳能热水器	台	23.9	10.3	34.2	23.6	10.3	27.0
（六）空调	台	144.7	175.9	120.9	143.4	175.3	101.8
（七）彩色电视机	台	147.7	148.3	147.3	147.1	147.9	141.6
（八）摄像机	台	0.0	0.0	0.0	2.9	5.1	0.0
（九）照相机	台	8.2	17.2	1.3	8.1	17.1	2.6
（十）计算机	台	36.5	58.6	19.7	36.1	58.2	16.7
其中：接入互联网的计算机	台	34.3	53.4	19.7	33.9	53.1	13.4
（十一）中高档乐器	架	3.0	6.9	0.0	2.9	6.8	0.0
（十二）固定电话	部	32.8	36.2	30.2	42.7	42.8	42.6
（十三）移动电话	部	271.5	253.4	285.3	269.9	253.1	282.7
其中：接入互联网的移动电话	部	123.8	148.3	105.1	122.8	147.9	103.9

表 53

2017 年梅县区全体居民住户调查资料

主要指标	计量单位	2016 年			2017 年		
		全体居民	城镇居民	农村居民	全体居民	城镇居民	农村居民
一、人均可支配收入	元	22329.2	28304.0	16182.2	24013.9	30473.0	17363.5
1. 工资性收入	元	11124.6	16439.8	5656.2	11685.6	17882.0	5968.9
2. 经营性收入	元	6227.9	4747.0	7751.4	6845.3	5035.0	8315.6
3. 财产性收入	元	1338.7	2536.2	106.6	1387.1	2685.0	111.5
4. 转移性收入	元	3638	4581.0	2668.0	4095.9	4871.0	2940.5
二、人均消费支出	元	16224.9	18389.5	13998.0	17274.9	19548.9	14933.4
（一）食品烟酒	元	6291.2	6889.0	5676.2	6475.9	6876.0	6064.0
（二）衣着	元	665.9	811.9	515.7	795.0	920.2	666.0
（三）居住	元	3770.7	4454.8	3066.9	3917.2	4691.7	3119.7
（四）生活用品及服务	元	1099.3	1192.9	1003.1	1214.9	1363.4	1062.1
（五）交通通信	元	1643.4	1941.0	1337.3	1714.5	1994.5	1426.1
（六）教育文化娱乐	元	1320.5	1556.4	1077.9	1438.1	1704.7	1163.6
（七）医疗保健	元	1064.6	1000.2	1130.9	1204.3	1205.0	1203.5
（八）其他用品和服务	元	369.3	543.3	190.0	515.0	793.4	228.5

（十二）2017年梅县区主要经济指标（财政、金融、保险及对外经济）

表54

地方财政收支情况

项　　目	计算单位	2017年	2016年	2017年比2016年+、-%
一、财政收入	万元	197317	218830	-9.83
其中：各项税收	万元	127311	132481	-3.90
1. 增值税	万元	37570	26661	40.92
2. 营业税	万元	1	10207	-99.99
3. 个人所得税	万元	4279	3620	18.20
4. 城市维护建设税	万元	8895	7868	13.05
二、财政支出	万元	515465	511097	0.85
其中：1. 一般公共服务支出	万元	83254	79428	4.82
2. 公共安全支出	万元	20528	16512	24.32
3. 教育支出	万元	102382	100688	1.68
4. 科学技术支出	万元	8149	1839	343.12
5. 社会保障和就业支出	万元	104821	73262	43.08
6. 医疗卫生与计划生育支出	万元	59240	62430	-5.11
7. 节能环保支出	万元	12648	12572	0.60
8. 城乡社区支出	万元	57558	33732	70.63

表 55

税 收 收 入

指　　标	计算单位	2017 年	2016 年	2017 年比 2016 年 +、－%
税收收入	万 元	338178	315510	7.2
其中：国税收入	万 元	178139	126346	40.99
地税收入	万 元	160039	189164	-15.4

表 56

银行信贷及储蓄

指　　标	计算单位	2017 年	2016 年	2017 年比 2016 年 +、－%
一、金融机构本外币存款余额	万 元	3267211	2671473	22.3
其中：城乡居民储蓄存款余额	万 元	2115244	1985772	6.52
二、金融机构本外币贷款余额	万 元	1599142	1336963	19.61

表 57

二〇一七年国内保险情况

项目	承保数量（宗）	保险金额（万元）	保险收入（万元）	赔款给付 金额（万元）
一、财产险	789221	30124454.22	4602.8	2078
其中：企事业财产险	37874	2108223.8	838.2	302
机动车辆险	723811	25866278.72	2281.5	974
其他险	27536	2149951.7	1483.1	802
二、人身险	386310	896746	14672	925.7
其中：养老年金险	9037	43017	9210	190
意外短期险	213869	305730	3354	365.7
其他险	163404	547999	2108	370

表 58

对外经济和外贸

项　目	计算单位	2017 年 签订合同协议意向总数（已批准）	2016 年 签订合同协议意向总数（已批准）	2017 年比 2016 年 +、－%
一、新签合同协议意向总数	宗	165	3	54 倍
1. 合作经营企业	宗	1	1	持平
2. 独资经营企业	宗	163	2	80.5 倍
3. 合资经营企业	宗	1		
二、协议规定利用外资源	万美元	4977	4887	1.8
1. 合作经营企业	万美元	51	17	2 倍
2. 独资经营企业	万美元	4802	4870	–1.4
3. 合资经营企业	万美元	124		
三、实际利用外资	万美元	1058	1092	–3.1
四、外贸进出口总额	万美元	30293	28735	5.4
其中：进口总额	万美元	8869	5615	57.9
出口总额	万美元	21424	23120	–7.3

（十三）2017年梅县区主要经济指标（教育、卫生、体育）

表59

二〇一七年教育事业发展情况

项目	学校数（所）	班数（班）	在校学生数（人）	招生数（人）	毕业学生数（人）	教职员工（人）	在教职工中专任教师（人）
1．普通中学	26	503	22396	7829	6991	2975	2227
其中：初中	17	323	13918	5126	4010	1061	1368
高中	9	180	8478	2703	2981	1914	859
2．职业学校	6	64	2963	1062	1500	217	185
3．小学	60	1210	41658	7895	5552	2330	2413
4．幼儿园	38	236	8123	3197	3348	769	462
5．特殊教育学校	1	7	33	8	0	14	12

表60

卫生机构、床位、人员数

指　标	计算单位	2017年	指　标	计算单位	2017年
一、医疗卫生机构数	个	401	二、病床位数	张	1911
1．医院	个	8	三、卫生工作人员	人	3349
县及县以上医院	个	3	1．卫生技术人员	人	2723
乡镇卫生院	个	18	其中：医生	人	1044
2．妇幼保健院	个	1	护师（士）	人	1131
3．疾病控制中心	个	1	药剂人员	人	253
4．卫生监督所	个	1	2．管理人员	人	50
5．慢性病防治院	个	1	3．工勤人员	人	245
其他医疗卫生机构	个	1			

表 61

体育事业发展情况

指　　标	计算单位	2017 年	2016 年
一、体育系统职工人数	人	34	37
其中：教练员	人	11	15
二、业余体校	所	1	1
班级数	班		9
在校学生	人	198	222
三、输送省以上优秀运动员	人		2
四、举办运动会（含单项）	场	25	18
五、体育设施	合计	377	369
1．足球场	个	107	104
2．篮球场	个	267	262
3．游泳池	个	3	3
六、获得省以上比赛记录			
1．项数	项		1
其中：冠军	项		
亚军	项		1
2．人数	人		18
其中：女子	人		18

审核：陈福君

内设机构

内 设 机 构

2017 年年底梅县区直和各部门内设机构

中共梅县区委办公室：秘书股、人事股、综合信息股、督查股、新闻秘书室、梅县区保密技术检查中心、派驻纪检室。

梅县区信访局：办信接访股、综合调查股。

梅县区委机要局：业务股、技术股。

中共梅县区委、梅县区人民政府接待办公室：接待股、后勤股。

梅县区国家保密局：办公室。

中共梅县区委、梅县区人民政府调研室：农村股、经济股、政教文股。

梅县区人大常委会机关：法制委员会、办公室、内务司法工作委员会、选举联络人事任免工作委员会、财政经济工作委员会、城乡建设环境与资源保护工作委员会、农村农业工作委员会、教育科学文化卫生。

梅县区人民政府：秘书股、行政股、综合股、派驻纪检室、督办股、经协体改股、文教股、打击走私综合治理办公室、应急管理办公室、法制局、金融服务办公室、政府系统党委办公室、直属机关武装部、人民政府驻广州办事处、机关事务服务中心。

政协梅县区委员会：办公室、联络科、文史科、人秘科、提案委员会、学习文史委员会、经济科技委员会、民营经济委员会、文教卫体委员会、社会法制委员会、港澳台侨委员会。

中国人民解放军广东省梅县区人民武装部：

梅县区综合政务服务管理办公室：政秘股、管理股、督查股。

中共梅县区纪律检查委员会：办公室、组织宣传室、信访室（举报中心）、纪检监察一室、纪检监察二室、纪检监察三室、纪检监察四室、纪检监察五室、案件审理室、党风政风监督室、派驻纪检监察组。

梅县区监察局

中共梅县区委组织部：办公室、干部室、干部监督室、组织室、党代表联络室、青干知工室、人才室、电教室、调研室、组织人事档案管理中心。

梅县区机构编制委员会办公室：综合股、行政机构编制股、事业机构编制股、监督检查股。

中共梅县区委老干部局：人秘股、综合股、业务股、关工股、活动中心股。

中共梅县区委统一战线工作部：办公室、 工商联络股、党派股、对台办公室。

梅县区民族宗教事务和外事侨务局：综合股。

梅县区工商业联合会：办公室。

中共梅县区直属机关工作委员会：办公室、组宣股。

中共梅县区委党校：办公室、行政股、教研室、外培股。

中共梅县区委党史研究室：人秘股、征研出版股。

梅县区总工会：办公室、组织宣传教育部、生产生活女工部、财务部。

共青团梅县区委员会：办公室、团务部、学少部、联络部。挂靠单位：共青团梅县区直属机关委员会。

梅县区妇女联合会：办公室、儿童部、妇工部。挂靠单位：妇女儿童工作委员会办公室。

梅县区招商局：办公室、综合部、招商部、投资服务部、信息联络部。

广州增城市（梅县区）产业转移工业园管理委员会：综合办公室、招商与经济发展办公室、规划建设办公室、资产管理办公室。

梅县区审计局：办公室、财金基建审计股、商粮贸审计股、经济责任审计股、工交审计股、行政事业审计股。下设事业单位：计算机审计中心。

梅县区国土资源局：办公室、土地规划与耕地保护股、土地利用管理股、不动产登记局（加挂地籍管理股、行政审批股）、测绘管理股、执法监察股（加挂执法监察队）、矿产资源开发管理股、地质勘查与环境股。下属事业单位：梅县区征地和土地储备中心、梅县区人民政府纠纷调处办公室、梅县区土地开发整理中心、梅县区地质环境监测站、梅县区国土资源信息中心、梅县区国土资源交易中心、梅县区地价所、梅县区国土资源测量队、梅县区不动产登记中心（加挂梅县区不动产登记服务中心）。

梅县区民政局：办公室、计划财务股、双拥工作股、优抚安置股、救灾股、社会救助股、社会福利和社会事务股、基层政权和社区建设股、区划地名股、婚姻登记股。挂靠单位：老龄工作委员会办公室。直属企事业单位：民间组织管理办公室、复退军人服务中心、福利彩票发行中心、军休所、光荣院、殡葬监察队、殡葬管理所和梅县南榕仙庄公墓有限公司。

梅县区归国华侨联合会：办公室。

梅县区扶贫开发局：人秘股、扶贫开发股、老区建设股。

梅县区残疾人联合会：办公室（梅县区人民政府残疾工作委员秘书处）、教育就业股、康复股、残疾人用品用具供应管理股。下属事业单位：梅县区残疾人劳动就业服务所、残疾人康复托养中心、残疾人辅助器服务站。

梅县区人民防空办公室：人秘股、工程通信股。

梅县区旅游局：办公室、业务股、行业管理股、质量监督管理股。

梅县区人民政府地方志办公室：人秘股、编审指导股。

梅县区档案局：人秘股、监督指导股、档案管理股。

梅县区安全生产监督管理局：安全生产执法监察局（副科级）、办公室、行政审批股、安全监督管理一、二、三股、应急救援股、职业安全健康监督管理股和离退休干部、职工管理股。下设事业单位：安全生产应急救援指挥中心。

梅县区体育局：人秘股、群众体育股、训练竞赛股、市场管理股、梅县区业余体校（下属事业单位）。

广东电网梅州市梅县区供电局：办公室、人力资源部、财务部、党群工作部、监察审计部、安全监管部、市场营销部、生产设备管理部、计划建设部。二级机构：输变电管理所、电力调控制中心、物流服务中心。18个基层供电所：扶大、南口、大坪、梅西、梅南、长沙、水车、畲江、西阳、雁洋、石坑、城东、白渡、石扇、松口、隆文、桃尧、松源。

梅县区科学技术协会：秘书室，下设事业单位：科学馆。

中共梅县区委宣传部：办公室（与宣传系统党委办公室合署，挂梅县区企业思想政治工作人员专业职务评定领导小组办公室牌子）、理论股（挂市讲师团梅县区教员组牌子）、宣传文艺股（挂区国防教育办公室牌子）、区委对外宣传小组办公室（挂区政府新闻办公室牌子、新闻出版办公室牌子）；挂靠单位：精神文明建设委员会办公室（正科级）；直属事业单位：互联网新闻信息中心、社会科学联合会办公室。

梅县区文化广电新闻出版局：办公室、社会文化股（加挂文化艺术股、文物股、广播电视股牌子）、文化市场管理股（加挂新闻出版与文化市场股、文化产业与政策法规股、行政审批股牌子）、非物质文化遗产管理办公室（加挂非物质文化遗产保护中心牌子）。

梅县区文学艺术界联合会：秘书室。

梅县区广播电视台：办公室、财会室、总编室、新闻中心、广告中心、广播节目中心、电视节目中心、播控中心、技术中心、网络传输中心、专题中心、信息中心。下设直属股级事业单位：发射中心、服务中心。

中共梅县区委政法委员会：办公室（信息化室）、政工办、调研与网络舆情室、综合协调室、法治监督一、二、三、四室。

梅县区公安局：指挥中心（内设秘书股、指挥股、宣传调研股、信息通讯股）国保大队（内设内勤中队、一中队、二中队），刑侦大队（内设内勤中队一、二、三、四、五中队、图侦中队），治安大队（内设内勤中队、一中队、二中队、三中队），政工室（内设人事股、组织股、宣教股、监督督室），法制大队（内设内勤中队、一中队、二中队、三中队），警务保障室，经侦大队（内设内勤中队、一中队、二中队），出入境管理大队（内设受理中队、审核中队、内勤中队、外管监督中队），网监大队，交警大队（内设内勤中队、事故处理中队、车管股、机动中队、城区中队、侦查中队，违法处理中队，松口中队，畲江中队，雁洋中队），巡警大队（内设内勤中队、一中队、二中队、三中队），拘留所，看守所，19个镇级派出所。

梅县区人民法院：政工科、执行局、办公室、监察室（与纪检组合署办公室）、研究室、执行一、二庭、立案庭、刑事审判庭、民事审判一、二、三庭、行政庭、审判管理办公室、司法警察大队；派出机构：松口、丙村、畲江、大坪人民法庭（副科级编制）。

梅县区人民检察院：监察室、政工科、办公室、反贪污贿赂局、侦查科、职务犯罪预防科、案件管理科、公诉科、侦查监督科、行政装备科、反渎职侵权局、刑事执行检察科、民事行政检察科、控告申诉检察科、检察技术科、司法警察大队、派驻程江检察室、派驻畲江检察室以及机关服务中心。

梅县区司法局：办公室、报到登记室、矫正宣告室、警务检察室、心理矫治室、监控指挥室、远程视频室、档案资料室、教育培训室。

梅县区农业局：办公室、政策法规股（加挂行政审批股牌子）、农村经济体制与经营管理股、农业机械化管理办公室、农村经济组织管理股、种植业管理股、植物保股、科技教育股、市场与经济信息股、人事股（与系统党委办公室、纪检组合署），农产品质量安全监管股。

梅县区林业局：秘书股、人事监察股、林政股、计划财务股、营林股、山调办、政策法规股、防火办、绿化委员会、生态公益林管理股、森防站、行政审批股、自然保护区管理股、林业科技推广站、森林资源监察大队、公安局森林分局。

梅县区水务局：人秘股、水政水资源股、计划财务股、建设与管理股、水土保持股、农村水利股、农电股、科技与信息股、供排水管理股、移民办。

梅县区畜牧兽医水产局：办公室、人事股、政策法规股（加挂行政审批股和综合信息股）、畜牧兽医股、牧政股（挂饲料工作站牌子）、渔业股（挂水生动物防疫检疫站牌子）、渔业技术股、生猪屠宰管理股。下设：渔政大队（副局级事业单位）、动物卫生监督所事业单位、畜牧兽医水产技术推广站事业单位、区鱼苗场事业单位。

梅县区乡镇企业管理局（梅县中小企业局）：人秘股、改革发展股、技术进步股、服务体系建设股。

广东省梅县区气象局：气象灾害防御管理办公室（重大气象灾害应急指挥部办公室）、办公室（人力资源股）、站网管理股、预报股、发展改革与服务股。直属事业单位为梅县区气象公共服务中心、梅县区气象公共安全技术支持中心、机关服务中心。地方气象机构有梅县区突发事件预警信息发布中心和梅县区生态气象服务中心。

梅县区住房和城乡规划建设局：办公室（与建设系统党委办公室合署）、人事股、计财股、住房保障股（加挂区房改办牌子）、用地规划股、市政规划股、村镇规划股、行政审批股、城乡建设股、建筑管理股、房地产市场管理股、工程股、政策法规股。下设事业单位：梅州市住房公积金管理中心梅县区经办业务分理处，梅州市梅县区土地房屋征收安置中心，梅县区建设工程造价管理站、梅县区散装水泥管理办公室、梅县区建设工程质量安全监督检测站、梅县区建设工程质量安全监督综合检测室、梅县区城市规划设计室、梅县区城市规划测量队、梅县区建筑技术总工程师室、梅县区城建综合档案室、梅县区墙体材料革新办公室、梅县区房屋安全鉴定站、梅县区附城房管所、梅县区基层房管所、梅县区房屋白蚁防治管理所、梅县区房地产交易中心。

梅县区城市综合管理局：办公室、计财股、市政工程股、综合业务股。下属单位：梅州市梅县区城市管理监督指挥中心、梅县区城市管理监察大队、梅县区环境卫生管理所、梅县区路灯管理、园林绿化管理所、梅县区市场物业管理站。

梅县区环境保护局：办公室、评审股、污染防治股、法规宣教股、环境监察股。

梅县区交通运输局：办公室、人事股、规划股、基建管理股、安全技术股、财务审计股、综合行政执法局。下属单位：梅县区交通战备办公室、梅县区地方公路总站、梅县区交通运输总站、梅州市新城汽车综合性能检查站。

梅县区公路局：人事股、办公室、财务股、工程股、养护股、行政审批和路政股、安全生产股、监察股、计划股、工会；基层道班 15 个（养护中心）、1 个标志班、1 个绿化队。下属 2 个公司（梅县区伟康公路建设投资有限公司，路捷公路建设投资有限公司）。

梅县区发展和改革局：人事股（系统党委办公室、纪检组合置办公）、改革规划综合股、投资管理与行政审批股、农业工交能源股、社会发展股、价格调控管理股、收费管理股、物价检查股（挂价格监督所牌子）。直属事业单位：重点项目办公室、国民经济动员办公室。下属事业单位：铁路建设办公室、价格认证中心。

梅县区人力资源和社会保障局：办公室、人事与综合规划股、财务与保险基金监督股、就业与农民工工作股（区农村劳动力转移办公室）、人力资源管理股、培训教育股（职业能力建设股）、专业技术人员管理股、事业单位人事管理股、工资福利股、劳动关系股、养老与失业保险股（行政审批投）、医疗与工伤保险股（区劳动能力鉴定委员会办公室）、公务员管理办公室（区军队转业干部安置工作领导小组办公室）。劳动保障监察综合执法大队。

梅县区统计局：人秘股、综合股、农财股、能源股、社会经济调查股。下属事业单位：梅县区人口调查队、梅县区统计局电脑室、梅县区农村亩上调查办公室。

中国人寿保险股份有限公司梅县区支公司：综合部。

中国人民财产保险股份有限公司梅县区支公司：办公室。

梅县区科工商务管理局：办公室、综合股、人事股（与系统党委办公室合署办公）、经济运行股（挂梅县区减轻企业负担工作办公室）、法规监察股、产业技术质量股、电力资源股、贸易市场股、行业管理股、生产服务业股、无线电管理股、信息产业管理股、离退休管理股、科技计划股、高新技术股、科技服务与管理股、知识产权办公室、加工贸易股、外商投资管理股、对外贸易发展管理股、行政审批股。下设：梅州市梅县区外经贸咨询服务中心、梅州市梅县区地震局、梅州市梅县区节能监察中心、梅州市梅县区经委职工学校。梅县区科工商务管理局加挂梅州市梅县区生产力促进中心牌子。

梅县区经济和信息化局：办公室、系统党委办公室、经济运行股减轻企业负担工作办公室、法规监察股、电力资源股（加挂节能监察中心牌子）、生产服务业股、行业管理股、煤炭管理股、产业技术质量股、贸易市场股、信息产业管理股（加挂信息网络中心牌子）、离退休管理股、

梅县区财政局：办公室、人事股、预算股、国库股、行政政法股、教科文股、经济建设股、综合规划股、社会保障股、外经金融股、财政监察股、会计股、公务用车管理股、法规股、农业股、企业股、绩效评价股、国有资产管理股。下设事业单位：财务总监办公室、政府采购管理办公室、国库支付中心、财政信息中心、技改资金管理所、投资审核中心、农村财务管理审计办公室。

梅县区供销合作联社：人事股、业务股、财会股、办公室。

梅县区二轻工业联社：办公室、生产技术股、资产财务股。

梅县区粮食局：秘书股、人事股、财务审计股、监督检查股（加挂行政审批股牌子）、调控统计股、科技储运股。

梅县区工商行政管理局：办公室、人事股、政策法规股、登记注册股、企业监督股、经济检查股、商标广告监管股、市场规范管理股、经济执法大队。派出机构有松口、隆文、松源、丙村、雁洋、城东、白渡、梅西、畲江、梅南、南口、程江、宝华、城区14个工商行政管理所。

广东省梅县区国家税务局：办公室、政策法规股、收入核算股、征收管理股、税源管理一、二、三股、人事教育股、监察室、机关党委办公室（工会）、纳税服务股，直辖稽查局：丙雁、畲江、梅西、松口税务分局、信息中心。

广东省梅县区地方税务局：办公室、税政股、征收管理股、人事教育股、监察室、纳税服务股、工会、风险管理分局、电子税务分局、行政服务中心、城区分局、城东分局、丙村、畲江、南口分局。

梅县区邮政局：综合办公室、市场经营部。

中国电信股份有限公司梅县区分公司：综合部、业务部、驻广州（梅州）产业转移工业园办公室、政企客户中心。

中国移动通信集团广东有限公司梅县区分公司：综合部、市场部、服务销售中心。

中国联合网络通信有限公司梅县区分公司：营销服务室、城营销服务中心、乡镇营销中心、集客室、综合建及营业厅。

广东省梅县区烟草专卖局（公司）：综合管理部、营销部、财务部、烟叶管理部和专卖管理办公室（广东省梅县区烟草专卖局稽查大队）。烟叶管理部下设烟叶工作点分别为松源烟叶工作点、桃尧烟叶工作点、松东烟叶工作点、隆文烟叶工作点、南口烟叶工作点，专卖管理办公室（广东省梅县区烟草专卖局稽查大队）下设稽查中队分别为县城专卖稽查中队、丙村专卖稽查中队、南口专卖稽查中队、松口专卖稽查中队；营销部下设卷烟营销服务站即松口卷烟营销服务站。

广东省梅县区质量技术监督局：办公室、锅炉压力容器股、法规股、产品质量监管股、标准化股、计量股、质量发展股、稽查队、质量技术监督检测所。

广东省梅县区食品药品监督管理局：办公室、计划财务股、综合协调股（应急管理股）、行政审批股（政策法规股）、食品生产监管股、食品流通监管股、餐饮监管股、药品医疗器械监管股、保健食品化妆品监管股、稽查局。下设 12 个食品药品监督管理所（南口、丙村、松源、雁洋、松口、城东、梅南、白渡、梅西、畲江、大坪、隆文）。下设梅县区食品药品安全监管中心。

梅县区农村信用合作联社：办公室、人力资源部、内审监察部、合规与风险管理部、授信审批中心、授信管理部、运营部、资产保全部、安全保卫部。贷款中心和三农专营中心。

中国农业银行梅县区支行：客户部、综合管理部、运营财会部；管辖支行营业部有华侨城、嘉大、府前、金穗、新城、丙村、畲江、松口、人民人道、五洲城支行营业网点。

中国银行梅县区支行：办公室。

中国建设银行梅县区支行：综合部。

中国农业发展银行梅县区支行：办公室、客户业务部、会计结算部。

中国工商银行股份有限公司梅县区支行：综合部。辖属营业网点：中国工商银行梅县区股份有限公司梅县区支行（营业部）、梅龙支行、中国工商银行股份有限公司梅州城区支行、华南支行、新中支行、大新城支行。中国工商银行股份有限公司梅县区支行有剑英支行、中央大道支行、丙村支行。

中国邮政储蓄银行有限责任公司梅县区支行：综合部。

梅县区客家村镇银行：综合办公室、会计结算部、营业部、合规风险部、综合业务部、市场扩建部、信息科技部。

梅县区盐务局（盐业分公司）：盐政法规股、专营部、财务部。

梅县区教育局：办公室、人事股、继续中心、教育股、教仪站、计财股、招生办、勤工办、信息中心、职成股、教研室、体卫股、督导室、幼教办、保健所、内审室、德育股、党委办、行政审批股、资助中心。

梅县区卫生和计划生育局：办公室、规划与财务股、体制改革股、疾病预防控制与爱卫股（加挂爱国卫生运动委员会办公室、卫生应急办公室牌子）、妇幼健康服务股、医政股（中医药管理股）、人事股、政策法规监督股、信息与统计股、宣传与科教股、考核办公室、流动人员管理股。

梅县区疾病预防控制中心：办公室、职业病防治科、检验科、科教信息科、质量管理科、公共卫生科、财会科、后勤科、免疫流防科、健康监护科、司机体检科。

2017年年底梅县区各镇（办事处、高管会）内设机构

梅县区新城工委办事处：党政办公室、经济事务办公室、社会事务办公室、公共事务办公室、人口和计划生育办公室、社会治安综合治理信访维稳办公室、城乡规划建设管理办公室。另设4个服务中心：财政结算服务中心、社会保障服务中心、文教体育服务中心、人口与计划生育服务中心。

梅县区扶大高新区管理委员会：管委会办公室、经济建设办公室、社会事务办公室、招商引资办公室、人口和计划生育办公室、创业服务中心。下设四大服务中心：农业服务中心、人力资源与社会保障服务中心、文教体育服务中心、机关服务中心。

梅县区程江镇党委、政府：党政办公室、经济事务办公室、农业事务办公室、社会事务办公室、人口和计划生育办公室、社会治安综合治理信访维稳办公室、城乡规划建设管理办公室。另设4大服务中心：农业服务中心、财政结算服务中心、文教体育服务中心、社会保障服务中心。

梅县区南口镇党委、政府：党政办公室、公共事务办公室、城乡规划建设管理办公室、农业事务办公室、社会治安综合治理信访维稳办公室、人口和计划生育办公室、社会事务办公室、经济事务办公室、农业服务中心、财政结算服务中心、社会保障服务中心、文教体育服务中心。

梅县区畲江镇党委、政府：党政办公室、经济事务办公室、社会事务办公室、人口和计划尘育办公室、社会治安综合治理信访维稳办公室、农业事务办公室、城乡规划建设管理办公室。另设4大服务中心：农业服务中心、财政结算服务中心、社会保障服务中心、文教体育服务中心。

梅县区水车镇党委、政府：党政办公室、经济事务办公室、社会事务办公室、人口和计划生育办公室、社会治安综合治理信访维稳办公室、农业事务办公室、城乡规划建设管理办公室；另设4大服务中心：农业服务中心、财政结算服务中心、社会保障服务中心、文教体育服务中心。

梅县区梅南镇党委、政府：党政办公室、人口和

计划生育办公室、农业事务办公室、社会事务办公室、社会治安综合治理信访维稳办公室、经济事务办公室、城乡规划建设办公室。另设4大服务中心：农业服务中心、文教体育服务中心、社会保障服务中心、财政结算服务中心。

梅县区梅西镇党委、政府：党政办公室、社会事务办公室、人口和计划生育办公室、社会治安综合治理信访维稳办公室、农业事务办公室、城乡规划建设管理办公室。

梅县区大坪镇党委、政府：党政办公室、农业事业办公室、城乡规划建设管理办公室、社会事务办公室、人口和计划生育办公室、社会治安综合治理信访维稳办公室。另设4大服务中心：农业服务中心、财政结算服务中心、社会保障服务中心、文教体育服务中心。

梅县区石坑镇党委、政府：党政办公室、人口和计划生育服务办公室、社会事务办公室、社会治安综合治理信访维稳办公室、农业事务办公室。另设4大服务中心：农业服务中心、文教体育服务中心、社会保障服务中心、财政结算服务中心。

梅县区石扇镇党委、政府：党政办公室、人口和计划生育办公室、经济事务办公室、社会治安综合治理信访维稳办公室、城乡规划建设管理办公室、农业事务办公室、社会事务办公室。

梅县区城东镇党委、政府：党政办公室（加挂人大办公室牌子）、经济事务办公室）、社会事务办公室（加挂社会保障事务办公室、公共事务办公室牌子）、人口和计划生育办公室、社会治安综合治理信访维稳办公室（加挂安全生产监督办公室牌子）、农业事务办公室、城乡规划建设管理办公室。另设4大服务中心：农业服务中心、文教体育服务中心、社会保障服务中心、财政结算服务中心。

梅县区白渡镇党委、政府：党委政府办公室、组织办公室、纪委办公室、人大办公室、社会事务办公室、经济事务办公室、人口和计划生育办公室、社会治安综合治理信访维稳办公室、农业事务办公室、城乡规划建设管理办公室、社会保障服务中心、文体服务中心、财政结算服务中心、农业服务中心、人力资源与社会保障服务中心、文教体育服务中心。

梅县区丙村镇党委、政府：党政办公室、经济事务办公室、社会事务办公室、人口和计划生育办公室、社会治安综合治理信访维稳办公室、农业事务办公室、城乡规划建设管理办公室。另设4大服务中心：农业服务中心、财政结算服务中心、社会保障服务中心、文教体育服务中心。

梅县区雁洋镇党委、政府：党政办公室、经济事务办公室、社会事务办公室、人口和计划生育办公室、社会治安综合治理信访维稳办公室、农业事务办公室、城乡规划建设管理办公室、公共事务办公室。另设4大服务中心：社会保障服务中心、文教体育服务中心、财政结算服务中心、农业服务中心。

梅县区松口镇党委、政府：党政办公室、人大办公室、经济事务办公室、社会事务办公室、人口与计划生育办公室、社会治安综合治理信访维稳办公室、农业事务办公室、城乡规划建设管理办公室、公共事务办公室。另设4个服务中心：农业服务中心、文教体育服务中心、社会保障服务中心、财政结算服务中心。

梅县区隆文镇党委、政府：党政办公室、农业事务办公室、社会事务办公室、社会治安综合治理信访维稳办公室、人口和计划生育办公室。下设4个服务中心：财政结算服务中心、文教体育服务中心、社会保障服务中心、农业服务中心。

梅县区桃尧镇党委、政府：党政办公室、人大办公室、社会事务办公室、人口和计划生育办公室、社会治安综合治理信访维稳办公室、农业事务办公室；下设 4 大服务中心：农业服务中心、财政服务中心、社会保障服务中心、文教体育服务中心。

梅县区松源镇党委、政府：党政办公室、农业事务办公室（加挂经济事务办公室牌子）、社会事务办公室（加挂社会保障事务办公室、公共事务办公室牌子）、人口和计划生育办公室、社会治安综合治理信访维稳办公室（加挂安全生产监督办公室牌子）、城乡规划建设管理办公室；下设 4 个服务中心：农业服务中心、财政结算服务中心、社会保障服务中心、文教体育服务中心。

南口镇侨乡村（南华又庐）

名录

领导干部名录

2017年年底梅县区领导班子成员名单

中共梅县区委

书　记：钟光灵
副书记：张运全
　　　　陈远洋
常　委：罗时亮
　　　　李瑞金
　　　　涂戈峰
　　　　古　裕
　　　　张志锋
　　　　张小兰
　　　　王杞杨
　　　　黄增国
　　　　宁和国（挂职）

梅县区人大常委会

主任、党组书记：曾庆辉
副　主　任：李丹玲
　　　　　　刘　敏
　　　　　　王英豪
　　　　　　梁新强
　　　　　　黄钦昌
　　　　　　叶世振

梅县区人民政府

区　长：张运全
副区长：罗时亮
　　　　宁和国（挂职）
　　　　赖启忠
　　　　管纪城
　　　　梁惠文
　　　　谢　芳
　　　　郭龙元

政协梅县区委员会

主席、党组书记：
副主席、党组副书记：钟梅福
副主席：余洪昌
　　　　张炳荣
　　　　赖良钊
　　　　李　刚

中共梅县区纪律检查委员会

书　记：古　裕
副书记：彭俊华
　　　　范文辉

2017年年底梅县区直和各部门领导干部名单

（截止时间2017年12月31日）

中国人民解放军广东省梅县区人民武装部

政　委：王杞杨

副部长：张明生

中共梅县区委办公室

主任、党群系统党委书记：张志锋

常务副主任：徐凯达

副主任：

副主任挂职（兼）国安办专职副主任：梁　彬

副主任：陈国和（挂职）

党群系统党委副书记：王浩发

梅县区委、区政府调研室

主　任：王志华

副主任：叶君元

副主任：

副主任：安　平

梅县区区委、区政府接待办公室

主　任：

副主任：古　毅

梅县区信访局

局　长：陈国和

副局长：谢小彬

副局长：卢坚干

副局长：黄庆玲

国家保密局

局长：梁振放

机要局

局长：吴福金

梅县区人大常委机关

办公室主任、人大党组成员：郑伟荣

办公室副主任：张凤明

办公室副主任：梁权荣

财政经济工作委员会主任：卢基铭

财政经济工作委员会副主任：宋国栋

内务司法工作委员会主任：张文辉

内务司法工作委员会副主任：卜敬勤

选举联络人事任免工作委员会主任：古文辉

选举联络人事任免工作委员会副主任：黄佳昌

华侨外事工作委员会主任：

华侨处事工作委员会副主任：刘　岚

城乡建设环境与资源保护工作委员会主任：李　玉

城乡建设环境与资源保护工作委员会副主任：谭安泉

教育科学文化卫生体育工作委员会主任：李建煌

教育科学文化卫生体育工作委员会副主任：张秀华

农村农业工作委员会主任：卢建辉

农村农业工作委员会副主任：何荣春

法制委员会专职主任委员：

梅县区人民政府办公室

主任、系统党委书记：丘孝良

副主任：曾繁进

副主任：

系统党委副书记：陈　明

打击走私综合治理领导小组办公室主任：梁　谨

直属机关武装部部长：潘伟炬

应急管理办公室主任：吴远光

法制局局长：徐婉玲

法制局副局长：杜　毅

金融服务办公室主任：李华新

金融服务办公室副主任：古海朋

机关事务服务中心主任：巫沐炎

人武部国防教育训练基地主任：邓广达
突发事件预警信息发布中心主任：

梅县区综合政务管理办公室
主　任：李　梁
副主任：罗伟强
副主任：张国志
副主任：王彦标

政协梅县区委员会
办公室主任：李孟文
办公室副主任：陈启刚
办公室副主任：廖伟业
人秘科科长：姚　思
人秘科副科长：黄小勇
人秘科副科长：吴红英
文史科科长：李新有
文史科副科长：杨利芬
联络科科长：钟其志
联络科副科长：黄玉丽
港澳台侨委员会主任：肖曼丽
社会法制委员会主任：梁　斌
提案委员会主任：王杞龙
学习文史委员会主任：陈于洋
民营经济委员会主任：叶成林
文教卫体委员会主任：熊伟均
经济科技委员会主任：丘文君

梅县区监察局
局　长：彭俊华
副局长：钟俊方
副局长：巫思斌

中共梅县区纪委
纪委常委、巡察办主任：杨焱宁
纪委常委：刘森江
纪委常委：钟俊方
纪委常委：李忠青
区委巡察办副主任：李仕卿
区委巡察办副主任：黄运元
办公室主任：李家亮
监察局组织宣传室主任：钟铁蓉
监察局党风政风监督室主任：熊伟生
监察局信访室主任：吴威光
监察局纪检监察一室主任：刘　洪
监察局纪检监察二室主任：林　琳
监察局纪检监察三室主任：李意强
监察局纪检监察四室主任：曾干中
监察局纪检监察五室主任：李华奇
监察局案件审理室主任：黄宇标
派驻区委办纪检组组长：吴海盛
派驻区府办纪检组组长：梁　颂
派驻宣传部纪检组组长：王巧红
派驻政法委纪检组组长：黄舜尧
派驻农业局纪检组组长：郭　安
派驻住建局纪检组组长、住建局党组成员：黄拥军
派驻交通局纪检组组长、交通局党组成员：黎伟君
派驻发改局纪检组组长、发改局党组成员：丘新芳
派驻财政局纪检组组长：刘　智
派驻教育局纪检组组长、教育局党组成员：梁雪梅
派驻卫计局纪检组组长：廖惠英

中共梅县区委组织部
部　长：李瑞金
副部长：冯　青
副部长：叶金胜
副部长：梁文芳
副部长：饶迎春
副部长、“两新”组织党工委书记：邹彤祥
“两新”组织党工委副书记（专职）：邹　敏
区党代表联络室主任：温中华

梅县区机构编制委员会办公室
主　任：陈纪珠
副主任：黄如珍
副主任：沈豪杰
事业单位登记管理局局长：杨冰冰

中共梅县区委老干部局
局　长：梁文芳
副局长：吕雪珍
副局长：彭文秀

中共梅县区委统战部
部　　长：张小兰
常务副部长：杨文昌
副部长、对台办主任：李顺华
副部长、工商联党组书记：黄秋辉

梅县区各民主党派
致公党区委主委：徐婉玲
致公党区委专职副主委：陈瑞玲
民革区委主委：李朝晖
民盟区委主委：叶柳华

梅县区民族宗教和外事侨务局
局长、党组书记：朱晓云
副局长：古巧珍
副局长：古瑞琼
副局长：陈映兰
副局长：谢雪华
副局长：巫万胜

梅县区工商业联合会
主席、广东省401厂厂长：黄志平
党组书记：黄秋辉
副主席：巫爱玲
副主席：傅其杉

中共梅县区直属机关工作委员会
书　记：刘展南
副书记：陈珍荣
副书记：许仕良

中共梅县区委党校
校　长：李瑞金
常务副校长：曾令文
副校长：钟启明
副校长：伍剑锋

中共梅县区委党史研究室
主　任：陈标君
副主任：丘丽芬

梅县区总工会
主席、党组书记：刘　敏
副主席：叶大章
副主席：谢丽春
副主席：温　炽

共青团梅县区委员会
书　记：魏南辉
副书记：古　彦
副书记：黎锡涛
副书记：林　鹏（挂职）

梅县区妇女联合会
主席、党组书记：余红梅
副主席：温友玲
副主席：

梅县区招商局
局　长：卜华兴
副局长：黄宣文
副局长：温淑芳
副局长：李卫民

广州增城市（梅县区）产业转移工业园管理委员会
主　任：
副主任：洪福胜
副主任：王杰平

梅县区审计局
局长、党组书记：叶福祥

副局长：张永清
副局长：黎 勇

梅县区国土资源局
局长、党组书记：谢源兴
副局长：黄导文
副局长：饶志粦
副局长：余永辉
执法监察队队长：杨 铖
征地和土地储备中心主任：刘卫东

梅县区民政局
局长、党组书记：古天恩
副 局 长：
副 局 长：王 婷
副 局 长：黄康中

梅县区归国华侨联合会
主 席：赖广贤
副主席：黄小满

中共梅县区委农村工作办公室（梅县区扶贫开发局）
主任（局长）：陈永征
副主任（副局长）：宋晋广
副主任（副局长）：
副主任（副局长）：林芬兰

梅县区残联人联合会
理事长、党组书记：刘火云
副理事长：廖伟涛
副理事长：黄国强
副理事长：陈嘉玲

梅县区人民防空办公室
党组书记、主任：
副主任：丘平格
副主任：吴雪琳

梅县区旅游局
局长、党组书记：侯鹏伟
副局长：黄利辉
副局长：宫 丹

梅县区人民政府地方志办公室
主 任：曾婉玲
副主任：叶永生

梅县区档案局、档案馆
局长、档案馆馆长：李敏均
副局长、档案馆副馆长：涂惠琴
副局长、档案馆副馆长：杨东梅

梅县区安全生产监督管理局
局长、党组书记：曾 谋
副局长：古善群
副局长：陈 潇
副局长：余喜林
执法监察局局长：张伟忠

梅县区体育局
局长、党组书记：林 煌
副局长：刘明义
副局长：蔡汉恩
副局长：连永娇

广东电网梅州市梅县区供电局
局 长：徐君政
党委书记、副局长：戴 志
副 局 长：古育文
副 局 长：黄雄文
副 局 长：赖敏军
纪委书记：杨 桢

梅县区科工商务管理局
局长、党组书记、经贸系统党委书记：张云龙
副局长：傅传忠
副局长：谢源珍

副局长：黄学文
副局长：王志文
副局长：曾幼梅
副局长：钟志文
副局长：何国材
副局长：赖志宇
副局长：黄伟东
副局长：邱先明（挂职）
经贸系统党委副书记：邓晓波

梅县区科学技术协会

主　席：黄锶强
副主席：王　伟

中共梅县区委宣传部

部长、系统党委书记：涂戈峰
副部长：翁尚华
副部长：李钦奋
副部长：张理昌
系统党委副书记：张春兰

梅县区精神文明建设委员会办公室

主　任：李钦奋
副主任：黄雄安
副主任：蔡英红

梅县区文化广电新闻出版局

局长、党组书记：廖峰松
副局长：钟　良
副局长：卜雪梅
副局长：张小宏
非物质文化遗产管理办公室主任：杨利霞

梅县区文学艺术界联合会

主　席：钟辉雄
副主席：余志明

梅县区广播电视台

台长、党组书记：黄忠健
副 台 长：古志强
副 台 长：刘志文
总 编 辑：戴伟洲

中共梅县区委政法委员会

书记、系统党委书记：黄增国
副书记：梁惠文
常务副书记：赖高峰
专职副书记：宋汉平
专职副书记：肖耀宗
专职副书记：杨　凡
政法系统党委副书记：丘佳丽

中共梅县区委610办公室

主　任：肖耀宗
副主任：赖强伟

梅县区社会治安综合治理委员会办公室

主　任：赖高峰
副主任：黎永康

梅县区全面依法治区办公室

主　任：钟谊先

中共梅县区委维护稳定工作领导小组办公室

主　任：宋汉平
副主任：陈维嘉

梅县区公安分局

局长、党委书记、警务督察长：梁惠文
政委、党委副书记：杨启宇
常务副局长：蔡如通
副局长、党委副书记：李志平
副局长：曾令普
副局长：温建光
副局长：魏少忠
副局长：李伟强（挂职）
纪委书记：李概涛

梅县区人民法院
院长、党组书记：魏伟辉
副 院 长：古英智
副 院 长：
副 院 长：杨晓东
纪检组长：侯艾青

梅县区人民检察院
检察长、党组书记：梁振悦
副检察长、党组副书记、反贪污贿赂局局长：张 俊
副检察长：曾华生
纪检组长：

梅县区司法局
局长、党组书记：曾建强
副局长：肖小平
副局长：谢学平
副局长：李素玉
政工办主任：郑春娟

梅县区农业局
局长、党组书记、系统党委书记：钟匡仁
副局长：陈玲玲
副局长：黄利云
副局长：陈均祥
系统党委副书记：王浪欣

梅县区林业局
局长、党组书记：林作鹏
副局长：刘建潮
副局长：朱建文
副局长：王惠梅
副局长：李小铭
森林分局局长：刘师睿
森林分局教导员：钟柳昌

广东省梅县区阴那山省级自然保护区管理处
主 任：林作鹏
副主任：刘建潮
综合科科长：吴伟光
保护管理科科长：王练康

梅县区水务局
局长、党组书记：李文杰
副局长：古英桓
副局长：梁强华
副局长：李标华
防汛防旱防风指挥部办公室主任：洪召强
小水电管理中心主任：曾均和

梅县区畜牧兽医水产局
局 长：冯勇文
副局长：潘国强
副局长：刘志华
副局长：巫达文

梅县区乡镇企业管理局（梅县区中小企业局）
局 长：刘勇华
副局长：钟育明
副局长：黎 汕

广东省梅县区气象局
局 长：赖国宜
副局长：黄志兴

梅县区住房和城乡规划建设局
局长、党组书记、系统党委书记：张捷先
副局长、党组副书记：王广清
副局长：赖斯品
副局长：章爱革
系统党委副书记：李小勇
住房公积金主任：张双明
土地房屋征收安置主任：

梅县区城市综合管理局
局长、党组书记：李文海
副局长：林喜朋
副局长：

副局长：曾超群
城市管理监察大队队长：林诗砚
环境卫生管理所：钟绍迁

梅县区环境保护局
局长、党组书记：李志坚
副局长：何粦昌
副局长：黄伟政
副局长：卢好芬

梅县区交通运输局
局长、党组书记、系统党委书记：何问安
副局长、交管总站站长、党组副书记：王志昌
副局长：林　强
副局长：黄小明
交通运输执法局局长：
地方公路管理总站站长：黄勇青
系统党委副书记：陈舒雷

梅县区公路局
局长、党组书记：何绍清
副局长：陈建和
副局长：钟加保
副局长：邓志军

梅县区发展和改革局
局长、党组书记、系统党委书记：钟加练
副局长、党组副书记：练建平
副局长：胡孟琴
副局长：黎奇新
副局长：吴　凡
副局长：宋　巇
副局长：赖小娟（挂职）
系统党委副书记：王绍荣

梅县区人力资源和社会保障局
局长、党组书记：叶金胜
副局长：曾昭国
副局长：赖广东

副局长、基金管理局局长：
副局长：熊　栗

梅县区统计局
局长、党组书记：王庆润
副局长：梁　建
副局长：张小聪
副局长：李少华

梅县区物资总公司
经　理：梁桃荣

中国人寿保险股份有限公司梅县区支公司
总经理：黄忠
副总经理：黄志瑾

中国人民财产保险股份有限公司梅县区支公司
经　理：罗汉强
副经理：谢明卿
副经理：张伟华

梅县区财政局
局长、党组书记：李晓斌
副 局 长：
副 局 长：罗文兴
副 局 长：曾丽芳（挂职）

梅县区供销合作联社
主任、党委书记：钟国煌
副主任：陈淑欣
副主任：余　芳

梅县区二轻工业联社
主　任：
副主任：曾　辉

梅县区粮食局
局　长：李胜能
副局长：温映珊

副局长：朱文辉

梅县区商业企业集团公司

总经理：迟伟东

梅县区工商行政管理局

局　长：余春文

副局长：杨集能

副局长：李国粦

副局长：黄　芬

广东省梅县区国家税务局

局　长、党组书记：罗志坚

副局长：曾钢强

纪检组长：李洪方

副局长：丘克波

副局长：李奋强

副局长：郑志坚

广东省梅县区地方税务局

局　长：张爱东

副局长：刘建青

副局长：罗继光

副局长：凌育升

副局长：曾东斌

中国邮政集团公司梅州市梅县区公司

总经理：朱胜君

副经理：陈红星

副经理：谭顺龙

中国电信股份有限公司梅县区分公司

总 经 理：余贤畅

副总经理：林文渊

副总经理：梁　军

中国移动通信集团广东有限公司梅县区分公司

总 经 理：饶宏舵

副总经理：郭建新

中国联合网络通信有限公司梅县区分公司

总经理：刘锋

广东省梅县区烟草专卖局

局长、党组书记、经理：戴新导

副经理、党组副书记：谢志东

副局长：阎小刚

副经理、工会主席：朱　斌

广东省梅县区质量技术监督局

局长、党组书记：廖秀丽

副局长：范伟军

副局长：杨志祥

广东省梅县区食品药品监督管理局

局长、党组书记：廖劲松

副局长：廖法元

副局长、党组副书记：张文胜

副局长：蔡孝威

副局长：郑福生

稽查局局长：冯彬彬

梅县区农村信用合作联社

理事长：谢永伟

主　任：梁广烜

监事长：刘慧霞

副主任：赖运华

副主任：涂增国

中国农业银行梅县区支行

行　长：黄　寅

副行长：黄华坚

副行长：何　方

副行长：赖桂香

副行长：田嘉志

中国银行梅县区支行

行　长：卓　芬

副行长：陈美莲

副行长：陈广森
副行长：潘海环

中国建设银行梅县区支行
行　长：陈清华
副行长：李　健
副行长：郭金文

中国农业发展银行梅县区支行
行　长：李阳东
副行长：钟志勇

中国工商银行股份有限公司梅县区支行
行　长：罗伟东
副行长：侯雪元
副行长：陈树堂

中国邮政储蓄银行有限责任公司梅县区支行
行　长：张淑芬
副行长：林清梅

梅县区客家村镇银行
董事长：李东强

交通银行股份有限公司梅州梅县区支行
支行行长：梁志勇

梅县区盐务局（盐业分公司）
局　长：李　剑
副局长：陈义华

梅县区教育局
局长、党组书记、系统党委书记：冯治山
副局长：洪春柳
副局长：邹光辉
副局长：吴维权
系统党委副书记：许敏玲

梅县区卫生和计划生育局
局长、党组书记、系统党委书记：叶世振
副局长、卫生监督所所长：李刚松
副局长：丘胜钦
副局长：唐春兰
副局长：梁碧梅
系统党委副书记：邱建光
人民医院院长：沈友权
中医院院长：冯华坚
疾控中心主任：邓友华
妇保院院长：陈　雄
流动人口计划生育服务队队长：钟建新

2017年年底梅县区各镇（办事处、高管会）领导干部名单

（截止时间2017年12月31日）

梅县新城工委、办事处

党工委书记：李　扬
党工委副书记、主任：冯丽锋
党工委副书记：范斯亮
党工委副书记：黄树金
党工委委员：余志刚
党工委委员：吴少南
党工委委员：梁冬生
党工委组织委员：廖龙美
党工委委员、武装部长：李汉清
党工委委员：陈雪芬
党工委委员：廖稻香
党工委委员、纪委书记：
党工委委员：叶淑媚
工委人大主席：
工委人大副主席：
副 主 任：曾　强
副 主 任：温瑞莲
副 主 任：李达元
副 主 任：黄洪伦

梅州高新技术产业开发区梅县区（扶大）园区管理委员会

市高新区管委会副主任、党委书记、主任：刘演政
党委副书记、副主任：殷永华
副 主 任：何　迈
副 主 任：黄明清
副 书 记：邓长河
副 书 记：张焕银
党委委员：温杰灵
党委委员：梁　宏
党委委员、武装部长：李　楠
党委委员、纪委书记：黄文浩
组织委员：曾　欢

程江镇党委、政府

党委书记：赖宇坚
党委副书记、镇长：李建新
党委副书记：
党委副书记：钟增兴
党委委员、副镇长：谢英强
党委委员：温军泉
党委委员：张爱民
党委委员、纪委书记：管依强
党委委员、武装部长：李启均
党委委员：叶勇彬
组织委员：刘仕梅
人大主席：江宏光
人大副主席：黄伟强
副 镇 长：李　青
副 镇 长：黄开瑜

南口镇党委、政府

党委书记：梁联胜
党委副书记、镇长：钟政堂
党委副书记：宋铁军
党委副书记：郑　宏
党委委员、副镇长：林嘉文
党委委员：余　强
党委委员：林伟方
党委委员、纪委书记：曾考兰
组织委员：宋世波
党委委员：刘向科
党委委员、武装部长：廖毅扬
党委委员：黄浩强
党委委员：黄文健
人大主席：陈伟平
人大副主席：曹志豪
副 镇 长：杨建军

副 镇 长：张文森
副 镇 长：陈　军

畲江镇党委、政府
党委书记：凌宏志
党委副书记、镇长：林军新
党委副书记：廖国昌
党委副书记：郭　斌
党委委员、副镇长：李元驹
党委委员：叶碧新
党委委员：何概生
党委委员：钟仁芳
党委委员、纪委书记：温燕权
党委委员、武装部长：李　涛
党委委员：庄辉龙
党委委员：刘龙才
组织委员：李自军
人大主席：罗国标
人大副主席：赖仁成
副 镇 长：刘宋明
副 镇 长：刘兆隆
副 镇 长：熊秀丽

水车镇党委、政府
党委书记：涂启文
党委副书记、镇长：李健华
党委副书记：杨达良
党委副书记：黄均盛
党委委员、副镇长：黄钦焕
党委委员、纪委书记：彭文东
党委委员、武装部长：陈良琛
党委委员：邹雨军
组织委员：林苑菲
党委委员：徐思明
党委委员：黄小君
党委委员：李伟怀（挂职）
人大主席：吴云昌
人大副主席：叶伟池
副 镇 长：刘敬强
副 镇 长：张奕洪

梅南镇党委、政府
党委书记：连焕荣
党委副书记、镇长：黄　玉
党委副书记：危越林
党委副书记：肖韵波
党委委员、副镇长：杨耀雄
党委委员、武装部长：吴东兴
党委委员、纪委书记：陈伟江
党委委员：陈剑粦
党委组织委员：古盖立
组织委员：邹要文（挂职）
人大主席：吴健凡
人大副主席：李振鹏
副 镇 长：王红兰
副 镇 长：郑春凌

梅西镇党委、政府
党委书记：陈天新
党委副书记、镇长：洪伟锋
党委副书记：刘伟雄
党委副书记：李　斌
党委委员、副镇长：凌远辉
党委委员：白伟荣
党委委员：张森华
组织委员：陈　伟
党委委员、纪委书记：卢　英
党委委员、武装部长：吴德松
党委委员：曾鸿文
人大主席：凌宏旺
人大副主席：陈英明
副 镇 长：邓远征
副 镇 长：赵严君

石坑镇党委、政府
党委书记：吴永生
党委副书记、镇长：陈国军
党委副书记：张　炜

党委副书记：陈　军
党委委员、副镇长：黄伟雄
党委委员：陈意宏
党委委员：余文忠
组织委员：林玉迁
党委委员：刘柳新
党委委员、武装部长：潘春标
党委委员、纪委书记：李馥滨
人大主席：温均辉
人大副主席：张英贤
副 镇 长：刘杏林
副 镇 长：陈万华

大坪镇党委、政府
党委书记：李志兴
党委副书记、镇长：邹其森
党委副书记：叶　友
党委副书记：肖强斌
党委委员、副镇长：白雪丹
党委委员、纪委书记：管蹈元
党委委员：温质明
党委委员：沈金山
党委委员、武装部长：余胜军
组织委员：张　珊
党委委员：谢伟浩
人大主席：张碧文
人大副主席：洪石金
副 镇 长：古　晓
副 镇 长：黄生文

城东镇党委、政府
党委书记：叶铭光
党委副书记、镇长：古勇科
党委副书记：梁　浩
党委副书记：黎国标
党委委员、副镇长：谢国栋
党委委员、纪委书记：赵勇民
党委委员：温梓峰
党委委员：许志谋
组织委员：曾惠珍
党委委员、武装部长：罗　勇
党委委员：房森伦
人大主席：黎国生
人大副主席：古强中
副 镇 长：杨　青
副 镇 长：张志军

石扇镇党委、政府
党委书记：邹卓祥
党委副书记、镇长：韩晓晖
党委副书记：胡梅清
党委副书记：张　良
党委委员、副镇长：管荣伟
党委委员：郑永青
党委委员：邓时恩
党委委员、纪委书记：吴奇罕
组织委员：黄姝雯
党委委员：邓通方
党委委员、武装部长：李华彬
人大主席：李潜辉
人大副主席：陈耿钦
副 镇 长：黄增超
副 镇 长：罗小勇

丙村镇党委、政府
党委书记：吕瑜泉
党委副书记、镇长：古　健
党委副书记：李光照
党委副书记：姚妮雅
副书记：孔志萍（挂职）
党委委员、副镇长：张晓生
党委委员、武装部长：陈国泰
党委委员：刘孟隆
党委委员：林朝阳
党委委员、纪委书记：李守鹏
党委委员：朱文杰
组织委员：林　健
人大主席：涂新兴

人大副主席：李彩诗
副 镇 长：温鸿华
副 镇 长：陈　锋

雁洋镇党委、政府

叶剑英纪念园管理局副局长、党委书记：王宏基
党委副书记、镇长：刘志刚
党委副书记：张柳然
党委副书记：洪　英
党委副书记：辜昀玥（挂职）
党委委员、副镇长：张剑辉
党委委员、纪委书记：王晓琼
党委委员：林光曾
党委委员：姚建辉
党委委员：温永剑
党委委员、武装部长：张柳赞
党委委员：利　涛
党委委员：梁晓峰
组织委员：曾永乐
人大主席：赖志雄
人大副主席：杨志华
副 镇 长：林敬宁
副 镇 长：何　懿
副 镇 长：王良诚

白渡镇党委、政府

党委书记：洪　明
党委副书记、镇长：陈　浩
党委副书记：付国栋
党委副书记：谢松子
党委委员、副镇长：古　康
党委委员：黄冬梅
党委委员、武装部长：曾志明
党委委员：曹立平
党委组织委员：温兴明
党委委员、纪委书记：张科泉
党委委员：张　波
人大主席：刘连贵
人大副主席：谢利丹
副 镇 长：谢正强
副 镇 长：刘海峰

松口镇党委、政府

党委书记：章广润
党委副书记、镇长：谢建业
党委副书记：冯行山
党委副书记：刘永辉
党委委员、副镇长：饶伟荣
党委委员、纪委书记：张惠文
党委委员、武装部长：张鼎贤
党委组织委员：陈瑞芳
党委委员：李培才
党委委员：黄伟强
党委委员：钟志勇
党委委员：丘坤良
党委委员：谢伟志
人大主席：吴昌增
人大副主席：钟银生
副 镇 长：周章雄
副 镇 长：许伟忠
副 镇 长：曾文彬

隆文镇党委、政府

党委书记：陈　宁
党委副书记、镇长：黄文辉
党委副书记：李友康
党委副书记：赖耀武
党委委员、副镇长：陈　丹
党委委员：卢明辉
党委委员：何华胜
党委委员：柯　峰
党委委员、纪委书记：钟伟胜
党委委员、武装部长：邓帮清
组织委员：黄东龙
人大主席：张淦辉
人大副主席：李健畴
副 镇 长：梁　辉
副 镇 长：赖贵明

桃尧镇党委、政府

党委书记：温育泉
党委副书记、镇长：洪　苑
党委副书记：廖敏雄
党委副书记：杨秀霞
党委委员、副镇长：张群胜
党委委员、纪委书记：王海锋
党委委员、武装部长：曾　可
党委委员：郑能湘
组织委员：张宇峰
人大主席：吴龙茂
人大副主席：沈　越
副 镇 长：陈庆丰
副 镇 长：林　巧

松源镇党委、政府

党委书记：卢剑平
党委副书记、镇长：李新泉
党委副书记：卢志勇
党委副书记：周海胜
党委委员、副镇长：王利灵
党委委员、纪委书记：李志煌
党委委员：刘　坚
党委委员：李　勇
党委委员、武装部长：肖　策
党委委员：郑建华
组织委员：侯蓉华
人大主席：何兰芬
人大副主席：沈运兴
副 镇 长：张忠胜
副 镇 长：刘志文

梅县区先进名录

先进单位

国家级先进单位

表 62

单　位	授予单位	荣誉称号	表彰时间
程江镇中心小学	中央文明建设委员会	全国文明校园	2017 年 11 月
国家税务局	国家税务总局	各省（区、市）税务局先进集体	2017 年 1 月
国家税务局	中央精神文明建设指导委员会	全国文明单位	2017 年 11 月
雁洋镇（对坑村）	国务院防范和处理邪教问题办公室	创建无邪教示范村	2017 年 3 月
大坪镇守台村	国务院防范和处理邪教问题办公室	2015“百县千乡万村无邪教创建示范工程”活动——创建无邪教示范村	2017 年 3 月

省级先进单位

表 63

单　位	授予单位	荣誉称号	表彰时间
人民法院民事审判二庭	广东省高级人民法院	集体二等功	
松口镇大黄村	广东省人民政府防范和处理邪教问题办公室	创建无邪教示范村	2017 年 3 月
松口镇南寿峰农业公园	广东省农业公园	广东农业公园（AAA 级）	2017 年 10 月
松口镇南寿峰健康产业园	广东省生产力促进协会	广东省少年科技教育基地	2017 年 10 月
程江镇中心小学	广东省精神文明建设委员会	广东省文明校园	2017 年 8 月
人民检察院	广东省人民检察院	广东省人民检察院信息直报点先进单位	2017 年 1 月
国家税务局	广东省国家税务局	第三批“广东省国税系统法治基地”	2017 年 9 月
国家税务局政策法规股	广东省国税务局	国税系统营改增试点工作中成绩突出嘉奖集体	2017 年 12 月
地税局南口分局	共青团广东省委员会	2016—2017 广东省青年文明号	2017 年
地税局工会	广东省总工会	全省模范职工之家	2017 年
雁洋镇	广东省发展改革委	广东省特色小镇示范点	2017 年 8 月
雁洋镇长教村	广东省爱国卫生运动委员会	广东省健康（社区）试点单位	2017 年 8 月
雁洋镇	中共广东省委政法委员会	创建 2016 年度全省法治乡镇	2017 年 4 月
大坪镇秀湖村、汤湖村	广东省爱国卫生运动委员会	广东省卫生村	2017 年 1 月
梅南镇龙岗村水美村	广东省爱国卫生运动委会员	广东省卫生村	2017 年 1 月

续表 63

单　位	授予单位	荣誉称号	表彰时间
农业局	2016—2017 年度广东省化肥农药零增长技术	广东省农业厅	2017 年
农业局	进万家活动先进单位	中国电信股份有限公司广东公分司	2017 年
供电局	广东电网公司	广东电网公司 2015—2016 年度党建思想政治工作优秀研究成果三等奖	2017 年
供电局	广东电网公司	团总部获评“五四红旗团支部”	2017 年
供电局雁洋供电所畲工供电年工会小组	广东电网公司	广东电网公司 2017 年度四星级模范“职工小家”	2017 年
松源镇湾溪村、园岭村、径口村	广东省爱国卫生运动委员会	广东省卫生村	2017 年 7 月

市级先进单位

表 64

单　位	授予单位	荣誉称号	表彰时间
新城办事处	中共梅州市委梅州市人民政府	2016 年人口与计划生育工作先进单位	2017 年 7 月

先进个人

国家级先进个人

表 65

单位	姓　名	授予单位	荣誉称号	表彰时间
公安局	卢敏军	公安部	全国优秀人民警察	2017 年 11 月

省级先进个人

表 66

单位	姓　名	授予单位	荣誉称号	表彰时间
司法局	饶梅兰	广东省律师协会	担任村（社区）法律顾问先进个人	2017 年
公安局	李胜昌	广东省公安厅	个人三等功	2017 年 9 月
食品药品监督管理局南口分	卢佳平	广东省食品药品监督管理局	食品食用农产品快速检测职业技能竞赛二等奖	2017 年
食品药品监督管理局稽查局	冯彬彬	广东省食品药品监督管理局	广东省食品药品稽查工作表现突出个人奖	2017 年
食品药品监督管理局畲江管理所	叶广亿	广东省食品药品监督管理局	食品食用农产品快速检测职业技能竞赛一等奖	2017 年

责任编辑：陈福君

水车镇白沙村

文献辑存

中共梅州市梅县区委工作报告摘要

2016 年工作

2016 年，我区在市委市政府的正确领导下，积极抢抓国家促进原中央苏区、省促进粤东西北振兴发展的重大机遇，全面深入学习贯彻习近平总书记系列重要讲话和党的十八届历次全会、省委全会、市第七次党代会精神，以推进供给侧结构性改革为主线，扭紧“三大抓手”，聚焦产业与项目，积极推进“一区两带六组团”建设，大力发展实体经济，改善社会民生，推动经济社会稳健发展。全区生产总值实现 187.18 亿元，同比增长 8.1%；公共财政预算收入 21.89 亿元、税收 31.55 亿元，公共财政预算收入总量在粤东西北 12 个市 74 个县（区）中排名第二位，获评全国客家文化生态旅游知名品牌创建示范区、国家农产品质量安全县、中国候鸟旅居县。现将我区 2016 年度工作情况报告如下：

（一）扎实推进供给侧结构性改革，实体经济平稳健康发展。

主动适应和引领经济发展新常态，认真落实“三去一降一补”措施，推进供给侧结构性改革，经济保持平稳增长，质量和效益不断提升。一是产业平台建设快速推进。产业集聚区供水、供电、医院、学校、道路等基础设施和配套设施建设扎实推进，航鑫科技首期、BPW（梅州）车轴 6 期、博森光电首期、安盛华集团珠宝加工等一批项目投产见效，省市共建创新创业孵化园、专利技术孵化园、铁路货场物流园和深圳有信达保税物流等一批省市重点项目正有序建设，综合保税区得到省委省政府的大力支持优先向海关总署申报，现在正在边申报边建设，商贸物流、休闲健康医疗、新型电子、新材料等产业集聚发展。集聚区现有企业 52 家，建成投产 40 家。二是民营经济快速发展。突出做强做优工业，全力支持服务梅雁吉祥、宝新能源、超华科技、集一建材、嘉元科技、骅锋科技、泰鸿科技、自远环保客、家村镇银行等 9 家上市企业和华银、恩华、BPW 车轴、卡莱、振声等骨干企业做强做优做大。通过“助保贷”为 19 家企业发放贷款 6930 万元，通过贷款贴息基金促成金融机构为 23 家企业发放贷款 6.83 亿元，切实解决中小企业融资难题。落实企业上市（新三板）扶持办法，对 2015 年挂牌上市的 3 家企业累计发放奖励金 500 万元，促成梅州客商银行获批筹建，泰鸿科技、自远环保和客家村镇银行 3 家企业在“新三板”上市，还有客家园林、客都物业、力天世纪 3 家企业已提交材料在“新三板”待审批，5 家企业近期准备上报材料。三是招商引资成效明显。创新出台了个人（单位）招商引资奖励、扶持企业上规模（限额）奖励办法，充分调动全区各级各部门和社会各界招商引资积极性，促进企业投资增长。全年新引进项目 31 个，计划投资总额 87.5 亿元，动工项目 14 个，已投入资金 31.24 亿元。四是优化全域旅游规划，改造提升景区景点和旅游基础设施，实施“旅游+”战略，全年共接待游客 1600 万人次，旅游总收入 134.3 亿元，均比去年增长 10%，县域旅游综合竞争力连续六届跻身全省十强。五是以国家现代农业示范区建设为契机，大力发展特色种养业和农产品精深加工业，建成松口大黄金柚产业园、丙村富柚生物科技农产品等一批农业发展项目，实现农业“接二连三”。

（二）全力实施“五城联动”，城乡统筹协调发展。

坚持以城促产、以产兴城，五城联动，加快城市扩容提质。梅县新城锦绣国际家居博览中心建成开业，富力城、宝丽华集团和金利来集团经济总部及“众创金融一条街”等产业项目建设加快，市政综合管廊、新城水厂、棚户区改造等城市公共配套设施不断完善，市容市貌进一步改观，城市品位提升。新城建成区面积增至20平方公里、人口增至18万人。葵岗新城进城大道建设有序推进，铁汉生态梅州区域总部开工建设、足球产业基地项目正式启动。槐岗新城程江河段景观提升工程动工建设，正在与中山大学和上海交通大学教育集团沟通对接，谋划建设教育小镇。“国际慢城·雁洋新城”提升工程全面启动，雁洋评为中国十大美丽乡镇、入选中国特色小镇。畲江新城市政道路、管网、配套医院、中心小学扩建等工程建设有序推进。同时，扎实开展中心镇、重点镇建设，以城带乡、城乡互动，推进了新型城镇化快速发展。

（三）着力加快交通设施建设，发展环境不断优化。

统筹交通建设与园区、城区、镇村建设，在全力配合抓好境内“两高一场”建设的同时，突出抓好梅畲快线、S223出省快速通道和西部快线的规划建设，着力打通与周边省市县快速通道，加快构建快速综合交通体系。投资18亿元、全长29.6公里的梅畲快速干线工程正有序建设；投资32亿元、全长70公里的S223线出省快速通道项目前期准备工作有序推进，近期准备动工建设，预计2019年底建成通车；投资15亿元，全长45公里的西部快线正在线路比选，力争今年动工。同时，新的进城大道和白渡园区快速干线正紧张施工，葵岗高速出口前期工作正在推进。城区至各镇的公交线路进一步完善，建成绿色公共自行车项目，道路等级和通车能力进一步提升。梅县新城水厂、程江河景观提升、中小河流治理等一批重点水利项目加快建设。城市数字化管理、信息网络、农村电网等基础设施建设稳步推进。

（四）大力推进生态文明建设，宜居环境不断提升。

加大资源环境和生态保护力度，推进绿色发展、循环发展、低碳发展，宜居宜业宜游的环境不断提升。一是按照“六个一”要求扎实推进镇村建设，完善城乡规划，建设完善镇村交通道路和学校、医院、公园等公共设施，解决发展用地，建设高品质住宅小区、商业体，建设便民利商政务中心和信息基础设施等，以城带乡、城乡互动，推进了新型城镇化快速发展。二是助推国家生态文明先行示范区和国家环境保护模范城市创建，严格落实环保责任，全力配合做好中央环保督察组提交案件整改落实，加强环保专项执法检查，推动了全区垃圾、污水、大气等重点整治。三是扎实推进绿色发展，深入开展“绿满梅州”大行动，全年造林面积4.18万亩。四是突出农村公共服务、基础设施、公共卫生、人居环境、社会事业、生态文明建设，全面推进农村人居环境综合整治。全年投入6000多万元，围绕“一编二拆三清四改五建六美”要求推进人居环境综合整治，城乡宜居宜业水平不断提升。

（五）致力改善民生福祉，社会事业全面进步。

全面落实深化改革要求，行政审批制度改革、工商登记制度改革、农村土地承包经营权确权登记颁证、医改等重点改革有序推进。加大民生领域投入，全面完成十项民生实事。新时期精准扶贫精准脱贫工作扎实推进。程江镇德兴小学扩容提质工作基本完成，新建区特殊学校、扩建畲江中心小学正有序推进，创建“全国义务教育发展基本均衡县”通过国家复检验收。落实优抚安置政策，荣获“全省双拥模范城”称号。投入5.16亿元，卫生强区创建扎实推进，粤东医院感染楼、区中医医院扩建、畲江医院等有序建设。

（六）全面从严管党治党，党群干群关系进一步提升。

深入贯彻落实党的十八届六中全会精神，加强基层治理，从严管党治党，从严选用管理干部，全面夯实基层党建基础。一是深入开展以上门送学、结对帮学、新媒体助学“三学”活动为主要形式的“两学一做”学习教育。二是结合换届选举，选好配强区镇领导班子和基层干部队伍，实现整个换届零差错、零违纪、零事故。加强干部思想作风建设，加强党性、党风、党纪教育，精心组织举办各类专题培训班，全年集中培训1070名党员干部。全面落实“凡提四必”要求规范选人用人，全年共调整科级干部9批次278名。三是健全驻点联系问题解决联动机制，持续用力解决影响基层稳定的突出问题。健全软弱涣散基层党组织整顿机制，全面完成整顿任务。大力推进“智慧党建”云平台建设，扎实推进“扬帆计划”“百人计划”，积极探索人才引育新方法，为振兴发展提供人才保障。四是从严惩治“四风”。加强干部的日常管理监督，建立健全抓早抓小、谈话提醒等工作机制，深入贯彻落实“四种形态”，与班子成员、各镇党政正职和区直各单位一把手全面开展谈话提醒，加强对领导干部“八小时以外”的监督管理，有效防止“四风”反弹回潮。五是坚持依法治区，完善决策规程，深入推进政务公开、简政放权和职能转变，区级行政审批事项有效压减，全区党风、政风、行风和社会风气建设水平持续提升，党群干群关系进一步密切，人民群众的满意度进一步提高。

在看到成绩的同时，我们也清醒地认识到当前我区经济社会发展面临的困难和问题，主要是支柱产业较少、推进供给侧结构性改革任务繁重、民生改善任务还较艰巨等等。

2017年工作思路

2017年，我们将坚持稳中求进工作总基调，以“五大发展理念”为引领，按照市委市政府“一区两带六组团”的建设部署，扭紧“三大抓手”，大力推进供给侧结构性改革，不断壮大实体经济，统筹城乡发展，全力争当粤东西北振兴发展和“一区两带六组团”建设的排头兵。力争GDP增长8%左右，公共财政预算收入增长10%左右，固定资产投资增长30%以上。突出抓好六项工作：

（一）突出产业和项目，做强实体经济。一是全面推进年度计划投资207亿元的固定资产投资项目建设，为加快发展提供充足的后劲。二是扶持企业做优做强，着力培育发展装备制造、电子信息、新能源、商贸物流等主导产业，力争全年新增规上工业企业10家以上，力促1家企业上10亿元、5家企业上亿元产值台阶。三是加大培育企业上市力度，加强指导，规范运作，推动企业借力资本市场加快发展，力争新增“新三板”上市企业 10 家。四是以客商银行获批筹建为契机，培育发展新型业态，促进金融服务、电子商务、商贸物流、健康养生、教育培训等新业态发展壮大。

（二）突出产业共建，激发集聚效应。一是实施“五城联动”，大力完善城市公共配套设施，加快富力城、锦绣国际家居博览中心、宝丽华集团和金利来集团经济总部、“众创金融一条街”等项目建设，推进文体教育、医疗保健、汽车商贸、家居建材等产业集聚发展。二是围绕珠三角与粤东西北一体化发展目标，以基础设施、配套服务和产业发展为抓手，加快推进产业集聚区道路、管网、医院、学校等公共配套和广铁物流园、有信达保税物流园等项目建设，掀起产业共建新高潮。三是加快综保区申报对接工作，同步推动基础设施建设和招商引资，申报建设两不误。四是加快推进雁洋国际慢城提升工程和文化旅游项目建设，发展红色旅游、文化旅游、乡村旅游、生态休闲、健康养生新业态，推进全域旅游发展。

（三）突出互联互通，夯实发展基础。全力配合抓好境内梅汕高铁、东环高速、梅平高速、梅畲快线、外环快线建设，动工建设S223线雁洋至松源出省快线、城区至梅西西部快线和葵岗高速出口，尽快把交通环境改善转变为产业发展优势。同时，全面推进原中央苏区农村超高速无线局域网等现代信息基础设施建设，加快推进山区中小河流、水系联通和小流域治理等重点水利项目建设。

（四）突出创新驱动，提升发展动力。一是全力配合抓好院士驿站建设，加快创新创业孵化园和专利技术孵化园建设，力争今年下半年投入使用。二是鼓励引导企业开展技术创新，引导超华科技和嘉元科技筹建国家级工程中心，引导具备条件的企业建立重点实验室、工程技术中心、企业技术中心等研发机构，深化与高校和科研院所的合作，推进新动能的转换提速。三是完善知识产权质押融资贷款服务体系建设，支持企业加大自主创新和知识产权创造力度。

（五）突出精准扶贫，补齐民生短板。一是坚持靶向施策、精准施策，全面推进相对贫困的 8328 户 19185 人精准脱贫。二是大力发展农产品精深加工和生态农业、休闲农业、农业电商，推动农业“接二连三”融合发展。三是突出农村生活垃圾清运、污水处理设施建设、外立面整治和村村通自来水等重点，推进环境综合整治，全面建设美丽乡村，实现农民增收、农业增效、农村增绿。

（六）突出主体责任，全面从严治党。切实履行管党治党第一责任，深化“两学一做”学习教育，不断增强政治意识、大局意识、核心意识、看齐意识，抓好思想、组织、作风、反腐倡廉和制度建设，把纪律和规矩挺在前面，切实增强党员干部的纪律意识和规矩意识。深入学习贯彻落实《关于新形势下党内政治生活的若干准则》和《中国共产党党内监督条例》等党内法规，推进全面从严治党向基层延伸、向纵深发展。坚持一手抓建设、一手抓管理，一手抓改革发展、一手抓反腐倡廉。着力抓好村级换届选举，深入推进“三项整治”行动，切实加强基层组织建设，把党要管党、从严治党落到实处，为梅县加快振兴发展提供坚强政治保障。

政 府 工 作 报 告

——2017年5月31日在梅县区第一届人民代表大会第二次会议上

梅县区人民政府代区长　张运全

各位代表：

我代表区人民政府向大会作政府工作报告，请予审议，并请政协委员和列席人员提出意见。

一、2016年工作回顾

2016年是“十三五”的开局之年。区政府在市委、市政府和区委的正确领导下，在区人大和区政协的监督支持下，全面贯彻党的十八大和十八届三中、四中、五中、六中全会和习近平总书记系列重要讲话精神，抢抓“两大振兴政策”机遇，聚焦“一区两带六组团”建设，全力推进供给侧结构性改革，统筹做好稳增长、促改革、调结构、惠民生、防风险各项工作，保持了经济社会平稳健康发展，实现“十三五”良好开局。

（一）经济保持平稳增长。千方百计加大投资，坚定不移壮大实体经济，推动经济提质增量。2016年全区生产总值187.18亿元、人均生产总值34628元，分别增长8.1%、7.6%；公共财政预算收入21.89亿元、税收31.55亿元，公共财政预算收入总量在粤东西北74个县（区）中排名第二位；全社会固定资产投资152.99亿元，增长10.5%；社会消费品零售总额142.01亿元，增长14.1%；全体居民人均可支配收入22329元，增长10.7%。

（二）现代产业培育步伐加快。供给需求协同发力，大力发展战略性新兴产业，三次产业比重调整为24.9:36.2:38.9。一是主导产业做大做强。大力培育发展装备制造、电子信息、新能源、商贸物流等主导产业，梅雁、宝丽华、超华、华银、BPW（梅州）车轴、卡莱（梅州）轮胎、嘉元科技、振声科技等龙头企业实力明显增强，规上企业达到101家，规上工业增加值实现50.71亿元，增长5%。二是创新驱动深入实施。完成技改投资12.1亿元，增长46.2%；新增高新技术企业2家、省级创新产业化基地1家；大力推进国家知识产权强县工程试点区创建，全年专利授权量340件，获批“创建广东省质量强县（市、区）示范城市”。三是民营经济蓬勃发展。全年新增3家新三板挂牌企业，民营企业产值实现131亿元；招商引资新引进项目31个，计划总投资87.5亿元，实际完成投资31.24亿元。四是特色高效农业做优做强。市级以上农业龙头企业达47家、农民专业合作社925家、家庭农场893家、“三品”认证农产品115个、省农业名牌产品14个，新增省级金柚专业镇1个，“梅县金柚”成功注册地理标志证明商标。五是新型业态迅猛发展。电子商务、文化旅游、金融服务、总部经济等新型服务业加速发展，客商银行获准筹建；县域旅游综合竞争力连续六届跻身全省十强，荣获中国候鸟旅居县；建成19家镇级电商服务站、100个惠农信息社，电商企业实现交易额12.6亿元；文化产业企业达167家，第三产业增加值72.82亿元，增长11.8%。

（三）发展基础不断夯实。扭紧“三大抓手”，优化产业平台，厚植优势，增强后劲。一是五城联动建设有序推进。加大城区公共基础设施建设投入，完成剑英大道延长线及10条市政道路建设，改造升级人民南路等一批道路，开工建设新城自来水厂，粤东医院、外国语学校等功能配套项目服务能力进一步增强，富力城、宝丽华集团和金利来集团经济总部及“众创金融一条街”等产业项目建设加快，锦绣国际家居博览中心一期正式对外营业。创新推出“8 点 4 线”城区网格巡控，城区道路交通秩序、市容市貌综合整治深入推进。进城大道有序建设，高速葵岗出口、高铁梅州西站、槐岗新城教育小镇等筹建工作扎实推进，雁洋新城提升项目加快建设，畲江医院、学校等服务配套逐步完善，全区新型城镇化步伐加快，城镇化率达 51.05%。二是园区承载力有效增强。产业集聚地道路、管网等基础设施建设扎实推进，综保区申报工作取得新进展，省市共建创新创业孵化园、专利技术孵化产业园有序建设，航鑫科技首期、BPW（梅州）车轴 6 期、博森光电首期、安盛华集团珠宝加工等一批项目投产见效。集聚地落地企业 54 家，建成投产 40 家，2016 年园区固定资产投资、规上工业增加值分别增长 68.7%、55.02%。三是交通基础设施不断完善。新建、改建公路 110 公里，梅畲快线建设进展顺利，县乡公路不断改造升级，“两高一场”建设无障碍施工。开通公交线路 38 条，城乡公交实现全覆盖。建成城区公共自行车系统，启动县乡公路“安全生命防护”工程，实现了公路的安全畅通。

（四）城乡环境优化提升。持续开展新一轮绿化广东大行动，全年完成造林 4.18 万亩、景观林带建设 20 公里、生物防火林带 150 公里、森林抚育 24.4 万亩，新建森林公园 7 个，森林覆盖率达 74.63%。创建国家环保模范城市工作有效推进，环境监管力度加强，全年关停 9 个违法建设项目，解决 6 项突出环境问题，24 宗中央环保督查组转办案件及时办结，节能减排任务全面完成，全年空气质量优良率达 98.1%，生态环境质量明显提升，环保责任考核评定为“优秀”等次。大力开展农村人居环境综合整治，全年实施水利工程 62 宗，完成新农村公路 82 公里，整治农田 1.36 万亩，村村通自来水工程稳步推进，19 个标准化乡镇气象服务站投入使用；新增移动通信基站 424 座、光纤接入用户 5.2 万多户，原中央苏区农村超高速无线局域网应用试点有序建设，乡镇中心区域 4G 信号基本覆盖；农网升级改造深入推进，畲江变电站建成投产；“数字梅县”地理空间框架和“一村一镇一地图”推广应用；创建了 46 个绿化美化乡村和 208 个省、市卫生村，雁洋镇荣获“中国十大美丽乡镇”称号，入选“中国特色小镇”。

（五）民生事业和谐发展。基本完成十大民生实事 47 个项目。为全区户籍人口、农房购买自然灾害公众责任保险、自然灾害财产保险。低保、五保等底线民生保障水平和医疗救助水平得到提高，社保扩面征缴工作扎实推进，市内特定病种门诊实现即时结算，基本医疗保险异地就医即时结算联网医院增加到 242 家。公共就业服务体系进一步健全，就业形势保持稳定。启动敬老院公建民营改革，建设村居养老服务站和农村“颐养居”，引进社会资本投资兴办老年公寓，社会救助、养老服务等体系不断完善。投入帮扶资金 2.85 亿元，实施精准扶贫项目 2 万多个，实现贫困户 3815 户 5840 人精准脱贫，超额完成当年目标。教育强镇复评工作全面完成，各类教育均衡发展，教育现代化先进区创建工作有序推进。不断完善镇村文化设施，建成区数字图书馆，创建 16 个农村文化俱乐部，梅南九龙嶂革命斗争纪念馆获评省级爱国主义教育基地，松口古镇获批“广东十大海上丝绸之路文化地理坐标”，大型山歌剧《合家福》参加全国基层戏曲汇演。大力推动足球振兴，全民健身活动蓬勃开展。完成一批乡镇卫生院和村标准化卫生站建设，开展家庭医生式签约试点服务，卫生强区创建和医改工作扎实推进。区、镇、村三级食品药品监管网络全面建立，获评“国家农产品质量安全县”。启动“七五”普法工作，法治宣传教育工作加强。狠抓安全生产责任制落实，保持对违法犯罪的高压态势，深入排查化解社会矛盾，公众安全感和满意度持续上升。“全面两孩”政策顺利实施，被授予“2014–2016 年全国计划生育优质服务先进单位”“2016 年度省级妇幼健康优质服务示范区”。国防建设、双拥等工作扎实推进，荣获“省双拥模范城”称号，实现“四连冠”。外事侨务、港澳和对台工作有新进步，民族宗教、法制、人事编制、妇女儿童、老区建设以及监察、统计、审计、供销、气象、残联、文联、打私、打假、人防、方志、档案等工作取得新成绩。

（六）发展动能不断增强。以改革增动力，添活力，加快简政放权，优化服务改革。公布权责清单，继续取消行政审批事项 11 项，清理规范行政审批中介服务事项 13 项。“营改增”税制改革全面落实，司法体制改革有效推进，农村土地承包经营权确权登记颁证工作全面铺开。深化商事制度改革，实行企业投资项目网上备案，出台财政产业专项资金股权投资管理办法，推广“柚农宝”等支农信贷产品，全民创新创业积极性明显提高，全年新发展各类企业 1111 户、新发展个体工商户 3648 户，分别增长 13.9%和 37.3%；深入开展各类市场专项整治行动，大力推广信用信息应用，诚实守信氛围进一步加强。坚持向人大及其常委会报告工作，向人民政协通报情况，主动自觉接受监督，人大建议、政协提案办复率和满意率均达 100%。启动“一门式、一网式”政府服务模式改革，建成 383 个村（社区）公共服务站，建成不动产登记办事大厅、国地税联合办税大厅，政务服务平台进一步完善。行政复议案件有效办理，行政应诉工作得到加强，行政执法行为有效规范。认真开展“两学一做”学习教育，加强“慵政怠政”整治，深入推进政务公开和廉政监管，政府服务热线等受理事项全部按时办结，行政效能和公共服务满意度有效提升。

各位代表，过去一年取得的成绩来之不易，这是市委、市政府和区委坚强领导的结果，是历届班子打下坚实基础的结果，是全区人民共同奋斗的结果，是海内外各界人士鼎力支持的结果。在此，我代表区政府，向全区人民、各民主党派、人民团体、社会各界人士和驻梅部队、武警官兵、公安干警致以崇高的敬意！向长期关心支持我区发展的港澳台同胞、海外侨胞、外出乡贤表示衷心的感谢！

在肯定成绩、总结经验的同时，我们也清醒地认识到，我区经济社会发展还存在不少困难和问题，主要表现在：全区经济总量与发达地区相比差距还较大；产业结构还不够合理，工业发展短板仍然突出；大项目支撑不足，产业竞争力不强；土地、人才等约束压力增大；改善民生任务艰巨，推进依法行政、建设服务型政府还存在不少薄弱环节等等，对此，我们要高度重视，采取有效措施认真解决。

二、2017 年工作安排

今年是实施“十三五”规划承上启下的重要一年，我们将迎来党的十九大胜利召开，做好今年工作具有重要意义。我们必须在坚定信心、巩固经济社会发展良好势头的同时，始终保持清醒头脑，坚持稳中求进，把握机遇，凝心聚力，开拓创新，努力实现经济社会发展的新跨越！

政府工作的总体要求是：全面贯彻落实党的十八大和十八届三中、四中、五中、六中全会及习近平总书记系列重要讲话和省第十二次党代会精神，以“四个坚持、三个支撑、两个走在前列”统领工作全局，积极践行创新、协调、绿色、开放、共享五大发展理念，按照市委、市政府和区委的决策部署，以供给侧结构性改革为主线，围绕“一区两带六组团”建设，攻弱项、补短板，努力壮大实体经济，持续改善社会民生，扎实推进依法行政，推动经济持续稳定增长，全力争当粤东西北振兴发展和“一区两带六组团”建设排头兵。

经济社会发展的主要预期目标是：全区生产总值增长 8%左右、公共财政预算收入增长 10%以上、固定资产投资增长 30%以上，社会消费品零售总额增长 10%以上，居民消费价格指数上涨控制在 3%以内，居民人均可支配收入增速与经济增长基本同步，城镇登记失业率控制在 3.5%以内，节能减排降碳约束性指标完成上级下达任务。

围绕上述目标，突出做好以下五方面的重点工作：

（一）壮大实体经济推动转型升级。

继续落实去、降、补措施，做大做强实体经济，推动产业结构调整和转型升级，实现提质增效。

突出创新驱动发展。全面落实创新发展“八大抓手”，加快动力转换。加大财政科技创新投入，带动全区科技研发经费支出达到全区 GDP 的 1.2%以上、技改投资增长 20%以上。全力配合院士驿站建设，确保创新创业孵化园、专利技术孵化产业园首期工程年底建成使用。突出企业创新主体地位，大力提升国家级高新技术企业创新水平，引导条件具备的企业加强与高校和科研院所合作，力促嘉元科技成功申报国家级企业技术中心，培育4家以上高新技术企业入库，力争新增首次认定国家级高新技术企业2家，力促5亿元以上工业企业建立研发机构。完善知识产权质押融资贷款服务体系建设，鼓励支持企业开展技术攻关，形成自主品牌，推进“互联网+制造业”发展，积极创建国家知识产权强县工程示范区。大力弘扬工匠精神，抓好工程中心、专业镇、科技孵化器、众创空间等建设，提高科技创新能力。

全力发展新型工业。加快推进产业集聚地等产业发展平台建设，努力在园区规模、基础设施和项目落户上取得新突破，助力广东梅兴华丰产业集聚带建设。争取综保区尽快获批，推进广铁物流园、深圳有信达保税物流、中新汽车零部件、盈方创投、盛富五金等项目早日建成见效；力促联邦快递、国际陆港及水车生物谷等一批项目尽早落户动工。深化产业共建，主动承接珠三角产业梯度转移，引进更多的龙头企业和上下游关联企业落户。落实扶持实体经济发展政策，释放助保贷等政策红利，支持和鼓励骨干企业通过设立研发总部与出口基地、项目技改等渠道实现增资扩产。力争今年新增规上工业企业10家以上，力促1家企业上10亿元、5家企业上亿元产值台阶。

致力发展现代农业。大力推动农业供给侧结构性改革，加快国家现代农业示范区建设，做好“长寿食品”“富硒食品”的开发利用，引导扶持富柚生物科技、长荣林业等龙头企业开展大宗农林产品精深加工，支持发展集循环农业、农耕体验、创意农业等于一体的田园综合体，推进农业生产与乡村旅游有机融合，促进一二三产业融合发展。培优一批现代农业经营主体，培育新型职业农民，发展“互联网+农业”，推进农业产业化经营。加快农业标准化生产，大力推广有机肥替代化肥行动计划，全力提升金柚品质。健全区、镇、村三级农产品质量安全监管体系，提升农产品质量及安全水平。落实惠农政策，加大农业基础设施建设投入，推进农业信息化建设。以农村土地承包经营权确权为切入点，深化农业农村改革，实现农业增效、农民增收、农村增绿。

着力发展新兴产业。围绕创建全域旅游示范区，提升“国际慢城”品牌，推进景点景区提质，推动古梅梦景、中国收藏文化示范基地、幸福雁鸣湖等重点项目建设，打造雁洋、松口、南口特色旅游小镇，培育发展一批民宿旅游项目。加快完善旅游配套设施，丰富旅游产品供给，发展智慧旅游等新业态，打造观光、休闲、养生、运动、禅修、度假融合发展的旅游休闲目的地。加快发展跨境电商，推动邮政、快递服务向农村延伸，鼓励餐饮、娱乐和生活服务经营向“互联网+”转变。大力发展金融保险、服务外包、信息技术等生产性服务业，加快发展智慧商业、文化商业以及品牌孵化、物流配送等经营业态，畅通“工业品下乡、农产品进城”双向流通渠道，优化商贸流通业结构，促进消费升级。加快智慧城市建设，促进云计算、大数据等新兴产业发展。

大力搞活民营经济。深入开展“暖企”行动，全面落实各类扶持激励政策，强化领导挂钩联系重点企业制度，切实解决企业发展中的困难和问题，力促中小微企业蓬勃发展。支持民营企业参与重大基础设施项目和公用事业等领域投资，推动更多符合条件的企业纳入“重点中小微企业池”，加快推动“个转企”“小升规”。扶持引导企业上市，力争今年新增新三板上市企业10家。深化政、银、企合作，拓宽企业融资渠道。实施企业家素质提升工程，打造一批领军型民营企业家。

努力抓好招商引资。坚持数量与质量并重，聚焦主导产业，开展园区特色招商，产业链招商，着力引进一批产业关联度大，带动能力强的重点产业项目。抢抓产业共建和一体化发展的机遇，借力广州增城对口帮扶，对接珠三角先进制造、汽车零配件等重点企业开展精准招商。深入实施“乡贤回乡投资兴业”工程，争取更多的乡贤回乡兴业。加强与“一带一路”沿线国家和东南亚客属地区交流合作，开辟新的市场和商机。落实各级招商责任，加强招商服务，力促签约项目早动工、动工项目早投产。

（二）统筹城乡发展提升新型城镇化水平。

坚持以人为本，注重提升质量，以城带乡、城乡互动，加快新型城镇化建设。

“五城共建”推动城市扩容提质。突出产业支撑，加快新城扩容提质项目建设，推动文体教育、医疗保健、汽车商贸、家居建材、电子商务、金融等产业集聚发展。加快进城大道等重点市政道路建设，打通一批断头路，实施人行天桥工程，优化新城路网结构；完善地下综合管廊、新自来水厂等配套市政基础设施，推进亲水公园二期及程江河景观提升工程，完善绿色公共空间、城市慢行系统、公共停车场等民生设施，提升城市综合承载能力。完善数字化管控平台，强化城区“六乱”“两违”道路交通秩序综合整治，提高城市管理和公共服务水平。推进“国际慢城 · 雁洋新城”提升，加快葵岗高铁新城、槐岗生态文化新城、畲江工业新城建设，促进城区、园区、产业同步发展。

围绕“六个一”目标加快镇区发展。以雁洋新型城镇化“2511”试点镇建设为示范，以中心镇、专业镇为重点，着力提高城镇规划建设水平，加大镇区道路、供水供电、通讯、污水及垃圾处理等基础设施投入，充分利用棚户区改造等政策，引导更多民间资金和社会资本参与建设和运营，建立多元化可持续的城镇化投融资机制，增强教育、医疗、文化和社区服务等公共服务供给，促进与梅县新城功能互补、协调发展。加强产业发展引导，积极培育发展一批特色工业强镇、商业物流镇、文化旅游和生态农业特色镇，引导城镇专业化、集约化、特色化发展，增强人口集聚力和产业承载力，吸引农业人口就近城镇化。

突出环境综合整治建设美丽乡村。以城乡人居环境综合整治为抓手，扎实推进雁洋省级新农村示范片和 84 个宜居宜游美丽乡村示范村、8 个高速公路出口示范点建设，打造一批美丽乡村建设示范点，今年计划完成 20 户以上自然村综合整治 332 个。加强古村落、传统村落的保护开发，推进名镇名村创建。加强水利、气象防灾减灾和地质灾害防治，开展农村道路交通安全管理“两站、两员”建设。传承发展农村先进文化，积极推动移风易俗，建立农村留守老人、儿童、妇女的关爱和服务体系，树立文明乡风。

（三）提升发展环境增创振兴发展新优势。

环境是生产力，也是竞争力。要突出基础设施建设，加大有效投资，推进环境升级，促进振兴发展。

大力推进重点基础设施建设。以补齐基础设施短板为重点，全力配合“两高一场”建设，动工建设 S223 线雁洋至松源出省快线，改造升级国道 G206 线梅县径义段等国省道，加快建设梅畲快速干线、G205 国道至白渡梅州坑等一批产业园区、旅游区道路，力争西部快线、长深高速葵岗出口今年动工建设。抓好镇村污水处理设施、村村通自来水工程等 45 宗水利工程建设。抓好帅乡变电站建设，推动新一轮农村电网改造升级。完成原中央苏区农村超高速无线局域网试点建设任务。积极争取政策性银行支持，创新基础设施建设投融资模式，强化项目用地和服务保障，力促重点项目建设落到实处。

积极构建绿色发展空间格局。加强环境保护和生态建设，全力推进国家环保模范城市创建，规划建设梅江流域镇污水处理设施，完成高污染燃料锅炉、“黄标车”淘汰任务，扎实推进大气、水、土壤污染防治以及规模化畜禽养殖场减排和污染整治。严格环境执法监管，严查环境违法行为，确保环境安全。全力配合国家森林城市创建工作，深入开展新一轮“绿满梅州”大行动，创新造林模式，提升造林质量。抓好森林资源管护，加强森林防火工作，确保森林资源安全。强化水质治理和保护，全面推行河长制，保障水生态安全。加强土地资源管理，严把耕地红线。

营造共同发展的社会环境。推进“放、管、服”改革，继续清理规范行政许可事项，探索将部分审批事项和公共服务事项下放到镇级办理。深化商事制度改革，强化商事登记后续监管，营造“宽进严管”市场环境。完善立体化社会治安防控体系，打造社会治安大巡防工程，严厉打击各类刑事犯罪，坚持不懈调解社会矛盾纠纷，加强舆情信息搜集、研判、处置，深化涉法涉诉信访改革，全力提高社会治理和平安建设水平。深入开展法制宣传教育，推进覆盖城乡居民的公共法律服务体系建设，推动更多的民生问题纳入法治轨道解决。加强安全、质量、食品药品监管，完善网格化监管体系和应急处置体系建设，力争应急指挥中心平台年底建成。抓好“双百镇（街）社会工作服务站”建设，推动“专业社工、全民义工”工作的开展，提升社会服务水平。推动客家传统优秀文化与社会治理有机结合，增强社会自我调节、服务功能，着力创新基层社会治理，建设安定有序、公平正义、充满活力的社会。

（四）改善民生福祉促进发展成果全民共享。

着力健全基本公共服务体系，持续改善重点民生，让改革发展成果更多更公平惠及百姓。

推进教育现代化。巩固教育“创强”成果，加大智慧教育建设，今年建成“广东省推进教育现代化先进区”。加快发展优质规范的学前教育，进一步完善义务教育阶段标准化学校的设施设备，迁建雁洋镇中心小学，深化畲江中心小学与广州小北路小学对口帮扶，高标准巩固义务教育发展水平，推进城乡教育均衡发展。进一步发展特教事业，加快发展高中教育、中职教育和技工教育。鼓励社会力量兴办教育，构建多元化办学格局。

努力提高社会保障水平。坚持办好一批民生项目，解决群众最关心关注问题。加大基本民生保障力度，推动社保扩面征缴，健全城乡社会救助体系，提高低保、五保标准和医疗救助水平。发展社会福利和慈善事业，加强助残、恤孤工作，全力推进创建全国残疾预防综合试验区工作。加大养老机构改革力度，推进养老机构转为公办民营改革，引导民营资本投资养老服务业。健全就业创业服务体系，实现更加充分和更高质量就业。加强保障性住房和各类安居工程建设管理，努力解决贫困家庭住房困难问题。

强力推进精准扶贫工作。严格落实责任，坚持分类施策、精准发力，积极探索切实可行、具有地方特色的产业扶贫、旅游扶贫等项目，促进转移就业，推进基本公共服务均等化，推动贫困村、贫困人口长期有效、稳定脱贫。建立健全精准扶贫长效机制，建立农村低收入群体大数据库，推动社会救助、医疗救助等救助体系与精准扶贫紧密结合。重点关注困难家庭、残疾人家庭子女，突出做好教育帮扶，阻断贫困的代际传递。结合人居环境整治，突出生态治理，把 32 个省定相对贫困村打造成社会主义新农村示范村，确保今年全区 70%以上的相对贫困人口实现脱贫。

促进各项事业协调发展。抓好社会主义核心价值观宣传教育，大力推进公民思想道德建设，密切配合全国文明城市创建。推进 13 个农村文化俱乐部建设，继续实施图书馆、文化馆、博物馆、乡镇文化站免费开放，加强文物保护、文艺创作和文化“三下乡”活动，丰富群众的精神文化生活。加快粤东医院创三甲和中医院创二级中医院步伐，稳步推进医疗卫生体制改革，力争今年完成卫生强区创建目标。统筹全民健身场地设施建设，大力发展校园足球，开展镇、村足球运动，推动足球事业发展。关注老龄事业，加快社区公益性老年文化体育活动设施建设。继续推进“广东省质量强县(市、区)示范城市”创建，加强质量品牌建设，推动产品向品牌转变。抓好第三次全国农业普查。做好世界长寿之乡申报工作。坚持计划生育基本国策，促进人口均衡发展。创新优抚安置工作保障机制，按政策提高部分重点优抚对象抚恤生活补助和优待金标准。推进妇儿事业全面进步，推动国家安全、人防、双拥、对台、民族宗教、外事侨务、工商联、老区建设、审计、粮食、供销、统计、方志、档案、打私、打假、应急等各项工作上新台阶。

（五）加强自身建设打造人民满意政府。

加强政府自身建设，是全面完成各项目标任务的重要保证。我们将牢固树立大局意识、责任意识，开拓创新、真抓实干，努力建设法治政府和服务型政府。

坚持依法行政。认真落实人大及其常委会各项决议决定，坚持向人大及其常委会报告工作，自觉接受监督。主动加强同人民政协的联系并向其通报工作。认真办理人大代表建议和政协提案。广泛听取各民主党派、工商联、无党派人士和各人民团体意见。加强政府法制工作，完善规范性文件、重大行政决策合法性审查机制。加强重大决策公众参与平台建设，健全重大行政决策终身责任追究制度及责任倒查机制。正确行使法定职权，加强执法规范化建设，加强行政复议、行政应诉工作。充分发挥政务网站作用，推进政务信息公开。

坚持勤政廉政。加强党风廉政建设，严格落实"为官不为"问责暂行办法，贯彻执行"三个区分"，完善暗访、查处、追责、曝光"四管齐下"监督机制，形成干事创业的浓厚氛围。强化行政监察，深入开展财政预算执行、民生建设、领导干部经济责任履行情况审计监督。深入贯彻落实监督执纪"四种形态"，完善惩治和预防腐败体系，全面落实权责清单和主体责任清单制度，从严规范权力运行。进一步明晰政府与市场边界，积极构建"亲""清"新型政商关系。

全面提升服务水平。深入推进"互联网+政务"，加快便民利民综合服务平台建设，推进"一门式、一网式"政务服务模式改革，优化政务服务水平。深化政府采购制度改革，加强政风行风评议，健全绩效考评和监督检查机制，对重大项目、重点工程和民生实事项目，实行全过程、全方位督促检查，确保各项工作落到实处。加强干部教育培训管理，建设一支勇担当、善作为、干净干事的公务员队伍，全面提升政府执行力，着力打造人民信任、人民满意政府。

各位代表，今年，我们在落实好省、市民生实事的同时，将继续办好我区的十件民生实事，让人民群众有更多的获得感和幸福感。

一是提高底线民生保障水平。城乡居民基本养老保险基础养老金标准从每人每月110元提高到120元。城镇、农村低保人均补差水平分别从每月419元、191元提高到460元、210元。农村特困人员救助供养平均标准提高到每人每年8088元以上，不低于上年度农村居民人均可支配收入的60%。孤儿基本生活最低养育标准集中供养水平从每人每月1340元提高到1450元、分散供养水平从每人每月820元提高到880元。城乡医疗救助住院补助平均标准从每人每年2178元提高到2828元，城乡低保对象基本医疗救助比例达到80%以上。

二是加大扶贫济困力度。建档立卡贫困户子女每人每学年生活费补助标准提高到小学和初中3000元，高中和中职（含技工）5000元（含国家助学金）；免学费补助标准提高到高中2500元、中职（含技工）3500元。完成棚户区900套（户）、农村危房362户改造任务。

三是关爱特殊群体。困难残疾人生活补贴从每人每年1200元提高到1800元，重度残疾人护理补贴从每人每年1800元提高到2400元。新建6个、规范运行13个社区残疾人康园中心。支持社区矫正中心规范化建设，对全区社区服刑人员实行教育矫正。

四是提升医疗卫生保障水平。城乡居民基本医疗保险补助标准从年人均420元提高到不低于450元。职工医疗保险基金年度累计最高支付限额从8万元提高到9万元，城乡居民基本医疗保险基金年度累计最高支付限额从45万元提高到50万元。职工医疗保险门诊特定病种报销比例统一调整为75%，城乡居民医疗保险门诊特定病种报销比例从60%提高到70%，门诊特定病种年度支付限额按病种在原限额基础上提高1000元至6.5万元不等。城乡居民医疗保险普通门诊最高支付限额每人每日每次最高支付限额从30元提高到100元，年度累计最高支付限额从150元提高到500元，报销比例从50%提高到 60%。城乡居民大病保险起付标准从 1.2 万元降为 1 万元，报销比例统一调整为 70%，年度最高支付限额从 15 万元提高到 16 万元；城乡五保供养对象、建档立卡贫困人员的大病保险起付标准下调至 2000 元，报销比例提高到 80%，不设年度最高支付限额。粤东医院创建三级甲等医院。建设区级出生缺陷综合干预中心，对孕产妇产前筛查和新生儿疾病筛查予以补助。新建梅西、石扇、白渡 3 个镇级卫生院综合大楼。升级改造全区 279 间村卫生站。

五是促进城乡义务教育一体化发展。义务教育寄宿制公办学校公用经费补助从农村扩大到城区，补助标准从每生每年 200 元提高到 250 元。对城乡义务教育家庭经济困难寄宿生，按小学每生每年 1000 元、初中每生每年 1250 元标准给予生活费补助。农村边远学校教师生活补助标准提高到每人每月不低于 900 元。建设雁洋小学新校区、宪梓中学礼堂。

六是完善城区公共服务设施。改造城区 100 个小区供水管网。建设公园北路人行天桥、府前大道天桥、宪梓北路人行天桥。建设 2.5 公里地下综合管廊及部分市政道路。完成 10 个“文化驿站（台）”建设。建设基层综合服务平台及智慧梅县综合服务信息中心。

七是促进就业和创业。扶持创业 150 人、城镇就业 4200 人、失业人员再就业 3400 人。补贴参加技能晋升培训的劳动者 1000 人。

八是改善群众生产生活条件。实施畲江、梅南等 10 个镇村村通自来水工程建设。完成 60 公里农村公路路面硬化改造。城镇独生子女父母计划生育奖励标准从每人每月 80 元提高到 120 元。

九是加强环境治理。建设 7 座污水处理厂、16.5 公里污水管网和 273 座农村污水处理设施。农村生活垃圾有效处理率达到 90%，城区生活垃圾无害化处理率达到 100%。建设 4 个省、市美丽乡村示范点，建设雁洋镇、大坪镇 2 个镇级森林公园。

十是保障公共安全。开展食用农产品快速检测工作，建设 1 个农产品检验检测中心，对城区 9 个农贸市场和 7 个大型超市实行快速检测。实施 50 公里县乡公路安全生命防护工程。

各位代表，只有真抓才能攻坚克难，唯有实干才能梦想成真。让我们更加紧密团结在以习近平同志为核心的党中央周围，在上级党委、政府和区委的坚强领导下，一心一意谋发展，心无旁骛抓落实，奋力开创梅县区振兴发展新局面，以优异成绩迎接党的十九大胜利召开！

附：

名词解释

1. **“一区两带六组团”**：构建“一区两带六组团”发展新格局是中共梅州市第七次代表大会提出的宏伟蓝图。一区：即建设梅州中心城区，以梅江、梅县两个市辖区为主体，重点推进嘉应新区起步区江南新城、梅县新城、芹洋半岛建设，同步打造雁洋、畲江两个卫星城，以交通互联推动产城联动，建设粤东北门户枢纽城市。两带：即建设广东梅兴华丰产业集聚带和梅江韩江绿色健康文化旅游产业带。六组团：即依托兴宁、平远、蕉岭、大埔、丰顺、五华六个县域的资源禀赋和产业基础，以县域为核心，以中心镇、专业镇为节点，以产业园区为载体，打造特色主导产业，以工哺农、以城带乡，促进县域经济特色化、组团式发展，城乡统筹发展。

2. **供给侧结构性改革**：供给侧相对需求侧而言，包括生产要素投入、全要素生产率提高两个基本方面。供给侧结构性改革，是指从供给侧入手，针对经济结构性问题而推进的改革，更强调通过制度变革与完善，发挥企业和创业者作为市场主体的作用，扩大有效供给，形成高质量、多层次的供给体系，使供给结构更加适应需求结构。

3. **陆港**：陆港是设在内陆经济中心城市铁路、公路交汇处，便于货物装卸、暂存的车站，是依照有关国际运输法规、条约和惯例设立对外开放的国际商港。

4. **四个坚持、三个支撑、两个走在前列**：即坚持党的领导、坚持中国特色社会主义、坚持新发展理念、坚持改革开放，为全国推进供给侧结构性改革、实施创新驱动发展战略、构建开放型经济新体制提供支撑，努力在全面建成小康社会、加快建设社会主义现代化新征程上走在前列。

5. **PPP**：是 Public-Private-Partnership 的缩写，指政府与社会资本之间，为了合作建设城市基础设施项目，或是为了提供某种公共物品和服务，建立的一种合作关系。

6. **两站、两员**：即乡镇交通安全管理站和专职交通管理员、村级交通安全劝导站和交通安全劝导员，主要协助交警对农村道路的交通违法行为进行劝导、纠违和宣传。

7. **河长制**：即由各级党政主要负责人担任“河长”，负责组织领导相应河湖的管理和保护工作。

8. **三个区分**：即要把干部在推进改革中因缺乏经验、先行先试出现的失误和错误，同明知故犯的违纪违法行为区分开来；把上级尚无明确限制的探索性试验中的失误和错误，同上级明令禁止后依然我行我素的违纪违法行为区分开来；把为推动发展的无意过失，同为谋取私利的违纪违法行为区分开来，保护那些作风正派又敢作敢为、锐意进取的干部。

9. **监督执纪“四种形态”**：即党内关系要正常化，批评和自我批评要经常开展，让咬耳扯袖、红脸出汗成为常态；党纪轻处分和组织处理要成为大多数；对严重违纪的重处分、作出重大职务调整应当是少数；而严重违纪涉嫌违法立案审查的只能是极极少数。

中共梅州市梅县区委　梅州市梅县区人民政府
关于2017年度镇级工作绩效考核的实施办法

（2017年7月12日）

为确保上级和区委、区政府各项工作部署的全面有效落实，推动梅县区经济社会又好又快发展，特制订2017年度镇级工作绩效考核实施办法。

一、考核原则

（一）激励推动的原则。通过工作实绩与经济奖励挂钩，调动工作积极性，推进工作落实。

（二）便于操作的原则。考核指标力求可操作性，真正体现工作实绩。

（三）重点突出的原则。突出发展经济以及重点工作进行考核。

（四）以绩论功的原则。考核结果与经济奖励和干部考评、提拔使用挂钩，按工作实绩大小论功，体现奖罚分明，坚决克服做多做少、做好做坏一个样的现象。

二、考核内容

在强化各镇（办事处、高管会）做好各项工作、保障正常运转的基础上，实行基础工作实绩考核、重点项目建设考核、税收工作考核、扶贫工作考核四大类别考核。

（一）基础工作实绩考核

考核按工作实绩得分，分为日常工作考核和加分奖励两部分。日常工作考核以千分制计分，按实得分计奖，考核内容包括卫生和计划生育工作、社会治安综合治理、森林管护、农业农村发展、安全工作、政务服务工作、统计工作、美丽乡村建设、水利建设、环境保护、招商引资、全域旅游创建、国土资源管理、武装工作、统战工作、法治镇创建工作、党建工作17项考核内容；加分奖励主要考核创建各类示范点工作及受表彰情况，按实得分计奖（考核指标见附件1）。

（二）重点项目建设考核

考核按工作实绩得分，以实得分计奖，考核内容为2017年度梅县区委、区政府重点项目征地拆迁工作及项目建设完成情况。（考核指标见附件2）。

（三）税收工作考核

考核分税收基数考核、税收增量考核和税收增幅排名奖3项考核内容，按税收实际完成情况分类计奖（考核指标见附件3）。

（四）扶贫工作考核

考核按工作实绩得分，以实得分计奖，考核内容为2017年度各镇（办事处、高管会）精准扶贫、精准脱贫工作完成情况。（考核指标见附件4）。

三、资金安排

全年安排5350万元，其中2600万元用于日常工作运转保障，2675万元用于基础工作实绩考核、重点项目建设考核、税收工作考核和扶贫工作考核四项考核，75万元用于奖励基础工作实绩考核中基础得分前5名的镇（办事处、高管会）和重点项目建设考核、税收工作考核前5名的镇（办事处、高管会）。

（一）日常工作运转保障。全年安排2600万元，其中：

1. 日常办公经费：全年安排700万元，以各镇（办事处、高管会）在职在编的实有财政供养人员，按每人月均300元核拨；

2. 农村生活垃圾处理经费：全年安排1900万，按区委区政府《关于提高农村生活垃圾处理工作经费的通知》（梅县区委办电[2016]33号）执行。

（二）基础工作实绩考核。全年安排1205万元，其中：

1. 日常工作考核：全年安排1180万元，各镇（办事处、高管会）日常工作考核奖金=[1180万元÷全区日常工作考核总分]×该镇（办事处、高管会）日常工作考核得分。

2. 加分奖励考核：全年安排25万元，各镇（办事处、高管会）加分奖励金=[25万元÷全区加分奖励总分]×该镇（办事处、高管会）加分奖励得分。

（三）重点项目建设考核。全年安排400万元，各镇（办事处、高管会）重点项目建设考核奖金=[400万元÷全区重点项目建设考核总分]×该镇（办事处、高管会）重点项目建设考核得分（无项目的乡镇不得分）。

（四）税收工作考核。全年安排1000万元，其中：

1. 税收基数考核：全年安排500万元，以各镇（办事处、高管会）2016年本级税收实际收入数（含四公司）为考核基数，按各镇（办事处、高管会）2016年收入总量分段核定税收考核基数奖励额，按各镇（办事处、高管会）2017年税收实际完成情况分档计奖。

2. 税收增量考核：全年安排300万元，以各镇（办事处、高管会）2016年本级税收实际收入数（含四公司）为考核基数，按各镇（办事处、高管会）2017年本级税收实际收入（含四公司）增量占全区所有正增长乡镇的增量总额比重进行考核奖励。（负增长不奖励）

3. 税收增幅排名奖励：全年安排200万元，参照各镇（办事处、高管会）税收基数，对2017年各镇（办事处、高管会）本级税收实际收入（含四公司）增幅进行排名，按实际增幅排名进行奖励。（负增长不奖励）

（五）扶贫工作考核：全年安排70万元，各镇（办事处、高管会）扶贫工作奖金=[70万元÷全区扶贫工作总分]×该镇（办事处、高管会）扶贫工作得分（无项目的乡镇不得分）。

区委、区政府将根据综合评定，对基础工作实绩考核中基础得分前5名的镇（办事处、高管会）和重点项目建设考核、税收工作考核前5名的镇（办事处、高管会）进行通报表彰，并分别给予5万元的奖励。

四、有关要求

（一）区考核领导小组、考核办要加强对考核工作的督查，确保考核真实准确、评价有理有据。

（二）各责任单位要根据考核具体指标，加强工作的指导、服务、督促、检查，对工作中出现的问题要及时向区考核领导小组汇报；应采取平时考核的形式对各镇（办事处、高管会）进行工作考核，并按区考核办的要求按时报送考核情况表，作为年终考核计奖的依据，年终不再到各镇（办事处、高管会）进行考核。

（三）各镇（办事处、高管会）在12月底按考核要求自查，责任单位于次年1月初将各镇（办事处、高管会）全年考核情况报区考核办，再由区考核领导小组综合核定。

附件1：梅县区镇级基础工作实绩考核评价指标

附件2：梅县区镇级重点项目建设考核评价指标

附件3：梅县区镇级税收工作考核评价指标

附件4：梅县区镇级扶贫工作考核评价指标

附件 1

梅县区镇级基础工作实绩考核评价指标

类别	代码	考核指标	具体指标	权重	考核单位	备注
A卫生和计划生育工作100分	A1	人口政策执行效果	新《条例》宣传贯彻到位，人口出生率、自然增长率达标的 10 分，其中一项不达标为全年不达标，本小项为零分；经考核每查实漏报政策外出生每例扣 2 分，政策内的扣 1 分；政策生育率不达标每低 1 个百分点扣 1 分，政策外多孩率不达标每高 1 个百分点扣 1 分	10	区卫计局	被区以上预警的扣 5 分，通报批评或降类型管理的扣10分，“提醒注意”的扣20分，“黄、红牌警告”的扣 30 分
	A2	计划生育术后随访服务与手术安全	严格按照《常用计划生育技术常规》施行育龄夫妇自主选择的各种计划生育避孕节育措施，免费计划生育基本技术服务项目落实率 100%，卫计部门技术服务到位，落实好术后随访服务工作，做到手术安全无事故。发生计划生育手术事故的，每例扣 2 分，造成群体性事件的，每宗扣 5 分，扣完本项分为止	10		
	A3	落实出生缺陷综合防控工作	全年完成省下达免费孕前优生健康检查目标任务 100%的得 5 分，每低 10 个百分点扣 1 分，80%以下的不得分；营造浓厚宣传氛围，有固定免费孕前优生健康检查宣传专栏的 2 分，没有的不得分；地中海贫血防控工作 3 分，地贫筛查呈阳性人员未按要求进一步检查的每例扣 1 分，造成重度地贫儿出生的本小项不得分	10		
	A4	计划生育奖励扶助	计划生育奖励扶助 10 分，其中，按政策规定严格审批把关 3 分，每发现一宗未按规定条件错审批的扣 1 分；严格资金管理 4 分，每发现一宗挪用、冒领计生利导奖扶资金的扣 2 分；及时完善系统奖扶信息 3 分，奖扶系统首页反映的问题，未按月及时处理的扣 1 分，奖扶信息未及时录入系统或准确率低于 95%的扣 1 分，未及时上报奖励对象信息变更（新增、死亡和注销、迁出、迁入）的扣 1 分	10		
	A5	社会抚养费征收	严格按照相关政策做好社会抚养费征管工作的 10 分	10		
	A6	全员人口信息库建设和流动人口服务管理工作	按要求通过全员人口信息系统数据质量评估 15 项指标的 15 分，每小项 1 分，未通过的小项不得分；流动人口服务管理工作达到省评估各项指标要求的得 5 分，未达标的每小项扣 1 分，扣完为止	20		

类别	代码	考核指标	具体指标	权重	考核单位	备注
A计划生育和卫生工作100分	A7	卫生强区创建	1．卫生“双基”工作创建14分。其中，完成示范镇标准的得14分（即考评分在900分以上）;完成达标镇建设的得12分（即考评分在800~899分）;未完成达标镇建设的得10分（即考评分在800分以下） 2．卫生镇村创建6分。其中，全面完成当年卫生镇、村创建任务的得6分；完成当年省、市卫生村创建任务，未完成省卫生镇创建任务的得3分；当年省、市卫生村创建任务和省卫生镇创建任务均未完成的不得分	20	区卫计局	
	A8	疾病预防控制	疾病预防控制工作年终考核达85分及以上得2分，85分以下每降低1%扣0.2分，75分及以下的不得分	10		
			建卡发证率达100%得1分，经检查发现漏卡和证儿童每名扣0.4分；有证无卡或有卡无证每名扣0.2分；卡证不符每针次扣0.1分；其余各扣分项按年终考核评分标准按比例扣分；扣完为止			
			免疫规划疫苗相应传染病控制在国家规定的范围内;扩大免疫规划疫苗(含基础和加强）接种率≥90%得3分。一种免疫规划疫苗相应传染病超标扣1分；未组织落实控制措施加扣1分；查卡任一苗接种率（含基础和加强）未达90%的要求扣0.5分，有任一苗接种率（含基础和加强）未达80%的要求扣1.5分；其余各扣分项按年终考核评分标准按比例扣分；扣完为止			
			突发公共卫生事件报告与处置率100%得3分，每漏报1例扣0.5分，报告不及时每例扣0.2分；报告卡未保存每例扣0.2分，登记项目不齐每例扣0.1分；发生狂犬病疫情无公告扣0.5分，犬只净化不力扣0.5分，未开展犬只净化工作扣2分；发生突发公共卫生事件未报告扣3分，处置不力扣1分；其余各扣分项按年终考核评分标准按比例扣分；扣完为止			
			入学入园查验预防接种证率100%、补种率≥90%得1分，查验证率、补种率有一项未达要求扣0.5分；其余各扣分项按年终考核评分标准按比例扣分			

类别	代码	考核指标	具体指标	权重	考核单位	备注
B社会治安综合治理105分	B1	社会治安	积极做好综治、维稳、防范邪教和特殊人群工作，全面铺开镇街综治信访维稳中心“中心+网格化+信息化”建设，深化社会治安防控体系建设，做到“四个确保不发生”。①反宣品未及时清理，被督办1次扣0.5分，全年被督办3次以上的扣2分；管控不到位出现新的“诬告滥诉”信件，每封扣0.5分；开展相关专项行动无领导机构、工作方案，或工作不到位的每项扣0.5分；邪教人员底数不清，解脱工作不落实的扣1分。②落实对严重精神障碍患者、社区服刑人员、刑释人员、戒毒人员、不良行为青少年、留守儿童等特殊群体的管控（或帮扶）措施，发生严重精神障碍患者肇事肇祸的视伤亡情况每宗扣0.5至2分；③未开展重大决策（项目）社会稳定风险评估的每宗扣3分；④发生20人（含20人）以上的群体性事件并由区级以上处置的每宗扣10分；⑤被省、市、区公安机关查处的案件每宗分别扣3、2、1分。⑥未按要求及时报送信息材料的视情节每次扣0.5分至1分；⑦综治考评被“一票否决”或“黄牌警告”的此项不得分	40	区委政法委	
	B2	平安创建	深入推进平安村居、平安社区、平安家庭、平安医院、平安校园、平安企业等“平安细胞”工程，加快实现基层平安创建活动全覆盖。推进“无邪教镇（村）”创建活动	15		

类别	代码	考核指标	具体指标	权重	考核单位	备注
B社会治安综合治理105分	B3	信访案件办理	1. 初信初访案件，各镇必须全部及时录入信访信息系统并出具受理或不予受理告知书，如出现越级上访，经查实群众已到镇上访而未及时录入和未出具受理或不予受理告知书的，每宗扣2分 2. 初信初访案件应全部纳入满意度评价，未纳入满意度评价的每宗扣0.4分 3. 网上信访信息系统登记录入的信访事项应严格按《信访事项网上办理工作规程》按期办理，每缺失1项程序扣0.4分（受理与否告知、答复、送达、上报、录入） 4. 督办案件、复查案件不按规定及时办理并报送材料的，每宗扣2分 5. 各镇必须依期完成国家、省、市交办的积案，逾期未按规定完成的，每宗扣4分	20	区信访局	指标暂定，以上级最新信访考核办法为准
	B4	和谐劳动关系建设	辖区内用人单位用工信息采集95%以上得2分，每下降5个百分点扣0.5分，扣完为止；劳动保障案件处理及欠薪隐患排查得3分，劳动保障案件因处置不力引发的越级上访事件每次扣0.5分，群体性上访事件每次扣1分，扣完为止	15	区人社局	
			案件处理结案率100%（调解结案率80%）得5分，每下降1个百分点扣1分，扣完为止			
			和谐劳动关系创建率85%以上且示范点达标率75%以上得3分，每下降1个百分点扣1分，扣完为止			
			用人单位劳动合同签订率94%以上得2分，每下降1个百分点扣1分，扣完为止。			
	B5	打假工作	成立打假领导小组得1分，制订打假工作方案得1分；一年召开4次以上打假工作会议得4分，少召开一次扣1分；与村级签订打假责任书得4分，少签一村扣1分，扣完为止；每村有打假巡查记录得4分，少一村扣1分，扣完为止；有打假宣传载体得1分；辖区内查实一宗制假售假案件扣1分，查实一处制假窝点扣5分，分数扣完为止（由巡查发现线索并上报查处的案件不扣分）	15	区质监局	

类别	代码	考核指标	具 体 指 标	权重	考核单位	备注
C森林管护40分	C1	森林资源管护	森林资源管护（林木、林地、野生动物）良好的得 10 分。 1. 每镇有 2 名以上林业行政执法资格证人员：并能积极及时处理林业行政案件 3 宗以上的奖励 5 分 2. 不及时发现和处理，由区级以上林业主管部门作出处理，核实为行政案件的 3 宗以内（含 3 宗），每宗扣 0.8 分；3 宗至 5 宗的（含 5 宗），每宗扣 1.2 分；5 宗以上的，每宗扣 1.6 分。不及时发现和制止的，核定为一般刑事案件的第一宗扣 1.6 分，第二宗以上的每宗扣 2.4 分。不及时发现和制止的，核定为重大刑事案件的每宗扣 4 分。不及时发现和制止的，被新闻媒体曝光，造成较大影响的每宗扣 4 分。直至扣完为止 3. 此项计分满分为 10 分，超过 10 分按 10 分计	10	区林业局	新城办无此项目
	C2	山林纠纷调处	林权纠纷能及时调处，林区秩序稳定的得 5 分。个人之间、集体组织与个人之间的林地使用权、林木所有权、林木使用权的争议，必须按照《省林权调处条例》的规定要求，由所在镇进行调处，并作出处理决定。如未能及时调处直接上报到区的，每宗（次）扣 1 分，直至扣完为止。发生集体林权纠纷后，特别是对旧案、要案、案情复杂的林权纠纷，所在镇没有及时先行调处，或在处理过程因处置不当，引发群众集体到省、市、区上访的，每宗（次）分别扣 3、2、1 分，直至扣完为止	5		

类别	代码	考核指标	具体指标	权重	考核单位	备注
C森林管护40分	C3	火灾防控	从防火宣传、防火巡查、扑火设备、扑火队伍管理、农事用火管理、农事用火管理、祭祀用火管理、野外火源管理、护林员管理等8方面按照镇级森林防火工作规范化建设情况进行扣分，其中：农事、祭祀类用火管理每项2分，其余6项每项1分，扣完为止	10	区林业局	新城办无此项目
	C4	重点生态工程建设	依时高质完成重点生态工程建设任务的得5分。没有协助做好工程外业调查、实地勾图、编制资料等规划设计工作，没有解决好工程用地，造成无法施工，每个小班扣0.6分；没有派人督查工程质量和验收工作的，每缺1个工序扣0.6分。因工作不到位，造成该享受林业补贴的未补，上访投诉的1宗扣0.3分；对新造幼林未落实封管责任，造成较大损失，每百亩扣0.3分。扣完为止	5		
	C5	生态公益林效益补偿资金发放	按规定做好生态公益林信息基础表，依时足额发放的得5分。完善信息基础表得1.8分；无上访的得1.6分，生态款发放不符政策或错误，引起群众上访的，1宗扣1分（扣完为止）；按时提交文字、报表、图册等材料得1.6分；解决纠纷，补发生态款，加1分，总分超5分不加	5		
	C6	森林公园及湿地公园建设	按规划完成建设任务通过验收得5分。完成森林公园及湿地公园可行性报告、总体编制得1.5分；成立管理机构，落实管护人员，园内后续管理无毁林案件发生，得1分；完成基本建设，通过自查、验收得2.5分	5		

类别	代码	考核指标	具体指标	权重	考核单位	备注
D农业农村发展40分	D1	粮食生产	①积极参与粮食高产创建活动5分，其中：获评先进镇5分，其他镇3分；②落实耕地地力保护补贴等政策10分，不按时准确上报数据扣2分；发生一宗投诉上访扣1分；每个行政村提供一张公示图片，缺一张扣0.1分，扣完为止	15	区农业局	新城办无此项目
	D2	农村综合改革	农村土地确权公示、核查及颁证工作如期完成得7分，完成不好，酌情扣分；农村土地纠纷如期调处得3分，不够按时调处一宗扣1分，扣完为止	10		
	D3	农业产业化	培育一家以上准规模或规模以上农业企业得2分，培育或新认定一家区级以上农业龙头企业得2分，培育或新评定一家区级以上示范性农民专业合作社或家庭农场得1分，未完成的不得分	5		
	D4	发展优质安全农产品	镇有新培育发展无公害认证企业、绿色认证企业、有机认证企业及省级农业名牌产品企业1个以上得6分；当年有新申报“三品”认证农产品1个得2分、省级农业名牌产品1个得2分，未完成的按比例得分	10		
E安全工作70分	E1	食品药品安全	食品药品监管工作领导机构健全、食安办机构和工作制度措施落实、支持协调镇级食品药品监督管理所开展工作共2.5分，机构未建立、工作制度、措施不落实的扣0.5–2.5分；食品生产监管工作到位1.5分，每发生一宗安全责任事故扣1分，直至扣完为止；食品流通监管工作到位1.5分，每发生一宗安全责任事故扣1分，直至扣完为止；餐饮安全监管工作到位1.5分，每发生一宗安全责任事故扣1分，直至扣完为止；药品医疗器械监管工作到位1.5分，每发生一宗安全责任事故扣1分，直至扣完为止；保健食品化妆品监管工作到位1.5分，每发生一宗安全责任事故扣1分，直至扣完为止	10	区食品药品监督管理局	
	E2	农业生产安全	①粮食安全生产、农产品质量安全、农机安全生产全年无事故得6分，每出现一宗事故扣2分，直至扣完为止 ②开展农产品质量安全风险监测每月快速检测400个样品，全年4800个样（速测仪器打印小票为依据）得4分；缺监测1个月样品数据扣0.5分（每月25号之前上传的电子版及纸质材料为依据），直到扣完为止	10	区农业局	新城办无此项目

类别	代码	考核指标	具体指标	权重	考核单位	备注
E安全工作70分	E3	畜牧水产业生产安全	全年动物防疫检疫工作到位，无疫情及畜禽水产品质量安全事故得10分，每出现1个疫点扣2分；瞒报疫情的扣5分，因防控工作不到位或处理不及时等引起疫情扩散的扣10分；每发生一宗畜禽水产品质量安全事故的扣2分，重特大安全事故扣5分；定点屠宰场（点）每发生一宗生产安全或质量安全事故的扣2分，重特大安全事故扣5分，直至扣完为止	10	区畜牧兽医水产局	
	E4	地质灾害防治	全年地质灾害防治到位，无人员伤亡的得6分。防治不到位，死亡1人的扣3分，死亡2人及以上的扣6分。完成当年地质灾害隐患点搬迁和治理任务的得4分，一个都没有完成的不得分，少完成一个扣1分，扣完为止	10	区国土资源局	
	E5	燃气安全管理	全年燃气安全管理无事故10分。无制订燃气安全应急预案扣1分；做好每月日常监管工作记录、台账并将情况上报，少报或不准时报送每宗扣0.5分；上级部门检查发现问题，整改措施不落实每宗扣1.5分；媒体曝光燃气存在问题每宗扣1分；每发生一宗燃气案件扣1.5分；每发生一宗燃气事故，视情况扣5~10分	10	区城市综合管理局	
	E6	消防安全管理	建成政府专职消防队的单位未按标准要求配备达标且保障运行经费未纳入本级财政预算的扣2分；未按要求完成消防专项规划修订或消防专篇修订工作的扣2分；未将消防安全“网格化”管理纳入当地综治管理平台且100%的镇街未实现消防安全“网格化”管理实体、规范运作的扣2分；100%的社区未达到消防安全标准的扣2分；100%的社区未按省消安委要求建成微型消防站，并具备“三知四会一联通、处置要在三分钟”的灭火救援能力的扣2分。省政府挂牌督办的火灾隐患重点地区未按要求完成整治工作的扣10分	10	区消防大队	
	E7	安全事故预防	以年度百分制安全生产责任制考核评分为依据进行折算	10	区安监局	

类别	代码	考核指标	具体指标	权重	考核单位	备注
F政务服务工作40分	F1	领导重视抓好政务服务工作	镇主要领导重视抓好政务服务工作，积极完成区政府部署的政务服务工作任务。工作落实不到位，未能按时完成工作任务的，一项扣1分	5	区政管办	
	F2	镇、村两级公共服务平台完善建设及运行管理	规范建设镇、村(社区)公共服务平台，做到“有机构、有牌子、有办公场所、有办公设备、有制度、有人员、有台账、有经费”；不断完善镇服务中心、村（社区）服务站配套设施建设；加强镇、村政务服务平台运行管理工作，提高制度化、规范化水平；服务事项、工作人员进驻到位，为群众提供一门式一网式服务；实现区、镇、村三级业务直接流转，上传资料准确率达到95%以上。未能按时完成建设、完善任务的，扣2分；服务事项没有做到“应进必进”的，扣2分；上传资料返回率超过5%的，扣1分；工作人员上班有迟到、早退、脱岗、空岗及其他违反工作纪律行为的，一次扣0.5分（电子效能监控第一次发现给予提醒，第二次开始予以扣分）	20		
	F3	网上办事大厅建设及统一申办受理平台应用	认真做好镇、村网上办事大厅站、点建设及完善工作；大力做好网上办事大厅和统一申办受理平台推广应用，网上办事率不断提高。没有做好宣传推介工作的，扣1分；没有使用统一申办受理平台录入、办理的，扣1分；网上申报办理率、网上全流程办理率、网上办结率、网上申办到现场次数比率不达标的，扣2分	5		
	F4	群众满意率	优化办事程序，提高办事效率，减少群众来回跑次数；认真做好12345政府服务热线工单处理、回复工作，帮助群众解决办证困难问题；群众满意率高，没有服务效能投诉。服务工作被群众投诉的，一次扣0.5分；行政许可、公共服务事项超过承诺时限办结，出现红、黄牌警告的，每次扣0.5分；政府服务热线工作出现红牌工单的，一单扣0.5分	10		

类别	代码	考核指标	指标分类	具体指标	权重	考核单位	备注
G统计工作30分	G1	农业		全镇农村统计基础规范化建设优秀的得 5 分	5	区统计局	
	G2	规模以上工业总产值		规模以上工业企业统计基础规范化建设优秀的得 1.2 分；当年全镇规模以上工业总产值完成 20 亿元（含）以上的得 7.8 分	9		
	G3	固定资产投资额		当年全镇固定资产投资额完成 18 亿元(含)以上得 9 分	9		
	G4	限额以上批发零售业销售额		全镇限额以上批发零售业企业统计基础规范化建设优秀的得 1.5 分；当年全镇限额以上批发零售业销售额完成 5 亿元(含)以上得 2.5 分	4		
	G5	限额以上住宿餐饮业营业额		全镇限额以上住宿餐饮业企业统计基础规范化建设优秀的得 1.2 分；当年全镇限额以上住宿餐饮业营业额完成 1 亿元(含)以上得 1.8 分	3		
H美丽乡村建设195分	H1	“六个一”建设	镇村建设规划	全部完成编制建设规划的得 10 分。以行政村为单位的自然村规划（自然村全覆盖）未完成一个扣 0.5 分，扣完为止	10	区住建局	
	H2		公共设施建设	建一个以上、投资 500 万元以上的市政工程或学校、医院、文化、环保、公园等公共设施项目的计 10 分	10		
	H3		土地征收工作	征收并整理一片建设用地、产业用地 100 亩以下得 5 分，100 亩以上得 10 分	10	区国土资源局	
	H4		住宅小区建设	建成一个以上有品质、能聚人住宅小区计 10 分	10	区住建局	
	H5		商业街改造提升	改造提升一条以上有特色、能聚人的商业街计 10 分	10		
	H6	人居环境整治	农村生活污水治理	按时完成建设任务得 7 分，落实污水处理设施运营管理制度得 2 分，推进污水处理收费得 1 分	10	区水务局	
	H7		农村道路通达水平	通 20 户以上自然村道路硬化率 80%	30	区交通局	
	H8		农村生活垃圾治理	镇农村生活垃圾无害化处理率达 90%的得 20 分，达 85%的得 18 分，达 80%的 16 分，70%以下的得 0 分。村有效处理率达 90%的得 20 分，达 80%的得 16 分，70%以下的得 0 分。现场检查发现垃圾乱堆乱放的每次扣 0.5 分，被媒体曝光或被举报属实的每次扣 1 分。扣完为止	40	区整治办（住建局）	

类别	代码	考核指标	指标分类	具体指标	权重	考核单位	备注
H美丽乡村建设195分	H9	人居环境整治	“六乱”整治	无违章搭建铁皮瓦、遮阳遮雨蓬等乱搭乱建现象得2分；无占道经营、种菜、晾晒等现象得2分；公共空间无乱堆乱放现象1分；架空管线整齐规范，无乱拉乱挂现象得1分；无乱涂乱画现象得1分；车辆无乱停乱放现象得1分；楼顶或墙面无设置大型广告牌,无违规设置门店招牌等现象得1分；公园、广场等配套公共设施设置规范、完好无破损，道路标识明显，外形、色彩与周边环境相协调，保持完好、整洁、美观的得1分	10	区整治办（住建局）	
	H10		农村饮水安全工程建设	依规按时完成下达任务得5分，供水工程运行管理完善得5分	10	区水务局	新城办无此项目
	H11		乡村绿化美化	按规划完成建设任务，通过验收的得10分。完成年度建设规划、按时上报得2分；按时完成规划设计得2分；按时完成镇级、县级、市级、省级乡村绿化美化示范点建设任务，通过自查、验收得6分	10	区林业局	
	H12	农村社会事业	殡葬管理	殡葬管理工作到位的10分。辖区内出现违规遗体土葬的每宗扣3分；出现违规新建坟墓的每宗扣2分；未完成“五沿”范围坟墓整治工作任务的扣2分；未申报建设公益性公墓的扣2分；殡改宣传工作不到位的扣1分	10	区民政局	
	H13		低保、五保管理	低保审核主体责任落实到位得2分；按规定做好低保动态管理工作得2分；主动发现，精准救助符合条件的救助对象得1分；按规定管理本行政区域内农村五保供养服务机构得3分；按规定审核农村五保供养对象的条件得0.5分；提供农村五保供养政策咨询服务得0.5分；开展农村五保供养的统计和档案管理工作得0.5分；组织、协调、指导公民、法人和其他组织开展对农村五保供养对象的扶助工作得0.5分；以上工作不到位不得分	10		
	H14		城乡居民医疗保险	城乡居民医疗保险完成参保任务100%的得满分，每下降一个百分点扣1分，扣完为止	10	区社局	
	H15		就业工作	城乡劳动力资源动态管理，按完成比例计分	5		

类别	代码	考核指标	具体指标	权重	考核单位	备注
I水利建设30分	I1	水利工程建设与管理	1. 确保水利工程建设无障碍施工5分，每出现一宗影响施工扣1分 2. 发行协管职责，做好协管工作2分 3. 推行“河长制”，落实水利工程建后管理人员和经费，管理到位3分	10	区水务局	新城办无此项目
	I2	三防工作	未落实三防责任制扣1分，未及时排除隐患扣1分，未依时报送信息扣1分，未落实抢险队伍和抢险物资扣2分	5		
	I3	水资源管理	1. 发生重大污染水资源事件扣2分。2. 发生违法取水案件扣1分。3. 发生重大水事违法案件扣2分。4. 不配合水行政执法情形扣1分	5		
	I4	水库移民工作	因镇级工作不力造成发生水库移民超过5人以上集体超级上访的每批次扣1分，大中型水库移民结余资金（含应急资金）项目和小型水库移民基础设施项目未按时完成的扣1分，大中型水库移民到户或到人补助未能及时发放到移民个人帐户，造成不良影响的扣1分	5		
	I5	水土保持工作	1. 确保水保工程无障碍施工3分 2. 水土保持监督管理工作到位2分，出现水土保持监督管理投诉每宗扣1分	5		
J环境保护40分	J1		党政领导班子环保意识强	4	区环保局	
	J2		宣传力度大	4		
	J3		水环境管理	20		
	J4		环境安全管理	12		

类别	代码	考核指标	具体指标	权重	考核单位	备注
K招商引资35分	K1	引进项目	1. 完成3个以上、计划投资总额5000万元（房地产1亿元以上）的当年招商引资项目得9分（不足3个的每个计3分），其中有工业项目的加3分。引进至本镇（办事处、高管会）以外、梅县辖区范围内的项目，可计入本镇（办事处、高管会）项目；对共同引进项目各按50%计算得分，共同引资单位不得超过两个 2. 每月20日前为招商引资项目月报时间，全年度每月按时报送的奖1分。 3. 此项计分满分为13分，超过13分按13分计	13	区招商局	
	K2	实际固定资产投入	1. 当年引进并动工建设或当年增资扩产（工业）项目，以实际固定资产投入为依据。引进项目按行业属性分工业、农业、旅游、文化、物流、商贸、房地产业，按实际固定资产投入分段计分。每个新上或增资扩产的工业项目当年实际固定资产投资额达到1000万元以上的计4分，每增加1000万元加2分；每个新上的农业、旅游、文化、物流、商贸项目当年实际固定资产投资额达到1000万元以上的计2分，每增加1000万元加1分；新上房地产项目当年实际投资额达到亿元以上的计2分，每增加1亿元加1分 2. 2016年度已考核的、在2017年有续投的招商引资项目，可列入2017年的实际固定资产投入考核计分（当年认定的项目，次年可计固定资产续投一次）。 3. 此项计分满分为22分，超过22分按22分计	22		

类别	代码	考核指标	具体指标	权重	考核单位	备注
L全域旅游创建15分	L1	领导机构	成立镇级创建全域旅游示范区领导小组，主要领导亲自推动全域旅游创建工作2分	2	区旅游局	
	L2	旅游厕所建设	完成新建（或改扩建）旅游厕所1间以上，重点旅游乡镇2间以上的得2分；厕所实现干净无味、实用免费、使用便捷的得1分。未完成建设任务的扣2分，未达到标准的扣1分	3		
	L3	旅游安全保障服务	镇级旅游突发事件应急预案完善，涉游场所的安全管理到位的得2分。存在严重安全隐患，发生重大安全事故的扣2分；发生被国家、省级和市级旅游部门严重警告处理事件的加扣2分	2		
	L4	旅游产品开发	大力推动本地特色资源或农副产品与旅游业融合发展，完成两种以上特色旅游产品或商品开发的得1分；未完成的不得分	1		
	L5	民宿发展	完成1家以上特色民宿发展任务的得3分，未完成的扣1–2分	3		
	L6	乡村旅游发展	围绕乡村旅游发展，实施乡村旅游“八小工程”，扶持发展农事体验、农耕文化展示、果园（金柚、葡萄、火龙果、奈李等）采摘、特色农业观光（油菜花、荷花、李花等）、农家乐旅游等乡村旅游业态，建设1个宜居宜游的乡村旅游示范点得4分；未完成的扣1~3分	4		
M国土资源管理30分	M1	耕地保有量	1. 耕地面积达到耕地保护目标责任书确定的耕地保有量的得4分。 2. 积极配合做好土地整治工作（耕地提质改造、未利用开垦水田等）得3分，不积极配合此项工作扣1~3分。	7	区国土资源局	新城办无此项目
	M2	基本农田保护	1. 基本农田面积达到耕地目标责任书确定的基本农田保护面积得3分。 2. 《动态巡查制度》健全，档案规范、帐、图、表册齐全，有碑牌标志的得2分，缺一项扣0.5~2分 3. 按时、按质、按量完成高标准基本农田建设任务并积极落实后期管护的得2分，管护措施不到位的视情节轻重扣1~2分 4. 基本农田经济补偿资金能按要求拨付至村级并严格按规定使用的得2分；不按规定使用该资金的视情节轻重扣1~2分 5. 耕地保护工作中，没有被省、市、区级约谈的得2分 6. 配合完成全年耕地保护工作各项任务（包括自查考核，书面报告等）得2分，不配合扣1~2分	13		
	M3	稀土等矿产资源监管	有经常性巡查且有记录的得5分，全年辖区内无非法开采行为的得5分；每发生一宗非法开采行为的扣5分，发生非法开采行为被上级部门追究责任的扣10分，扣完为止	10		

类别	代码	考核指标	具体指标	权重	考核单位	备注
N武装工作20分	N1	党管武装工作	坚持党委议军制度，党委和政府主要领导到同级军事机关办公制度2分；坚持党管武装述职和履职考评制度1分；坚持班子军事学习制度1分；专武干部队伍建设管理情况1分	5	区人武部	
	N2	国防后备力量建设	民兵整组工作情况3分；民兵政治教育情况2分；民兵军事训练数质量情况2分；基层武装部和民兵营（连）“四个基本”建设情况3分；年度征兵工作情况5分	15		
O统战工作20分	O	统战、工商联、民族宗教和外事侨务工作、侨联工作	党委重视统战工作，完成年度统战工作任务20分。其中：建立健全统战人士（侨贤、乡贤、非公经济人士、宗教人士）信息库，信息库不健全1项扣2分；做好统战信息上报工作，全年累计上报信息不少于6条，每少1条扣0.5分；做好来信来访工作，统战人士上访解决不力每宗扣2分；工商联镇级商会不健全扣2分；未经审批乱建、改建、扩建宗教活动场所和举行大型宗教活动，核实1宗扣2分；宗教活动场所发生安全事故和境外渗透，核实1宗扣2分；镇级侨联组织不健全扣2分；违反《广东省华侨权益保护条例规定》，致使华侨权益受到损害的，核实1宗扣2分	20	区委统战部	

类别	代码	考核指标	具体指标	权重	考核单位	备注
P法治镇创建工作20分	P1	机构建设	①法制镇创建有机构、人员、方案、考核、总结，并及时更新调整。缺少（或未及时更新调整）1项扣0.5分；②无台账扣1分，台账资料不齐全扣0.5分	20	区依法治区办	
	P2	法治宣传	①法律法规宣传培训工作有机构、有人员、有计划、有措施，法治文化建设有阵地、有活动，每缺1项扣0.2分；②宣传工作记录不全扣0.5分，无记录扣1.5分			
	P3	法治建设	①全面落实行政执法“八项”制度并有上墙公布，缺1项扣0.8分，制度上墙缺1项扣0.5分；②政务、办事程序有公开，有办事流程图，无公开扣0.8分，无办事流程图扣0.2分；③一村（社区）一法律顾问按制度开展工作，缺1项制度扣1分；④按法治框架解决基层矛盾制度建设达到要求，并建有台账，缺1项扣1分；⑤重大事项实行民主管理、民主决策，人事及重大决定实行票决制，并有资料记录，民主管理民主决策制度不落实扣2分，没有实施票决制扣1分，无资料记录扣0.5分；⑥开展民主法治示范村创建活动，并资料完整，没有开展活动扣2分，无资料记录扣0.5分；⑦严格执行规范性文件管理制度，有配套管理制度，依照规范性文件管理和上报备案文件，没有执行规范性文件管理制度扣1分，无上报备案扣1分			

类别	代码	考核指标	具体指标	权重	考核单位	备注
Q党建工作170分	Q1	组织建设	全年按规定落实组织建设工作责任制的得55分。其中： ① 落实党建主体责任，党委全年专题研究党建工作5次以上，每发现少一次扣2分； ② 健全“三会一课”制度，党支部落实“三会一课”每发现少一次扣1分； ③ 不按规定收缴党费的，每一宗扣1分； ④ 不按规定发展党员的，每发现一例扣2分，突破计划的每多一人扣1分； ⑤ 每月未完成《梅县党建动态》投稿任务的，少一次扣1分； ⑥ 班子违法违纪的，镇领导班子成员出现1人扣2分，村（居）“两委”班子成员出现1人扣1分； ⑦ 远程教育不按规定开机的，少一次扣0.5分； ⑧ 未按规定建设各类党建示范点的，缺一项扣2分； ⑨ 未完成软弱涣散基层党组织整顿工作任务的扣5分； ⑩ 不按规定上报材料的，每少一篇扣1分； ⑪ 驻点联系工作镇街领导干部未按要求驻点、未建立镇村两级联动解决群众问题协调机制、台账资料不完善的每项扣2分； ⑫ 开展“两学一做”学习教育未完成“规定动作”的每项扣2分，检查考核不合格的扣5分； ⑬ 党建专项工作接受省、市、区检查不合格或受到通报批评的，每发现一次扣2分。（以上各项扣分直至扣完为止）	55	区委组织部	
	Q2	人才工作	① 镇级成立人才工作机构（领导小组），落实人才工作职责，未达要求的扣1分。 ② 镇党委每年研究人才工作2次以上，少一次扣一分；未将人才工作列入年度党建述职报告的扣1分； ③ 落实上级交办的人才工作任务，未落实的扣1分； ④ 加强人才培训，未开展本土技能人才培训的扣1分	5		

类别	代码	考核指标	具体指标	权重	考核单位	备注
Q党建工作170分	Q3	党风廉政建设	贯彻落实执行好党风廉政建设责任制，深化作风建设，严格履行党委主体责任和纪委监督责任，全面完成反腐倡廉任务的 50 分。其中： （一）扣分： ① 在党风廉政建设和反腐败工作中未能履行好党委主体责任和纪委的监督责任，造成任务未落实好的，每宗（项）扣 5 分； ② 辖区内党员干部违反中央“八项规定”精神和省、市、区相关规定，及在推进区委、区政府重点建设项目和民生工程中工作不主动，抓早抓小工作不落实，对巡视巡察发现的问题整改不力，被区级以上问责的每宗扣 2 分； ③ 党政领导班子成员当年发生违纪违法案件被查处的每宗扣 2 分； ④ 镇村党员、干部（含辖区内企事业单位）发生违纪违法案件（线索）镇级纪委不及时查处，被上级纪委监察局约谈批评的每宗扣 1 分； ⑤ 对开展涉农领域腐败问题专项治理和农村基层党员干部“两违”线索集中排查工作不重视，导致基层腐败问题频发，被区级以上处理问责的每宗扣 1 分；以上各项分值直至扣完为止。 （二）加分： 严格履行党委党风廉政建设和反腐败工作主体责任、纪（工）委监督责任，成效显著的乡镇最多奖励 5 分，加分后的总分值不超过 50 分。	50	区纪委	

类别	代码	考核指标	具 体 指 标	权重	考核单位	备注
Q党建工作170分	Q4	精神文明建设	完成年度重点党报党刊“三报两刊”征订任务 10 分。其中：完成全年征订任务 90%以上 10 分；完成全年征订任务 70%~90%9 分；完成全年征订任务 60%~70%8 分；完成全年征订任务 60%以下 0 分	30	区委宣传部	
			理论学习 5 分。其中：坚持和完善理论学习制度 2 分，制度不健全扣 1 分；完成年度学习任务 1 分，未完成不得分；完善必要的现代学习设备 0.5 分；按时报送材料 0.5 分；结合学习内容开展调查研究并取得成效 1 分			
			精神文明创建 5 分。其中：积极推动《公民思想道德建设实施纲要》的落实 1 分；扎实推进全国文明城市创建工作 4 分（开展道德模范、文明村镇、文明社区活动 1 分，开展“学雷锋、树新风”1 分，抓好美丽乡村建设 1 分，抓好未成年人思想道德建设工作 1 分）；未完成规定动作缺一项扣 0.2 分			
			文化建设 10 分。其中：场所设施建设 5 分：每镇每年至少完成 1 个农村文化俱乐部创建任务并正常开展活动的得 1 分，活动未能正常开展的扣 0.5 分，未完成创建工作的不得分；按要求完成行政村（社区）基层综合性文化服务中心建设的得 1 分，未完成的不得分；镇村文化场所按照《乡镇综合文化站管理办法》和村文化室“五个有”的标准进行建设的得 3 分；不达标的镇文化站和村文化室分别扣 1 分、0.5 分；文化活动 2 分：充分利用公共文化设施正常开展各项文化活动，不按要求参加上级举办的文化活动一次扣 0.5 分；文化市场管理 1 分：做好辖区内文化市场的日常监督工作，出现重大问题或事故视情节轻重给予扣分；文化遗产保护 2 分：对辖区内的文物保护单位及不可移动文物名录有定期巡查，全年未出现文物安全事故的得 1 分，出现文物安全事故造成不良影响的不得分；做好非物质文化遗产的保护和传承工作的得 1 分			
	Q5	意识形态	贯彻上级意识形态工作部署及指示 5 分	30		
			机构健全，定期开展分析研判 5 分			
			加强阵地管理工作 5 分			
			强化网络意识形态安全管理 5 分			
			及时有效应对突发重大问题处置 10 分，出现一宗开展不力事件不得分			

类别	代码	考核指标	具体指标	权重	考核单位	备注
R新城办专项考核170分	R1	流动人口服务管理	① 计划生育流动人口服务管理30分，其中，流动人口计划生育服务管理机制健全的10分；流动人口信息准确及时、共享率100%的10分；流动人口信息服务网络平台应用率100%、流入已婚育龄妇女建档率95%以上、验证率90%、查环查孕率80%以上的10分；省市流动人口专项考核不达标的增扣10分 ② 扎实推进出租屋及外来人口管理工作，规范管理中心建设30分	60	区卫计局 区政法委	
	R2	社会治安及平安创建	深入推进平安村居、平安社区、平安家庭、平安医院、平安校园、平安企业等“平安细胞”工程，加快实现基层平安创建活动全覆盖。推进“无邪教镇（村）”创建活动。积极做好综治、维稳、防范邪教和特殊人群工作，全面铺开镇街综治信访维稳中心“中心+网格化+信息化”建设，深化社会治安防控体系建设，做到“四个确保不发生”。①反宣品未及时清理，被督办1次扣0.5分，全年被督办3次以上的扣2分；管控不到位出现新的“诬告滥诉”信件，每封扣0.5分；开展相关专项行动无领导机构、工作方案，或工作不到位的每项扣0.5分；邪教人员底数不清，解脱工作不落实的扣1分。②落实对严重精神障碍患者、社区服刑人员、刑释人员、戒毒人员、不良行为青少年、留守儿童等特殊群体的管控（或帮扶）措施，发生严重精神障碍患者肇事肇祸的视伤亡情况每宗扣0.5至2分；③未开展重大决策（项目）社会稳定风险评估的每宗扣3分；④发生20人（含20人）以上的群体性事件并由区级以上处置的每宗扣10分；⑤被省、市、区公安机关查处的案件每宗分别扣3、2、1分。⑥未按要求及时报送信息材料的视情节每次扣0.5分至1分；⑦综治考评被“一票否决”或“黄牌警告”的此项不得分	50	区政法委	
	R3	城市管理	城市环境卫生良好、街道整洁干净、无乱丢垃圾现象、城中村无卫生死角、上门收集垃圾达100%的20分；对群众投诉卫生保洁及未上门收集垃圾等问题10宗以上扣5分；城市违法违章建设整治良好、无违章乱搭乱建、无违法建筑的20分；市容市貌管理良好、街道无占道经营乱摆卖、无乱堆放、无乱搭乱挂、市场划行归市整洁干净的20分	60	区城市综合管理局	

类别	代码	考核指标	具 体 指 标	考核单位	备注
S加分项目	S1	创建工作	镇（办事处、高管会）党委、政府创建成国家级、省级、市级、县（区）级各类示范点的每宗分别计 20 分、10 分、8 分、5 分，村（居）委创建成县（区）级以上各类示范点的按镇级同类奖励的一半计分，创建成同类示范点的按最高级别给分，不重复计分。文明镇村、卫生镇村创建工作按同类型创建工作计分。新成立工商联镇级商会计 3 分	由乡镇申报，区直相关部门、区考核办负责认定	
	S2	受表彰情况	镇（办事处、高管会）党委、政府荣获中央、省、市级党委、政府表彰的每宗分别给予 30 分、20 分、10 分奖励，荣获中央、省、市级部门表彰的每宗分别给予 20 分、10 分、5 分奖励；村级荣获市以上表彰的按镇级同类表彰奖励的一半计分。获市级以上同类荣誉称号的按最高级别给分，不重复计分；上年度的荣誉表彰当年未加分奖励的在本年度加分	由乡镇申报，区考核办负责认定	

注：1、A 至 Q 项为各镇日常工作考核内容，满分 1000 分；鉴于新城办的日常工作考核当中没有 C、D、I、M 项和 E 项中的 E2 和 H 项中的 H10、H11 等相关内容共 170 分，对以上空缺项目对应设立 R 项作为独立专项考核内容，增设 3 个专项考核项目共 170 分。

2、鉴于各镇（办事处、高管会）规模不同，工作量有大有小，实行乡镇工作系数平衡工作量，以各镇（办事处、高管会）的村（居）委数确定乡镇工作系数，9 个以下村（居）委的乡镇，工作系数为 1.0（扶大、新城办），10–19 个的为 1.04（水车、梅西、石坑、梅南、桃尧、程江、隆文、城东、石扇、大坪），20–39 个的为 1.07（雁洋、白渡、畲江、松源、丙村），40 个以上的为 1.1（南口、松口），工作量大的乡镇工作系数大。各镇（办事处、高管会）日常工作考核得分=A–Q 项工作累计分 × 乡镇工作系数。

3、招商引资考核有关事项说明：①招商引资新上项目是指当年在梅县区注册成立的企业；②增资扩产是指梅县辖区内的工业企业新上项目或新增生产线。项目认定需提供企业证明确定项目引荐单位、投资协议、企业营业执照复印件和项目用地证明（国土证或租赁合同）复印件；③引进项目的实际固定资产投入需提供以下情形之一来确定：发票复印件、合同和银行转账凭证复印件、验资报告复印件；④房地产项目的实际投入需提供建筑总规划平面图、施工许可证复印件和监理公司出具的项目进度证明；⑤所有复印件需到现场与原件对照核定。

附件 2：

梅县区重点项目建设考核评价指标

类别	代码	考核指标	具 体 指 标	权重	考核单位	备注
T 重点项目建设 400 万	T	重点项目建设	以《2017 年梅县区委、区政府重点工作安排责任分工表》和市、区新增加重点工作为依据。 ①征地拆迁工作以当年重点项目征地拆迁安置费为依据,以 200 万元为基数计 10 分,每递增 100 万元增 1 分 ②按项目建设要求按时、按质、按量完成工作任务的每宗计 10 分，未完成工作任务的不计分。列入省重点项目及省现代产业 500 强项目且完成任务的加 10 分，列入市重点项目且完成任务的加 5 分，按累计实得分计奖	400 万元	区考核办 区重点项目督查组 区国土资源局 区土地房屋征收安置中心	征地拆迁工作各镇需提供征地合同和拨款证明

附件 3:

梅县区镇级税收工作考核评价指标

<table>
<tr><th>类别</th><th>代码</th><th>考核指标</th><th colspan="6">具 体 指 标</th><th>权重</th><th>考核单位</th><th>备注</th></tr>
<tr><td rowspan="9">U税收工作1000万</td><td rowspan="7">U1</td><td rowspan="7">税收基数考核</td><td rowspan="7">以各镇 2016 年本级税收实际收入数（含四公司）为考核基数，按各镇 2016 年收入总量分段核定税收考核基数奖励额，共分为六档。各镇完成考核基数即可获得相应补助，未完成考核基数则按收入每减少 1 个百分点扣减基数补助 1 个百分点，减收超过 20%，按 20%扣减</td><td>档次</td><td>税收考核基数</td><td>各档次乡镇名称</td><td>完成基数奖励额</td><td>未完成基数对应扣百分点分值</td><td rowspan="7">500 万元</td><td rowspan="9">区财政局</td><td rowspan="9"></td></tr>
<tr><td>一档</td><td>500 万元以下</td><td>石扇、石坑、桃尧、大坪、松源、隆文</td><td>15 万元</td><td>1500 元</td></tr>
<tr><td>二档</td><td>500~1000 万元</td><td>水车、梅南、白渡、松口、梅西</td><td>20 万元</td><td>2000 元</td></tr>
<tr><td>三档</td><td>1000~5000 万元</td><td>畲江、城东、南口</td><td>25 万元</td><td>2500 元</td></tr>
<tr><td>四档</td><td>5000~10000 万元</td><td>丙村、新城办</td><td>40 万元</td><td>4000 元</td></tr>
<tr><td>五档</td><td>10000~15000 万元</td><td>扶大</td><td>45 万元</td><td>4500 元</td></tr>
<tr><td>六档</td><td>15000 万元以上</td><td>程江、雁洋</td><td>55 万元</td><td>5500 元</td></tr>
<tr><td>U3</td><td>税收增量考核</td><td colspan="6">以各镇 2016 年本级税收实际收入数（含四公司）为考核基数，按各镇 2017 年本级税收实际收入（含四公司）增量占全区所有正增长乡镇的增量总额比重乘以总奖励金额，得出各镇税收增量考核奖励数。（负增长不奖励）</td><td>300 万元</td></tr>
<tr><td>U3</td><td>税收增幅排名奖励</td><td colspan="6">参照各镇税收基数，对 2017 年各镇本级税收实际收入（含四公司）增幅进行排名，按实际增幅排名确定奖励额（负增长不奖励）。增幅排名奖励按排名第 1—19 名分别给予奖励 26 万、24 万、22 万、20 万、17 万、13 万、12 万、11 万、10 万、9 万、8 万、7 万、6 万、5 万、4 万、3 万、2 万、1 万、0 万</td><td>200 万元</td></tr>
</table>

附件4:

梅县区镇级扶贫工作考核评价指标

类别	代码	考核指标	具体指标	权重	考核单位	备注
V精准扶贫精准脱贫工作70万	V	脱贫成效	完成年度脱贫任务的每脱贫1人计0.5分	70万元	区扶贫开发局	
		精准识别	1. 信息录入、建档立卡和动态管理规范的每村计2分 2. 贫困人口识别、退出精准度合乎标准要求的每村计2分			
		精准帮扶	1. 扶贫工作责任制落实的镇计20分 2. 各镇认真组织驻村工作队、驻镇工作组和帮扶责任人积极落实产业帮扶等各项帮扶措施，精准帮扶到户的每村计2分 3. “两不愁，三保障”政策落实到位的每村计2分 4. 相对贫困村创建新农村示范村达标的每村计10分			
		扶贫资金管理	严格执行财政专项扶贫资金使用管理规定，合理安排使用扶贫资金，严格监管的镇计20分			
		扣分项	1. 未完成年度脱贫任务的镇总分为0分 2. 在精准扶贫工作中被上级通报批评或媒体曝光的扣50分 3. 贫困人口精准度变动比例超过2%或扶贫大数据平台信息录入质量影响到全区数据质量的镇扣50分			

中国共产党梅州市梅县区委员会工作规则

第一章　总　则

第一条　为落实全面从严治党要求，加强和改进中国共产党梅州市梅县区委员会（以下简称区委）工作，推进党的建设制度化、规范化、程序化，提高党的执政能力和领导水平，根据《中国共产党章程》《中国共产党地方委员会工作条例》《中国共产党广东省委员会工作规则》《中国共产党梅州市委员会工作规则》和党内有关规定，结合我区实际，制定本规则。

第二条　区委在全区发挥总揽全局、协调各方的领导核心作用，贯彻落实党中央治国理政新理念新思想新战略，协调推进“四个全面”战略布局，对全区经济建设、政治建设、文化建设、社会建设、生态文明建设实行全面领导，对全区党的建设全面负责。

第三条　区委工作必须遵循以下原则:

（一）坚持高举中国特色社会主义伟大旗帜，坚决贯彻党的理论和路线方针政策，牢固树立政治意识、大局意识、核心意识、看齐意识，做到对党忠诚、为党分忧、为党担责、为党尽责。

（二）坚持以人民为中心的发展思想，立党为公、执政为民，认真践行党的宗旨和群众路线，把党的正确主张变为群众的自觉行动。

（三）坚持解放思想、实事求是、与时俱进、求真务实，适时制定切合本地实际的经济社会发展战略。

（四）坚持民主集中制，增强区委领导集体活力和党的团结统一，发挥全区各级党组织和广大党员的积极性、主动性、创造性。

（五）坚持党要管党、从严治党，始终保持党的先进性和纯洁性，不断增强自我净化、自我完善、自我革新、自我提高能力。

（六）坚持在宪法和法律范围内活动，依据党章和其他党内法规履职尽责，提高运用法治思维和法治方式深化改革、推动发展、化解矛盾、维护稳定的能力。

第四条　区委主要实行政治、思想和组织领导，把方向、管大局、作决策、保落实：

（一）贯彻落实党中央、省委和市委决策部署，对全区重大问题作出决策。

（二）通过法定程序使区委的主张成为党内规范性文件和区政府重要文件。

（三）加强对全区宣传思想文化工作的领导，牢牢掌握意识形态工作领导权、话语权。

（四）按照干部管理权限任免和管理干部，向本级国家机关、政协组织、人民团体、国有企事业单位等推荐重要干部。

（五）支持和保证人大、政府、政协、法院、检察院、人民团体等依法依章程独立负责、协调一致地开展工作，发挥这些组织中党组的领导核心作用。

（六）加强对全区群团工作和统一战线工作的领导。

（七）动员、组织全区各级党组织和广大党员，团结带领群众实现党的目标任务。

第二章　组织和成员

第五条　区委由区党代表大会选举产生，由委员、候补委员组成，每届任期5年。

区委常务委员会(以下简称常委会)由区委全体会议(以下简称全会)选举产生，由区委书记、副书记和常委会其他委员组成。

第六条 区委委员、候补委员配备应当具有代表性，符合党龄、年龄、性别、专业等方面要求。人选应当包括书记、副书记和常委会其他委员，一般还应当包括区政府领导班子成员，区人大常委会、区政协、区法院、区检察院主要负责人，区委、区政府有关部门主要负责人，人民团体代表主要负责人，各镇（办事处、高管会）党（工）委主要负责人，以及适当比例的基层党员。

区委任期内，委员出缺的由候补委员按照得票多少依次递补，递补后仍有空缺的可以召开区党代表大会或者党代表会议补选。

因调离本区、辞去公职、退休等原因不适宜继续担任区委委员、候补委员的，应当辞去或者由区委按程序免去其区委委员、候补委员职务。死亡、丧失国籍、被追究刑事责任、被停止党籍、受到留党察看以上党纪处分的，委员、候补委员职务自动终止。辞去、免去或者自动终止区委委员、候补委员职务的，应当报市委备案。

第七条 常委会委员配备，遵从市委决定。

区委换届时，书记、副书记和常委会其他委员由全会选举产生，并报市委审批。在区党代表大会闭会期间，区委书记、副书记和常委会其他委员的调动、任免，遵从市委决定。

第三章 职 责

第八条 区委在区党代表大会闭会期间，执行党中央、省委和市委的指示和区党代表大会的决议、决定，领导全区的工作。

区委应当通过召开全会的方式履行以下职责:

（一）制定贯彻执行党中央、省委和市委决策部署以及区党代表大会决议、决定的重大措施。

（二）讨论和决定全区经济社会发展战略、重大改革事项、重大民生保障等经济社会发展重大问题。

（三）讨论和决定全区党的建设方面的重大问题，审议通过重要党内规范性文件。

（四）决定召开区党代表大会或者党代表会议，并对提议事项先行审议、提出意见。

（五）听取和审议常委会工作报告或者专项工作报告。

（六）选举书记、副书记和常委会其他委员；通过区纪委全会选举产生的书记、副书记和常委会其他委员。

（七）决定递补区委委员；批准辞去或者决定免去区委委员、候补委员；决定改组或者解散下一级党组织；决定或者追认给予区委委员、候补委员撤销党内职务以上党纪处分。

（八）研究讨论本区行政区划调整以及有关党政群机构设立、变更和撤销方案。

（九）对常委会提请决定的事项或者应当由全会决定的其他重要事项作出决策。

第九条 常委会在全会闭会期间行使区委职权，主持经常工作。其主要职责是:

（一）召集全会，向全会报告工作并接受监督；对拟提交全会讨论和决定的事项先行审议、提出意见。

（二）组织实施党中央、省委和市委决策部署以及区委全会决议、决定，审议通过重要党内规范性文件，讨论决定重大体制和重大政策调整，讨论重要地方性法规、区政府重要文件草案或者草案中涉及的重大问题。

（三）向市委请示报告工作，讨论和决定下级党组织请示报告的重要事项。

（四）对全区经济社会发展和宣传思想文化工作、组织工作、纪律检查工作、群众工作、统一战线工作、政法工作等方面经常性工作中的重要问题作出决定。

（五）按照有关规定推荐、提名、任免干部，必要时对重要干部的任免可以征求区委委员意见；教育、管理、监督干部；研究决定党员干部纪律处分有关事项。

（六）对应当由常委会决定的其他重要事项作出决定。

第十条 区委书记主持区委全面工作，组织常委会活动，协调常委会委员的工作，对区委工作负主要责任。

担任政府正职的区委副书记主持政府全面工作，组织政府党组活动。不担任政府职务的区委副书记主要协助书记抓党的建设工作，同时可以根据需要协调和负责其他方面工作。

常委会其他委员根据分工负责有关工作，履行分管领域从严治党责任。

第十一条 区委建立职责清单制度，明确常委会及其成员职责，并在一定范围内公开。

第十二条 区委履行全面从严治党主体责任，书记履行抓党建第一责任人职责。常委会应当定期研究党建工作，每年至少向市委和区委全会专题报告 1 次抓党建工作情况。充分发挥区委党的建设工作领导小组职能作用。加强基层党组织建设，实行镇（办事处、高管会）党（工）委书记抓基层党建工作述职评议制度，完善党建工作综合评价体系，确保党建各项部署落到实处。

区委履行党风廉政建设主体责任，领导和支持纪律检查机关履行监督责任，坚持纪在法前、纪严于法，严格执行和维护党的纪律，坚持标本兼治、综合治理，加大教育、监督、惩处力度，推动形成不敢腐、不能腐、不想腐的廉洁从政环境。

第十三条 区委及其成员应当加强思想政治建设，坚持用马克思列宁主义、毛泽东思想、中国特色社会主义理论体系武装头脑，深入学习贯彻习近平总书记系列重要讲话精神，坚定理想信念，严守政治纪律和政治规矩。严肃党内政治生活，坚决克服自由主义、分散主义、好人主义、个人主义，按照规定参加民主生活会和组织生活会。严格落实中央关于改进工作作风、密切联系群众的各项规定，坚决反对形式主义、官僚主义、享乐主义和奢靡之风。自觉践行“三严三实”要求，带头营造良好政治生态。严格遵守《中国共产党廉洁自律准则》《关于新形势下党内政治生活的若干准则》《中国共产党党内监督条例》等有关规定，切实做到为民、务实、清廉。

第十四条 区委应当加强对区人大、区政府、区政协等的领导，建立健全沟通协调机制，完善研究经济社会发展战略、定期分析经济形势、研究重大方针政策的工作机制，完善区委、区人大常委会、区政府、区政协主要领导同志定期研究工作机制，及时通报重要情况，研究重要工作。注重通过国家机关、政协组织、民主党派、人民团体、基层单位等渠道，就经济社会发展重大问题和涉及群众切身利益实际问题，广泛协商、广集民智、增进共识、增强合力。

第四章　组织原则

第十五条 区委必须始终在思想上政治上行动上同党中央、省委和市委保持高度一致，坚决贯彻执行党中央、省委和市委的决策部署和决定，坚决维护党中央、省委和市委权威，任何工作部署都必须以贯彻党中央、省委和市委精神为前提。

区委应当每年向市委作 1 次全面工作情况报告，执行党中央、省委和市委某项重要决定的情况应当专题报告。遇有重大突发事件、重大问题应当及时请示报告。

第十六条 区委应当支持和保证下级党组织依法依规正常履职。凡属下级党组织职责范围内的事项，如无特殊情况，应当由下级党组织处理。

区委作出同下级党组织有关的重要决定，一般应当事前征求下级党组织意见。需要区党代表大会代表、下级党组织和党员了解的重要情况和重大问题，应当及时通报。

在下级党代表大会闭会期间，区委可以根据工作需要，调动、任免下级党委书记、副书记和其他委员，其数额在任期内一般不超过委员职数的二分之一。镇（办事处）党（工）委书记的任免，须报市委组织部审批。

第十七条 区委应当坚持民主集中制，实行集体领导和个人分工负责相结合的制度。凡属应当由全会或者常委会会议讨论和决定的事项，必须由集体研究决定，任何个人或者少数人无权擅自决定。在集体讨论和决定问题时，个人应当充分发表意见。个人对集体作出的决定必须坚决执行，有不同意见的可以保留，也可以向市委报告。

常委会委员应当根据分工和集体决定，勇于担当、敢于负责，切实履行职责；对不属于自己分管的工作，也应当从全局出发关心支持，加强研究，积极提出意见和建议。

第十八条 区委书记应当带头执行民主集中制，充分发扬党内民主，善于集中正确意见，支持常委会其他委员在职责范围内独立负责开展工作，自觉接受常委会其他委员监督，不得凌驾于组织之上、班子之上，不得搞独断专行。

常委会其他委员应当支持书记开展工作，自觉接受书记对其工作的督促检查。

常委会委员应当在党性原则基础上维护团结，互相信任、互相谅解、互相支持、互相监督。

第十九条 常委会委员代表区委的讲话和报告，署名发表或者出版同工作有关的文章、著作、言论，应当事先经过常委会审定或者区委书记批准。

常委会委员在调查研究、检查指导工作或者参加其他公务活动时发表的个人意见，应当符合区委集体决定精神。

第二十条 区委及其常委会议事决策坚持集体领导、民主集中、个别酝酿、会议决定，实行科学决策、民主决策、依法决策。完善“三重一大”决策制度。

健全决策咨询机制，重大决策一般应当在调查研究基础上提出方案，充分听取各方面意见，进行风险评估和合法合规性审查，经过全会或者常委会会议讨论和决定。

第五章　全　会

第二十一条 区委全会每年至少召开2次，遇有重要情况可以随时召开。全会由常委会召集并主持，议题一般由常委会征询区委委员、候补委员意见后确定，方案由常委会会议审定。

第二十二条 全会应当有三分之二以上区委委员到会方可召开。区委委员、候补委员因故不能参加会议的应当在会前请假，其意见可以用书面形式表达。

根据工作需要，常委会可以确定有关人员列席全会。

第二十三条 表决可以根据讨论和决定事项的不同，采用举手、无记名投票或者记名投票等方式进行。赞成票超过应到会区委委员半数为通过。未到会区委委员的意见不得计入票数。区委候补委员没有表决权。

第二十四条 对区委委员、候补委员作出撤销党内职务以上党纪处分决定，必须由全会三分之二以上多数决定。在特殊情况下，可以先由常委会作出处理决定，待召开全会时予以追认。对区委委员、候补委员的上述处分，必须经市委批准。

第二十五条 区委通过全会作出的决策，由常委会负责组织实施。决策执行过程中需作重大调整的，应当通过召开全会决定。

第二十六条 全会决定的重大事项可以公开的，应当在党内进行通报或者通过新闻媒体公开发布。

第二十七条 区委可以根据工作需要召开扩大会议，但不得代替全会作出决策。

第六章 常委会会议

第二十八条 常委会会议一般每月召开2次，遇有重要情况可以随时召开。常委会会议由书记召集并主持。书记不能参加会议的，可以委托副书记召集并主持。

会议议题由书记提出，或者由常委会其他委员提出建议、书记综合考虑后确定。

第二十九条 常委会会议应当有半数以上常委会委员到会方可召开。讨论和决定干部任免事项必须有三分之二以上常委会委员到会，与会常委会委员应当发表同意、不同意或者缓议等明确意见。常委会委员因故不能参加会议的应当在会前请假，其意见可以用书面形式表达。

常委会会议讨论决定重大问题，常委会委员因故不能参加的，根据工作需要，会后及时向其通报情况。

区人大常委会党组书记、区政协党组书记列席常委会会议。根据工作需要，会议召集人可以确定有关人员列席有关议题并进行汇报和答询。

第三十条 表决可以根据讨论和决定事项的不同，采用口头、举手、无记名投票或者记名投票等方式进行，赞成票超过应到会常委会委员半数为通过。未到会常委会委员的意见不得计入票数。会议讨论和决定多个事项，应当逐项表决。

常委会会议讨论和决定的干部任免等事项涉及常委会委员本人及其亲属的，本人应当回避。

第三十一条 常委会会议由专门人员如实记录，决定事项应当编发会议纪要。经常委会会议讨论通过、以区委名义上报或者下发的文件，由书记签发。

第三十二条 遇重大突发事件、抢险救灾等紧急情况，不能及时召开常委会会议决策的，书记、副书记或者常委会其他委员可以临机处置，事后应当及时向常委会报告。

第三十三条 常委会会议作出的决策，由常委会委员分工负责组织实施。决策执行过程中需作重大调整的，应当通过召开常委会会议决定。

第三十四条 常委会可以根据工作需要召开扩大会议，但不得代替常委会会议作出决策。

第三十五条 常委会委员可以根据工作需要，在其职责范围内主持召开议事协调会议，研究解决有关问题，但不得超越权限作出决策。

第七章 书记专题会议

第三十六条 书记专题会议根据工作需要召开，会议由书记召集并主持，副书记和其他有关常委会委员等参加，议题由书记确定。

第三十七条 根据工作需要，书记可以确定有关人员列席会议。

第三十八条 书记专题会议主要职责是酝酿需要提交常委会会议审议的重要事项、及时沟通情况、统一思想认识、明确工作原则。书记专题会议不得代替常委会会议作出决策。

议事范围包括：

（一）提交常委会会议审议前需要酝酿的重要事项。

（二）区委重大问题研究、重点工作推进、重要举措落实以及重大突发事件处置等事项。

（三）涉及干部人事、纪律检查、巡察方面的事项。

（四）区政府需提请区委先确定工作原则再进行决策执行的重要事项。

（五）区人大常委会党组、区政协党组需提请会议研究的重要事项。

（六）其他需要书记专题会议酝酿的事项。

第三十九条 书记专题会议应当如实做好记录，讨论研究事项可以编发会议纪要。

第八章 监督检查和追责

第四十条 区委向区党代表大会负责并报告工作，应当自觉接受党中央、省委和市委的领导和工作监督，并接受市纪委和区纪委监督，接受下级党组织和党员群众的监督，接受各民主党派和无党派人士的民主监督。

区委应当有计划地邀请区党代表大会代表列席全会或者常委会会议等重要会议，适当增加列席的人员数量和频次。定期组织代表进行专题调研，开展提案提议，充分听取意见建议。

第四十一条 区委应当定期对各镇（办事处、高管会）党委及其成员履行职责情况进行监督检查，加强对党委书记贯彻执行民主集中制情况、抓党的建设工作情况的评价，建立健全奖惩机制。监督检查具体工作由区委组织部牵头，区纪委、区委有关部门参与。

第四十二条 完善区委督促检查工作机制，规范督促检查工作程序，建立健全听取督促检查工作汇报、督查调研、督促整改等督查评估反馈制度机制，推动中央、省委、市委和区委重大决策贯彻落实。

第四十三条 违反本规则有关规定的，根据情节轻重，给予批评教育、责令作出检查、诫勉、通报批评或者调离岗位、责令辞职、免职、降职等处理；应当追究党纪政纪责任的，依照《中国共产党纪律处分条例》《中国共产党问责条例》《行政机关公务员处分条例》等有关规定给予相应处分；涉嫌违法犯罪的，按照国家有关法律规定处理。

第九章 附 则

第四十四条 各镇（办事处、高管会）党（工）委应当根据《中国共产党地方委员会工作条例》《中国共产党广东省委员会工作规则》《中国共产党梅州市委员会工作规则》及本规则，结合实际制定和完善工作制度。

第四十五条 本规则由区委负责解释，具体工作由区委办公室会同区委组织部承担。

第四十六条 本规则自发布之日起施行。此前区委有关规定，凡与本规则不一致的，以本规则为准。

梅县区精准扶贫建档立卡无劳动能力贫困户纳入基本生活保障实施方案(2017–2020 年)

根据《民政部 国务院扶贫办关于进一步加强农村最低生活保障制度与扶贫开发政策有效衔接的通知》(民发〔2017〕152 号)、梅州市扶贫开发领导小组《关于做好建档立卡贫困户政策性保障兜底等工作的通知》以及《中共梅州市梅县区委 梅州市梅县区人民政府印发〈关于新时期精准扶贫精准脱贫三年攻坚实施方案〉的通知》(梅县区委电〔2016〕6 号)要求，为解决全区建档立卡无劳动能力的一般贫困户和建档立卡“无劳动能力低保贫困户”中部分不符合民政部门最低生活保障、特困供养政策的家庭成员的保障兜底脱贫问题，结合我区实际，制订本实施方案。

一、目标和任务

根据《中共梅州市梅县区委 梅州市梅县区人民政府印发〈关于新时期精准扶贫精准脱贫三年攻坚实施方案〉的通知》(梅县区委电〔2016〕6号)，围绕“三年攻坚、两年巩固”要求，到 2020 年实现建档立卡贫困人口“两不愁、三保障、一相当”目标，即稳定实现农村贫困人口不愁吃、不愁穿，义务教育、基本医疗和住房安全有保障，基本公共服务主要领域指标相当于全省平均水平，使不符合低保、特困供养政策而未能纳入低保、特困供养保障范围的无劳动能力一般贫困户，和建档立卡“无劳动能力低保贫困户”中部分不符合民政最低生活保障、特困供养政策的家庭成员基本生活得到保障，确保如期完成全区贫困人口脱贫的目标任务。

二、申请认定条件

申请基本生活保障金对象为：1. 我区精准扶贫精准脱贫建档立卡贫困户中不符合低保、特困供养政策而未能纳入低保、特困供养保障范围的无劳动能力一般贫困户；2. 建档立卡“无劳动能力低保贫困户”中部分不符合民政最低生活保障、特困供养政策的家庭成员。

三、基本生活保障金标准

按照梅县区发放农村低保补差水平的办法，对符合申请条件的精准扶贫建档立卡贫困户，每月发放基本生活保障金。基本生活保障金标准参照梅县区农村低保补贴标准(2017 年度补贴标准为每人每月 210 元)实行社会化发放。按照财政国库管理制度将精准扶贫建档立卡贫困户基本生活保障金，从批准之日下一个月起，按月于每月 10 日前直接支付到保障家庭账户。

四、工作流程

(一)申请。凡符合条件的精准扶贫建档立卡无劳动能力一般贫困户和建档立卡“无劳动能力低保贫困户”中部分不符合民政最低生活保障、特困供养政策的家庭成员，均可向户籍所在村委会提出申请，填写《 梅县区精准扶贫建档立卡贫困户基本生活保障金申请表》并提交：贫困户户主身份证、家庭户口簿原件(审核)及复印件(委托他人申请的，同时提供受委托人的身份证或户口簿原件、复印件)、银行存折复印件(银行账户)、承诺书等，村党支部书记或村委会主任、驻镇工作组或驻村工作队对其家庭经济状况进行核查，对其真实性负责，将名单在村务公开栏公示 7 天无异议后，签字同意加盖村委会公章，报各镇(高管会)按程序进行审核。

(二)审核。各镇(高管会)在受理贫困户基本生活保障金申请后，对申请材料以及承诺书的真实性和完整性进行核查，核查无误后，各镇(高管会)将《____镇精准扶贫建档立卡贫困户享受基本生活保障金名单》及相关材料报送区扶贫部门审核。区扶贫部门收到各镇（高管会）审核意见及相关材料后，经由广东省新时期精准扶贫信息平台，对申请人的建档立卡贫困户身份进行审核，提出审核意见，并将相关材料报区民政部门审批。

（三）审批。区民政部门收到相关材料后，对申请人的条件、补助标准等进行审核把关，作出审批意见，并按照财政相关程序发放精准扶贫建档立卡贫困户基本生活保障金。各镇（高管会）和村委会应在各自的公示栏进行长期公示，公示内容包括申请人姓名、家庭成员、保障金额。

五、动态管理

民政部门、扶贫部门、各镇（高管会）、村委会对已经纳入享受精准扶贫建档立卡贫困户基本生活保障金的救助对象，要采取多种形式加强管理服务，定期跟踪保障对象家庭变化，形成精准扶贫建档立卡贫困户有进有出的动态管理机制。各有关村委会每月将享受基本生活保障金的建档立卡贫困户增减员情况报各镇（高管会）。

各镇（高管会）、村委会对享受基本生活保障金的建档立卡贫困户的家庭人口、收入和财产情况每半年进行核查、核实，将不符合条件的精准扶贫建档立卡贫困户清理退出保障范围。

六、资金来源及管理

（一）基本生活保障金来源。基本生活保障金由区财政全额负担，民政部门要将精准扶贫建档立卡贫困户基本生活保障金所需资金报财政部门，财政部门应将基本生活保障金纳入本级财政预算，按时落实资金，确保政策落实到位。

（二）基本生活保障金实行专帐管理、专款专用。区民政、扶贫、财政部门要加强对建档立卡贫困户基本生活保障金落实情况进行监督，定期组织开展专项检查，防止挤占、挪用、套取等违纪违法现象发生。

七、工作措施

（一）加强组织领导。落实精准扶贫建档立卡贫困户基本生活保障金是我区精准扶贫的一项重要措施，是确保困难群众基本生活保障举措。各级各部门要高度重视，民政、扶贫、财政主要领导要亲自抓，确保这项工作全面落实到位。

（二）落实管理责任。村委会要切实履行精准扶贫建档立卡贫困户保障金申请受理工作；各镇（高管会）要切实履行核查、复查审核和公示等职责；区扶贫部门要切实履行审核职责；区民政部门要切实履行审批职责，做好年度精准扶贫建档立卡贫困户基本生活保障金预算并报同级财政部门列入财政预算；区财政部门要落实建档立卡贫困户基本生活保障资金的预算安排，确保资金到位。

（三）加强沟通协调。民政部门、扶贫部门和财政部门要加强沟通协调，形成合力，确保我区精准扶贫建档立卡贫困户基本生活保障工作落实。

本实施方案自印发之日起实施。

附件：1. 梅县区精准扶贫建档立卡贫困户基本生活保障金申请表
2. 梅县区精准扶贫建档立卡贫困户基本生活保障金申报情况诚信承诺书
3. 镇精准扶贫建档立卡贫困户享受基本生活保障金名单
4. 梅县区各镇精准扶贫建档立卡贫困户基本生活保障金发放汇总表
5. 民政代发精准扶贫建档立卡贫困户基本生活保障金名单明细

附件 1

梅县区精准扶贫建档立卡贫困户基本生活保障金申请表

<table>
<tr><td>户主姓名</td><td></td><td>性别</td><td></td><td>出生年月</td><td></td><td colspan="2">身份证号码</td><td colspan="2"></td></tr>
<tr><td>家庭人口</td><td></td><td colspan="2">家庭月总收入（元）</td><td></td><td colspan="2">是否有劳动能力</td><td></td><td>是否残疾</td><td></td></tr>
<tr><td>残疾等级</td><td colspan="3"></td><td>联系电话</td><td colspan="5"></td></tr>
<tr><td>户籍所在地</td><td colspan="3"></td><td>现居住地址</td><td colspan="5"></td></tr>
<tr><td>申请基本生活保障金对象情况</td><td>姓名</td><td>性别</td><td>年龄</td><td>与户主关系</td><td>健康状况</td><td>文化程度</td><td>工作单位</td><td>身份证号码</td><td>备注</td></tr>
<tr><td></td><td></td><td></td><td></td><td></td><td></td><td></td><td></td><td></td><td></td></tr>
<tr><td></td><td></td><td></td><td></td><td></td><td></td><td></td><td></td><td></td><td></td></tr>
<tr><td></td><td></td><td></td><td></td><td></td><td></td><td></td><td></td><td></td><td></td></tr>
<tr><td></td><td></td><td></td><td></td><td></td><td></td><td></td><td></td><td></td><td></td></tr>
<tr><td></td><td></td><td></td><td></td><td></td><td></td><td></td><td></td><td></td><td></td></tr>
<tr><td></td><td></td><td></td><td></td><td></td><td></td><td></td><td></td><td></td><td></td></tr>
<tr><td>申请基本生活保障金原因（申请人填写）</td><td colspan="9">本户因

造成家庭生活困难，现申请_____（人）领取基本生活保障金。

签名：
年　月　日</td></tr>
</table>

<table>
<tr><td>家庭经济状况（由村、居委会填写）</td><td>家庭年总收入（元）</td><td>月人均收入（元）</td><td>工资性收入（元）</td><td>生产经营性收入（元）</td><td>财产性收入（元）</td><td>转移性收入（元）</td><td>其它收入（元）</td><td>生产经营性支出（元）</td></tr>
<tr><td></td><td></td><td></td><td></td><td></td><td></td><td></td><td></td><td></td></tr>
<tr><td>村委会审核意见</td><td colspan="4">经入户调查，情况属实，同意其家庭符合条件的_____人申请基本生活保障金。

村支书：
驻镇工作组/驻村干部：
（盖章）
年　月　日</td><td>乡镇人民政府（高管会）审核意见</td><td colspan="3">经核查，该户家庭情况属实，同意其申请基本生活保障金，拟发放元（________人）。

审核人：

（盖章）
年　月　日</td></tr>
<tr><td>梅县区扶贫部门审核意见</td><td colspan="4">经审核，该户家庭属精准扶贫建档立卡贫困户。

审核人：
（盖章）
年　月　日</td><td>梅县区民政部门审批意见</td><td colspan="3">同意发放。

审批人：
（盖章）
年　月　日</td></tr>
</table>

备注：本表填写一式三份，镇政府、区民政局、区扶贫局各一份

附件 2

梅县区精准扶贫建档立卡贫困户基本生活保障金申报情况诚信承诺书

本人郑重承诺：我姓名叫__________，男（女），家庭户籍人口____人，户籍所在地：_______镇_______村（居）委会_____自然村（村民小组），身份证号码：_________________，现申请梅县区精准扶贫建档立卡贫困户基本生活保障金，所有提交的资料（含《梅县区精准扶贫建档立卡贫困户基本生活保障金申请表》中填报内容及入户调查时反映的情况）属实；本人及家庭成员中无人缴交个人所得税和领取工商执照，无借出身份证给他人办理房产、车辆、工商、税务等证件；并保证主动、积极配合相关部门开展对相关工作的审核、审批程序中需要的核查等工作，如实反映家庭、经济和财产等情况。同时，本人及全家同意在家庭生活好转后，按要求退出享受基本生活保障政策。

上述承诺均属真实，如存在虚假，愿意退回已经领取的生活保障金，终止救助，并承担相应的法律责任。

承诺人（签名）：　　　　　　（指模）

年　　月　　日

附件 3

________镇精准扶贫建档立卡贫困户享受基本生活保障金名单

填报单位（盖章）:　　　　　　　　　　　　　　　　　　　　　　填报日期:　　　年　　月　　日

序号	镇（街）	村委会	户主姓名	银行账号	身份证号码	家庭人数	其中				享受基本生活保障金人数	享受基本生活保障金金额	其中		家庭经济状况							家庭月人均可支配收入
							无劳动力	残疾人员	重病人数	其他人数			新增	新退	工资性收入	生产经营性收入	财产性收入	转移性收入	其他收入	生产经营性支出	家庭年可支配总收入	
单位						人	人	人	人	人	人	元	人	人	元/年	元/年	元/年	元/年	元/年	元/年	元	人/月
合计																						
1																						
2																						
3																						
4																						
5																						
6																						
7																						
8																						
9																						

附件4

梅县区各镇精准扶贫建档立卡贫困户基本生活保障金发放汇总表

	户　数	人　数	发放金额	备　注
合　计				
畲江镇				
水车镇				
梅南镇				
城东镇				
白渡镇				
石扇镇				
南口镇				
丙村镇				
雁洋镇				
梅西镇				
石坑镇				
大坪镇				
松源镇				
隆文镇				
桃尧镇				
松口镇				
程江镇				
扶大高新区				
新城办				
本月拨款合计：（中文大写）				

附件 5

民政代发精准扶贫建档立卡贫困户基本生活保障金名单明细

乡镇	姓名	邮政储蓄银行账号	金额	备注
				政策兜底
				政策兜底
				政策兜底
				政策兜底
				政策兜底
				政策兜底
				政策兜底
				政策兜底
				政策兜底
				政策兜底
				政策兜底
				政策兜底
				政策兜底
				政策兜底
				政策兜底
				政策兜底
				政策兜底
				政策兜底
				政策兜底
				政策兜底
				政策兜底
				政策兜底
				政策兜底
				政策兜底
				政策兜底

梅州市梅县区政府性债务风险应急预案

（试行）

一、 总则

（一）编制目的

构建梅县区政府债务风险防控体系，明确责任，完善机制，牢牢守住不发生区域性和系统性风险的底线，切实防范和化解财政金融风险，维护全区经济社会持续健康发展局面。

（二）编制依据

《中华人民共和国预算法》，《国务院关于加强地方政府性债务管理的意见》（国发〔2014〕43号），《广东省人民政府关于加强政府性债务管理的实施意见》（粤府〔2015〕43号），《梅州市人民政府关于印发梅州市政府性债务管理实施细则的通知》（梅市府〔2015〕22号）。

（三）适用范围

本预案所规范的政府性债务风险包括政府债务风险、或有债务风险以及其他债务风险。

1. 政府债务风险

（1）一般债务风险：指政府通过发行一般债券等方式筹集公益性项目建设资金，应由政府在一般公共预算中安排资金偿还的债务，到期后无法按时偿还本金和利息而产生的债务风险。

（2）专项债务风险：指政府通过发行专项债券等方式筹集专项建设资金，应由政府在政府性基金预算中安排资金偿还的债务，到期后无法按时偿还本金和利息而产生的债务风险。

（3）存量债务风险：指《预算法》修订前政府以地方政府债券、银行贷款、BT融资、拖欠款项、向其他单位和个人借款等方式举借的存量政府债务，在使用置换债券完成债务置换之前，到期后无法按时偿还本金和利息而产生的债务风险。

2. 或有债务风险

（1）担保责任风险：指企事业单位举借、地方政府及有关部门依法担保形成的政府负有担保责任的债务，当举债单位无法偿还债务时，政府负有连带偿债责任的风险。

（2）救助责任风险：企事业单位在法律法规或国家有关规定范围内为公益性项目举借，由非财政资金偿还，且地方政府未提供担保的债务，政府在法律上对该类债务不承担偿债责任，但当债务人出现债务风险时，政府可能需要承担一定救助责任的风险。企业经营性项目形成的债务，政府不承担救助责任。

（3）PPP合作风险：指政府与社会资本合作过程中，项目合同中明确由政府承担的风险责任，包括由政府承担的法律风险、政策风险、最低需求风险、因政府方原因导致项目合同终止以及不可抗力等突发情况而产生的财政或有支出责任。

3. 其他债务风险

法律法规或国家政策规定应由政府承担的其他债务偿还责任风险。

（四）工作原则

贯彻统一领导、分级负责，权责一致、上下联动，及时预警、妥善处置，追究责任、维护稳定的原则。

二、应急组织指挥体系和职责

（一）组织指挥体系

1．区政府负责并领导全区政府性债务风险应急管理工作。

2．区属各单位、各镇人民政府（高管会、办事处）负责并领导本单位政府性债务风险应急管理工作，单位主要负责人是本单位政府性债务风险防控第一责任人。

3．财政部门是本级债务风险应急处置牵头管理部门。举借债务或使用债务资金的有关单位是本单位政府债务风险防控的责任主体。区审计、监察、金融等部门是地方政府性债务监管部门。

（二）区级政府和部门职责

1．区级政府职责：制定区级政府性债务风险应急预案。在上级财政部门下达限额范围内规范举借新增政府债务，按期足额偿还到期债务本息。及时向上级政府和有关部门报告债务风险情况。对本区债务风险采取应急响应措施并启动责任追究机制。

2．镇级政府职责：制定镇级政府性债务风险应急预案。在财政部门下达限额范围内规范举借新增政府债务，按期足额偿还到期债务本息。及时向上级政府和有关部门报告债务风险情况。对本镇债务风险采取应急响应措施并启动责任追究机制。

3．债务风险处置领导小组职责：负责指挥和组织本地区地方政府性债务风险应急处置，启动实施债务风险责任追究机制。

领导小组办公室设在区财政局，负责日常工作，主要职责：贯彻领导小组指示和部署，提出地方政府性债务风险应急处置总体方案，协调各成员单位参与应急处置工作，办理领导小组文电，起草相关简报，承担领导小组交办的其他工作。

4．部门职责。

（1）财政部门职责：指导和监督区级各部门和各镇政府在限额内规范举借新增政府债务，监控或有债务变动状况。建立政府债务风险预警机制，向同级政府报告债务风险情况，研究提出本级政府债务风险应急处置方案，报同级政府审定后实施。

（2）举借债务或使用债务资金的有关单位职责：落实债务还款资金安排，配合财政部门将一般债务和专项债务偿债资金分类纳入年度部门预算和中期财政规划，制定或有债务年度还款计划，报财政部门备案。定期梳理本单位政府性债务风险情况，存在逾期债务的单位应制定本单位债务风险应急预案。出现债务偿还风险时，应及时向财政部门报告有关情况，提出处置建议方案。

（3）监管部门职责：在本部门职能范围内监控地方政府性债务风险，配合财政部门做好债务风险处置及责任追究工作。

三、风险预警机制

（一）预警级别

根据梅县区一般债务、专项债务，或有债务水平，测算债务率、新增债务率、偿债率、逾期债务率等指标，综合评估各地区债务风险状况，对全区债务风险进行预警监测，并从低到高划分预警级别。具体预警指标和级别划分按财政部制订的标准执行。

（二）预警通报

区财政局根据预警监测结果，定期向区政府和各单位通报全区政府债务预警级别，并同时将风险监控信息通报区发改、审计等相关部门，形成多部门监管联动效应。

（三）预警响应措施

预警通报列入债务高风险地区的区属单位、镇政府（高管会、办事处），要采取措施化解存量债务，降低债务风险，并将新增债务按明细项目逐项向上级财政部门报备。

四、应急处置

（一）信息报告

1. 财政部门应定期梳理到期政府债务（包括一般债务和专项债务），结合债务风险预警情况，预计到期政府债务无法按期足额偿还的，除突发情况外，应提前2个月以上向区政府报告债务违约信息，并向上级财政部门报告。

2. 各级有关部门单位应定期了解或有债务到期情况，预计或有债务无法按期足额偿还的，除突发情况外，应提前1个月以上向主管部门和区财政局报告或有债务违约信息。区财政局会同主管部门研究后，对确实需要承担的政府偿债责任，应及时报告区政府。

3. 区政府根据区财政局报告的债务风险信息确认确实无法偿还到期债务的，应立即向上级人民政府报告有关情况，并抄送上级财政部门。发生严重债务风险的，可以直接向省人民政府报告有关情况，并抄送省财政厅。

4. 报告内容包括：政府性债务基本情况，包括债务类别、期限、本金、利息，债务资金使用情况，债务原定偿还计划、来源安排，债务风险产生的原因，已经采取的应对措施、效果，计划采取的化解风险措施等。

5. 报告方式：报告一般应使用书面形式，紧急情况下也可以先电话报告，随后报送书面报告。

（二）债务风险分级

根据区、镇二级政府债务风险严重程度和影响面，将债务风险分为初级债务风险、中级债务风险和严重债务风险三级。

1. 初级债务风险，是指以下任一情形：

（1）政府债务存在一定到期债务逾期现象，逾期债务率在10%以上，但未超过20%；

（2）政府确定应承担的或有债务和其他债务偿还责任超出本级政府筹资能力，但偿债缺口未达到上一年度公共预算收入的1/12。

2. 中级债务风险，是指以下任一情形：

（1）政府债务逾期现象较严重，逾期债务率在20%以上，但未超过50%。

（2）政府确定应承担的或有债务和其他债务偿还责任超出本级政府筹资能力，偿债缺口达到上一年度公共预算收入的1/12以上（含），但不足1/6。

3. 严重债务风险，是指以下任一情形：

（1）政府到期债务大面积逾期，逾期债务率超过50%以上。

（2）政府确定应承担的或有债务和其他债务偿还责任超出本级政府筹资能力，偿债缺口达到上一年度公共预算收入的1/6以上（含）。

（三）初级债务风险应急响应

1. 镇级政府初级债务风险响应

（1）各镇政府应制定初级债务风险处置方案，排查违约债务情况和责任单位，通过动用偿债准备金、压缩一般性支出、处置可变现资产、调整投资计划等方式筹集还款资金偿还债务，或通过债务重组缓解偿债压力，立足自身化解初级债务风险。

（2）发生初级债务风险的镇级偿还的到期地方政府债务有困难的，区财政可申请由财政先行代垫偿还。

（3）区财政局对镇级垫还到期政府债务申请进行审核，及时办理垫还手续，并应通过年终结算扣回。

2．区级政府初级债务风险响应

区财政局将区本级初级债务风险情况向区政府报告，区政府授权区财政局启动债务风险响应措施：

（1）责成发生债务违约风险的区级有关单位主管部门制定应急处置方案，报区政府批准后实施。

（2）有关单位筹资能力不足的，在保障基本运转和履职需要的前提下，适当调整区级主管部门的部门预算支出及扣减部门经费。

（3）发生初级债务风险偿还省政府代发的到期地方政府债券（包括一般债券和专项债券）有困难时，及时向省财政厅报告，申请由省财政先行代垫偿还。

（4）区财政局会同主管部门指导督促有关单位化解债务风险。

（四）中级债务风险应急响应

1．镇级政府中级债务风险响应

各镇政府除采取初级风险应对措施外，还应采取以下升级应对措施：

（1）镇级政府将债务风险情况和应急处置方案专题向上级政府报告。

（2）镇级政府统筹本级财力仍无法解决到期债务偿债缺口、且影响政府正常运转或经济社会稳定的，可向上级政府申请救助，包括说明债务风险情况、本级政府应急方案及已采取的应急措施、需上级政府帮助解决的事项等。

（3）镇级政府应将债务风险应急处置进展情况和处置结果上报区人民政府，并抄送区财政局。

（4）区财政局会同有关部门对镇级政府救助申请提出审核意见，并报区政府批准后实施。

（5）区财政局督促镇级政府落实债务风险应急处置措施，跟踪债务风险化解情况。

2．区级政府中级债务风险响应

除采用初级风险的应对措施外，还应采取以下措施应对风险：

（1）相关债务单位区级主管部门成立债务风险处置工作小组，指导和督促债务单位化解债务风险，并将债务风险处置方案落实情况及时报送区财政局。

（2）采取初级风险应对措施筹集资金不足偿还到期债务的，可动用区级偿债准备金代垫偿还到期政府性债务；偿债准备金不足偿还的，可动用预算稳定调节金偿还到期政府性债务或及时向上级财政部门报告，申请由上级财政先行代垫偿还。使用财政代垫资金的有关单位，应提出可行的资金限期归垫计划，并出具归垫承诺。代垫资金通过扣减以后年度部门预算或部门自筹资金解决。

（3）有关债务单位在到期债务全部消化之前，除国家另有规定的项目外，不得新增举借任何债务。

（五）严重债务风险应急响应

1．镇级政府严重债务风险响应

镇级政府除采取初级、中级风险应对措施外，还应采取以下措施：

（1）镇级政府成立债务风险处置领导小组，组织协调有关部门迅速采取应急措施。

（2）镇级政府对到期债务进行全面清理，区分轻重缓急，分类提出可行的消化措施。

（3）镇级政府与区财政局建立债务风险处置信息定期报告机制，如有重大情况必须立即报告。

（4）镇级政府调整预算支出结构，压减地方建设项目支出，统筹财力优先偿还到期债务。

（5）镇级政府启动债务风险责任追究机制。

（6）区财政局报请区政府通报严重债务风险镇级政府名单。

（7）对影响社会稳定或财政金融安全、需紧急偿还的地方政府债务，区财政局可报请市政府同意后，对有关镇实施财政扣款强制偿还。

2. 区级政府严重债务风险响应

除采用初级、中级风险的应对措施外，还应采取以下应急处置措施应对风险：

（1）区政府成立债务风险处置领导小组。

（2）区财政局会同有关部门将债务风险详细情况专题向市政府债务风险处置领导小组报告，并提出风险应急处置方案，呈报区政府批准后实施。

（3）区财政局调整预算支出结构，压减地方建设项目支出，统筹财力优先偿还到期债务。预算调整方案经区政府同意后，报区人大常委会批准。

（4）在到期债务全部消化之前，暂停有关债务单位及区级主管部门有关表彰评比资格。

（5）启动债务风险责任追究机制。

（六） 全区性债务风险响应

全区性债务风险，指按照全区地方政府性债务汇总数据计算，达到四（二）规定相应级别的债务风险；同时，超过 1/3 的镇级（包括区本级）政府发生相应级别的债务风险。各级地方政府除按照四（三）—四（五）的规定采取应急响应措施外，还应采取以下协调响应措施：

1. 发生全区性初级债务风险的，区财政局应向有关债务单位发出初级债务风险提示。

2. 发生全区性中级债务风险的，区财政局应汇总有关情况向区政府报告，经区政府授权责成有关债务单位限期将债务风险等级降至初级或以下。

3. 发生全区性严重债务风险的，由区政府成立债务风险处置领导小组，统筹协调有关部门，制定债务风险处置总体方案，并明确责任分工，建立督查机制，迅速将债务风险等级降至中级或以下。

（七）信息发布

坚持及时、客观、真实、全面的原则，按照信息公开管理规定，发布地方政府性债务风险有关信息，减少公众不必要的恐慌和社会舆情的负面影响。

（八）应急终止

地方政府性债务风险得到缓解、控制，经财政部门评估风险等级下降直至解除，经同级政府同意，终止相应的应急措施。

五、后期处置

（一）责任追究

1. 违法违规责任范围

（1）违反《中华人民共和国预算法》等法律规定的行为：

本级政府超过上级政府批准的限额举借债务；

政府和部门、单位通过发行地方政府债券以外的方式举借债务；

举借债务没有明确的偿还计划和稳定的偿还资金来源；

政府和部门违反法律规定，为单位和个人的债务提供担保；

债务资金用于经常性支出；

增加举借债务未列入调整预算报本级人大常委会批准；

未按规定对举借债务的情况和事项作出说明、并在本级人大批准后二十日内向社会公开。

其他违反法律规定的行为。

（2）违反国发〔2014〕43 号文和粤府〔2015〕43 号文等国家和省关于债务举借和管理的有关政策规定的行为。

通过企事业单位举借政府债务；

在预算之外违法违规举借债务；

公益二、三类事业单位未经政府批准举借债务；

挪用债务资金或改变债务资金既定用途；

违规干预金融机构正常活动或强制金融机构提供政府性融资；

恶意逃废债务；

债务风险发生后，隐瞒、迟报或授意他人隐瞒、谎报有关情况。

其他有关违规行为。

2. 追究机制响应

发生严重债务风险的地区，本级地方政府应在风险解除后立即启动债务风险责任追究机制，对相关责任人员进行行政问责和追究法律责任。

3. 责任追究程序

（1）发生严重债务风险的区直单位、镇级政府进行风险责任调查，分析查找风险产生的原因、过程、危害和责任。

（2）财政部门会同审计等监管部门以及有关债务单位开展责任调查，对照法律和法规规定，对债务风险责任进行定性分析，形成债务风险责任调查报告，报区政府审定。

（3）区政府应将债务风险责任调查报告报送上级政府。上级政府应组织财政、审计等监管部门会同区政府对债务风险责任核实认定。

（4）区政府根据责任认定情况，对按照行政问责规定应予以行政处分的相关责任单位和人员给予处分；对涉嫌犯罪行为的相关人员，移交司法机关进行处理。

（二）评估分析

债务风险应急处置结束后，区政府和区财政局要对风险发生原因、应急响应过程、应急措施的效果，以及对今后债务管理的持续影响等情况进行综合评估和分析。

六、应急保障

（一）人力保障

各部门要加强地方政府性债务管理队伍建设，提高相关人员政策理论、日常管理、风险监测、应急处置等业务能力。启动应急响应的地方政府，各有关部门应安排人员负责落实有关工作。

（二）资源保障

发生地方政府性债务风险的本级政府，要统筹财政资金、政府资产、政府债权等可偿债资源，为偿还到期债务提供必要保障。

（三）通信保障

启动应急响应的地方政府，应保持应急指挥联络畅通，有关部门应指定联络员，提供单位地址、办公电话、手机、传真、电子邮箱等多种联系方式。

（四）安全保障

应急处置过程中，对可能影响公共安全和社会稳定的事件要提前防范、及时控制、妥善处理；遵守保密规定，对不宜公开的信息要加强管理，严格控制知悉范围。

七、附则

（一）预案管理和更新

1. 镇人民政府应根据本预案并结合当地实际情况，制定本地区政府性债务风险应急预案或实施细则，报区财政局备案。

2. 区财政局根据国家、省、市政策变化和实际需要，定期对本预案进行更新完善。

（二）预案解释

本预案由区财政局制定并负责解释。

（三）预案生效时间

本预案自发布之日起实施。

主题索引

主 题 索 引

☆☆☆

说明

一、本索引采用主题分析方法，款目按汉语拼音字母（同音字按声调）顺序排列。

二、索引款目后的数字表示内容所在的页码，数字后面的拉丁字母（a、b）表示栏别（即版面的左右栏）。

三、同一主题的内容在文中多次出现的，在其款目后用不同的页码标明。

四、本索引对特载、大事记、光荣榜、表彰通报及附录等篇不做内容主题分析。

☆☆☆

A

爱国卫生运动，182b

安全播出，169a

安全监管，92b

安全生产，84a，150b

安置帮教，66b

案件执行，64a

安全生产监督管理，92a

安全生产管理，110a

安全生产和综治工作，182a

B

保健食品、化妆品监管，90b

便民服务，64a

不动产登记，78a

部门预算执行审计，82a

标准化工作，85b

病虫害预测与防治，97a

保险业，139b

宝新能源，142a

殡葬管理，190b

丙村镇，219a

白渡镇，227b

C

财政改革，129a

财政审计，81b

参政议政，41a，42a，44a，45b，53b，69a

查处违纪违法案件，38b

城乡建设，9b

促进城乡妇女事业发展，50b

出入境与往来港澳台管理，61a

测绘管理，79a

产业转型升级，84a

茶叶基地建设，95a

村村通自来水工程建设，103b

测报站点管理，105b

产业转型升级，107a

城乡建设，113

城乡规划，113a
城乡基础设施建设，114a
城市综合管理，116a
城市管理监察，116b
仓储管理，123a
财政·税务，129
财政，129a
财政监督管理，129b
超华科技，143b
产业转型升级，150a
成人教育，155a
创建卫生强区，180a
传染病防治，180b
残疾人事业，191
残疾人康复，191a
程江镇，197a
城东镇，214b
城东白渡产业园，216b

D

“大禹杯”竞赛活动，187a
打击刑事犯罪，61b
代表工作，32b
党风廉政建设，16b
党员干部队伍建设，15b
电子商务，8a
党的建设概况，14
党校，27b
监督工作，31b
党风廉政建设，37b
队伍建设，59b
道路安全，60b
队伍建设，63a
队伍建设，64a
对外宣传，70a
代表团出访与来访，70b
登记注册管理，75a
地质灾害防治，78b
地价评估及土地使用权交易，79a
档案管理服务，79b
道路运输管理，110a
代理金融业务，111a
电信，111b
对外经济贸易，118
对外经济贸易，118a
对外经济管理，118b
电子商务，122a
地方税务，131b
德育工作，156b
电影放映，158a
党史资料征集与党史研究，172a
党史资料征集与编纂，172a
地方志编修，173b
档案工作，174a
档案收集整理，174b
档案利用，174b
档案综合管理，174b
党的建设，194a，196b，199a，201a，203a，205a，207b，209b，212a，214a，216a，218b，221b，226a，230a，233a，235a，237a，240a
大坪镇，212b

F

法律监督，62b
法治梅县建设，58b
扶贫帮困，51b
服务党政中心，48b
服务青少年，49b
妇联，50a
妇儿规划，52a
服务非公企业，53b

法治，56
法院，63b
法院体制改革，64a
法律援助，67b
非公经济，68b
发展与改革，73a
服务体系建设，91a
防汛抗灾，103a
防雷安全管理，105b
房地产管理，115a
扶持措施，122b
分配预案，142a，143b，144b
防震减灾，154b
富力切尔西足球学校，171a
妇幼保健，181b
扶贫开发，183
扶贫开发，185a
扶贫农业龙头企业，187b
防灾救济，188a
福利彩票，190a
扶残助残，191b

G

概述，19a，31a，33b，40a，43b，45a，46a，47b，50a，52b，54a，55a，56a，59a，61b，63b，64b，70a，75a，76b，81b，83a，90a，91a，92a，94a，99b，100b，102b，108a，110b，113a，116a，117a，119a，120b，122a，122b，129a，149a，167a，187a，191a，193a，194a，197a，199b，201a，203b，205b，207b，210a，212b，214b，217a，219a，222a，227b，230b，233b，235b，237b
工业，6b
固定资产投资，8b
国土资源，11a
关注民生，37b
干部队伍建设，39b
工会管理监督，47a
共青团，47b
关爱妇女儿童健康，51a
工商联，52b
公安，59a
港澳台和海外统战，69a
港澳台事务，70b
规划编制，73a
固定资产投资管理，73a
工商行政管理，75a
国土资源管理，76b
耕地保护责任制落实，77a
工业建设，83b
工业，106
工业建设，107a
供电，108a
公路养护与绿化，109b
管道燃气，117a
供销商业，119a
卷烟营销，120b
国家税务，130a
工业建设，150a
高新企业管理，153a
公共图书馆，158a
广播电视，167
馆藏档案，174b
工资福利制度，177a
公益慈善事业，190a
工商企业，193a，194b，197b，204a，206a，200a，201b，208a，210b，213a，215a，217a，219b，223a，228a，230b，234a，236a，238a
广东省工艺编织专业镇，203a
广东省蔬菜专业镇，207b

广东省机电专业镇，216b
广东省金柚专业镇，219a
广东省旅游专业镇，226b

H

海外联谊和社会服务，46a
环境保护，12a
后勤保障，55a
户政管理，60b
惠民信息公开平台建设，71b
惠农补贴，98a
化解涉林纠纷，维护林业权益，100a
河道管理，104a
环境卫生管理，116a
环境保护，117a
环境监测，117a
环境保护管理，117a
环境综合整治，117b
骅锋科技，144b
红十字会，182b
婚姻登记，190a
环境综合治理，193b，
环境保护与治理，195a，198a，202a，206a，208b，211a，213a，215a，220b，224a，231b，234b，236b，238b

J

机构改革，39b
基础设施建设，9a
简述，6a
基本概况，5
经济社会发展概况，6
建筑房地产业，9b
教育，12b
集中排查基层违纪违法线索，39a
基层工会组织建设，46a
经费收缴和管理，47a
基层组织建设，50a
精神文明建设，50a
军事，54
军事训练，54b
经济犯罪案件侦查，60a
禁毒工作，60b
监所管理，61a
警务监督，61a
检察，61b
检察体制改革，63a
交流往来，69b
经济管理，73
经济运行监测，73b
价格调控管理，73b
价格监督检查，74a
价格服务，74b
基本农田保护，77b
经济运行形势监测，79b
基层建设，80b
交叉审计，82b
经济与信息化，83a
节能降耗，84b
稽查打假，85a
计量管理及检测，85b
技能培训，92a
金柚生产，94b
金柚基地与品牌建设，94b
经济作物，96a
交通 · 通信，108
交通 · 运输，108a
交通基础设施建设，109a
交通综合执法与路政管理，110a
基层站建设管理，110b
建筑市场管理，114a
基层社管理，120b
价格监测，123b

集资矛盾化解，123b
景区（景点）建设，127b
景区（景点）选介，128b
金融，133
经营情况，141a，142b，143b
嘉元科技，145b
节能降耗，150b
教育，154
教师队伍建设，155b
教育经费与教学设施，156a
基础设施建设，169a
竞技体育，170b
基础设施建设，174a
基金管理，177b
基本公共卫生，180a
健康教育宣传，182b
基层政权建设，188b
军休所和光荣院管理，189b
计划生育，193b，195b，198b，200b，202b，204b，207a，209b，211b，213b，215b，218a，221a，225a，229a，232b，234b，237a，239a
教育，193b，196a，199a，203a，205a，207b，209b，212a，214a，216a，218b，221b，225b，229b，233a，235a，237a，239b

K

开展融资服务，促银企对接，91b
科技，12a
矿产资源管理，77b
科技创新，107b
客都股份，147a
客家园林，147b
科学技术，149，151b
科技创新与项目申报，151b
科技成果与奖励，152b

L

“旅游+”项目，127b
老干部工作，28a
旅游，8b
旅游景区景点，5b
联谊交流，37a
联络交流与宣传，53a
履行社会职责，53b
律师事务，67a
履行职责，68a
联网直报，80a
领导干部经济责任审计，82b
粮食生产，94a
林业，99b
林业经济，100b
路灯、灯饰，116b
粮食储备，122b
粮食轮换，123a
旅游业，124
旅游发展规划，124a
旅游新业态，128a
旅游宣传，128a
力天世纪，148a
劳动权益保障，178a
老区建设，187a
老龄工作，190b
旅游，206b，220a，223b，231a，234a，236a，238b
隆文镇，233b

M

《梅县 26 年风华》，173b

梅县客家足球俱乐部，171b
梅县区客家村镇银行股份公司，138b
梅县区农村信用合作联社，137a
梅县区政协一届二次全会，36b
梅县区领导机关，19
民主监督，37a
民主党派，40
民革，40a
民盟，41b
民事审判，63b
民族宗教，69b
民生支出保障，129b
梅雁吉祥，141a
民办教育，155b
梅县区业余体校，171a
梅县区技工学校，179a
民生实事及重点项目，182b
民政，187
民间组织管理，190a
民生工程，191a
民生，193a
梅州高新技术产业开发区梅县区（扶大）园区管理委员会，194a
民生，195a，198a，200a，202a，204b，206b，209a，211a，213b，215b，217b，220b，224b，228b，232a，234b，236b，239a
美丽乡村梅县示范点白沙村建设，205a
梅县水车生物谷建设，205b
梅南镇，205b
梅西镇，207b

N

农产品认证与质量监管，97b
农业，7b
农工党，43b
农业，94
农业科技推广，96b
农业执法检查，97b
农业综合开发与项目扶持，98a
农业产业化建设，98b
农业社会化服务体系建设，98b
农业信息化建设，98b
农业可再生能源开发与利用，99a
农村土地承包与经营权流转，99a
农田水利建设，103a
农村小水电建设，103b
农超对接和平价商店建设，119b
农民专业合作社建设，120a
农村电商，122b
农村改革发展，183a
农村环境建设，184a
农业，194b，197b，199b，201b，204a，206a，208a，210a，212b，214b，217a，219b，222b，227b，230b，234a，235b，238a
南口镇，199b

P

配套设施，127a
普法教育，65a
贫困村互助资金试点，187a

Q

气候，5a
区委主要工作，19b
区人大常委会，31a
区一届人大二次会议，31a
区人民政府，33b

区政府主要工作，34a
区政协，36b
区纪委，37b
群团改革，47b
全面推行河长制，104a
气象，104b
气象服务，104b
气象现代化建设，106a
群众文化，157b
群众体育，170a
区划地名管理，190b

R

人防“结建”、防护工程，55b
人防宣传教育，55a
荣誉与人物，5b
人民团体，46
人民武装，54a
人民防空，55a
人民调解，65b
人力资源和社会保障，177
人事人才，178b
人口管理，179a

S

“双百计划”，189a
森林抚育，99b
商标与广告管理，76a
社会服务，41a，43a，44b
社会民生，10a
思想、组织、作风建设，14a
思想建设，40a，41b，44a，52b
思想组织建设，45a
双拥工作，55a
社会治理暨平安建设，57a
社会管理与服务，62a
司法行政，64b
社区矫正，66a
司法公正，67b
思想队伍建设，68a
收费管理，73b
社会信用体系建设，75a
市场监管执法检查，75b
审计，81b
商流贸易，84b
食品药品监督管理，90a
食品生产、流通和餐饮安全监管，90a
蔬菜基地建设，96a
森林资源保护，99b
水产，102a
水利水电，102b
市政供水建设，103a
水利工程建设与管理，103a
水资源保护与开发利用，103b
水土保持，103b
水政执法，104a
市政道路，116a
商贸流通，119
食盐质量安全，122a
税务，130a
上市公司，141
商流贸易，151a
事业发展，168b
社会科学，172
史料服务，173a
社会保险，177b
涉农维稳工作，185a
社会保障，187b
双拥优抚安置，188b
社会福利服务，189b
收养登记，190a

社区建设，193b
畲江镇，201a
水车镇，203b
石坑镇，210a
石扇镇，217a
松口镇，230b
松源镇，237b
食盐专卖，121b

T

特色教育，155a
特殊教育，155a
特种设备安全监察，86a
提案办理，37a
体育，14b，169，214a，218a，221a，225b，233a
体制改革，38a
统战·侨务·港澳台事务，68
统战，68a
铁路建设，74b
土地征收储备、融资，77a
土地变更调查与遥感监测，79a
统计，79b
统计服务，80b
统计法制，81a
推进企业产品市场开拓，91b
天气预报，104b
通信，111b
体育、文艺工作，156b
体育产业管理，170b
土地保护与利用，195a，198a，200a，208b，211a，213a，215b，220b，224b，231b，234b，239a
桃尧镇，235a
泰鸿科技，146a

W

外商投资，118a
完善 12345 政府服务热线，71b
完善网上办事大厅，71a
网络安全监管，60a
维护妇女儿童权益，51b
位置面积，5a
文化艺术，13a，157
维护政治安全和社会稳定，56a
维护社会稳定，59b
外事侨务，69b
为侨服务，70a
污染减排，117b
文化设施建设，157a
文学艺术创作，157a
文化市场整治，157b
文物保护，158b
文化遗产保护与传承，164a
文化产业，167a
卫生和计划生育，179
卫生监督检查，180a
卫生科研与应用，182a
无偿献血，182b
综治维稳，193a
文化，193b，195b，199a，201a，202b，207a，212a，214a，216a，218a，221b，225b，229b，233a，235a，239b
综治维稳，195b，198b，200b，202b，204b，207a，209a，211b，213b，215b，217b，221a，225a，229a，232b，234b，237a，239a
卫生，195b，198b，204b，207a，209b，212a，214a，216a，218a，221a，225a，229b，232b，235a，239b

X

“新网工程”建设，119a
畜牧，100b
行政审批和职业技能培训，91a
项目申报，73b
消防管理，60b
协商议政，37a
信访，29b
宣传，25a
宣传教育，39a
学习宣传贯彻中共十九大精神，47b
刑事案件侦查，60a
刑事审判，63b
信访工作，65b
行政管理事务，70
消费者权益保护，76a
信访和土地权属纠纷调处，78b
信息化服务，79b
信息化建设，84a
协调企业转型升级，91b
宣教培训，93b
畜牧 · 水产，100b
小型水利工程管理体制改革，104b
信息化建设，150a
学前教育，154a
校园卫生安全，156b
宣传报道，167a
信息化建设，175b
行政管理，181b
信访工作，191b
新城办事处，193a
圩镇与农村基础设施建设，195a，197b，200a，201b，204a，206a，208a，210b，213a，215a，217b，220a，223a，228b，231a，234a，236a，238a

Y

“110”报警服务，61b
医疗卫生，13b
依法行使重大事项决定权，32a
依法行使人事任免权，32b
预防职务犯罪，62a
“一门式一网式”政府服务模式运行，71a
用地预审、规划修改、耕地占补平衡，76b
药品、医疗器械监管，90b
“一岗双责”制度，92a
应急救援，93a
邮政，110b
邮务类业务，111a
邮政营业网建设与管理，111a
邮储银行梅县支行，111a
移动，112a
园林绿化，116b
烟草专卖，120b
烟叶生产，120b
盐政管理，121b
盐政宣传，122a
应急机制，123b
银行业，133a
医药卫生体制改革，179b
医政管理，181a
应急防控，182a
雁洋镇，222a

Z

《中国名镇志丛书 · 松口镇志》，173b
灾害天气预警发布，105a
招商措施，86a
招商引资与园区建设，8a

自然环境与资源，5a
中共梅州市梅县区委，19a
组织，21b
直属机关工作委员会，28b
自身建设，33a
专题调研，37a
专委会活动，37b
召开梅县区纪委一届二次全会，37b
作风建设，38a
组织建设，40b，42b，44b
致公党，45a
总工会，46a
争先创优，46a
职工服务，46b
职工维权，46b
职工活动，47a
助力精准扶贫，49a
组织建设，52b
政治建设，54a
征兵工作，54b
政法委及综治，56a
治安管理，60a
智慧梅县政务指挥中心建设，71b
政务服务“马上办”改革，72a
重点项目建设，73a
整合和盘活土地资源，77a
执法监察，78a
专项调查统计，81a
专项资金审计，82b
支柱产业，83a
质量技术与监督，85a
重要消费品安全保障，85b
招 商 引 资 ，86a
招商情况，87b
中小企业，91a
执法监察，93a
职业安全健康，93a
种植业，94a
种子管理，96a
支柱产业，106a
招商引资，107b
中小企业，107b
住房和城乡规划建设，113a
专卖管理，121a
主营业务，121b
重大项目建设，127a
中国工商银行股份有限公司梅县区支行，133a
中国建设银行梅县区支行，134a
中国农业银行梅县区支行，135a
中国农业发展银行梅州市梅县区支行，136a
中国邮政储蓄银行梅县区支行，138a
中国人民财产保险股份有限公司梅县区支公司，139b
中国人寿保险股份有限公司梅县区支公司，140b
自远环保，146b
支柱产业，149a
专利与知识产权，153b
中小学教育，154a
中等职业教育，155a
综合年鉴编纂，173b
自然村落历史人文普查，174a
转移就业服务，177a
智力扶贫，187b
专项治理，189b
专项工作，192a
征地拆迁，193a，204a
中国历史文化名镇、名村，233b